Die soufflierte Stimme: Text, Theater, Medien

theaomai
Studien zu den performativen Künsten
Herausgegeben von Helga Finter

Band 6

Helga Finter

Die soufflierte Stimme:
Text, Theater, Medien
Aufsätze 1979-2012

Bibliografische Information der Deutschen Nationalbibliothek
Die Deutsche Nationalbibliothek verzeichnet diese Publikation
in der Deutschen Nationalbibliografie; detaillierte bibliografische
Daten sind im Internet über http://dnb.d-nb.de abrufbar.

Abbildung auf dem Umschlag:
Anonym, Allegorie der *Loquacità*, Holzschnitt, aus *Nova Iconologia*
di Cesare Ripa Perugino, Cavalier de SS. Mauritio & Lazzaro, Padua,
Pietro Paolo Tozzi, 1618, III, 612 (nach dem Nachdruck,
hrsg. v. Piero Buscaroli, Turin, Fogola 1986, Bd.II)

Gedruckt auf alterungsbeständigem,
säurefreiem Papier.

ISSN 1436-1981
ISBN 978-3-631-64560-4 (Print)
E-ISBN 978-3-653-03748-7 (E-Book)
DOI 10.3726/978-3-653-03748-7

© Peter Lang GmbH
Internationaler Verlag der Wissenschaften
Frankfurt am Main 2014
Alle Rechte vorbehalten.
PL Academic Research ist ein Imprint der Peter Lang GmbH.

Peter Lang – Frankfurt am Main · Bern · Bruxelles · New York ·
Oxford · Warszawa · Wien

Das Werk einschließlich aller seiner Teile ist urheberrechtlich
geschützt. Jede Verwertung außerhalb der engen Grenzen des
Urheberrechtsgesetzes ist ohne Zustimmung des Verlages
unzulässig und strafbar. Das gilt insbesondere für
Vervielfältigungen, Übersetzungen, Mikroverfilmungen und die
Einspeicherung und Verarbeitung in elektronischen Systemen.

Diese Publikation wurde begutachtet.

www.peterlang.com

Inhaltsverzeichnis

Vorwort 9

I. Das Interesse an/der Stimme

Die soufflierte Stimme.
Klang-Theatralik bei Schönberg, Artaud, Jandl, Wilson und anderen 19

Sinntriften vom Dialog zum Polylog.
Über Richard Foremans römisches Stück *Luogo + bersaglio* 35

Interview mit Richard Foreman:
Hören + sehen – wohin das alles zielt 41

Das Kameraauge des postmodernen Theaters 47

Die Theatralisierung der Stimme im Experimentaltheater 67

II. Textstimmen (1)

Die Videoschrift eines Atems:
Philippe Sollers, Schriftsteller 85

Die Passionen der unmöglichen Leidenschaft:
Eine Annäherung an die Welt der Marguerite Duras 101

Vom Theater des Wortes, das fehlt 129

Das Lachen Don Giovannis.
Zu Georges Batailles Rezeption des *dissoluto punito* 141

Die Theatermaschine des heiligen Antonius 159

III. Szenische Schrift und ihre Stimmen

Ein Raum für das Wort.
Zum ‚Teatro di Parola' des neuen Theaters in Italien 177

Pier Paolos Pasolinis Utopie eines Theaters der Poesie
zwischen Kopf und Leib 193

... eine Maschine, die die Bewegung des Denkens schriebe?
Zu Gedächtnis und szenischer Schrift im zeitgenössischen Theater 205

IV. Theorie (1)

Audiovision.
Zur Dioptrik von Text, Bühne und Zuschauer 221

Theater als Lichtspiel des Unsichtbaren 231

Der Körper und seine (vokalen) Doubles:
Zur Dekonstruktion von Weiblichkeit auf der Bühne 245

Dioptrik des Körpers: Mit den Augen hören 265

V. Dem Unmöglichen Stimme geben

Das Reale, der Körper und die soufflierten Stimmen:
Artaud heute 273

Das Theater und die Pest der Familie:
Artauds Wort-Ton-Theater der *Cenci* 303

Poesie, Komödie, Tragödie oder die Masken des Unmöglichen:
Georges Bataille und das Theater des Buches 319

Georges Batailles unsichtbarer Film:
Das Szenario *La Maison brûlée* 337

VI. Theater, Film und Medien: akusmatische Stimmen

Musik für Augen und Ohren:
Godard, das neue Theater und der moderne Text 359

Cyberraum versus Theaterraum.
Zur Dramatisierung abwesender Körper 371

Der (leere) Raum zwischen Hören und Sehen.
Überlegungen zu einem Theater ohne Schauspieler 379

VII. Theorie (2): Intervokalität, Stimmkörperbilder

Intervokalität auf der Bühne:
Gestohlene Stimme(n), gestohlene(r) Körper 391

Stimmkörperbilder.
Ursprungsmythen der Stimme und ihre Dramatisierung auf der Bühne 403

VIII. Sprechen, deklamieren, singen

Was singt? Macht des Wortes, Macht der Stimme 417

Sprechen, deklamieren, singen.
Zur Stimme im französischen Theater des 17. Jahrhunderts 435

Komik des Sprachkörpers:
Corneilles *Le Menteur* und die Komik des Verses 447

Don Giovannis Körper 455

Der imaginäre Körper:
Text, Klang und Stimme in Heiner Goebbels Theater 465

IX. Textstimmen (2): Ethik des Sprechens

Menschwerden.
Inszenierungen des Heterogenen in Klaus Michael Grübers *Bakchen* 473

Mit den Ohren sprechen: Heiner Müller liest 487

Ubu spricht.
Ubu als Maske, Marionette und Stimme 499

Unmögliche Räume.
Die Stimme als Objekt in Becketts (spätem) Theater 507

Dante lesen als Performance.
Lectura Dantis auf der zeitgenössischen Bühne 517

Einsatz des Dramas, Einsatz der Stimme
im Theater der italienischen Renaissance 527

Ut musica poesis?
Laut, Klang, Ton und Rhythmus in der (experimentellen) Poesie 541

X. Epilog
Nach dem Diskurs.
Zur Ansprache im aktuellen Theater 559

Quellenverzeichnis 575

Index 579

Vorwort

Die junge Frau kleidet ein mit Zikaden und Zungen übersätes Gewand aus schillerndem Stoff, ihr Mund ist weit geöffnet. Auf ihrem Haupt nistet eine Schwalbe, die aufrecht im Nest steht und singt. Auf ihrer rechten Hand trägt sie eine Krähe. So bestimmt Cesare Ripas Bilderlehre, seine *Iconologia*[1] in der Ausgabe von 1618, die Attribute einer allegorischen Figur, der *Loquacità*, Personifikation von „Beredsamkeit" oder „Geschwätzigkeit". Gesäumt von Schwalbengezwitscher und Krähenkreischen, von Zikadenschlag und fremden Zungen, ertönt, wie auf dem beigefügten Holzschnitt[2] der geöffnete Mund der Figur andeutet, eine aus fremden Quellen gespeiste Stimme. Von Vögeln, Insekten oder fremden Zungen eingeflößt, sind Sprech- oder Gesangsstimme hier dem Animalischen nahe, Glück (die Schwalbe) oder Unheil (die Krähe) an- und herbeirufend. Diese von fremden Stimmen ein- und vorgegebene Stimme ist vom Körper getrennt, doch zugleich konturiert sie diesen, wie ein Gewand. So verdichtet die Darstellung der *Loquacità* zugleich das Bild einer *soufflierten* Stimme, weshalb sie als *figura* für den Umschlag dieses Bandes gewählt wurde.

Sänger haben schon immer gewusst, dass ihre Stimme nicht ihr Eigen ist, auch wissen sie um deren Fragilität, weshalb sie sie pflegen und hegen – „hätscheln wie eine Gemahlin", sagte jüngst der Tenor Roberto Alagna in einem Interview.[3] Womit er nicht nur auf die Trennung der Stimme vom Körper hinwies, sondern auch den Status der Stimme als Objekt des Begehrens anzeigte.

Was für die Gesangsstimme offensichtlich scheint, bleibt oft für die Sprechstimme noch verborgen: Die Tatsache, dass man spricht, wird vergessen, wie Jacques Lacan notiert,[4] hinter dem, was gesagt wird, und in dem, was gehört wird. Die Materialität der Stimme wird vom Gesagten absorbiert. Doch spricht jemand, wird zugleich, selbst wenn die Stimme nicht als solche vernommen wird, auch ein Bild dessen, der spricht, projiziert. Es beeinflusst unbewusst das, was bewusst gehört wird oder gehört werden kann.

Die erste vom Kind vernommene Stimme kommt von außen, um eine innere Stimme zu werden, die ihm seinen ersten (Klang-)Körper gibt, der noch nicht von dem der Mutter getrennt ist. Diese innere Stimme kann weiterhin als äußere wahrgenommen werden: Manche folgen ihr bis in den Wahn, andere weisen sie zurück, um sie mit einer eigenen Stimme zu überdecken, wenn sie beispielsweise im Dunkeln singen. Um eine Stimme zu hören, muss sie als getrennt wahrgenommen werden; nur wenn sie als von einem Anderen herrührend anerkannt ist, kann eine eigene Stimme verlautet werden.[5] Die Stimme ist Sache des Begehrens und der Übertragung. Das Verhältnis zu ihr knüpft sich in der Psychogenese. Man kann seine Stimme ‚bewohnen' wie ein Haus, ohne jedoch dessen Herr zu sein. Man kann sie auch als fremd, als auferlegt empfinden. Man kann sie annehmen oder aber fremde Stimmen suchen – in anderen Sprachen, im Gesang, in der Musik, in der Literatur, der Dichtung, im Theater.

Die Stimme ist ohne festen Ort, sie ist atopisch: sie schafft einen Klangraum zwischen Körper und Sprache.[6] Sinnlich und physisch, vom Begehren und der Sprache geprägt, ruft sie die paradoxe Wahrnehmung hervor, einem Körper zu entspringen und zugleich an eine Sprache gebunden zu sein. Weder Instrument noch Medium, ist die Stimme von allen Seiten ein- und vorgegeben: Der Atem der Stimme haucht den Worten Leben ein, doch spricht die Stimme auch das Subjekt, wenn sie es als transzendentales Subjekt nichtet, um es vokal projizieren zu können. Die Stimme ist vielfach, sie ändert sich während eines Lebens, sie schwankt mit der Stimmung, modifiziert sich, wenn sie gesprochen oder gesungen wird, wenn sie andere Sprachen spricht. Die Stimme schafft einen Klangkörper, sie projiziert und bildet multiple Körper, wenn sie simultan eine Vielfalt von Stimmen als Intervokalität verlauten lässt. Ephemer, doch auch durch Aufzeichnung konservierbar, ist sie die Signatur eines singulären Timbres und eines persönlichen Melos, die heute teilweise – mit viel Aufwand – digital simuliert werden können. Sie ist Angelpunkt einer Theatralität, die Repräsentationen hervorruft, unterstreicht, verneint oder verschiebt. Sie evoziert Abwesendes, ruft das Reale (Lacan),[7] das Unmögliche auf den Plan. Sie schafft Utopien von Klangkörpern, von physischen Körpern, von Sprachkörpern.

Nach dem Abschluss einer Studie über die ‚befreiten Worte' Filippo Tommaso Marinettis, der in seiner visuellen Poesie das Italienische in die Aggressions- und Gewaltlust der Klänge und Geräusche eines Maschinenkörpers gezwungen hatte,[8] hatte ich vor mehr als dreißig Jahren begonnen, die ersten Texte zur Stimme zu schreiben. Damals, am Ende der siebziger Jahre, stand die Stimme selbst unter Verdacht – die Kritik des Logozentrismus (Jacques Derrida) verdammte sie als die Instanz, welche die Schrift verdeckte. Einzelne Stimmexperimente im Theater waren dagegen auf ihre Potentialitäten ausgerichtet, Körperlichkeit auszustellen; ihre Rhetorik durch die Exploration der Stimmtechniken erforschend, wie beispielsweise das Roy Hart Theater, zielten sie darauf ab, Stimme von der Wortsprache und der Schrift zu trennen, um sie in der Physis zwischen Geräusch und Schrei zu verankern.

Die Auseinandersetzung mit dem modernen poetischen Text einerseits und mit dem neuen amerikanischen Theater andererseits schürte den Zweifel an der Aporie eines Dualismus zwischen einer allein für die Augen bestimmten Schrift und einer rein körperlichen Stimme. Denn die doppelte Erfahrung von modernem Text und neuem amerikanischen Theater hatte mir auch eine bis dahin verkannte Qualität der Stimme offenbart: ihre sowohl vom Körper – den vokalen

Körpermodellen – als auch von der Sprache – den phonischen und syntaktischen Aspekten – *soufflierte* Verfasstheit.[9] Schon Jacques Derrida[10] hatte im Zusammenhang mit Artaud dessen Konzeption einer *parole soufflée*, einer „soufflierten Rede", analysiert: Für Artaud ist das Sprechen von fremder Rede eingegeben, der Sprechende wird ‚gesprochen', weshalb er ebenfalls als transzendentales Subjekt „souffliert", im Sinne von ‚weggeblasen', ist. Doch nicht erst die Rede, schon die Stimme ist souffliert, wie ebenfalls Artauds schmerzliche Erfahrung gezeigt hat und die Psychoanalyse zeigen wird: Ihre Souffleure sind in der Psychogenese Mutter- und Vaterstimmen, die Klangfarben und Tonführung der Stimme inspirieren; nach ihnen formt sich eine singuläre Stimme, die später soziale Stimmmodelle weiter beeinflussen werden. So hat die Stimme wie die Rede ebenfalls auch die Funktion, durch Nichtung des transzendentalen Subjekts die Projektion eines subjektiven Raums zu ermöglichen: Der Atem der Stimme haucht den Worten Leben ein und souffliert zugleich das Subjekt, damit es sich vokal projizieren kann. Diese soufflierte Qualität der Stimme begründet ihre sakrale und rituelle Funktion im Theater der Anfänge: Die im Ritual durch Gesang verlautete Stimme des Gottes oder toten Helden wird auf die Maske des Spielers übertragen, um ihr, zusammen mit der Bewegung, Leben einzuhauchen, sie zu „animieren".[11] Unter diesen Umständen lässt der Schauspieler eine von anderen soufflierte Stimme mit dem soufflierten Wort verlauten, um die Toten, wie zum Beispiel im japanischen Bunraku, auf der Bühne auferstehen zu lassen. Hierher rührt die differentielle Stimme sakraler wie auch theatraler Ereignisse. Die soufflierte Verfasstheit der Stimme stellte somit ihren Ursprungsmythos ebenso zur Disposition wie den einer primär die Augen ansprechenden Schrift.

Beim Zusammenstellen meiner Schriften zur Stimme für eine Buchpublikation stellte sich erneut die oft an mich gerichtete Frage des ‚Warum?' eines über so viele Jahre anhaltenden Forschungsinteresses. Das Interesse für einen Gegenstand ist geleitet vom unbewussten Begehren dessen, der es verfolgt. Doch wird dieses vom Forscher für gewöhnlich ausgeklammert.[12] Dagegen legt eine Reflexion über die Stimme zugleich auch implizit eine Analyse des Begehrens nahe, da die Stimme und das Verhältnis zur Vokalität das Subjekt knüpfen, es projizieren und ihm einen Körper geben. Die in zwei Sprachen – der deutschen Muttersprache und der französischen Wahlsprache – erfolgten Recherchen hatten in einem ständigen Dialog zwischen beiden erlaubt, die Studienobjekte ebenso wie die theoretischen Einsichten nicht nur zu alternieren, sondern auch gegenseitig zu vertiefen und auf die Probe zu stellen. Das anfängliche Vorhaben, die Texte gemeinsam in beiden Sprachen in der chronologischen Folge zu publizieren, erwies sich schnell wegen der Seltenheit zweisprachiger Leser als nicht praktikabel, und so musste ich mir das utopische Ansinnen eines Unternehmens eingestehen, das mit meiner eigenen Zweisprachigkeit zugleich die Motivation eines

Begehrens nach einer anderen Stimme ins Spiel brachte. Neben diesem Band, der die deutschen Texte zur Stimme sammelt, erscheint so separat ein Band mit den französischen Schriften zur Stimme unter dem Titel: *Le corps de l'audible*.[13]

Sicher spielen bei dieser Recherche auch autobiographische Elemente eine Rolle, so die elektive Zweisprachigkeit, bedingt durch einen Kontext, der von den Nachwehen einer nationalen Faszination für eine extreme Stimme und deren mörderischen Folgen geprägt war. Der Kontrast einerseits zwischen Stimmen der Nachkriegszeit, in denen noch in der Öffentlichkeit der tausendjährige Sprechduktus oder auf den Bühnen ein Echo des ‚Reichskanzleistils' (Fritz Kortner) nachklang, und andererseits den Stimmen der Dichtung und vor allem des französischen modernen Textes hat ebenso zur Sensibilisierung für das Stimmphänomen beigetragen, wie später dann die Konfrontation mit einem Theater, das die Stimme selbst zum Drehpunkt einer Dramatisierung und Theatralisierung zu einem Zeitpunkt machte, als dieses sich allein durch neue visuelle Bilder zu erneuern glaubte.

Die einzelnen Sektionen des Bandes schlagen weitere Antworten für das Interesse an der Stimme ausgehend von deren jeweiligem ‚Interesse' vor: Die Beiträge zur ersten Sektion siedeln das Interesse an der Stimme zwischen Sprechstimme und Gesang, zwischen Textstimme und Performerstimme, zwischen Bild und Ton an und zeigen sie als das Element, das die Figur auf der Bühne ebenso erst hervorbringt wie sie erst die Ausbildung von Repräsentationen für den Zuschauer ermöglicht. Theoretische Beiträge wechseln sodann mit solchen ab, die den Stimmen der Schrift und der szenischen Schrift von Theater oder Medien gewidmet sind. Dabei wird von der Annahme ausgegangen, dass theoretische Reflexion durch die Erfahrung und Anschauung künstlerischer Praxis motiviert sei, während künstlerische Praxis selbst als Denken *in actu*, das die theoretische Analyse antizipiert, verstanden wird.

Ausgehend von der Erfahrung poetisch strukturierter Texte, der Praxis von Theater, Oper, Tanz und Medien, vertiefen und erweitern diese Schriften Fragen, die zuerst ein neues Theater mir gestellt hatte: Ist die Stimme ein Instrument, wie dies die Linguistik behauptet, oder ein vokaler Text? Welche Rolle spielen dabei der Ton und der Klang? Welches sind die Wirkungen ihrer Semiotisierung und die Funktionen vokaler Theatralisierung für die Konzeptionen des Subjekts, des Körpers und der Sprache? Wie wird der Ursprung der Stimme dramatisiert? Welche Funktion hat die vokale Theatralisierung? Und welchen Einfluss hat der Einsatz von Mikrophon, Lautsprechern und Sound Design? Wie schafft die Stimme Präsenz? Was ist ihre Singularität, ihre Signatur? Was bewirken aufgezeichnete oder digitalisierte Stimmen? Wozu dienen akusmatische Stimmen ohne sichtbare Quelle, worauf weist ihre Verwendung im heutigen Theater hin? Welche Ethik der Stimme ist im Hinblick auf Text oder Körper denkbar? Hat die Stimme einen politischen Impakt? Wie lesen Autoren ihre Texte und warum? Die Schriften dieses Bandes gehen diese Fragen, ausgehend von der Auseinandersetzung mit Texten, mit theatralen Produktionen und Musiktheater ebenso wie mit Medien, an. Der Weg zur Vertiefung dieser Fragen ist vom jeweiligen historischen Kontext geprägt: So stehen zuerst die aus der Theatralisierung der Stimme hervorgegangenen Konzeptionen des Subjekts mit ihrer stimmlichen Projektion im Zentrum. Dies führt dazu, zuerst auf die durch Klang und Rhythmus hervorgehobene Körperlichkeit der Stimme gegenüber den Verfahren abzuheben, die den Ton und die Sprachrhetorik unterstreichen. Sodann wird der Typ des auf der Bühne manifestierten Vokalkörpers wie auch seine Intervokalität, das Zitieren und die Montage mehrerer Stimmen, hinterfragt. Diese theoretischen Annäherungen werden die Anfangsthese einer Atopie und Vielfalt der Stimme sowie Thesen zur Theatralisierung ihres Ursprungs präzisieren: Oszillierend zwischen der Utopie einer ersten Körperstimme einerseits und der Stimme eines Anderen, des Symbolischen, andererseits, kann so jegliche Stimmäußerung als Präsentation einer Repräsentation des Verhältnisses zur Sprache und somit als „Echo des Subjekts"[14] verstanden werden.

Diese theoretische Reflexion hat von Anfang an das Denken der Psychoanalyse – Guy Rosolato, Denis Vasse, Jacques Lacan – und der Psychosemiotik – Julia Kristeva, Roland Barthes – berücksichtigt. Angesichts der Entwicklung der zeitgenössischen theatralen Genres findet sie zu einer Konzeption der Stimme, die als Manifestation und Modulation, aber auch als Verdrängung, Negation und Verwerfung einer doppelten *pulsion invocante*, eines doppelten invokatorischen Triebes verstanden wird. Der Begriff der *pulsion invocante* wurde von Jacques Lacan eingeführt, um die Wirkung der Stimme als *Objekt a* des Begehrens zu fassen, in gleicher Weise wie der Blick, den er als skopischen Trieb (*pulsion scopique*) theoretisiert hatte.[15] Lacan bestimmt vier Triebe – den analen, den oralen, den skopischen und den Invokanztrieb – als maßgebend für eine erste Strukturierung der Psyche des Kindes, ausgehend von einem Mangel oder einer Trennung vom Objekt, das so zum *Objekt a* des Begehrens werden kann. Für Lacan ist der Trieb nicht angeboren, wie es das deutsche Wort nahelegt, sondern erst Wirkung der Einbettung des *infans* in die Sprache: Der Trieb ist für ihn „das, von der Tatsache, dass es ein Sprechen gibt, bewirkte Echo im Körper".[16] Der Invokanztrieb, dessen *Objekt a* die Stimme ist, weist auf zwei Formen der Trennung von der Stimme hin: Obgleich Lacan die Wichtigkeit der mütterlichen Stimme als ersten Anderen unterstreicht – von ihr hat das Kind sich zu trennen, indem es sie als von ihm getrennt anerkennt –,[17] hat er vor allem in seinen seltenen Äußerungen zur Stimme auf die Rolle des Anderen der Sprache, das heißt auf der väterlichen bzw. göttlichen Stimme, insistiert, die den Horizont der *pul-*

sion invocante darstellt.[18] Die Psychoanalytiker, die in seinem Gefolge, ausgehend von der Klinik, die von ihm nur in Ansätzen formulierte Theorie der Stimme systematisierten und erweiterten – Denis Vasse, Didier Anzieu –,[19] verstanden sie dagegen vor allem als Anrufung des Imaginären einer ersten mütterlichen Stimme. Die Erfahrung eines neuen Theaters und vor allem der Dichtung bzw. des poetisch strukturierten Textes zeigt hingegen, dass poetische und szenische Schrift diese Aporie überwinden können. Ihre Stimmen rufen nämlich einen *doppelten* Anderen – den der ersten verlorenen Stimme und den einer Utopie des Symbolischen – an- und ab. Deren Invokation modulieren sie so vor einem doppelten Horizont: Theater wird zum Ort, in dem sowohl der Stimme des Körpers als auch der Stimme der Sprache ein Raum gegeben wird. Doch beide Stimmen sind auch *Stimm-Utopien,* die das Theater insofern erprobt, als es zwei unmögliche Stimmen, die verlorene imaginäre und die unmögliche Stimme des Anderen, in einer Polyphonie zu einem heterotopen Klangraum verbindet.

Von Anfang an haben szenische Praxis und Schrift die Überlegungen der vorliegenden Aufsätze informiert, korrigiert und präzisiert. Das neue amerikanische Theater und Bühnenexperimente mit poetischen oder (post)dramatischen Texten, die neue Vokalpraktiken verlauten ließen, Musiktheater und Oper, aber auch Figurentheater und der szenische Einsatz neuer Technologien werden in Betracht gezogen. Zusammen mit dem poetischen Text haben diese Praktiken erlaubt, die Funktion der Stimme auf der Bühne wie auch die von Texten als grundlegend für die Theatralität zu bestimmen: Ihre Dialektik von Präsenz und Absenz, die Transkodierung von Visuellem und Auditivem sind der Angelpunkt, der beim Hörer oder Leser mental Repräsentationen aufscheinen lässt, die er in auditiven, visuellen oder audiovisuellen Bildern konkretisiert, um so eine mentale Repräsentation dessen, was er gehört und gesehen hat, auszubilden.

So präzisiert sich auch eine politische Funktion der Stimme: Diejenige historischer Rhetoriken ist Tribut einer Körperpolitik. Dagegen gilt es heute vor allem, Strategien einer Ethik des Worts und der Stimme auf der Bühne zu entwickeln. Im aktuellen Kontext einer Rundumbeschallung durch Musik, die den öffentlichen Raum in ein anästhesierendes Klang- und Geräuschbad taucht, mögen Stimme(n) des Textes, vokale Signatur ebenso wie differentielle Stimme(n) die Antworten auf die sonore Homogenisierung und die Biopolitik der Gesellschaft des Spektakels sein. Eine solche Ethik der Stimme und des Worts beinhaltet, die Stimme des Anderen der Sprache anzuerkennen, der wir – trotz ihrer sich den Stimmen der Eltern und sozialer Modelle verdankenden Textur – eine eigene, von einem anrufenden Begehren signierte Stimme leihen. So können wir nicht nur uns als Subjekte manifestieren, sondern auch genießen, ephemer zu existieren.

Die Stimme ist souffliert, sie verliert sich im Raum zwischen Körper und Sprache, doch projiziert sie auch einen Körper, den sie formt, schafft und verändert, indem sie uns verändert. Sie bewirkt, dass Worte zu anderen sprechen und gehört werden können. Auch vermag sie, zu uns in *anderer* Weise zu sprechen. Daher ist ihr Reich immer auch von Souveränität geprägt. Doch ist diese Souveränität nicht mehr die einer immanenten Macht oder einer Transzendenz, die jene legitimiert, sondern die unendliche Kraft eines begehrenden Subjekts, das die Trauerarbeit an der Trennung von der Stimme vollzieht, ohne hingegen aufzuhören, mit ihr deren Überschreitung an- und aufzurufen. Obwohl heute aufzuzeichnen und technisch zu modifizieren, bindet die Stimme uns an das Reale, an den Tod. Doch überlebt sie auch in der Schrift, die eine unmögliche Stimme nahelegt, die utopische Stimme des Körpers und utopische Stimme der Sprache vereint. Ihr potentielles (inneres) Verlauten durch andere, in der Lektüre und in performativen szenischen Praktiken, macht die Stimme mächtig, zugleich aber auch als Einsprache befreiend.

Abschließend ein Dank all jenen, die in den Anfängen diese Recherchen ermutigt haben und deren Stimme heute in ihren Texten und in meinem Gedächtnis weiterlebt: Michel de Certeau, René Payant, Philippe Lacoue-Labarthe, Brunella Eruli. All denen, zu zahlreich, um sie hier im Einzelnen namentlich zu nennen, die mir durch Einladungen zu Tagungen oder zu Buchprojekten Gelegenheit gaben, meine Überlegungen zur Stimme darzulegen, zu überprüfen, weiterzuführen und zu vertiefen, sei hier ebenfalls mein Dank ausgesprochen. Auch meinen Kollegen am Gießener Institut für Angewandte Theaterwissenschaft, Heiner Goebbels und Gerald Siegmund, wie auch den Studierenden der Seminare, mit denen der Austausch über ihre künstlerischen Forschungen neue Horizonte geöffnet hatten, bleibe ich dankbar verbunden. Ein besonderer Dank gilt Serena Schranz, die mit großer Sensibilität und fachlicher Kompetenz das Manuskript eingerichtet, gegengelesen und den Index erstellt hat. Der Druck wurde unterstützt mit meiner Professur zugewiesenen Forschungsgeldern der Universität, auf die ich nach meinem Ausscheiden noch zurückgreifen durfte. Die letzte Danksagung gilt all den Verlagen und Zeitschriften, die mir den erneuten Abdruck meiner Aufsätze in diesem Band erlaubten.[20] Die hier versammelten Aufsätze werden in ihrer ursprünglichen Länge wiedergeben, weshalb Wiederholungen unvermeidlich waren. Auch wurde bei Vorträgen der Sprachduktus der Sprechsituation nicht geändert. Hingegen wurden die Texte zur besseren Leserlichkeit überarbeitet, ergänzt und gegebenenfalls korrigiert, sowie mit einigen unveröffentlichten Texten angereichert.

Dezember 2013

Anmerkungen

1 *Nova Iconologia* di Cesare Ripa Perugino, Cavalier de SS. Mauritio & Lazzaro, Padua, Pietro Paolo Tozzi, 1618, III, 612. Nachdruck in zwei Bänden: Cesare Ripa, *Iconologia*, gekürzte Ausgabe (Edizione pratica), hrsg. v. Piero Buscoli, mit einem Vorwort v. Mario Praz, Turin 1986, hier Bd. 2, S. 283–284.
2 Ebd., S. 284.
3 Vgl. Interview von Valérie Robert mit Roberto Alagna, „Je traite ma voix comme une épouse", in: *Version Femina* 601, 2013, S. 15.
4 Jacques Lacan, „l'Étourdit", *Scilicet* 4, 1973, S. 5: „Qu'on dise reste oublié derrière ce qui se dit dans ce qui s'entend."
5 Vgl. Jean Michel Vivès, *La Voix sur le divan. Musique sacrée, opéra, techno*, Paris 2012, S. 35–46.
6 Vgl. Guy Rosolato, „La voix entre corps et langage", in: *Revue Française de Psychanalyse*, t. XXXVIII, 1, 1974, S. 77–94.
7 Vgl. J. Lacan, *Le Séminaire Livre IV: La relation à l'objet (1956–1957)*, Paris 1994, S. 30–33.
8 Vgl. *Semiotik des Avantgardetextes. Gesellschaftliche und poetische Erfahrung im italienischen Futurismus*, Stuttgart 1980.
9 Hier war insbesondere die Erfahrung mit Artaud wichtig, dem der zweite Band meines *Der subjektive Raum*, Tübingen 1990, gewidmet ist.
10 Vgl. Jacques Derrida, „La parole soufflée", in: Ders.: *L'Écriture et la différence*, Paris 1967, S. 253–292; dt. „Die soufflierte Rede" in: *Die Schrift und die Differenz*, Frankfurt/Main 1972/76, S. 259–301.
11 Vgl. zum Begriff der Animation, Hans Belting, *Bild-Anthropologie. Entwürfe für eine Bildwissenschaft*, München 2001.
12 Vgl. J. Lacan, *Le Séminaire Livre XI: Les quatre concepts fondamentaux de la psychanalyse (1964)*, Paris 1973, S. 11–14.
13 Die französischen Texte zur Stimme erscheinen gleichzeitig in dem Band: *Le Corps de l'audible. Écrits français sur la voix 1979–2012*, Frankfurt/Main 2014.
14 Vgl. Philippe Lacoue–Labarthe, „L'écho du sujet", in: Ders., *Le Sujet de la philosophie. Typographies I*, Paris 1979, S. 217–303.
15 Vgl. J. Lacan, *Le Séminaire Livre XI*, S. 63–109.
16 Vgl. J. Lacan, *Le Séminaire Livre XXII: Le sinthome (1975–1976)*, Paris 2005, S. 17.
17 Vgl. J. Lacan, *Le Séminaire Livre IV*, S. 44–68.
18 Vgl. J. Lacan, *Le Séminaire, Livre III: Les Psychoses (1955–1956)*, Paris 1981, S. 11–54.; Ders., *Le Séminaire Livre X: L'angoisse (1962–1963)*, Paris 2004, S. 281–321; Ders., *Le Séminaire Livre XI*, S. 96; Ders., *Le Séminaire Livre XXII*, S. 17; vgl. ebenfalls J. M. Vivès, *La Voix sur le divan*, S. 35–46.
19 Vgl. Denis Vasse, *L'Ombilic de la voix. Deux enfants en analyse*, Paris 1974; Didier Anzieu, *Le Moi–peau*, Paris 1985.
20 Vgl. das Quellenverzeichnis am Ende dieses Bandes.

I.

Das Interesse an/der Stimme

Die souffliert Stimme
Klang-Theatralik bei Schönberg, Artaud, Jandl, Wilson und anderen

> *Die Geschichte des Theaters ist die Geschichte eines langen, stummen, sturen, niemals zu Ende gekommenen Protests gegen den menschlichen Körper.*
>
> Valère Novarina

Das Experimentaltheater der siebziger Jahre misstraut dem Wort. Es erscheint ihm als *souffliertes Wort* (Derrida) von Samuel Beckett bis Ernst Jandl über Robert Wilson zu Richard Foreman. Sein Horizont ist nicht mehr das Gesprochene, sondern das Sprechen, nicht mehr das Sprechen der Sprache, sondern der Stimme. Die Oper wird zum Modell: Robert Wilsons *Einstein on the Beach* und *A Letter for Queen Victoria* – „Opern"; *Death, Destruction & Detroit* – „Ein Stück mit Musik"; Meredith Monks *Vessel* und *Recent Ruins* – „Opern"; Ernst Jandls *Aus der Fremde* – „Sprechoper in 7 Szenen". Ein weiteres Zeichen, nun auch auf dem Theater, für den um sich greifenden Prozess des Rückzugs des Worts?

Die Zeichen trügen. Zwar ist der Glaube an die Macht der Wortsprache erschüttert, aber das ist er seit dem Ende des 19. Jahrhunderts. Dafür hat jedoch der moderne Text ihr einen Bereich erschlossen, der einen Aspekt der Wortsprache, ihre musikalische Qualität, in ihrer Funktion für den Sprechenden zu erforschen sucht. Die Musik der Stimme des Textes wird dort erfahrbar als ein Grenzbereich *zwischen* Körper und Wortsprache, als der Bereich, in dem Atem und Klang nicht mehr Körper und noch nicht Sinn sind.

Die Erforschung der Grenzen dieses musikalischen Raumes geschieht in den letzten Jahren privilegiert auf dem Theater, das zu einem Ort wird, in dem die Beziehung von Hören und Sehen in ihrem Verhältnis und ihrer Funktion für das Subjekt neu erprobt werden. Damit wird ein Aspekt des Theaters wieder in den Vordergrund gestellt, der, wenn nicht verdrängt, so doch zum großen Teil in Vergessenheit geraten zu sein schien mit der Trennung in Sprechtheater und Oper. Diese Trennung verdanken wir in ihrer heutigen Form dem Sprachverständnis des 18. Jahrhunderts, das der französische Philosoph Jacques Derrida als Logozentrismus analysiert hat.

Die Sprechstimme wurde erst wieder im 20. Jahrhundert und zuerst von den Pionieren der neuen Oper ins Zentrum gerückt, Arnold Schönberg und Alban

Berg mit ihrer Erforschung der Modalitäten von Sprechen und Gesang sind hier zu nennen, für das Theater sodann Meyerhold, Brecht und vor allem Artaud.

Die Stimme der Wortsprache: Der Ton

In diesen Experimenten von neuer Oper und Avantgardetheater werden zwei Qualitäten der Stimme als ein *Zwischen* von Körper und Sprache deutlich. Zuerst zeigt die Bearbeitung des *Tons* – die Verbindung von Tonhöhen, Tonrichtung und Tonfolge in der Prosodie –, wie die Stimme an die Wortsprache gekettet ist und je nach Nationalsprache kodiert wird. Zu einer Sprache gehört so die Satzmelodie, die Anfang und Ende der Sätze und Sinnabschnitte markiert, sowie ihre Modifikation durch Intonation von Fragen, Ausrufen und syntaktischen Segmentierungen, Einschüben und ähnlichem. Aber ihr gehören auch soziale und modale doppelte Kodierungen an. Sie entspringen Rhetoriken, welche die soziale Herkunft des Sprechers oder seine Stellung zum Gesagten in einer Rhetorik der Emotion (Freude, Schmerz, Trauer) oder einer Rhetorik der Distanzierung (beispielsweise Ironie) anzeigen sollen.

In einer Rhetorik der Expression versucht der Schauspieler mit der dargestellten Person mittels eines gesellschaftlich wahrscheinlichen Tons zu verschmelzen, in der Rhetorik der Distanzierung – von Meyerhold und Brecht fürs Theater aus dem Stil der Diseusen des Kabaretts entwickelt – verweist der Schauspieler mit einem Augenzwinkern auf den Doppelaspekt seiner Figur als an- und abwesend, denn er stellt zugleich die darzustellende Person und sich selbst aus. Doch dieses Selbst ist wiederum nicht die Person des Schauspielers als gespaltenes Subjekt, sondern vielmehr die vom Autor und/oder Regisseur – neben der Figur, der er seine Stimme leiht – zugewiesene Rolle für die Person des Schauspielers. Die Bearbeitung des Tons durch Mikrophone und eingeblendete Tonbandaufnahmen der Sprechstimme, so in Robert Wilsons *I Was Sitting on my Patio this Guy Appeared I Thought I Was Hallucinating* oder in Richard Foremans *Luogo + bersaglio* macht die Stimme des Selbst nicht nur als eine von einem anderen soufflierte Stimme erfahrbar, sondern sie ist vor allem auch deshalb *soufflierte* Stimme, weil ihr das Timbre und damit der Körper fehlt, das, was Roland Barthes die Körnigkeit der Stimme – *le grain de la voix* – nennt.[1] Die fehlende Intonation kann in diesem Theater zum Teil durch visuelle Mittel wie Gesten und Bewegung, Licht, Dekor und Accessoires übernommen werden, wodurch auch die Funktion der Intonation erfahrbar wird, nämlich die Sprechsituation und Kohärenz des Gesprochenen herzustellen. Das Fehlen von stimmlichen Körperindizien verweist jedoch auf den anderen Ort, den dieses Theater in Filigran zeichnet: Die Stimme der Wortsprache wird hier als fremde Stimme, als der radikal Andere halluziniert, dem der Kampf angesagt wird. So mag sie wie in der Schizophrenie als Sprechzyste erscheinen oder wie in der Paranoia als böses Objekt.

Die Stimme des Körpers: Der Klang

Im Sprechgesang der Melodramen und Opern Arnold Schönbergs und Alban Bergs wird der Klang der Stimme ausgehend von der Musik erforscht, bei Antonin Artaud, so in *Pour en finir avec le jugement de dieu* (1947), steht er als Klangpotential des Textes im Mittelpunkt. Auf die Nähe dieser Erfahrung zur Musik hat schon Pierre Boulez hingewiesen.[2]

Im Sprechgesang geht es um eine Modalität der Stimme zwischen Sprechen und Singen. Alban Berg erarbeitet in der Oper *Lulu* bis zu vier Arten des Vortrags – rhythmisch fixiertes Sprechen, Sprechvortrag mit relativer Tonhöhe, Sprechvortrag mit fixierter Höhe und fixiertem Rhythmus, Sprechgesang –, die sich zwischen dem Sprechen und dem Singen (*cantabile*) bewegen. Der Sprechgesang wird immer als ein Versuch beschrieben, die Prosodie in Tonhöhen, Intervallen und Rhythmus zu fixieren. Schönberg weist dabei ausdrücklich darauf hin, weder in Gesang zu verfallen, bei dem die Tonhöhe gehalten wird, noch in reines Sprechen, bei dem der Ton kurz angetippt und in einem An- oder Abstieg verlassen wird.[3] Diese musiktheoretisch rätselhafte Formulierung aus dem Vorwort zu *Pierrot lunaire* führt Pierre Boulez[4] auf einen Irrtum in der Unterscheidung von Sprech- und Singstimme zurück: Bei derselben Person habe die Gesangsstimme eine breitgefächerte und oft auch höhere Stimmlage als die Sprechstimme, die begrenzter und tiefer sein kann. Ähnliche Stimmlagen von Singstimmen könnten verschiedene Stimmlagen derselben Stimmen beim Sprechen beinhalten. Zudem bleibe die Sprechstimme nicht auf dem nur kurz klingenden Ton, wodurch sie einer Art Perkussionsinstrument gleiche. Als Beispiel für die Undurchführbarkeit der Schönbergschen Anweisungen gibt Boulez die von Schönberg selbst dirigierte Aufnahme des *Pierrot lunaire* mit der von ihm bevorzugten Interpretin Erika Stiedry-Wagner an,[5] die aus der Tradition der Diseusen kommt. Ihre Interpretation führt Pierre Boulez zu dem Urteil, dass Schönberg offensichtlich interessierter am *Ausdruck* als an der Korrektheit der Intervalle gewesen sei.

Mir legt das Anhören des Tondokuments jedoch einen weiteren Schluss nahe: Der Sprechgesang macht hier die *Grenzen* der an die Sprache gebundenen Prosodie, der Intonation, erfahrbar und weist auf einen Aspekt der Stimmführung hin, den die Linguistik nicht erfasst. Die Stimme des Sprechgesangs wird zum *Klanginstrument,* das Sprechklänge in dem *Zwischen* der Instrumententöne und in Konkurrenz mit ihnen zum Klingen bringt; dabei nehmen die Instrumentenstimmen die Klänge der Sprechstimme auf und machen sie im Kontrast der Klangfarben der Instrumente und Tonhöhen manifest, gemäß der Anweisung

Schönbergs, wonach der Ausdruck sich nicht nach dem Sinn, sondern nach der Musik zu richten habe. Was die Musik also mit der Klangfarbe der Instrumente und dem Kontrast der Tonhöhen als Ausdruck kodieren kann, das gelingt der Sprechstimme nur punktuell, weil von ihrem Klangfarbenspektrum, dem Timbre, abhängig. Die Modulation der Klangfarbe ist nicht das Ergebnis der Modulation von einem Ton zum anderen, also nicht an die Tonhöhe und damit an den Umfang der Singstimmlage gebunden – er ist zum Beispiel bei den Kastraten außerordentlich. Sondern sie hängt von der Modulation der Frequenzen innerhalb eines jeweiligen Sprechstimmenumfangs ab, vom Timbre, das individuell verschieden, singuläres Attribut des Subjekts ist, bestimmt durch hormonale und physiologische Faktoren sowie durch die Triebkonstitution und das Geschlecht der Person.[6]

Diese Arbeit an der Klangfarbe der Sprechstimme, wie ich den Sprechgesang eher nennen würde, bedeutet eine beunruhigende Erfahrung für den, der sich ihr stellt: Nicht nur die nationalsprachliche und soziale Identität werden über die Bearbeitung der Prosodie in Frage gestellt, sondern auch die stimmliche Identität des Subjekts, die der Gesang für die Singstimme über die Stimmlage in den Tönen zu kodieren sucht und die der Vers für die Sprechstimme in Alliterationen, Assonanzen und Reimen als ein bestimmtes Timbre vorgibt. Hier jedoch löst sich das Subjekt fließend auf.

Die „Einbahnstraße" des mütterlichen Körpers

Antonin Artaud geht vom Text aus, seine Theatersprache hingegen „vielmehr von der Notwendigkeit des gesprochenen Worts als von einer schon vorgeformten Wortsprache. Und da sie es in einer Einbahnstraße vorfindet, kehrt sie zur Geste zurück, auf spontane Weise".[7] Wie sieht diese Einbahnstraße aus? Eine doppelte Mauer versperrt sie, nicht nur das soufflierte Wort, sondern auch die soufflierte Stimme gilt es zu desartikulieren. Denn die Sprache, die in vielen Diskursen vorgegeben ist, hat nicht nur den Ton, sondern auch den Klang der Stimme an sich gerissen. Den Platz zwischen Körper und Wort besetzt der Vers, die Rhetorik der Poesie. So gilt es nicht nur die Stimme des Vaters, sondern auch die Stimme der Mutter, nach der sich das eigene Timbre, die Frequenzmodulationen modellieren, in Frage zu stellen. Jede Attacke auf die Muttersprache und die nationalen und individuellen Modelle der Subjektivität, die sie bereithält, ist so – nicht nur im übertragenen Sinne – ein Durchqueren der Lust der Mutter und ihres individuellen und nationalen Körpers.

Das muttersprachliche Klangmodell ist für das französische Theater der Alexandriner, die „Prosa des Theaters", wie der Abbé d'Aubignac im 17. Jahrhundert feststellt. Unterstützt von phonologischen Eigenheiten des Französischen finden hierin die Leidenschaften ihre nationalsprachliche Kodierung in einer

Klangrhetorik, die sich in eher mediokren Produktionen verwirklicht, bei Racine und Corneille jedoch eine Spannung von Versmaß und Intonation bewirkt, die Klangfarbe und Rhythmus zur Musik macht.

Die Konvention des Alexandriners als Rhetorik des Körpers zeigt sich an der Deklamationspraxis der Racine'schen Tragödien im 17. Jahrhundert. Wie die Bühne den Fluchtpunkt ihrer Perspektive im Auge des Sonnenkönigs spiegelte, aber die Illusion eines Panoptikums nur für ihn, dessen Macht sie repräsentiert, vollkommen war – die Seitenplätze gaben Einblick auf die Kulissen, man musste also mit seinen Augen sehen –, so war auch die durch den Alexandriner perspektivierte Stimme als Repräsentation der von der Ratio gezügelten Leidenschaft nur für den vollkommene Darstellung einer ungeteilten Macht des Wortes, der sich als seine Inkarnation im Königreich der Sonne fühlte.

Mit einem barocken Augenzwinkern verwies die Deklamation der Tragödie auf die Konvention, die den Bühnenort zum Ort des Ursprungs der Stimme einer Passion zu machen scheint. Denn diese Stimme ist noch nicht expressiv, wie dies das 18. Jahrhundert von Rousseau bis Jakob Engel fordern wird. Den Zeitgenossen erscheint sie vielmehr als Antizipation und Modell für das Rezitativ Lullys: Laut den Zeitgenossen, so dem Abbé du Bos (1719) und auch Jean Racines Sohn Louis, beherrschte sie eher ein poetischer denn ein Sinnrhythmus; sie vermerken eine gewisse Monotonie, unterbrochen von Oktavsprüngen unter und über dem Grundton, ohne dass jedoch die Deklamation selbst in Gesang verfiele. Fast eine Art Sprechgesang könnte man annehmen, jedoch ist seine Funktion für den Stimmklang und die Repräsentation des Subjekts eine andere: Seine scheinbare Einheit bricht nicht in einem Prozess auf, das gespaltene Subjekt wird durch die Einbindung des Klangs in die Wortsprache noch auf harmonische Weise zusammengehalten.

Für die Tragödien Racines wird die Funktion dieser Deklamation deutlich, wenn wir Leo Spitzers Untersuchungen über Racine hinzuziehen:[8] Er zeigt, dass Racines Stil mit Verfahren der *Dämpfung* arbeitet; sie bewirken eine Objektivierung des Gesagten und Sagens im Sprachakt, welche semantisch mit dem doppelten Sinn arbeitet: Wenn ‚ich', Phèdre, spricht, dann spricht sie in der dritten Person – „sie" – von sich, und der „er", von dem sie spricht, ist das ‚du', an das sie sich wendet, und das, wovon ‚ich', ‚er', ‚sie' sprechen, ist zwar das Begehren, das sich jedoch zugleich nur mit seiner sozialen Bewertung als zensierter Wunsch zu äußern vermag. Auch der Vers, in den dieses Sprechen gebunden ist, hat objektivierende Funktion, denn er kodiert zugleich das ‚Wesen' der Nationalsprache und indiziert als Form eine Sprache der Passion. Vers- und Sinnebene verschmelzen nicht in einer expressiven Emphase des Sinns, sondern werden allein durch die Stimme der monodischen Deklamation in einem grausam gedämpften Gleichgewicht zusammengehalten. Das theatrale Subjekt wird zum

Schnittpunkt eines Prozesses, in dem das Wort als Gesetz mit einer Musik, die die Leidenschaft diktiert, zusammentrifft und die Musik das Wort und das Wort die Musik informiert: Die Verdoppelung des Worts durch den Klang der Leidenschaft und die Verdoppelung der Musik durch den Ton fordern eine Sprechstimme, die zur Grenzlinie zwischen dem Wort – Gesetz und Ton – und dem Körper – Leidenschaft und Klang – werden kann. In dieser Deklamation könnte sie dann das ‚Wesen' der Stimme als eine Theatralisierung dessen *ausstellen*, was *zwischen* Körper und Sprache liegt. Damit geht die Deklamation der Racine'schen Tragödien weiter als das Rezitativ, in dem das Drängen der Leidenschaft im Insistieren des Generalbasses gegen das Wort bedeutet werden kann, womit schon die im 18. Jahrhundert erfolgte Trennung in Sprech- und Singtheater vorgezeichnet ist: hier die Feier des Tons und des Geistes, dort, in der Oper, die Feier der Stimme und des Körpers.

Für das Zeitalter Racines konnten das soufflierte Wort, die soufflierte Stimme noch positiv in einer Einheit erfahren werden, die das Subjekt in einem nationalen Ton-, Klang- und Körpermodell darstellte. Sie war garantiert durch den Glauben an die Transzendenz jenseits des Wortes, sie machte seine Macht aus. Der schöne Schein einer Repräsentation, die sich ausdrücklich als sekundär anzeigt, wird nicht schmerzlich, der Schein wird nicht als Täuschung erfahren, die barocke Lust am *trompe l'œil* und am *trompe l'oreille* kann sich an der Vorstellung, die sich selbst vorstellt, noch so lange entfalten, wie Gott und der Souverän noch nicht tot sind.

Der Angriff auf den mütterlichen Körper: Antonin Artaud

Für Artaud ist Gott nicht mehr der Schöpfer des Wortes, sondern ein böser Geist, der seinem Körper Gedanken, Worte und Stimmen souffliert und so den Raum zwischen Körper und Sprache usurpiert. Für ihn sitzt er an der Stelle des Auswurfs, Indiz einer missratenen Schöpfung: es gilt dort hinabzusteigen und die Stimmen hörbar zu machen, die nicht mehr der Welt der Gedanken angehören, das heißt der poetischen Inspiration, oder dem Wort, der Prosodie, „ein Fötus, Fliegendreck, der lacht, weil sich's reimt".[9] Vielmehr geht es um Schreie, „die Stimmen, die den Klang des Aufknallens eines feindlichen Sarkophags haben, das Knackgeräusch verbrennenden Fleisches".[10] Was Artaud 1946, nach Auschwitz, schreibt, beleuchtet das *Theater der Grausamkeit* in einer Weise, die dessen Interpretation als mythenbildendes, sozialtherapeutisches Massenspektakel in die Nähe zur faschistischen Inszenierung bringt. Artaud geht es darum, im und für den Menschen sichtbar und hörbar zu machen, was eine solche Inszenierung potentiell ermöglicht – in Syberbergs Worten „den Hitler in uns" –, laut Artaud: „Ein senkrechter Abstieg ins Fleisch entwöhnt auf Dauer, die Grausamkeit zu rufen, die Grausamkeit oder die Freiheit."[11] Und einige Zeilen weiter:

„die Grausamkeit, das sind die massakrierten Körper".[12] Offensichtlich wird, dass hier das Problem der soufflierten Stimmen nicht mehr eine Frage der Intonation oder der Prosodie ist. Triebenergien sollen in die Sprache als Stimmen eingeschrieben werden, um ein Denken anzugreifen, das vor und unter Grammatik ansetzt, „dieser Matrone, die nicht immer schon existiert hat".[13] Die Tonaufnahme von Artauds Hörspiel *Pour en finir avec le jugement de dieu* („Schluss mit dem Gottesgericht") von 1947 zeigt, wie diese Abrechnung mit allen Instanzen des Urteils, dem sprachlichen Gesetz und den gesellschaftlichen Diskursen, auch die Melodie und Prosodie der Muttersprache attackiert, indem sie den Text mit einem nichtlinguistischen Rhythmus durchzieht und das Echo eines vorsprachlichen (mütterlichen) Raums evoziert.[14] Die Klangfarbe des in den Text eingeschriebenen Timbres wird desartikuliert, Ton und Geräusch sind wie in der konkreten Musik nicht mehr getrennt. Die Modulationsfrequenzen bewegen sich in einem Umfang von 300 bis 1200 Hertz, eine fast unerträgliche Erfahrung, wenn man vom Normaltimbre, das zwischen 200 und 300 Hertz schwankt, ausgeht. Die Klangfarbe von Artauds Stimme ist hier nicht mehr durch Melodik und Harmonie gekennzeichnet, sondern Gespanntheit und Akzent modulieren das Timbre in einer Mimesis der Ausstoßung und Verwerfung, die den Körper fast bis zum Ersticken verschließt. Der Körper macht die Stimmen, die ihn belagern, hörbar, indem er sich verschließt, ‚organloser' Körper wird. Stimmgewebe und Wortgewebe brechen in einem grotesken Lachen auf, das den Körper durchpulsiert, lustvoll, und das Doppel der soufflierten Stimme vertreibt, der er vokale Triebelemente injiziert. Ein neuer Körper, der seinen eigenen Atem gefunden hat, entsteht so, fern vom biologischen Determinismus ... „Ich, Antonin Artaud, bin mein Sohn / mein Vater, meine Mutter / und ich."[15] Dieser Körper ist kein Organismus, er zeichnet einen Raum, in dem transindividuelle Stimmen in der Auseinandersetzung mit dem Wort und dem Ton der Sprache ein Subjekt konstituieren, das sich nicht mehr gespalten in Leib und Seele, Körper und symbolisches Gesetz darstellt.

Diesen in einer neuen Weise subjektiven Raum zeichnet Artaud neben seinen späten Texten und dem Hörspiel auch in Ansätzen als *Performance* mit der Soirée im Théâtre du Vieux Colombier in Paris, die am 13. Januar 1947 mit dem Titel *Rückkehr des Mômo Artaud* (des ‚Wortbalgs' *môme/mot*) angekündigt wird. Dabei verbindet Artaud mit der Performance der siebziger Jahre nicht nur die Konstruktion neuer subjektiver Räume, welche die Grenzen des abendländischen Subjekts sprengen: Mit dem Insistieren auf dem *Prozess* gegenüber dessen Ergebnis wird auch die Repräsentation selbst in Frage gestellt. Wenn Artaud in den letzten Jahren seines Lebens hierbei die Stimme gegenüber der Geste privilegiert, so wohl nicht nur aus materiellen Gründen, die ihm eine ‚richtige' Theaterarbeit verwehren. Er lässt uns erfahren, dass die Stimme das theatralische Element par excellence ist: In den Text eingeschrieben spricht sie von dem, was das Wort überschreitet, ihm äußerlich ist, es an den Körper bindet – also die Eigenschaften besitzt, die für Roland Barthes das Kennzeichen der Theatralität sind. Auf der Bühne vermittelt die Stimme zwischen Text und theatraler Szene, zwischen Wort und Bild, sie wird zum verbindenden *Index* und bringt so die Illusion der Präsenz hervor. Indem Artaud Stimme als ein *Zwischen* von Körper und Wortsprache erfahrbar macht, öffnet er ihr einen Raum, der auch für den Text vom Leser immer neu mit seiner eigenen Stimme realisiert werden muss. Hierbei ist Artaud einer der ersten, der die Wichtigkeit der Medien für die Suche nach einer neuen Theatralität erkannt hat. Sein *Theater der Grausamkeit* braucht nicht mehr vorgegebene Räume, jeder Ort, auch das Rundfunkstudio, können ihm als Ausgangspunkt dienen.

Stimmen im postmodernen Theater

Jacques Derrida hat Artauds Konzeption des Theaters eine „Metaphysik" und „Eschatologie des Fleisches"[16] genannt. Nach Wesen, Sinn und Erlösung dieses Fleisches fragte Artaud mit dem Einsatz seines Lebens. Jedoch ist vielleicht auch gerade deshalb sein Weg so schmerzlich gewesen, weil er ihn gegen ein cartesianisches Sprachverständnis bahnte, das die Stimme an die Sprache als *logos* kettet, und dies in einer Zeit geschah, in der gerade auf der politischen Bühne eine einzelne Stimme ihre Lust in totalitärer Weise dem Wort aufoktroyierte und zum Machtinstrument machte.

Heute sind diese Tendenzen zwar nicht ganz verschwunden, aber die Vielfalt der Diskurse lässt eine Prätention nach dem Einen eher zum Scheitern verurteilt erscheinen. Der frontale Kampf gegen *die* Sprache weicht einem listigen Spiel mit den Sprachen, deren Elemente wie Versatzstücke neu angeordnet werden. Im Zeitalter der Elektronik und der Medien lösen sich aus dem Schattenrauschen von Artauds Glossolalien groteske und tragische Stimmen, die von der Erfahrung der Pluralität der Sprachen und der Relativität der Diskurse ausgehen, wie sie zum Beispiel eine Stadt wie New York vermittelt. Dabei geht es nicht allein um die Desartikulation der Klangfarben und Intonationen durch den Text oder durch Filter, Mikrophone, Harmonizer/Vocoder, sondern auch um die neuen Beziehungen von Körperstimme und elektronischer Stimme, von neuen Stimmen und Bildern, die aus der Interaktion von Performer und Szene mit Prospekten, Dias, Film, Objekten und dem Licht sich formen. Neue Räume entstehen aus neuen Relationen von sonoren, sichtbaren Körpern und audiovisuellen Environments, ‚Subjekte' konstituieren sich punktuell als Ergebnisse einer räumlichen Anordnung von aufgezeichneten und *live* produzierten Stimmen und Geräuschen. Das Subjekt steht nicht in Opposition zu den Sprachen, es wird erst durch sie hervorgebracht, und die Frage nach ihm ist die nach der besseren ‚Versuchsanordnung', der besseren Nutzung der Möglichkeiten. John Cage und die konkrete Musik wie auch die sonore Poesie stehen hier ebenso Pate wie die Minimal Art, die in der plastischen Kunst die Frage von Raum und Zeit in der Erfahrung des Werks mit thematisiert und so die Kantschen Apriori von Raum und Zeit ad absurdum führt. Diese neue Praktik ist *Performance,* wenn man diesen Terminus, so wie er in den USA gebraucht wird, im Sinne von *Prozess* versteht und ihn nicht mit Happening oder spontanen Aktionen verwechselt, denen in Europa in den letzten Jahren dieses Etikett gegeben wurde. Es geht um die Konstituenten dessen, was die Erfahrung des einzelnen von Raum und Zeit in einem neu definierten Rahmen ausbildet, damit geht es auch um die Konstitution des Menschen im Raum. In einer so verstandenen Performance können daher auch die Bedingungen des Theaters und der Theatralität zum Gegenstand werden. Und man kann jedes Theater, das den *Prozess* der Präsentation von Menschen in Raum und Zeit, den Prozess der potentiellen Sinnbildung durch die audio-visuellen Sprachen desartikuliert und ausstellt, eine Performance nennen. Dann gehören nicht nur Laurie Anderson, Joan La Barbara, Lucinda Childs hierher, sondern auch die Opern und das Theater von Robert Wilson, Meredith Monk, Richard Foreman und den Magazzini Criminali/Il Carrozzone, ja selbst Ernst Jandl.

Stimmen aus der Fremde

Ernst Jandls Sprechoper *Aus der Fremde* ist dem traditionellen Theater am nächsten: ein Dreipersonenstück mit er, sie, er2, das nach einem vorgegebenen Text mit detaillierten Bühnenanweisungen aufzuführen ist. Jedoch fällt die besondere Form des Textes auf, Personenrepliken in gleich langen Dreizeilern, welche die rhythmische Einheit vorgeben und die Figuren in der dritten Person Konjunktiv von sich sprechen lassen. Die Sprechstimme soll, laut Bühnenanweisung des Autors, für diesen Text die normale Sprechweise verlassen und sich dem Rezitativ annähern. Eine Tonbandaufnahme, auf der Jandl selbst seinen Text vorträgt, gibt hierfür einen ersten Hinweis, jedoch sollten laut dem Dichter die Stimmen auch untereinander kontrastieren. Da auch die Spielweise sich dem Tragischen annähern soll, lassen Jandls Bühnenanweisungen sofort an die Dämpfung der Racine'schen Tragödiendeklamation denken. Auch die Tatsache, dass die Distanzierung sehr bald vergessen und die Personen mit ihrem Wort identifiziert werden, mag dem Zuschauer nahe legen, die Worte der Bühnenfiguren er, sie, er2 als Suche nach der Bestätigung ihrer Einheit als Subjekts zu verstehen, welche der translinguistische Vers garantieren soll, demnach für *ihn/sie* das Theater letztlich immer noch der Ort der Repräsentation des Einen, des Souveräns, des Vaters ist (auch seine Tötung nur vom Wunsche nach ihm spricht). Ganz so wie für Gustave Flauberts Félicité in der Erzählung *Das einfache Herz* die Stimme des Papageis – dieser Inbegriff einer soufflierten Stimme – zur Stimme des heiligen Geistes werden kann. Aber da uns Jandl diese Faszination, welche die hyperkodierte Sprache hervorruft, am „alltagsdreck" erleben lässt, können wir auch in einem Lachen gewahr werden, dass wir – wie Félicité – bisher offensichtlich taub und allein an der Virtuosität der Nachahmung eines wahrscheinlichen Tons interessiert waren und nicht so sehr an der Klangfarbe und der Sinnpotentialität der Worte. Hier öffnet die neue Konvention das Ohr für die Stimme. Die Wortmusik sublimiert lustvoll die Alltäglichkeit und Langeweile der Wiederholung, lässt zugleich ihr einem Generalbass ähnliches Insistieren als Todesmelodie erfahren. So löst sie von der physischen Determinierung durch den ‚Dreck' zugleich vom Bild der Körpergesten. Jandls Sprechoper deutet so auch auf das Ende eines Theaters der Repräsentation hin, das Theater ist nun da, wo Bilder und Körper nicht den Raum verbarrikadieren, es ist da, wo eine Wortmusik erklingt.

Die Implosion der menschlichen Stimme

Für *Crollo nervoso* („Nervenzusammenbruch"), 1980 von der Gruppe Magazzini criminali (Federico Tiezzi und Sandro Lombardi) in Mailand uraufgeführt, gibt die Musik den raumzeitlichen Rahmen, mit einer Tonspur von genau sechzig Minuten. Im Gegensatz zu *Punto di rottura* (1980 in München zu sehen), wo die Brechung der Wahrnehmung durch Ineinanderschieben verschiedener Räume in Würfelform erfolgte und das Auge mit dem Wechsel der Blickpunkte den Körper mit auf Reisen nahm, schickt hier das Ohr die Augen auf Reise: Der Spielraum ist von Jalousien begrenzt, mal sind diese geschlossen (Akt I, Szene 1, Akt II, Szene 2), mal offen (Akt I, Szene 2, Akt II, 1); der Raum wird verändert durch das Licht und durch Musik und Geräusche (zusammengeschnitten aus Brian Eno, Robert Fripp, Billy Holliday, Brion Gysin, Jon Hassel, Miles Davis, Davis Byrne); die Personen, die sich in ihm bewegen, bleiben die gleichen. Allein die Musik lässt die Orte als *Mogadiscio 1985*, als *Flughafen von Los Angeles drei Jahre später*, als *Saigon, 21. Juli 1969* und *Afrika im August 2001* ‚wahrnehmen'; ein Erkennen, das ein Gedächtnis aus Film- und Fernseherinnerungen aktivieren muss. Die Stimmen der Akteure, die in diesen Geräuschfluss eingreifen, sprechen selbst wieder in Stereotypen, die nur über sich verausgabendes Schreien gegen die Musik- und Geräuschambiente ankommen, aber auch selbst in ihren Einwortsätzen sich nicht verständlich machen können. So am Anfang folgender ‚Dialog'– Dallas: „Sea or see"; Irene: „Si"; D.: „Listen: sea or see ..." usw. Fazit: Die wunderschön kalte elektronische Designumwelt ist ein durch Medien und Elektronik besetztes Geräuschambiente, in dem sich der einzelne nur in der von diesem Ambiente generierten Gewalt manifestieren kann.

Die Ort- und Zeitangaben sprechen für sich. Und Afrika erscheint als das Paradies der Zukunft.

Mit dieser Produktion, die 1981 beim Festival Theater der Welt in Köln gezeigt wurde, bleiben die Magazzini criminali durchaus in der Tradition der historischen Avantgarde. Ihre negative Geste macht sie zu Kindern des italienischen Futurismus, wenn auch ihre Intentionen in eine andere politische Richtung gehen. Gewalt sei ein Wert, schreibt Sandro Lombardi, ein Mitglied der Truppe. Die Nähe zur futuristischen Geste zeigt sich auch in der Unfertigkeit der Analyse. Sie bleibt in der Faszination der Medien und der Technik stecken, gegen die sich der einzelne nur im Schrei, im Nervenzusammenbruch gegen Musik und Geräusch manifestieren kann, seine Ausdruckselemente sind repetitive Sprach- und Bewegungsgesten, die zu einer zweiten Natur geworden sind, zu einer zweiten Triebnatur. Der sensorische Terrorismus, den die Gruppe als Wirkung ihrer Arbeit anstrebt, erscheint, trotz seiner scheinbaren Modernität, eine Regression, die zu erneuter Mythenbildung führt. Das Ende des ‚abendländischen Subjekts' ist nicht notwendig das Ende des Subjekts überhaupt, und die Technik wäre zu einem Instrument und nicht zur unbefragten Voraussetzung der Performance zu machen.

Auf dem Weg zu neuen Sprech- und Sehräumen

Robert Wilson und Laurie Anderson beispielsweise bleiben nicht bei der negativen Diagnose eines Widerspruchs zwischen beschränkter menschlicher Natur und heutiger Technik stehen. Sie suchen die Veränderung der Wahrnehmung durch die Medien in ihrer Arbeit für die Konstruktion singulärer subjektiver Räume zu nutzen und stellen damit die Frage der Konstitution des Subjekts durch die Sprachen in neuer Weise: Wie lerne ich die Bilder mit Stimmen und Geräuschen zu verbinden, was erfahre ich durch die Technik über meine Beziehung zu ihnen und über die Stimme selbst? Beim Theater der Welt 1981 zeigte jeder von ihnen eine neue Produktion, Robert Wilson *The Man in the Raincoat*, Laurie Anderson *United States I–IV*. Das kontinuierliche Rauschen im Weltall, das Astrophysiker 1964 entdeckt haben, ebenso wie das Rauschen, das Sprache doppelt (der Atem, das Geräusch, das gut funktionierende Sprechmaschinen begleitet) werden hier wie die Quarks der Atomphysik zum eigentlichen Gegenstand ihrer Arbeit. Beide Künstler gehen Sprache und Stimme von dem aus an, was in gewisser Weise Antisprache ist, weil nicht diskret, noch nicht differenziert, und transformieren es, um es Sinnmöglichkeiten zuzuführen. Ihre Produktionen sind auch Opern, weil sie einen musikalischen Raum zeichnen, der jedoch über den Bühnenraum hinaus entgrenzt ist, dort Vergangenheit und Gegenwart, All und Mikrokosmos zugleich ist. Jedoch sind hier die Stimmen nicht an bestimmte Körper oder gar Charaktere gebunden, wie das in der Oper im 19.

Jahrhundert geschieht, in der Stimme zum Indiz der Identität des Singenden werden konnte. Eine Zuschreibung, die selbst noch bei Alban Berg gilt, jedoch im *Pierrot lunaire* in Ansätzen aufgehoben ist. Bei Wilson ist die Stimme durch Mikrophone verfremdet, wird vervielfältigt durch das Tonband, im Tempo beschleunigt und ertönt mit sich selbst im Chor aus den Lautsprechern im Saal. Das Stimmenmaterial erinnert an Film- und Fernsehstimmen, aus deren Grundrauschen Wilson, unterstützt durch Hans Peter Kuhn, eine neue diskrete Anordnung macht.

Laurie Anderson verlegt die Stimme in den Körper, der zum Resonanzkasten wird, sie lässt die Schädeldecke und die Knochen singen, oder schickt sie auf Reisen in die Mikrophone, Filter, Vocoder oder Harmonizer, wo sie verändert, tiefer, schriller, als Echo zurückkommt, sich vervielfältigt. Sie nimmt Akzente, Intonationen auf, arbeitet mit ihnen und mit Texten, die aus verschiedensten Quellen kommen. Sie bringt Gegenstände zum Sprechen, so eine Tonbandvioline und eine Mikrophonschnur. Aus dem fünfstündigen Werk zeigt sie in Köln Ausschnitte vor allem aus den ersten beiden Teilen. Im Herbst sollte das Ganze in New York zu sehen sein, im Februar 1982 voraussichtlich in Stuttgart. Die vier Teile sprechen vom Zug nach Westen (I), von der Macht und der Politik (II), vom Geld (III) und von der Liebe (IV). Jedem Teil entsprechen bestimmte Hand- und Bildbewegungen, die einzelnen Sequenzen sind aus kleinen Geschichten, Gedichten, biographischen, wissenschaftlichen Texten, Zeitungsberichten, vielerlei Stimmen, Melodien und Geräuschen zusammengesetzt. Bei Laurie Anderson wird die Maschinerie zum Teil der Person, eine Verlängerung des Körpers, so wenn sie mit einem Neon-Violinbogen aus ihrem Arm Bilder zaubert. Was Laurie Anderson mit den Sprachen, Stimmen und Bildern macht, kann hier nur angedeutet werden. Sie lässt uns durch einen Vorstellungsraum reisen, für den der Titel *United States* nicht zu bescheiden ist. Ihr Vorhaben ist enzyklopädisch: Theater wird zum Computer, der die Vielfalt der Bilder und Stimmen registriert, in Beziehung bringt und zu neuen Welten anordnet, zu einem neuen Text verbindet.

Robert Wilsons Mann im Regenmantel

Wilsons neues Einmannstück, das in Köln am Ende des Festivals Theater der Welt mit Verspätung Premiere hatte, war zwar noch nicht perfekt in den technischen Übergängen von Bild zu Bild, es führte jedoch – im Gegensatz zum Pariser *Edison* – gerade die Erforschung des Bereiches der Klangfarben der audiovisuellen Sprache weiter: das also, was Wilson in *Einstein on the Beach* und in den Performances mit Christopher Knowles begonnen hatte. Hier wird der sonore Bereich aber nur an wenigen Stellen von stimmenfremder Musik oder Geräuschen unterstützt. Allein der gesprochene Text schafft den Klangraum: einen

Außen- und Innenraum, das Außen des Alls und das Innen des Alps, das Außen politischer Mythen und das Innen von Märchen- und Medienmythen. Gesprochen wurde auf der Bühne, verstärkt durch zwei Lautsprecher auf der Hinterbühne, und Gesprochenes kam mit Wilsons Stimme vor allem aus den acht Lautsprechern des Zuschauerraumes.[17] Damit wurde der Bühnenraum (5x10 Meter) auf den Zuschauerraum als Sprechraum erweitert und schuf einen durch die Wortsprache gezeichneten Raum, in dem sich die Wortsprache sehr schnell als unendlich erweisen sollte.

Das einstündige Stück, aus neunzig Sprechsets montiert, ist in sechs Sektionen nach der Struktur ABACBC eingeteilt. Der Zuschauer findet beim Betreten des Saals ein auf eine Leinwand der Bühnenöffnung projiziertes Farbdia vor. Es zeigt rechts überdimensional Wilsons Kopf von hinten und im goldenen Schnitt links davon ein quadratisches Prisma, das an die Stele in Kubricks *Odyssey 2001* denken lässt. Science Fiction und Kriminalroman (birgt die leuchtende Säule einen Schatz, auf jeden Fall ein Geheimnis?) sind die ersten Assoziationen. Als dann das Bild auf der Gazeleinwand verschwindet und der Saal dunkel wird, kündet eine Stimme den Titel an. In einem Minuten dauernden Prozess werden Kontraste von Schwarz und Grau herausdifferenziert, ein schwarz-weißes Dia erscheint sekundenschnell, verschwindet, es zeigt rechts unter einem Baum einen Mann im Mantel. Habe ich nun das Photo von Rudolf Hess im Gefängnisgarten von Spandau gesehen, das Wilson bei Ausstellungen zu seiner Arbeit an *DD & D* gezeigt hatte? Eine Photographie, Halluzination eines Bildes aus einer früheren Arbeit? Auf dem Leinwandprospekt des Bühnenfonds differenziert sich immer klarer eine schwarz-weiße Struktur heraus, vor der Wilson an der Stelle, wo zuvor der Mann im Mantel zu sehen gewesen war, mit dem Rücken zum Publikum steht, schwarz gekleidet. Ganz schwach ist eine Stimme zu hören, vielleicht aber auch nicht, da setzt aus dem Lautsprecher Wilsons Stimme ein: „Section one, set one". Eine Sequenz aus den Wörtern „black/ lack/ ball/ sent/ bath" modelliert im Sprechrhythmus den Klang hämmernder Stiefelschritte. Das Bühnenbild mit Wilson bekommt plötzlich Konturen, die Szene scheint eine Photographie aus den dreißiger Jahren nachzuzeichnen, ein Redner auf der Tribüne von hinten, die helleren Punkte des Rollprospekts werden zu den Köpfen der Masse, Hitler oder Mussolini, die eine Parade abnehmen ... Plötzlich ergeben auch die Wörter einen möglichen Sinn. Über die Klangfarbe und das Bild sind sie zu einer syntaktischen Reihe verbunden, die den Mangel – *lack* – mit der Inszenierung eines schwarzen Balls – *ball* –, einem Indiz von Homoerotik – *ball* –, der Erfüllung einer Sendung – *sent* – und dem Bad – *bath* – (in der Masse?) verbindet. Zurückversetzt in einen Raum des Klangs *vor* der Sprache habe ich den Prozess der Verbindung von Klang und Bild neu nachvollzogen. Mein Wunsch, im Theater zu hören und zu sehen, bringt die Verbindung hervor, die Übertragung schafft einen möglichen Sinnzusammenhang: Die Bühne wird hier für den Zuschauer zur *anderen Szene*, auf der die Kommunikation nicht eine Sache von Zeichen ist, sondern ein Ergebnis des Transfers, wo der Zuschauer über Klang und Bild den möglichen Sinn erst selbst sich erfindet.

Dies geschieht in einem Prozess, der mit seinen Mechanismen der Verdichtung und Verschiebung an die Sprache des Unbewussten erinnert. In ihm sind Zeit und kausale Logik wie im Traum aufgehoben, in ihm wird das Erlernen von Sprache auf eine Weise gemimt, die eher die Sprachtheorie der Psychoanalyse (Lacan) evoziert als die der Linguistik, erfahrbar zuerst über ein sehr deutsches Bild und eine sehr deutsche Inszenierung der Identität des Subjekts. Das Bild der Sektion II versetzt in den Weltraum, wo Wilson als Demiurg schwebt und uns an die Szene 4 von *DD & D* erinnert, in der aus dem All ein Pilot „heil, hell, hilt" rief, hier ist es „howl howl". Neben der Science Fiction werden auch andere Sinnketten fragmentarisch angedeutet, der Kriminalroman („Harvey", „murder"), die Metareflexion über das Stück – es ist die Rede von der Oper –, das Einsetzen von Miauen, Flüstern und Echo unterstützen diese Kette, sowie Sätze, die auf den Demiurgen verweisen. Sektion III spiegelt die Bildstruktur von Sektion I, aber mit der Farbdominanz weiß. Ein Schwarzweißdia aus dem Prolog zu *Deafman Glance,* das Wilson stehend mit dem Messer in der Hand vor einem auf dem Boden liegenden Kind zeigt, wird überdimensional auf diese Struktur projiziert. Ein Messer senkt sich langsam während der ganzen Szene von der Bühnendecke herunter, Photo und Bühnenaktion fließen zu einem Bild ineinander, die Präsenz des Akteurs wird im Bild aufgesogen und von ihm wieder ausgespien. Das Ganze wird mit einem wie vom Echo wiederholten „wait wait ..." begleitet, als Generalbass zum ansteigenden Miauen, dem Telephonklingeln und Wilsons multiplizierten Stimmen, die von einem „Alptraum von Geräuschen und Lärm" sprechen. Ein Alptraum, der mit einem Schrei endet. Ein Traum vom Verlust der Identität – wer spricht, wenn gesagt wird, er miaue nicht, und dann ertönt ein Miauen und jemand bedankt sich für das Halsband und sagt, er sei keine Katze? Ist das *acting out* mit dem Messer die einzige Möglichkeit, die Stimmen zum Schweigen zu bringen, ist der Mord schon geschehen oder wird er sich erst ereignen? Und was bedeutet die Spannung, meine Spannung, die aufs Messer gerichtet ist? Erwartung des Opfers als auf die Bühne delegierte Opferlust? Um mich meiner Identität zu vergewissern? Sektion IV zeigt die Stele des ersten Bildes nun in schwarz. Aus ihr löst sich Wilson in Zeitlupe, bleibt stehen, nimmt die Brille ab, genau an der Stelle, an der sich eine weiße überdimensionale Schlinge senkt. Sie senkt sich, während sich siebenmal die gleiche Aktion wiederholt. Dabei verstärkt sich das Geräusch eines Brummens, das Flüstern der Worte „sixty-nine", das Miauen und das Telephonklingeln, während der Text davon spricht, dass „sixty-nine/seventy" etwas geschehen sei. Der Beginn von

Wilsons Theaterarbeit? Ein autobiographisches Element oder ein Teil des Fragments, das von einer Kriminalgeschichte spricht?

Im Laufe der Performance bilden sich Fragmente von Sinnketten aus, die ich je nach Insistieren von Ohr und Blick weiterverfolge oder fallenlasse. Mit meinem zerstreuten Ohr und Auge gleiche ich dem Analytiker angesichts seines Analysanden, doch das Bühnengeschehen macht auch mich selbst zum Analysanden, was ich sehe oder nicht sehe, wird für mich selbst bedeutsam. Sektion V knüpft in der Bildstruktur an Sektion II an, diesmal ist der Raum nicht der Himmel, er könnte unter der Erde sein. Er zeigt Wilson im roten Gewand eines Mitglieds des Ku-Klux-Clans oder eines Zauberers, Merlin, Rumpelstilzchen oder der Zwerg Alberich aus dem *Rheingold* zugleich. Der Text suggeriert mit dem Klang des Echos der Wörter *blue* und *bath* Rauschen von Wasser, was auf *black/balls* des Anfangs antwortet, und eine kaum hörbare Musik setzt ein. Sektion I bis V, ein Raum zwischen Hitler und Wagner? Zwischen Stiefelschritten und Wasserrauschen? Wilsons Antwort im Text: „Die Evidenz des Materials steht hier vor Gericht" (Set 90). Sektion VI: Die Stele des ersten Bildes, jetzt in weiß. Ein Positiv oder Negativ der Szene IV? Wieder die Schlinge über Wilsons Kopf, er bückt sich in Zeitlupe: „Obwohl du Scham und Angst verloren hast, wirst du gehängt werden". „Ich werde nicht lügen, komm mit mir und erzähl die ganze Geschichte, ich werde dir auch von meinem besten geben" sagt er unter anderem als er sich langsam aufrichtet. Er ist der Schlinge entgangen und spricht die Wörter des letzten Sets langsam, separiert. Nach dieser Reise, so glaubt man zu wissen, klingen sie anders, fremd und geheimnisvoll zugleich, denn sie lassen in ihrer Klangfarbe all die Bilder ahnen, mit denen sie verbunden werden oder die zum Sprechen gebracht werden können. Wilson hat die Kurve geschafft, als eine Stimme sagt: „Mach das Stück fertig" – „make the piece perfect".

Der Astrophysiker Robert W. Wilson hat das Rauschen im All entdeckt und dafür 1979 den Nobelpreis erhalten. Im Schauspielhaus zu Köln hat am 27. Juni 1981 der Theatermann Robert Wilson mit Unterstützung des Sound-Künstlers Hans Peter Kuhn aus dem Rauschen der Sprachmaschinen mit Hilfe von szenischen Bildern Stimmen zum Klingen gebracht und so zu einer neuen Art von Sprechtheater gefunden, an dessen Anfang nicht ein vorgegebener Sinn steht, den Klang und Bild abbilden, sondern das Wort als Klang, aus dem über Bilder Welten entsteht. Die Häufigkeit von archaischen Bibelformeln in seinem Text scheint mir dabei mehr als zufälliges Indiz zu sein: In der Schrift differenziert sich eine Welt aus dem Wort in einer Weise, die heute manche Wissenschaftler mit der Entstehung des Universums aus dem Big Bang zusammenbringen. Die sonoren Spuren dieses Urknalls finden sie im kontinuierlichen Rauschen des Alls. Sollte der Theaterdemiurg Wilson vielleicht einfach die Entstehung von

Welten aus dem Rauschen der Wörter gemimt haben, indem er dem Wort seinen Klang zurückgab?

Herbst 1981

Anmerkungen

1　Vgl. Roland Barthes, „Le grain de la voix", in: *Musique en jeu* 9, 1972.
2　Vgl. Pierre Boulez, *Relevés d'apprenti*, Paris 1966, S. 62.
3　Vgl. Arnold Schönberg, *Pierrot lunaire*, Op. 21: *Dreimal 7 Gedichte, für eine Sprechstimme und 5 Instrumentalisten [1912]*, Wien 1923.
4　Vgl. P. Boulez, „Note sur le Sprechgesang", in: *Relevés d'apprenti*, S. 262–264.
5　Arnold Schönberg dirigiert *Pierrot lunaire*, mit: Erika Stiedry-Wagner (Rezitation), CBS 61442 (1942).
6　Vgl. „Timbre", in: Roland De Candé, *Dictionnaire de musique*, Paris 1961, S. 266.
7　Antonin Artaud, *Œuvres complètes* IV (erweiterte 2. Auflage), Paris 1978ff, S. 106, übers. v. HF.
8　Leo Spitzer, „Die Klassische Dämpfung in Racines Stil", in: *Archivum Romanicum* X, 1928.
9　A. Artaud: *Œuvres complètes* I*, Paris, 1976, S. 9, übers. v. HF.
10　Ebd., S. 11, übers. v. HF.
11　Ebd., übers. v. HF.
12　Ebd.
13　Ebd., S. 10.
14　Vgl. Julia Kristeva: „Contraintes rythmiques et le langage poétique", in: Dies.: *Polylogue*, Paris 1977, S. 437–466.
15　A. Artaud, *Œuvres complètes* XII, Paris 1974, S. 77.
16　Jacques Derrida, „La parole soufflée", in: Ders.: *L'Écriture et la différence*, Paris 1967, S. 253–292; dt. „Die soufflierte Rede" in: *Die Schrift und die Differenz*, Frankfurt/Main 1972/76, S. 259–301.
17　Diesen Text, als dessen Autor im Programm Robert Wilson firmierte, hatte Hans Peter Kuhn aus einer Aufzeichnung von neunzig von Wilson vorgelesenen Sätzen kreiert: er fragmentierte sie in Wörter bzw. Satzfetzen, die er nach Lautähnlichkeiten assemblierte, überlagerte und in *loops* arrangierte. Diese musikalische Komposition, die von den Lautgedichten und Tapes Christopher Knowles inspiriert war, reflektierte die visuelle Spiegelstruktur der Szenographie Wilsons (vgl. Hans Peter Kuhn in: Laurence Shyer, *Robert Wilson and his Collaborators*, New York 1989, S. 238–240). Kuhn war ebenfalls für das Dispositiv der Soundverstärkung und -übertragung sowie für die technologische Bearbeitung der Stimme verantwortlich. Für seine Präzisierungen zum Lautsprecherdispositiv auf der Bühne und im Zuschauerraum sei ihm hier gedankt.

Sinntriften vom Dialog zum Polylog
Über Richard Foremans römisches Stück *Luogo + bersaglio*

Zum ersten Mal traf ich Richard Foreman im November 1979 in Rom bei den Proben seines neuen Stückes, dessen Titel damals noch nicht feststand. Man hatte mir erzählt, er habe im Sommer seinen Theater-Loft in New York verkauft; von den Schauspielern des *Ontological-Hysteric Theatre* war nur seine Frau Kate Manheim mit nach Europa gekommen, sie sollte in dem neuen Stück wieder die Figur der Rhoda, aber nun in italienischer Sprache spielen; die anderen Figuren würden von jungen italienischen Schauspielern und auch von Laien übernommen; so sei zum Beispiel der römische Schriftsteller und Performance-künstler Fabio Mauro der Max des Stückes (Rhoda und Max sind festgeschriebene Figuren in allen Stücken Foremans).

Es wurde im Teatro della Piramide geprobt, der Experimentalbühne Memè Perlinis im Quartiere Ostiense im Süden der Stadt. Das Garagentheater war zu diesem Zweck von Foreman ganz umgestaltet worden: Der in die Tiefe langgestreckte Raum war nun dunkelbraun gestrichen; frontal zur Spielfläche, die die Form eines L angenommen hatte, hatte Foreman für die Zuschauer eine Holzkonstruktion mit steil ansteigenden Stufen errichten lassen, wie ich sie aus seinem New Yorker Theater kannte. Der tiefe Spielraum endete in einer ebenfalls dunkelbraun gestrichenen Wand, auf der flächig gemalte weiße konische Formen eine zentrale goldfarbene vaginale Form säumten.

Diese Räumlichkeit, samt den beiden Steuerkabinen für Tonbänder und Beleuchtung rechts und links der Zuschauerestrade mit den riesigen Lautsprechern und dem Irrgarten aus Leitungsröhren und Kabeln an der Decke, alle ebenfalls braun gestrichen, kündigte mit ihren bizarren Gegenständen – überdimensionalen Trichtern, Sprechtüten und Kegeln, alle goldfarben oder schwarz – den Eintritt in ein Theateruniversum an, das sich selbst genug ist, eine *camera obscura*, die ihre Strahlen nicht mehr von einem bestimmbaren Außen empfängt.

Foremans Theater kannte ich bis dahin nur von seinem Stück *Blvd. de Paris (I've got the Shakes) or Torture on a Train*, das ich 1978 in New York gesehen hatte – eine Performance mit höllischem Rhythmus, der an das Skandieren der Subways erinnerte, mit einer Bildfolge, die der Imagination des belgischen Surrealisten Paul Delvaux entsprungen zu sein schien. In ihr zeigte sich als Grundmotiv dieses Theaters die Unmöglichkeit einer sexuellen Beziehung zwischen der Hysterikerin Rhoda und ihrem Meister Max, den sie zu beherrschen trachtet: Die Schauspieler schienen in ihren Bewegungen im Kampf mit der Rhythmik der Tonbänder zu stehen und damit im Kampf mit dem Regisseur Foreman, der sie an seinem Schaltpult rechts neben den Zuschauern manipulierte, so dass die hysterische Grundsituation der Bühne sich auch auf das Verhältnis von Schauspielern und Regisseur ausdehnte.

Zu hören und zu sehen war ein subjektiver Raum, der die Lust des Zuschauers – die hier die Lust des Observierens in einem Panoptikum ist – mit der sadistisch gefärbten Aktion des Puppenspielers als ihrem Spiegel konfrontiert. Eine mögliche Voyeurlust wurde so immer wieder enttäuscht und auf sich selbst zurückgeworfen.

Ich war nun sehr neugierig, wie ein Zusammentreffen Foremans mit italienischen Schauspielern aussehen würde, die gerade aus einer histrionischen Spieltradition kommen, wie sie Foremans Theater so oft in ihrer hysterisch sexuellen Motivation analysiert hatte. In einer solchen Tradition – verknüpft mit der Commedia dell'arte – kommt es weniger auf die Erfüllung eines Textes oder das Zusammenspiel des Ensembles an als auf die *Bravour* des einzelnen Schauspielers. Die Grundmotivation einer solchen Theaterform erklärt Foreman als eine hysterische Beziehung von Schauspielern und Publikum, wobei seine Analyse Hysterie und Schaulust in einer Weise erfahrbar machte, wie sie von dem französischen Psychoanalytiker Jacques Lacan ganz ähnlich in den Begriffen vom „Wunsch der Hysterikerin" (*désir de l'hystérique*) und dem „Sehtrieb" (*pulsion scopique*) herausgearbeitet wurden: Die Beziehung des Schauspielers zum Publikum wie auch die des Publikums zu den Schauspielern wird vom Wunsch beherrscht; der Schauspieler existiert nur durch den Wunsch des anderen (des Publikums), den er zu beherrschen sucht, indem er dessen verdrängten Wünschen eine Konfiguration, ‚Gestalt', gibt. Das Publikum wiederum akzeptiert die Konfiguration eines verdrängten Wunsches nur in der dem Theater spezifischen Form der Verleugnung (*dénégation*), die das Verdrängte zu Wort kommen lässt, ohne die Verdrängung selbst aufzuheben. Bedingung für die Wirkung des Theaters ist dann, dass der Zuschauer implizit weiß, dass *nur gespielt* wird, damit er als ein anderer – als ein Traum-Ich oder Kinder-Ich – das Verdrängte im Spiel genießen kann.

Foreman stellt diese Konstellation explizit heraus, indem er die duale – imaginäre – Beziehung auf eine doppelte dritte Instanz hin öffnet: auf den Regisseur, der das Ganze inszeniert und auf das Tonband, das den Text liefert. Damit wird der Wunsch deutlich als von einer dritten Instanz abhängig – dem Symbolischen, dem Gesetz: Das Theater, das den Wunsch spielt (der Schauspieler, der den Wunsch spielt), glaubt, das Gesetz, das Symbolische selbst zu verkörpern, so wie die Hysterikerin, die ihren Leib zur Schrift macht. Die Inszenierung des Imaginären als Spiegelbeziehung, in der das Ich sich zu verlieren glaubt, beruht dann letztendlich auf einer Verleugnung des Symbolischen, der Sprachen. Eine solche Verleugnung kann totaler Machtausübung dienen, worauf schon Artaud in einem Text von 1946, „Das Theater und die Anatomie"[1] hinwies, in dem er Hitler als den einzigen nennt, der im 20. Jahrhundert etwas von dem verstanden habe, was Theater bewege. Deshalb auch sind in Foremans Theater die Schauspieler nicht dem Publikum zugewandt, sie suchen es nicht zu beherrschen, sondern die Performance spielt sich als Auseinandersetzung mit den Sprachen und Mitteln des Theaters ab, die als eine Maschine in Bewegung gesetzt werden. Und die beiden Nachmittage, die ich bei den konzentrierten Proben für diese Maschine verbrachte, waren dann auch wie eine Einführung in die Produktionsweisen von Semioseprozessen, die das Foremansche Universum generieren.

Zuerst wurde eine Szene geprobt – *catcher's catching* –, die im fertigen Stück am Ende stehen sollte. Kate Manheim als Rhoda, an jedem Knie eine rotweiße Zielscheibe (*bersaglio*), wird von einer Gruppe junger Männer mit Pfeil und Bogen verfolgt und dann umringt; das Bild eines weiblichen heiligen Sebastian erstarrt. Die Musik ist der *cotton blues*, den Klingelrasseln unterbricht und skandiert. Die Bewegungen sind fast tänzerisch und genau festgelegt. Der Text, vom Tonband überspielt, von Kate wiederholt, spricht von „Weisen der Entspannung", „einem Diagramm auf dem Körper" und von *fallo* („mach's" oder „Phallus").

In einer anderen Szene wird eine Art Beichtstuhl hereingeschoben, auf dessen Dach ein totes schwarzes Pferd liegt, dessen langes Glied durch die Decke hindurch baumelt. Kate flüchtet vor ihren Verfolgern auf dieses Pferd; die pfannenrasselnden Frauen, die die Jagd begleiten, stürmen in den Beichtstuhl, der zu einem Omnibus wird; das Pferdeglied dient als Haltegriff. Wieder ist die Musik ein Blues, doch ohne Text.

Eine dritte Szene: Max (Fabio Mauro) und Rhoda bewegen sich in einem grotesken Tanz mit überdimensionalen Godemichés (künstlichen Phalli) auf Rollen den Zuschauern zu, die Godemichés werden an einer elastischen Leine von jeweils einem Mann und einer Frau geführt, dann, mit dem Gesicht zum Publikum, auf einen Tisch gelegt und rhythmisch angesägt. Der Text handelt hier von Problemen der Perspektive, es geht um „die richtigen Proportionen". Max nach der Sägeaktion: „Jetzt sehe ich die Dinge in der richtigen Perspektive." Perspektive und (symbolische) Kastration werden in ihrer Verbindung buchstäblich ausgestellt.

Diese wenigen Beispiele zeigen Foremans Verfahren: Er bringt verschiedene visuelle und auditive Serien – Musik, Geräusche, einen Text und Gegenstände – mit Schauspielern in einem Raum zusammen. Ein Mikrokosmos entsteht aus diesem Zusammentreffen – und Sinn, kein eindeutiger, aber Sinnblitze, die wie das Ergebnis von Katastrophen sind, das heißt Ergebnis des Zusammentreffens von Linien, die im ‚Normalfall' ihre eigene Logik und ihr eigenes Ziel verfolgen. Die einzelnen Elemente der theatralen Codes sind bei Foreman nicht hierarchisiert, das Modell des logozentrischen Subjekts ist nicht mehr gültig. Dies ist ein Verfahren, das wir auch in anderen postmodernen Theatern finden, so bei Robert Wilson, bei Lee Breuers Mabou Mines, bei Meredith Monk und bei der italienischen Gruppe Il Carrozzone von Federico Tiezzi und Sandro Lombardi. Und wie bei diesen ist auch hier die Grenze der Film bzw. das, was der Experimentalfilm als Spezifik des Mediums deutlich zu machen sucht: Er ist eine Folge von Bildern, Momentaufnahmen, Photogrammen à la Eadweard Muybridge, die, einzeln genommen, den Tod des Gegenstands in seiner Verfestigung bedeuten und die nur durch Reihung die Illusion einer Linearität (einer zeitlichen Folge) erzeugen können.

Bei Robert Wilson ist dieser ‚Film' aus wenigen Einstellungen montiert, die in Zeitlupe ablaufen und immer stehenzubleiben drohen. Er sucht so den Tod als *kairos* („Dämon des rechten Augenblicks") in einer Spannung lebbar zu machen. Foremans ‚Film' läuft mit doppelter Geschwindigkeit, die Momentaufnahmen grenzen sich durch den Wechsel des äußeren Rahmens und den Wechsel der inneren Pose von einander ab: Das Skandieren des Tonbands gibt den äußeren Rahmen, ebenso das Deplatzieren der Bühnenmaschinerie, der mobilen Trennwände und Gegenstände, alle zumeist auf Rollen und mit Höllenlärm bewegt. Dies sind die Anhaltspunkte für die Einstellungen und Sequenzen. Die Bewegungsarbeit, Gestik und Mimik der Schauspieler gibt als Folge von Posen die innere Abfolge der ‚Photogramme'. Die Präzision der Körperarbeit lässt etwa bei Kate Manheim an ferngelenkte Marionetten denken, die sich gegen den Puppenspieler aufzulehnen suchen, der aus ihrem Tun seinen Filmdiskurs montiert.

In einem solchen Theater haben die Schauspieler Bewegungsabläufe, Gesten und Mimik zu memorieren, und nur sehr wenig Text, den zum Teil auch schon das Tonband vorgibt. Sie haben die Spannung des *Moments zwischen zwei Bewegungen* – das, was für Foreman das einzig Wirkliche im Theater ist – erfahrbar zu machen: den Moment der Unbestimmtheit, in dem alles möglich zu sein scheint, auch der Tod.

Im Gegensatz hierzu legt die Bewegungsarbeit bei Robert Wilson den Akzent auf den *Moment zwischen Ruhe und Bewegung,* da wo der Körper nicht mehr in Ruhe und noch nicht in Bewegung ist, um so den paradoxen Augenblick einer Gleichzeitigkeit von Sein und Nichtsein, von Bewusstem und Unbewusstem – das schon Zenon von Elea fünf Jahrhunderte vor unserer Zeitrechnung als Paradoxon der Zeit- und Bewegungserfahrung aufstellte – mit einer Geste festzuhalten, zu bedeuten.

Bei den Proben schienen die italienischen Schauspieler noch unsicher im Umgang mit dieser neuen Theatersprache; nur Kate Manheim vermittelte schon souverän den Eindruck einer Bearbeitung dessen, was (Todes-)Angst sein kann, eine Angst, die sie sofort wieder distanziert, wenn sie mit Gesten und Grimassen eines Charlie Chaplin in der Foremanschen Höllenmaschine irrt.

Das fertige Stück sodann mit dem futuristischen Titel *Luogo + bersaglio* („Ort + Zielscheibe") in einigen Sätzen zusammenzufassen, ist nicht möglich. So viel aber: Es geht bei dieser Performance um das Verhältnis von Hören und Sehen, um die Konstitution des Subjekts durch Spiegel und Sprachen; um das Theater und seine Ursprünge, um seine Konstituenten; um die unmögliche Beziehung der Geschlechter; um die Angst des einzelnen, auch vor seinen Wünschen; um den Faschismus; die Religion; um den Tod.

Foremans Theater scheint auf dem Wege, eine Lösung für das Problem zu finden, mit dem seit der Erfindung der elektronischen Medien das Theater zu kämpfen hat: Wie kann Theater etwas über die Konstitution von Menschenwesen, über sein Verhältnis zur Sprache, über das Verhältnis von Sprachen zur Welt und zu anderen in einer Zeit aussagen, in der nicht mehr vorrangig Erzähltexte die Beziehung des Einzelnen zu sich, zu anderen und zur Welt formen, sondern Film und Fernsehen und vielleicht auch bald Video mit der Möglichkeit eines dauernden Kanalwechsels, skandiert von Werbung, eine Informationsdichte schaffen, die sich nicht mehr in klare (Wert-)Systeme einordnen lässt, sie gar gegenseitig annulliert bzw., wie in den USA, als einzigen Wert den des Geldes bewahrt.

Brecht, auf den sich das europäische Theater noch hauptsächlich berief, hatte eine Antwort schon zu Beginn dieser Entwicklung gesucht, indem er gerade die Seite des Erzählerischen stärkte und Figuren zeigt, die vorrangig von gesellschaftlichen Triebkräften motiviert sind. Im heutigen Kontext erscheint seine Antwort nicht nur leicht archaisch, sondern auch ungenügend. Artaud, mit dem man in den sechziger Jahren vom Living Theatre bis Grotowski, oft aufgrund einer sehr oberflächlichen Lektüre, das Theater zu erneuern suchte, ging hier schon weiter, wenn er die Frage des Verhältnisses des einzelnen zu den Sprachen, des Verhältnisses zur Sexualität in den Mittelpunkt stellt und für ein Theater plädiert, das die *Grausamkeit*, welche die Gesellschaft durch gründenden Mord und den einzelnen durch Sprache generiert, als *heiliges Theater* inszenieren will. Er sucht dieses Heilige – gemäß seiner Zeit – in den Mythen. Und hier liegt auch die Ambivalenz Artauds: Der Mythos kann Heiliges nur dann gebären, wenn er ohne Kenntnis seines Mechanismus geglaubt wird. Andernfalls produziert er Gemeinschaften auf dem Hintergrund von heimlichen Massenopfern, die sich mit technisierter Perfektion in KZs und Gulags vollziehen, wie wir aus den jüngsten Versuchen der Realisierung solcher Mythen ja zur Genüge wissen. Artauds Verweis auf Hitler ist auch in diesem Zusammenhang zu lesen.

Bezeichnend ist nun gerade für Artaud, dass er nach dem Kriege, als sich die Frage der theatralischen Arbeit wieder stellte, diese nicht auf einem Theater und nicht mit einem narrativen Text in Angriff nahm: Sein Auftritt im Théâtre du Vieux Colombier mit einem geschriebenen Text und einer improvisierten Rede steckte (in Antizipation dessen, was später *Performance* genannt wird) den sprachlichen und gestischen Raum des *Subjekts* Antonin Artaud ab, ebenso wie die verbotene Radiosendung *Pour en finir avec le jugement de dieu* (1948), in der ein polyphoner Text ein Theater der Stimme entstehen ließ. Hier verlosch die Stimme nicht aseptisch, sondern schuf mit ihrer eigenen Musik, die sich triebhaft in den Text einschrieb, eine leibliche Präsenz, wobei einer zu mehreren wurde, seine Möglichkeiten in der Vielheit erforschte, auch als Leiden, und der Satz Artauds, er habe nichts geschrieben, das er nicht (leidend) seinem Körper abgerungen habe, erfahrbar wurde.

Ich glaube, dass Foreman, wenn auch in ganz anderer Weise, diesem Artaud viel näher ist als Brecht, auf den er sich beruft. Und dies gerade, weil er von einem Text ausgeht. Denn ein Theater ohne Text, wie etwa bei Wilson, stößt sehr leicht an eine Grenze der Sprachlosigkeit, die die Gefahr der puren Wiederholung von Manierismen in sich birgt – so als Negativbeispiel Wilsons Pariser *Edison* –, die aber immer noch viel aufregender sein kann, als die kleinen stilistischen Transgressionen hiesiger Staats- und Stadttheater. Auch hat Artaud nie ein Aufgeben des Textes gepredigt, es ging ihm stets um die Gewichtung des Textes im Verhältnis zu den übrigen Theatersprachen, und diese Gewichtung, die im europäischen Theater eine Unterordnung aller Theatersprachen unter den Text beinhaltete, war mit der Vorstellung vom Subjekt, die sie implizierte, für Artaud wie überhaupt für die Moderne problematisch geworden. Diese Hierarchisierung hatte Brecht mit dem Primat des Sozialen und Politischen nicht in Frage gestellt, die Frage des Subjekts blieb ausgeschlossen, sie wird erst Ende der sechziger Jahre im amerikanischen Theater in Angriff genommen, in dem dann eine ‚dramatische' Entwicklung nicht mehr in Form einer Narration, sondern parallel auf den Ebenen des sich verändernden Raumes, der Gesten und Bewegungen oder der Musik stattfindet, zumal der Text häufig ganz verbannt bleibt.

Der moderne Text ist zudem schon lange nicht mehr nur Erzählung. Er ist nicht mehr *Dialog* mit welterklärenden Systemen, sondern ein *Polylog* – ich nenne hier nur die Namen Lautréamont, Joyce, Artaud, Céline oder auch Sollers. Dieser Polylog schreibt sich als eine Herausforderung des Dialogs mit geschlossenen binären Systemen, als Herausforderung eines *einen* Systems, das als ‚wahr' oder ‚falsch' akzeptiert werden will.

Foremans Arbeit mit dem Text bringt einen solchen Polylog hervor, jeder Satz wird gleichzeitig mit mehreren visuellen und auditiven Systemen konfrontiert, er ist simultan in diesen unterschiedlichen Systemen verschieden lesbar. Damit ermöglicht Foremans Arbeit eine neue räumliche und zeitliche Erfahrung. So wird der Polylog auch zu einer Kritik an der Unfähigkeit geschlossener Systeme, etwas über die Konstitution von Welt für den einzelnen auszusagen. Hierin ist Foreman postmodern, denn er weist auf die Möglichkeit eines Theaters als *theatrum orbi* hin, seine Abbildung, dem zehnten Kapitel von Robert Fludds *Ars Memoriae* entnommen, schmückt gerade alle Plakate des Ontological Hysteric Theatre: Dieses *theatrum orbi* gehorcht nicht den Normen der Abbildung eines ‚sozialkritischen' *verosimile*, sondern schafft im Zusammentreffen der Stimmen und Systemwelten seine eigene Logik.

Januar 1980

Interview mit Richard Foreman: Hören + Sehen – Wohin das alles zielt

Helga Finter: *Haupt-Themen von* Luogo + bersaglio *scheinen mir zu sein: Zuerst die Beziehung zwischen Text und Performance, d.h. zwischen der Schrift und ihrer Verlautbarung und Visualisierung; zweitens Ihre Definition dessen, was Sie ‚mentales Theater' nennen, in Beziehung oder Opposition zu anderen theatralen oder künstlerischen Praktiken. Diese beiden Themen betreffen Ihr gesamtes Werk. In Ihrem neuen römischen Stück sind sie jedoch durch Elemente artikuliert, die sich auf ein phantasmatisches Bild der* italianità *beziehen: Es gibt in diesem Stück viele Elemente, die auf verschiedenen Ebenen ein Bild Italiens mitzeichnen. Es wird ein Theater beschworen, dessen Ursprünge in heidnischen Riten und Opferprozessen wurzeln. Dabei werden die Schauspieler zu Hysteriker(inne)n, was an ein anderes italienisches Thema anknüpft, das der Heiligen/Märtyrer(innen) des Katholizismus.*

Die Art und Weise der Raumanlage, die einen perspektivischen Raum in seinen Konstituenten erfahrbar macht, verweist auf die (italienische) Kunst der Renaissance, lässt aber auch an einen anderen großen Zerstörer der visuellen Illusion denken, an Marcel Duchamps. Schließlich sind da noch all diese, dem italienischen Frauenbild – la mamma *oder* la madonna *– so vertrauten Gegenstände: die Pfannen, die Teller, die zu Heiligenscheinen werden; Beichtstühle, die Betten, die tote Fische und schmutziges Essgeschirr verbergen, usw. ... Sie verbinden das Thema des italienischen Theaters mit dem der Kunst Italiens und seiner Religion, letztendlich auch mit dem der Politik und Geschichte. Ich denke da an die Verfolgung von Rhoda während des ganzen Stückes – sie lässt an den Faschismus als einen gewaltsamen Opferprozess denken, der eine Gesellschaft als ‚Gemeinschaft' hervorbringt. Damit wird Italien Zentrum oder Paradigma eines Problems des Verhältnisses von Theater/Kunst und Religion, Sexualität, Geschichte, Politik. Warum gerade Italien? Was heißt Italien für Sie? Das „Polen" Jarry's – „überall und nirgends"?*

Richard Foreman: Natürlich finden sich all jene Dinge, von denen Sie sprechen, in meiner Arbeit und nicht nur in Italien, weshalb ich auch sicher nicht bewusst daran dachte, ein italienisches Stück im eigentlichen Sinne zu produzieren. Es ist aber auch wahr, dass ich dieses Stück gewählt habe, nachdem ich in Italien angekommen, mit anderen Stücken angekommen war. Danach erschien mir dieses Stück viel angemessener. Sicher sind Paris und New York – die beiden Plätze, an denen ich arbeite – für mich *urbane* Environments. Rom dagegen ist für mich mehr eine Art (heidnisches) Environment; Italien, Rom sind für mich aus vielerlei Gründen primitive (ursprüngliche) Orte. Richtig ist auch, dass letztes Jahr in New York zum ersten Mal Elemente der Renaissancekunst Eingang in meine Arbeit fanden – ausgerechnet der Renaissance, die ich bis vor zwei Jahren gänzlich verabscheute und für die ich mich nun aus denselben Gründen vor einem Jahr zu interessieren begann – zum ersten Mal, was natürlich nicht heißt, dass Elemente der Renaissanceperspektive usw. nicht längere Zeit schon in meiner Arbeit vorhanden gewesen wären.

Ich glaube, dieses Stück ist ein Wildnis-Stück (*wilderness play*), ein ländliches Stück (*country play*), als ein Pendant zum Städte-Stück (*city play*). Und ich glaube, das liegt an Rom, das für mich keine richtige Stadt ist ...

Wenn ich an einem Stück arbeite, versuche ich, ein in sich geschlossenes Environment zu schaffen, das mich von der Außenwelt isolieren soll, deshalb muss ich besonders sorgfältig an die Bezüge und Hinweise denken, die unbewusst dort ihren Platz finden ... in Rom aber war nichts, woran ich spontan denke – außer vielleicht, ja, die Burschen hatten für meinen Geschmack ziemlich rüde Umgangsformen, und als ich dann deshalb schwarze Bänder um den Brustkasten der männlichen Spieler legte, rief das sofort in mir so etwas wie einen Widerhall des Faschismus hervor oder des zweiten Weltkriegs.

Ich habe danach gefragt, weil Italien in gewisser Weise auch der Ursprungsort des neuzeitlichen europäischen Theaters ist und Luogo + bersaglio *eine ziemlich pessimistische Analyse dieser Tradition und des Volkstheaters unternimmt: ein Opferprozess der Gesellschaft ...*

Ich glaube nicht, dass ich daran gedacht habe. In meiner Phantasie existiert Italien nicht als Quelle des europäischen Theaters. Es ist jedoch eine Tatsache, dass vermutlich die meisten Leute Italien mit der *Commedia* identifizieren, und die *Commedia* ist eine Kunsttradition, die ich immer gehasst habe, was nun wieder nicht heißt, dass in meiner Arbeit keines ihrer Elemente wäre, denn im allgemeinen hassen wir das am meisten, was uns am nächsten ist. Vermutlich bedeutet aber Italien für mich – wie auch für die meisten Amerikaner – ‚Renaissance', und die ist für mich eine Tradition der westlichen Kunst, mit der ich mich nicht sehr wohl fühle. Die Renaissance ist für mich eine Tradition, die ich als eine *cartoon tradition* ansehe, eine illustrative Tradition, und mit der stand ich auf Kriegsfuß während der letzten zehn Jahre.

Sie sprechen in gewisser Weise auch von Italien, wenn Sie die Beziehung zwischen Theater und Religion, zwischen Theater und heidnischen Riten durch eine Verbindung von Elementen der römisch-heidnischen mit Elementen der katholischen Tradition behandeln. Was mir eine Analyse des Katholizismus mit einzuschließen scheint.

Ja, aber das Stück handelt nur insoweit davon, als dort gewisse kulturell naheliegende Symbole auftauchen, die einfach zur Hand waren, und man muss mit dem arbeiten, was man zur Hand hat. Ich handle auch von künstlerischen Verfahrensweisen, von unserer Seele, unserem Körper, unserem Verstand. Das ist dieselbe Quelle, die heute die Psychoanalyse und die in vergangenen Zeiten heidnische Riten speiste; deshalb tauchen natürlich diese Bilder ziemlich spontan auf, das sind die Dinge, die zu meinem Arbeitsraum gehören; ich arbeite darin nicht mit irgendeiner besonderen, bewusst historischen Orientierung ...

Ich möchte Sie nun bitten, dass wir das Verhältnis zwischen dem Text und seiner Visualisierung, zwischen Geschriebenem und anderen Praktiken diskutieren. Sie haben gerade die Psychoanalyse, dann die bildende Kunst erwähnt ... Ist es richtig, dass Sie sich mehr an zeitgenössischer Kunst als an zeitgenössischem Theater orientieren? Mir erscheint dieses Problem deshalb wichtig, weil Sie unter den amerikanischen Theatermachern der siebziger Jahre wohl der einzige sind, der noch von einem Text ausgeht und für den der Text auch von großer Wichtigkeit ist. Ihre Arbeit erscheint mir wie eine Befragung dessen, was ein Text ist.

Gewiss beginne ich mit einem Text. Und sicherlich liegt für mich das Interesse am Text in der problematischen Natur des Schreibens, in der Frage, woher die Wörter kommen und wovon die Wörter eine Verzerrung sind. Andererseits endet aber auch alles in Wörtern, nur ein Schritt weiter und die Wirklichkeit der Welt schiebt sich zwischen das geschriebene Wort und das, woher das Wort gekommen ist. Und dann ist da – sobald der Text auf die Bühne kommt – dieser fortschreitende Prozess herauszufinden, was für Widerstände es gibt, was für Interferenzen, und dann der Versuch, die Interferenzen mitarbeiten zu lassen bei der Konstruktion eines Themas.

Sie versuchen also zu zeigen, wie die Sinnmöglichkeiten prozesshaft entstehen ...

Ja, und ich bin gerade in diesen Tagen nicht sicher, ob es notwendigerweise ein positives Gelingen zeitigt. Das normale Publikum kommt immer wieder und fragt mich nach der Bedeutung dieses Stückes. Ich glaube, es gibt darin klare Bedeutungen, aber ich bin mir nicht so sicher, ob die *Bedeutung*, die ich auf verschiedenen Ebenen diskutieren kann, in sich ein gutes Ziel ist. Ich bin nicht sicher, ob ich nicht gerade das fatale und nicht besonders gesunde obsessive Abdriften zum Bedeuten zeige, das in unserer Art, die Welt zu betrachten, vorgezeichnet ist.

Aber ich glaube doch, dass Sie dem Zuschauer die Möglichkeit geben, den Eingang in diese Maschine zu finden, sodass er entdecken kann, wie sie funktioniert, wie sie arbeitet.

Ja, natürlich ... Wenn ich meine Stücke schreibe, und Stücke sind Wörter und Sätze, sie werden geschrieben ohne Bühnenanweisungen, wenn ich sie also schreibe, dann habe ich keinerlei Vorstellung davon, wer was sagt. Dann kommen die Proben und ich entscheide ad hoc, dass gewisse Leute diese Zeilen übernehmen und das Tonband andere Zeilen. All dies wird wirklich erst beim Probieren und nicht beim Schreiben entschieden.

Bei allem, was ich in den letzten Jahren gemacht habe, war der Arbeitsprozess so, dass ich den Text auf eine ganz dissoziierte Art und Weise sich selbst schaffen ließ; wie Abfall ließ ich die Wörter, Sätze einfach herausfallen an merkwürdigen Momenten des Tages ... Wissen Sie, die Texte sind meine Privatsammlung. Ich bin vermutlich in diesen Tagen eher ein Sammler als ein Schriftsteller. Das heißt nicht, dass ich Dinge kopiere, aber offensichtlich spreche ich im Augenblick zu Ihnen, die Wörter kommen von irgendwo her, von einem Ort, der nicht vollständig Ich ist, und das ist's, was ich vergegenwärtigen will.

Der Weg vom Text zur Performance – ist das nicht auch ein Aneignungsprozess?

Performance heißt dann einfach, den Text einen Weg finden zu lassen, der ihm zu leben ermöglicht, so wie ein Tier seine Umgebung und Wege der Anpassung findet. Ein Großteil dieser Kreativität ist natürlich purer Zufall, der ebenfalls wichtig ist. Aber was als erstes geschieht, ehe das Ganze auf die Bühne kommt, ist die Suche nach dem Entwurf eines räumlichen Dispositivs. Und dieser Schritt vollzieht sich ohne große Rücksichtsmaßnahme auf den Text; denn auch das szenische Dispositiv muss sein eigenes Leben haben, muss seine eigenen dynamischen Möglichkeiten entwickeln können. Die Anstrengung der Proben liegt darin, den Text und dieses Dispositiv irgendwie zusammenpassend zu machen, da letzteres mit dem Text im Kopf, aber nicht genau, nicht Schritt für Schritt im Kopf, entworfen wurde.

Sie suchen also, die Verbindung von Visuellem und Verbalem zu finden ...

Und von Auditivem, denn Geräusche zum Beispiel sind im Stück sehr wichtig. Und der Soundtrack wird wiederum ohne allzu große Bedeutung dessen, was ich zum zentralen Thema des Textes erklärt hatte, montiert – er schafft sich seinen eigenen Bereich, so dass diese drei Bereiche kollidieren, genauso wie die gesprochene Rede mit ihrer Umgebung, ihrem kulturellen Erbe kollidiert. Die Lösung des Problems ist dann Ergebnis dieses Zusammenstoßes und das ist es, was interessant ist ...

Als ich die Performance sah, hatte ich den Eindruck, der Soundtrack habe die Aufgabe, dem Stück seine Makrostruktur, sein Grundmuster vorzuzeichnen ...

Wenn der Ton aufgenommen ist, beginnt die Probe, der Text ist geschrieben, die Szene entworfen, dann mache ich das Band, und wenn all diese Elemente mit den Schauspielern zusammen präsent sind, muss ich versuchen, sie in einer Weise so aneinanderzufügen, dass das Gebilde nicht in sich zusammenfällt.

Ihre Arbeit ist für mich auch deshalb so aufregend, weil sie als einzige im postmodernen Theater sich weigert, zwischen dem Verbalen als symbolischem System und dem musikalisch Auditiven oder Visuellen eine Entscheidung zu treffen. Eine solche Wahl setzen gerade die Diskussionen über eine Alternative zwischen einer verbalen christlich-jüdischen Tradition und einer visuellen griechisch-römischen Tradition voraus, eine Diskussion, wie sie in Frankreich und Italien mit der Frage nach den Konsequenzen von Polytheismus und Monotheismus im Gang ist. Was halten Sie von einem Versuch, Ihre Arbeit als Lösungsvorschlag für diese Alternative zu sehen, die sich ja dergestalt erst seit der Verelendung der christlichen Religion stellt?

Ja, weil mein Publikum in New York, das sich zumeist aus Malern und Filmemachern zusammensetzte, und weil die Theaterkritiker mir jahrelang sagten, eigentlich sei mein Theater rein visuell und der Text in gewisser Weise sekundär, habe ich immer betont, dass ich im Grunde ein Schriftsteller bin. Natürlich stimmt auch, dass ich ein Schriftsteller bin, der sich mit der Konstruktion einer dialektischen Spannung auseinandersetzt, die dann so aussieht, dass Wörter irgend etwas vorschlagen oder behaupten, und nun, statt dass eine nächste Reihe von Wörtern das Problem löst, die Lösung von dem gebracht wird, was man sieht; und das, was man als Lösung sieht, schafft ein neues Problem, das nicht durch eine visuelle Berichtigung oder Einstellung gelöst wird, sondern durch einen Kanalwechsel zum Wort, sodass ein kontinuierlicher Kampf stattfindet, eine Art Zusammenarbeit, Dialog, Dialektik zwischen dem, was das Auge und dem, was das Ohr wahrnimmt. Und das ist sicherlich einer der wesentlichen Punkte bei dem, was ich seit Jahren versuche. Die meisten Menschen entscheiden sich eines Tages, vermutlich unbewusst, dass sie Menschen sind, die die Dinge nur mit den Augen wahrnehmen können und dass deshalb das Wort weniger wichtig für sie ist – oder auch umgekehrt. Und so habe ich diese beiden Parteien im Publikum. Und nur sehr wenige unter ihnen scheinen fähig zu der Erkenntnis, dass sie die beiden Bereiche nicht trennen müssen, sondern dass dies gerade die Materialien sind, mit denen ein und derselbe Verstand umgeht.

Gibt es für Sie nun weitere Theater-Projekte in Europa?

Ich hoffe, bald ein Stück in Frankreich machen zu können, aber dies ist noch nicht ganz sicher. Ab Februar beginne ich ein neues Stück in New York.

Ich höre, Sie haben einen Film gemacht, Strong Medicine. *Handelt er von Ihrer Theaterarbeit?*

Der Film ist fertig, er wird jetzt in Paris untertitelt, aber ich weiß nicht genau, wie weit sie damit sind, ich habe mich nicht sehr darum gekümmert, seit ich hier bin, und er war erst einige Tage fertiggestellt, als ich hier ankam. Er handelt nicht direkt von meiner Theaterarbeit. Augenfällig ist da natürlich eine gewisse Beziehung, aber er ist auch ganz anders, er basiert nicht auf einem Stück, das ich geschrieben habe, obwohl darin die Hauptfigur Rhoda (Kate Manheim) vorkommt. Nein, das ist kein richtiges Stück, obwohl es darin theatralische Elemente gibt, mehr als Sie in meinem nächsten Film finden werden.

November 1979

Anmerkungen

1 Antonin Artaud, „Le théâtre et l'anatomie", in: *La Rue*, 12.07.1946.

Das Kameraauge des postmodernen Theaters

Seit den siebziger Jahren ist in New York ein Theater zu sehen, das gegenüber dem traditionellen Theater, aber auch gegenüber den Theaterformen der historischen Avantgarde einschneidende Veränderungen zeigt. Während das traditionelle Theater vorrangig Texttheater blieb, hatte sich das Erbe der historischen Avantgarden in den sechziger Jahren in drei Tendenzen konkretisiert, deren gemeinsamer Nenner die Aufhebung der theatralen Illusion war, sowohl im Hinblick auf das szenische Dispositiv als auch auf den dramatischen Text: Happening und Ritual, Schlüsselwörter für ein dionysisches Theater, dessen Ahnherr der Nietzsche der *Geburt der Tragödie* ist, suchten die theatrale Illusion zu zerstören, indem sie die Trennung der Zuschauer von der Bühne in der Partizipation einer illusionären Gemeinschaft in einem offenen Raum auflösten; das Brecht'sche Theater und seine Adepten gingen der Theaterillusion mit Hilfe der Verfremdung und epischer Verfahren auf einer Proszeniumsbühne zu Leibe im Dienste der Illusion einer ‚guten' Politik; das absurde Theater, Dadaismus und Surrealismus verpflichtet, nahm die Kategorien des aristotelischen *verosimile* ins Visier und ließ gleichzeitig eine Vielfalt von Interpretationen gelten, was gerade die Wahrscheinlichkeit des ihr zugrundeliegenden Diskurses stärkte.

Dem Theater der siebziger Jahre geht es dagegen nicht mehr um die Destruktion der theatralen Illusion, sondern es sucht in einer „Dekonstruktion" (Derrida) die Bedingungen theatraler Repräsentation, die Bedingungen von Hören und Sehen im theatralen Prozess selbst zu analysieren: Die historischen und zeitgenössischen Formen des Theaters, allen voran das *théâtre à l'italienne*, aber auch die offene Bühne, das Brecht'sche epische Theater oder das absurde Theater werden als historisch gewachsene „symbolische Formen" (Panofsky) begriffen, die bestimmte Wahrnehmungsmechanismen generieren. Sie erscheinen so als Ergebnis der dramatischen Verknüpfungsstruktur, das heißt der Logik des theatralen Diskurses, der in einem Zusammenspiel verschiedenster theatralischer Zeichensysteme seine Grundkonstituenten – Person, Raum, Zeit und Handlung – erst szenisch hervorbringt. Dieses Theater ist postmodern,[1] insofern es die Errungenschaften historischer theatralischer Praxis nicht im Namen blinder Fortschrittsgläubigkeit negiert oder im Namen eines Ursprungsmythos zerstört, wie dies noch bei der historischen Avantgarde der Fall war, sondern die Konstituenten des Theatralischen selbst in ihrer Zeichenhaftigkeit dramatisiert. Dieser Prozess der Negativität zerstört also nicht, sondern produziert in einer Bewegung der Dekonstruktion seinen eigenen Metadiskurs mit: So entwickelt sich im postmodernen Theater das Drama nicht mehr primär unter der Dominanz eines Textes, das heißt eines verbalen Signifikantensystems, das die Logik der Inszenierung nach Handlungsmotivationen, Raum- und Zeitdeterminationen regelt. Das Drama ist nicht mehr ein Drama von handelnden Rollenpersonen, die sich psychologisch, sozial oder nach welchen gegebenen Wahrscheinlichkeitskriterien auch immer, motivieren ließen. Das Drama wird in die Zeichensysteme selbst verlegt, die Rollenpersonen, Raum, Zeit und Handlungskontinuum generieren – es wird zum Drama der Dekonstruktion der dramatischen Konstituenten. Damit sprengt das postmoderne Theater den Rahmen eines Text- oder Handlungstheaters, das heißt einer konsequent-konsekutiven Narration oder eines ebensolchen Diskurses: Die einzelnen Zeichensysteme und ihr Zusammenspiel werden desartikuliert, parallel entwickelt und addiert bzw. montiert. Es entstehen so neue Zeiten, Räume und Personen, die auf Modelle „dezentrierter Subjektivität"[2] verweisen. Als „Poesie des Raumes" (Artaud) ist das Drama in die Sinne verlegt, Auge und Ohr haben die Bedingungen von Sehen und Hören, den Weg, der zum Verstehen führt, selbst zu rekonstruieren.

Für dieses Theater hat man auch nach neuen Bezeichnungen gesucht. Je nachdem, welcher Aspekt für dominant angesehen wird, spricht man von ‚Oper' oder von einem „Theater der Bilder"[3] oder einfach von ‚Performance', wenn der prozesshafte Charakter und die Gleichwertigkeit der beteiligten Zeichensysteme unterstrichen werden sollen. Diese Bezeichnungen befriedigen jedoch nicht, da sie in den ersten beiden Fällen jeweils die Dominanz eines einzigen Sinnes behaupten, im letzteren Fall dagegen nicht deren kritisches Verhältnis erfassen, das die Interaktion von Hören und Sehen einem semiotischen Experiment unterwirft. Zudem machen sie nicht deutlich, wie sehr das postmoderne Theater die Grenzen zu anderen Formen spektakulärer Darbietung ausmisst und es mit dem konfrontiert, wovon es sich bis jetzt abzugrenzen schien, so von Oper, Performance, Film, Video, Malerei, Skulptur oder auch dem Popkonzert. Will die Kritik die Spezifik dieses Theaters erfassen, so steht sie vor der Aufgabe, dieses semiotische Experiment nachzuvollziehen und somit die Frage nach den Grenzen des Theaters zu stellen.

Die meisten postmodernen Theatermacher kommen nicht vom traditionellen Theater, sondern von anderen Praktiken her, so von der bildenden Kunst und Architektur – wie Federico Tiezzi und Sandro Lombardo von den Magazzini criminali, Robert Wilson und Laurie Anderson –, von der Musik – wie ebenfalls Laurie Anderson und Meredith Monk –, vom Tanz – wie Meredith Monk –, vom Experimentalfilm – wie Richard Foreman –, oder auch von der Verhaltenstherapie – wie ebenfalls Robert Wilson. Diese Erfahrungen schlagen sich in der Theaterarbeit nieder, sie geben ihr auch oft ihren spezifischen ‚Stil'.

In diesem Beitrag soll der Einfluss des Films auf das postmoderne Theater fokussiert werden. Die Erfahrung mit Film, Video und Diaprojektion bzw. Photographie ist für die meisten Performer ausdrücklich entscheidend: Foreman spricht dem Film eine entscheidende Rolle in der Entwicklung seines Theaters zu; Wilson zitiert psychologische Unterrichtsfilme als Ausgangspunkt für den ihm eigenen Spielduktus; Anderson betont die Wichtigkeit der kunsthistorischen Diaprojektion für ihre Performances; Magazzini criminali beziehen sich auf den Hollywoodfilm. Mit Photos, Film und Video arbeiten sie alle in ihren Aufführungen, sie sind zudem Teil separater Aktivitäten. Hier soll jedoch nicht die Verwendung einzelner Medien innerhalb der Theaterproduktionen auf ihre Funktion befragt werden, vielmehr geht es um ein globaleres Problem: Inwieweit wird der Film selbst zum Modell des postmodernen Theaters? Diese Frage soll beantwortet werden, indem die Projektion filmischer Syntax, ihrer Konstituenten und ihrer Logik in Ansätzen in diesem Theater aufgezeigt wird.

1. Montage als Bewegung des Denkens: Augenmusik

Ich möchte zuerst mit einem Beispiel zur Syntax des Films beginnen. Es könnte unter dem Motto vom „Film als Musik der Zukunft" (Hans-Jürgen Syberberg) stehen. Es geht um einen Film, der, ganz ähnlich dem postmodernen Theater, das Verhältnis von visuellen und sonoren Zeichensystemen neu artikuliert: Jean-Luc Godards *Passion* (1983). Die Wirkung dieses Films ist Ergebnis einer Addition von Ketten verschiedener Zeichenmaterialität: von Musiksequenzen, Stimmen mit vielfachen Akzenten und von Inszenierungen lebender Bilder aus der Geschichte der Malerei – Rembrandts *Nachtwache* sowie einzelne Gemälde von El Greco, Goya und Delacroix –, von Sequenzen aus dem Leben derer, die diese *tableaux vivants* inszenieren, von Sequenzen aus der Arbeits- und Liebeswelt. Hier wird der visuelle Rhythmus der Montage zu Musik, zu Klang. Musik, Stimmen und Geräusche der Tonspur aktivieren und determinieren den emotionalen Wert dieser Bilder, um so Sinnpotentiale für den Zuschauer zu generieren. Diese entspringen den Differenzen zu jeweilig vertrauten künstlerischen Codes und den Codes des Alltags. Damit lassen sie den Stellenwert von dem, was Julia Kristeva *differentielle signifiante* nennt,[4] im Semioseprozess erfahren: Das Sinndifferential organisiert ein Netz semantischer Werte durch die Rekurrenz bestimmter Signifikantenqualitäten, deren Beteiligung bei der Zeichenbildung nun durch den Semioseprozess explizit werden kann. Der Film, dessen Struktur nicht mehr eine Narration bestimmt, wird in seiner Qualität als Montage deutlich, die aus Licht und Klang komponiert ist. Sie bewirkt eine Dekonstruktion der Beziehung von Perzeption und Sinnkonstitution: Das *Punctum* des Bildes bzw. sein „dritter Sinn",[5] das heißt die Elemente, die das Begehren des Zuschauers auf den *hors-cadre* richten, werden mit sonoren Elementen konfrontiert. Der Affekt, den diese als Musik, Akzente oder Geräusche der Tonspur produzieren, wird mit dem *Punctum* des Bildes verbunden, Affekt und *Punctum* kontaminieren sich, sie können sich gegenseitig erhellen. Hierdurch wird eine „innere Erfahrung" (Georges Bataille) möglich, die den Zuschauer sich seiner „Passion" des Hörens und Sehens annähern lässt. Eine Modellierung der perzeptiven Passion wird ermöglicht.

Dabei verfährt der Film in einer Weise, die man *Theatralisierung* nennen könnte, versteht man mit Roland Barthes darunter die Entgrenzung der einzelnen Zeichensysteme:

> Qu'est-ce que c'est théâtraliser? Ce n'est pas décorer la représentation, c'est illimiter le langage.[6]

Signifikant kann an den einzelnen Signifikantensystemen nun das werden, was auf die Materialität der Signifikanten verweist: das Licht und der Klang, die Farbe und der Rhythmus der Montage. Aber diese Entgrenzung der verschiedenen audiovisuellen Signifikantensysteme ist nicht ein Verfahren, das Godard für den Film neu entdeckt hätte: Ihre Theatralisierung zeigte sich schon in den Anfängen der Filmästhetik, an die Godards *Passion* wie eine späte gelungene Hommage erscheint. Hier ist die Filmästhetik Sergej M. Eisensteins zu nennen, des Eisenstein der „Montage der Attraktionen",[7] des Eisenstein der „Musik der Montage",[8] des Eisenstein der filmischen „Ekstase".[9]

Die Montage ist für Eisenstein auf mehreren Ebenen der filmischen Komposition konstituierendes Prinzip: auf der Ebene der filmischen *mise en scène,* das heißt der Einstellung und der Aufnahmebewegung; auf der Ebene der Zusammenfügung der Einstellungen und Sequenzen der Aufnahme; auf der Ebene ihrer Verbindung mit dem Ton. Alle drei Ebenen gehorchen dem Montageprinzip, das er zuerst in der Theorie einer „Montage der Attraktionen" dargelegt hatte. Sie ist abgeleitet von der Form theatraler Inszenierung, die Eisenstein 1923 zusammen mit Sergej Tretjakow für die Inszenierung von Theater entwickelt hatte.[10] Er präzisiert sie, in Reaktion auf den Tonfilm, in den vierziger Jahren als „Musik der Montage" und bestimmt dort ihre Wirkung als „Ekstase".[11]

Die Montage der Attraktionen ist zuerst ein Verfahren der *mise en scène.* Sie hat zum Ziel, im Zuschauer eine affektive Gestimmtheit zu formen, wobei es nicht um psychologische Dekonstruktion geht, sondern um eine Montage „aggressiver Momente", die Eisenstein als „Attraktionen" bestimmt:

> Eine Attraktion (im Theater) ist jedes aggressive Moment des Theaters, d.h. jedes seiner Elemente, das den Zuschauer einer Einwirkung auf die Sinne oder Psyche aussetzt, die experimentell überprüft und mathematisch berechnet ist auf bestimmte emotionelle Erschütterungen des Aufnehmenden. Diese stellen in ihrer Gesamtheit ihrerseits einzig und allein die Bedingung dafür dar, daß die ideelle Seite des Gezeigten die eigentliche ideologische Schlußfolgerung aufgenommen wird. (Der Weg der Erkenntnis „über das lebendige Spiel der Leidenschaften" ist der spezifische Weg des Theaters.)[12]

Grundlage für die Wirkung einer Inszenierung ist also die Konstruktion eines Systems von Attraktionen. Als Beispiel für die konstitutive Funktion der Attraktion gibt Eisenstein die Wirkung einer Rollenperson aus der Verbindung von psychologischem *und* erotischem Moment, das heißt einer erotischen Attraktion, an; er verweist weiter auf die Attraktion des mechanischen Triebes, die beispielsweise die lyrische Wirkung von Chaplins Filmen doppelt, oder auf die Attraktion sadistischer Befriedigung, die bei einer Märtyrerdarstellung die Wirkung des religiösen Pathos überlagert. Damit bestimmt Eisenstein die Attraktion eindeutig als Sex-Appeal-Funktion: Es geht um die Elemente der szenischen Sprache, an denen sich das Begehren entzünden kann; es geht, um dies mit Lacan zu formulieren, um die Elemente, die die skopische und invokatorische Strebung[13] fixieren, um das, was für Auge und Ohr Anlass von Affektbesetzung werden kann. Eisenstein könnte nicht klarer sein: Seine politische Botschaft braucht eine Erotik um zu wirken, sie muss politische Ziele erotisieren. Diese diskutable Seite der Eisenstein'schen Ästhetik soll hier nicht näher erörtert werden, ich verweise hier auf die entscheidenden Aufsätze von Pascal Bonitzer und Jean Narboni.[14] Für unseren Kontext wird wichtig, dass Eisensteins Prinzipien der Montage weiter weisen als eine dienstbare Programmierung erotischer Strebungen. Die Konstruktion eines Systems affektiver Motivation, die über Sinnpotentiale die Wahrnehmung einem neuem (hier ideologischen) Sinn zuführt, beinhaltet gleichzeitig eine Dekonstruktion des habitualisierten Übergangs vom Wahrnehmen zum Verstehen. Indem der Weg desautomatisiert wird, kann er selbst signifikant werden: Der Appell an das sich identifizieren wollende Ich mittels ihm vertrauter Elemente von Repräsentationen, die neu affektiv besetzt werden können, führt das Ich von sich selbst weg und verführt es in einen Wahrnehmungsraum, der sich vorhandene Wahrnehmungserfahrungen und die Energie von mit ihnen verbundenen Wertungen für die Konstitution neuer Sinnpotentiale zunutze macht. Die Repräsentationen werden aus ihrem habitualisierten Kontext herausgelöst und mit Reihen von Elementen sich ausschließender Kontexte zu einem neuen Paradigma montiert. Dieses ermöglicht, eine neue Sinnerfahrung dank der Motivation des produzierten Affektes zu konstituieren. Sie resultiert dann aus der Identifikation und Montage ähnlicher Strukturen wie Form, Linie, Farbe, Bewegung oder Klang zum Beispiel. Es ist eine Sinnproduktion von Hieroglyphen:[15]

> Car le montage reste le seul moyen de créer une diversité par la juxtaposition en soi de signes-hiéroglyphes immuables et dépourvu de nuances intérieures.[16]

Montageverfahren und deren Sinnproduktion vergleicht Eisenstein mit der Funktionsweise des Traumes:

Dans le rêve, c'est précisément ce qui est essentiel sur le plan affectif qui se porte au premier plan et acquiert une envergure, une durée étrangère au fait en tant que tel, c'est-à-dire indépendante de la perception non-indifférente. C'est aussi le sens de la juxtaposition et du regroupement des faits, de l'abandon de maillons sans intérêt et de l'individualisation, à travers le rythme, des éléments absolument étrangers à ce rythme. En dépit de leur complète opposition de principe, on a maintes fois observé par rapport à l'art la proximité externe des traits caractéristiques du rêve, de la psychologie enfantine, de la pensée primitive et des représentations des schizophrènes.[17]

Und heute könnte man zudem auf die psychoanalytische Sprachtheorie verweisen, die zum Beispiel bei Lacan dieses Prinzip als das der Sprache des Unbewussten und des Denkens theoretisiert.[18]

Eisenstein ist sich bewusst, dass es bei der Montage, nun als Verfahren des Films, nicht um eine Repräsentation von Bewegung oder um die Wirkung von Bewegung geht, sondern um eine Dekonstruktion der Bewegung, die vom Sehen zum Verstehen führt, und so letztlich um die „Bewegung des Denkens". So hat er den der Struktur der Metapher verwandten Montageprozess immer wieder mit den Verfahren anderer Praktiken konfrontiert, um seine Spezifik für den Film herauszuarbeiten: so mit der Malerei Chinas, Japans oder des Barock, mit der Literatur eines Joyce, Rilke oder de Quincey oder mit der chinesischen Oper und dem japanischen Kabuki. Eine der signifikantesten theoretischen ‚Montagen' stellt jedoch ein Aufsatz von 1945 zu Rilke und Rodin dar.[19] In ihm beschreibt Eisenstein die filmische Montage als eine Psychotechnik, die sowohl die Ergebnisse der Methode religiöser Ekstase, wie sie Ignacio de Loyola in den *Geistlichen Übungen*[20] dargelegt hat, als auch den Gewinn aus der Schauspielmethode Stanislawskis vereine: Die Methode der Introspektion, die de Loyola vorschlägt, ist in der Tat auf die Auflösung des narzisstischen Ichs durch eine Technik der imaginären Repräsentation ausgerichtet, deren erstes Ziel die Konstitution eines mentalen Raumes und eines ihm zugeordneten Affektes ist, um so das Ziel einer Verschmelzung mit Gott zu realisieren. Hierzu soll der Meditierende Ketten von durch Imagination gewonnenen Repräsentationen gemäß der fünf Sinne isolieren und aktivieren, wobei der mit ihnen unmittelbar verbundene Affekt jedoch verdrängt werden soll, um seine Spannungsenergie in der Addition der Repräsentationsketten zum ekstatischen Affekt zu potenzieren, der letztlich sich in der Vereinigung mit Gott lösen kann.[21] Dabei entsteht ein neuer Affekt durch den Aufschub der Energieentladung bekannter Affekte. Bei Stanislawski dagegen geht es um die Extraversion eines erinnerten Affektes, für den der Schauspieler einen Gestus finden soll.

Für Eisenstein haben jedoch Meditation, Schauspielmethode und Filmmontage die gleiche Grundstruktur: Alle drei haben für ihn die Produktion affektiver Zustände mit Hilfe von Reihung und Addition von Vor- bzw. Darstellungselementen, die mehr oder weniger eng an die zu produzierende Empfindung gebunden sind, zum Ziel, um so mittels des affektiven Gedächtnisses und der Vorstellungskraft neue Erfahrungen und neuen Sinn zu produzieren.[22] Der Vorteil der filmischen Montage bestehe nun darin, dass in der filmischen Ekstase zugleich, wie bei Stanislawski, der Affekt sich direkt manifestiere und dennoch die Wirkung der de Loyola'schen Methode erreicht werde:

> Il [le montage] se distingue par sa faculté de conserver dans des structures toutes faites, entièrement objectives, indépendantes du comportement fortuit et passager de ses dépositaires (ce qui le différencie, par exemple, de l'interprétation d'acteur) – de conserver donc, dans la nature même de ses structures, l'empreinte et le tableau complets de la méthode: traversant sous cette forme la perception, la conscience et les sentiments du spectateur, elle le conduit instantanément, sur le champ, à un état d'exaltation (sinon toujours d'extase) comparable à celui auquel aboutirait un adepte de de Loyola par le biais d'un système compliqué d'auto-inspiration et d'auto–suggestion d'images prescrites.[23]

Manches wäre hier anzumerken zur Analogie Religion/Politik oder Gott/Partei, wie auch zum postulierten Überlegenheitscharakter der Eisenstein'schen Montage über de Loyolas Methode der inneren Erfahrung, oder zu einem beharrlichen Fortschrittsglauben, der noch im finstersten Stalinismus nicht erschüttert scheint. Wichtig in unserem Kontext ist jedoch nicht das Eisenstein'sche politische Ziel, sondern die Analyse der Montage als ein Verfahren, das den Weg von der Wahrnehmung zur Vorstellung, vom Sehen zum Verstehen dekonstruiert und neu organisieren kann und somit den Anteil der Bilder und der an sie gebundenen Affekte im Denken neu bestimmt. Ausgehend von einem Verfahren, das für das Theater entwickelt wurde, scheint es nun möglich, den Prozess der Sinnkonstitution zum Gegenstand von Theater und Film zu machen. Dabei könnte gerade der Hinweis auf de Loyola von größerer Bedeutung sein, als Eisenstein selbst sehen will und kann: Der Aufschub der Manifestation des Affekts und damit der sofortigen Zuweisung von Bedeutung muss nicht notwendigerweise zur Konstruktion ideologischen Sinnes, wie bei Eisenstein führen, sondern er kann auch ein *dérèglement des sens* wie bei Godard bewirken, das den Zuschauer sich seiner Sinnsuche bewusst werden lässt, in einer Selbstentäußerung, deren Kennzeichen nun nicht mehr die Verschmelzung mit einer Transzendenz, sondern das Lachen und die Heiterkeit einer Erfahrung des ‚Seins' der (audiovisuellen) Sprachen ist, das zur einzigen Transzendenz wird. Eine Musik der Montage könnte dabei das zum Klingen bringen, was beim Hören und Sehen bei der automatisierten Identifikation mit der Bedeutung unsagbar, stumm bleibt.

2. Prinzipien der Montage im postmodernen Theater

Auch im postmodernen Theater geht es darum, die Bewegung des Denkens und der Sinnkonstitution spielerisch zu erproben. Robert Wilson spricht beispielsweise ausdrücklich davon, dass er das *chain switching* der mentalen Szene erforschen wolle; Richard Foreman dagegen projektiert, der Sinnbesessenheit durch eine Permutation der Sinne auf den Grund zu gehen.[24] Doch wie ist diese Analogie zum Film näher zu beschreiben?

Eisensteins Theorie der Montage bezieht sich auf drei Ebenen der filmischen Komposition:[25] Die Montage ist Konstituente der *mise en scène,* das heißt der Bildkomposition und der diachronischen Aufnahme; Montage ist weiter konstituierendes Prinzip für die Tonspur; und sie ist schließlich Prinzip für das Zusammenfügen der Bildsequenzen einerseits und von Bildsequenzen und Tonspur andererseits. Diese drei Aspekte sollen hier an Beispielen vor allem aus dem Theater Robert Wilsons und Richard Foremans diskutiert werden.

2.1. *Mise en scène*

Eisenstein hat in seinen Kursen zur Inszenierung den Unterschied von filmischer und theatraler *mise en scène* zu bestimmen gesucht:[26] Während beim Film die letzte Formgebung vermittelt ist – die Fragmentierung des Ganzen in getrennte Einstellungen und die Assemblage der Einstellungen in zusammenhängende Montageeinheiten ist schon im vorhinein durch die Art und Weise determiniert, wie die dramatische Handlung vom Schauspieler in Raum und Zeit konkretisiert wird –, fallen dagegen beim Theater *mise en scène* und Gesamtform zusammen; die *mise en scène* ist stilistischen Prinzipien unterworfen, die für die Gesamtaufführung gelten. Während so die Theateraufführung in Akte, Szenen und einzelne Handlungen fragmentiert ist, ist der Film noch feiner differenziert, da sich eine Handlung in Montageeinheiten und diese in Einstellungen unterteilt.

Gerade dieser Gegensatz trifft mit solcher Schärfe nicht mehr für das postmoderne Theater zu: Das Bühnengeschehen spaltet sich in Montageeinheiten auf, sodass die Hervorhebung von Bildkomposition und Rahmung zum einen, die Diachronie der Bildfolge zum anderen, sowie die Trennung des Tons vom Bild und die Endstruktur einer Montage von Bild und Ton schließlich hier Film und Theater sich einander annähern lassen.

2.1.1 Die Bildkomposition: Das Setting

Für den Film sind nach James Monaco[27] die wichtigsten Parameter der Bildkomposition das Bildformat, dann der Kader, der die Begrenzungen des Rahmens als offene und geschlossene Bildform setzt, die Bildebene, die geographische Ebene und die Tiefenebene, sodann Entfernung und Proportion, versteckte

Dominanten von Form, Farbe und Linie, habitualisierte latente Erwartungen, Geometrie des Bildaufbaus und schließlich die Struktur der Ausleuchtung. Das postmoderne Theater hat den Kader in Form des Bühnenrahmens des *théâtre à l'italienne* (wieder-) entdeckt: Ist er nicht durch die Räumlichkeit vorgegeben, setzt es ihn durch Einrahmung der Bühne, zum Beispiel durch eine Schnur- und Barrierenkonstruktion (Foreman) oder durch die Projektions(lein)- wand, welche die Bühne abschließt (Laurie Anderson, Magazzini criminali). Das *Framing* wird zudem oft selber wieder thematisiert, so unter anderem bei Foreman oder in den letzten Opern von Meredith Monk (*Recent Ruins* und *Specimen Days*). Bei Wilson, Foreman und den Magazzini criminali öffnet sich dann der Rahmen auf einen Kubus, eine Art *camera lucida*. Dabei sind die Proportionen des Bühnenrahmens bei Wilson eindeutig am amerikanischen Cinemascopeformat ausgerichtet (1,85:1), im Verhältnis 2:1, was bei ihm eine Bühnenöffnung von normalerweise 10:5 Metern bedeutet, für die Olympiaproduktion *CIVIL warS* war eine Bühne mit einem Rahmen von 30:15 Meter vorgesehen.[28] Bei Richard Foreman hingegen entspricht der Rahmen eher dem filmischen Normalbildformat. Bei anderen Performern wie Laurie Anderson wechselt das Format je nach Aufführungsort, bei den Magazzini criminali je nach Produktion, für *Punto di rottura* wurde mit Normalfilmproportionen gearbeitet, für *Crollo nervoso* mit Cinemascopeformat, desgleichen bei Meredith Monks *Specimen Days*.

Offene und geschlossene Bildform wechseln zumeist in alternativem Rhythmus der Szenen eines Aktes und zwischen den Akten ab und formen so die kategoriale Opposition von außen versus innen. Offenheit und Geschlossenheit sind einerseits Funktion der Struktur des Dekors, andererseits Funktion der Tiefenöffnung der Bühne und der Beleuchtung. Die offene Bildform arbeitet mit Dekorstrukturen, welche die ganze Prospektwand ausnützen, den Spielraum in die Tiefe öffnen und mit diffuser Ganzausleuchtung arbeiten. Die geschlossene Form separiert den Bühnenraum durch Leinwandprospekte (Wilson) oder durch parallele Rollwände (Foreman). Wilson arbeitet aber auch mit Strukturausschnitten aus dem Prospekt und punktuellem Licht, wodurch ein geschlossener Raum simuliert werden kann. Bei Il Carrozzone/Magazzini criminali in *Punto di rottura* und bei Laurie Andersons Performances geschehen diese Veränderungen des räumlichen Bildausschnitts durch Dia- und Filmprojektionen, die den Raum kontinuierlich öffnen und schließen.

Bildebene, geographische Ebene und Tiefenebene, wie auch Entfernung und Proportion sind ebenfalls Funktion des Dekors (seiner Struktur, Form, Farbe) und der Beleuchtung sowie des Größenverhältnisses von Dekor, Accessoires und Spielpersonen. Bei Wilson beispielsweise werden alle diese Elemente signifikant durch ihren kontrastiven Einsatz: Seine Rollenprospekte wechseln in ihrer

Struktur zwischen Symmetrie, Asymmetrie und goldenem Schnitt, zwischen Zentralperspektive, Schrägperspektive und Abstraktion, zwischen vertikaler, horizontaler und dominant diagonaler Linienführung, wodurch jeweils der Eindruck von flachem zu tiefem Raum verändert werden kann. Bevorzugt werden hierbei die Kompositionsweisen der Renaissance: Symmetrie/Goldener Schnitt und Zentralperspektive, um Ruhe und Ausgeglichenheit zu unterstreichen; Diagonale und Schrägperspektive des Barock, um Bewegtheit zu induzieren;[29] und mit kontrastiver Wirkung Asymmetrie und Abstraktion der Moderne, die sich als Dominanz von Parallele, Horizontale oder Diagonale zeigen kann. Foreman dagegen arbeitet vorrangig mit Symmetrie, Zentralperspektive und Vertikale, die jedoch durch parallele und diagonale Bewegungsabläufe modifiziert werden, so in *Café Amérique* und in *Luogo + bersaglio*. Bei Wilson und den Magazzini criminali in *Crollo nervoso* kommt zudem die Differenzierung von planer und tiefer Raumwirkung hinzu, die Ergebnis der Ausleuchtung (Seitenlicht versus Gesamtausleuchtung) und der Nutzung der Bühnentiefe ist. Entfernung und Proportion sind Funktion des Größenverhältnisses von Dekor/Accessoires und Spielpersonen: Überdimensionaler Dekor mit normal großen Accessoires verkleinert die Spieler, rückt sie in die Ferne, reduzierter Dekor und überdimensionale Accessoires, so die mannshohe Glühbirne in der „Küchenszene" (Akt 2, Szene 2) von *Death Destruction & Detroit*, rückt sie in die Nähe.[30] Einem entfernten Raum mit anthropofugalen Proportionen folgt so bei Wilson zumeist ein naher Raum mit anthropozentrischen Proportionen.

Farbe und Beleuchtung werden ebenfalls kontrastiv eingesetzt. Dies ist vor allem bei Wilson ausgeprägt: Grundstrukturen des Dekors, Accessoires und Kleidung der Personen wiederholen sich in Kontrastfarben, sehr oft als das Positiv und Negativ eines Schwarzweißbildes.[31] Damit wechseln sie die Bedeutung mittels der den Farben zugeordneten Empfindungswerte. Auch die Beleuchtung arbeitet kontrastiv: Sie verändert Dominanten von Form, Farbe und Linie und lässt versteckte materielle Qualitäten ins Auge springen. So wird das Licht zum Signifikanten des begehrenden Blicks, der als Bedingung für eine Wahrnehmung erfahrbar wird, die erst Sinnpotentiale ermöglicht. Auf Wilsons Produktionen *The Man in the Raincoat* und *I Was Sitting on my Patio* sei hier verwiesen.[32]

Licht wechselt ab zwischen dieser Chiaroscuro-Ausleuchtung, die Details wie ein *Punctum* ins Auge springen lässt und der diffusen Hollywoodgesamtausleuchtung, die den Blick im Gesamtbild versinken lässt. Bei Foreman dagegen sind Farbe und Licht untergeordnet, ihre Kontinuität durch die gesamte Aufführung hindurch zeigt eher einen Kohäsionsaspekt.

2.1.2. Die Wirkung der diachronen Aufnahme

Schon die Bildkomposition arbeitet mit kontrastiven Strukturen von Dekor, Form, Farbe und Linie, Beleuchtung und Accessoires, die dann beim Film, im diachronen Verlauf, dem In-Bewegung-Setzen der Einstellung signifikant werden können. Für die Filmsyntax sind die Parameter der diachronen Aufnahme Entfernung, Bildschärfe, Winkel, Bewegung, Standpunkt.[33] Analoge Wirkungen bringen im postmodernen Theater der Dekor, die Ausleuchtung und die Bewegung der Figuren hervor. Das Auge des Beobachters wird dabei zur Linse einer Kamera, die Entfernung, Bildschärfe, Winkel, Bewegung und Standpunkt realisiert: Filmanaloge Wirkungen von Einstellungsmodi wie Nahaufnahme, Totale, Panoramaeinstellung sind hier Funktion der Proportionen der Bildkomposition und der Ausleuchtung. So hat Wilson eine Vorliebe für Totalen, die auch seinem Cinematoscopeformat entsprechen. Bildschärfe ist eine Funktion der Ausleuchtung: Prospekte bekommen Kontur, werden scharf umrissen durch das Licht, so in *The Man in the Raincoat,* Gegenstände werden durch das Licht identifizierbar oder verfremdet. Der Standpunkt ist eine Funktion von Dekor und Aktantenbewegung: so die Perspektive von unten und oben im 1. Akt in den Szenen 3 und 4 in *Death Destruction & Detroit* oder in den *Sections II* und *V* in *The Man in the Raincoat.* In *Punto di rottura* von Il Carrozzone/Magazzini criminali erfolgt der Standpunktwechsel durch Diaprojektionen, Laufen der Spieler auf den hinteren Wänden, den Seitenwänden und der Decke, Kippen der Accessoires und des Mobiliars, wodurch der Kubus, in dem gespielt wird, sich ununterbrochen um seine eigene Achse zu drehen scheint: Der Zuschauer sitzt nicht nur in seinem Sessel, er liegt am Boden und steht zugleich auf dem Kopf. Auch bei Richard Foreman ist der Standpunkt vom Zuschauer abhängig, nun aber eher in traditioneller Weise, denn er hängt von seiner realen Position auf den Zuschauerstufen ab, die ihn den Kubus von unten, oben oder von gleicher Höhe aus einsehen lassen.

Während bei Einstellung, Bildschärfe und Standpunkt nur approximativ filmähnliche Wirkungen erreicht werden, ist jedoch die Animation der Szenen am ehesten filmähnlich. Sie ist Funktion der Übertragung filmähnlicher Prinzipien auf die Bewegung der Spielpersonen, gekoppelt mit der Lichtbewegung oder dem Rhythmus der szenischen Montage: Normale Bewegung und Gesten werden wie in Zeitlupe verlangsamt, dadurch vergrößern sie den Raum und heben die Zeit auf. Dies ist ein vor allem von Wilson entwickeltes Verfahren. Oder aber die Bewegung wird in ihre Einzelkomponenten zerlegt, akzeleriert montiert und alternativ in einem *frozen* angehalten, was wir bei Richard Foreman, den Magazzini criminali und in Meredith Monks *Specimen Days* finden. Zeitlupe, rhythmische Wiederholung von Akzeleration und *frozen* heben die Motivation von Gesten und Bewegungen auf, die nun nicht mehr als Ausdruck oder gezieltes Handeln der ausführenden Personen erfahren werden, sondern als Produkt des umgebenden Raumes und der Tonmontage. Damit sind Gesten und Bewegungen nicht mehr psychologisch, sondern semiotisch motiviert, sie sind Wirkungen von visuellen und sonoren Signifikantensystemen, Wirkungen von Sprachen.

Diese Dekomposition der gestischen Handlungen ermöglicht nun eine Übertragung der ihnen zugeordneten Affektenergie auf das Gesamtbild: Bei Wilson ist diese Wirkung als ‚unheimliche' Heiterkeit im Sinne Freuds zu beschreiben, bei Foreman als grotesk lächerlicher Schrecken. Auch Zoombewegungen werden möglich: So macht der Zuschauer mit Becketts *Lost Ones*, inszeniert durch Lee Breuers Mabou Mines, eine Zoomreise durch historische Theaterräume – Amphitheater, *théâtre à l'italienne*, episches Proszeniumtheater und offenes Theater.[34] Augenreisen können auch analog zu parallelen Kamerafahrten gemacht werden: So lässt Wilson die Szenerie von *Golden Windows* im Verlauf von drei Stunden der Erdbewegung folgen, durch die unmerkliche Verschiebung des Dekors im Laufe der drei Akte von rechts nach links.

Zusammenfassend lässt sich für die *mise en scène*, das Setting und die Bewegung der Bilder sagen, dass sie filmspezifischen Differenzierungen folgen, die durch die kontrastive Anordnung des Signifikantenmaterials Sinndifferentiale generieren. Sie können signifikant werden, doch nicht im Hinblick auf eine zu rekonstruierende Handlung, sondern im Hinblick auf eine Perzeption, die den Zuschauer ihrer Konstituenten gewahr werden lässt: Die durch das Differential hervorgehobenen Signifikantenelemente können, nun als *Punctum* wahrgenommen, das heißt als Elemente, die den begehrenden Blick auf den *hors-cadre* richten, zu Sinnpotentialen verbunden werden, sowohl diachron innerhalb der Reihe gleicher Zeichenmaterialität als auch synchron aus Elementen verschiedener Zeichenmaterialität, dies sowohl auf der Ebene des Setting, wie auch auf der Ebene der Gesamtmontage der Bilder und der Montage von Ton und Bildern.

2.2. Die Tonmontage

In diesen Theaterproduktionen ist Ton nicht primär gesprochener Dialog, der von den Spielpersonen auf der Bühne kommt und kausal mit der Handlung verknüpft wäre. Ihn liefert der Text mittels der durch Microports vom Spieler getrennten Stimme, oder seine eingespielte Aufzeichnung, sowie Musik und Geräusche, die, getrennt gemischt, schon zum Teil auf Tonbändern fixiert sind. Wird auf der Bühne gesprochen, so in Konkurrenz mit den Ton-, Musik- und Geräuschmaschinen. Außer bei Laurie Anderson ist dabei die Tonquelle wie im Film verdeckt, und auch die Veränderung der *live* produzierten Stimmen durch Mikrophone lässt jene oft nicht in ihrer Präsenz verorten. Dieses Verfahren der

Okkultierung der Tonquelle hat im Theater als Vorläufer Richard Wagner, der in Bayreuth das Orchester unsichtbar gemacht hatte. Man könnte ihn damit auch als Vorläufer des Films ansehen. Ähnlich wie bei der Wagneroper, aber wie auch beim Film, setzen Wilson, Foreman, die Magazzini criminali, Meredith Monk oder die Mabou Mines in *Lost Ones* den Ton ein: Zum einen zur Markierung der räumlichen und zeitlichen Grenzen der Repräsentation – Dauerton und Höllenlärm bei Foreman und den Magazzini criminali und Dauerton bei Wilson und Mabou Mines punktieren als Auftakt den Eintritt ins theatrale Universum; zum anderen hat der Ton wie im Film oder der Oper nicht nur zeitliche sondern auch räumliche Funktion – er wird erfahrbar als Signifikant der Raum- und Zeitbildung. Ebenfalls erfahrbar wird die affektive Funktion des Sonoren im Hinblick auf Atmosphäre und Einstellung zum Spielgeschehen. Zudem gibt diese ‚Tonspur' die Grundlage für die Kontinuität des Geschehens. Dabei kann sie, wie im Film, sowohl parallel synchron, das heißt logisch zum Spielgeschehen gehörend, und/oder kommentierend eingesetzt werden, wie dies beispielsweise beim Hollywoodfilm der Fall ist. Sie kann aber auch kontrapunktisch montiert sein, wodurch sie asynchron konnotierend wirkt und so die Gleichwertigkeit von Bild und Soundtrack unterstreicht. Beide Verfahren wechseln sich im allgemeinen ab, wobei die kontrapunktische Montage dominant bleibt und synchrone Montage von Bild und Ton als erschreckender Sonderfall erfahren werden kann, so am Ende des zweiten Aktes von *Golden Windows*, wo synchron zum Höllenlärm von der Bühne und aus dem Off Meteoriten aus dem Schnürboden fallen und die Szene mit einem Zickzack-Riss spalten.[35]

Zwei Funktionen der so montierten Tonspur sind hier im Hinblick auf die Analyse der Bewegung des Denkens, die dieses Theater unternimmt, hervorzuheben. Ich habe sie an anderer Stelle, im Zusammenhang mit der Analyse der Stimme in diesem Theater, an einzelnen Beispielen ausführlich diskutiert:[36] Durch die Abtrennung des Tons von den Sprechern und die Mischung verschiedener Ton-, Klang- und Geräuschmaterialien wird eine Entgrenzung von Musik und Geräusch zum einen und zum anderen von sprachlicher Intonation und Ton bzw. Klang erreicht, die den Anteil der sonoren Signifikanten an der Sinnkonstitution erfahren lässt. Weiter wird mit dieser Trennung von Ton und Spielgeschehen die Frage der Präsenz in der Repräsentation durch eine Lösung, die dem Film entspringt, beantwortet: Dem Monismus des *logos* in der modernen westlichen Kultur steht der Dualismus des Tonfilms entgegen, der den Körper von der Stimme trennt.[37] Die Stimme wird zu einem autonomen Element, das nicht länger eine körperliche Präsenz garantiert. Vielmehr wird dann die Stimme – wie bei Monk und Anderson – selbst zu einem neuen Körper, unabhängig vom materiellen Leib, oder aber sie ist als *soufflierte* Stimme vernehmbar, die dem materiellen Leib parasitär ist, ihn zerstört – wie bei Wilson, Foreman oder den Magazzini criminali. Damit wird auch das Modell des Subjekts, das dieses Theater in Szene setzt, dezentriert: Es kann sich als *subjektiver* Raum realisieren, den Stimme, Bewegung und Blick zeichnen.

3. Die Musik der Montage

Die filmische Analogie berührt aber nicht nur die Konstitution von Setting und Ton, sie wird auch aktuell beim Zusammenfügen der einzelnen Sequenzen zum einen und von Bild und Ton zum anderen. Ich möchte hier kurz einige Beobachtungen zusammenfassen, an einem Beispiel verdeutlichen und mit einer These zum neuen Verhältnis von Hören und Sehen im postmodernen Theater schließen:

Wir finden noch die klassische Einteilung von Prolog/Epilog, Akte und Szenen, aber auch die Einteilung in *Sections/Sets* oder *Parts*. Jedoch schafft ihre Kohäsion nicht mehr ein Handlungsstrang, sondern ein audiovisueller Rhythmus verbindet sie. Rhythmus, so der *Petit Robert,* ist eine

> Distribution d'une durée en une suite d'intervalles réguliers, rendue sensible par le retour d'un repère et douée d'une fonction et d'un caractère esthétique.

Rhythmus kennzeichnet die regelmäßige Wiederholung einer Markierung, das heißt Dauer und Maß. In seiner Untersuchung zum heutigen Rhythmusbegriff hat der französische Linguist Émile Benveniste gezeigt, dass entgegen diesem, dem platonischen Weltbild verpflichteten Verständnis in vorsokratischer Zeit Rhythmus auch psychische Disposition, distinktive Form, Proportionierung hieß; Rhythmus war „Anordnung einer Form im Werden", *Prozess* der Konstitution von Ordnung in der Bewegung.[38] Damit war Rhythmus eine zugleich räumliche und zeitliche Kategorie.

In diesem Sinne soll hier von Rhythmus gesprochen werden: als Prozess der Montage von visuellen und sonoren Zeichenketten. Der Film kennt zwei Montageverfahren – Aneinanderfügen und Verschmelzen durch Überlagern. Letzteres kennzeichnet vor allem die Tonmontage. Unter den Verfahren der Fügung ist hier für uns das *match cut* von Interesse: Es beinhaltet das Zusammenfügen zweier verschiedener Szenen durch Wiederholung einer Handlung, einer Form oder durch die Verdoppelung von Faktoren aus der *mise en scène*.[39]

Match cut finden wir im postmodernen Theater auf allen Ebenen der Zusammenfügung der einzelnen Signifikantenketten, wie auch bei der Reihung von Szenen und Akten. So entwickelt Wilson auf der Ebene des Dekors Reihen, von Akt zu Akt, von Szene zu Szene, die als rhythmische Reihung durch die Wiederkehr und den Kontrast bestimmter Strukturen, Formen und Farben markiert werden. Als Beispiel sei auf die Reihe der Raumskizzen von *Death Destruction & Detroit* und auf *CIVIL warS* verwiesen, die Wilson selbst, analog zum Film, *storyboard* nennt und deren Anfertigung jeweils Ausgangspunkt seiner Bühnenprojekte ist. Ähnliches gilt für die Reihung von Gesten und Bewegungsabläufen, was am deutlichsten in den kleinen Produktionen wie *Prologue to Deafman Glance* und Wilsons *I Was Sitting on my Patio* wird, sowie für die Reihung von Accessoires und für den Ton: Das Zusammenfügen der Signifikantenketten geschieht dann als überlagernde Montage. Sie verbindet die durch Differenz und Wiederholung hervorgehobenen Elemente in einem kontrapunktischen Rhythmus. Die einzelnen Reihen bleiben gleichwertig, es können sich aber dabei punktuell Sinndifferentiale einzelner Ketten aus Elementen, die auf den *horscadre* verweisen, zu Sinnpotentialen verbinden. Die einzelnen *Puncta* addieren sich dann und erhellen sich gegenseitig. Die Koinzidenz von *Puncta* einer Gesamtanzahl von Signifikantenystemen hat dabei außerordentlichen Charakter: Er lässt die Repräsentation selbst als gewaltsamen Prozess erfahren. Ich habe diesen an anderer Stelle an je einer Sequenz von Wilsons *The Man in the Raincoat* und Foremans *Luogo + bersaglio* analysiert: Im einen Falle führte dieser Prozess zu einer Determination des Sehens durch das Hören, im anderen Falle zu einer Determination des Hörens durch das Sehen.[40]

Hier sei kurz auf eine Szene aus Robert Wilsons Projekt der Zwölfstundenoper *CIVIL warS* eingegangen, dessen Proben ich im Sommer 1982 in Freiburg folgen konnte.[41] Diese Szene, Akt III, Szene E, wurde im Kölner der Teil von *CIVIL warS* 1984, aufgenommen und zeigt an einem Morgen vor der Schlacht ein Feldlager mit Zelten. Bei dem damaligen Stand der Proben waren allein der stimmliche Part des Tons und die Bewegung ausgearbeitet. Aber gerade dieses Minimum an audiovisuellen Zeichensystemen macht Wilsons Bearbeitung des Verhältnisses von Hören und Sehen besonders sinnfällig: In dieser Szene wird am Ende des dritten Aktes ein Lied gesungen: „Come along Lucile with my merry Oldsmobile." Es wird sowohl von den Personen auf der Bühne als auch von Stimmen außerhalb der Bühne gesungen, zuerst in verschiedenen Tonlagen, Rhythmen, Timbres. Einige Performer sitzen rechts auf der Bühne hintereinander, wie in einem Auto oder Bus, andere liegen oder stehen oder bewegen sich langsam. Während fünfzehn Minuten entwickeln sich nun Rhythmen des vielfältigen Singens und Rhythmen der vielfältigen Bewegungen, die zuerst kontrapunktisch zusammengefügt sind, sich dann langsam aufeinander zu bewegen, bis sie sich schließlich unmerklich synchronisieren und so Stimmen und Bewegungen vereinheitlichen. Die zentrifugalen Bewegungen werden zu einer Marschbewegung in die gleiche Richtung, das Singen des Lieds wird einstimmig, wird zu einem skandierten Marschlied, dessen Rhythmus gegen Ende mit dem Rhythmus der Marschbewegung synchronisiert ist. Die Einheit von Bild und Ton, die hier langsam und unmerklich hergestellt wird, produziert einen Affekt, der den, welchen die Formierung eines Morgenappells während des amerikanischen Bürgerkriegs hervorruft, bei weitem übersteigt. Dieser Affekt wird durch die repetitiven Gesten Wilsons, der auf dem Proszenium steht, als Wirkung des *Punctums* eines anderen Bildes lesbar. Denn die Gewalt der Repräsentation, die dieses Bild der Verschmelzung von Individuen zu einer Masse spürbar macht, kann durch die Markierung der repetitiven Geste Wilsons zu einem Sinnpotential agglutiniert werden: Der zugleich assoziierte diffuse Eindruck faschistischer Massenformation wird durch Robert Wilson bestätigt, wenn er als Modell für diese Szene das Photo eines Defilees von Kindersoldaten vor Hitler gegen Kriegsende nennt.[42] Wilson hat von dieser Repräsentation der Macht gerade das *Punctum* analysiert, indem er für die Sinne den ihr unbewusst zugeordneten Affekt durch in der Struktur verwandte Repräsentationselemente verschiedener Signifikantenketten neu und mehrfach generiert. Dabei verwandelt nun die Addition der Signifikantenketten – hier Bewegung und Gesang – die Lust an der Repräsentation in den Schrecken der Lust. Zugleich wird so ein Merkmal von Repräsentationen der Macht erfahrbar: Durch Gleichschaltung der Sinne, durch die Gleichschaltung von Auge und Ohr unterwerfen sie dem Signifikanten eines Einen Diversitäten und Differenzen des Singulären. Diese Szene zeigt zudem, wie sehr Wilsons Bildertheater aus der Qualität des Sonoren seine Wirkung bezieht: Erst Ton und Klang ermöglichen hier die Formung des Sinnpotentials der visuellen Repräsentation.[43] Diese Funktion des Sonoren wird in seinen stummen Produktionen, wie im Stummfilm, von den ‚Klängen' von Farbe und Bewegung, von ihrem visuellen Rhythmus übernommen, so zum Beispiel im *Prologue to Deafman Glance*.

Foreman hingegen macht eine Kritik des Hörens durch das Sehen: Die Koinzidenz der Signifikantensysteme schafft bei ihm eine magische Verbindung von *frozen*, Öffnung bzw. Schließung des Raumes und Geräuscheinsatz, der das Tonband anhält. Die Figuren sind in eine Theatermaschine eingezwängt, in welcher der vom Tonband eingespielte Text mit der Stimme des Regisseurs ihren Spielraum begrenzt, die Geräusche ihre Worte segmentieren und ihre Handlungszeit begrenzen, und in welcher zudem der Raum sich ständig vergrößert oder verkleinert, um ihnen so ohne Unterlass ihren Aktionsradius neu vorzugeben. Doch der vom Mehrspurtonband eingespielte Sprechtext mit Foremans Stimme ist keineswegs Affirmation seiner uneingeschränkten Autorität über das Spiel, da er selbst ebenfalls durch Dekor, die Bewegung und die Gegenstände eingegrenzt ist, die das Sinnpotential des Gesagten in seiner Vieldeutigkeit aktivieren können.

Sucht Foreman so das aktuelle vermeintlich eindeutige Verstehen durch das Sehen zu öffnen, so ist bei Wilson die Dekonstruktion des Weges von der Wahrnehmung zum Verstehen von der Tonspur oder den Signifikanten geleitet, die ihre Klangfunktion übernehmen, womit sie letzten Endes eine Modellierung der Ontogenese des Verhältnisses zu sonoren und visuellen Signifikantensystemen induzieren. In beiden Fällen entsteht dabei eine ‚Augenmusik', die den Zuschauer, wie bei der Musik der Montage des Films, im Aufschub und in der Verschiebung des automatisierten unbewussten Affektes, der das Verstehen ermöglicht, aus seiner identifizierenden Haltung löst. Indem diese ‚Musik' ihn den Prozess seines Verstehens erfahren lässt, löst sie ihn auch von seinem gefrorenen Selbst. Diese Loslösung vom Ich könnte man, wie dies Eisenstein tut, auch Ekstase nennen. Hier dient sie aber nicht der Verschmelzung mit einer utopischen Gemeinschaft oder einer ideologischen ‚Wahrheit', sondern sie ist mit der Aufhebung des narzisstischen Ichs zugleich ein Gewahrwerden des Prozesses des Subjekts, das allein Wirkung der Sprachen ist, sich in ihnen und durch sie konstituiert: eine Ekstase unheimlicher Heiterkeit bei Wilson, eine Ekstase von mit Schrecken gemischtem Lachen bei Foreman; bei Wilson über eine Soundtechnologie, die dem Wort seine Kraft über Klang und Geräusch zurückgibt, bei Foreman über die Demonstration der Unmöglichkeit, das Wort als *his master's voice* allein sprechen zu lassen.

Damit wird in diesem Theater eine Utopie auch von Sprache gezeichnet, die wieder zu Augen- *und* Ohrenmusik werden soll. Eine Utopie, die Anfang dieses Jahrhunderts nicht nur von Seiten des Films, sondern auch vom Musiktheater formuliert wurde. Mit einem Zitat von Arnold Schönberg sei deshalb geschlossen. Es stammt aus seiner Rede zum Musikdrama *Die glückliche Hand* (1910–1913), die er 1928 in Breslau hielt:

... mir war schon lange eine Form vorgeschwebt, von welcher ich glaubte, sie sei eigentlich die einzige, in der ein Musiker sich auf dem Theater ausdrücken könne. Ich nannte sie – in der Umgangssprache mit mir: „mit den Mitteln der Bühne musizieren".[44]

Schönbergs Beispiele der musikalischen Behandlung des Bühnenmaterials, die eine „Kunst der Darstellung der inneren Vorgänge" hervorbringen soll, könnten von Wilson stammen oder auch vom Artaud des Szenarios *Il n'y plus de firmament*, das als Oper zusammen mit Edgard Varèse geplant war. So ist das postmoderne Theater vielleicht auch deshalb postmodern, weil es das realisiert, was implizit in der Programmatik der Moderne angelegt war: Musik für Augen und Ohren, die Oper und Film gleichermaßen voraussetzt.

Sommer 1983

Anmerkungen

1 Diese Definition der Postmoderne grenzt sich einerseits gegen die von der Architektur herkommende Definition ab, die den Postmodernismus als Antimodernismus versteht und so leichte Beute für Angriffe ist, wie beispielsweise von Jürgen Habermas. Postmodernismus, verstanden als Dekonstruktionspraxis, verhält sich gegenüber der historischen Tradition wie auch dem eigenen Wirken semiotisch, da seine Praktik zugleich einen Metadiskurs hervorbringt, der die Sprache auf die Unendlichkeit der Zeichen entgrenzt und die Bedingungen ihrer Wirkung erfahrbar macht. Insofern ist Postmodernismus anderen ‚semiotischen' Epochenstilen nahe, wie dem Barock, der sich ebenfalls durch eine Zeichenbewusstheit auszeichnet. Was ihn jedoch vom Barock trennt ist die Unmöglichkeit, die Transzendenz ‚Sprache' theologisch zu motivieren. Die Dekonstruktion von Jacques Derrida, in mehreren Werken als philosophische Methode theoretisiert, ist der *désénonciation* (Desartikulation) verwandt, die Philippe Sollers in *Logiques* (Paris 1968, S. 254) als Kennzeichen der Schrift seit Lautréamont analysiert: Der Schreibprozess integriert die Analyse der Bedingungen von Aussage (*énoncé*) und Aussagen (*énonciation*). Die Konstitution des aussagenden Subjekts wird damit selber zum Problem. Schreiber und Leser konstituieren sich erst im Akt, so wie in der postmodernen Theaterperformance Spieler und Zuschauer sich erst im Akt als Subjekt im Verhältnis zu den audiovisuellen Sprachen konstituieren.

2 Zum Begriff dezentrierter Subjektivität in der Literatur vgl. Julia Kristeva, „Le sujet en procès", in: Philippe Sollers (Hrsg.), *Artaud*, Paris 1973, S. 43–108. Zur dezentrierten Subjektivität im postmodernen Theater, vgl. Helga Finter, „La construction de dispositifs subjectifs dans le théâtre postmoderne", Vortrag beim 2. Kongress der internationalen Gesellschaft für Semiotik, Wien 1979, veröffentlicht unter dem Titel „La construction de dispositifs subjectifs dans le nouveau théâtre: Notes sur le théâtre de Robert Wilson", in: Dies., *Le Corps de l'audible. Écrits français sur la voix 1979–2012*, Frankfurt/Main 2014, S. 73–80.

3 Vgl. Stefan Brecht, *The Theatre of Visions: Robert Wilson*, New York/Frankfurt/Main 1978.

4 Vgl. J. Kristeva, *La Révolution du langage poétique*, Paris 1974, S. 211 und 222f.

5 Vgl. Roland Barthes, „Le troisième sens", in: *Cahiers du Cinéma* 222, 1970, S. 12–19; zum „Punctum": Ders.: *La chambre claire. Note sur la photographie*, Paris 1980.

6 Vgl. R. Barthes, *Sade, Fourier, Loyola*, Paris 1971, S. 10.

7 Sergei M. Eisenstein, „Die Montage der Attraktionen", in: *Schriften I*, hrsg. v. Hans Joachim Schlegel, München 1978, S. 216–221.

8 S. M. Eisenstein, *La non-indifférente nature*, Bd. 2, Paris, 1978, S. 48.

9 S. M. Eisenstein, *Cinématisme. Peinture et cinéma*, Bruxelles 1980.

10 S. M. Eisenstein, „Die Montage der Attraktionen".

11 Ebd., S. 275.

12 Vgl. S. M. Eisenstein, „Die Montage der Attraktionen", S. 218.

13 Vgl. Jacques Lacan, *Le Séminaire Livre XI: Les quatre concepts fondamentaux de la psychanalyse*, Paris 1973.

14 Pascal Bonitzer, „Les machines e(x)tatiques, macroscopie et signification", in: *Cahiers du cinéma* 271, 1976, S. 22–25; Jean Narboni, „Le hors-cadre décide de tout", in: *Cahiers du cinéma* 271, 1976, S. 14–21.

15 Szenische Hieroglyphen hat auch Artaud für sein *Théâtre de la cruauté* gefordert, vgl. Antonin Artaud, *Œuvres* IV, Paris 1978, S. 78.
16 Vgl. S. M. Eisenstein, *Cinématisme*, S. 46.
17 Ebd., S. 31f.
18 Zur Sprachtheorie Lacans vgl. Jacques Alain Miller, „Théorie de Lalangue – rudiments", in: *Ornicar* 1, 1975, S. 16–34.
19 Vgl. S. M. Eisenstein *Cinématisme*, S. 249–282.
20 Ignacio de Loyola, *Geistliche Übungen*. Ich verwende die französische Ausgabe, hrsg. u. kommentiert v. Jean Claude Guy (Saint Ignace de Loyol, *Exercices Spirituels*, Paris 1982). Zu de Loyola vgl. Roland Barthes, *Sade, Fourier, Loyola*.
21 Vgl. z.B. die 5. Übung der ersten Woche (§ 65–72) und die 5. Kontemplation des 1. Tages der 2. Woche (§ 121–126).
22 S. M. Eisenstein *Cinématisme*, S. 275.
23 Ebd.
24 Robert Wilson, „I Thought I Was Hallucinating", in: *The Drama Review* 4, 1977, S. 75–78; Richard Foreman, „Hören + Sehen. Wohin das alles zielt", Interview mit H. Finter, in: *Theater heute* 9, 1980, S. 26–27, abgedruckt in diesem Band S. 37–42.
25 Die Begrifflichkeit der Filmanalyse folgt James Monaco, *Film verstehen: Kunst, Technik, Sprache, Geschichte und Theorie des Films*, Reinbek 1980.
26 S. M. Eisenstein/V. Nijny, *Mettre en scène*, Paris 1973, S. 60ff.
27 J. Monaco, *Film verstehen*, S. 165ff.
28 H. Finter, „Theatrum orbi in progress: Robert Wilson prépare *CIVIL warS*", in: *Art Press* 73, 1983, S. 12–13.
29 Vgl. Heinrich Wölfflin, *Renaissance und Barock*, Basel 1961.
30 Vgl. H. Finter, „Robert Wilson in Germania: DD + D", in: *Spirali, Rivista internazionale di cultura* 6 & 7, Mailand 1979, S. 45–46, S. 48–50.
31 Vgl. H. Finter, „Autour de la voix au théâtre: voie de texte ou texte de voix?" (in: Chantal Pontbriand (Hrsg.), *Performance Text(e)s & Documents*, Montreal 1981, S. 108), in: Dies., *Le Corps de l'audible. Écrits français sur la voix 1979–2012*, Frankfurt/Main 2014, S. 19–30.
32 Vgl. ebd., sowie dies., „Die soufflierte Stimme. Klangtheatralik bei Schönberg, Artaud, Jandl, Wilson und anderen" (in: *Theater heute* 1, 1982, S. 45–51), in diesem Band S. 19–34.
33 J. Monaco, *Film verstehen*, S. 182f.
34 Vgl. H. Finter, „Viaggi dell'occhio", *Spirali* 9, 1979, sowie „Unmögliche Räume", in diesem Band S. 507–515.
35 Vgl. H. Finter, „Un théâtre de la mémoire et de la voix: *Golden Windows* de Robert Wilson" (in: *Art Press* 64, 1982, S. 20–23), in: Dies., *Le Corps de l'audible*, S. 323–333.
36 Vgl. H. Finter, „Die soufflierte Stimme" in diesem Band S. 19–34, sowie „Théâtre expérimental et sémiologie du théâtre: la théâtralisation de la voix" (in: Josette Féral, Jeannette Laillou Savona, Edward A. Walker (Hrsg.), *Théâtralité, écriture et mise en scène*, Ville de LaSalle/Québec, 1985, S. 141–164), in: Dies., *Le Corps de l'audible*, S. 55–71.
37 Vgl. Michel Chion, *La voix au cinéma*, Paris 1982.

38 Émile Benveniste, „La notion de ‚rythme' dans son expression linguistique", in: Ders., *Problèmes de linguistique générale*, Paris, 1966, S. 327–335.
39 J. Monaco, *Film verstehen*, S. 205.
40 Wie sehr eine Schwäche des Soundtracks das visuelle Denken beeinträchtigt, wurde schon deutlich bei Robert Wilsons *Edison* von 1979 in Paris.
41 Vgl. Anm. 28.
42 In der Kölner Aufführung von 1984 wurde diese Präsenz einer Führerfigur ausgespart.
43 Vgl. Anm. 29 und 30. Zur Ontogenese des Verhältnisses von Hören und Sehen vgl. Denis Vasse, *L'Ombilic de la voix*, Paris 1974.
44 Abgedruckt in: Arnold Schönberg/Wassily Kandinsky, *Briefe, Bilder und Dokumente einer außergewöhnlichen Begegnung*, hrsg. v. Jelna Hahl-Koch, München 1981, S. 129–135.

Die Theatralisierung der Stimme im Experimentaltheater

> *Quiconque avec son jeu et son ouïe individuels se peut composer un instrument dès qu'il souffle frôle ou frappe avec science; en user à part et la dédier à la langue.*
>
> Stéphane Mallarmé

1. Fragen zur Theatralität

Die Theatersemiotik nimmt die *Einheit* optischer und akustischer Zeichenprozesse an, um Theater zeichentheoretisch zu bestimmen (Ingarden),[1] oder sie geht von seiner zeiträumlichen Dimension aus, um es als *spectaculum* von anderen semiotischen Praktiken zu unterscheiden (Kowzan).[2] Demnach wäre Aufgabe einer Theatersemiotik, die Zeichensysteme des Theaters und ihre Aktualisierungen in Codes zu identifizieren, sowie ihre Kombinationsmöglichkeiten und die hieraus resultierenden Sinnmöglichkeiten zu inventarisieren. In diesem Sinne argumentiert auch eine neuere Arbeit: Ihr Autor Keir Elam[3] stellt einleitend fest, dass im Hinblick auf die theatralen Zeichensysteme bis jetzt nicht wenig mehr getan wurde, als sie – und bei weitem nicht ausreichend – zu identifizieren, und weder die Bestimmung der Bedeutungseinheiten jedes Systems noch die Explikation der Regeln seiner Syntax und Codes geleistet sei. Elam schlägt deshalb eine Ausweitung der von Tadeusz Kowzan vorgeschlagenen Typologie der Zeichensysteme des Theaters[4] vor, die er in kulturelle Codes und ihre theatralen und dramatischen Subcodes differenziert. Von den so gewonnenen achtundzwanzig kulturellen Codes diskutiert er sodann im einzelnen die proxemischen, kinetischen und paralinguistischen, wobei sich jedoch eher weitere Forschungsaufgaben denn gesicherte Ergebnisse abzeichnen. Die Aufgabe der Inventarisierung erscheint unendlich. Man ist an das Projekt von Gustave Flauberts Romanfiguren Bouvard und Pécuchet im gleichnamigen Buch gemahnt, deren Katalogisierung des gesamten Wissen anstatt seines Nachvollzugs immer mehr einer Eigendynamik von Wiederholen und Kopieren gemachter Erfahrungen und Erkenntnisse gehorchte, in der die Motivation ihres Erkenntnisinteresses sich schließlich erschöpfte und auf der Strecke bliebt. Sollte dieses Schicksal auch der Theatersemiotik harren?

Was Patrice Pavis im Hinblick auf eine „Semiotik der Geste" festgestellt hat könnte so für die gesamte Theatersemiotik gelten:

Ce qui fait le plus cruellement défaut à une sémiologie du geste, ce n'est pas tant les instruments de mesure et de notation du geste qu'une réflexion épistémologique sur le projet sémiologique.[5]

Die von Pavis als Desiderat genannte Reflexion über die Grundlagen des Zeichenbegriffs erfolgt heute in der Praxis des Experimentaltheaters *in actu*.[6] Diesem Theater ist die Prämisse einer *Einheit* von optischen und akustischen Zeichenprozessen problematisch geworden: Es geht nun von dem aus, was sich einer Totalisierung, die ein Konzept des Gesamtkunstwerks impliziert, widersetzt, nämlich von der *Heterogenität* der Elemente, die auf der Bühne zusammengezwungen werden sollen. Dem entspricht die Einsicht in die Nichtbeherrschbarkeit der Sprachen, in die Nichtreduzierbarkeit der Materialität des Zeichenkörpers auf das ihm im Syntagma zugewiesene Signifikat. Denn in der Materialität des Signifikanten schwingen wie ein Nachhall die Spuren seines Vorkommens in anderen Syntagmen und seiner Verortung in anderen Paradigmen in Form eines diffusen *Subtextes* mit. So erscheint Produktion von Bedeutung eher Ergebnis eines Zufalls, einer Katastrophe – im Sinne der Katastrophentheorie – denn Ergebnis bewussten Kalküls zu sein. Zeichensystemen zugeordnete Zeichen werden im theatralen Prozess desautomatisiert und differenziert, wodurch ihre Materialität als das dem jeweiligen Zeichensystem Heterogene neuen Sinnmöglichkeiten zugeführt werden kann. Anstatt von Zeichensystemen wäre nun von *Signifikantensystemen* (Kristeva) zu sprechen.

Eine solche Praxis stellt das Problem der Theatralität neu: Die bekannte Definition des Theaters als raumzeitliche Kunst, die einer Verbindung von optischen und akustischen Zeichenprozessen entspringt, gilt für eine Vielzahl von Praktiken, die nicht Theater in engerem Sinne sind. So spricht schon Verbalsprache zugleich das Hören und Sehen an, insofern sie doppelt kodiert ist: lautlich durch die Intonation bzw. Prosodie und auch in gewissem Sinne ‚optisch', da Spracherlernung gerade darin besteht, akustische Vorstellungen mit optischen bzw. mentalen Vorstellungen zu verbinden. Geht man zudem von der Alphabetisierung aus, so sind für die Verbalsprache akustische und optische Signifikanten determinierend: Gehörte und gelesene Vorstellungen schwingen bei der Bestimmung von Bedeutung einer Sprachverlautung mit. Darauf hatte schon 1891 Sigmund Freud[7] hingewiesen, aber auch Ferdinand de Saussure[8] in Ansätzen, als er betonte, dass sich das Wortbild nicht mit dem Klang selbst vermische, sondern ebenso wie das Konzept, das ihm assoziiert wird, eine *psychische* Realität sei. Hier ist eine Marge für die individualgeschichtliche Besetzung akustischer und optischer Signifikanten gegeben, die als Erinnerungsreste ihre jeweiligen *affektiven* Kontexte mittragen und aktivieren können. Die Psychoanalyse baut hierauf ihre Praxis auf, Poesie und Literatur nützen und analysieren diesen Aspekt der Sprachen: Als wohl bekanntestes Beispiel sei hier auf Marcel Prousts

„madeleine" zu Beginn von *À la recherche du temps perdu* verwiesen. Insbesondere der moderne (poetische) Text nützt diese Möglichkeit der Sprache, sich nicht in der Kommunikation einer Botschaft zu erschöpfen. Er nimmt ihre Fähigkeit, Raum- und Zeiterfahrungen zu modellieren, in Anspruch, wenn er verstärkt und systematisch das zeitliche (lineare) Syntagma durch die Projektion des (vertikalen) Paradigmas auf das Syntagma bricht und so eine Räumlichkeit schafft, die nicht nur akustisch und optisch als Laut eine Vorstellungswelt schafft, sondern auch optisch als Schrift. Die Arbeiten zum poetischen bzw. modernen Text weisen in diese Richtung.[9]

Die Einheit von optischen und akustischen Zeichenprozessen gilt auch für andere Textsorten, so für Comics und Werbung[10] oder für den Film und den Tanz. Hier wird deutlich, dass der Begriff der Theatralität einer Präzisierung bedarf: Was im verbalen und/oder visuellen Text entweder als lautliches Modell einer Veräußerung des Subjekts des Aussageaktes – als Ikon der Deixis einer Stimme oder von Stimmen – oder als ihr visuelles Modell – als Ikon der Deixis eines Blicks – erscheint, wird im Theater szenisch als Bedingung des Aussageaktes ausgestellt und so verobjektiviert. Die Vielzahl der beteiligten Instanzen – die einzelnen Intertexte – wird akustisch und visuell wahrnehmbar gemacht. Die Stimmen sind hörbar, die Blicke materialisieren sich im Körper der Schauspieler und in den Elementen, welche die Szene konstituieren. Was den Aussageakt bedingt, wird hör- und sichtbar gemacht. Durch die Vielzahl der beteiligten Elemente wird die Vielzahl von Instanzen deutlich, die im Subjekt des Aussageaktes eines Textes zusammentreffen. Theatralität kann so als dialektischer *Prozess* einer raumzeitlichen Konstitution von *Präsenz* und *Absenz* erfahren werden. Dieser Prozess spielt sich als *Ausstellen* des Verhältnisses zu den verschiedenen Signifikantensystemen – den verbalen und übrigen akustischen sowie den optischen – ab. Dieses Verhältnis zu den Sprachen wird in der Konstitution der Theaterpersonen und deren Beziehungen zueinander inszeniert. Die ‚theatralischsten' Texte sind dann vielleicht gerade diejenigen, die *polylogisch* (Kristeva) eine neue Form des Subjekts des Aussageakts durch das Ausstellen des Verhältnisses zu den Sprachen *hörbar* machen: ein *Subjekt im Prozess* (Kristeva), das viele Stimmen und viele Körper in einer Pluralität von Zeiten annimmt und mit den Blicken eine Pluralität von Räumen in Bewegung aktualisiert. Prozess und Bewegung einerseits, Dialektik von An- und Abwesenheit andererseits kennzeichnen dann Theatralität vorläufig als Inszenierung der Bedingungen und Modalitäten des Aussageaktes.

2. Stimme und Theatralisierung

Um den Begriff der Theatralisierung zu präzisieren, möchte ich mich der Stimme im (Experimental-)Theater zuwenden. An diesem Beispiel soll gezeigt werden, in welcher Weise es szenisch die Grundlagen von (theatralen) Zeichensystemen reflektiert. Die Stimme ist in den bekannten semiotischen Theorien nicht als eigenständiges Zeichensystem aufgeführt, obgleich sie innerhalb des Theaters eine eigenständige semiotische Funktion hat und dies nicht nur im asiatischen Theater, sondern auch im europäischen und nordamerikanischen Theater, von Racine bis Artaud, von Schönberg bis Jandl, von Meredith Monk bis Robert Wilson.[11] Die Theatralisierung der Stimme – dies sei die These dieser Überlegungen – analysiert gerade die Bedingungen des Zeichensystems des Tons und stellt, indem sie dessen Grenzen aufzeigt, die Problematik des Zeichens selbst in den Vordergrund.

In den Typologien der theatralen Zeichensysteme ist die Stimme, wie auch der Körper, als ‚Medium' verzeichnet: Bei Tadeusz Kowzan[12] ist sie Medium für das System des „Tons", bei Achim Eschbach[13] für den „Redestil". Keir Elam[14] betrachtet sie als Medium eines kulturspezifischen paralinguistischen Systems, das er mit George L. Trager unterteilt in *voice set* (der physiologische Hintergrund einer Stimme, zu dem er auch das Timbre zählt), in *voice qualities* (worunter die Kontrolle der Stimme mit Intonation und Interpunktion fällt) und in *articulation*, die sich differenziert in *vocal characterizers* (Stimmodalitäten wie Lachen, Schreien etc.), *vocal qualifiers* (Ambitus und Stimmlage) und *vocal segregates* (Stimmgeräusche). Auch hier weist der Autor auf die Unzahl paralinguistischer Kennzeichen hin, die eine Analyse ihres Zusammenspiels erschwere. Ihre Funktionen seien eine „Interpunktion" der Rede zum einen und „emotive" und „modulierende" Fähigkeiten zum anderen, die sie zum „Index" (Deixis) emotionaler und psychologischer Zustände des Sprechers machten. Sieht man davon ab, dass paralinguistische Elemente der Argumentationslogik Elams zufolge in einer Aufführung immer nur ‚Ikone' von Indizes und nicht unmittelbare Indizes emotionaler oder psychologischer Zustände sind, so bleibt doch der Einwand gegen die epistemologischen Prämissen seiner Identifizierung der Zeichensysteme bestehen: Die Reduktion von physiologischen[15] bzw. individualpsychologischen Kennzeichen wie das Timbre (*voice set*) oder Stimmnebengeräusche (*vocal segregates*) auf kulturspezifische Kennzeichen, zu denen das zerebral gelenkte Stimmregister, die Intonation oder die Artikulation zählen, zeigt, dass Elams Zeichenbegriff ein transzendentales Subjekt voraussetzt. Dies erlaubt ihm ebenso wenig, die singuläre, individualgeschichtlich und physiologisch determinierte Einschreibung des Subjekts in die Sprache zu denken wie die Historizität ihrer jeweiligen Aktualisierung. Solange die Stimme nicht als ein in seiner Totalität verfügbares, kulturelles Zeichenpotential analysiert ist, wäre hier zuerst, ausgehend von der Diskussion der Funktionen der Stimme, die Frage nach den *Grenzen* des paralinguistischen Zeichensystems zu stellen, um die Möglichkeiten transsystemischer Stimmartikulation zu eruieren.

In einem ersten Abschnitt soll deshalb das Verhältnis von Stimme und theatralem Text befragt werden, um zu entscheiden, ob Stimme allein als Medium oder Instrument zu fassen ist. Sodann werden Ergebnisse von Analysen der Bearbeitung der Stimme im Experimentaltheater – von Artaud, Robert Wilson, Richard Foreman, Meredith Monk, Arnold Schönberg und Ernst Jandl[16] – herangezogen, um ausgehend von ihren Verfahren stimmlicher Theatralisierung die Konsequenzen für das jeweilige Modell des Subjekts auf dem Theater zu bestimmen und somit den Zusammenhang von Stimme und Repräsentation zu erhellen. Zuerst sei aber kurz die Charakterisierung der Stimme in der psychosemiotischen Forschung dargestellt, um das Problem der Theatralisierung der Stimme zu präzisieren.

Auch für Roland Barthes[17] ist Theatralität eng gebunden an eine Dialektik von Präsenz und Abwesenheit: Sie entspringt für ihn einer Dichte von Zeichen und Empfindungen, die den Text auf ein Außen fortreiße und Worte in Substanzen einschmelze. Die Stimme ist eine solche ‚fortreißende' Instanz durch das, was sie an den einzelnen Körper bindet oder an ein gesellschaftliches Modell vom Subjekt. Damit erscheint sie als ein Angelpunkt der Theatralität: Sie ist zugleich dem Text äußerlich und in ihn eingeschrieben; sie ist ein *Zwischen* von Körper und Sprache.[18] Obwohl als körperlich indiziert, ist sie als artikulierte Stimme von ihm getrennt, und obwohl sprachlich, ist die artikulierte Stimme kein rein linguistisches Phänomen. Sie erinnert an eine ursprüngliche – halluzinierte – Einheit mit dem Körper der Mutter, ist phantasmatisches Bild einer ersten Identität; zugleich ist sie aber auch das perspektivierende Objekt, das in der Entwicklung des Menschenwesens die Loslösung von der Abhängigkeit von der Mutter ermöglichen wird, da sie in den Rhythmen der ersten Echolalien die Syntax präfiguriert und zum Spracherwerb hinführt.[19] So trägt die Stimme zugleich die Anziehung der symbolischen Ordnung wie auch die Forderung mit sich, sich von dieser zu lösen; letztere sucht sich gegen das Symbolische durchzusetzen, um unversehrt zu bleiben und die ursprünglichen Bande zu wahren, welche die Stimme an die Mutterimago eines ersten Körperbildes binden.[20] Schon vor dem Blick konstituiert die Stimme eine erste (körperliche) noch an die Mutter gebundene ‚Identität', die der fiktiven, das heißt dem Entwicklungsstadium noch nicht entsprechenden Spiegelidentität vorausgeht. Die Stimme erlaubt den Übergang von diesem Stadium des Imaginären zum Symbolischen, indem sie ermöglicht, Gesehenes in Gehörtes zu transformieren, Töne in Bilder und Bilder in Töne zu überführen.[21]

In dieser Zwischenstellung ist die zentrale Funktion der Stimme bei der Theatralität anzusiedeln: Auf der Bühne hat gerade die artikulierte Stimme die Funktion, zusammen mit dem Körper des Schauspielers, die Verbindung zwischen Bild (Szene) und Wort (Text) herzustellen. Ihre Präsenz innerhalb eines logozentrischen Kontextes ist Garant für die *Wahrscheinlichkeit* (Wahrheit) des *logos*. Und durch das, was sie zu einer Spur des Körpers macht, ist sie auch Garant für die *Identität* der Rollenperson: Sie gibt identifikatorische, soziolinguistische und expressive Informationen über die Rollenperson.[22] Sie ist Materialisierung des Textes, Bindeglied zwischen optischen und akustischen Elementen des Theaters, zwischen Abwesendem und Präsentem. So stellt sich die Frage, ob sie tatsächlich nur ein *Medium* ist oder ob sie eine eigene *Produktivität* entwickelt, ob sie *Steg für den Text* oder *Text der Stimme* ist.

Die Stimme, die an die Sprache gebunden ist, ist für uns als *Ton*, Intonation kodiert. Die Forschungen zur *doppelten Kodierung* der Sprache analysieren diesen Aspekt.[23] Von der Stimme, die an den Körper gebunden ist, spricht die Tradition der neuen Oper, die den Klang dramatisiert, aber auch der moderne Text, insofern er die Lautlichkeit der Sprache bearbeitet, Klang ist. Hier sind die Forschungen von Ivan Fónagy[24] zur Triebbasis der Phonation ebenso wie die von Julia Kristeva[25] Ausgangspunkt. Zusammen mit den Ergebnissen aus der Praxis des Experimentaltheaters, erlauben diese Forschungsrichtungen zwei Weisen der Theatralisierung von Stimme im Theater zu unterscheiden: die Arbeit am *Ton*, das heißt an der Intonation und dem Satzrhythmus einerseits, und die Arbeit am *Klang*, an der Klangfarbe und den semiotischen Rhythmen andererseits.

3. Stimme und Theatertext

Die doppelte Kodierung durch Intonation kann für die Bedeutungskonstitution relevant werden und eine Notation finden: so beispielsweise in der Interpunktion. Aber sie ist auch expressiv, bestimmt durch die akustische Qualität und die Richtung und Bewegung der Intonationskurve, die Akzentuierung. Die Intonation erscheint vor der Spracherlernung, ist an die Syntax gebunden, präfiguriert sie.[26] Sie setzt sich aus verschiedenen prosodischen Systemen zusammen: Tonrichtung, Tonhöhe und Tonverbindung (*pitch direction, pitch, pitch range*) beherrschen hier Lautstärke, Tempo, Rhythmizität und Pause.[27] Diese treten als Rhythmus – Verbindung von Tempo, Pausen und Rhythmizität – bei metrisch, poetisch organisierten Texten zur Satzintonation in Spannung.[28] Das spezifische Kennzeichen eines poetischen Rhythmus ist gerade diese Konkurrenz zweier Intonationen.[29]

Die Intonation markiert die *Präsenz* des Subjekts des Aussageaktes zu seiner Aussage und zum Sprachakt selbst. Sie ist denotativ und konnotativ, je nachdem inwieweit sie einer Rhetorik der Subjektivität bzw. einer sozialen Rhetorik entspricht. Da sie grammatische, modale und soziale Funktionen haben kann, ist sie von großer Wichtigkeit für die Umsetzung des theatralen Textes, denn sie ermöglicht, die *Identität* der Rollenperson durch die Markierung der Präsenz zu Aussage und Aussageakt zu repräsentieren.

Im Text sucht die Interpunktion, wie schon erwähnt, die Intonation anzudeuten; sie markiert die Sinnabschnitte und grammatische Modifikationen wie Fragen. Sie kann auch Expressivität indizieren, so durch das Ausrufezeichen. Ihr Fehlen nimmt dem Text seine Eindeutigkeit: Dies stellte schon der Enzyklopädist Nicolas Beauzée im 18. Jahrhundert fest.[30] Die Interpunktion präfiguriert die Tonführung und mit ihr die Atemführung einer Stimme. Aber die Stimme wird so nicht in der Gesamtheit ihrer Möglichkeiten kodiert. Ebenso wenig können Bedeutungsmodifikationen, wie Ironie oder auch expressive und soziale bzw. regionale Akzente, die auf soziale, geographische und kulturelle Herkunft verweisen, durch sie notiert werden. Hier springen im Theatertext die Didaskalien ein oder aber eine Verfeinerung der Interpunktion.[31] Durch Interpunktion und Didaskalien kann der Theatertext doppelte – grammatische, expressive und soziolinguistische – Kodierungen indizieren, die gleichzeitig Kodierungen der Stimme als Ton sind. Die Stimme ist hier Medium für die wahrscheinliche Repräsentation der Identität der Rollenperson und für eine Präzisierung des Gesprochenen.

Der Rhythmus als Verbindung von Tempo, Pause, Rhythmizität, und von an den Akzent gebundener Lautstärke, Tonhöhe, Stimmdruck, Dauer, kann im Text eine Einschreibung durch den *Vers* finden. Die Aufteilung der Seite in Zeilen, Strophen und Abschnitte wie auch das Metrum geben ebenfalls ein Modell für den Rhythmus und die Atemführung einer realen Stimme, desgleichen die das Tempo betreffenden Didaskalien. Vor allem Versformen, welche die phonologische Struktur der Nationalsprache unterstreichen, wie dies beim französischen Alexandriner der Fall ist,[32] machen ihre Funktion als nationales und sozial verbindliches Modell für die individuelle Atemführung deutlich. So führen sie das weiter, was die Interpunktion seit ihrer Einführung in der Renaissance[33] vorbereitet hatte: Wie die Interpunktion arbeiten Vers und Metrum an dem Projekt, die einzelne Stimme in der Nationalsprache zu verankern, sie als Code zum Teil der Sprache werden zu lassen. Jedoch kann der Vers auch einen individuellen Atem präfigurieren, wenn in der Spannung von nationalsprachlich kodierter Intonation und poetischem Metrum ein differentieller, *poetischer* Rhythmus sich bahnt: Er ist Ergebnis eines Spiels von Differenzen, in dem die so gefundene jeweilige Form der Atemführung eine Ordnung in der Bewegung – die etymologische Bedeutung des griechischen Terminus *rythmòs*[34] – realisiert. Die Atemführung ist hier das Kriterium für Subjektivität bzw. für ein Modell vom Subjekt. Die Stimme als Atem lötet die Spaltung des Subjekts (Lacan) und ist so Verbindung von Körper und Sprache, die sich zugleich als solche bedeutet.

Die Deklamation der Tragödien Racines im 17. Jahrhundert unterstrich diese Funktion der Stimme als ein *Zwischen*.[35] Aber auch die nichtexpressive

Stimmführung asiatischer Theater wie Nô und Kathakali, in denen die Stimme vom Körper des Spielers getrennt ist, vermitteln eine Erfahrung der Stimme als das Element, das die Repräsentation einer Person als wahrscheinlich erst schafft und gleichzeitig auf das Sein der Sprache verweist. Damit macht das Theater erlebbar, was die Philosophie des 17. Jahrhunderts nur im Gegensatz von Geist und Körper, vermittelt durch den Willen, denken konnte, und wozu sie die metaphysische Größe des Geistes oder der Vernunft bemühen musste. Das cartesianische logozentrische Subjekt ist durch die Stimme, die auch Körper ist, gelötet: Nicht *cogito ergo sum*, sondern *sum quia loquor*.

4. Theatralisierung der Stimme als Ton

Dieses (implizite) Wissen um den *Doppelcharakter* der Stimme als Mittel *und* Produktivität geht mit den Theorien der Deklamation des 18. Jahrhunderts, in denen die Stimme zur expressiven Stimme – reines Mittel zur Unterstreichung des Sinns – wird, verloren. Nun hat die Stimme eine *ursprüngliche* Ausdrucksweise zu verlauten, welche als „langue universelle de toutes les nations"[36] der Verbalsprache vorausgehe. Damit ist auch theoretisch die Realisierung einer Singularität nicht mehr denkbar, scheint sie doch in der Universalität von Natur – Universalsprache der Expression – und Kultur – Sprache als symbolischem Gesetz – aufzugehen. Erst das Theater des 20. Jahrhunderts sucht, im Anschluss an den modernen Text, an dem Glauben an die Universalität eines natürlichen Ausdrucks zu rütteln, indem es gerade dessen *Konventionalität* erfahrbar macht. Das Zusammentreffen mit Ausdruckssystemen anderer Kulturen mag diese Experimente akzentuiert haben. So wird mit der Bestimmung und Erforschung der Grenzen der Ausdruckssysteme auch die Möglichkeit gegeben, singuläre Formen als neue Modelle von Subjektivität zu erproben. Sie können als Sinnpotentiale aus dem Zusammentreffen von Codes im Spiel entstehen, dem nun ein Sinndifferential, eine *différentielle signifiante*[37] entspringt.

Die Experimente von Avantgardetheater und neuer Oper machen so die doppelte Funktion der Stimme als Medium *und* zugleich als Produktivität, wie auch ihre Qualität als ein *Zwischen* von Körper und Sprache wieder erfahrbar, ohne sie jedoch in die Metaphysik einer Geist- oder Körperreligion einzubinden, welche ja gerade den Geist-Körper-Dualismus (versteckt) fortführt.

Zuerst zeigt die Bearbeitung des *Tons,* die Verbindung von Tonhöhen, Tonrichtung und Tonfolge in der Intonation, wie die Stimme an die Wortsprache gekettet und je nach Nationalsprache kodiert ist: Zur Grammatik gehören dabei die Satzmelodie, die Anfang und Ende der Sätze markiert, sowie die Modifikationen der Grammatik durch die Intonationskurven von Fragen, Ausrufen und syntaktischen Segmentierungen, wie beispielsweise Einschüben. Aber auch soziale und modale doppelte Kodierungen, die einer *Rhetorik der Expressivität* entspringen, auf die soziale, kulturelle Herkunft des Sprechers zum einen oder zum anderen auf seine Stellung zum Gesagten hinweisen, gehören zum Ton. Die Einstellung zum Gesagten kann weiter eine *Rhetorik der Emotion* – Freude, Trauer, Schmerz zum Beispiel – oder eine *Rhetorik der Distanzierung* – Ironie beispielsweise – andeuten. Im Theater kann so der Ton das *Ikon* von Indizien der Präsenz eines Subjekts zu seinem Sprechakt formen: In einer Rhetorik der Expression versucht der Schauspieler mit der dargestellten Person mittels eines gesellschaftlich und theatralisch wahrscheinlichen Tons zu verschmelzen; in einer Rhetorik der Distanzierung – von Meyerhold und Brecht für das Theater aus dem Stil der Diseusen des Kabaretts entwickelt – verweist der Schauspieler mit einem Augenzwinkern auf die Doppelheit von Präsenz und Repräsentation, auf die darzustellende Person und auf sich selbst. Aber dieses Selbst ist wiederum doppelt gespalten in das gespaltene Selbst des Schauspielers und das des Autors und/oder Regisseurs, dem er seine Stimme leiht.

Die Bearbeitung des Tons durch Mikrophone und eingeblendete Tonbandaufnahmen der Sprechstimme sowie die Beschleunigung oder Verlangsamung des normalen Sprechtempos, beispielsweise in Robert Wilsons *I Was Sitting on my Patio this Guy Appeared I Thought I Was Hallucinating* (1978) oder in Richard Foremans *Luogo + bersaglio* (1980), stellen die Stimme des Selbst nicht nur als die Stimme eines Anderen aus, sondern auch als soufflierte, *repräsentierte* Stimme, weil der Klang, das Timbre, zurückgenommen ist. Damit fehlt ihr das, was Roland Barthes die „Körnigkeit der Stimme" (*le grain de la voix*)[38] nennt. Diese Stimme hat keinen Körper – ihr fehlt der Klang –, aber sie hat auch keinen ‚Geist', denn ihr fehlt der Ton, der ein Sagenwollen, eine Intentionalität andeutet. Die expressive bzw. distanzierende Intonation kann zum Teil durch visuelle Mittel wie Gesten und Bewegung, durch die Beleuchtung, den Dekor und die Accessoires übernommen werden. Bei Wilson geschieht dies durch eine Parallelisierung der einzelnen Signifikantensysteme, bei Foreman durch einen Dialog von szenischem Bild und Ton oder der Bilder untereinander. In beiden Fällen wird die Funktion der Intonation erfahrbar, eine *Sprechsituation* und die *Kohärenz* des Gesprochenen herzustellen. Das Fehlen der Intonation verweist dann auf den „anderen Schauplatz" (Freud), den dieses Theater im Zwischen zeichnet: Bei Wilson wird die Stimme als fremde Stimme, als der radikal Andere halluziniert; ihm wird, wie in der Schizophrenie, als vokaler Zyste oder, wie in der Paranoia, als bösem Objekt der Kampf angesagt. Wilson macht damit die imaginäre Szene der Stimme *negativ* als die unüberwindliche Grenze hörbar, die zur Bedeutung hinführt. Foreman dagegen zeigt ihre *positiven* Möglichkeiten, wenn er den Worten durch szenische Bilder eine Situation gibt und wieder durch Worte auf sie antworten lässt. In beiden Fällen wird deutlich, dass Sinngebung und Verstehen immer den Umweg über das Imaginäre machen, das heißt über mentale Vorstellungen, die einer Logik des Ähnlichen gehorchen.[39] Weiter zeigt sich, dass gerade Intonation und Rhythmus, indem sie dem Gesprochenen eine Kohärenz und Situation geben, dank der Stimme die Identität des Subjekts als Einheit projizieren. Diese Einheit zeigt sich als an die Sprache gebunden: Wilson stellt sie *ex negativo* als Simulacrum aus, Foreman dagegen als Schein einer Meisterschaft, die zugleich *positiv* mittels des Bildes – Ikon des Imaginären auf der Bühne – aufgebrochen werden kann. Wenn Wilson so szenisch den Mythos der Stimme als Bestandteil des sprachlichen Codes oder als Fremdkörper analysiert, so macht Foreman den Mythos einer Beherrschbarkeit der Sprache einsichtig.

5. Theatralisierung der Stimme als Klang

Indem die Arbeiten von Wilson und Foreman die Charakteristika des Tons und des Rhythmus der Stimme als doppelte Kodierung der Wortsprache theatralisieren und sie als linguistische, soziale und expressive Funktionen der Stimme analysieren, zeigen sie auch, was als *Grenze* die Kodierung von Situation und Kohärenz bedingt: die durch die Kodierung des Tons präfigurierte *Einheit* des Subjekts. Die Möglichkeit einer *singulären* Einschreibung des Subjekts in die Sprachen zeichnet sich so als Aufbrechen dieser Einheit ab. Sie erfolgt durch einen Aspekt der Stimme, den linguistische Analysen nur schwerlich erfassen, den *Klang,* die Klangfarbe bzw. das Timbre. Eine Reihe weiterer Arbeiten von Robert Wilson – so *Life and Times of Joseph Stalin* (1973), *A Letter for Queen Victoria* (1974), *Einstein on the Beach* (1976), *The Man in the Raincoat* (1981) –, sowie Opern von Meredith Monk wie *Recent Ruins (*1980) und die Performances von Laurie Anderson *United States I–IV* (1981) erproben diesen Aspekt. Die Exploration des Sprechgesangs bei Arnold Schönberg und die Stimmmodi zwischen Singen und Sprechen bei Alban Berg, wie auch die Texte und die Radiosendungen von Antonin Artaud, liefern hier die Pionierarbeit für eine Erforschung der Semiosepotentiale des Klangs.

Das Phänomen des Klangs wird in den Arbeiten von Fónagy und Kristeva zur Triebbasis der Phonation im Hinblick auf die Spracherlernung[40] als *prälinguistisch* analysiert und als *translinguistisch* im Hinblick auf seine textuelle Manifestation. Wie schon Roland Barthes mit dem Begriff des *grain de la voix,*[41] sucht diese Forschungsrichtung die Singularität der (textuellen) Stimme theoretisch zu erfassen. Dabei geht es nicht mehr um eine grammatische, expressive oder sozial signifikante Prosodie, die ein kodiertes Gedächtnis oder ein soziales und nationales Wissen voraussetzt. Vielmehr stehen nun *Erinnerungsspuren* singulärer Subjekterfahrungen im Zentrum: Alliterative und assonante Rhythmen erforschen sie als an die Triebprozesse angeschlossen in den Klangfarben des Timbres. Durch die Einschreibung des Klangs in die Sprache lässt hier die Stimme sie jedoch nicht als unvermittelte, sondern als transponierte, sublimierte Körperlichkeit hören. Denn ihre Manifestation ist mitbestimmt vom nationalsprachlichen und poetischen Code, gegen den und in dem sie sich als Differenz manifestiert.

Rhythmisch wird so der Klang der Stimme als das bearbeitet, was sie von der Wortsprache unterscheidet. Die phonischen und semantischen Potentialitäten werden neu verteilt. Dies kann zu einer neuen Strukturierung der Signifikanzen führen, kann neue Sinnpotentiale generieren. Folgende Verfahren können dabei beteiligt sein:[42] Man lässt den Klang der Stimme ‚sprechen', indem die Phoneme von ihrer distinktiven Funktion geleert, ihre Frequenz erhöht und sie in Gruppen agglutiniert werden. Dieses Verfahren kennzeichnet die Glossolalien Artauds ebenso wie die Meredith Monks oder Robert Wilsons in seinen Stücken *Life and Times of Joseph Stalin* (1973), *A Letter for Queen Victoria* (1974) und *The Man in the Raincoat* (1981). So verdichtet Monk Phoneme zu nicht distinktiven Akkorden, die sich ab und an in Worte differenzieren können, in *Recent Ruins* beispielsweise in die Formen von *Ja* und *Nein* in verschiedenen Sprachen.[43] Wilson geht von Worten und Satzfragmenten aus, die durch das Sprechtempo ihre Distinktivität verlieren, aber in Verbindung mit den szenischen Bildern durch ihre Klangqualität neuen Bedeutungsmöglichkeiten zugeführt werden können.[44] In beiden Fällen zeichnet so das Zusammentreffen von Stimmen und szenischen Bildern ein *Ikon* der Spracherlernung, das vom Rezipienten nachvollzogen werden kann, wenn ihn die Desautomatisierung seiner Wahrnehmung Töne, Klänge und szenische Bilder neu verbinden lässt. Ein weiteres Verfahren semantisiert das Phonem. Auf seinen distinktiven Charakter rekurrierend, wird der Klang von Phonemen durch beschleunigte Wiederholung von den Lexemen losgelöst und durch Akkorde neuer Signifikanz zugeführt. Auf dieses Verfahren greifen Schönbergs *Pierrot lunaire* oder auch Artauds Nachkriegstexte wie die Radiosendung *Pour en finir avec le jugement de dieu* (1948)[45] zurück. Bei Schönberg unterstützen die Instrumente den durch die Stimme aktualisierten Subtext, bei Artaud haben diese Rolle die semantischen und grammatischen poetischen Verfahren übernommen. Beide Formen der Klangbearbeitung produzieren einen *Stimmtext*: Bei Schönberg ist das Klanggewebe der Stimme *Haupttext,* der zum Signifikanten eines Körpers wird; bei Artaud hat dieser Stimmtext die Funktion eines *Subtextes,* der den Haupttext mit einer körperlichen Realität informiert und so ein Modell des Subjekts im Prozess aus der Spannung von Körperstimme als Klang und Sprachstimme als Ton generiert.

Was wir hier über die Stimme erfahren, führt jenseits einer biologischen Verortung der Stimme im je individuellen Körper, wie auch jenseits ihrer Verankerung in der Nationalsprache. Denn die Bearbeitung des Klangs der Stimme macht das *Rauschen* der Sprache hörbar, das *bruissement de la langue*, das für Roland Barthes[46] Geräusch einer gut funktionierenden Sprachmaschine ist. Hier wird der *Atem*, den der Ton in ein nationales Dispositiv einbindet, als das gemeinsame Element von Körper- und Sprachstimme hörbar. Er macht die Stimme zu einem zugleich äußeren und inneren Element, zu einem Zwischen von Körper und Sprache. Die Ausstellung der Materialität der Stimme geht einher mit einer, schon von François Rabelais in seinem *Gargantua* I, 6 angedeuteten Erotisierung des Atems, die Antonin Artaud als seinen analerotischen Grund analysieren wird.[47] Die abendländische Philosophie hingegen hatte eine spiritualisierende Interpretation des Atems verfochten. Der Atem der Stimme lässt auf die *Grenze* der theoretischen Erfassung des Stimmphänomens stoßen, die bisher noch der Obhut von Theologie und Metaphysik anheimgestellt blieb. Die Erforschung der Stimme in der Praxis des poetischen Textes und des Experimentaltheaters, die den Körper in der Sprache verlautbar und den Atem in der Stimme hörbar machen, setzt der metaphysischen Erklärung die spielerische *Erfahrung* entgegen: Atembeherrschung und Stimmbildung werden als die ersten Phänomene einer Identitätsbildung erkennbar, die der Erwachsene als ‚Natur' oder ‚Gesellschaft' verdrängt, deren Wiederkehr aber die *Grenzen* der kodierten Sprachstimme als Ton zeichnen. So kann das spielerische Experimentieren mit dem Klang gerade das, was jenseits des Tons liegt, für neue subjektive Räume signifikant machen.

Die Bearbeitung der Klangfarbe bei Artaud, Schönberg, Wilson und Monk führt dazu, das Stimmphänomen in seiner Gebundenheit an die frühkindliche Identitätsbildung, an die *Muttersprache* im wörtlichen Sinne zu erfahren. Die Stimme wird hier zu einer individualpsychologischen Realität, die das Verhältnis zum eigenen Körper als Verhältnis zum Klang der Muttersprache und zum Ton der Vatersprache ins Spiel bringt. Die Bearbeitung des Rauschens der Sprache bei Wilson erlaubt den Prozess der Herausdifferenzierung von Phonemen und ihre Verbindung mit Bildern und Vorstellungen zu möglichen Bedeutungen nicht nur als einen Grundprozess der Spracherlernung nachzuvollziehen, den das Theater vielleicht schon immer inszeniert hat und wieder inszeniert. Sie lässt szenisch erleben, wie viel dieser Prozess, selbst wenn er automatisiert erscheint, affektiver Besetzung – der imaginären Szene – verdankt, die gerade im Theater über szenische Bilder den Zuschauer zum Hören und Sehen und damit zum Verstehen treibt.

6. Zeichenprozesse und Subjekt im Theater

Die Theatralisierung der Stimme im Experimentaltheater analysiert so den Zeichenprozess als untrennbar mit dem *psychischen* Prozess der Wahrnehmung verbunden. Dies wird insbesondere in der Bearbeitung dessen deutlich, was Stimme zu einer, den Aussageakt ermöglichenden artikulierten Stimme macht.

Damit ist die Praxis des Experimentaltheaters eher der von Ferdinand de Saussure[48] als Teil einer allgemeinen Psychologie geforderten *Semiologie* nahe, denn der sich auf ihn berufenden Semiotik, die das sprechende Subjekt auf ein transzendentales Subjekt des Aussageaktes reduziert.

Mit der Erforschung des Tons und des Klangs zeigt die Theatralisierung der Stimme die Grenzen der Stimme als Zeichensystem auf: Auch wenn die Bereiche des Tons nationalsprachlich bzw. kulturell kodiert sind oder im Experimentaltheater der Klang singulären oder kollektiven Semiotisierungen – wie der an (religiöse) Gemeinschaften gebundenen Glossolalie oder der Stimmpraxis tibetanischer Mönche – zugeführt wird, so wirkt die Stimme doch wesentlich dank einer Dialektik von Präsenz und Abwesenheit, die Ton *und* Klang als weder Sprache noch Körper verbunden und zugleich ihnen zugehörig erfahren lässt. Damit macht die Theatralisierung der Stimme eine Funktion sprachlicher Zeichenprozesse deutlich, welche für die Theatralisierung wohl jedes theatralischen Zeichensystems kennzeichnend ist: ihre ostentative *Zeigegeste* erlaubt die Präsenz des Abwesenden und die Abwesenheit des Präsenten im Signifikanten als exzessiven Überschuss des Handelns mit Zeichen erfahrbar zu machen. Dabei kann deutlich werden, dass dieses Handeln sich nie in der Übermittlung von Botschaften erschöpft, da ein gespaltenes Subjekt mit seiner Körperlichkeit sowohl auf der Seite des Produzenten als auch auf der des Rezipienten eine Dissymmetrie der Kommunikationssituation begründet.[49]

Die *Vokalität* von Bedeutungspraktiken zu denken, stößt sich hier an zwei Barrieren, die für viele Subjekte als Wahrheiten Grenzen ihrer Erfahrung sind. Zum einen ist hier die einem Mythos des körperlichen Ursprung der Stimme verpflichtete Konzeption der Stimme anzuführen, die sie zum Garanten von Identität macht: Das Unbehagen beim Anhören der eigenen, fremd erscheinenden Tonbandstimme oder einer mit synthetischem Kehlkopf hervorgebrachten Stimme, ebenso wie die Aggressivität, die manche Stimmexperimente hervorrufen, zeugen vom Umschlagen der Angst vor der Brüchigkeit der eigenen Identität. Zum anderen ist die Auffassung der Stimme als Teil einer Sprache zu nennen, die sie zum verfügbaren paralinguistischen Code macht: So ist eine Stimmpraxis, die hörbar diese zweite Wahrheit bezweifelt, ebenfalls nicht einhelliger Zustimmung gewiss. Denn sie erschüttert bei einem, sich allein rational verstehenden Subjekt die Gewissheit einer durch die Sprache garantierten Identität. Die Theatralisierung der Stimme als Inszenierung ihrer Vokalität, die das Verdrängte dieser Wahrheiten verlauten lässt, stößt sich dann am Glauben des Rezipienten an den Grund seiner eigenen Identität.

Das Experimentaltheater, wie auch die Theater anderer Kulturen und Epochen zeigen jedoch, dass Theater wohl schon immer den *Zweifel* an diesen Wahrheiten zu ihrem Gegenstande gemacht haben, wenn sie die problematische Beziehung von optischen und akustischen Bildern inszenierten und so die Frage nach der Identität des Subjekts und nach dem Zusammenhalt von Gemeinschaften stellten. Jedoch bot das Theater der Vergangenheit dabei immer noch allgemeinverbindliche Lösungen an und lötete neue Identitäten, sehr oft vor einem religiösen Horizont. Dies ist bei dem zeitgenössischen Theater, das hier betrachtet wurde, nicht mehr der Fall. Denn die Funktion der Stimme als ein *Zwischen* von Körper und Sprache wird dort als das Phänomen analysiert, das dem Einzelnen die Chance bietet, die metaphysische Trennung von Körper und Geist, Natur und Kultur in einem spielerischen Prozess zu überwinden, der das Verhältnis des Einzelnen zu Sprache und Körper als Verhältnis zur Stimme theatralisiert. Indem dieses Theaters seine Potentialitäten erklingen lässt, führt es auch zu einem neuen Verständnis des *Wortes*.

Sommer 1981

Anmerkungen

1 Roman Ingarden, „Les fonctions du langage au théâtre", in: *Poétique* VIII, 1971, S. 531–538.
2 Tadeusz Kowzan, *Littérature et spectacle*, Den Haag/Paris 1975.
3 Keir Elam, *The Semiotics of Theatre and Drama*, London/New York 1980, S. 50f.
4 T. Kowzan *Littérature et spectacle*, S. 206.
5 Patrice Pavis, *Problèmes d'une sémiologie du geste théâtral. Documents de travail et prépublications 101–102* (febbraio–marzo), Urbino 1981, S. 31.
6 Dieser Aufsatz geht von Analysen der Theatralisierung der Stimme aus, die die zeitgenössische Deklamation der Tragödien Racines, den Sprechgesang Arnold Schönbergs in *Pierrot lunaire*, Artauds Radiosendungen und verschiedene Theaterproduktionen von Robert Wilson, Richard Foreman, Meredith Monk, Laurie Anderson, Magazzini Criminali/Il Carrozzone und Ernst Jandl zum Gegenstand hatten. Vgl. die vorangehenden Aufsätze in diesem Band.
7 Sigmund Freud, *Zur Auffassung der Aphasien. Eine kritische Studie*, Leipzig/Wien 1891, S. 75f.
8 Ferdinand de Saussure, *Cours de linguistique générale*, édition critique préparée par Tullio de Mauro, Paris ^{2}1976, S. 28f.
9 Vgl. Rolf Kloepfer, *Poetik und Linguistik. Semiotische Instrumente*, München 1975; Julia Kristeva, *Semeiotikè. Recherches pour une sémanalyse*, Paris 1969; Dies., *La Révolution du langage poétique*, Paris 1974; Dies., *Polylogue*, Paris 1977; Dies., *Pouvoirs de l'horreur. Essai sur l'abjection*, Paris 1980, oder Helga Finter, *Semiotik des Avantgardetextes. Gesellschaftliche und poetische Erfahrung im italienischen Futurismus*, Stuttgart 1980.
10 Vgl. R. Kloepfer, „Komplementarität von Sprache und Bild am Beispiel von Comic, Karikatur und Reklame", in: Roland Posner/Hans-Peter Reinecke (Hrsg.), *Zeichenprozesse. Semiotische Forschung in den Einzelwissenschaften*, Wiesbaden 1977, S. 129–145.

11 Vgl. die vorangehenden Aufsätze in diesem Band.
12 T. Kowzan *Littérature et spectacle*, S. 206.
13 Achim Eschbach, *Pragmasemiotik und Theater. Ein Beitrag zur Theorie und Praxis einer pragmatisch orientierten Zeichenanalyse*, Tübingen 1979, S. 140.
14 K. Elam, *The Semiotics of Theatre and Drama*, S. 78–83.
15 Roland De Candé, *Dictionnaire de musique*, Paris 1981, S. 266.
16 Vgl. die ersten Aufsätze in diesem Band.
17 Roland Barthes, „Le théâtre de Baudelaire", in: *Essais critiques*, Paris 1964, S. 41f.
18 Vgl. Guy Rosolato, „La voix", in: Ders.: *Essais sur le symbolique*, Paris, 1969, S. 287–305; Ders., „La voix entre corps et langage", in: *Revue Française de Psychanalyse* XXXVIII, 1, 1974, S. 77–94.
19 Vgl. David Crystal, „Prosodic systems and language acquisition", in: Pierre R. Leon/Georges Faure/André Rigault (Hrsg.), *Prosodic Feature Analysis/Analyse des faits prosodiques*, Montréal 1970; Denis Vasse, *L'Ombilic et la voix*, Paris 1974; Christine Leroy, „À propos du rôle de l'intonation dans l'acquisition des structures syntaxiques", in: *Études de linguistique appliquée* (janvier–mars) 9, 1973, S. 67–75; J. Kristeva, *Polylogue*, S. 467–491.
20 G. Rosolato „La voix entre corps et langage", S. 86.
21 D. Vasse, *L'Ombilic et la voix*, S. 115f.
22 André Rigault, „Réflexion sur le statut phonologique de l'intonation", in: *Proceedings of the 9th International Congress of Linguistics* (Cambridge/Mass., August 27–31 1962), The Hague 1964, S. 849–858, hier S. 853.
23 Vgl. André Martinet, *Éléments de linguistique générale*, Paris 1960, S. 3–25; Ivan Fónagy, „Double Coding in Speech", in: *Semiotica* 3, S. 189–222; D. Crystal „Prosodic systems".
24 Vgl. I. Fónagy, „Der Ausdruck als Inhalt. Ansätze zu einer funktionellen Poetik", in: Helmut Kreuzer/Rul Gunzenhäuser (Hrsg.), *Mathematik und Dichtung. Versuche zur Frage einer exakten Literaturwissenschaft*, München 1965, S. 243–274; I. Fónagy, „Les bases pulsionnelles de la phonation", in: *Revue Française de Psychanalyse* I, 1970, S. 101–136 und IV, 1971, S. 543–591; Ders., „Double Coding in Speech", in: *Semiotica* 3, S. 189–222.
25 Vgl. J. Kristeva, *Semeiotikè*, S. 174–207 und S.146–277; Dies., *La Révolution du langage poétique*, S. 209–263; Dies., *Polylogue*; Dies., *Pouvoirs de l'horreur*.
26 Vgl. Ch. Leroy „À propos du rôle de l'intonation".
27 Vgl. D. Crystal „Prosodic systems", S. 78.
28 Sergeij Bernštejn, „Ästhetische Voraussetzungen einer Theorie der Deklamation", in: Wolf-Dieter Stempel (Hrsg.), *Texte der russischen Formalisten II. Texte zur Theorie des Verses und der poetischen Sprache*, München 1972, S. 339–391.
29 Jan Mukařovský, „L'intonation comme facteur du rythme poétique", in: *Archives néerlandaises de Phonétique expérimentale* 8/9, 1933, S. 116–133.
30 Nicolas Beauzée, „Ponctuation", in: D'Alembert/Denis Diderot (Hrsg.): *Encyclopédie ou dictionnaire raisonné des Sciences* XIII, 1765, S. 15–25.
31 Friedrich Hess-Lüttich „Dramaturgie des Schweigens", in: *Folia Linguistica* XII, 1/2, 1978, S. 31–64.

32　P. J. Wexler, „On the grammetrics of classical alexandrine", in: *Cahiers de lexicologie* IV, 1964, S. 61–72; J. Kristeva *La Révolution du langage poétique*, S. 218.
33　Vgl. Nina Catach (Hrsg.), *La ponctuation, Langue française* 45, 1980.
34　Émile Benveniste, „La notion de ‚rythme' dans son expression linguistique", in: *Problèmes de linguistique générale* I, Paris, 1966, S. 327–335.
35　Vgl. „Die soufflierte Stimme. Klangtheatralik bei Schönberg, Artaud, Jandl, Wilson und anderen" (in: *Theater heute* 1, 1982, S. 45–51), in diesem Band S. 19–34.
36　M. Duclos, „Déclamation des Anciens", in: D'Alembert/D. Diderot: *Encyclopédie ou dictionnaire raisonne des Sciences* IV, 1765, S. 686–692.
37　Vgl. J. Kristeva, *Semeiotikè*, S. 200 und S. 298f; Dies., *La Révolution du langage poétique*, S. 211 und S. 222f.
38　Roland Barthes, „Le grain de la voix", in: *Musique en jeu* 9, 1972, S. 57–68.
39　Vgl. das Stichwort „Das Imaginäre", in: Jacques Laplanche/Jean Pierre Pontalis, *Das Vokabular der Psychoanalyse*, 2 Bde, Frankfurt/Main 1973, S. 228.
40　Vgl. René A. Spitz (in Zusammenarbeit mit W.G. Cobliner), *De la naissance à la parole. La première année de la vie*, Paris 1968.
41　Vgl. R. Barthes, „Le grain de la voix".
42　Ich folge hier der Unterscheidung, die Kristeva (*La Révolution du langage poétique*, S. 222) für den modernen Text unternimmt, die jedoch auch für die sonoren Manifestationen des Experimentaltheaters ein Unterscheidungskriterium ergeben.
43　Vgl. Helga Finter, „Autour de la voix au théâtre: voie de textes ou texte de voix?" (in: Bruno Gentili/Giuseppe Paioni (Hrsg.), *Oralità. Cultura, letteratura, discorso. Atti del convegno internazionale (Urbino 21–25 luglio 1980)*, Florenz 1982, S. 663–674, ebenfalls in: Chantal Pontbriand (Hrsg.), *Performances, Text(e)s & Documents. Actes du colloque: Performance et multidisciplinarité: Postmodernisme, 1980*, Montréal 1981, S. 101–109), in: *Le corps de l'audible*, S. 19–30.
44　Vgl. in diesem Band „Die soufflierte Stimme", S. 19–34.
45　Ebd.
46　R. Barthes, „Le bruissement de la langue", in: Ders. et al., *Vers une esthétique sans entraves: Mélanges offerts à Michel Dufrenne*, Paris 1975, S. 239–242.
47　Vgl. in diesem Band die Seiten 20ff, sowie H. Finter, „Vom kollektiven Opfer zum singulären Prozeß. Artauds Theater der Grausamkeit und das Volks- und Avantgardetheater" (Vorlage für die Theatersektion des Romanistentags 1981), in: Konrad Schoell (Hrsg.), *Avantgardetheater und Volkstheater. Studien zu Drama und Theater des 20. Jahrhunderts in der Romania*, Bern/Frankfurt/Main 1981, S. 109–131.
48　F. de Saussure, *Cours de linguistique générale*, S. 33.
49　Vgl. J. Lacan, *Le Séminaire Livre II: Le moi dans la théorie de Freud et dans la technique de la psychanalyse*, Paris 1978, S. 51.

II.
Textstimmen (1)

Die Videoschrift eines Atems: Philippe Sollers, Schriftsteller

Zwei Gerüchte behaupten sich beharrlich in deutschen Medien, wenn von Frankreichs Literatur der letzten zehn Jahre die Rede ist: ‚Nichts Neues im Westen, das heißt in Paris, abgesehen von den Veteranen des *Nouveau Roman*.' Neuerdings fügt sich dem die Kunde hinzu, in Frankreich seien die Intellektuellen nach der marxistischen Enttäuschung zum Katholizismus konvertiert – beunruhigendes Symptom eines neuen Konservatismus und Bestätigung der zuvor diagnostizierten Dekadenz gleichermaßen.

Als Kronzeuge eines solchen Notstands und der Rückbesinnung auf altvertraute Werte wird gern der Schriftsteller Philippe Sollers genannt, *enfant terrible* einer nun totgesagten Avantgarde. Sein Belastungsdossier ist so umfangreich, dass alles gegen ihn zu sprechen scheint: ein für unleserlich erklärtes Buch, da ohne Zeichensetzung und in fetter Kursivschrift, mit dem Titel *Paradis* (1981), ein Bestseller *Femmes* (1983) und nun eine Autobiographie, *Portrait du joueur* (1985). Zum gleichen Zeitpunkt wie Alain Robbe-Grillets *Le miroir qui revient* erschienen, wurde sie wie diese von der Kritik als Abkehr vom Experiment und als Zeugin einer neuen Leserlichkeit vermerkt.

Sollten sich der Veteran des Nouveau Roman und sein heftigster Opponent in der Nostalgie der Erinnerungen endlich getroffen haben? Bei Sollers kommt noch erschwerend eine Reihe von Interventionen hinzu, Bücher und Zeitschriftenbeiträge, die mit so vielsagenden Titeln, wie *Vision in New York*, *Warum ich im Paradies bin*, *Das Komplott der Jesuiten*, *Das Lachen Roms*, *Die Schlüssel von Sankt Peter* oder *Die Männlichkeit als eine der Schönen Künste* die oben geäußerten Mutmaßungen verstärken. Auch Auftritte in Videos, die Jean-Paul Fargier für den Autor konzipierte, wie *Das Loch der Jungfrau Maria* und *Sollers im Paradies*, entkräften kaum Verdachtsmomente. Seine neueste Medienmanifestation zeigt Sollers im Gespräch mit Jean-Luc Godard: Es geht um Godards letzten Film *Je vous salue Marie*, wörtlich übersetzt „Gegrüßet seist du Maria". Doch damit nicht genug: Aus *Tel Quel* ist *L'Infini* geworden, frühere Tel Quelianer veröffentlichen Bücher mit Titeln wie *Die Malerei und das Böse* (Jacques Henric) oder *Die Unreinheit* (Guy Scarpetta). Stehen wir vor der Wiederholung eines Phänomens, wie es in Frankreich schon seit jeher nach enttäuschten Revolutionserwartungen, so 1830, 1848 und 1871, an der Tagesordnung war?

In diesem Falle trügt der Schein. Sollers ist Sollers und *L'Infini* ist *Tel Quel* geblieben. Zugleich hat sich jedoch die Ebene des Experiments verschoben. Auch Sollers scheinbare Kehrtwendungen sind bei genauerem Hinsehen nur

Akzentuierungen dessen, womit er sich seit Jahren beschäftigt: Aussondieren der Sprachen und des Atems, Hörbarmachen des Rauschens der Sprachen in Dekonstruktionen von singulärem und kollektivem Gedächtnis, ihrem Imaginären. Ohne Furcht, ohne Kompromisse, allein mit dem Ziel, Antworten auf die Frage zu finden, welches die Möglichkeiten und Bedingungen von Lust und Glück sind, Antworten auf die Herrschaft des Todestriebes.

Ein kleines Beispiel: Zugleich mit seinem neuen Roman *Portrait du joueur* und der Taschenbuchausgabe von *Femmes* wurde Sollers zweiter Roman, *Une curieuse solitude* (deutsch 1964 bei Fischer als *Seltsame Einsamkeit*) als Taschenbuch neu aufgelegt. Schon vor siebenundzwanzig Jahren wählte Sollers für dieses Buch zwei Mottos, die ein auch für seine jüngsten Bücher noch gültiges Programm entwerfen:

> Nichts ist zu befürchten von den Göttern
> Nichts ist zu befürchten von dem Tod.
> Man kann das Glück erlangen.
> Man kann den Schmerz ertragen.
> (Diogenes von Oinoanda)
>
> Der schönste Mut ist der, glücklich zu sein.
> (Joubert)

Was der Epikuräer von Oinoanda und der französische Moralist aus dem Périgord verkünden, ist in der Tat auch im heutigen Kontext noch eine provozierende Lebenslosung. Wer wagte das Glück des Einzelnen in einem Augenblick zu verteidigen, in dem die Existenz des Erdballs auf dem Spiel zu stehen scheint? Doch für Sollers hängt sie eben gerade von einer inneren Erfahrung ab, die nicht mehr die Leere mit falschen Götzen zu möblieren sucht, die Einsamkeit auf sich nimmt, die Einsamkeit des Einzelnen vor dem Tod, die von den Mitmenschen, auch den Nächsten nichts mehr erwartet. Diese innere Erfahrung bedeutet jedoch nicht ein Rückzug. Sie führt mitten ins Leben, in die Ergründung der Mechanismen der Lust: Der eigenen Lust und der, die, verkannt, die Mitmenschen bewegt. Schon der zweiundzwanzigjährige Sollers formulierte dieses Programm als die Erforschung der kairotischen Momente, welche Lust und Luzidität zusammenzwingen, in Termini einer neuen Wissenschaft: „Wahrscheinlich, sagte ich mir, muss das Genießen wie eine Wissenschaft erworben werden können und welcher anderen könnten wir dienen?"[1] Die Frivolität ist gewollt, die Provokation soll treffen. Sie ist in Überlegungen eingebettet, die näher zu betrachten sich der Mühe lohnen.

Diese Einführung in Sollers Werk fokussiert deshalb zuallererst den Blick auf die Schreibstrategien in *Paradis* über *Femmes* zu *Portrait du Joueur*. Er soll den Weg einer Wissenschaft der Lust verfolgen von der Auslotung des Grundes der Sprache über die zeitgenössische Inszenierung einer menschlichen Komödie bis zum Selbstbildnis. Es geht um Philippe Sollers, den Schriftsteller, dessen Werk zugleich eine Autobiographie ist.

Unterwegs zur eigenen Sprache

> Nel mezzo del cammin i nostra vita
> mi ritrovai per una selva oscura
> ché la diritta via era smarrita
> (Dante, *Inferno*)

Roland Barthes eröffnete sein Buch *Sollers écrivain* (1979) mit einem fiktiven Dialog, in dem er feststellte, dass Sollers' Name, obwohl in allen Diskussionen gegenwärtig, kaum je in seiner Eigenschaft als Schriftsteller genannt werde. Dies hat sich zwar in Frankreich inzwischen etwas geändert, doch ist diese Diagnose für den deutschen Sprachraum auch heute noch gültig: 1968 wurde zuletzt ein Roman von ihm in deutscher Übertragung veröffentlicht – *Drame* (*Drama*) bei Fischer. Und wenn man seither vom Begründer der Gruppe *Tel Quel*, dem Herausgeber der gleichnamigen Zeitschrift und seit 1983 von *L'Infini* sprach, dann vor allem in politischen Debatten um die Neue Philosophie oder die ideologische Wende der französischen Intellektuellen: eine ideale Zielscheibe für Linke, Rechte, die Frauenbewegung, für den *Stern* wie für den *Spiegel*. Dieser von den Medien aufgewirbelte Staub deckt ein Œuvre zu, das neben der literarischen Essaysammlung *Logiques* (1968), dem philosophischen Text *Sur le matérialisme* (1974), die Auslotung der Grenzen der Sprachen mit *Nombres* (1968), *Lois* (1972) und *H* (1973) weitertrieb. Seit Sommer 1973 war dieses Experimentieren in das Schreiben von *Paradis* eingemündet, zuerst in Folgen in *Tel Quel* abgedruckt, dann als Buch 1981 veröffentlicht. Und ein zweiter Band ist angesagt.[2]

Schon mit *Lois* hatte sich der Bruch mit der alten und die Entwicklung zur neuen Schreibweise von *Paradis* angekündigt. Sollers sagte dazu 1973 in einem Interview mit dem Schriftsteller Jacques Henric:

> Eines scheint mir klar: Ich habe, seit drei, vier Jahren, wieder lernen müssen zu schreiben. Das ist eine seltsame Geschichte, kompliziert, persönlich und auch wieder nicht persönlich, wohl verbunden, so glaube ich, mit der Erschütterung des Mai '68. Auf jeden Fall gibt es da für mich ein Vor- und ein Nachher. *Lois* ist offensichtlich ein Buch der Krise. Und ich habe jetzt den Eindruck, dass ich *kaum* beginne, in eine Sprache einzutreten, welche die Meine wäre.[3]

Was war nun das Neue an *Lois*? Eine vom *Nouveau Roman* unterschiedene Schreibweise? Noch ist dieser Text in Kapitel – sechs Bücher – gegliedert. Doch mit seinem durchgängigen Zehnsilber des Heldenepos ist dieser Text auch ein Buch in sechs Gesängen. Damit kündet es einen neuen Texttypus an, dessen Horizont zugleich die gesetzbildenden, welterklärenden Systeme – also das, womit sich der Roman schon immer auseinandersetzte – und der Vers – das Modell des poetischen Textes – sind. In *Lois* gibt es noch Sätze mit Endpunkt, Kommata, es gibt dort noch den ganzen Apparat der Interpunktion, der die Atemführung des Lesers, seinen Intonationsgestus vorzuschreiben sucht.

Dann kam 1973 *H*, lautlos wie bei ‚homme' oder aspiriert wie bei ‚hasch' – Haschisch – oder ‚hache' – Beil –, aber auch nicht verlautbar wie der Signifikant *aleph*, womit *H*, zusammen mit der *figura intellectus* des Giordano Bruno auf der Titelseite, die Stimmen, den Rhythmus und den Klang zum Generator eines Welttheaters macht. Denn, wie im dritten Dialog von Brunos *Cena dei Ceneri*, dem die Figur des Titelblatts entnommen ist,[4] geht es auch hier um den Antrieb der Welten.

H ist ein Text ohne Interpunktion, ohne Klein- und Großschreibung, *H* ist geschrieben in einer gleitenden Schrift. Sollers sagt darüber:

> *H*, so scheint mir, geht noch weiter: Es schickt sich an zu sprechen, zu murmeln, zu singen, zu markieren und zugleich alle Punkte des Diskurses und der Dauer auszulöschen. Es geht um den Versuch, zu dem, was ich in *Lois* eine ‚pluriversale Sprache' nannte, zu gelangen, die weniger ein hämmerndes Verdichten von Sprachmengen wäre, als eine Transformationsmatrix, die sich selbst verändert und damit jede mögliche Sprachmatrix bricht und wieder ankurbelt.[5]

H ist noch das Durchschreiten eines subjektiven Gedächtnisses, das sich nicht im Einen sucht, sondern auflöst in Vielen; wo viele Aussagesysteme sich gegenseitig in Frage stellen, getragen von der Musik eines Rhythmus', der in seiner Wiederholungsstruktur, die das Begehren hören lässt, an die Minimal Music erinnert. Eine neue Vorstellung vom Subjekt schreibt sich hier, nicht mehr im Dialog und in der Übertragung konstituiert, sondern im Polylog[6] eines Spannungsdispositivs.

Paradies der Stimmen

> Und wenn die Seele die Form des Körpers ist, was ich zu zeigen versuchte, dann ist das ziemlich kompliziert, und das, so möchte ich meinen, wird auch immer von der ganzen Welt geleugnet werden, so wie Mariae Himmelfahrt, die Inkarnation [...]. Dass die Stimme nicht aus dem Körper hervorgeht, sondern der Körper ganz in der Stimme ist. Das wird niemals demonstrierbar sein. Niemand wird es je zeigen können.
>
> (Sollers zu Godard in *Entretien*)

Mit *Paradis* wird dieses Projekt weiterentwickelt zu einer Diskussion mit den großen Texten der Bibel, der Mythen, der Philosophie von Altertum, Mittelalter und Neuzeit aus Europa und Asien, mit den Texten von Wissenschaft, Politik und den Humanwissenschaften, die, in Alltagsreden eingebettet, diese durch eine Fülle von Protagonisten zu einem polylogen Subjekt verknüpfen. Sie alle werden auf die Bühne gerufen in einem Fluss des Schreibens, der sie sich gegenseitig in ihrer Affirmation aufheben lässt, um die Wiederholung, die sie treibt, das Unbewusste, das Sprechen ist, in Stimmen zum Klingen zu bringen. So kann Sollers von *Paradis* sagen:

> Hier verlischt das Auge in dem, woran sich das Ohr *erinnert*. Der stumme Mund, der gesprochen hat, spricht, sprechen wird und wieder spricht in den Lettern, hat sich ans Trommelfell von innen her gelegt, direkt. Zum Ohr sprechen, von Mund zu Ohr, von einem Mund, den es nicht gibt, zu einem Ohr, das es nicht gibt, bringt die geschriebenen Spuren zum ‚Blühen', kurz, und zum Fließen, Gleiten, sich Entfernen, als ob sie vom Atem gestoßen würden. Man muss die Flucht der Gedanken mimen, um die Gedanken vor dem Denken fliehen zu lassen.[7]

Die Minidramen, die diese Schrift wie eine Unzahl von Minispots immer weiter treiben lässt, sind allein durch eine Sprache ohne Grund, deren Beginn gemimt wird. *Paradis* ist nur in einem Ausschnitt in Deutsch veröffentlicht.[8] Lassen wir also den Anfang von *Paradis* sprechen, einen Anfang, der die Unmöglichkeit eines Anfangs der Sprache verlauten lässt:

> *stimme blume licht echo der lichter kaskade ins schwarze gespien hanf geschält netz gesponnen von anfang an ist es verloren weiter unten drückte ich ihre hände vom schlummer geschlossen und die strömung staute sich wurde wieder zum starter der fluss die stadt der weiden silberseide auftauchen des papiers just leinen schilf leder baumwolle im schaum 325 lumen de lumine 900 ersatz der münzen 1294 persische ausdehnung danach geht es stracks auf unsere deltas zu im augenblick ist es meine phantasie alles anzuhalten die linien schwimmend zu passieren morgenbrise feuer seen spiegel die blattwerke trübend ruhe auf dem wasser gezeiten man weiß nie es anzusprechen dennoch habe ich angefangen ich fange an ich nehme die angefangene sphäre ich komme daher ich gehe wieder dahin ich gehe los anfang angefangen gespannt auf ihr zusammengesackt und ihre fäuste in meinen händen schlief sie trocken wie ein kiesel abgeschaltet gereizt in ihrem traum und ich in gedanken an xanadu gewölbe höhle meer ohne sonne vagina ohne wiederkehr und niemals erreicht gärten kurvenreiche bäche weihrauchbäume mit lichtungen welch eine schlucht um sich mitten in der nacht bedeckt dort auszustrecken dancing rocks und mazy motion hier also ist der brunnen genitale grenze des mannes flos florum dom sonnenbeschienen nahe den eiskellern wie sich von milchtau nähren selten ist es das erfassen im unfassbaren so zu fassen man sollte meinen ein muskel gibt zeichen loszulassen brauner streifen gasartig rissig golden geh geh wenn ich euch's sage es will sich nicht einschreiben einen augenblick haben sie geglaubt es in form von taschen zu isolieren der hof bläulich von atmosphäre energie antikrebsschwamm augen blaugrau materie der materien unmöglich also anzukommen wie eine blume zu sagen dort wurde ich dort war ich dort ist ich dort wurde ich mir dort werde ich sein ich werde wohl gehen vor abraham selbst erzählt gekürzt abgezählt doch ist es*

nicht von ungefähr indessen daß ich diesen traum hatte aufgereiht gezähnte tasten aufgehackt in zangenbündeln mir an die gurgel springend um zu durchstoßen zu durchsuchen aufzuknüpfen ein todeskampf sag ich euch um mir's rauszunehmen das gebiss überall blutig ist's es fließt ganz schön überall komisch bewacht diese gegend und was die anderen betrifft die seh ich brennen nein nein ich seh sie nicht ich denk sie mir nein ich denk sie mir nicht das hat mich nicht nötig das passiert gegen mich leichter staub äschern leichter staub unmerkbare staubwindung und immer noch in der mangel von diesem krampfhaften lachen richten sie sich auf flammen staub und flammen staub muss man die zeit schlucken die sich breschen schlägt und sich mit brechen verstümmelt muss man ihr entlanggleiten sie aufbrechen in sie eintauchen oder sich von ihr abwenden in wirklichkeit sagt aristoteles geht die tragödie auf die dithyramben zurück und die komödie auf die phallischen gesänge doch phallus das hat man erst um 1634 gesagt vor dem 19. jahrhundert jedoch selten verwendet komisch das wusst ich nicht verstehst du ich kann kein wesen als frei erachten das nicht danach trachtet die bande der sprache in sich durchzutrennen ...

Die Bande der Sprache zu durchschneiden, die, souffliert, in die Lust am Leiden, in die Lust am Tode zwingt, darum geht es und auch darum, mit diesem Schnitt zugleich das sexuelle Dispositiv freizulegen, das die soufflierten Stimmen dem Einzelnen arrangieren – in unzähligen Minigeschichten die Singularität dieses Verhältnisses zur Sprache zu schreiben, das die Sexualität knotet, um es hörbar zu machen in der Vielfalt der Stimmen:

anders gesagt all das ist so alt wie die erde rund ist also hatte ich sofort erraten dass es eine verbindung gibt zwischen zeichensetzung und fortpflanzung daher ihre widerstände clichés interpunktierend freier ihre tage was heisst dass sie allein die treffpunkte mit ihrem bild registrieren komma bindestrich punkt komma schluss glauben sie mir wenn sie wollen aber diese sache gab direkt ausblick auf ihre besessenheit schwanger zu sein art sesam diesseits dergestalt blockiert dass das unbewusste sehr wohl das ist was ungeboren was außen geboren was niemals geboren vorrang den pensionskassen laues verschleiern verstört in blinder notwendigkeit denn wenn du ihn heranschaffst deinen lebendigen pudersaft denn wenn du darüber hinaus noch vom mehr sagst es gibt ein mehr dann spucken sie individuiert schlapp angeklammert machen sie pst pst aschfahl wenn du geboren wirst sterben sie wenn du stirbst wirst du geboren nicht schlecht draufzukommen nur mit wörtern auf einer seite sucher beseelt teleskop vibrierend amüsiert das schabt euch gedärm die taschen wenn ich früh aufgestanden schnell gehe himmel eingerollt gefaltet schlagbereit vom pimpern glänzend ich verstehe nichts sagt er fötus sagt sie übrigens die sätze muß man in ensemblemengen nehmen szenarien paarweise verkürzt wie microfilme vollgestopft mit dokumenten formeln stell dir ein wenig vor das kalkül leicht zu transportieren zu verstecken die geschichte in einer schachtel streichhölzer in den fehlern des papiers da ist's du entwickelst vergrößerst öffnest und der ganze speicherbestand springt dir in die fresse was für ein vergewaltigter fortschritt für den der passieren will ...

Schon diese Auszüge aus den ersten Seiten von *Paradis* markieren in der Evokation vom Joyce des *Finnegans Wake*, aber auch von Artaud und Céline, den Unterschied zum Werk dieser großen Spracherneuerer: Es geht darum, ein Delirium zu durchqueren, das Artaud und Céline bei ihrem Abenteuer mit der Sprache zeitweilig gefangen hielt und das den einen bei der Glossolalie, den anderen bei der antisemitischen Invektive einen Schutz gegen das Zusammenbrechen der Ichgrenzen suchen ließ;[9] aber es geht auch darum, nicht wie Joyce die Sprachen zu einem neuen Idiom zu verschmelzen, sondern in den Sprachen das hörbar zu machen, was die Sprache als Wiederholung spricht:

> *die sache gibt es allein im gesprochenen wort und ich bin der erste hier der sich nicht wiederholt sondern wagt die wiederholte wiederholung zu wiederholen in funktion dessen was mich zwingt mich zu wiederholen und wenn ich so schreiend die wiederholte wiederholung schreibe so um jedesmal den geschmack der wiederholung wiederholt zu machen in der mir offenbarten wiederholung ...*

So hat Sollers' *Paradis* die Schrift des Gedächtnisses der Sprachen zum Ziel, die das Gefängnis einer *einen* Geschichte auf eine Vielzahl von Geschichten öffnen soll. Dabei wird von dem gesprochen, was Literatur schon seit jeher zu sprechen sucht: die sexuelle Differenzierung, der Mord, auf dem sich Gesellschaft gründet, der Weg zu den Religionen, der zum Symbolischen führt. Abberufen werden die Mythen und der jüdisch-christliche Text, Diskurse der Politik, der Natur- und Humanwissenschaften, der Philosophie und der Mathematik. Sie werden konfrontiert mit Fragmenten des Alltagssprechens, der privaten Lebenstexte und der Weltliteratur. Stimmlich verknüpft durch den inneren Reim des Zehnsilbers, lässt das Pulsieren der Sprachen den Zusammenhang dieser getrennten Bereiche hören, es lässt erfahren, was es heißt, Mutter- und Vatersprachen zu sprechen: Die unfassbare Lust, die sie treibt, erschließt sich in den Klangechos, im Rhythmus der Wiederholung, der zugleich auf die Heimlichkeit des Vergessens zielt. Die Lust, die Ewigkeit will, wird dem Tode entrissen, sie macht einer Lust Platz, die sagt, was sie spricht.

Die sprachlichen Verfahren sind weder Automatismen noch Collagen, noch Schnitte. Die visuelle Interpunktion fehlt, doch ein durchgehendes Metrum, der Zehnsilbler, gibt dem Leser die Möglichkeit, mit seinem inneren Ohr die potentiellen Stimmen zu aktualisieren. So hängt von seinem Gehör, seinem Verhältnis zur Sprache ab, was er versteht, verstehen kann und will. Das Verfahren erinnert und will erinnern an den hebräischen Bibeltext, der vormals, ohne Interpunktion und Vokale, erst in der stimmlichen Aktualisierung von *nefesch, ru'ach* und *neshema* für den einzelnen lesbar war. *Paradis* stellt sich in die Tradition dieses Modells einer singulären Lektüre. Die Grenzen von Semiotischem und Symbolischem werden ausgemessen. Zwischen dem Verbalen und dem Musikalischen spielt sich Sollers' Theater der Stimmen und des Atems ab. Es wird zu einem

Welttheater, das mit einer ungeheuren Fülle von Informationen das Ohr bombardiert. Die Vorstellungen, welche die Klänge beim Leser erzeugen, werden von diesen Klängen wieder fortgetragen, die Vorstellungen gehen auf die Reise. In einem ununterbrochenen Kanalwechsel und der gegenseitigen Überblendung von Kanälen wird die Macht der Medien im Mimus ihrer Struktur überschritten: Die Utopie ihrer Selbstzerstörung zeichnet eine Sprachmaschine, die in einer Epoche zunehmender Sprachlosigkeit, in einer Zivilisation, die für das Bild optiert zu haben scheint, die Bilder als Wirkung von Sprache zeigt. Ihre lustvolle Bearbeitung setzt sie an den Anfang aller Bilder, und lässt so die unerhörte Erfahrung verlauten, dass das Unbewusste dieser Epoche der Bilder die Sprache und das Sprechen sind. So ist *Paradis* eine Herausforderung an die Medien, nicht nur weil es das Buch als zehneinhalbstündigen Kassettenschuber, vom Autor meisterhaft gesprochen, oder als einstündiges Videoband gibt, das Jean-Paul Fargier realisiert hat. Denn dieser Text lässt gerade erfahren, wie die Bilder im Klang der Signifikanten sich kristallisieren: Erst über den Klang werden Vorstellungen virtuell zu Darstellungen, die der Leser in Konfrontation mit seinem Gedächtnis dann realisieren mag. Was das postmoderne Theater eines Robert Wilson oder Richard Foreman probt, in dem der Text erst in einer szenischen Schrift wird und der Schrifttext unerreichbares Phantasma bleibt, hier wird es gesprochen.

Diese Videographie des Atems und der Stimmen macht die Fixierungen des Auges flüchten. *Paradis* ist ein Kaleidoskop, das von Ferne an Raymond Roussels *Poussière de soleils* („Sonnenstaub") erinnert, doch das im Gegensatz zu dessen Inszenierung des Schreckens der Sprache, den ein zwanghafter Symbolisierungstrieb hervorruft, zugleich die lustvolle Heiterkeit eines musikalischen Reigens vermittelt. So mag *Paradis* die Lust an der Hölle sein, doch während sie durchquert wird, wird das Knistern der Flammen zum Rauschen von Zungen, und die Hölle öffnet sich virtuell auf einen Himmel, dessen Blau, wie bei Bataille, auf eine zweite Lust, die an der Leere, verweist.

Paradis, von dem bald ein zweiter Band erscheinen wird, hat zudem den Weg gewiesen zu Sollers' neuen Romanen *Femmes* und *Portrait du joueur*: Diese Romane standen in Frankreich auf den Bestsellerlisten, und ließen manche Kritiker von einer weiteren Pirouette in Sollers' Laufbahn als Schriftsteller sprechen. Doch für den, der *Paradis* gelesen hatte, sind diese Romane vor allem die imaginäre Inszenierung von einzelnen seiner Minidramen und Sequenzen, sie geben diesen eine imaginäre heutige Bühne: eine Bühne für einen Intellektuellen, der die Frauen liebt und eine Bühne für die Autobiographie eines Schriftstellers, der das Pseudonym Sollers angenommen hat.

Femmes

> Die Welt gehört den Frauen.
> Das heisst dem Tod.
> Worüber alle Welt lügt.
> (Philippe Sollers, *Femmes*)

Der Roman setzt mit dem Icherzähler, einem amerikanischen Journalisten, der von seiner Zeitung für ein Jahr in Paris beurlaubt ist, ein Verhältnis zur Sexualität und zur Sprache in Szene, so wie es sich einem Zeitgenossen offenbaren kann, der zwischen Europa und New York zuhause ist. Diese Relation zeigt sich in den Widersprüchen der Protagonisten, auf die er trifft, als Auseinanderdriften von Handeln und Schreiben oder Sprechen, kurzum: von Praxis und Theorie. Dabei kommen Figuren ins Blickfeld, die den Parnass der Pariser und New Yorker Intellektuellenszene bevölker(te)n, doch im Zentrum dieser zeitgenössischen menschlichen Komödie stehen vor allem die Begegnungen mit Frauen, mit deren neuem Selbstverständnis sich der Icherzähler auseinanderzusetzen hat.

Wir erfahren so, was einem angehenden Schriftsteller widerfahren kann, wenn er nicht gewillt ist, sich dem Druck ideologischer Gemeinschaften zu beugen oder sich in sie einzureihen; und was ihm ebenfalls geschieht, wenn er sich nicht den Normen und der Überwachung einer neuen Freizügigkeit fügt: wenn einer Libertin und Katholik ist, was für Sollers heißt, sich luzide der eigenen Sexualität stellen, sie nicht als ‚natürlich' zu verdrängen, sie als Wirkung der Sprache zu denken. Wir wohnen so der Analyse eines alles regierenden Todestriebes bei, der in die Ketten der Prokreation und Filiation, in die Bande von Gemeinschaften zu zwingen sucht. Der Icherzähler trifft dabei auf Zeitgenossen, die im geistigen Panoptikum der letzten zwanzig Jahre herausragen und die Epoche geprägt haben: Fals (Lacan) zum Beispiel, Lutz (Althusser), Andreas (Poulantzas) oder Werth (Barthes). Was ihr Leben und Werk möglicherweise verbindet, findet hier erhellende Passagen, die auch manches Scheitern zu erklären wissen.

Vor allem aber gibt es eine Reihe von Frauenporträts, so Deb, Cyd, Ysia, sowie Inge und Louise, die beiden Musikerinnen, die alle ihre kreative und berufliche Autonomie phantasievoll und intelligent zu neuen Formen der Erotik zu nützen wissen und so von der weisen Erkenntnis zeugen, dass die Lust der Sublimation auch die Lust des Leibes erhöht. Diese klugen Frauen haben ihre törichten Gegenbilder in einigen Vertreterinnen der *FAM*, der *Front der Autonomie der Matrix*, einer französischen Sektion der Weltorganisation *WOMANN*, das heißt *World Organization for Men Annihilation and New Natality*, zu der auch das *CIA*, das *Centrum für atavistische Insemination* gehört. Denn neben der biologischen suchen diese Organisationen auch die symbolische und ikonographische (Re-)Produktion zu kontrollieren.

In dieser witzigen Bestandsaufnahme des aktuellen Stands des Geschlechterkampfes ist nicht nur manche seiner berühmten Protagonistinnen wiederzuerkennen; desgleichen demonstriert sie zudem nicht nur die groteske Solidarität von Forderungen eines dogmatischen Feminismus' mit der Rationalität einer neuen Reproduktionsideologie, die auf einen weltumfassenden Totalitarismus zuzustreben scheint. In ihr erscheinen auch die Ursachen der Verschärfung solcher Grabenkämpfe in neuem Licht: Sollers diagnostiziert sie als Rückständigkeit der Sprache, als Symbolisierungsdefizit. Der Mangel an Symbolisierung beherrscht den politischen und technologischen Wahnsinn wie auch den Hasspfuhl der Geschlechter. Wie der politische und soziale Kampf, so ist auch der Geschlechterkampf ein Sprachproblem: Die Siglen, welche die neuen Bewegungen, Bruder- und Schwesternschaften auf ihr Banner geschrieben haben, stehen gegen das gesprochene Wort im Akt, gegen die Vielfalt der Stimmen, die in der Schrift das Abwesende aufscheinen lassen, in der Lust ihrer Musik das Unsagbare hörbar machen.

Hier spätestens wird deutlich, warum der Icherzähler Katholik ist: Die Auseinandersetzung mit der historischen Symbolisierungskraft der katholischen Lehre verweist auf die Dispositive der Einschreibung des Sexuellen, denen das Szenario der Eucharistie einerseits und die Ergreifung der Partei des Bildes gegen den Ikonoklasmus andererseits die Modelle lieferten.[10] Es geht um die Repräsentation des Unmöglichen, dem der Katholizismus mit dem Dogma der Präsenz im Akt während des Abendmahls und mit seiner Option für die Marien-, Christus- und Heiligendarstellungen einen symbolischen Raum in der Schrift und in den Künsten öffnete: Hier widerlegt die Kunst des Barock den Protestantismus, der ohne Beichte, ohne Eucharistie der Präsenz, ohne Marien- und Heiligenkult auch keine Sprache der Erotik gefunden hat. Für Sollers sind im Übrigen auch alle sozialen und politischen Bewegungen, die gegen bestimmte Bilder kämpfen, einem solchen Protestantismus verpflichtet: Denn letztlich geht es mit dem Monopol der Bilder auch um das Monopol über die Lust. Doch die ist nicht in kollektive Dispositive zu zwingen, was der Katholizismus begriffen hatte. Weshalb es dem Barock möglich war, eine Sprache der Erotik zu entwickeln, die bis heute ihresgleichen sucht. Bei der Darstellung des Unmöglichen, von Erotik und Gewalt, geht es, wie Sollers zeigt, vor allem um die Bilder, die Frauen und ihre Lust finden. Die Lust am Leibe, die Lust zum Tode, die nach dem unerreichbaren Liebesobjekt strebt, nach dem, was Lacan *objet a* genannt hat, fand ihre Darstellung vor allem in den mythologischen Frauengestalten – Venus, Medea und Judith. Die andere Lust, die, welche derselbe Lacan als die der Mystikerin, aber vielleicht auch der Jungfrau Maria zu fassen suchte, sie ist die Lust am Unsagbaren, die Lust an der Sprache ist.[11] Wir finden ihr Bild in den Marien- und Heiligenbildern der abendländischen Tradition, *Femmes* hat ihnen lange

Passagen gewidmet. Doch seit dem Tod Gottes und dem Sieg der Göttin Natur ist dieses Bild verblasst. Die modernen Zeugen der Repräsentation des Weiblichen, wie Picasso oder De Kooning, die Sollers zum Sprechen bringt, haben das Antlitz der Lust am Tode in einem Nahkampf mit der Leinwand enthüllt, zugleich lassen deren Formen und Farben aber auch die Möglichkeit einer anderen Lust ahnen.

Heißt dies, dass es für Sollers die Lust an den Sprachen für Frauen nicht mehr gibt? Gegenzeuginnen sind im Roman die beiden Musikerinnen. In zwei Videoproduktionen – *Le trou de la Vierge* und *Entretien Sollers et Godard* – zeigen seine Überlegungen einen theologischen Zusammenhang auf: Was war die symbolische Wirksamkeit des Dogmas der unbefleckten Empfängnis? Sie ist vor allem die Konfiguration des denkbar Unmöglichen. Denn gibt es etwas unsäglich Unvorstellbareres als die unbefleckte Empfängnis, die Empfängnis durch ein Wort, das sich im Fleisch einen Weg bahnt und den Leib durchstößt von innen? Mit diesem Dogma wird eine Frau denkbar, die von der Natur ausgenommen und ihrer biologischen Determination entrückt ist. Sie wird, nicht mehr biologisch bestimmbar, hier zum weißen Fleck, denn eine Frau wird zum Leib erst durch die Sprache, ihre Lust ist durch Sprache verlautbar. Damit ist sie ein Gegenbild zur archaischen Muttergöttin, der großen Hysterikerin, deren Strategien sie sichtbar macht: im Opfer und der Rache den Tribut für den Verlust und Mangel einzutreiben.

Im Universum von *Femmes* ist Medea der Lächerlichkeit preisgegeben. Die Drohgebärden Medeas und Judiths schrecken nicht mehr. Denn die Lust an der Vergeltung, die Lust an der Rache zeigt ihre klägliche Todesmaske. Winkt doch eine ganz andere Lust, die aus der Weisheit des Katholizismus gelernt hat, welche, wie die Musik, die Lust der archaischen Mutter durchquert: So ist auch die Schreibweise dieses Buches vor allem eine Musikalische. Sie nimmt die Punktierung der drei Auslassungspunkte Célines im nervösen Pulsieren eines Rhythmus auf. Jedoch belebt sie nicht das schwarze Ressentiment, das Célines Szenerie verdunkelt. Die Sprache ist präzise, fast nüchtern, auch die erotischen Szenen entbehren deftigen Vokabulars, ihre Atmosphäre schafft allein die Sprachmusik, der Klang. Die Schauplätze von *Femmes* sind in helles Licht gebadet. Es ist das Gleißen Venedigs, der Stadt, die auf das Meer – *mer* – gebaut und zugleich der Mutter – *mère* – Natur abgerungen ist. Mit dem Ausblick auf Venedig schließt eine der letzten Szenen von *Femmes*, das Buch endet mit dem Abflug nach New York, dieser anderen, auf Wasser gebauten Stadt. Doch die Reise ist nicht zu Ende. *Portrait du joueur* ist die nächste Etappe.

Portrait du joueur

„sollers", lat.: kunstfertig, erfindungsreich, geschickt, tüchtig, klug, schlau

Portrait des Spielers macht im Gegensatz zu Dostojewskijs *Spieler* eine neue Seite der Spielernatur geltend. Es geht nicht um das vom Spiel abhängige, ihm verfallene Opfer einer Leidenschaft; der Spieler ist vor allem ein *jouisseur*, wie die gemeinsame französische Wurzel von *jouer* – spielen – und *jouir* – genießen – nahelegt: Sollers' Spieler macht die Lust – *jouissance* – zu einem Spiel, dessen Regeln es zu finden und zu bestimmen gilt. Leben mag ein Spiel sein, und *Portrait des Spielers*, eine Reise in die eigene Vergangenheit, ist auch in mancher Hinsicht eine Autobiographie. Gleichzeitig mit Alain Robbe-Grillets *Le miroir qui revient* erschienen, könnte der Leser hier eine Konvergenz von *Nouveau Roman* und ‚neuem' *Nouveau Roman* in der Rückwendung zur Autobiographie vermuten. Doch ein kurzer Vergleich beider Bücher macht trotz aller thematischen Gemeinsamkeiten eher die großen Unterschiede offensichtlich:

Diese Unterschiede betreffen nicht nur die zweier Generationen, die der jeweiligen Lebensgeschichte eines Milieus, obgleich es sich lohnte, diese zuerst kurz ins Blickfeld zusammen mit den Gemeinsamkeiten zu rücken: In beiden Büchern ist zuallererst vom Band zwischen Leben und Schreiben die Rede. Robbe Grillet: „Ich habe niemals von etwas anderem gesprochen als von mir."[12] Für beider Werdegang ist die Familie bestimmend, für Sollers die anglophile Industriellenfamilie aus dem Bordelais und die katholische Erziehung, für Robbe-Grillet das Pétain-freundliche und antisemitische Kleinbürgermilieu, eine freidenkerische Erziehung. Beide haben den Krieg und die deutsche Besatzung erlebt. Sollers als Kind, das die deutsche Besatzungsmacht das Ferienhaus auf der Ile de Ré zerstören sieht, Robbe-Grillet als junger Mann, „braver Sohn meiner Eltern", wie er sagt, Vichy-freundlich wie sie, der ohne Bedenken als Fremdarbeiter des *STO* (*Service du Travail obligatoire*) ins Nazideutschland geht. Beide haben sich vom Schrecken des Krieges abgewandt. Robbe-Grillet, nachdem er von der Existenz der KZs erfahren hat, Sollers, als er mit dem Wahnsinn des Algerienkriegs konfrontiert wird. Beide hatten sehr früh bestimmende sexuelle Erfahrungen, bei Robbe-Grillet erst in diesem Text, in Anspielungen versteckt als sado-masochistische Neigung thematisiert, bei Sollers jedoch von Anfang seiner Schriftstellerkarriere an als Suche nach den Bedingungen der Lust zu einem Programmpunkt seines Schreibens gemacht. Beide haben Filme gedreht, das Verhältnis von Bild und Schrift steht im Zentrum ihrer schriftstellerischen Tätigkeit.

Doch wer von Robbe-Grillets *Le miroir qui revient* Erfahrungen erwartet, welche diejenigen seiner Romane übersteigen, der sieht sich enttäuscht: Für ihn ist die Autobiographie eine Textform, die, zugleich mit der Rückkehr zu einem traditionellen Sprachgestus, die Analyse verweigert: Die Idylle einer Jugend wird gemalt, die mimetisch den bewusstlosen Zustand dumpfen Kindheitsglückes nachvollzieht. Gegenüber dem Antisemitismus der Eltern, der eigenen Fremdarbeitererfahrung im Nazideutschland und schließlich der Entdeckung der Konzentrationslager zeigt sich diese Darstellungsform hilflos und blass, sie wird der Inkommensurabilität der Fakten auch dann nicht gerecht, sieht man sie unter dem Gesichtspunkt der Banalität des Bösen. Vergleicht man diesen Bericht zum Beispiel mit dem schonungslosen Psychogramm, das Marguerite Duras von der gleichen Epoche in *La Douleur* (1985) gibt, so befremdet Robbe-Grillets Text als selbstverliebtes Posieren, das durch seine Eitelkeit bestürzt. Zum Verhältnis von Sprache und Sexualität erfahren wir nichts. Auch was die Bilder seiner Filme mit seinem Schreiben verknüpft, bleibt immer noch lohnende Aufgabe für Robbe-Grillet-Exegeten. Allzu wahr ist für sein Buch, was er zu Anfang als die Schwäche einer Autobiographie zu bedenken gibt: Sie zeige immer nur „empfangenes Leben", eine *vie reçue*, die sich dem Handeln entzieht. Noch ist das gestaltete Leben in seinen Romanen zu suchen.

Ganz anders Sollers, der das Selbstbildnis zugleich zur Analyse der Bedingungen einer Lebensgeschichte zu machen trachtet. Da ist zuerst das luzide Spiel mit der Sprache, wieder ein nervöser Atemrhythmus, kurze Szenen werden beleuchtet, Rück- und Vorblenden verdichten sie zu einem ruhigeren und stärker mit Emotion geladenen Gedächtnisstrom, als dies noch bei *Femmes* der Fall war. Die eigene Geschichte wird zur Erforschung eines Begehrens, das nicht bei dem der Eltern anhält, sondern zurückgeht auf das Bild des Vaters der archaischen Vorzeit (Freud), der das Begehren von Vater und Mutter bestimmt hat. Laut Sollers sieht sich so ein Sohn vor die Aufgabe gestellt, den Vater der eigenen Mutter zu entthronen. Mit der Geschichte seiner Familie führt uns Sollers in die Geschichte des französischen Südens, ins Land der Girondisten, ins Land der Fronde. Sein Buch ist so auch ein Roman des katholischen Südens, der sich dem revolutionären und zentralistischen Frankreich kritisch entgegenstellt: Der Süden gegen den Norden, der Katholizismus gegen die französische Form des Protestantismus, den Cartesianismus, und wie Sollers dies für heute diagnostiziert, das Savoir-vivre des Südens gegen die heutigen Statthalter dieses Protestantismus, der cartesianische Kapitalismus – Max Weber *dixit* –, die wissenschaftliche Rationalität und der sozialistische Puritanismus. Der Süden und seine Kultur im verlorenen Kampf auch gegen die Meisterdenker der (deutschen) Philosophie, legitime Erben der Reformation: Montaigne, Montesquieu, Saint-Simon, Rabelais und Hölderlin, der sich in Bordeaux aufhielt, gegen Rousseau und Hegel, die Wissenschaften vom Menschen, Psychologie, Psychoanalyse und Humanbiologie. Eine epikuräische Lebensauffassung gegen die Sehnsucht der Romantik. Die Literatur gegen die Philosophie. Die Schrift wieder gegen die Siglen.

Ein großes, in packenden Seiten entfaltetes Programm: *Portrait des Spielers* ist ein philosophischer Roman in der besten Tradition des 18. Jahrhunderts, der Philosophie, Geschichtsschreibung und Utopie in dramatischen Szenen verdichtet. Seine Thesen entwickelt er szenisch an einzelnen Figuren: Da ist zuerst der Icherzähler Diamant, der das Pseudonym Sollers annimmt, die Frage des Namens des Vaters zur Frage des eigenen Namens in der Schrift macht, der schreibt, um aus der Genealogie herauszuspringen. Und dann ist da vor allem Sophie, eine Ärztin aus Genf, mit einem deutschen Diplomaten verheiratet, die der Erzähler in Tübingen, dem Hort des deutschen Geistes, kennengelernt hat. Nicht umsonst trägt diese Figur den Namen des weiblichen Gegenparts zu Rousseaus *Émile*, dieses neuen Menschen einer auf Natürlichkeit beruhenden sozialen Ordnung. Sollers' Sophie greift die Grundfesten des Denkgebäudes des Genfer Philosophen in ihrem Kern – der guten Natur des zivilisierten Wilden – an. Diese Sophie hat sich selbständig gemacht, sie ist nicht mehr die stumme, duldsame Gefährtin Émiles: Sophie initiiert Diamant in ihre Philosophie des Boudoirs, die an die heutigen Bedingungen von Sexualhygiene und Reproduktionsmedizin angepasst ist. Sie sucht der imaginären Szene der Erotik Phantasien dieses Jahrtausendendes zu geben. Sie organisiert die Szenarien der erotischen Begegnungen als Exorzismen eines Vergeltungstriebes: sie macht sich zum Meister ihrer Aggressionen und Ressentiments, denen sie höchste Lust abringt, indem sie diese spielt; indem sie den Affekten eine zugleich leibliche und symbolische Bühne gibt, sucht sie die Lust zu steigern, und sie steigert auch die ihres Partners, der den Bedingungen des Spiels sich unterwirft, das hier die Nacht der Macht der Frauen gibt. Das Liebesgeflüster, das Fieber der Harmonie, die Ideologien der Ehrlichkeit entladen ihre stumme Aggressivität in einem von Sophie vorgeschriebenen Szenario, das die Erotik zur Wahrheit des Gedächtnisses machen will, das Todesbegehren zur Wahrheit jeder Leidenschaft.

Sophie führt die Paarbeziehung hinaus aus der Fata Morgana romantischer Liebe, hinaus aus den täglichen Quälereien. Sie malt die Utopie einer Freiheit zum Glück, die einen Mut zur Selbsterkenntnis voraussetzt, den wohl allein der Mut zum Schreiben schafft, die Luzidität künstlerischer Praxis. Schreiben, wie die Musik, wird hier lebensnotwendig, allein die Lust an den Sprachen kann verhindern, in der Lust des Todes zu leiden und unterzugehen. Sophie schreibt ihr Szenario, sie ist seine Regisseurin, sie schreibt es als Lebenstext. Sollers verbürgt in Interviews die Existenz eines lebenden Vorbildes für diese Figur.[13] So ist dieser autobiographische Lebensentwurf letztlich vor allem ein Plädoyer für die Suche nach der eigenen Schrift, der eigenen Sprache in symbolischen Aktivitäten, die allein in den Kämpfen – der Geschlechter, der Klassen, der politischen Blöcke und der Planeten – zwar nicht den Sieg zu erringen vermag, doch uns die Lust und eine Ahnung von Glück in den Sprachen gibt, indem sie diese Kämpfe in den Spuren der Schrift sucht auszutragen, in einer Videographie des Atems, in einer Videographie der Lust.

1985

Anmerkungen

1 Vgl. Philippe Sollers, *Une curieuse solitude,* Paris 1958, S. 94, übers. v. HF.
2 Paris 1986 erschienen.
3 „*H*. Philippe Sollers, entretien avec Jacques Henric", in: *Art Press* 3, 1973, S. 17, übers. v. HF.
4 Vgl. Giordano Bruno, *La cena dei Ceneri* (deutsch: *Das Aschermittwochsmahl*), Frankfurt 1981; zu Brunos *theatrum mundi* als *theatrum memoriae* vgl. Frances A. Yates, *The Art of Memory*, London 1966.
5 „*H* Philippe Sollers, entretien avec Jacques Henric", S. 17–18, übers. v. HF.
6 Zu *H* vgl. Julia Kristeva, in: Dies., *Polylogue*, Paris 1977, S. 173–223, sowie die Aufsätze von Roland Barthes, Marcelin Pleynet und Jean Louis Houdebine in: *Tel Quel* 57, 1974.
7 Ph. Sollers, „Vers la notion de ‚Paradis'", in: *Tel Quel* 68, 1976, S. 102, übers. v. HF.
8 In: *Akzente* 5, 1977, S. 411–415, Übertragung: Helga Finter. Zu den Problemen der Übertragung vgl. H. Finter, „Vom Übersetzen zum Übertragen", ebd.
9 Zu Artaud vgl. J. Kristeva, „Le sujet en procès" und „Contraintes rythmiques et langage poétique", in: Dies., *Polylogue*, sowie H. Finter, „Die soufflierte Stimme. Klangtheatralik bei Schönberg, Artaud, Jandl, Wilson und anderen" (in: *Theater heute* 1, 1982, S. 45–51), in diesem Band S. 19–34. Zu Céline vgl. Philippe Muray, *Céline*, Paris 1981 und J. Kristeva, *Pouvoir de l'horreur, essai sur l'abjection*, Paris 1980.
10 Vgl. Georges Bataille, *Théorie de la religion,* Paris 1973.
11 Vgl. Jacques Lacan, *Le Séminaire Livre XX: Encore (1972–1973),* Paris 1975.
12 Alain Robbe-Grillet, *Le Miroir qui revient*, Paris 1984, S. 7, übers. v. HF.
13 Vgl. „Entretien avec Sophie", in: *Art Press* 89, 1985, S. 32–33.

Die Passionen der unmöglichen Leidenschaft:
Eine Annäherung an die Welt der Marguerite Duras

I. *Der Liebhaber* oder *Die absolute Photographie*

Seit mehr als vierzig Jahren schreibt sie Bücher, vor allem Romane. Bevor sie selbst Filme drehte, verhalfen ihre Szenarien vielen Regisseuren zu Welterfolgen, so Alain Resnais mit *Hiroshima, mon amour* oder Peter Brook mit *Moderato cantabile*. Doch noch beim fünfzehnten Jahrestag von *Hiroshima*, so erzählt sie, hatte der Produzent geglaubt, auf den Plakaten zum Film auf ihren Namen verzichten zu können.

Seit Jahren hat ihr Theater eine treue Gemeinde, die sich in den jeweiligen Theatern des Ensembles von Madeleine Renaud und Jean-Louis Barrault trifft, zuerst im Théâtre de l'Odéon, dann im Théâtre d'Orsay und jetzt im Théâtre du Rond Point, einem ehemaligen Eispalast an den Champs-Elysées. Dort inszeniert sie ihre Stücke selbst oder lässt sie von Regisseuren wie Claude Régy in Szene setzen, nachdem sie mit ihnen die Schauspieler und die Bühnenbildner ausgesucht hat.

Marguerite Duras hatte so mit Büchern, Filmen und Theater eine eigene Welt geschaffen, die lange vor dem Bestsellererfolg ihrer autobiographischen Erzählung *Der Liebhaber* jedes neue Werk der Duras mit Spannung erwarten ließ. Denn die, die seit Jahren ihre Bücher, ihre Filme, ihr Theater lieben, fasziniert vor allem auch ein Kosmos, dem die Geschichte der ersten Leidenschaft der fünfzehneinhalbjährigen Marguerite im französischen Saigon nur noch die biographische Motivation hinzufügte: Sie kennen die Mutter, die gegen den Ozean Deiche errichtete, schon seit langem aus dem Roman *Le Barrage contre le Pacifique* wie aus dem Stück *L'Éden Cinéma*; oder die Mutter, die ihre Kraft und ihr Vermögen dem heiß geliebten ältesten Sohn opfert aus *Ganze Tage in den Bäumen*. Den kleinen Bruder und die inzestuöse Liebe zu ihm erkennen sie wieder in *Agatha*, dem Buch, dem Film und dem Stück. Anne-Marie Stretter, Michael Richardson, der Vize-Konsul von Lahore sind ihnen in dem Roman *Der Vize-Konsul*, den Filmen *India Song* und *Son Nom de Venise dans le Calcutta désert* schon begegnet, ebenso wie sie in Hélène Lagonelle auf eine Frau treffen, die für Marguerites Leidenschaft eine ähnliche Übertragungsrolle spielt, wie Tatjana Karl, Lol V. Steins Freundin, in deren *Verzückung*. Seit dem Roman *Die Verzückung der Lol V. Stein*, der Mitte der sechziger Jahre erschienen ist, war Marguerite Duras' Schrift unverkennbar geworden. Seit dieser Elegie weiblichen Begehrens und weiblicher Lust im Verlöschen des Ichs suchen die Texte der Marguerite Duras immer mehr, das erfahrbar zu machen, was Vor- und Darstellung erst ermöglicht: die Lust des Sehens und Hörens, die die Darstellung überschreitet und einen Raum der Abwesenheit des Subjekts als subjektiven Raum zeichnet.

Seit diesem Roman auch steht im Vordergrund ihres Werkes die Thematik der unmöglichen Leidenschaft, die zur Passion wird, die der Leib lebt, ohne sie sagen zu können. Ihr Werk scheint das Unsagbare einer Urszene einzukreisen, traumatisch wie in dem Stück *Savannah Bay* oder schon im Roman *Die Verzückung der Lol V. Stein*; es führt das Unmögliche in der Überschreitung vor, das Unmögliche, den Moment der Entrückung im Bild zu bannen. Vielleicht gibt der ursprüngliche Titel von *Der Liebhaber* hierzu einen Schlüssel, der Text sollte zuerst *Die absolute Photographie* heißen; und sucht er nicht gerade den Moment zu beschreiben, in dem ein Leib im Aufblitzen des ersten Begehrens, das keine konkrete Begierde lösen wird, dem Tod begegnet?

II. Duras' Filme und Theater: Räume für Wortstimmen

Jede visuelle Kunst ist für dieses Wissen von Nicht-Darstellbarem eine Herausforderung. Die Filme und das Theater der Marguerite Duras suchen gerade im Raum den Moment zu zeichnen, in dem zwischen den Sprachen und der Vorstellungskraft das Begehren sich einnistet, das seine Protagonisten für immer von sich selbst trennt und den einzelnen sich selbst entrückt. Sie werden dadurch zum Spielraum eines Rätsels, eines Mysteriums. das die lautliche Wiederholungsstruktur und die rituelle Spielform als modernes Mysterium unterstreichen. Wem Sprache einfach Werkzeug und Wahrnehmung selbstverständlich ist, für den wird dieser Raum geheimnislos bleiben. Um zu wirken, dürfen in diesem Universum, im Film und im Theater, die Figuren des Textes nicht einfach nur physisch repräsentiert werden.

Die Schauspieler, die dieses Universum zu bevölkern suchen, müssen zu Emblemen werden, deren Körper undurchdringlich bleibt und bleiben will: Sie zeigen dem Auge nicht das Als ob eines psychologischen Spiels oder authentischer Expressivität, denn sie sollen nicht bei sich sein. Sie beherrschen eine Sprache des Gestus und des Körpers, die die Abwesenheit des physisch anwesenden Körpers ahnen lässt, eine Darstellung ohne Modell. Sie bewegen sich lautlos und geschmeidig, mit der zeitlosen und selbstverständlichen Eleganz leerer Chiffren. So ist der Körper als manifeste Erscheinung im Theater von Duras entrückt. Doch bezeugt diese Entrückung die Stimme: Man muss gehört haben, wie Duras den Schrei des Vize-Konsuls mit Michaël Lonsdale probt, wie er zum entkörperten reinen Sprechen eines von der Leidenschaft Besessenen findet. Der Klang seiner Stimme wie auch der von Delphine Seyrig, Madeleine Renaud, Bulle Ogier und zuletzt von Miou Miou und Samy Frey in *La Musica Deuxième* ist untrennbar mit diesem Universum verbunden: eine besondere Weise, seinen

Sprachrhythmus zu finden, zu intonieren, zu skandieren, wobei der Körper wie suspendiert erscheint in einem leeren Raum, in dem seine Hohlheit im Echo der Wörter anklingt, im Rauschen, das ihn spricht.

Die Musik dieses Stimmentheaters ist die soufflierter Stimmen. Sie scheinen von einem rätselhaften Souffleur eingehaucht. „Hinter der Bühne ist der Autor", sagt Duras. Er wird hier zum göttlichen Puppenspieler, es ist sein Atem, der Leben gibt.

Wo diese Wortstimmen verlöschen, nehmen Instrumentalstimmen ihren Klang auf und führen sie weiter, vor allem Piano und Streichinstrumente, die in bestimmten Momenten an die Stelle der Wörter treten, die Musik des Begehrens weiterführen: Duras bezeichnet in ihren Texten genau, wann welche Musikstücke einzusetzen sind. Die Klaviermusik von Carlos d'Alessio ist ebenso bestimmend für die Evokation des Kolonialuniversums von *India Song* wie die *Diabelli-Variationen* für *Le Camion*. *Savannah Bay* setzt das Andante von Schuberts Trio Nr. 1 leitmotivisch ein, zusammen mit einem Chanson Edith Piafs, *La Musica Deuxième* die 2. Sonate für Violoncello und Klavier von Beethoven und Duke Ellingtons *Black and Tan Fantasy*. Duras gibt auch die Interpreten an, eine bestimmte Qualität des Anschlags und des Streichens sowie der Phrasierung lässt sie zum Beispiel für ihr letztes Stück Rudolf Serkin und Pablo Casals vorziehen und von Ellington eine Version von 1945 auswählen. So sollen Stimmführung und Instrumentalspielweise vor allem den theatralischen Raum schaffen. Ihre Bewunderung für Tschechow, die sie im Gespräch zeigt, ist wohl in diesem Zusammenhang zu sehen.

Die Räume, in denen Marguerite Duras' Filme und Stücke spielen, brauchen deshalb auch nicht durch großen Dekor und Requisiten möbliert zu werden. Für ihr Theater sind die Szenenbeschreibungen zugleich präzise und abstrakt. Das Licht soll Aufmerksamkeitszentren andeuten, soll oft die Funktion psychologischer Zeichnung übernehmen. Wie von innen glüht die Schauspielerin Miou Miou in *La Musica Deuxième* in den Pausen eines Dialogs, der in einer Trennungssituation das Unmögliche einer Leidenschaft zu sagen sucht. Das Licht entwirklicht zusammen mit den Klangechos die auf der Bühne präsenten Personen und schafft zugleich ihre Faszination.

So sind auch die Bühnenräume eher leer, symmetrisch angeordnet, oft mit Spiegelflächen: geschlossene Hotelhallen, dunkle Salons mit schweren Vorhängen vor Fenstern, die den Blick auf ein Außen, oft das Meer, freigeben können, wenn der erlösende Moment einer heiteren Ablösung, wie am Ende vor *Savannah Bay,* eintritt.

In den beiden letzten Stücken gab es auch eine dominierende Farbe, das schwere Weinrot von Samt und Seide oder das leuchtende Zinnober von Brokat und anderen schweren Stoffen: die Hölle der Leidenschaft glüht in Farben des

Blutes, der Raum der Leidenschaft ist oft der Raum von Wunden. Freilich wird die Gewalt nicht auf die Handlungsebene übertragen, aber es gibt auch nicht einen Trost der Lösung: Die Gewalt zeigt sich in der Wunde, die die Wörter öffnen, die Gewalt bricht im Aufklaffen der Spaltung des Subjekts auf, das sich selbst entrückt, die Gewalt ist in den Sprachen, im Klang und im Geräusch der Stimmen, in der lautlosen Eleganz der Gesten, die das Andere ahnen lässt, dennoch.

III. Marguerite Duras: das Geheimnis des Idols

Seit ihrem Erfolg mit *Der Liebhaber*, der Marguerite Duras den Prix Goncourt brachte, ist auch ihr Theater einem größeren Publikum bekannt geworden. Die Vorstellungen des Théâtre du Rond Point, in dem ihr letztes Stück spielte, waren für Wochen ausgebucht, viele warteten vergebens an den Vorverkaufskassen. Dies scheint nur ein weiteres Anzeichen dafür zu sein, dass Marguerite Duras im Alter von siebzig Jahren, wie *Le Monde* schrieb, zum „dernière idole parfaite", dem „letzten vollkommenen Idol" geworden ist.

Ein Idol ist immer auch Brennpunkt der Spuren des Heiligen und wird damit zugleich Projektionsscheibe heimlichen Schreckens. Ein Idol scheint das Geheimnis seiner Verehrer zu hüten. Und der späte Erfolg, der nun Duras' Werk von einem Massenpublikum beschieden wird, zeigt alle Symptome der Faszination an einer Frau, die das Mysterium ihrer Kunstwelt in ihrer Person selbst zu verkörpern scheint: Sehr klein, im immer gleichen schwarzen Kleiderrock, aufgehellt durch einen gelben oder weißen Rollkragenpullover, mit einem von einem bewegten Leben gezeichneten Gesicht, wird sie, sobald sie spricht, zu einer Figur ihrer Kunstwelt. Die Verzauberung durch ihre Stimme mischt sich mit dem Staunen, die Eigenheiten ihres Schreibstils wie selbstverständlich in ihrer Sprechweise zu hören. Denn seit *India Song* ist diese Stimme, die, von *Lol V. Stein* an, durch ihre Texte klingt, auch in ihrem Klang gegenwärtig: Ein bestimmter Rhythmus mit anaphorischen Klangechos, ein leichtes Skandieren der ihr ganz eigenen Betonung von eigenwilligen nominalen Satzkonstruktionen lassen die Worte ihrer dunklen Altstimme so nachhallen, dass das, was sie sagen, wie von einem Röntgenbild ihres Atems überlagert wird. Diese Stimme zeichnet den polylogen Körper der Marguerite Duras, der nicht in den Sinn der Worte einzubinden ist, sondern den der Atem auf die Unendlichkeit der Sprache öffnet, auf einen Raum, der das Begehren als Folge der Tatsache erfahren lässt, dass wir sprechende Wesen sind. Letztlich scheint das Geheimnis, das Duras zum Idol macht, das ihrer Sprache und Stimme zu sein. Denn seit dem Film *Le Camion*, in dem sie mit Gérard Depardieu das Szenario eines Filmes liest, der zugleich gedreht wird, kennen wir auch den zu dieser Stimme gehörenden Körper. Doch schafft nicht gerade erst diese unbestimmbare Stimme sein Bild?

Die Person Marguerite Duras wird allein durch ihre Stimmen projiziert, sie ist Wirkung der Stimmen ihrer Schrift, der Bücher, ihrer Filme, ihres Theaters. Sie lassen hören, was man über ihr Leben weiß und wissen kann. Duras' Interviews – *Les Parleuses* mit Xavière Gauthier – oder auch die Bildbände zu ihrem Werk – *Die Orte der Marguerite Duras* mit Michelle Porte und *Les Yeux verts*, „Die grünen (Vers)Augen", eine Sondernummer der *Cahiers du Cinéma* – unterstreichen, dass dieses Leben erst durch das Werk Gültigkeit erhält. Spricht Marguerite Duras offener zum Interviewer, von Dingen, die im Werk längst schonungslos berichtet wurden oder die aus ihm abzulesen sind, so lässt sie das Tonband abschalten. Nicht um einen Mythos zu erhalten, sondern weil für sie das Private erst durch den Text seine notwendige Allgemeingültigkeit bekommt.

So sind die Stationen ihres Lebens aus ihrem Werk abzulesen: Die schwere Jugend in Cochinchina mit ihrer Mutter, einer Lehrerin, die dem Ozean Land abzuringen sucht, allein für den geliebten ältesten Sohn lebt, einen kleinen Taugenichts, dem sie alles opfert. Eine Jugend, in der die Liebe zum gesundheitlich gebrechlichen jüngeren Bruder bestimmend ist, der unter mysteriösen Umständen ums Leben kommt. Dann die Erziehung in einer Klosterschule in Saigon, die ersten Frauenfreundschaften, die erste Liebschaft mit dem Sohn eines chinesischen Millionärs. Die weiße Kolonialgesellschaft, ihre Feste, ihre mörderischen Gesellschaftsrituale. Die ersten Jahre in Frankreich, die Nähe zuerst zu einem Kreis junger Kollaborateure, dann zur Résistance. Der Tod ihres Kindes, die Deportation ihres Mannes Robert Antelme, Robert L. in ihrem letzten Buch *La Douleur*. Die Mitgliedschaft in der KPF, die Entdeckung des stalinistischen Terrors. Die ersten Romane seit 1942, die Arbeit im Verlag Gallimard, dann bei Minuit, die Szenarien, Übersetzungen, Adaptationen für Filme und Theater. Ihre Filme, ihr Theater. Die Unterstützung der Frauenbewegung, die Distanzierung von ihr, als sie dogmatisch zu werden droht. Ihre Parteinahme für Polen, ihr Eintreten für die Menschenrechte, ihr Eintreten für Außenseiter. Die Bücher, die Filme, die Stücke, welche(s) dieses Leben, die Leidenschaften, die Engagements, die Traumata schreiben.

Die Existenz der Marguerite Duras ist eine Existenz durch Bücher, Filme und Stücke. Die Grenzen zwischen den Genres sind nicht mehr scharf gezogen. Ihre Texte werden zu Filmen, zu Theater. Ihre Filme und ihr Theater werden zu Texten. Die Faszination, die sie ausüben, scheinen die Unterschiede zu verwischen. Es bleibt allein der Eindruck eines subjektiven Raumes, der in seinen Bann zieht.

IV. Die Begegnung am 9. Mai 1985 unter dem Eindruck von *La Douleur*

Das Gespräch schien die beste Annäherung an dieses Universum, auch um herauszufinden, welchen Stellenwert in ihm das Theater hat. Vor mehr als einem

Jahr versuchte ich, mit Frau Duras in Verbindung zu treten. Doch ein erster Brief ging in den Postbergen der Goncourt-Preisträgerin unter, die sie inzwischen geworden war. In drei Tagen hatte sich alles verändert. Duras war zum Star geworden, der über seine Zeit nicht mehr frei verfügen konnte. Ihr deutscher Verleger, Siegfried Unseld, war so freundlich, ein Gespräch für *Theater heute* zu vermitteln. Doch unterdessen hatte der Rummel um ihren Erfolg auch ihre Gesundheit angegriffen, und dann war Marguerite Duras dabei, ein neues Buch zu schreiben, *La Douleur*. Schließlich wurde telephonisch der 9. Mai 1985 vereinbart um vierzehn Uhr, sagte sie mir, falls sie nachts geschlafen habe, andernfalls um sechzehn Uhr. Ich sollte noch einmal morgens telephonieren. Am 9. Mai antwortete nicht ihre Altstimme, sondern die Hostessenstimme einer Telephonistin, Marguerite Duras hatte seit diesem Tag eine Geheimnummer. Kurz vor vierzehn Uhr gelang es, über das Pressebüro ihres Theaters sie zu erreichen, um die Verabredung zu bestätigen.

So konnte das Gespräch stattfinden, am 9. Mai 1985 in Marguerite Duras' Wohnung. Dieser Zeitpunkt hatte auch die angeschnittenen Themen beeinflusst, denn einige Tage nach Bitburg und den damit verbundenen unwürdigen Diskussionen war es mir unmöglich, einfach nur über Theater mit Marguerite Duras zu sprechen, zumal sie zwei Wochen zuvor gerade *La Douleur* veröffentlicht hatte. Dieser Text rückte die Geschmacklosigkeit der Erinnerungszeremonien an das, was die Deutschen, vierzig Jahre später, immer noch als „Kapitulation" bezeichnen, ins rechte Licht: *La Douleur* („Der Schmerz") sind Tagebuchaufzeichnungen, von Duras erst spät wiedergefunden, die sie kurz vor der Befreiung zeigen: sie wartet auf ihren Mann Robert L., der in einem Konzentrationslager gefangen war; sie wartet auf seine Rückkehr, indem sie seinen vermuteten Tod wie eine Passion somatisch durchlebt. Und er kehrt zurück, physisch zerstört und als Mensch fast unkenntlich, und wird damit zum Symbol für den Zusammenbruch des Bildes vom ‚abendländischen Menschen', für den Schock, den es bedeutete, das Böse als Herr über die Welt zu erkennen. Was nach der Befreiung die Entdeckung der Lager für den einzelnen bedeuten konnte, wird hier noch einmal lebendig.

Die Scheu, der Frau entgegenzutreten, die einmal sagte, nach ihrer Jugend in Cochinchina im nahen Kontakt mit dem Urwald, mit Schlangen und Tigern habe sie nur einmal noch in ihrem Leben wirklich Angst gehabt – während der Okkupation vor den Deutschen, diese Scheu wurde in dieser Situation fast zu einer heiligen Scheu.

Denn in *La Douleur* macht sie offensichtlich, was wohl jeder große Schriftsteller tut, was aber sonst leicht verdrängt wird: Sie sondiert ihr eigenes Gewaltpotential, die Gewalt des Todesbegehrens, nicht nur, indem sie das Todesbegehren ihrer Leidenschaft zu Robert L. als Verantwortung für das Universum der

Konzentrationslager auf sich nimmt, sie schreibt von diesem Begehren auch, um aus dem Kreis der Mörder zu springen. In einem zweiten Text dieses Buches sehen wir sie als junge Résistance-Kämpferin, die einen Spitzel folternd verhört, in einem dritten Text versucht sie, einen Kollaborateur in seinen Beweggründen zu verstehen.

Die Erfahrung mit diesem Buch, das Duras' Verhältnis zur Gewalt des Begehrens anhand einer Grenzerfahrung schreibt, hat unser Gespräch bestimmt und überlagert. Und diese Gewalt des Begehrens wird auch in ihrem Theater verhandelt, so zuletzt am Théâtre du Rond Point in *La Musica Deuxième*, einem Zweiakter mit Miou Miou und Samy Frey. Es geht um eine scheinbar ganz banale Geschichte, wie oft bei Duras, an der Grenze zum Photoroman oder Melodrama, die Geschichte der letzten Begegnung eines Paares vor der endgültigen Trennung, wie in *Agatha*, wie in *Savannah Bay*. Hier sind es ein Mann und eine Frau, die sich am Abend vor dem Gerichtstermin ihrer Scheidung in einem Hotel an der Atlantikküste noch einmal treffen. Eine Hotelhalle ist die einzige Szenerie. Beide sind elegant, von Balmain eingekleidet, eine zeitlose Eleganz, die das Universum Duras' kennzeichnet: die Männer in Anzug und Krawatte, die Frauen im engen Kleid und hochhackigen Schuhen. Das Kleid rot, wie zumeist. Eine Aussprache findet statt, in der sich die Unmöglichkeit einer Leidenschaft als Leidenschaft zum Tode abzeichnet. *La Musica*, das sind die Akzente der Gesten und Stimmen, die Nuancen, die Tönungen der Blicke, *La Musica* sucht in Stimmen und Gesten den gewaltsamen Affekt hör- und sichtbar zu machen, der die polierte Höflichkeit der Worte überlagert. *La Musica* zeigt ihn gedämpft, ist „Kunst der Dämpfung".

La Musica hat die Kraft eines metaphysischen Boulevardtheaters, mit seinem Humor, auch seinen großen Gefühlen, die jedoch, dank der Musik des entrückten Spiels, nie ins Sentimentale umschlagen. *La Musica* und *La Douleur* haben beide die todbringende Passion und auch die rettende Trennung zum Thema. Die Wahrheit von *La Musica* ist in *La Douleur* nachzulesen.

V. Sie selbst. Und selbst will Duras auch Duras inszenieren ...

Marguerite Duras hat mich also in ihrer Wohnung in der Rue Saint-Benoît empfangen, die schon *La Douleur* beschreibt. Eine kleine ruhige Straße zwischen dem Café Flore und der Buchhandlung La Hune, ein helles Appartement in einem mehrstöckigen weißen Wohnhaus des letzten Jahrhunderts. Ihr junger Gefährte Yann Andréa öffnet mir die Tür und führt mich in einen Raum, in dem Rosenholz und die Farben von Teerosen zusammen mit Weiß dominieren. Mir fällt der rosenholzfarbene Hut der Heldin des *Liebhabers* ein. Japanische Drucke hängen an den Wänden, sie zeigen einen Kabukischauspieler sowie zwei Variationen von Hokusais Meereswellen – *la mer/la mère*. Viele Trockenblumen, kunstvoll gehäkelte Kanapeeüberwürfe, ein Videoplayer mit einem Monitor, um die Stühle gruppiert sind. Im Arbeitszimmer dann, eine Pinnwand mit Photos, sonst vor allem ein großer Schreibtisch, einfach, aus altem Holz. Sie lässt mich ihr gegenüber Platz nehmen. Sie ist zerbrechlicher als auf den Photos, ihre kurzen widerspenstigen, mit grau durchsetzten kastanienfarbigen Haare unterstreichen den Schalk, der aus ihren Augen blitzt, beißender Humor scheint ihr nicht fremd. An ihren schönen Händen, die gestenreich ihr Sprechen untermalen, trägt sie links drei Brillantsolitäre, rechts zwei Ringe mit dunklen Halbedelsteinen, einem Tigerauge und einem Onyx. Ob der Ring des *Liebhabers* darunter ist, wage ich nicht zu fragen. Sie lächelt und stellt mir gleich eine Frage, die zeigt, dass ihre Beziehung zu Deutschland auch heute nicht ohne Probleme ist:

„Nahe, ja Nachbarn", sagt sie, „doch keine Beziehung". Es geht um die Rechte der Weiterverwertung ihrer Texte in Deutschland, sie ist überrascht, plötzlich von Inszenierungsprojekten zu hören, für die Besetzung und Regisseur schon festgesetzt sind, ohne dass man sie um Rat gefragt hat; wo junge Regisseure, die, wie sie sagt, ihr Universum nicht kennen, sich anmaßten, deutsche Erstaufführungen ihrer Stücke in Angriff zu nehmen, wo ihr deutsche Adaptationen von Romanen vorgelegt werden, die sie nicht überprüfen kann, da eine Übersetzung nicht mitgeliefert worden sei, wo Filmprojekte ausgehandelt werden, bei deren Entstehung sie nicht konsultiert worden sei. Sie sagt, sie habe sich nun das Recht vorbehalten, selbst in Berlin an der Schaubühne *La Maladie de la mort* zu inszenieren (ein Vorhaben, das nicht zustande kommen wird).

Sie will wissen, ob das, was sie als Missachtung des Autors empfindet, nicht eine spezifisch deutsche Angelegenheit sei, denn, so sagt sie, in Frankreich sei das ganz anders, „in Frankreich ist der Autor alles". Doch dann erzählt sie auch von problematischen Projekten des spanischen Fernsehens, vom Film dann, den Peter Handke ausgehend von *La Maladie de la mort* für das Österreichische Fernsehen gedreht hat. Von ihm hat sie sich, so war inzwischen in *Libération* nachzulesen, heute offensichtlich distanziert.

Für Marguerite Duras ist die Welt ihrer Texte untrennbar mit der ihr eigenen Welt der Bilder verbunden, die sie unbestimmt und in der Schwebe halten. Denn die visuelle Umsetzung ihres Universums, das vor allem aus der Magie des Wortklangs entsteht, sucht für die körperliche und darstellerische Unbestimmtheit des Textes ein Äquivalent zu finden, das diesen nicht in einer Eindeutigkeit festlegt. So sollte jeder Text für sie, auch wenn er dann als Theater- oder Filmvorlage dient oder konzipiert ist, zuerst einmal als Buch existieren, als Text sein. Die deutsche Praktik, einen Dramentext häufig erst nach der Uraufführung des Stücks zu veröffentlichen, muss bei ihr auf Unverständnis stoßen.

Marguerite Duras strebt nach einem Worttheater – einem Text- *und* Stimmentheater –, wie es das französische Theater seit Racine – sieht man von Marivaux ab – nicht mehr kannte. Wie bei heutigen Inszenierungen dieser Tragödien, mag einen deutschen Zuschauer die scheinbare Feierlichkeit, die scheinbare Stereotypie der Figuren befremden, doch ein für die Nuancen des französischen Textes offenes Ohr, für die Schattierungen und Tönungen der Gesten und Mimik offenes Auge, mag auch hier in der Sprache der unmöglichen Leidenschaft eine zeitgenössische, und damit auch immer von der Banalität bedrohte Variante der Wahrheit ablesen, dass Gewalt und Begehren gerade deshalb dem Menschen eigen sind, weil er ein *sprechendes* Wesen ist, und dass ihr Ausagieren auch immer auf das Leugnen dieser *conditio humana* hinweist.

VI. „Der Fluchtpunkt im Theater, das bin ich. Der Schriftsteller." Marguerite Duras im Gespräch mit Helga Finter

Helga Finter: *Marguerite Duras, auf die Frage, wer Sie seien, sagten Sie einmal: „vor allem Schriftstellerin". Doch man kennt Sie auch als Cinéastin, Sie drehen Filme; man kennt Sie zudem als Theaterautorin, Sie inszenieren Ihre Stücke selbst, Sie machen Theater. Und andererseits lassen Sie gerade in Ihren letzten Büchern – Der Liebhaber und La Douleur – auch Ihr Leben sprechen, es sind autobiographische Texte ...*

Marguerite Duras: Sie sprechen von *La Douleur*. Hat Ihnen *La Douleur* gefallen?

Oh ja ...

Ich finde, es ist ein ungeheures Buch, für das ich fast nicht verantwortlich bin, letztendlich. Es ist etwas, was mir zugestoßen ist, eben so, mir.

Es ist wirklich eine Grenzerfahrung.

Eine Erfahrung, ja, fast lebensnotwendig, könnte man sagen.

Mich ließ sie an bestimmte Texte von Bataille denken.

Mich an die Urgeschichte.

Texte von Bataille; die ...

Bei Georges Bataille gibt es diese Brutalität nicht, diese Art von Wahnsinn ... Bei ihm ist es ein mehr literarischer Wahnsinn. Ich, ich bin hier nicht im Literarischen. Ich weiß nicht, wo ich bin ...

Ich hatte an den Bataille der Expérience intérieure *gedacht ... Für mich ist* La Douleur *ein Buch, das jeder lesen sollte. Denn die Ungeheuerlichkeit, von der Sie sprechen, die sehe ich gerade in diesem Akt des Schriftstellers, eine ungeheure, unvorstellbare Schuld auf sich zu nehmen ...* [MD ist sehr bewegt, sie will nicht abstrakt von dieser Schreiberfahrung sprechen.]

Was ich vorschlagen möchte, ist zuerst die Frage des Theaters anzugehen: Warum das Theater, wenn Sie sich vor allem als Schriftstellerin begreifen, wenn Sie selbst sagen und schreiben, jeder könne es durch seine eigene Lektüre erstellen?

Ich weiß, dass ich nicht weiß ...

Aber das ist nicht wahr! Ein erstes Problem war schon angesprochen mit der Adaptation Ihrer Bücher fürs Theater; den Inszenierungen Ihrer Stücke durch andere Regisseure ... Es gibt ein ganz spezifisches Universum ...

Doch unterscheidet sich meine Theatersprache von der Sprache meiner Romane? Ich denke, dass *Lol V. Stein* nicht im Theater *gesagt* werden kann.

Ja, das ist möglich, denn das Buch kreist gerade das Nicht-Darstellbare ein.

Schon *Der Liebhaber*, glaube ich, wäre schwierig. Doch es ist absolut unmöglich, *La Douleur* auf dem Theater zu sagen. Man müsste durch die Vermittlung der Oper dahingelangen, wenn Sie so wollen ...

Durch die Musik.

Ja, selbst die Vokalmusik, einfach vokal ... Ja, eine Transgression ist notwendig. Ich glaube, so wie es ist, kann es selbst kaum gelesen werden ... Also, das darf, das kann nicht direkt Theater sein. [MD spricht von dem Schmerz bei der Transkription dieses, nach Jahren wiederaufgefundenen Textes.]

Es gibt ein Geheimnis in dieser Geschichte, ein Liebesgeheimnis. Wird das wahrgenommen?

Ja. Für mich war diese Geschichte etwas, was zugleich auch eine Passion ist ...

Ja, zu stark, um gelebt zu werden. [MD evoziert die Trennung von ihrem Mann, Robert L., die im Buch beschrieben wird.]

Das war eine Passion: Denn während Sie darauf warteten, dass Robert L. aus dem Lager zurückkehre, haben Sie sein Leiden in Ihrem Körper gelebt, so als wollten Sie das Leiden im KZ auf sich nehmen, in Ihrem Leib.

Durch Identifikation. Wahrscheinlich. Weil Sie es sagen und ich es auch denke, ich kann nichts denken im Hinblick auf diesen Text, ich weiß nicht, was es ist, das ist wie ein antiker Ritus, als ob man ihn mit dieser Geschichte wiederfände ... so scheint mir, sehen Sie ... das ist auf jeden Fall wie eine Sache außerhalb der Zeit.

Das ist auch wie eine Tötung und eine Wiedergeburt.

Das ist darin, sicherlich. Denn für mich ist der Augenblick, wo er wiederlebt, wenn Sie so wollen, der Augenblick am Strand (*plage*) ... da, wo ich sicher bin, dass er leben wird. Doch ich bin vollkommen außerhalb des Ortes ... Es gibt ein bestimmtes Licht eines zu Ende gehenden Tages, und man spricht von ihm. Sie erinnern sich daran. Zwei Freunde sind da, Italiener. Es sind Elio Vittorini und seine Frau. Und seine Frau spricht über ihn, Robert L., mit mir. Sie sagt mir, sie wäre gerne dabei gewesen, als er von den Lagern zurückgekommen war, dass sie Angst habe, er würde erschöpft bleiben ... Und ich weine ... Von diesem Augenblick an, ist er von Neuem im Leben. Und das geschieht außerhalb von mir. Ich habe eine dieser sagenhaften Erleichterungen verspürt, als ich das Außen erreicht habe. Das Außen war dieses Licht des Strandes/der Seite, [MD spricht unmerklich das ‚l' von *plage* – Strand –, zugleich ist auch *page* – die Seite – zu hören. HF] dieser Sommertag, diese Stimmen, die von ihm sprechen wie von einem anderen Mann. Das, das ist sehr theatralisch.

*Er ist ein anderer für Sie geworden ... Doch, wenn Sie sagen, „das Licht des Strandes (*plage*)", dann scheint mir, ist dies auch geschehen durch das Licht der beschriebenen Seite (*page*).*

Ja, das ist wahr, es ist die gleiche Flächigkeit ...

Als ob Sie auch durch die geschriebene Seite aus dieser tödlichen Leidenschaft und Passion herausgefunden hätten ...

Ich fühle es, als ich ihn wiedererkenne, etwas später, als er so lachend sich lustig macht. Doch das ist alles, das braucht nicht mehr als so gesagt werden. Das ist zwischen ihm und mir. Er wird niemals wissen, dass das Buch geschrieben wurde. Nein. Und das ist besser. Ich habe es seinen Kindern gesagt. Voilà ... Aber das bricht nun aus, der Erfolg, wie von unten aus der Erde heraus. *Der Liebhaber*, das geschah vor den Augen und Ohren von jedermann, ein strahlender Erfolg. Hier, da beginnt es von unten her. So verkaufen sich 800, 900, mehr als 1000 Exemplare jetzt, pro Tag. So sind's schon 25 000. [83 000 im September 1985, merkt MD auf dem Interviewmanuskript an.]

Vielleicht ist das auch so, weil dieses Buch eine andere Sichtweise dessen vorschlägt, was gerade [im Mai 1985], vor allem in Deutschland mit unwürdigen Debatten wieder beschworen wird: Dieses Buch evoziert, was es hieß zu erfahren, was der Nationalsozialismus wirklich gemacht hatte, wozu der Mensch fähig war.

Deshalb übernehme ich die Verantwortung dafür: die Verantwortung nehme ich auf mich, nicht die Schuld ... Ich wusste nicht, dass ich die Verantwortung übernommen hatte, ich wusste nicht, dass ich es zu schreiben gewagt hatte. Als ich es gelesen habe, war ich sehr glücklich, es getan zu haben. Ich habe am Ende kein Wort geändert ... Auch gibt es die Beziehung zu ihm [Robert L.], die ich während einer Sekunde wiedererkenne, als er lächelt, und danach, ich weiß nicht mehr, wer das ist, er ist bis zum Verlust der Identität gegangen. Wenn Sie so wollen, allein diese schreckliche zerebrale Aktivität stellte den Ort wieder her.

Das ist eine Wiedergeburt ...

Physisch, ja, dennoch gibt es den Aufbau von etwas. Einfach durch eine Beziehung. Aber in dem Maße, wie der Schmerz sich umkehrt und stärker wird, wird sie wahnsinnig, tödlich. Es gibt etwas, was sich aufbaut. Vielleicht Robert L.; der Körper von Robert L. beginnt zu leben in diesem Zustand da. Wie etwas Allgemeines, wie ein allgemeiner Fall, der einen Namen hätte.

Hat das vielleicht gerade die Trennung ermöglicht?

Da müsste man in meine Geschichte eintreten, ich möchte das nicht ...

Gestern Abend, als ich La Musica Deuxième *im Théâtre du Rond Point sah, da glaubte ich, die Notwendigkeit und auch die Banalität der Trennung verstanden zu haben, die mich bei der ersten Lektüre von* La Douleur *so betroffen gemacht hatte. Ich habe sie in* La Musica *wiedererkannt und durch das Stück verstanden ...*

Die Liebe in der Unmöglichkeit leben, ausgehend von der Unmöglichkeit der Liebe.

In La Douleur *geschieht dies in einer fast unlebbaren historischen Situation: Zu einem gegebenen Zeitpunkt ist da die Unmöglichkeit eines Paars, zweier Liebender, die dem Unmöglichen im* acting out *des sie umgebenden Reiches des Todes begegnen. Das Unmögliche, das der Nationalsozialismus nicht anerkennen will, noch kann, es wird zum Gesetz in der Welt der Konzentrationslager. So begegnen zwei Menschen, die ihre Liebesgeschichte vor das Unmögliche stellt, diesem Unmöglichen in der Geschichte Europas.*

Ja, dem Unmöglichen, das außerhalb von ihnen gelebt wird.

In dieser Situation eines allgegenwärtigen Todes. Sie werden in die Welt der Lager geworfen, wo das Unmögliche nach außen gekehrt ist. Aber dieses entäußerte Unmögliche, als Reich des Todes, findet man auch im zweiten Text, Sie sprechen da vom

... Gestapoagenten.

Ja, man sieht bei ihm das Böse, die Hinterhältigkeit.

Das einfache Böse.

Ja, hier kann man wirklich, wie Hannah Arendt, von der Banalität des Bösen sprechen. Und es ist in dieser Welt Gesetz. Der Zusammenstoß dieser beiden Bereiche, die normalerweise getrennt sind ...

Sie sind sichtbar.

Ja, ich glaube, man sieht hier sogar eine Strukturanalogie zwischen der Leidenschaft der Passion und der politischen Leidenschaft, die in dieser Situation zum Ausagieren des Todestriebes werden kann ...

Ich habe nicht an das gedacht. Ich habe an jemanden gedacht. Ich dachte, dass auch er sich für den Tod engagiert hatte, ebenso sehr wie wir, ich denke, dass der Gestapoagent, dass er den Tod einkreiste, er ebenso sehr wie Robert L., wie ich. Indem er ihn provozierte, wenn Sie so wollen ...

Aber unbewusst.

In einem kindlichen Stadium. Plötzlich macht das einen sagenhaften Unterschied zwischen uns aus, und das, das gibt die Lust, ihn zu töten. Denn trotz allem bin ich ihm gegenüber eine Kriminelle. Das ist ein Genuss zu wissen, dass ich über sein Leben verfüge. Aber das ist nicht das Leben von irgendjemandem, das ist das Ebenbild selbst, des Nazismus.

In gewisser Weise ist das ein Wahnsinn, ist das eine Psychose: Die Verwerfung des Bösen, sie lässt am meisten das Böse tun. Sie sagen das übrigens auf andere Weise in Les Yeux verts *(Cahiers du Cinéma, Nr. 312/13, 1980, S. 86), dort wird es im Hinblick auf die Schrift gesagt, im Hinblick auf das, was die Schrift für das jüdische Volk bedeutet ...*

Ah ja, das jüdische Volk, das ohne Länder war. Und wenn sich der Nazismus auf die Juden gestürzt hat, dann deshalb, weil sie kein Vaterland hatten. Sie hatten kein Land, das man stehlen konnte, sie hatten nur ...

Es ist die Passage wo sie direkt auf das Verhältnis zur Schrift eingehen ...

Gott, die Schrift ...

[HF liest vor] „*ich glaube, die Juden, diese für mich so starke Beunruhigung, die ich in klarem Licht sehe, vor der ich in tötender Klarsicht stehe, das erreicht das Geschriebene.*"

Ja, das ist es.

[HF liest weiter] „*Schreiben heißt, außerhalb von sich suchen, was schon in einem ist. Diese Beunruhigung hat die Funktion, den latenten Schrecken zu sammeln, der über der Welt ausgebreitet ist und den ich kenne. Diese Beunruhigung lässt den Schrecken in seinem Prinzip sehen. Das Wort Jude sagt die Macht des Todes, die der Mensch sich verleihen kann, und zugleich seine Anerkennung durch uns. Weil die Nazis diesen Schrecken nicht in sich anerkannt haben, haben sie ihn begangen.*"

Das ist es, die Naivität des Nazismus, der Infantilismus.
Ja, doch er ist kriminell.
Ja, völlig, das war's, was die Verbreitung des Naziverbrechens begünstigte, denn hätte es diese Naivität nicht gegeben, sie hätten nicht so viel getötet.
Und da – um auf das Problem der Darstellung und der Aufführung zurückzukommen, das Problem, durch Theater oder Film, das Unmögliche zu zeigen – da habe ich oft gedacht, dass Sie sich damit in gewisser Weise dem Darstellungsverbot annähern, doch um den Raum einzukreisen, der zwischen dem Körper und Schrift ist, zwischen dem, der schreibt oder liest, und der Schrift selbst, gerade durch die Art und Weise, wie der Judaismus die Schrift betrachtet ...
Wenn Sie von der Marge zwischen Bild und Schrift sprechen, wo befindet sich diese Marge, ist sie zwischen uns?
Ich glaube ja. Das ist in den Stimmen, dem Licht der Blicke, in der Art und Weise, sich zu den Sprachen zu verhalten.
Nicht nur die Stimmen ...
Auch die Gesten ...
Zuerst ist das ein Übergang – *passage* –, ein Übergang von der stummen Schrift zum gesprochenen Wort, das an ein Publikum gerichtet ist, ich will sagen an die Zahl. Das ist ein Übergang, diesen Übergang hat man in sich oder man hat ihn nicht in sich.
Was auch heißt, dass es keinen Körper an sich gibt.
Das ist nicht dieselbe Sache. Ich kann nicht Ihre Sprache sprechen, ich spreche sie niemals, ich spreche die Meine, die einfacher ist, daran will ich mich halten. Um mich an die Zahl zu richten, um mich an ein Publikum, wenn Sie so wollen, hinzuwenden, das heißt, um Theater zu einem Akt zu machen, mit einem Text, der nicht fürs Theater bestimmt war, bin ich gezwungen, den Text wesentlichen und endgültigen Modifikationen zu unterwerfen. Ein Text, der für ein Buch geschrieben ist, kann nicht auf das Theater übergehen. Das ist der Irrtum von neunzig Prozent all derer, die Texte für das Theater bearbeiten. Man muss in den Text einschneiden. Der gemeinsame Nenner des Textes muss sehr hoch sein. Sie haben kein Theater, wenn nur eine von zehn Personen versteht, was gesagt wird. Dieser dunkle Schnitt, [*coupe sombre* heißt zugleich der „bittere Kelch", HF] dieses Opfer, dieses Opfer an die große Zahl, das macht das Theater aus. Ich kenne kein Theater ohne Opfer. Im Theatermachen selbst liegt das Opferhafte. Das ist nicht ein Aspekt des Theaters, das ist das Theater selbst. Ich spreche zu Ihnen von außen. Vielleicht entspricht dieses Opfer gerade jener Marge, die, wie

Sie sagten, zwischen dem Juden und seinem Geschriebenen bestünde, das ist möglich, denn ich glaube, bei den Juden ist das Theater da, seit Beginn der Zeiten ...

Ja, es ist da durch die Stimmen, aber alles ist allein in der Schrift. Die Bilder, die Repräsentationen werden nur durch das singuläre Imaginäre dessen, der hört, der liest, hervorgerufen ...

Sie glauben, dass man Theater lesen kann?

Ja, zum Beispiel Racine, und auch bei ihm könnte man glauben, dass alles schon im Text ist ...

Der Vers (*versification*) ist schon Opfer, das ist vielleicht das Opfer an die große Zahl. Und alles ist körperlich auch ... schrecklich körperlich bei Racine. Der Racine'sche Körper hält sich immer nahe dem Absinken ins Dunkle, ist nahe am Sterben, vor Begehren sterben, ebenso wie vor Schmerz sterben, und er ist immer – wie soll ich sagen – marginal, im Verhältnis zum Text, doch ist er dennoch da, streift ihn beständig, verlässt ihn niemals. Der Körper verlässt niemals den Text, bei Racine, die Bühne niemals.

Doch dieser Körper wird vor allem und zuerst von der Stimme zusammengehalten, und die Stimmen sind auch dieser Körper, vielleicht mehr noch als der physische Körper ...

Bei Racine hat nicht alles dieselbe Tragweite. Es gibt Texte, um die Szene zu bevölkern, Fülltexte, und dann wieder sehr direkte Texte, die, wie Nerven den Körper durchqueren, den Text durchlaufen. Es gibt auch geschwätzige Texte. Doch das ist absolut notwendig, das ist eine ganz besondere Arbeit, das Theater. Ich weiß noch nicht, was da drin ist, was Theater so anziehend macht ...

Doch werden die Personen Ihres Theaters durch ganz konkrete, ja selbst kodierte und stilisierte Sprachen geschaffen. Man hat sogar, wenn ich mich recht erinnere in den Cahiers du Cinéma, *davon gesprochen, dass sie wie einem Photoroman entsprungen scheinen, doch einem metaphysischen Photoroman ...*

Aber die Schauspieler von sich aus, das ist es, das ist es auch. Sie tragen die Rolle. Sie sind von ihrem Leben zurückgezogen, während das Theater sich entrollt, sie sind des Lebens beraubt, sie wohnen nicht der Aufführung bei.

Die Schauspieler ‚sehen' sich nicht.

Nein, wenn sie sich ‚sehen', dann spürt man das, das ist das alte Theater. Das ist das alte Theater, das Théâtre Royal, selbst auch die Comédie-Française am Anfang des Jahrhunderts.

Dann ist es auch die Lust, sich abzuschaffen.

Ich weiß nicht, was das ist, das Theater, diese Macht da. Ich sehe Miou Miou, die mir sagt: „Jedes Mal, wenn wir wieder auf die Bühne kommen, in diesen riesigen Dekor, mit dieser Menge, und wissen, dass eine Stunde und vierzig Minuten nur wir zwei diesen Raum füllen müssen, dann sage ich mir jeden Abend, nein, das ist nicht möglich, es wird mir nicht gelingen." – Und zugleich sagt sie, es sei ein einzigartiger Weg in ihrem Leben, niemals, niemals sei sie so glücklich gewesen zu spielen. Sie sagt: „In Wahrheit, der Film existiert nicht."

Im Film gibt es nicht diese Dauer.

Im Film spielen Sie eine Minute pro Tag. Es gibt keine Vorstellung. Und zugleich ist Miou Miou völlig durch das Theater erschreckt, sie möchte das Stück in der nächsten Spielzeit nicht wieder aufnehmen. Sie sagt, dies sei so wunderbar, dass sie Angst habe. – Sie bewegt sich gut, nicht?

Ja, ich mag sehr, wie sie die Nuancen, die kleinen Nuancen herausarbeitet. Diese Detailarbeit lässt sie sehr gut spüren und dadurch auch etwas, was – wie Sie im Vorwort zur neuen Fassung von La Musica *sagen – man bei gewissen Frauen nur findet, und was mit einem von der Mutter auf die Tochter übertragenem Wissen zu tun hat.*

Ein stillschweigendes Wissen. Ein Wissen über den Mann. Bei Miou Miou spürt man es sehr stark, viel mehr als bei Delphine (Seyrig).

Ist dies nicht auch wie eine Sprache, ein Verhältnis zur Sprache, das hier an den Tag tritt?

Wie eine Sprache, wenn Sie so wollen.

Eine Sprache, die sich nicht an den Körper klammert.

Genau. Unaufspürbar. Man kann sie nicht aufspüren. Miou Miou wird dort zu einer Art Tier, wenn sie auf ihn zugeht, wenn sie ihm die Hand reicht, wenn sie ihn anschaut. Er, er ist völlig gefangen. Er spielt eine prähistorische Rolle da drin. Für ihn, der sagt, er sei ihr unterlegen im Leben, ich will sagen im Stück, für ihn ist sie die, die gewinnt, denn schließlich, selbst am Ende, macht er, was sie erwartet ...

Obwohl sie sagt, sie mache, was er erwarte ... [Lachen]

Jeden Abend, nach der Vorstellung, sagt sie zu ihm: „Ich bitte dich, Samy, nicht mehr auf diese Weise fortzugehen ..." [Lachen]
　　Wenn Sie wollen, bin ich, seltsamerweise übrigens, viel mehr mit der Schrift verbunden als mit dem Theater. Ich würde das Theater nicht eine Schrift – *écriture* – nennen, sondern ein In-Worte-Setzen – *mise en paroles* – der Schrift. Das ist nicht die Schrift selbst, die im Ort eingerahmt bliebe.

Und die Bilder; die Bilder würden dann die Situation für dieses Wort erstellen?
Was nennen Sie Bilder? Die Bilder der Bühne oder des Textes?
Der Bühne. Zum Beispiel gibt es die Konstante eines bestimmten Ortes in Ihrem Theater ...
Durch das adressierte Wort?
Ja, auch ...
Außer in den großen Selbstgesprächen von Shakespeare oder den Klagen von Racine, bei den klassischen Autoren des 17. oder 18. Jahrhunderts. Ja, das Wort ist im Theater auf jeden Fall an jemanden gerichtet. Ich weiß nicht, ob Sie solche Theaterstücke gesehen haben, aktuelle Theaterstücke, mit Selbstgesprächen, das ist unmöglich ...
Das könnte unerträglich werden ...
Ja, das wird zu einer Qual, sie können nicht aufhören.
Aber zugleich gibt es auch sehr faszinierende Selbstgespräche, wie die, die Beckett geschrieben hat. Ich denke da an einen Monolog, den ich im Théâtre Gérard Philipe vor zwei Jahren mit einem amerikanischen Schauspieler gesehen halle, er heißt David Warrilow.
Solo? Ist das nicht das Tonband?
Ja, das ist's. Und da war etwas sehr Bewegendes, was gleichermaßen von der Stimme und der Bühne produziert wurde: Die Stimme und das Licht erloschen in einer parallelen Bewegung, am Ende war man nicht mehr sicher, ob es überhaupt eine reale Präsenz auf der Bühne gegeben hatte ...
Das ist das Ende. Das Licht wird schwächer, immer schwächer, die ganze Zeit. Das ist so in all seinen Stücken. Am Ende gibt es einen Moment von Zweifel, man fragt sich, ob das Leben immer noch weitergeht.
Ja, das ist, als ob man den Prozess des Sehenlernens verkehrt herum nachvollzöge ...
Ja, das ist wahr.
Um zu Ihrem Theater zurückzukehren – und ich finde Ähnliches auch in Ihren Büchern und Filmen –, es gibt da dennoch etwas wie eine spezifische Struktur des Ortes, die es ermöglicht, daraus, wie Sie sagen, einen Übergangsort zumachen. Oft hat der Ort dieselbe Konfiguration, ein weißes Rechteck oder ein Ausblick, ein Ausblick auf das Meer zum Beispiel, der die hintere Bühne abschließt, und zugleich auf das Nichts öffnet, oder aber der Bühnenraum ist symmetrisch strukturiert.

In meinem Theater oder in meinen Filmen?

In Ihrem Theater. Ich dachte an L'Éden Cinéma, *an* Savannah Bay *am Ende ...*

In *L'Éden Cinéma* gibt es das nicht. In *Savannah Bay* ja. Es gibt die Tür auf das Meer, die Eingangstür. Im letzten Stück gibt es ebenfalls eine monumentale Tür, den Hoteleingang. In *L'Éden Cinéma* gibt es nichts.

Aber es gibt einen symmetrischen Ort durch die Schauspieler links und rechts auf der Bühne. Der Récit wird in *L'Éden* gelesen, und die Lektüre hält an, um Szenen stattfinden zu lassen. Da wird genau unterschieden: gelesener Récit und gespielte Szenen, danach hören die Szenen auf, um wieder mit Lektüren zu beginnen, die von neuem zu Szenen zurückkehren. Ich liebe *L'Éden Cinéma* sehr. Ich liebe es sehr, wenn es große Leser gibt. Dort, da gab es Catherine Sellers und Michaël Lonsdale, sie sind sehr große Leser, denen es gelungen ist, das Gleichgewicht aufrechtzuerhalten, der Schrift standzuhalten. Das ist die Sache, die am Schwierigsten zu finden ist. Man findet gute Schauspieler, doch Leser von Texten kann man nicht finden.

Lesen Sie deshalb oft selbst, zum Beispiel in Ihren Filmen?

Deshalb habe ich angefangen, meine Texte zu lesen, ja.

Ich denke an Le Camion ...

Ja, manchmal bereue ich, es gemacht zu haben.

Es gibt auch Agatha.

Agatha ja, aber das wird etwas zu schnell gelesen, *Agatha*. Nein, was ich sehr gut gelesen habe, das ist der *Dialogue de Rome*. Haben Sie ihn gesehen?

Nein, ich konnte ihn nicht sehen.

Ich habe letztes Jahr Lesungen gemacht, mit Gérard Désarthe, Catherine Sellers, Nicole Hiss. Sie haben erotische Texte der Édition Minuit gelesen, *L'homme assis dans le couloir* („Der Mann im Flur"). [MD spricht von dieser Lektüre.]

Ich möchte doch gerne noch einmal auf die Struktur des Raumes zurückkommen.

Man muss mich einfache Dinge fragen, denn darauf weiß ich nicht zu antworten, nicht dass ich dumm wäre, es gibt eine Sprache, die ich nicht verwende, diese semiotischen Termini.

Das leere Rechteck oder der symmetrische Bühnenhintergrund, weist er nicht auch darauf hin, dass es kein Zentrum gibt, oder nur ein Zentrum im Unendlichen?

Alles hängt davon ab, was hinter der Bühne ist, und hinter der Bühne, da bin ich, hinter der Bühne, da ist der Schriftsteller. Der Atem kommt von dort her. Das

Kino ist physisch viel ‚größer' als das Theater, von den ‚Ausmaßen' der Schauspieler her gesehen. Auf dem Theater sind die Schauspieler am weitesten und zugleich am kürzesten vom Zuschauer entfernt. Für die Zuschauer der letzten Reihe eines Theaters haben die Schauspieler die Größe von Kindern. Dies darf man nicht vergessen. Also, im Verhältnis zu anderen Künsten, sind sie hier in einer tragischen Situation.

Wenn Sie sagen, der Fluchtpunkt seien Sie ...

Das bin ich.

Und dass der Atem von dort komme, dann muss ich daran denken, dass im 17. und 18. Jahrhundert dort der Punkt des Unendlichen war, wo Gott war.

Ja.

Es gab da die gerade Linie, die man ziehen konnte, zwischen den Augen des Herrschers, dem Brennpunkt, und dem Fluchtpunkt, in dem er sich spiegelte. Und der Fluchtpunkt war der Punkt des Unendlichen, der Punkt Gottes. Und heute ist da der Schriftsteller?

Das ist der Schriftsteller.

Er schreibt und verfügt über das Heilige?

Dies steht auf jeden Fall in seiner Macht. Wenn er darauf verzichtet, so ist das eine andere Sache. Auf jeden Fall hat er diese Macht. Niemand anderes wird sie mehr haben.

Und das Geheimnis dann? Viele sehen Ihr Theater wie einen Ritus ...

Das ist wahr, im Augenblick weiß ich nicht sehr gut, was ich mache ...

Sie suchen das Nicht-Darstellbare, das Unsagbare einzukreisen ...

Aber das geschieht nicht einfach so absichtlich! Zum Beispiel in *Savannah Bay* befand ich mich zugleich in der Vergangenheit von Madeleine (Renaud), in ihrer wirklichen Vergangenheit und auch in ihrer persönlichen Theatervergangenheit, die mythisch, ruhelos und aufgrund ihres Alters schon völlig zerrüttet ist, kurzum in der Kultur, die man mit sich schleppt; ich habe das alles zusammen geschehen lassen, ich habe nicht versucht zu scheiden, ich habe im Gegenteil versucht, diese drei Dinge, die sich anboten, und die vollkommen miteinander vereinbar sind, zu lassen.

Ja, sie sind alle drei gegenwärtig und bereichern sich gegenseitig.

Und sie geht von einer Vergangenheit zur anderen. Sie ist außerordentlich, Madeleine, in *Savannah Bay*... Sie ziehen *La Musica* vor?

Ja, mir gefällt die Aufführung von La Musica Deuxième *besser als* Savannah.

Doch gibt es da Passagen in *Savannah*, wenn man ihr die Halsketten umlegt, wenn sie auf der Bühne auf- und abgeht ... Ich bete diese Augenblicke an.

Da ist eine sakrale Dimension der Investitur; denke ich ...

Ja, allerdings. Man legt die Ketten der Schauspielerin an, nicht der Heldin von *Savannah*. Ein wenig ist das, als ob sie aus der Geschichte herausträte, als ob sie daran erinnerte, wer sie ist, wenn man sie bittet, in den Spiegel zu schauen.

Ja, hier wurde viel mit den verschiedenen Wirklichkeitsebenen gespielt, da wo der Schauspieler nur noch Rollenperson ist, dann was er selbst ist, ein Spiel mit dem Paradox des Schauspielers ...

Das heißt der Schauspieler im Paradox, das ist von ...

Diderot.

Und der, der *Der Schauspieler und sein Double* geschrieben hat?

Artaud.

Artaud, das habe ich nie lesen können. Ist das interessant?

Das Theater und sein Double, das ist ein ganz großer Text, er spricht von ...

Das ist sehr theoretisch, nicht?

Nein, überhaupt nicht. Eher ein Text gegen die Theorie. Eine Reihe von Texten, die, so glaube ich, auch etwas in Ihre Richtung gehen. Zum Beispiel, der erste des Buches, „Das Theater und die Pest", er spricht von der letzten Pest in Neapel, wie von einer Grenzerfahrung des Menschen, Erfahrung des Todes. Und für ihn sollte das Theater eine Erfahrung dieser Ordnung lebendig werden lassen, sollte sie provozieren. In „Das Theater und die Metaphysik" geht er von einem anderen Vergleich aus, dem zwischen Malerei und Theater. In dem Bild eines Holländers, Lot und seine Töchter stellt es dar, beschreibt er die Kraft der Gesten dieser Personen, wie sie die Erotik des Inzestes sehen lassen, Gesten, wie er sie für das Theater wollte. Dann sind da auch Texte über das balinesische Theater, über das asiatische Theater: Pest, Malerei, außereuropäische Theaterformen zitiert er für die Utopie eines Theaters, das dieselbe Präsenz der Stimmen, Gesten, Körper haben sollte ...

Seltsam, das macht mehrere Bücher aus.

Das Theater und sein Double ist eine Sammlung von mehreren Essays.

Ich habe fünf Bücher von Artaud, ich habe sie damals in einen Schrank eingeschlossen. Niemals ist es mir gelungen, sie zu lesen, niemals.

Wenn Sie die Ausgabe seiner Œuvres bei Gallimard haben, dann befindet sich das im vierten Band, mit anderen Texten zum Theater. Artaud macht eine Schreiberfahrung, eine Grenzerfahrung. Er hat nicht die finanziellen Mittel gehabt, sein Theater leben zulassen. Aber am Ende seines Lebens gibt es dann die Radiosendungen, ein wahrhaftiges Theater der Stimmen, und dann die öffentliche Lektüre auch, im Vieux Colombier, 1946 nach der Entlassung aus der Psychiatrischen Klinik.

Sie kennen Artaud sehr gut.

Ja, ich bewundere ihn sehr.

Er ist wann gestorben?

1948 ... Und er hatte zwei Radiosendungen gemacht, und dann noch eine dritte, die bekannter ist, Schluss mit dem Gottesgericht *...*

Ah ja, das kenne ich, ja ...

Sie wurde verboten und sehr viel später erst gesendet ... Das war wirkliche Lektüre, Lektüre eines Textes mit verteilten Stimmen und einer bestimmten Musik. Was er am Ende seines Lebens gemacht hat, scheint mir wirkliches Texttheater zu sein, es gibt da später diese Besessenheit vom Texttheater, vom Theater der Stimmen ...

Wichtig ist es zu wissen, was der Unterschied ist.

Zwischen Texttheater und Stimmtheater?

Das Texttheater, das ist Jean Genet, nicht?

Meinen Sie?

Mir scheint so.

Ich sehe nicht sogleich den Unterschied, für mich ist Texttheater einfach ein Theater, das von einem geschriebenen Text ausgeht, der, ist er ein wirklicher Text, auch Stimmenpotential ist.

Für mich sind es die zwei Dinge, wie bei Tschechow, der das Theater selbst ist.

Für Sie ist also Texttheater ein Theater, das nicht musikalisch ist?

Ich mag nicht, wenn Texte gesagt werden, ich lese sie lieber. Wirkliche Texte habe ich niemals sprechen gehört, selbst nicht bei Shakespeare. Lesen Sie Shakespeare, lesen Sie die Richard-Dramen, Sie werden sehen, das ist gelesen viel schöner, das nimmt dann erst seine ganze Tragweite an ...

Und Racine?

Ah, das ist nicht nur ein Texttheater.

Nein?

Für mich nicht. Corneille schon eher. Doch Racine, Tschechow, nein, das ist ein Stimmen- und Texttheater. Ich habe gerade drei Monate über den Texten von Tschechow zugebracht. Ich habe alles gelesen, alles noch einmal gelesen, alles, alles noch einmal gelesen, alles noch einmal gelesen. Ich wollte eben das Geheimnis Tschechows aufsuchen. Der Baustoff ist sehr arm, das ist mit Nichts gemacht und das ist sublim. Das ist absolut unanalysierbar und das ist sublim. Aber man muss es mit einem gewissen Blick lesen. Und man kann es überhaupt nicht schnell lesen, selbst wenn es buchstäblich sehr leicht zu lesen ist. Man muss die geringsten Details der Inszenierung mit derselben Aufmerksamkeit wie die Dialoge lesen. Man muss respektieren, was gesagt wird. Zum Beispiel, ich weiß nicht mehr, ob das im *Kirschgarten* oder in den *Drei Schwestern* ist – die Stücke sind sich sehr nahe – ... Wenn Sie Tschechow gut lesen, dann werden Sie sehen, dass die Szene mit zwei anderen Szenen kommuniziert, dass man plötzlich glaubt, da ist nichts, und es ist eine Musik in der Ferne, sie kommt vom Dorf. Es ist ein Militärmarsch. Und dann glaubt man, dass nichts mehr geschieht, und jemand überquert dann die Szenen, ein alter Kammerdiener, müde, der zu seinem Dienst geht. Und dann glaubt man, da ist nichts. Und man hört einen Hund bellen. Die Zeit wird auf eine fast anatomische Weise auseinandergenommen – Klangschichten und Bilderschichten. Und wenn dann das gesprochene Wort kommt, ist es banal. Die Anhäufung dieser Banalität gibt diese Größe da. Wie Majakowski sagte: „Endlich kann man im Theater jetzt mit Tschechow eine Tasse Tee trinken." Ich glaube, das einzige moderne Theater ist dieses Theater.

Es will einen Raum schaffen.

Ein Ganzes schaffen, ja, den Raum schaffen, das Volumen mit der Tiefe der Szene, die über das Sichtbare hinausgeht, in den Geräuschen.

Das Ideal des Theaters wäre dann die Oper?

Nein, die Oper nein!

Ich sage das auch ein wenig, um zu provozieren.

Ich mag die Oper nicht, ich kann nicht dorthin gehen. Das ist schrecklich, ich bin sehr begrenzt, [Lachen] wirklich, ich bin sehr begrenzt.

Die Oper nicht, weil Sie selten eine Inszenierung interessant finden, oder wegen der Stimmung des Ortes?

Weil es eine Konkurrenz zwischen den Sängern und dem Text gibt, der Text verschwindet völlig im Gesang und niemand achtet mehr auf ihn.

Aber wenn man zum Beispiel an Monteverdi denkt, in den Anfängen der Oper, dort war der Text bestimmend.

Monteverdi, das sind Rezitative. Und die Musik zerstört sie nicht.

Was die Musik an Mehr hinzufügt, ist die Emotion, die Emphase.

Die Oper ersetzt Ihre Sensibilität. Sie spricht für Sie, sie spricht Ihre Gemütsbewegung. Ich, ich habe auf das keine Lust. Nein, doch ich bin nicht schuld, ich kann nichts dafür.

Die Begeisterung für die Oper wäre also auch mit der Übernahme der Gemütsbewegungen zu begründen, sie wäre der Wunsch, die Verantwortung für sie möge übernommen werden?

Ja, meines Erachtens ja. Sozial gesprochen ist das sehr präzis. Es ist ein geometrischer Ort des Zusammentreffens von mehreren Kurven. Die Klientel der Oper ist sehr genau bestimmbar. Zuerst haben Sie da eine gewisse unproduktive Bourgeoisie, die auf der Suche nach neuen Vergnügen war und die die Oper gewählt hat, weil die Oper ihr die schwer zugängliche Instrumentalmusik erspart und ihr die Stimmen anbietet, die leichter zu begreifen sind. Dann war sie das einzige volkstümliche Spektakel, die Oper, das Einzige, doch jetzt geht das Volk nicht mehr hin. Sehr seltsam, das ist zu ende. Ich glaube auch, dass die männlichen Homosexuellen einen enormen Anteil an der Oper haben – glücklicherweise übrigens –, sie haben sich sehr darum gekümmert. Vielleicht haben sie sich so sehr darum gekümmert, dass sie als Prinzip das Kriterium der Emotion festgelegt haben, dass sie dessen Geheimnis besitzen. Doch ist es möglich, dass ich mich ein wenig irre.

Ich weiß nicht so recht, ich sehe heute in der Oper zum Beispiel auch sehr viele junge Menschen, die ...

Es gibt viele junge Leute jetzt, die das auch mögen. Ich spreche vom Wiederbeginn der Oper ... Doch viele dieser Leute wissen nicht, dass sie die Oper nicht mögen, sie glauben, sie zu mögen. Ich, ich weiß, dass ich sie nicht mag, für mich verhindert sie die Musik, und ich weiß, dass ich mich dort langweile ...

Würden Sie das auch über Mozart sagen?

Nein, davon spreche ich nicht. Die Opern Mozarts sind sehr schön. Verdi ist sublim – Er kommt aus den Wäldern, ja. Und gleichzeitig langweilt mich das.

Also doch die Institution Oper?

Vielleicht. Als ich Studentin war, ging ich jede Woche ins Konzert, aber niemals in die Oper. Die Musik, für mich sind es die Instrumente, die sie machen! Sagen

Sie den Deutschen, ich liebte sehr die Callas, sie hat durch ein wunderbares Spiel die Leere der Oper ersetzt.

Es ist wahr, es gibt wenige Sänger, die wirklich die Worte zu artikulieren wissen.

Aber sie finden die Artikulation in der Musik, warum machen sie sie nicht beim Singen?

Dennoch gibt es einige, die die Oper auch wieder zu erwecken suchen vom Wort, von der Rede ausgehend. Jemand wie Nicolaus Harnoncourt zum Beispiel, der in seinem Monteverdi-Zyklus die Akzente, die Intonationsphrasen vom Text ausgehend neu fand.

Wie nennen Sie ihn?

Harnoncourt. In Frankreich ist er lange wenig bekannt gewesen, er hat vor allem in der Schweiz, Deutschland, Österreich und Holland gearbeitet. In Frankreich war er glaube ich zum ersten Mal im letzten Winter eingeladen. [Lachen] Er hat also die Monteverdi-Opern gemacht, aber auch, was ich letztes Jahr hören konnte, die Marienvesper *in einer Kirche in Zürich. Dort verteilte er die Sänger im ganzen Raum, auf verschiedenen Ebenen, wodurch so etwas wie eine Kathedrale geschaffen wurde, eine Kathedrale aus Klängen und Tönen, sehr theatralisch.*

Ah, die *Marienvesper*, die liebe ich schon eher.

Kürzlich machte er auch die Johannes-Passion *in Frankfurt.*

Sie spielten die Rezitative, vor allem in der *Johannes-Passion*!

Ja, die Rezitative. In Frankreich sagt man, sie kämen von der Tragödie her, Lully habe sein Rezitativ nach der Deklamationsweise von Racines Schauspielern modelliert ...

Er hätte Racine beeinflusst?

Nein, umgekehrt.

Aber man weiß nicht, wie sie spielten bei Racine.

Man versucht das, ausgehend von Lullys Rezitativen, die in Noten fixiert sind, zu rekonstruieren, man glaubt, dass es in diese Richtung ging, sehr singend, aber zugleich wie auf einer gespannten Saite ...

Dünn? Dünne Akkorde? Der ganze Bach singt zu magerer Musik, sehr dünnen Akkorden. Die man in den Chorälen findet. Doch man darf zu mir nicht von der Oper sprechen. Was wollen Sie mich noch fragen? Sie müssen enttäuscht sein, weil ich nichts zu sagen habe.

Das ist überhaupt nicht wahr! [Lachen] *Wenn Sie Theater vor allem als Stimmen- und Texttheater bestimmen, wenn Sie als Kennzeichen des Theaters die Passage vom Text zur Bühne unterstreichen, dann scheint mir hier auch ein Angriff auf das Theater als Erfahrung des Gegenwärtigen vorzuliegen: Was uns als erfülltes Sein erscheint, durch die Körper der Schauspieler, ist immer nur Zeichenkörper, ist nichts als Sprache, die wir selbst mit Gegenwart füllen müssen. Und eine solche Erfahrung mit der Sprache, so finde ich, die geben auch Ihre Texte, sie ist in Ihren Texten durch die Unabgeschlossenheit des Sinns.*

Im geschriebenen Text.

Ja, mehr noch vielleicht.

Dennoch, als ich sie zum Lesen, zum Lesen mit lauter Stimme gegeben habe, habe ich sehr viel weggeschnitten, wenigstens ein Drittel der Texte. Es lohnte nicht der Mühe, die ganze Textlänge zu behalten.

Der Mühe?

Ja, das war weniger stark, das war länger. Es ist auch notwendig, dass die Arbeit des Zuschauers gemacht wird. Sie können ihm keine vollständigen Texte geben. Sie müssen ihm Texte geben, die im Werden sind, die dabei sind, sich zu bilden, wenn Sie so wollen. Tschechow, das ist auch so, das ist unvollständig. Ein Wunder! Diese Texte sind auf halbem Wege angehalten, all die Texte meines Theaters. Was den Zuschauer das Theater verlassen lässt, was macht, dass er die Nase voll hat, das ist dann, wie wenn man ihm einen enormen, völlig verdauten Brocken vorsetzt. Er hat nichts mehr zu tun, als den Text zu ertragen. Das ist dramatisch für das französische Theater. Das geschah mit dem Theater von Camus, von Sartre ...

Ideentheater ...

Ja. Ein Desaster, ein Desaster. Dies ist ein moralisches, moralistisches Thesentheater.

In diesem Zusammenhang mit Sartre möchte ich noch eine Frage stellen. Sie betrifft das Engagement. Mit dem dritten Text von La Douleur zeigen Sie, dass das Engagement gegen das Böse von neuem das Böse hervorbringt, wenn die Résistance-Kämpferin die Folter eines Gestapoagenten anleitet. Und Sie sagen, „dieses junge Mädchen bin ich". Sie zeigen so die Verstrickung jeden Engagements mit dem Bösen. Was sich also jedem Engagement entgegenstellen würde?

Ich dachte da an nichts Theoretisches von solcher Tragweite. Was ich in diesem dritten Text zeige, ist die unvermeidliche Reziprozität von erlittenem und ausgeteiltem Bösen, und das auf tausendjähriger und planetarischer Ebene. Ich selbst bin eine SS in diesem Text, um für immer davon geheilt zu werden. Sartre hat die Schuld des Intellektuellen hinausgeschrien, anstatt sich für die Kommunistische Partei zu engagieren, als ganz Frankreich sich für die Kommunistische Partei engagierte, das heißt 1944/45, dies war der Augenblick oder nie, es zu tun. Da Sartre nicht die Initiative gehabt hatte, es zu tun, hat er das ersetzt durch die berühmte These von der unsühnbaren Schuld der Intellektuellen, welche er sein ganzes Leben mit sich herumschleppte. Doch das hat nicht ersetzt, dass er sich nicht engagiert hatte, er hat gedacht, das könnte es ersetzen. Aber nein. [MD erinnert an ihr scharfes Urteil über den Schriftsteller Sartre in der Fernsehsendung „Apostrophes"]

Ich habe davon gehört, doch trifft dies vielleicht doch nicht für seine ersten Bücher zu, Der Ekel *zum Beispiel.*

Aber lesen Sie sie noch einmal, Sie werden sehen. Aragon und er, Aragon mit *Les Communistes.* Niemand spricht davon. Die Briefe an die Frauen auch, abgeschrieben, mit Durchschlag gemacht.

In der Tat, er hatte nicht einen wirklichen Stil, den man sofort wiedererkennen konnte.

Nein, daran hat er wirklich niemals gelitten ... [Lachen]

Also kein Engagement? Doch sind Sie eine der wenigen Schriftsteller, und die große französische Schriftstellerin, die sich für Mitterand engagiert.

Nein, wir sind viele, die für ihn sind.

Ich spreche hier vom Echo einer Debatte um das Schweigen der Schriftsteller (in Le Monde*).*

Aber ich wollte nicht dort schreiben, in *Le Monde.* Man hatte mich gebeten, doch ich habe nicht geschrieben. Kürzlich habe ich in *Le Monde* geschrieben, aber nicht darüber. Ich habe einen zweiten Artikel gemacht, doch werden sie so von meinen Artikeln erschreckt, bei *Le Monde,* sie flehen mich an, welche zu schreiben, und zugleich werden sie durch meine Artikel in Schrecken versetzt. Also, entweder mache ich sie in vollständiger Freiheit, oder aber sie sollen sie woanders suchen. Sie flehen mich an, und als ich einen Artikel über den Rassismus gemacht habe, da haben sie das vorher zehn Personen zu lesen gegeben, um auch sicher zu sein, dass sie keinen Prozess bekämen. Das ist nicht Empfindlichkeit von meiner Seite. Jemanden um seine Mitarbeit bitten, heißt, um eine totale Mitarbeit bitten, heißt, einen Schriftsteller oder Chronisten zu bitten, ganz er selbst zu sein, bis zum Ende. Auf diese Weise hat die Zeitung eine Chance zu gewinnen. Ich habe es *Le Monde* gesagt, dem neuen Herausgeber. „Wenn Sie eine solche Angst haben, werden Sie die Zeitung nicht retten. Nicht mit hinkenden Kompromissen werden Sie sie retten." [Lachen. MD spricht von einem Text über Rassismus, der kurz zuvor in *Le Monde* erschienen war. Sie zeigt auf meinen Ring] Was ist das, dieser Ring? Ist das eine Kapsel?

Nein. [Ich ziehe den Ring aus, zeige ihn MD, sie nimmt ihn mit ihrer brillantgeschmückten Hand, wieder wage ich nicht, die Frage nach dem Ring des *Liebhabers* zu stellen.]

Man könnte meinen, das sei eine Kapsel?

Nein, er ist innen hohl.

Ich sah da Würfel. Das ist reizend ... Sie sind keine Mitterandistin?

Manches was er macht, finde ich gut. Ich stellte die Frage, weil Sie vom Engagement sprechen, Sie sagen, heute seien Sie glücklich, ihm entkommen zu sein, andererseits ...

Ich habe mich niemals mehr engagiert wie das erste Mal für die KP. Mein Engagement für die Person Mitterands ist nicht militant.

Doch eine Frage bleibt. Kürzlich hatte ich ein Buch von Jean Baudrillard in der Hand, der den Sozialisten vorwirft, in ihrem Denken die Möglichkeit des Bösen im Menschen auszuschließen, sie durch ihr Fortschrittsdenken zu verneinen.

Sie haben niemals die Möglichkeit des Bösen verneint, die Sozialisten.

Er stützte sich auf Texte von Sozialisten ....

In der Geschichte vielleicht?

Ja.

Aber nicht jetzt. Es gibt keine Texte mehr, auf die sich jetzt berufen, die Sozialisten. Ich sehe nicht, auf was sie sich stützen würden. [MD liest aus einem Text vor, in dem sie zu definieren sucht, was es für sie heute heißt, ‚links' zu sein. Es ist ein sehr bewegender Text, der ein Fazit aus der Summe der Enttäuschungen der sozialistischen und kommunistischen Bewegungen zieht, ‚links' zu einer Kategorie des Fremdseins von jedem gesellschaftlichen Konsens macht.]

Links sein heißt dann für Sie, Dissident zu sein?

Wesensgemäß, definitionsgemäß.

Doch für mich ist diese Definition problematisch, wenn eine Linke, wie zum Beispiel die Sozialisten, an die Macht kommt, was geschieht dann?

Nichts, das ist sehr gut.

Aber kann es eine Dissidenz-Regierung geben? Gibt es nicht innere Strukturzwänge für einen Präsidenten?

Er ist ein Dissident. Er ist schon Dissident. Und er hat endgültige Dinge bewirkt, zum Beispiel die Abschaffung der Todesstrafe.

(Übersetzung aus dem Französischen von HF)

Vom Theater des Wortes, das fehlt ...

Die Mauer, das Meer, die Mutter

Marguerite Duras ist Autorin von sechzehn Theaterstücken, die sie selbst geschrieben hat.[1] Ihr Theater hat seit Jahren eine treue Gemeinde, die sich in den jeweiligen Sälen des Ensembles Renaud-Barrault trifft, und dies seit 1965, als Jean-Louis Barrault sie bat, die Erzählung *Des Journées entières dans les arbres* („Ganze Tage in den Bäumen") für das Theater zu bearbeiten. Das Théâtre de l'Odéon, dann die Gare d'Orsay und jetzt das Théâtre du Rond-Point, ein ehemaliger Eispalast an den Champs-Elysées, sind die Orte, an denen sie ihre Stücke selbst inszenierte oder aber von Regisseuren wie Claude Régy in Szene setzen ließ, nachdem sie mit ihm die Schauspieler und die Bühnenbildner ausgesucht hatte.

Marguerite Duras gehört zu den Theaterautoren, die die szenische Realisierung ihrer Stücke nur ungern aus den Händen geben. Ja, die selbst ein so großes Misstrauen gegen das Theater hegen, dass man sich verdutzt fragt, was sie eigentlich zur Bühne treibt. So konnte man jüngst von Marguerite Duras ein Statement zum Rollenspiel des Schauspielers lesen, das ihr grundsätzliches Misstrauen gegen das Theater zusammenzufassen scheint:

Le jeu enlève au texte, il ne lui apporte rien, c'est le contraire, il enlève de la présence au texte, de la profondeur, des muscles, du sang.[2]

Das Spiel reduziert in der Tat die Sinnpotentialitäten des Textes. Inszenieren heißt, eine der möglichen imaginären oder mentalen Inszenierungen der Lektüre zu konkretisieren. Doch ‚Präsenz', ‚Muskeln' und ‚Blut', die die Autorin durch das Spiel schwinden sieht, werden nicht einfach geraubt, sondern durch andere, die des Schauspielers ersetzt, der sie mit seinem Körper glaubhaft macht. Wessen Körper massakriert dann das Spiel? Was ist das für ein Textkörper, der bewahrt werden soll? Ist es der imaginäre Körper des Autors, wie eine Aussage in einem Interview es nahelegt, in dem Marguerite Duras sagt: „Der Fluchtpunkt im Theater, das bin ich. Der Schriftsteller"?[3]

Schauen wir uns die Theatertexte der Marguerite Duras deshalb genauer an. Und fragen wir uns, um was für Texte es sich dabei handelt. In der Tat ist kaum eines ihrer Stücke direkt für das Theater geschrieben. Auch ein Dramentext soll zuerst als Text, als Buch existieren, denn, so sagt Marguerite Duras, das Theater sei ein Kompromiss, da es sich an die große Zahl richte. Für die Theateraufführung sind Schnitte im Text notwendig, die zugleich ein Opfer sind – eine „coupe amère" nennt sie diesen Schnitt, einen „bitteren Kelch" auch.[4] Gerade von diesem Opfer scheint sie in Zukunft ablassen zu wollen: Der Verzicht auf die Inszenierung von *La Maladie de la mort*[5] und die Antwort, die sie mir auf das Problem der Adaptation *Les Yeux bleus cheveux noirs* gegeben hat,[6] scheinen in diese Richtung zu weisen.

Marguerite Duras' Theater ist für sie selbst problematisch. Was das Theater wirklich für sie bedeute, so sagte sie noch 1985, könne sie selbst eigentlich nicht sagen. Auch im Gesamtkontext ihres Werkes betrachtet, ist ihr Theater ein widersprüchliches Phänomen: Hat sie in ihren Filmen, die ja größtenteils ebenfalls von zuvor geschriebenen Texten ausgehen, eine audiovisuelle Form gefunden, die dem Universum ihrer Texte kongenial ist, ja dessen Wirkungskraft erhöht, so kann dies nicht in der gleichen Weise uneingeschränkt von ihrem Theater gesagt werden. Andererseits fordern ihre nicht ausdrücklich für das Theater geschriebenen Texte gerade deshalb auch Theatermacher heraus, weil sie oft zu Beginn und am Ende Hinweise für eine potentielle Aufführung enthalten, die als Bühnenanweisungen gelesen werden können. Dies zum Beispiel bei *Détruire, dit-elle* (*Zerstören, sagt sie*), das, so betont Duras, in Frankreich nicht als Theaterstück existiere,[7] bei *Agatha* oder auch eben bei *La Maladie de la mort*. Bei *Les Yeux bleus cheveux noirs*, ihrem letzten Text, wird gar der *récit* von einer Beschreibung seiner theatralen Darstellung unterbrochen, die kontrapunktisch das Erzählte perspektiviert. Der Duras'sche Text fordert so explizit vom Leser die Anstrengung einer imaginären Inszenierung: Seine Textur entsteht aus der Spannung zwischen dem präsenten Wort der Erzählschicht und dem repräsentierten imaginären Rahmen, der die Leserimagination leitet und zähmt. Doch dessen Funktion ist nicht, die imaginäre Inszenierung zu präzisieren, sondern vielmehr, sie zu entrealisieren: Gerade das letzte Beispiel macht deutlich, dass es darum geht, die szenische Inszenierung in der Schwebe zu halten. Jede Inkarnation, jede fleischliche Realisierung, jeder fremde Körper scheint für den Duras'schen Text in der Tat bedrohlich.

Dies hängt damit zusammen, dass ihre Texte selbst schon Utopien eines Theaters sind. Szenisches Handeln ist dort Strukturmerkmal einer Erzählhandlung, die sich in dieser Weise dem Leser offenbart: Der Leser wird zum Zuschauer des rätselhaften Tuns von Personen, deren Konturen verwischt sind, deren Motivationen im Dunkeln bleiben. Wie in einem Sog wird er von ihnen fortgezogen, ohne sie je ganz fassen zu können. Sie entgleiten ihm, so wie sie sich selbst entgleiten. Sie agieren in einem potentiellen Raum, der erst ihre Existenz ermöglicht und die mit der Konkretisierung dieses Raumes verlischt.

Das Theater, im Sinne eines szenischen Handelns, ist der notwendige Horizont von Marguerite Duras' Texten. So entsteht gerade zu der Zeit, als sie für das Theater zu schreiben beginnt, der Text, mit dem ihre Schreibweise unverkennbar werden wird: Seit dem Roman *Le Ravissement de Lol V. Stein*, dieser

Elegie weiblichen Begehrens und einer Lust, die erst das Verlöschen des Ichs freilegt, suchen die Texte der Marguerite Duras immer mehr das erfahrbar zu machen, was Vor- und Darstellung erst ermöglicht: Die Lust des Sehens und Hörens, die die Darstellung überschreitet und einen Raum der Abwesenheit des bewussten Subjekts als subjektiven Raum zeichnet.

Seit *Le Ravissement de Lol V. Stein* steht die Thematik eines unerfüllbaren Begehrens, das zu einer Passion wird, die der Leib nur in theatralen Inszenierungen spielen kann, ohne sie sagen zu können, im Vordergrund von Duras' Werk. Ihre Figuren, vor allem die weiblichen, werden zu Zuschauern oder Zuhörern eines Spiels, das sie entrückt, das sie zur beteiligt-unbeteiligten dritten Person in einer Szene macht, die ihnen selbst verwehrt ist. Duras' Werk scheint das Unsagbare einer Urszene einzukreisen, die Ursprung des Begehrens und zugleich Lust als Verlust für sie ist. Sowohl in den Dramen, zum Beispiel in *Savannah Bay* oder in *La Musica Deuxième,* als auch in den Erzählungen selbst, so zuletzt in *Les Yeux bleus cheveux noirs*, suchen szenische Anordnungen den Moment herbeizuzwingen, in dem die erste Lust zugleich der Erfahrung des Verlustes simultan ist, in dem der Leib im Gewahrwerden der ersten Begierde dem Tod ins Antlitz blickt.

Für diese Rituale des Gedächtnisses, die das Theater schon im Text evozieren, scheint *Le Ravissement de Lol V. Stein* das Modell: In diesem Text wird eine Folge von Versuchen gezeigt, die Anamnese eines Verlustes eben durch szenische Inszenierungen zu Bewusstsein kommen zu lassen. Lol V. Stein wird von ihrem Verlobten Michael Richardson auf einem Ball verlassen. Der Augenblick, in dem er mit Anne-Marie Stretter fortgeht, ist der Beginn von Lols Entrückung: Der Verlust kann nicht genannt werden, es fehlt das Wort, weil die Trauer fehlt. Die wiederholten Inszenierungen in Szenen, die Lol zur Zuschauerin ihres Ausschlusses machen, zeigen nicht nur, dass sie sich vollkommen mit der Ursache ihrer unmöglichen Trauer identifiziert, sie zeigen auch, dass dieser Moment des Ausschlusses, der Trennung, Simulakrum einer Lust, eine Entrückung ist, die das Ich abschafft. Diese Lust, Lols Geheimnis und Rätsel, verweist auf eine archaische Schicht ihrer Person, die ohne Gedächtnis, ohne Sprache ist: Die szenische Wiederholung des Ausschlusses zeigt die Identifikation Lols mit der Frau, die ihr den Mann nimmt. Ihre Lust wird so lesbar als Spur einer Entrückung, die vor dem Ich ihren Ursprung hat, als das Ich noch nicht vom Nicht-Ich des ersten Liebesobjektes getrennt war. Im Falle von Lol V. Stein ist das Geheimnis entschlüsselbar: Die absolute Identifikation mit dem ersten Liebesobjekt verhindert die Trauer um weitere Verluste und Trennungen. Doch ist sie auch zugleich Quelle der Lust einer Entrückung, die in der Inszenierung der Trennung und des Schnitts gesucht wird.

Duras' Bücher und Stücke setzen in Ritualen die Trauer des Verlustes einer geliebten Person in Szene. Es sind Trauerspiele, die letztlich immer wieder den Verlust des ersten Liebesobjektes, den Verlust der Mutter theatralisieren: In *Les Yeux bleus cheveux noirs* zum Beispiel ist der jeweilige Verlust einer geliebten Person für einen Mann und eine Frau der Anlass, in einem leeren Raum ein Dreieck des Begehrens szenisch zu konstruieren, das in dem Moment effektiv wird, als sie gewahr werden, dass die gleiche Person Ursache ihrer Verzweiflung war:

> C'est à ce moment là de *la mer* fluviale qu'il avait eu envie d'aimer. D'aimer de désir fou comme dans le seul baiser qu'ils s'étaient donnés.
> [...]
> Il lui dit qu'un seul et même jeune étranger était cause de leur désespoir ce soir-là au bord de *la mer*.[8]

La Mer, das Meer, ist hier homophon mit *la mère,* der Mutter. Der Einbruch des Meeres, in einer „weißgefransten Woge, lebendig, wie eine Schrift",[9] beendet das Experiment. Zugleich gibt auch die letzte ‚Bühnenanweisung', mit der der Text schließt, eine Beschreibung des Bühnenraumes, die eine Definition des Theaters der Marguerite Duras sein könnte:

> Au fond du théâtre, dit l'acteur, il y aurait eu un mur de couleur bleue. Ce mur fermait la scène. Il était massif, exposé au couchant, face à la mer. À l'origine, il se serait agi d'un fort allemand abandonné. Ce mur était défini comme étant indestructible, bien qu'il soit battu par le vent de la mer, jour et nuit, et qu'il subisse de plein fouet les tempêtes les plus fortes.
> L'acteur dit que ç'avait été autour de *l'idée de ce mur et de la mer* que le théâtre avait été construit, afin que *la rumeur de la mer,* proche ou lointaine, soit toujours présente dans le théâtre.[10]

Das Theater im Text oder das Theater der Bühne gibt der Mutter einen Raum, der durch die Dramatisierung in die Festung des Ichs einbricht, als Schrift hörbar wird. Viele Bücher und Stücke von Marguerite Duras enden mit dem Einbruch eines Rausches und Wogens, das manchmal zu Musik werden kann, so in *Détruire, dit-elle* oder *Musica Deuxième.* Der Raum der Mutter, den Duras hier evoziert, ist der vorsprachliche Raum einer Symbiose, in der Ich und Nicht-Ich noch nicht geschieden sind. Laut-, Licht- und Farbintensitäten dominieren.[11] Das erste Ich-Bild und der damit verbundene Beginn des Imaginierens, des Ausbildens von Vorstellungen, hat die Auflösung dieser Symbiose, die Trennung von der Mutter zur Bedingung. Doch die Lust, die mit diesem Raum verbunden ist, kann Bildern und Texten eingeschrieben sein, die so schillernd, rauschend und klingend werden können.

Der mütterliche Raum kann sagbar gemacht werden, doch er ist für jede visuelle Kunst eine Herausforderung, da das Nichtdarstellbare zur Anschauung gebracht werden soll, das, was noch keine Form, noch kein Bild ist. Marguerite Duras' Texte schreiben den Verlust in den Text ein, er wird hörbar in einer Alchimie der Schrift, die wie ein Sog fortzieht, ohne je konkrete Figuren, Räume oder Konflikte zu generieren. Die Repräsentation ist immer zugleich ein Bild, das verschwimmt. Der Verlust ist in der Enttäuschung einer konkreten Wirklichkeitserwartung spürbar. Ihre Texte versprechen Bilder, um sie sogleich zu verschieben durch rituelle Wiederholungen, Klangfiguren, die die Bilder überlagern.

Ist dem Film durch die Montage und die Trennung von Bild- und Tonspur die Möglichkeit gegeben, den Moment im Raum zu zeichnen, in dem sich zwischen den Sprachen und der Vorstellungskraft als Begehren die Triebkräfte einnisten können, die keine Darstellung gefunden haben, so muss das Theater nach anderen Mitteln suchen, um die Evidenz der Präsenz der Bühnenpersonen und des Raumes, die Abgeschlossenheit des Dargestellten auf das Nichtdarstellbare zu öffnen. Wie also die Protagonisten als von sich selbst getrennt und sich selbst entrückt zeigen? Wie kann die Bühne zum Spielraum eines Rätsels, zum Mysterium der Passion eines nichtdarstellbaren Verlustes werden?

Dramaturgie des Geheimnisses

Die Problematisierung der Repräsentation, die Duras' Universum und ihre Dramentexte fordern, setzt zuerst bei den Spielern an. Die Schauspieler müssen zu Emblemen werden, deren Körper undurchdringlich bleibt und bleiben will: Sie geben dem Auge kein Simulakrum psychologischen Spiels oder authentischer Expressivität, denn sie sollen nicht bei sich sein. Sie beherrschen eine Sprache des Gestus und des Körpers, die die Abwesenheit des physischen Leibes ahnen lässt, eine Darstellung ohne Modell. Sie bewegen sich lautlos und geschmeidig, mit der zeitlosen und selbstverständlichen Eleganz leerer Chiffren. So ist der Körper als manifeste Präsenz einer Rollenperson auch im Theater von Marguerite Duras entrückt. Er ist es um so mehr, wenn ihre Schauspieler *monstres sacrés* sind, die wie Madeleine Renaud, Delphine Seyrig, Miou-Miou, Bulle Ogier oder Sami Frey und Michaël Lonsdale auch von der Leinwand bekannt sind und mit dem Gedächtnis ihrer Staraura die Rollenpersonen perspektivieren. Davon profitierte zum Beispiel *Savannah Bay,* wenn Madeleine Renaud und Bulle Ogier verschiedene Trennungen – von der Jugend, vom Liebhaber, vom Kinde – in einem Augenblick evozierten, da die physische Gebrechlichkeit Renauds und der Tod von Bulle Ogiers Tochter Pascale dem Mysterium des Erinnerungsrituals einen peinlichen sensationslüsternen Beigeschmack gaben, der zugleich deutlich machte, wie Duras' Theater versucht, über die Schauspieler auch von der Faszinationskraft des Idols zu profitieren: Ein Idol fokalisiert immer auch Spuren des Heiligen und ist damit zugleich Projektionsscheibe heimlichen

Schreckens. Ein Idol scheint das Geheimnis seiner Verehrer zu hüten. Damit ist es vor allem Emblem eines Unsagbaren, das durch seine Nähe seine Ferne und Unerreichbarkeit bedeutet.

Diese Ferne in der Nähe malt vor allem auch die Stimme: Man muss gehört haben wie Duras den Schrei des Vize-Konsuls mit Michaël Lonsdale probt, wie er zum desinkarnierten Sprechen eines von der Leidenschaft Besessenen findet. Der Klang seiner Stimme wie auch der von Delphine Seyrig, Madeleine Renaud, Bulle Ogier, Miou-Miou und Sami Frey sind untrennbar mit dem Duras'schen Universum verbunden: eine besondere Weise, seinen Sprachrhythmus zu finden, zu intonieren, zu skandieren, wobei der Körper wie aufgehoben bleibt in einem leeren Raum, in dem seine Hohlheit im Echo der Wörter anklingt, im Rauschen, das ihn spricht.

Die Musik dieses Stimmentheaters ist die soufflierter Stimmen. Sie scheinen von einem rätselhaften Souffleur eingehaucht. „Hinter der Bühne ist der Autor", sagt Duras. Er wird hier zum göttlichen Puppenspieler, es ist sein Atem, der Leben einhaucht. Letztlich sind diese Schauspielerstimmen in der Intention Variationen der Stimme, die wir seit *India Song* kennen und die wir mit Staunen in den Interviews als die der Marguerite Duras identifizieren lernten: ein bestimmter Rhythmus mit Klangechos, ein leichtes Skandieren der ihr ganz eigenen Betonung von eigenwilligen Satzkonstruktionen ist nicht nur Kennzeichen einer Schreibweise und ihrer Lektüre, sondern eines Sprechstils, bei dem das, was gesagt wird zugleich immer auch von der Art und Weise, wie es gesagt wird überlagert ist. Die Radiographie eines Atems zeichnet so zugleich einen Körper, dessen Nachhall den banalsten Satz zu einem sybillinischen Diktum macht. Hier zeigen sich die Grenzen eines Stils, der zur Parodie der öffentlichen Person Marguerite Duras reizt und der auch Bewunderer ihres Werks in jüngster Zelt von „auto-pastiche" oder „maladresse de style" sprechen lässt.[12] Diese Obsession der eigenen Stimme hat aber vor dem Hintergrund des Nichtdarstellbaren, dem Marguerite Duras einen Raum zu geben sucht, ihre eigene Logik: Die ‚eigene' Stimme modelliert sich am Körper der Mutter; die ersten Echolalien zeugen von der symbiotischen Lust eines Körpers, der noch nicht die Trennung erfahren hat.[13] Gerade aber um diesen Körper scheint es in Duras' Werk zu gehen. Und deshalb ist ihrem Theatertext auch jede Inkarnation durch ein Rollenspiel unerträglich.

Sehen wir die Bezugspunkte, die Duras für den Sprechstil ihres Theaters gibt,[14] der für sie idealiter Lektüre ist, dann präzisieren sich auch die Prämissen eines solchen Worttheaters: Sie nennt die katholische Messe, die Rezitative der Bach'schen Passionen, die Tragödien Racines, so *Phèdre* und *Bérénice*. All diese Formen bringen ein Wort zum Klingen, das das Pulsieren des Triebs musikalisch verlauten lässt, durch den *basso continuo* oder die Wiederholungsstruktur des Verses. Vor allem aber bringen diese Rezitationsformen ein Wort zum Klingen, dessen Schöpfer nicht die Rezitierenden sind, noch zu sein vorgeben: Es wird wieder zitiert – *ré-citation* –, denn der Autor des Wortes ist einerseits Gott – dies gilt für die Messe und die Passionen –, andererseits zwar ein Autor, doch verdankt er die Wahrheit seines Textes, die Wahrheit des Dramas der Leidenschaft einer Rhetorik des Körpers, einem nationalen Modell für Ton und Klang, dem Alexandriner.[15] Dieser Vers, den zum Beispiel Abbé d'Aubignac die „Prosa des Theaters" nennt, integriert Gesetz und Leidenschaft zu einem Spannungsdispositiv von sinngebendem Intonieren und Versklang, das gerade die desinkarnierte Stimme des Rezitierenden hörbar machen soll. Der Bezugspunkt ist also in beiden Fällen eine metaphysische Größe – einerseits das göttliche Wort, andererseits das Ideal eines nationalen Idioms, eines nationalen Körpers, für den letztlich der Herrscher Modell steht.[16] Bei Duras hingegen ist der Fluchtpunkt das Phantom einer Muttersprache, die ein zugleich verlorener und zu beschwörender Kontinent ist. Sie allein liefert die Legitimation dafür, dass die Stimme der Autorin an die Stelle von Gott und Gesetz tritt. Die verzaubernde Kraft der Musik wird hier wesentlich.

Die Musik des Duras'schen Textes ist vor allem eine syntaktische: Der Satz wird durch Einschübe gedehnt, durch Verdoppelung von Satzsequenzen perspektiviert. Der Wortsinn verflüchtigt sich so und vervielfältigt sich wie die Motiviertheit einer Bewegung unter Zeitlupe. Die desinkarnierte Lektüre gibt dieser Sprache Klangechos, die sie zu dunklen Sprachformeln macht, zum magischen Bestandteil eines unentschlüsselten Rätsels.

Wo die Wortstimmen verlöschen, nehmen Instrumentalstimmen die Invokation des Unsagbaren auf und führen sie weiter: vor allem Piano und die der menschlichen Stimme so nahen Streichinstrumente, die in bestimmten Momenten an die Stelle der Wörter treten, die Stille zum Klingen bringen sollen. Duras bezeichnet in ihren Texten genau den Moment, in dem Musikstücke einzusetzen sind. Die Klaviermusik von Carlos d'Alessio ist ebenso bestimmend für die Evokation des Kolonialuniversums von *India Song* wie die *Diabelli-Variationen* für *Le Camion*. *Savannah Bay* streut das Andante von Schuberts Trio Nr. 1 leitmotivisch ein, zusammen mit einem Chanson von Edith Piaf; *La Musica Deuxième* die 2. Sonate für Violoncello und Klavier von Beethoven und Duke Ellingtons *Black and Tan Fantasy*. Duras gibt auch die Interpreten an: eine bestimmte Qualität des Anschlags und des Streichens sowie der Phrasierung lässt sie zum Beispiel für *La Musica* Rudolf Serkin und Pablo Casals vorziehen und von Ellington eine Version von 1945 auswählen. So sollen Wort- und Instrumentalmusik letztlich das vollenden, was die Worte allein nicht mehr sagen können. Zugleich schaffen sie aber auch den theatralen Raum, indem sie ihn einerseits atmosphärisch präzisieren oder ins Rätselhafte entgrenzen durch die Melodie eines unerfüllbaren Begehrens. Die Räume, in denen Duras' Stücke spielen, brauchen deshalb – was auch für ihre Filme gilt – nicht durch aufwendiges Bühnendekor oder eine große Anzahl von Statisten möbliert zu werden. Für ihr Theater sind die Szenenbeschreibungen zugleich präzise und abstrakt. Das Licht soll Aufmerksamkeitszentren andeuten, soll auch die Personen entrealisieren, sie ‚verklären'. So schafft es zusammen mit der entkörperlichten Rezitation die Faszination der auf der Bühne präsenten Personen und damit auch ihr Rätsel.

Folglich sind auch die Orte des Dekors oft eher leer, symmetrisch angeordnet, oft mit Spiegelflächen versehen: geschlossene Hotelhallen, dunkle Salons mit schweren Vorhängen vor Fenstern, die den Blick auf ein Außen, oft das Meer, freigeben können, doch dies zumeist erst im Moment der heiteren Loslösung, am Ende, so wie in *Agatha* und *Savannah Bay*. In diesem Stück, wie auch in *La Musica,* gab es eine dominierende Farbe, das schwere Weinrot von Samt und Seide oder das leuchtende Zinnober von Brokat und anderen schweren Stoffen: die Hölle der Leidenschaft glüht in den Farben des Blutes, der Raum der Leidenschaft ist oft der Raum von Wunden. Doch weder wird die Gewalt auf die Handlungsebene übertragen, noch gibt es einen Trost der Lösung: Die Gewalt ist in der Wunde, die die Wörter öffnen, die Gewalt ist im Aufklaffen der Spaltung des Subjekts, das sich selbst entrückt, die Gewalt ist in den Sprachen, im Klang und im Geräusch der Stimmen, in der lautlosen Eleganz der Gesten, die in ihrer Hyperkodierung das Andere ahnen lässt, dennoch.

Marguerite Duras' Stücke wollen ein Theater des Wortes sein, das das Wort, das fehlt, im Zwischen von Text und visueller Darstellung hör- und sichtbar macht. Dazu muss die Einheit von visueller und textueller Sprache, die die Prämisse unseres Theaters ist, aufgebrochen werden. Doch hierzu sind die Bedingungen heute andere als die der theatralen Formen, die Duras immer wieder als Referenz angibt. Der metaphysische Rahmen, den in der Liturgie der Glaube an Gott und in der Tragödie ein vom Herrscher garantiertes Dispositiv der Integration der Leidenschaften verwahrscheinlichten, ist in Zeiten der Pluralität von Gesetzen und Normen gleichzeitig mit seiner Zerstörung zu setzen. Der Rückgriff auf Kino- und Theatermythen und auf die Konventionen gepflegter bürgerlicher Umgangsformen wie auch einer ihnen eigenen modischen Eleganz schaffen Simulakren einer Norm, die durch Ritualisierung und Stilisierung, eine bestimmte ‚Gehobenheit' und Feierlichkeit des Tons, das Begehren, das sie fixieren, freilegen sollen. Ein solches Verfahren erhöht jedoch zugleich die Faszination, macht die Inszenierung des Unsagbaren zu einer Konvention, die gerade in den letzten Stücken auch sich dem Vergleich mit anderen Meistern des szenischen Rätsels – zum Beispiel Robert Wilson – stellen muss: Stilistische Unsicherheit in der Kleidung, Missgriffe im Dekor, in den Accessoires, datieren den Mythos. Seine Glaubhaftigkeit verlangt in der Visualisierung ästhetische Perfektion. Dies um so mehr, als der reine Plot, selbst auf ein Minimum reduziert, selten dem Bereich des Rätsels entspringt, sondern vielmehr dem *roman sentimental* entnommen scheint: Das Altern einer Schauspielerin (*Savannah Bay*), das letzte Treffen eines Paares kurz nach der Scheidung (*La Musica Deuxième*), die unmögliche Liebe einer Frau zu einem homosexuellen Mann (*Les Yeux bleus cheveux noirs*), dies sind Themen, aus denen eine realistische Inszenierung Rührstücke machen könnte. Um zum „metaphysischen Photoroman" zu werden, wie ein Bewunderer Marguerite Duras', der Filmkritiker Serge Daney einmal ihre Filme und Stücke genannt hat, muss das Theater der Duras gerade jegliche sozial und historisch wahrscheinliche körperliche Präsenz verbannen, muss entrealisieren und entwahrscheinlichen, damit das Geheimnis sich zwischen Wort und Bild entfalten kann.

Duras' Theater muss deshalb Worttheater bleiben. Es ist am gelungensten, wenn es wie in *L'Éden Cinéma*, von Claude Régy inszeniert, gestisches Spiel und gesprochenes Wort trennt. Wenn Bild und Wort getrennt sind. Wenn die Spaltung und das Leiden an ihr und die Lust, die Entrückung, durch eine Trennung von Körper und Stimme symbolisiert werden. Wenn so erfahrbar wird, dass allein die Stimme die Kraft hat, den verlorenen Kontinent zu beschwören, der vor der Sprache und vor jeder Vorstellung und Imagination und damit auch vor jeder Darstellung liegt.

Der Körper, der Name und die Schrift

Marguerite Duras' Theater ist ein Trauerspiel der ersten Trennung, des ersten Verlustes. Doch der erste Verlust ist auch der Verlust der Unschuld. Die Gewalt ist korrelativ der ersten Trennung, der Ausbildung des ersten Ichbildes. Begehren und Gewalt sind nicht zu trennen. Das Bild dämpft den Schmerz der Spaltung, es kann die Gewalt kristallisieren. Doch damit hält es auch das Begehren an. In der Faszination des Idols bleibt zudem die Gewalt unbewusst. Allein die Schrift kann sie sagen, denn sie ist nicht abgeschlossen, sie ist für das Begehren offen. Die Schrift kann das Unsagbare theatralisieren, das, was vor den Bildern liegt. Sie muss es zum Geheimnis machen, damit die Gewalt dieses Begehrens nicht durch ein Bild, eine Darstellung angehalten wird.

Schreiben heißt für Marguerite Duras, sich Gott gleichsetzen. Für sie ist die Problematik des Schreibens mit dem Judentum verbunden. Das Volk der Schrift, so sagt sie, habe das Privileg, durch sie die eigene Gewalt anzuerkennen.[17] Doch das Schriftverständnis Marguerite Duras' weist vor allem auch auf eine persönliche Lösung der Frage des Namens hin, die die Frage nach Gott mit der Schrift verknüpft: Duras ist ein Pseudonym. Als Marguerite Donnadieu – *don à Dieu*

("Gottesgeschenk") – ist sie geboren. Duras ist der Name des Ortes, an dem ihr Vater gestorben ist. Sie sagt von Aurélia Steiner, die von sich sagt: „ich schreibe", dass sie, „von Gott vergessen", sich ihm gleichsetze, gerade indem sie schreibe.[18] Marguerite Duras nimmt den Namen des Todesortes ihres Vaters an, als sie zu schreiben beginnt. Und in der Schrift verbindet sie ihn mit dem unsagbaren Ort der Mutter. Das Nichtdarstellbare, das Geheimnis ihrer Schrift, das kein Bild entheiligen soll, ist auch der Textkörper, der aus dieser Verbindung entsteht.[19] Er ist der Fluchtpunkt des Theaters der Marguerite Duras.

Das Unsagbare, das diese Schrift theatralisiert, das Darstellungsverbot, das sie sich auferlegt, hat mit Gott zu tun, doch in anderer Weise, als dies beim Judentum der Fall ist. Auch im jüdischen Ritus gibt es noch Reste einer Darstellung, ein Minimaltheater, das an die unbewusste Gewalt des Todestriebs erinnert, so an Yom Kippur, dem Fest der Versöhnung, das sich dem Empfang der Gesetzestafeln anschließt: Wenn am Ende kurz vor dem Schofar der Kantor dreimal vor- und zurückspringt mit geschlossenen Füßen, sich niederwirft vor der Thora, dann evoziert diese Minimalgeste – ein Bocksprung – die Tötung des Opfers, auf die sich zuvor die Gemeinschaft gründete, die nun allein die Schrift stiften soll. Hier erinnert der Ritus an die Tötung des Urvaters.[20]

Doch bei Duras ist das Opfer die Mutter. Die Erforschung der Lust der Mutter ist für eine Frau immer von der Gefahr des Sich-selbst-Verlierens, vom Wahnsinn gesäumt. Für einen Mann hingegen mag sie die Chance der eigenen Souveränität geben. Georges Bataille, der zum Beispiel in *Madame Edwarda* die Lust der Mutter theatralisiert, sagt uns, „Madame Edwarda ist *Gott*".[21] Marguerite Duras insistiert in zwei Artikeln zu Batailles Büchern gerade auf diesem Satz.[22] Doch sie vergisst – vielleicht muss sie es vergessen – die Einschränkung, die Bataille am Ende dieses Textes macht:

Dieu, s'il „savait", serait un porc.[23]

Dies ist die Grenze, die Duras' Werk respektiert. Ihre Figuren müssen das Geheimnis wahren, sie wollen, ja sie dürfen nicht ‚wissen'. Dies gilt für Duras' Theater. Dies gilt auch für viele ihrer Texte. Allein in *La Douleur* vielleicht wird das Andere sichtbar. Die animalische Seite des Todesbegehrens. Doch von diesem Text sagt die Autorin, dass sie ihn vergessen hatte. Und dass sie nicht wisse, dass sie ihn geschrieben habe. Ja, dass selbst die Bezeichnung ‚Schrift' für diesen Text nicht mehr angebracht sei.

Frühjahr 1987

Anmerkungen

1 Neben den Stücken und Theateradaptionen, die in den drei Bänden *Théâtre*, Paris 1965, 1968 und 1984 gesammelt sind, gehören dazu: *India Song. Texte, théâtre*, Paris 1973; *L'Éden Cinéma*, Paris 1977; *Savannah Bay*, Paris 1982; *La Musica Deuxième*, Paris 1985.
2 *La Vie matérielle*, Paris 1987, S. 19; dt.: *Das tägliche Leben*, Frankfurt/Main 1988, S. 15: „Das Spiel nimmt dem Text etwas weg, es bringt ihm nichts, im Gegenteil, es nimmt dem Text Präsenz, Tiefe, Muskeln, Blut." (Übers. v. HF)
3 „Der Fluchtpunkt im Theater, das bin ich. Der Schriftsteller." Marguerite Duras im Gespräch mit Helga Finter, in: *Theater heute* 1 (1986), S. 17–27, in diesem Band, S. 105–124.
4 Ebd., S. 20.
5 Vgl. hierzu: Marguerite Duras, *La Pute de la Côte normande*, Paris 1986, S. 7f.
6 *Les Yeux bleus cheveux noirs*, Paris 1986.
7 Eine deutsche Theaterfassung wurde von Walter Boehlich erstellt und ist im Suhrkamp Theaterverlag verlegt.
8 *Les Yeux bleus cheveux noirs*, S. 146 (Hvh. v. HF); dt.: *Blaue Augen schwarzes Haar*, Frankfurt/Main 1987, S. 170f: „In diesem Augenblick des heranflutenden Meers hatte er das Verlangen gehabt zu lieben. Mit wahnsinniger Lust zu lieben wie bei dem einzigen Kuss, den sie sich gegeben hatten. [...] Er sagt ihr, dass ein einziger, selber junger Ausländer Ursache ihrer beider Verzweiflung an jenem Abend am Meer war."
9 Ebd., S. 145; *Blaue Augen schwarzes Haar*, S. 170.
10 Ebd., S. 151–152 (Hvh. v. HF); *Blaue Augen schwarzes Haar*, S. 177: „Im Hintergrund des Theaters, sagt der Schauspieler, wäre eine Mauer von blauer Farbe gewesen. Diese Mauer schloss die Szene ab. Sie war massiv, stand nach Westen zu, dem Meer gegenüber. Ursprünglich hätte es sich um ein aufgegebenes deutsches Fort gehandelt. Diese Mauer galt als unzerstörbar, obwohl sie Tag und Nacht dem Seewind ausgesetzt ist und die volle Wucht der stärksten Stürme erfährt. Der Schauspieler sagt, dass um die Idee von dieser Mauer und dem Meer herum das Theater errichtet worden ist, damit das Geräusch des Meers, nah oder entfernt, im Theater immer gegenwärtig sein sollte."
11 Julia Kristeva nennt diesen Raum in Anlehnung an Platon *Chora;* es ist der Raum des Semiotischen, das in das Symbolische einbricht. Vgl. J. Kristeva: *La Révolution du langage politique*, Paris 1974.
12 So Bertrand Poirot-Delpech in *Le Monde*, 23.10.1987, S. 15f, in einer Kritik zum neuesten Roman *Emily L.*, und J. Kristeva in: *Soleil noir. Dépression et mélancolie*, Paris 1987, S. 233f.
13 Vgl. H. Finter, „Die soufflierte Stimme. Klangtheatralik bei Schönberg, Artaud, Jandl, Wilson und anderen" (in: *Theater heute* 1, 1982, S. 45–51), in diesem Band S. 19–34.
14 So zuletzt in *Das tägliche Leben*, Frankfurt/Main 1988, S. 15f.
15 Vgl. H. Finter, „Experimental theatre and semiology of theatre: The theatralization of voice", in: *Modern Drama* 4, 26 (1983), S. 501-517.
16 Vgl. Jean-Marie Apostolidès, *Le Roi-Machine. Spectacle et politique au temps de Louis XIV*, Paris 1981, S. 11-22.
17 Vgl. M. Duras, *Les Yeux verts*, Sondernummer der *Cahiers du Cinéma* 312-313, 1982, S. 86; dt.: *Die grünen Augen (Texte zum Kino)*, München 1987, S. 130; vgl. auch H.

Finter, „Gott, der Name und die Schrift: Schreiben sagt sie ...", in: Programmheft zu *Zerstören, sagt sie* (Theater am Turm), Frankfurt/Main 1985.

18 *Die grünen Augen*, S. 115: „Was bedeutet Jude sein in der persönlichen Problematik eines Nichtjuden? Wogegen dient es als so absolute Zuflucht ohnegleichen? Worin hat es seine Entsprechung? Wofür ist es Bestätigung? Es ist etwas, das zutiefst mit dem Schreiben zu tun hat. Mit dem Satz, den Aurélia Steiner am Ende sagt: ‚Ich schreibe.' Ihr Ruf ist nicht ‚ich rufe', sondern ‚ich schreibe'. Das hat mit Gott zu tun, Schreiben hat mit Gott zu tun. Aurélia Steiner, achtzehn Jahre alt, von Gott vergessen, nimmt sich selbst gegenüber die Position Gottes ein."

19 Im Zusammenhang mit der Figur Aurélia Steiner, die ‚schreibt', sagt Duras, dass sie im Höhepunkt ihrer Lust den Tod von Vater und Mutter im Konzentrationslager ‚erlebe': „Diese Szene des zweifachen Todes erlebt sie im Orgasmus mit Fremden, das heißt in einer Art anonymen Prostitution – anonym wie die Krematorien, die Lager." (*Die grünen Augen*, S. 85) Das Problematische ihrer Identifikation von Schrift und Judentum zeigt sich hier als Delegieren eines persönlichen Traumas an die Opfer eines Schreckens, der den Glauben an die Kraft des Symbolischen erschüttert hat. Julia Kristeva (in: *Soleil noir*, S. 231) sieht gerade im „Flirt mit dem Judaismus [...] die Schuld einer ganzen Intellektuellengeneration angesichts des Antisemitismus und der Kollaboration der ersten Kriegsjahre" offenbar werden.

20 Vgl. Theodor Reik, *Das Ritual. Psychoanalytische Studien*, Leipzig, Wien, Zürich 1928 (Imago-Bücher 11), Kapitel III und IV (zum Kol Nidre und zum Schofar).

21 Georges Bataille, *Œuvres complètes*, Bd. 3, Paris 1971, S. 26.

22 M. Duras, *Bataille, Feydeau et Dieu* (1957) und *À propos de Georges Bataille* (1957), jetzt abgedruckt in: Dies.: *Outside*, Paris 1984, S. 27-36.

23 Ebd., S. 30-31: „Gott, wenn er ‚wüsste', wäre ein Schwein." (Übers. v. HF).

Das Lachen Don Giovannis
Zu Georges Batailles Rezeption des *dissoluto punito*

In dem 1983 in Paris erschienenen Roman *Femmes* von Philippe Sollers stellt im neunten, dem letzten, in Venedig spielenden Teil der Ich-Erzähler bei einer Aufführung des *Don Giovanni*, der er in den Kulissen beiwohnt, eine erstaunliche Parallele zu Mozart her, die ich hier vorstellen möchte:

> Um ehrlich zu sein, diese Aufführung langweilt mich schon im voraus ... *Don Giovanni* kenne ich auswendig ... Die Probe hat mir gereicht ... Ich halte mich in den Kulissen auf mit Louise ... Wir sprechen leise in einer Ecke ... Ich entwickle meine Gedanken zu Sade und Mozart ..., ihre Parallele ...[1]

Und nachdem der Erzähler die von Lorenzo Da Ponte erwähnte atmosphärische Analogie seines *Don Giovanni*-Librettos mit Dantes *Inferno* evoziert hat, fährt er fort:

> Die Musik ist genau zeitgenössisch mit *Juliette* ... Stell dir einmal vor ... Die Oper spielt sich im Hintergrund ab ... Zwischen den Arien hält alles an und mit lauter Stimme werden Textstellen von Sade gelesen ...
> Ich glaube, das würde alles erklären ... *Juliette oder die Blüten des Lasters*. Libretto von Donatien Alphonse François de Sade, Musik von Wolfgang Amadeus Mozart ... Was in damaliger Zeit undenkbar, warum es nicht heute verwirklichen? ... Man hätte schon zehnmal daran denken müssen ...[2]

Mozart und Sade, Philippe Sollers wird diesem Thema eine mehrteilige Radiosendung widmen, ausgestrahlt zwischen dem 3. und 5. Mai 1983 in *France Culture*, in der er, wie von seiner Romanfigur vorgeschlagen, Passagen aus *Juliette* vor dem Hintergrund von Mozarts Musik lesen wird. Doch vertritt hier Sollers nicht eine unhaltbare These?

Denn in der Tat ist nicht Juliette, sondern die erste Fassung von Justine mit dem Titel *Les malheurs de l'injustice* (*Die Unglücksfälle der Ungerechtigkeit*), die im 1788 in der Bastille verfassten *catalogue raisonné* der Werke des ‚divin marquis' aufgeführt ist,[3] zur gleichen Zeit wie Mozarts Oper entstanden, ebenso wie die 1785 begonnenen *120 journées de Sodome ou l'école du libertinage*.[4] *Juliette et les prospérités du vice* wurde hingegen erst zehn Jahre später auf dem Erfahrungshintergrund der Französischen Revolution geschrieben.[5]

Doch die Parallelisierung von *Don Giovanni* und *Juliette* gehorcht hier ganz offensichtlich nicht der Wahrheit historischer Demonstration, sondern bezweckt die Wahrscheinlichkeit literarischer Kontamination, die durch die Gegenüberstellung mit der wohl berüchtigsten *dissoluta impunita* der Literaturgeschichte auf die Bestrafung des *dissoluto* Don Giovanni ein neues Licht zu werfen sucht:

Für Sollers sagt die Musik Mozarts die gleiche unerträgliche Wahrheit des Unmöglichen, die der Text Sades in den Ausschweifungen seiner Protagonistin beschreibt. Handelt es sich hier um eine erneute Provokation des Begründers von *Tel Quel*? Ich meine nein. Vielmehr erscheint mir diese Gegenüberstellung auch Ausfluss des Dialogs mit dem Werk eines Schriftstellers und Denkers, für den die Auseinandersetzung mit der Figur des Don Giovanni und der Musik von Mozarts Oper zentral gewesen war bei seiner Annäherung an das Unmögliche des Eros und des Todes, das er *l'Impossible* oder auch *l'Hétérogène*, das Heterogene nannte.

Auf dem Grab Don Juans

Georges Bataille (1897–1962) hätte die Gegenüberstellung von Mozart und Sade nicht verwundert. Sein erstes Buch, 1928 unter dem Pseudonym ‚Lord Auch' veröffentlicht, mit dem Titel *L'Histoire de l'œil*[6] („Die Geschichte des Auges"), wird gerade in der Votivkirche Don Juans in Sevilla, auf seinem Grab, seine Protagonistin Simone die mörderischen Überschreitungen und Ausschweifungen begehen lassen, die – ungestraft bleibend – sie zu einer modernen Schwester der Sade'schen Juliette machen. Der Autor, dessen Namen erst posthum, 1967, die Erzählung schmücken wird, hatte damit einen literarischen Weg begonnen, auf dem libertine Frauenfiguren wie Dirty S. in *Le Bleu du ciel*, *Madame Edwarda* im gleichnamigen Text oder B. in *L'Impossible* seine Konzeption des Eros und des Todes inkarnieren, ihn aber auch oft in einem Atemzug mit Sade nennen werden lassen, um ihn ebenfalls, wie diesen, in die *enfer* der Bibliotheken zu verbannen.

Georges Bataille, den André Malraux als „einen der wenigen wahren Schriftsteller" seiner Zeit ansah, ist wie Sade nicht nur einfach ein Autor erotischer Bücher. Wenn sein Werk unter dem Zeichen der Erotik – *érotisme* – und der Verausgabung – *dépense* – steht, so, weil in diesen das Gesetz des Nützlichen negierenden Phänomenen die Trennlinie von Tod und Leben abzulesen und durch sie das *impossible*, das Unmögliche des Todes, in seinen Wirkungen im Leben erfahrbar werden kann.

Mit seinem Schreiben hat Bataille sich dem anzunähern gesucht, was der Homogenität des Individuums und der Gesellschaft heterogen ist. Er nennt es auch das Böse, sein Buch *La Littérature et le mal* von 1957 zeugt davon, wenn es gerade die Literatur als Erfahrungsort dieses Anderen bestimmt. Die Erforschung der Produktionsmechanismen und der sich kulturell wandelnden symbolischen Formen des Heterogenen führt Bataille in andere Disziplinen, seine Publikationen berühren Fragen der Psychologie, Anthropologie, Ökonomie, Politik und der Kunst- und Religionsgeschichte. Doch die Wege und Antworten, die er findet, sind keiner Disziplin zuzuordnen. Und sie führen ihn immer wieder zur literarischen Produktion zurück. So hat sich Georges Bataille den Platz in der Geschichte des Denkens geschaffen, den er selbst im Postskriptum zur *Expérience intérieure* 1953 so beschrieb:

> Was in der Art des Denkens, die ich einführe, zählt, ist niemals die Affirmation. Was ich sage, glaube ich wahrscheinlich, doch ich weiß, dass ich eine Bewegung in mir trage, die will, dass die Affirmation weiter unten verschwinde. Sollte man mir einen Platz in der Geschichte des Denkens geben, so deshalb, glaube ich, weil ich die Auswirkungen des ‚Verschwindens des diskursiven Wirklichen' in unserem menschlichen Leben deutlich erkannt und aus der Beschreibung dieser Auswirkungen ein schwindendes Licht gezogen habe: dieses Licht blendet vielleicht, doch es kündigt die Undurchdringlichkeit der Nacht an; allein ‚die Nacht' kündigt es an.[7]

Georges Bataille hat diesen Weg der inneren Erfahrung mit einem Buch begonnen, in dem das Grab eines reuigen Don Juan zum Ort einer Transgression wird, die sexuell erotische, religiös mystische und gewaltsam zerstörerische Kräfte in einem Handlungsablauf verbindet. Durch Profanation und Überschreitung des Tötungsverbotes wird eine schwarze Messe zelebriert, die zugleich Batailles Analyse jener Zeremonie in *Juliette* ist, die im fünften Teil des Buches als *orgie au Vatican* verzeichnet ist.[8] Die Ungestraftheit der Protagonisten erscheint so als höhnisches Verlachen dessen, den, nach dem Mythos, für ein verhältnismäßig geringeres Vergehen seine Strafe gerade auf Grund der Herausforderung des Komtur ereilte, oder der sogar, wie die Votivkirche in Sevilla bezeugt, bereut haben soll.

Die ungeheuerlichen Ausschweifungen unter dem Baldachin San Pietros und auf dem Grabe Don Juans sind für Sade und im Anschluss an ihn für Bataille denkbar, weil Gott für tot erklärt und damit die Logik menschlicher Vernunft sich der Rechtfertigung der Todestriebe annimmt. Dies demonstriert zuerst Sade, der, was viele vergessen, kein Sadist war – das Adjektiv *sade*, das Gegenteil von *maussade* („verdrießlich", „mürrisch"), heute im Französischen nicht mehr gebräuchlich, bedeutete gerade „heiter", „freundlich", „angenehm". Sein Buch trägt der Machtergreifung der Vernunft Rechnung, zu der er am 21. Januar 1795 gerade folgendes in einem Brief schrieb:

> Meine ‚nationale' Einkerkerung, mit der ‚Guillotine vor Augen', hat mir hundert Mal mehr Leid zugefügt als alle vorstellbaren Bastillen.[9]

Im Angesicht Azephals

Georges Bataille führt 235 Jahre später, angesichts eines sich erneut abzeichnenden Ungeheuers, das zuerst im Faschismus und dann vor allem im Nationalsozialismus als Verführung eines nach souveräner Herrschaft strebenden Heterogenen auftritt,[10] mit Don Juan zugleich die Problematik des abwesenden Gottes ein, die eine Umschrift des Don Juan-Mythos zur Folge hat. Der Komtur, den Don Juan herausfordert und dem er sich widersetzt, ist nicht mehr Abgesandter eines göttlichen Gesetzes, sondern zugleich Versprechen und Schrecken einer Lust, die der Hölle entspringt. Eine neue Figur des Schreckens, die nicht mehr Vertreter des Gesetzes, sondern der Gesetzlosigkeit ist, wird Auslöser einer Angst, die das Ja und Nein Don Juans herausfordert.

Azephal, der der ersten Nummer der von Bataille zusammen mit Pierre Klossowski und André Masson ab 1936 herausgegebenen Zeitschrift ihren Namen gibt,[11] ist das kopflose Wesen, in dem sich niedriges und hohes Sublimes, die Formen des hohen Heterogenen der Religion und die Formen des niedrigen Heterogenen der Sexualität vereinen. Ich zitiere aus den Seiten des Eingangsessays, der Azephal vorstellt und der den Titel „La conjuration sacrée" („Die heilige Verschwörung") trägt:

> Der Mensch ist seinem Kopf entkommen wie der Gefangene dem Gefängnis. Er hat jenseits von sich nicht Gott gefunden, der Verbot des Verbrechens ist, sondern ein Wesen, das das Verbot verneint. Jenseits von dem, was ich bin, begegne ich einem Wesen, das mich lachen lässt, weil es kopflos ist, das mich mit Angst erfüllt, weil es aus Unschuld und Verbrechen gemacht ist: Es hält eine Eisenwaffe in der linken Hand, Flammen, die einem Jesusherzen ähnlich, in der Rechten. Es vereinigt im selben Ausbruch Geburt und Tod. Es ist kein Mensch. Es ist auch nicht ein Gott. Es ist nicht Ich, doch es ist mehr als Ich: sein Bauch ist das Labyrinth, in dem es sich selbst verirrt hat, mich mit ihm verliert, und in dem ich mich als es wiederfinde, das heißt als Ungeheuer.[12]

Die Niederschrift dieser Zeilen erfolgt unter der Musik der Ouvertüre von *Don Giovanni* und Bataille notiert weiter:

> Mehr als jedes andere bindet die Ouvertüre des *Don Juan* die mir zugefallene Existenz an die Herausforderung, mich auf ein Entrücken außer sich selbst zu öffnen. In diesem selben Augenblick schaue ich zu, wie dieser Kopflose, dieser Eindringling, den zwei gleichermaßen heftige Obsessionen bilden, zum *Grab von Don Juan* wird.[13]

Der Azephal, verwandelt in das Grab Don Juans, ist Hölle und Paradies zugleich, Ort des Todes und der Wiedergeburt. Er ist Nicht-Ich und Ich, er selbst und das Andere. Die Musik offenbart so, dass der Komtur Projektion seiner selbst, Projektion eines Teils von Don Giovanni ist, der ihn übersteigt und ihn hinabzieht in die Lust des Todes. Vielleicht war gerade eine solche Lektüre am Werk als Jean Pierre Ponnelle in Zürich 1987/88 den Tod Don Giovannis auf ganz neue Weise in Szene setzte: Nicht eine Statue des Komtur, sondern Mozarts Musik, die Nikolaus Harnoncourt dirigierte, zwang den Don Giovanni Thomas Hampsons zu Boden, getötet in Lust und Schrecken von einer Faszination am Tode, die als das Andere im Selbst die Musik symbolisierte.

Die Klangsprache der Musik Mozarts lässt für Bataille die Wahrheit des lustvollen Todes hören, die über die Handlung des Textlibrettos, das die Bestrafung des *dissoluto* inszeniert, nicht sagbar war.

Doch zugleich zelebriert Bataille in der Don Juan-Figur nicht die Wiederkehr eines Dionysos-Opfers, die Wiederkehr des Polymorphen, wie dies seine Zeitgenossen, so Pierre Klossowski,[14] missverstehen. Der Donjuanismus Georges Batailles, den zum Beispiel Michel Leiris als Charakterzug seines Freundes hervorhebt,[15] sucht die Erforschung des Anderen, des Heterogenen, des Anti-Individuellen, das Mozarts Musik hörbar macht und die Darstellung des Don Juan zu zeigen sucht, in eine ethische Forderung einzubinden. So schreibt Bataille im Vorwort zu *L'Impossible* von 1962, wo gerade im ersten Teil – *Histoire des rats* – der libertine Protagonist Dianus sich als lächerlicher „Flitter-Don Juan, in seiner eisigen Herberge Opfer des Portiers des Komturs"[16] bezeichnet, folgendes:

> Die menschliche Art steht vor einer doppelten Perspektive: einerseits die des heftigen Vergnügens, des Schreckens und des Todes – genau die der Poesie – und, im entgegengesetzten Sinne, die der Wissenschaft und der wirklichen Welt der Nützlichkeit. Allein das Nützliche, das Wirkliche hat einen ernsten Charakter. Wir sind niemals berechtigt, ihm die Verführung vorzuziehen: Die Wahrheit hat Recht über uns. Sie hat selbst alle Rechte. Dennoch können und müssen wir auf etwas antworten, das, weil es nicht Gott ist, viel stärker als alle Rechte ist: dieses *Unmögliche*, zu dem wir nur Zugang finden, wenn wir die Wahrheit all dieser Rechte vergessen, wenn wir das Verschwinden akzeptieren.[17]

Um sich dem anzunähern, was den Einzelnen übersteigt, privilegiert Bataille zwei Vorgehensweisen, die jeweils eine vorausgehende Deformation erfordern: das, was er ‚Lachen' und ‚Poesie' nennt.[18] Sie sind Ergebnis einer Auseinandersetzung mit den Darstellungsformen des Heterogenen, die Bataille vom wissenschaftlichen Projekt einer Heterologie in den Jahren 1933/34[19] zur Niederschrift eines Romans geführt hatte, von dem André Masson in einem Brief an Henri Kahnweiler am 8. Juli 1935 sagt, er sei zu schön für seine Zeitgenossen, während Kahnweiler selbst, der diesem Buch einen Verleger wünscht, urteilt, dass es „die schönste Sache ist, die ich seit langem gelesen".[20]

Dieser Roman, *Le Bleu du ciel*, im Mai 1934 beendet, konnte Georges Bataille tatsächlich erst 1957 veröffentlichen. Vielleicht gerade auch deshalb, weil mit seinen Verfahren des Lachens und der Poesie eine so erschreckende Annäherung an das Unmögliche glückte, dass auch heute noch diese Inszenierung eines subjektiven Potentials des Heterogenen als Analyse der psychologischen Basis des Faschismus ihre explosive Stoßkraft bewahrt hat. Denn *Le Bleu du ciel* zeigt uns die Koinzidenz von subjektivem Heterogenen, das sich in der Faszination der Protagonisten – Henri Troppmann und Dirty S. – am sexuell Verworfenen manifestiert, mit dem politisch sozialen Heterogenen. Dieses wird durch den revolutionären Anarchismus – in Gestalt der Revolutionärin Lazare in der Situation des Generalstreiks von Barcelona – und durch eine Szene des siegreichen Nationalsozialismus evoziert. Damit schreibt Bataille zugleich eine provozierende Analyse dieser der Demokratie heterogenen Formen des politischen Handelns und ihrer Antriebskräfte: In dem Text werden die verschiedenen politischen Aktionen der Revolutionärin Lazare zum Beispiel lesbar als Suche nach einer verzweifelten, und wenn sie wie bei den Hitlerjungen gelingt, trügerischen Fixierung des subjektiven Heterogenen, das alle Zeichen des Todestriebes trägt. Damit weist Bataille schon auf den Triumph des Nationalsozialismus hin, der für viele das subjektive Heterogene, die Beziehung zum Unmöglichen mit dem nun souverän gewordenen politischen Heterogenen zu verschmelzen wusste. Wie dies in einer obszönen Symbolik von Blut und Boden, mit Todesriten, die die Kraft des Affektes und des aggressiven Triebes einzufangen wussten, geschah, davon zeugen heute noch Filme wie Leni Riefenstahls *Triumph des Willens*. Das Ende der Erzählung, auf das ich noch zu sprechen kommen werde, macht so auch die erotische Wahrheit der nationalsozialistischen Ästhetisierung der Politik deutlich.

Eine solche Analyse war zum Zeitpunkt ihres Entstehens nicht akzeptierbar. Und um so mehr, als sie durch die offene und vieldeutige Form des Romans, die zu den Affekten des Lesers spricht, all den Gefahren ausgesetzt war, die nichtdiskursive Annäherungen an das Phänomen gewöhnlich laufen: das heißt, der Komplizenschaft mit dem Faschismus oder einer krankhaften Faszination verdächtigt zu werden.

Denn Bataille verfolgte in diesem Buch eine Strategie der Evokation des Unmöglichen, welche die positiven und negativen Bewertungen von hohem und niederem Heterogenen unter sich verschiebt. Die evaluative Basis, die die Konstruktion eines erzählerischen Universums durch Sympathie und Antipathie ermöglicht, wird außer Kraft gesetzt, um so die Interdependenz der hohen und niederen Formen dessen, was den einzelnen übersteigt, erfahrbar zu machen.

Damit ist *Le Bleu du ciel* zugleich der Roman Batailles, der am deutlichsten seine Methode der *déformation* und des *déplacement*, der Verformung und Verschiebung, als eine Methode des ‚Lachens' erkennen lässt: Das Aufzeigen der Interdependenz affektiv konträr empfundener Elemente löst das Lachen des absolut Komischen aus, jenes *comique absolu*, das seit Baudelaire das souveräne Lachen vor der gefallenen Natur, vor der Leere bestimmt.[21]

Das Lachen Don Giovannis angesichts des Komturs im ersten Teil des Buches gibt dieses Textprogramm vor. Denn wir begegnen in diesem Buch wieder Don Juan, in einer Verformung des Don Juan-Mythos, die zugleich den Versuch beinhaltet, die Lehre aus dem Erlebnis der Klangsprache Mozarts zu ziehen: Es geht Bataille hier darum, der Verbalsprache eine musikalische Kraft wieder zu geben, die über Klang, Geräusch, Schrei, das Heterogene des Körpers und seines Begehrens in einem die sprachliche Information doppelnden Register hörbar machen soll. Don Juan ist so auf der Handlungs- und der Darstellungsebene Auslöser einer Theatralisierung des Heterogenen, die ich nun beschreiben möchte.

Der steinerne Gast und sein Doppel

Le Bleu du ciel ist ein Buch mit einer Einleitung und zwei Teilen, die disproportional im Umfang sind. In der *Introduction* wird uns vom Ich-Erzähler in einer Spelunke und dann in einem Luxushotel in London Dirty präsentiert. Die Szene beschreibt eine Ausschweifung, in der die Kraft des Heterogenen freigelegt wird durch die Transgression des jeweiligen vorgegebenen Rahmens: In der Spelunke ist die Schönheit Dirtys im eleganten Abendkleid, das mit dem Elend des Ortes kontrastiert, ebenso Auslöser des Grauens, wie die Beschreibung von Körpersekretionen und niederen Körperfunktionen oder die „dirty words" in der Luxussuite des Savoy-Hotels. Beide Orte zeigen sich so als Formen des niederen und hohen Heterogenen, deren Funktion für das Imaginäre identisch ist.

Der erste Teil des *récit*, in Kursivschrift und nur zwei Seiten lang in der Buchausgabe, gibt den Monolog eines Ich-Erzählers wieder, der als Selbstgespräch eines Don Juan zu erkennen ist, dessen Lachen über den Komtur triumphiert. Ehe ich auf diese *première partie* im einzelnen eingehe, möchte ich zuerst kurz den zweiten, an Seiten umfangreichsten Teil des Buches vorstellen:

Er erzählt uns in der Tat die Geschichte eines zeitgenössischen *dissoluto*. Von Schwiegermutter, Ehefrau und der anhänglich hysterischen Xenie verfolgt, lebt er eine ‚unmögliche' Leidenschaft zu Dorothea S. (D. S. = *déesse*), die in Überdruss und Ekel ihn in Krankheit und Impotenz treibt, wobei die Schauplätze zwischen Paris, Prüm, Wien, Barcelona, Trier und Frankfurt wechseln. Auch die Figur eines steinernen Gastes ist präsent. Die *débauche* wird vom Ich-Erzähler als stetige Herausforderung des Komtur erfahren,[22] doch seine Inkarnation ist fließend und konzentriert sich auf zwei Figuren: Dorothea S., die im Fiebertraum sich von einer in eine tierköpfige Statue verwandelten Leiche zu einem verrückten marmornen Minerva-Standbild umformt,[23] was sowohl für die respektvolle Angst als auch die Impotenz des Erzählers eine mögliche Erklärung gibt. Die zweite Figur mit Zügen des Komturs ist die Revolutionärin Lazare, die im Eingangskapitel „Le mauvais présage" („Das böse Vorzeichen") vorgestellt wird. Bataille hatte diesen Titel von einem Ballett André Massons übernommen – *Les Présages* –, das dieser 1933 mit Léonide Massine und den Ballets russes zur 5. Symphonie Tschaikowskys geschaffen hatte. Dort taucht eine Figur auf, die für die Charakterisierung Lazares entscheidend ist. Nach einer Inhaltsangabe[24] sollte dieses Ballett den Kampf des Menschen mit dem Schicksal darstellen, den Konflikt zwischen menschlichen Leidenschaften und unsichtbaren Kräften. Die Figur des Schicksals wurde dabei von Masson als dunkler, maskierter Raubvogel konzipiert, dessen Körper in frappierender Weise dem ebenfalls von Masson gezeichneten Azephal ähnelt.[25]

Im Eingangskapitel „Le mauvais présage" nun wird gerade die Revolutionärin Lazare als schwarz gekleideter *oiseau de malheur* („Unglücksvogel") präsentiert, „häßlich und schmutzig", mit „gelblicher Haut", einem „Leichenteint" „schmutzigen Fingernägeln" und schließlich „einer großen jüdischen Nase, die aus ihren Flügeln unter einer Stahlbrille hervortrat". Wir haben hier das Klischee des Anderen, wie es in den zwanziger und dreißiger Jahren in Antikommunismus und Antisemitismus seinen Ausdruck fand. In der Beziehung des Protagonisten Henri Troppmann zu Lazare werden die Produktionsmechanismen dieses Klischees analysiert werden: Für den Ich-Erzähler stellt Lazare das Verworfene des Abjekten dar. Er ist von ihr zugleich angezogen und abgestoßen, wird sie schließlich jedoch als sein negatives Doppel erkennen, das sich in gleicher Weise auf der politischen Bühne hin- und her bewegt wie er im privaten erotischen Bereich. Lazare bekommt so immer mehr für ihn die Bedeutung der schwarzen Fahne beim Dollfußbegräbnis in Wien, die er mit dem schwarzen Tischtuch gleichsetzt, das beim Souper mit dem Komtur Don Juan aufdecken lässt.[26] Ja, Lazare wird schließlich selbst zum Komtur, der an die Möglichkeit der Rettung der Seele mahnt, nun durch die revolutionäre Aktion,[27] und den der todkrank sich glaubende Henri durch obszöne Beschimpfungen zu bannen sucht.[28]

Lazare ist als Revolutionärin und Jüdin für den Ich-Erzähler das personifizierte Heterogene, das die Form des sozialen Heterogenen der späten zwanziger Jahre angenommen hat. Gerade aber im Anerkennen der affektiven Kraft, die ihn in einer Hassliebe an sie bindet, im Anerkennen ihrer erotisch-sexuellen Komponente, wird die Projektion des Anderen im Selbst außerhalb von sich als Abwehrbildung deutlich: Durch Gedächtnisfragmente, die das Kind Henri mit Lazare vermischen, wird nicht nur die Angst vor ihr, wie vor dem Komtur, der den Tod ankündigt, gegenstandslos, sondern der Protagonist kann auch die subversive Kraft wiederfinden, die über den Tod lacht und sich dem Leben stellt.

Die (Er-)Lösung aus dem doppelten Pakt mit den zwei ‚steinernen Gästen' Lazare und Dirty wird auf einem Friedhof stattfinden: In einer nächtlichen Herbstlandschaft findet über einem Abgrund die Umarmung von Henri und Dirty auf der nackten Erde eine den Himmel von unten aufreißende ekstatisch groteske Erfüllung, die dem Kapitel den Titel *Blau des Himmels* gegeben hat. Damit wird zugleich das politisch soziale Doppel des Komturs gebannt, denn dieser Liebesakt findet auf dem Friedhof der Geburtsstadt von Karl Marx statt: Ein kleiner Junge, der erschreckt davonläuft, als er dem Paar nach seiner Ausschweifung begegnet, lässt gerade den Erzähler an Karl Marx denken, der so als kleiner Junge in den verlassenen Straßen Triers herumlaufen mochte. Doch im letzten Kapitel – *Le jour des morts* („Totensonntag") – wird diese individuelle Transgression, die den Tod herausforderte, einem ganz anderen und in weiterem Sinne unheilverkündenden Pakt mit dem Tode gegenübergestellt: Die in der Choreographie und Musik eines Aufmarsches von Hitlerjungen im Bahnhof von Frankfurt sich manifestierende Todessehnsucht lässt das Lachen, das die Konfiguration des Komturs bezwang, angesichts dieser azephalischen Unheilverkünder in einem stummen Schrei ersticken. Damit ist auch das Lachen Don Giovannis, das der erste Teil des Buches als Programm ankündigte, in ein neues Licht gerückt. Ihm seien meine abschließenden Ausführungen gewidmet.

Das Lachen Don Giovannis

Der kursiv gedruckte „Erste Teil" des Romans, Monolog eines Don Juan, war zum Teil schon vor Erscheinen des Buches 1957 an anderen Orten und in anderem Zusammenhang veröffentlicht worden. So entspricht der Text mit einigen Änderungen dem letzten Abschnitt eines Beitrags zur achten Nummer der Zeitschrift *Minotaure* von 1936.[29] Batailles Text trägt dort den Titel „Le bleu du ciel" und wird als Ausdruck einer „religiösen Erfahrung" präsentiert, die sich eng der Erfahrung des Heiligen anschließe, die ein gleichfalls dort abgedrucktes Gedicht und zwei dort reproduzierte Bilder von André Masson zu übersetzen suchten.

Wovon spricht dieser Text? Bataille entwickelt dort das Bild eines *œil pinéal*, eines Auges, das sich aus der Schädeldecke herausbildet, und von dem er sagt, es sei nur in der Weise ‚Darstellung', wie dies ein Schrei sein könne, der entschlüpfe: „Il n'est représentation que comme un cri qui échappe." Dieser ‚Bildschrei' erlaubt dem Autor, zu einer transgressiven Erfahrung zu gelangen, in der ein nächtliches Treffen Don Giovannis mit dem Komtur evoziert wird, den ein Schrei des Widerstandes vertreiben kann. Doch diese Erfahrung der Negativität – Zurückweisung des Todes und eines transzendenten Gesetzes – ist der des Prometheus, mit der sie verglichen wird, entgegengesetzt. Auch der des Don Giovanni, der zwar anders als Prometheus „trunken von glücklicher Unverschämtheit" war, „als er von der Erde verschlungen wurde",[30] den jedoch gleichermaßen eine Strafe ereilt. Die ekstatische Erfahrung der Leere jedoch, die Bataille beschreibt, entreißt gerade der durch Ausschweifung negierten Mutter Erde und schleudert das Ich in die Leere des Blaus des Himmels.

Die Passage eines Don Juan-Monologs, die im Zeitschriftentext eine vom Erzählhergang motivierte Schlussfolgerung ist, wird nun im Buch zum unmotivierten Anfang *in medias res* erhoben. Der Text beginnt nun mit dem Zusatz „Je le sais" – „Ich weiß es" –, damit setzt er mit einer Anapher des Subjekts eines

Aussageaktes ein, das im Sprechakt sich selbst setzt. Dem Prozess des langsamen Verschwindens dieses ‚diskursiv wirklichen' Subjekts wohnen wir nun bei. Seine Etappen sind: *Je sais* – „ich weiß" –, *je mourrai* – „ich werde sterben" –, *je jouis* – „ich genieße" –, *ce que je veux* – „was ich will" –, *la tête vide où ‚je'* *suis* – „der Kopf leer, da wo ‚ich' ist" –. ‚Ich' schwindet und lacht im Schrecken, aus einem, der ‚ich' sagt, wird *un homme qui en rit* – „ein Mann, der darüber lacht."

Nicht mehr die grammatikalische, diskursiv reale Prothese des Subjekts in der Sprache spricht, sondern, markiert durch die Kursivschrift, eine ‚Stimme'. Doch sie ist nicht mehr die, die von Batailles mystischer Erfahrung berichtet und die Identität von Autor und Erzähl-Ich beansprucht. Die Stimme ist hier theatrale Spur eines Körpers, die auf eine Rollenperson, das Erzähler-Ich hinweist. Der Roman wird zum Theater. Die Veränderungen, die Bataille nun für den ersten Teil seines Buches vornimmt, sind so vor allem Theatralisierungen einer Stimme durch poetische Verfahren. Die affektive Besetzung des im *Minotaure* zitierten Bildes – „une représentation comme un cri" – verschiebt sich auf den Schrei selbst, der lachender Gesang werden wird. Die Fixierung des Affekts überträgt sich so vom Imaginären der Vorstellung, die das Auge regiert, auf Klang und Geräusch, die über das Ohr direkt den Körper angreifen. Die als Klang und Geräusch dem Text heterogene Stimme lässt gerade beim Sprechen das Begehren hören. Auch kann sie, wie die moderne Poesie seit Mallarmé zeigt, dabei den Sinn nicht nur mit einem neuen Register doppeln, sondern auch zerstören.

So systematisiert der erste Teil des Buches die dramatische Wiederholung von Anaphern eines *je* in einer Gradationsbewegung nach unten, bis zur Leere, in der ‚Ich' sich auflöst. Durch die Unterdrückung jeder moralischen oder psychologischen Evaluation, die noch im Zeitschriftentext zu finden war, wird die Gewalt der Aussageinstanz brüsk in Szene gesetzt. Auch die parataktische Aneinanderreihung der Sätze unterstreicht jetzt ihre einen heftigen Stoß modellierende Kraft. Der Text will Schrei werden, er strebt zur Musik hin.

Der dramatische Plot, schon in der früheren Veröffentlichung als nächtliches Zusammentreffen mit dem Komtur in den Stadtkulissen einer Tragödie evoziert, wird nun zentriert auf die Zurückweisung des Todes, für den der steinerne Gast steht. Und der Schrei, der ihn in die Flucht schlagen wird, ist gedoppelt vom Gesang, der im Lachen über ihn triumphiert.

> Das Glück im Augenblick berauscht mich, macht mich trunken.
> Ich schreie es hinaus, ich singe es aus voller Kehle.
> In meinem idiotischen Herzen singt die Idiotie aus vollem Halse.
> ICH TRIUMPHIERE![31]

Gerade diese Stelle ersetzt nun den ausdrücklichen Verweis auf Prometheus und Don Giovanni, deren Erfahrung in der ersten Fassung der eigenen ekstatischen entgegengesetzt wurde. Prometheus ist vergessen, aber das ‚Ich' ist zu einer Stimmrolle geworden, wie Don Giovanni. Sein Name wird nicht genannt, doch der Besuch des Komturs ist intertextueller Hinweis. Eine Don Juan-Figur wird so gezeigt als einer, der bis zum Schluss verweigert und darüber lacht.

Bei Mozart weicht der Komtur nicht zurück, er geht zwar, nach der Partitur, als die Flammen aufzüngeln und sein „tempo più non v'è!" verklungen ist, ab, doch nach dem letzten „Ah" wird Don Giovanni von den Flammen verschlungen. Wie ist hier Batailles Verweis auf den *dissoluto* zu verstehen?

Zuerst hat diese Anspielung die Funktion, dem Text eine ‚theatrale' Dimension zu geben: Das Theater in Form von Oper und Tragödie ist nun konstituierender Bestandteil einer Dramatisierung des Aussagens, die im „JE TRIOMPHE!" gipfelt. Die Majuskeln und Ausrufezeichen signalisieren wie in einer Partitur die Kraft der rufenden Stimme. Das Ohr des Lesers wird vom Auge, das liest, gefordert. Damit werden zugleich durch diesen ersten Teil die Theatralisierungsverfahren der Stimme angekündigt, die im zweiten Teil des Buches das Heterogene zu transkribieren suchen. Hierauf werde ich abschließend zu sprechen kommen.

Doch zuvor möchte ich noch einmal fragen, warum gerade Don Giovanni, der bei Mozart nicht zu triumphieren scheint und von den Flammen verschlungen wird. Eine weitere Variation dieses Textes, die ebenfalls eine erneute Affektverschiebung beinhaltet, wird darüber Aufschluss geben. Der *Minotaure*-Text findet sich, leicht verändert, ebenfalls wieder in der *Expérience intérieure* von 1943, dem ersten Band von Batailles *Somme athéologique (Atheologische Summe)* (1954), und zwar im dritten Teil, der den Titel „Antécédents du supplice (comédie)" trägt, das heißt „Vorgeschichte einer Opferung (Komödie)". Durch diesen neuen Zusammenhang wird die 1936 als ‚mystisch' qualifizierte Erfahrung zum theatralen Rollenspiel einer Komödie, die im Roman durch die Theatralisierung der Aussageinstanz als Textstimme angezeigt war. Auch hier ist ebenfalls der direkte Verweis auf Don Giovanni gestrichen, doch eine kursiv gedruckte Einleitung in Klammern, die, 1942 geschrieben, das Datum vom Juli 1933 trägt,[32] nennt erneut den Namen des *dissoluto punito*. Die von Mozart und Lorenzo Da Ponte geschaffene Figur Don Giovannis verkörpert für Bataille den ‚Triumph des Seins' in zwei entscheidenden Momenten des *dramma giocoso*: In seiner Arie „Vivan le femmine, viva il buon vino, gloria e sostegno dell'umanità" (Akt II, Szene 14) – was biedermeierlich deutsch wiedergegeben wird mit „Mädchen und Reben, sie sind das herrlichste auf der Welt" –, in diesem Lobpreis von Liebes- und Lebenslust hört Bataille die Ankündigung einer ‚souveränen' Haltung, die um so mehr Achtung zolle, als eigentlich das Grauen regieren müsste, gerade weil der Komtur schon eingeladen wurde. Doch Don Giovanni singt überschäumend fröhlich und bestimmt seine Verweigerung bis zum Schluss, in dem Bataille in der 15. Szene seine letzte Replik an den Komtur als entscheidend heraushebt: Das „No, vecchio infatuato!" – „Nein, aufgeblasener Alter!" –, das er dem Komtur, der ihn zur Reue auffordert, entgegenschleudert, ist auch Don Giovannis Nein gegenüber der Einschüchterung des Todes, das er bis zum letzten Schrei behauptet.

Ist dieser letzte Schrei nun tatsächlich ein Lachen, wie Bataille uns dies nahe gelegt hat? Da Pontes Text notiert für diese Stelle ein einfaches „Ah!". Doch im Gegensatz zu den Ausrufen ‚ahi' oder ‚ahimé', die eindeutig dem Ausdruck von Schmerz oder Reue zugeordnet sind, kann das ‚Ah', wie das Wörterbuch von Devoto und Oli[33] vermerkt, je nach Klangfärbung, Beten, Seufzen, Begehren, Verhöhnen, oder Drohung, Schrei und Schrecken ausdrücken, aber auch Lust, Freude, Verachtung oder Befriedigung. Es wäre also durchaus vorstellbar, dass ein Sänger gerade durch eine unbestimmte Färbung des hohen d eine Affektambivalenz hörbar macht, zumal diese auch dadurch gegeben ist, dass der zwei Takte später folgende Schrei Leporellos mit der gleichen, nun aber längeren ganzen Note in der Partitur verzeichnet ist. Ursprünglich sollten diesen Schrei auch Donna Anna, Donna Elvira, Zerlina und Don Ottavio mit einer Note gleicher Länge zusammen mit Leporello im Akkord ausstoßen. Die Separierung von Leporellos „Ah!" jedoch, als Echo zu Don Giovannis „Ah!", lässt vermuten, dass Mozart gerade einen Kontrast zwischen dem Schrei Don Giovannis und dem seines Dieners intendiert hatte, und somit beide ‚Ah' nicht die gleiche Affektfärbung haben sollten, wie dies die meisten Einspielungen, auch die der dreißiger Jahre hören lassen.[34]

Lässt auch kaum eine der mir bekannten Einspielungen im ‚Ah' Don Giovannis die Lust im Schrecken oder das Lachen im Grauen hören, so nehmen doch die Instrumente Don Giovannis Verweigerung auf und führen sie zu dem im Grauen lachenden Triumph, den gerade Bataille hier heraushörte. So hat er immer wieder von Situationen berichtet, in denen, wie im eingangs zitierten *Acéphale*-Text, die über den Tod triumphierende souveräne Kraft von Mozarts Musik über Platteneinspielungen sich ihm offenbarte. Auch ist für Bataille die Rede vom Donjuanismus nur *bavardage futile*, „oberflächliches Geschwätz", und „Psychologismus". Don Juan bedeutet für ihn vielmehr „die persönliche Inkarnation des Festes, der glücklichen Ausschweifung, die die Hindernisse leugnet und göttlich beseitigt".[35] Don Giovanni ist so für Bataille ein Nachfahre derer, die nach dem *plaisir des dieux*, dem „Vergnügen der Götter" strebten, letzter Abkömmling einer Herrenkaste, deren mythisches Vorbild ein Jupiter wäre, der sich in Amphitryon verwandelt. Ist nicht gerade Leporellos lange Eingangsklage – „Nott'e giorno faticar" – eine fast wortgetreue Übersetzung der Klage von

Amphitryons Diener Sosie in Molières gleichnamigen Stück? Während schon Molières Jupiter seinen göttlichen Triumph einbüßt, behauptet Don Giovanni noch 1787 ein göttergleiches Luststreben, das der sich nun durchsetzenden neuen Moral und dem neuen Bild vom Menschen zuwiderläuft. Zwischen ‚Vivan le femmine' und ‚No vecchio infatuato' hält Mozarts *dissoluto* gegen die Gesellschaft, wie auch gegen jegliches System die Affirmation seiner Lust aufrecht. Größe und Souveränität Don Giovannis liegen gerade für Bataille auch darin, sich nicht den moralischen und gesellschaftlichen Vorhaltungen zu beugen, ja selbst dem Tod nicht zu weichen, trotz des Wissens, dabei unterzugehen.

Das Aufjauchzen der Musik macht dabei einen Triumph des Heterogenen hörbar, den Bataille in der gleichen Passage an einem anderen Musikerlebnis noch verdeutlicht: So gibt die Musik einer in Stresa zelebrierten Messe, die durch Zufall an sein Ohr dringt, ihm ebenfalls die Erfahrung einer Affirmation des Lebens im Tode. Die Musik lässt ihn eine Kraft hören, die die Himmel aufreißt, „sie gelangt" für ihn „bis an die Schwelle des Schreis, der blinden Erregung".[36] Sie ist nicht mehr das vergeistigte *riso eterno* von Dantes *Paradiso*. Auch die geistliche Musik affirmiert für ihn „die Präsenz eines ob seiner Selbstgewissheit jauchzenden Wesens, das seines unendlichen Glücks sicher zu sein scheint".[37] Es ist eine Musik, die, in einem singulären Lachen, von den Möglichkeiten des Menschen spricht, angesichts der Leere.

Für Bataille sind so profane und geistliche Musik verbunden: Beide sprechen vom Tod und vom Triumph über ihn. Beide auch lässt Bataille anstelle einer erotischen Erfahrung der Verausgabung sprechen, da Musik verlautet, was diskursive Sprache an Affekt nicht wiedergeben könnte. Die Musik singt im Schrei, sie lacht im musikalischen Opfer. Die Verschiebung vom Bild zum Schrei mag mit diesen Möglichkeiten der Musik verbunden sein: Wenn Bataille in der Einleitung und im zweiten Teil des Buches *Le Bleu du ciel* so oft die artikulierte Stimme des Dialogs durch das stört, was ihr heterogen ist, durch Klang und Geräusch, so deshalb, weil Klang und Geräusch von dem sprechen, was den vernünftigen Gebrauch der Sprache übersteigt. Diese Sprachstörungen zeigen, wie ein lächerlicher Lapsus, seine Grenzen an. Abschließend deshalb, einige Beobachtungen zu diesen Stimmtheatralisierungen.

Lachen über den Schrei: Stimmen, Musik, Geräusche

Das Buch *Le Bleu du ciel* ist mit Dialogen gespickt, Hinweise über Stimmqualitäten finden wir zuhauf. Selten jedoch beziehen sie sich auf die Intonation, die den Sinn moduliert. Indessen handelt es sich immer um ein Indiz von Körperlichkeit, die vernünftiges Reden stört. Allein in der schon beschriebenen Einführung haben wir so unartikuliertes Schreien, Weinen, Lachen, Schluckauf, Glucksen, Rülpsen, Stottern, die die Wörter doppeln. Der Mund erbricht, er ist ein

Hohn des Wortes. Die einzige Person, die im zweiten Teil ohne Zwischenfälle immer gemessen ruhig und langsam spricht, ist die Revolutionärin Lazare. Sie, geschlechtslos, mit tonloser Stimme, stellt den Tod dar: undifferenziert, körperlos. Gegen die Angst vor dem Tode singen hingegen die anderen Protagonisten, so Henri Troppmannn und Dirty S., Arien aus Offenbachs *Vie parisienne*, das Lied der Seeräuberjenny oder einen ‚cante jondo'. Auch die Musik spricht vom Körper, wie die Geräusche. Sie bietet dem Tod die Stirn, denn sie verwandelt die Körpergeräusche, den Schrei in Gesang. Die Gleichzeitigkeit von Glück und Verzweiflung, die sie hören lässt, ist ihr Lachen.

Doch das Buch endet mit einer anderen Musik, der einer Gruppe von Nazipimpfen vor dem Frankfurter Hauptbahnhof. Diese Musik ist für den Erzähler ein „prächtiges Geräusch, das die Ohren zerreißt". Denn diese Musik singt nicht: „Nichts trockeneres, als die Schläge dieser flachen Trommeln oder nichts beißenderes als diese Pfeifer." Diese ‚Musik' wird punktiert von gebellten Befehlen, die ihr Anführer in Uniform „herausgeifert". Hier zeigt sich das Heterogene ohne Maske: Es ist Aggression, Manifestation des Todestriebes, der pulsiert und zu hypnotisieren sucht. Eine solche Musik lacht nicht. Sie gibt schwerlich zu lachen. Denn sie kündigt die Musik an, die uns Primo Levi in seinem Auschwitzbericht *Se questo è un uomo*[38] (im deutschen übersetzt unter dem Titel *Ist das ein Mensch?*), beschrieben hat: Die Marschmusik, die zum ‚Simulacrum' für die Seele wird, die Arbeit, Hunger und Qual aus den Gefangenen herausgepeitscht hatten. Dem Erzähler von *Le Bleu du ciel* bleibt hier das Lachen im Halse stecken: „Ich musste", so sagt er, „angesichts dieser Katastrophe für mich eine schwarze Ironie entdecken, ähnlich der, die die Krämpfe in den Augenblicken begleitet, in denen niemand sich zurückhalten kann, zu schreien".[39]

Hier wird deutlich, dass Batailles Erforschung des Heterogenen zugleich die Notwendigkeit einer Literatur des Heterogenen behauptet, um mit literarischen Opfern Opfer in der Wirklichkeit zu verhindern. Die Literatur braucht das Lachen Don Giovannis, das uns mit Bataille Mozarts Musik hören lässt, sie braucht all die Geräusche und Schreie der Körper, die den sinnvollen und nützlichen Gang der Dinge stören, gerade damit das Jauchzen vor der gefallenen Natur erklingen kann, das jener Glaube an eine heile Natur mit der todessüchtigen Militärmarschmusik zum Verstummen bringen wollte.

Juli 1990

Anmerkungen

1 Philippe Sollers, *Femmes*, Paris 1983, S. 537 (übers. v. HF): „A vrai dire, le spectacle m'ennuie d'avance ... Je connais Don Juan par cœur ... La répétition m'a suffit ... Je me

tiens dans les coulisses avec Louise ... On parle tranquillement dans un coin ... Je lui développe mon idée sur Sade et Mozart ... Leur parallélisme ...".
2 Ebd., S. 538 (übers. v. HF): „Cette musique est exactement contemporaine de Juliette ... Imagine un peu ... l'opéra se déroule en arrière-plan ... Entre les airs, tout s'arrête et on lit à haute voix des passages de Sade ... C'est un de mes rêves ... Je crois que ça éclairerait tout ... Juliette et les prospérités du vice, livret de Donatien Alphonse François de Sade, musique de Wolfgang Amadeus Mozart ... Ce qui était impensable à l'époque, pourquoi ne pas le réaliser aujourd'hui? ... On aurait déjà dû y penser dix fois."
3 Vgl. Gilbert Lély, *Vie du Marquis de Sade*, Paris 1989, S. 381.
4 Ebd., S. 340, 418ff.
5 Ebd., S. 565ff.
6 Georges Bataille, *Œuvres complètes,* Bd. I, Paris 1970, S. 8–78.
7 Ebd., Bd. V, S. 231 (übers. v. HF): „Dans la manière de pensée que j'introduis, ce qui compte n'est jamais l'affirmation. Ce que je dis, je le crois sans doute, mais je sais que je porte en moi le mouvement voulant que l'affirmation plus loin, s'évanouisse. S'il fallait me donner une place dans l'histoire de la pensée, ce serait, je crois, pour avoir discerné les effets, dans notre vie humaine, de l'évanouissement du réel discursif', et pour avoir tiré de la description de ces effets une lumière évanouissante: cette lumière éblouit peut-être, mais elle annonce l'opacité de la nuit, elle n'annonce que la nuit."
8 Vgl. Marquis de Sade, *Histoire de Juliette ou les prospérités du vice*, Bd. 3, Paris 1976, S. 7–13.
9 Vgl. G. Lély, *Vie du Marquis de Sade*, S. 509 (übers. v. HF): „Ma détention nationale, la guillotine sous les yeux, m'a fait cent fois plus de mal que ne m'en avaient faites toutes les bastilles imaginables."
10 Vgl. G. Bataille: „La structure psychologique du fascisme (1933)", in: Ders.: *Œuvres complètes*, Bd. I, S. 339–371.
11 Vgl. G. Bataille, *Acéphale: Religion, sociologie, philosophie, 1936–1939*, Paris 1980.
12 Ebd., 1, o. S., (übers. v. HF): „L'homme a échappé à sa tête comme le condamné à la prison. Il a trouvé au delà de lui-même non Dieu qui est la prohibition du crime, mais un être qui ignore la prohibition. Au delà de ce que je suis je rencontre un être qui me fait rire parce qu'il est sans tête, qui m'emplit d'angoisse parce qu'il est fait d'innocence et de crime: il tient une arme de fer dans sa main gauche, des flammes semblables à un sacré-cœur dans sa main droite. Il réunit dans une même éruption la Naissance et la Mort. Il n'est pas un homme. Il n'est pas non plus un dieu. Il n'est pas moi mais il est plus moi que moi: son ventre est le dédale dans lequel il s'est égaré lui-même, m'égare avec lui et dans lequel je me retrouve étant lui, c'est-à-dire monstre."
13 Ebd.: „Plus que toute autre chose, l'ouverture de Don Juan lie ce qui m'est échu d'existence à un défi qui m'ouvre au ravissement hors soi. A cet instant même, je regarde cet être acéphale, l'intrus que deux obsessions également emportées composent, devenir le Tombeau de Don Juan".
14 Vgl. Pierre Klossowski, „Don Juan selon Kierkegaard", in: G. Bataille, *Acéphale* 3/4, 1937, S. 27–32.
15 Vgl. Michel Leiris, „Le donjuanisme de Georges Bataille", in: *Obliques 5. Don Juan. Analyse d'un mythe 2*, Paris 1974. S. 105–117.

16	G. Bataille, *Œuvres complètes*, Bd. III, S. 128: „O Don Juan de pacotille, victime en son auberge glacé du concierge du commandeur!"
17	Ebd., S. 102 (übers. v. HF): „Il y a devant l'espèce humaine une double perspective: d'une part, celle du plaisir violent, de l'horreur et de la mort – exactement celle de la poésie – et, en sens opposé, celle de la science ou du monde réel de l'utilité. Seuls l'utile, le réel, ont un caractère sérieux. Nous ne sommes jamais en droit de lui préférer la séduction: La vérité a des droits sur nous. Elle a même sur nous tous les droits. Pourtant nous pouvons, et même nous devons répondre à quelque chose qui, n'étant pas Dieu, est plus forte que tous les droits: cet impossible auquel nous n'accédons qu'oubliant la vérité de tous ces droits, qu'acceptant la disparition."
18	Ebd., S. 18: „Les démarches dans lesquelles nous excédons ce que nous sommes exigent de nous cette déformation préalable: le rire ou la poésie (procédant de façon contraire) ont l'un et l'autre un premier pas grandiloquent."
19	Vgl. Dossier „Hétérologie" in: ebd., Bd. II.
20	André Masson: *Correspondance 1916–1942*, Paris 1990, S. 270f.
21	Vgl. Charles Baudelaire: „De l'essence du rire et généralement du comique dans les arts plastiques (1855)", in: Ders., *Curiosités esthétiques L'Art romantique el autres œuvres critiques*, Paris 1962, S. 241–263.
22	G. Bataille, *Œuvres complètes*, Bd. III, S. 439
23	Ebd., 418 f.
24	Vgl. *Minotaure* 1, 1933, S. 3.
25	Vgl. M. Leiris et al.: *André Masson et le Théâtre*, Paris 1983. Zu diesem Ballett, das heftig kritisiert wurde, schrieb 1933 Georges Duthuit, dass hier ein Verfahren angewendet werde, das ganz analog erlauben würde, ein von Engeln inspiriertes *Laudate dominum* Mozarts in eine Art Toten-Tango zu verwandeln, den eine halb ohnmächtige Braut tanze (abgedruckt ebd., S. 22).
26	G. Bataille, *Œuvres complètes*, Bd. III, S. 409ff.
27	Ebd., S. 424: „ – on peut toujours sauver son âme, fit Lazare."
28	Ebd., S. 445f.
29	G. Bataille, „Le bleu du ciel", in: *Minotaure* 8,1936, S. 50–52
30	Vgl. *Minotaure* 8, 1936, S. 52.
31	Band III. S. 396 (übers. v. HF): „Le bonheur à l'instant m'enivre, il me saoule. / Je le crie, je le chante à pleine gorge. / En mon cœur idiot, l'idiotie chante à gorge déployée. / JE TRIOMPHE!"
32	G. Bataille, *Œuvres complètes*, Bd. V, S. 90–92.
33	Vgl. Giacomo Devoto/Gian Carlo Oli, *Dizionario della lingua italiana*, Florenz 1971, S. 64.
34	Vgl. Wolfgang Amadeus Mozart, *Don Giovanni*, Opera, K527 (Libretto Lorenzo Da Ponte), hrsg. v. Alfred Einstein, London et al., Edition Eulenburg 918, o.J, S. XXI–XXII.
35	G. Bataille, *Œuvres complètes*, Bd. V, S. 92: „Don Juan n'est à mes yeux – plus naïfs – qu'une incarnation personnelle de la fête, de l'orgie heureuse, qui nie et divinement renverse les obstacles."
36	Ebd., S. 90.
37	Ebd., S. 90ff.

38 Primo Levi, *Se questo è un uomo,* Turin 1958, dt: *Ist das ein Mensch?,* Frankfurt/Main 1963.
39 G. Bataille, *Œuvres complètes,* Bd. III, S. 487 (übers. v. HF): „J'avais à me découvrir en face de cette catastrophe une ironie noire, celle qui accompagne les spasmes dans les moments où personne ne peut se tenir de crier."

Die Theatermaschine des heiligen Antonius

An der Universität Gießen hatten die Theaterwissenschaft und das Theater – schon lange ehe sie am Institut für Angewandte Theaterwissenschaft eine Heimstatt fanden – einen ganz besonderen Schutzpatron. Deshalb möchte ich meine Antrittsvorlesung[1] dieser historischen Figur widmen, die mir zuvor als Theaterperson schon mehrfach im Zusammenhang mit dem Theater der Moderne und Postmoderne begegnet war und die mit dieser Universität so eng verbunden ist, dass ihr Attribut – das blaue Taukreuz – sogar zum Wappen dieser Universität erkoren wurde. Dieses Taukreuz ist in der Tat ein höchst theatrales Symbol. Für den Schöpfer des *König Ubu*, Alfred Jarry, war es sogar so spektakulär, dass er in seinem ersten Stück, dem Mysterienspiel *César-Antéchrist* von 1895, ein Taukreuz als *dramatis persona* auftreten ließ. Doch schon gut zwei Jahrzehnte zuvor war sein Träger selbst, der heilige Antonius, genannt der Große, Hauptperson eines Textes in dramatischer Form, in dem Gustave Flaubert die Versuchungen dieses Eremiten im Nordafrika des 4. Jahrhunderts zeigte. Dieser heilige Antonius, der durch das ehemalige Grünberger Antoniterhaus vermittelt, der Gießener Universität zuerst die wirtschaftliche Basis und seit 1736 das Wappen gab, wird durch Flaubert Mittelpunkt eines dramatischen Unternehmens, das noch jetzt eine Herausforderung an das Theater darstellt. Die Antrittsvorlesung sei so als Anlass genutzt, um das theatrale Schicksal des Schutzpatrons dieser Universität zu skizzieren.

La Tentation de saint Antoine[2] (*Die Versuchung des heiligen Antonius*), an der Flaubert fast fünfundzwanzig Jahre lang – zwischen 1848 und 1872 – gearbeitet hatte, gilt wegen ihrer Fülle an Schauplatzwechseln und der Vielzahl dramatischer Personen, doch vor allem wegen einer Textstruktur, die zwischen konkretem Spiel, Tagträumerei und Visionen alterniert, immer noch als unspielbar. Doch jeder unspielbar scheinende schwierige Text hat auch – wie einmal der französische Regisseur Antoine Vitez schrieb – gerade deshalb für Theaterschaffende einen unschätzbaren Wert: vor die Aufgabe gestellt, für Nicht-Darstellbares szenische Lösungen zu finden, wird dabei auch das bestehende Theater in Bewegung gebracht. Ein neues Theater kann so gerade von Texten angeregt werden, die eine Kritik des bestehenden Theaters durch ihre Form thematisieren und so die Dekonstruktion theatralischer Darstellung und Aufführung implizieren.

In meinen Ausführungen zu der *Versuchung des heiligen Antonius* von Gustave Flaubert sollen einige Probleme diskutiert werden, die mir auch für das heutige Theater relevant erscheinen: So geht es um die Theatralität des Textes, um die Frage des theatralischen Paktes und die Wahrnehmung theatralischen Handelns.

Folgende Schritte werde ich vornehmen: In einem ersten Punkt soll kurz die theaterhistorische Problematik situiert werden, in die sich Flauberts Text einreiht. Dann will ich die *Versuchung des heiligen Antonius* im Kontext vorstellen und schließlich fragen, was ein solcher Text uns für das heutige Theater an Einsichten bringen mag.

1. Die Bühne als subjektiver Raum: Theater zwischen Auge und Ohr

Theater ist ein besonderer gesellschaftlicher Ort: Es gibt nicht nur Modelle des Menschen und seines Handelns vor, Modelle des (sozialen) Körpers und des (sozialen) Raumes, Modelle der Integration von Gesichts- und Gehörsinn. Theater bringt auch das zur Sprache, was dem einzelnen und der Gesellschaft heterogen ist. So versucht es, dem *anderen Schauplatz* Bild und Wort zu geben, dem Imaginären einen gesellschaftlich verbindlichen Ausdruck zu verschaffen, ihm einen Ort, eine Statt zuzuweisen. Theater bestätigt auch und schafft Identitäten, Gemeinschaften. Seit der Mitte des letzten Jahrhunderts jedoch hat zuerst von den Schriftstellern ein Angriff auf diese Idee eines gemeinschafts- und identitätsbildenden Theaters eingesetzt, der die bisherige Funktion des Theaters erschütterte. Für Autoren wie Gustave Flaubert, Stéphane Mallarmé, Alfred Jarry oder später Raymond Roussel und Antonin Artaud ist Theater nicht mehr Ort gesellschaftlicher Übereinkunft, sondern ein *subjektiver Raum*. Theatrales Handeln soll nun die Darstellung selbst und die sie gründende Integration von visueller und auditiver Wahrnehmung von Bild und Text in Frage stellen. Theater wird in ihren Sprach- und Bühnenexperimenten zum Ort der Analyse der Konstitution des Subjekts, zu einem Spielort des Verhältnisses von singulärem Imaginären und symbolischem Gesetz, zu einem Ort, an dem die Erfahrung mit Texten, das Verhältnis zur Schrift und zur Sprache erprobt werden.

Ausgangspunkt ist das Theater zwischen Auge und Ohr, das die Lektüre in Szene setzt und das nun ein konkretes Spiel *in actu* analysieren soll. Die Lektüre als mentale Inszenierung und das Theater als *mise en scène* eines Textes sind nämlich gerade zu dem Zeitpunkt problematisch geworden, als nicht nur der Gesamtkunstwerkgedanke Wagners, sondern auch Medien wie zunächst Photo- und Phonographie, Telephon und später Film und Tonband auch für das Theater zu einer neuen Herausforderung werden sollten. In ihrem Zentrum stehen die Rhetoriken der Präsenz des Subjekts, die Rhetoriken seiner Darstellbarkeit. Übernehmen in der Oper – wie bei Wagner – nun Orchesterklang und Gesang die Darstellung innerer Vorgänge und verlegen so die Garantie der Präsenz des Dargestellten in einen Raum zwischen Auge und Ohr, so ist angesichts der Medien – sowohl für das Buch wie für das Theater – die bisherige Rhetorik einer

Präsenz des Subjekts nicht mehr selbstverständlich: Die Präsenz beispielsweise eines poetischen Subjekts durch die Stimme eines lyrischen Ichs, wie auch die Präsenz von Theaterpersonen durch Schauspieler, die den Text durch ihre Stimme und Körpererscheinung zu inkarnieren suchen, konnte nicht mehr allein die Spezifik von Poesie oder Theater ausmachen. Auch die neuen Medien fixierten den Augenblick einer Erscheinung, verewigten die Präsenz einer Stimme, schufen eine Simultaneität der Kommunikation oder konnten später den Rhythmus bildlicher Imagination durch das Medium Film ausdrücken.

Die Frage nach dem Subjekt und seiner Projizierbarkeit wird sich nun in der Auseinandersetzung mit dem Verhältnis zu Sprache und Schrift stellen. Sie führt zum Theater, das immer schon als Ort einer nichtsprachlichen Körperlichkeit galt, eines körperlichen Handelns, das über die verlautbare Manifestation der Musik, über Bewegung und Tanz als Metapher des Schreibens ausgelotet wird.

Die Theatralität der Lektüre als mentale Aufführung und der szenische Schriftcharakter des Theaters sind Erfahrungen, die diese Theaterutopien zu der Konzeption eines entgrenzten Subjekts führen, für das weder seine Bilderimagination noch seine durch Klang und Timbre charakterisierte Stimme sich als Identität garantierend erweisen werden. Die Subjektivität entfaltet sich im Raum einer Inszenierung von Bildern und Stimmen, deren Polyphonie ein Dispositiv der Auflösung vorgibt, in dem sich in Lust *und* Schrecken die Affekte einschreiben.

Einen ersten Moment aus diesem Erfahrungsprozess mit der Theatralität der Schrift möchte ich hier vorstellen. Er steht für den Weg vom Theater der Lektüre zu einem Theater des Subjekts. Er soll zeigen, wie das Buch eine mentale Bühne fordert und zu einem Theater des subjektiven Raumes führt. Es wird also hier die Rede sein von Gustave Flauberts *La Tentation de saint Antoine (Die Versuchung des heiligen Antonius)*, die 1874 veröffentlicht wurde und, wie schon die ersten Fassungen, bei den Zeitgenossen auf wenig Verständnis stieß. Ausnahmen waren Iwan Turgeniew und vor allem Villiers de l'Isle-Adam, der – selbst Dramatiker – als einziger erfasste, dass dieser Text nicht mehr einen historischen Schauplatz bereitstellte, sondern zum *anderen* Schauplatz eines singulären Imaginären wird. Das mentale Theater, das dieser Text in seinen Mechanismen vorführt, ist das Theater der Lektüre. Es macht den Leser selbst zum Analysanden des eigenen kulturellen und subjektiven Gedächtnisses und beinhaltet zugleich eine Theorie des Zuschauers im Theater, die weiter weisend sein wird.

2. Versuchungen eines Lesers

Die historische Figur des Anachoreten Antonius, dessen Leben, von 251–356, durch Sankt Athanasius und Sankt Hieronymus überliefert und durch die *Legen-*

da aurea des Jacopo von Varazze popularisiert worden war, ist ganz besonders geeignet, Ausgangspunkt für eine Auseinandersetzung mit dem Verhältnis zur Schrift und zur Sprache zu sein. Erfolgte doch seine Berufung – so berichtet die Legende –, als er in einer Kirche den Vers 21 des 19. Kapitels des Matthäus-Evangeliums hörte: „Wenn du vollkommen werden willst, dann verkaufe alles und gib es den Armen." Die weiteren Verse 23–24, denen zufolge eher ein Kamel durch ein Nadelöhr gehe, denn ein Reicher ins Himmelreich komme, nimmt Antonius nicht mehr wahr, denn er hat den Text als ausschließlich an ihn gerichtet vernommen. Er entreißt ihn seinem Aussagekontext und überträgt ihn auf den eigenen Lebenstext, um ihn wörtlich umzusetzen: Er verkauft seine Habe, gibt den Erlös den Armen und geht in die Wüste.

Für Antonius ist also ein besonderes Verhältnis zur Sprache und zu Texten kennzeichnend: Er verbindet einen Wortkörper – den Lautklang oder das Schriftzeichen – magisch mit einem Signifikat kraft seines Begehrens nach Identifikation mit dem Gehörten bzw. Gelesenen. Eben dieses magische Verhältnis zur Sprache und zum Text wird Gustave Flaubert als *Versuchung* des Lesers Antonius inszenieren und damit eine Form der Partizipation zeigen, die im Hinblick auf die Wahrnehmung der Welt und des Buches nicht nur all die von Tertullian beschworenen Gefahren des Theaters in sich birgt, sondern auch die der Medien vorwegnimmt. Flaubert wird so in den Mittelpunkt seines Stückes den Mechanismus stellen, der von der Wahrnehmung eines Signifikanten, eines Zeichenkörpers, zu Vorstellungen, im Falle des heiligen Antonius, geradezu zu Visionen führt. Damit gibt dieses Stück zugleich eine provokative Analyse des Verhältnisses von Text und Theatralität, wie es Flauberts Zeitgenossen geläufig war. Zur Veranschaulichung sei deshalb kurz ein Blick auf die Situation des Theaters geworfen zwischen 1848, als Flaubert zu schreiben begann, und 1874, als er seinen Text veröffentlichte.

2.1. Theatralität des Dramentextes und Gesamtkunstwerkgedanke

In diesem Zeitraum hält die französische Bühne Theaterformen für fast jede Gesellschaftsschicht und fast jeden Geschmack bereit: Ein bürgerlich-mondänes Theater spielt Stücke mit moralisch-erzieherischem Anspruch und Historienstücke; seine Autoren sind beispielsweise Eugène Scribe mit *Un verre d'eau* (*Ein Glas Wasser*), der heute fast vergessene Victorien Sardou, der mit *La Tosca* oder *Madame sans gêne* das romantische Theater fortsetzte; der Historienautor Émile Augier und auch Alexandre Dumas fils, dessen *Dame aux camélias* ebenfalls als Oper überliefert ist. Im Vaudeville triumphiert die leichte Komödie Eugène Labiches, rezipiert als schlüpfriges Unterhaltungstheater, das erst heute in seiner grotesk grausamen Dimension von Regisseuren wie Klaus Michael Grüber erfahrbar gemacht wird. Das Melodrama, das rühren und zerstreuen will, ist heute mit seinen Autoren fast vergessen. Schließlich sind noch Oper und Operette zu nennen, die mit Produktionen von Halévy und Meyerbeer und Jacques Offenbach die Spielpläne beherrschten.

Wie sieht in dieser Theaterlandschaft, die vorrangig der Zerstreuung und Unterhaltung bzw. der gesellschaftlichen und ideologischen Selbstbestätigung einzelner Gruppen dient, nun das Verhältnis von Theatralität und Text aus? Im Sprechtheater bedeutet gerade der Umstand, dass die meisten Stücke in Vergessenheit geraten sind – nur Scribe und Labiche werden heute noch gespielt – darauf hin, dass die Theatralität erst Ergebnis szenischer Realisierung war, das heißt, vor allem durch die Aura der großen Schauspieler geschaffen wurde, wie später für die Stücke Victorien Sardous dies beispielsweise durch Sarah Bernhardt geschah. Ähnliches gilt für das Musiktheater, dessen Theatralität vor allem Ergebnis der aufgeführten Musik und der Gesangskunst war.

In dieser Zeit findet in Europa eine Erneuerung der Oper statt – Giuseppe Verdi in Italien, Richard Wagner in Deutschland. Doch Wagners Konzeption des Musikdramas wird auch in Frankreich wirken. Von Wagner ausgehend, setzen dort Überlegungen zur Veränderung des Dramas, zum Verhältnis von Text und Theatralität ein.

Wagner hatte 1850 seinen *Lohengrin* aufgeführt, 1852 wurde *Oper und Drama* veröffentlicht, in dem er ausführlich seine Gedanken zu einem Gesamtkunstwerk darlegte, das ein auf einen Gesamtausdruck ausgerichtetes Zusammenspiel von Text, Musik und Bühnensprache realisieren sollte. 1861 war *Tannhäuser* in Paris uraufgeführt worden, doch war die Oper beim maßgebenden Publikum ein Fiasko. Bei den Schriftstellern hingegen findet Wagners Werk große Beachtung: Wie schon 1850 Nerval, so sind nun Théophile Gautier und Charles Baudelaire von Wagners Konzeption des Musiktheaters fasziniert, ebenso Théodore de Banville, der 1861 Wagners Theorien in der *Revue des Deux Mondes* erläuterte.

Vor allem Charles Baudelaire sucht in seinem begeisterten Essay *Richard Wagner et Tannhäuser* von 1861[3] mit langen Zitaten Wagners zu belegen, wie diesem gelänge, einen „materiellen und geistigen Raum und seine materielle und geistige Tiefe" zu zeichnen. Schon in einem Brief an Wagner aus dem Vorjahr hatte er dessen Fähigkeit bewundert, „eine religiöse Ekstase zu malen" („peindre une extase religieuse"). Das Mittel hierzu sieht der Dichter vor allem in der Musik. Obwohl Baudelaire auch für die Malerei und für das geschriebene Wort voraussetzt, dass der Rezipient das Werk mit seiner eigenen Imagination vollende, ist für ihn die Musik besonders geeignet, die Phantasie und die Gefühle der Zuhörer zu wecken. Gerade deshalb ist allein schon Wagners Musik – ohne den Librettotext – für ihn „reine Dichtung" – „poésie pure": sie spreche für sich selbst, ja übersetze besser vielleicht Leidenschaften und Gefühle als es mitunter der geschriebenen Sprache gelänge. Auf jeden Fall ist für Baudelaire die Ausdrucksfähigkeit der Wagner'schen Musik derjenigen großer Dichter ebenbürtig, welche ebenfalls die Musik als Idealmodell haben. Zur selben Zeit, als Gustave Flaubert an seiner *Tentation de saint Antoine* arbeitet, vermuten seine Zeitgenossen, so Charles Baudelaire, in der Oper Wagners – die Musik, poetischen Text und szenische Realisierung zu einem Gesamtkunstwerk verbinden möchte – einen Ansatzpunkt zu einer Erneuerung des Dramas. Ihre Schlagworte sind Begriffe wie ‚Poesie', ‚Malerei eines geistigen und materiellen Raumes und geistig materielle Tiefe'. Aufgabe des Theaters wäre nun, eine ‚religiöse Ekstase' erlebbar zu machen. Im Gegensatz zu Wagner selbst wird sie jedoch nicht als ‚Gemeinschaftserlebnis', sondern als singuläre Erfahrung verstanden. Die Hoffnung des Theaters wird also in der Dichtung und in der Musik, in einer ‚Geburt des Dramas aus dem Geiste der Musik' gesehen, wie man in Anlehnung an Nietzsches Werk von 1872 formulieren könnte.

2.2. Die Dekonstruktion der Text- und Theatermaschine

Worin liegt nun die Provokation von Gustave Flauberts *Versuchung des heiligen Antonius* gegenüber einem solchen Kontext? Seine Provokation ist doppelt: denn sie betrifft nicht nur das konventionelle Drama, sondern auch die sich anbahnende Hoffnung auf ein Theater des Gesamtkunstwerks. So hat der Dramatiker und Schriftsteller Villiers de l'Isle-Adam die Erwartungen, die zu jener Zeit an einen Stückeschreiber gestellt wurden, im April 1874 konzise zusammengefasst:

> Sagen Leute, die Stücke machen, – „ich schreibe ein Drama"? Nein, sie sagen – „Ich habe eine große Maschine in Arbeit" – *sur le chantier*. Sagt man – „Das ist ein gut gemachtes Werk"? Nein, sondern „Das ist ein gut gebautes Stück" – *une pièce bien charpentée*. Spricht man von „szenischer Geschicklichkeit"? Man spricht von den „Fäden/Drähten des Theaters".[4]

Das Drama wird also als eine Maschine verstanden, als ein gut gebauter Apparat, der lautlos zu funktionieren hat, ohne dass der strukturelle Mechanismus, die Drähte, sichtbar würden, welche die Wirkung einer als *verosimile* rezipierten Darstellung bedingen.

Flaubert hingegen wird ein Stück schreiben, das im Gegensatz dazu das Funktionieren der Textmaschine einsichtig macht. Und er tut dies, indem er als Analysegegenstand gerade den Typ spektakulärer Wirkung auswählt, den sein Zeitgenosse Baudelaire bei Wagner gefunden hatte, nämlich die religiöse *Ekstase*.

Flaubert zeigt mit der *Versuchung des heiligen Antonius* eine religiöse Ekstase: Antonius verliert sich in seinen Visionen, er will sich auflösen, will eins mit der Materie werden. Der Text macht diese Ekstase für den Leser, der der Entfaltung von Antoines Imaginärem folgt, erlebbar und nachvollziehbar. Doch dabei wird diese Ekstase zugleich in ihrer Wirkung analysierbar. Sie ist nicht, wie bei Wagner, Erlebnis von gehörter Musik. Vielmehr ist sie Ergebnis von Lektüren – der Lektüre der Welt als Buch und des Buches der Bücher durch Antonius bzw. Folge der Lektüre dieser besonderen Form von Lektüre.

Flaubert gibt so mit seinem Dramentext nicht nur eine Antwort auf das konventionelle Theater, sondern auch auf die zeitgenössischen Reformvorstellungen, die ein Theater als Gesamtkunstwerk wollen: Für Flaubert ist schon der Text *in nuce* Theater, für ihn hat schon der Text theatrales Potential.

So zeigt Flaubert mit der *Tentation* zugleich, in welcher Weise Texte zu Theater werden können. Er führt die *dioptrische* Maschine vor, die die Signifikanten in Laute verwandelt, aus denen Bilder entstehen, die dann ein mentales Theater beherrschen: Der Text öffnet ein inneres Auge und inneres Ohr durch Zeichenkörper, die erst der Akt des Lesens zu Zeichen für jemanden macht; er führt in andere Räume und Zeiten, er lässt uns nie Gesehenes und nie Gelebtes sehen und erfahren. Er ist Theater, doch dieses Theater hat nur einen Schauspieler: den Leser, der durch eine Vielzahl potentieller Identifizierungen sich vervielfältigen kann. Schauspieler und Zuschauer sind dabei identisch. Zur Bühne wird das Imaginäre – der andere Schauplatz – des Rezipienten, seine durch die Individualgeschichte historisch und kulturell determinierte Vorstellungswelt. Auf die Bühne des Imaginären führen die Sprachzeichen, wenn noch ein weiteres Element hinzukommt, das Begehren, mit dem visuelle und auditive Perzeptionsgegenstände besetzt werden.

So zeigt Flauberts *Tentation* eine Ekstase, an der wir teilnehmen, die wir miterleben können, wenn wir Flaubert in jenen szenischen Raum folgen, in dem er den heiligen Antonius situiert: Wie eine Bühne gebaut, wird er durch Bühnenanweisungen als Thebais, eine Thebenlandschaft, beschrieben, wie wir sie aus der Malerei der Renaissance kennen. Indem wir Antoines Wahrnehmungen und Selbstgesprächen folgen, werden wir in den Mechanismus der Ekstase eingeführt. So werden halluzinierte Phantasien zuerst durch visuelle Erscheinungen geweckt: Vögel zum Beispiel, die vorbeifliegen, Schatten, die vorbeihuschen, interpretiert Antoine als an ihn gerichtete Zeichen. Wir erfahren so, dass Visionen Produkte von Imagination sind und von visuellen Erscheinungen hervorgerufen werden können, wenn diese als motivierte Zeichen gelesen und damit in einen Kausalbezug mit dem Imaginären des Rezipienten gebracht worden waren. Ekstase ist ein Produkt des Imaginären. Die *Exerzitien* des Ignatius de Loyola hatten dafür geradezu eine Methode entwickelt, wie Zugang zum Imaginären über visuelle innere Wahrnehmungen gefunden wird. Bei Flaubert erfahren wir weiter, dass das Imaginäre assoziativ gemäß der Beziehung zum Ähnlichen und Unähnlichen verfährt und in Verbindung zum Gedächtnis und zum Begehren steht.

In einem weiteren Schritt nimmt sich dann Antonius die Apostelgeschichte vor. Wir sehen, dass er in der gleichen Weise, wie er seine Umgebung wahrnimmt, auch liest: Er besetzt das, was er liest, mit Affekten; er bezieht es auf sich, auf das, was er weiß und gelesen hat, sowie auf das, was er erlebt hat, was er fühlt und bewusst wünscht. Was er sieht, setzt er in Verbindung zu dem, was er liest; was er liest, setzt er in Verbindung zu dem, was er sieht, erlebt hat und wünscht. Indem er so Lebens- und Lektürekontext vermischt, beginnt er Stimmen zu halluzinieren, die zu Visionen führen, welche wiederum neue Visionen hervorbringen.

Die szenische Präsenz des Imaginären, die Flauberts Text in dramatischer Form evoziert, wird hier als Ergebnis von visuellen Erscheinungen – Schatten zum Beispiel –, die als adressierte Zeichen gelesen werden, und als Ergebnisse akustischer Signale wie Geräusche und Laute, gezeigt. Einfache Signifikanten, das heißt potentielle Zeichenkörper, werden vom heiligen Antonius systematisch als an ihn gerichtete Zeichen aufgefasst. Die Schrift hat für ihn durch den Klang der Worte und die sprachlichen Bilder, die Vorstellungen hervorrufen, dieselbe Wirkung: Sie schließt eine Bühne der Erinnerung auf, An- und Abwesendes vermischen sich, wenn die Worte nicht mehr referentiell im Kontext dekodiert werden, sondern auf andere Texte und vor allem auf den Lebenstext bezogen werden, ja wenn damit der Gesetzescharakter der Sprache, ihre symbolische Funktion, ausgeschlossen wird. Das Erscheinen des Christushauptes am Ende der *Versuchung*, das seiner Ekstase Einhalt gebietet, verweist hingegen auf jene Instanz, die, im trinitarischen Akt der Eucharistie zur Realpräsenz geworden, die Verbindung von Imaginärem und Symbolischem in der Präsenz bedeutet und somit für Antonius ein Wort verheißt, das als real erfahren nicht nur dem Imaginären und Symbolischen verpflichtet ist.

Für den heiligen Antonius öffnet sich der Vorhang zur Bühne des Imaginären, weil die Zeichenkörper sein Begehren fixieren können, das sich über Erinnerungsreste einen Weg bahnt: So konkretisieren sich aus der Lektüre der Bibelverse, die ein Blutbad an den Gegnern des jüdischen Volkes beschreiben oder das Zusammentreffen der Königin von Saba mit Salomon oder des Propheten Daniel mit Nebukadnezar, Visionen von Blutrausch, Verführung und Machttrieb, deren Protagonist der heilige Antonius selbst ist. Diese Visionen sind möglich, weil Antonius Ereignisse aus seinem früheren Leben mit dem Gelesenen kurzschließt: Die Wiederkehr der Erinnerung an die Verfolgung der Häretiker, an der Antonius beteiligt war, oder an ein Mädchen, auf das er verzichtet hatte, wie auch das Echo der Reminiszenz seiner Hoffnung auf politische Anerkennung, beinhalten zugleich die Rückkehr des mit dieser Erinnerung verbundenen verdrängten Affektes, der nun in den Visionen zur Darstellung drängt.

Damit macht Flaubert auch zugleich den Mechanismus einsichtig, durch den ein Text für jedermann zu einer konkreten Darstellung wird: Flaubert zeigt die Lektüre des heiligen Antonius als Theater eines *anderen Schauplatzes*. Es handelt sich um den Schauplatz des Unbewussten und der Affekte, die sich in Imaginationen zu übersetzen suchen. Die identifizierende Lektüre der Welt und des Buches der Bücher verführt Antonius zu Visionen, verrückt ihn so in Ekstase, denn sie liefert ihn seinem Imaginären, seinem Unbewussten aus, das auf Auslöschung des Bewusstseins drängt. So will er am Ende zur Materie werden, sich im Nichts auflösen.

Eine extreme Form von Lektüre kann somit zur Ekstase werden. Damit macht Flaubert für uns, seine Leser, den Mechanismus einer Ekstase einsichtig und zugleich erlebbar. Sie wird uns über eine vertraute Aktivität nachvollziehbar, über das Lesen: Lese ich einen Text allein auf mich bezogen, ohne dessen Kontext zu berücksichtigen, lese ich identifizierend, so verliere ich mich nicht nur im Text, sondern verliere auch mich selbst. Die Lust am Text ist ein Sich-Verlieren, ihr Extremfall ist eine Ekstase.

Im Gegensatz zur Oper, so zu *Tannhäuser*, den Baudelaire als ‚Gemälde' einer Ekstase beschreibt, wird der Leser der *Versuchung des heiligen Antonius* nicht nur in jene eingeführt, sondern erfährt auch, wie sie wirkt: Sie spricht sein Unbewusstes an, sein Begehren. Sie führt ihn auf einen anderen Schauplatz. Doch weil es sich hier um Worte und nicht nur um Musik handelt, bleibt die Ekstase nicht unanalysiert, ihre Dekonstruktion ist zugleich im Text vorprogrammiert. Und weil die Ekstase als Ergebnis einer Lektüre gezeigt wird, erfahren wir zugleich, wie Lektüre verfährt und welcher Mechanismus sie mit dem Theater verbindet: Auch die Lektüre führt auf eine Bühne, ihr Schauplatz ist das Imaginäre, das durch Klang- und Sprachbilder aktiviert wird. Sie ermöglichen, in Verbindung mit dem je individuellen und kulturellen Gedächtnis, die Sinnpotentiale der Signifikanten zu Darstellungen zu konkretisieren.

So hat Flaubert mit der *Versuchung des heiligen Antonius* dem Theater der Bühne ein Theater des Textes gegenübergestellt: Der Text enthält potentiell die Bühne als anderen Schauplatz in seiner Vielfalt. Die raumzeitliche Präsenz, die Theater kennzeichnet, ist hier Wirkung des Wortes, das der Lesende zu inkarnieren sucht.

Schauen wir nun die Verfahren an, die den Text für uns zu einem Theater machen: Szenenanweisungen, Didaskalien helfen durch Beschreibungen, Bilder in der Vorstellung zu konkretisieren; die direkte Rede der situativ, räumlich und zeitlich, sowie visuell eingebundenen Monologe und Dialoge, lässt zudem den Leser die jeweilige Rede oder Vision zugleich als präsent und doch als die eines anderen erfahren. Ich erfahre den Text, *als ob* er an mich gerichtet sei. Doch beinhaltet der formale Rahmen des Buches für mich aber auch, dass ich zugleich den situativen Rahmen der Rede anerkenne. Diese Lesehaltung unterscheidet sich von der, die uns Flaubert mit dem heiligen Antonius vorführt: Für den Einsiedler werden schon Sätze der Bibel zu direkter Rede, da er sie als an ihn gerichtet vernimmt. Er realisiert nicht zuerst den *sensus litteralis,* der ihn, gemäß der mittelalterlichen Lehre vom Vierfachen Schriftsinn, dann zur moralischen, allegorischen oder anagogischen Sinnebene führte, sondern Antonius überspringt die erste Stufe: Allein was seine Sinne anspricht, über sein inneres Auge und inneres Ohr fast körperlich Erinnerungsspuren aktiviert, wird von ihm wahrgenommen. Damit entgrenzt seine konative Lektüre den Text und theatralisiert ihn zugleich: Antonius liest den Text als eine an ihn gerichtete Botschaft, die sich in gleicher Weise von einem Sprecher – Gott? – an den Anachoreten wendet, wie die eines Schauspielers an sein Publikum. Antonius reagiert so auf Textsignale, die seinen Körper und damit sein Begehren ins Spiel bringen.

Damit fasst Flauberts *Tentation de saint Antoine* das Texttheatralische als die Elemente des Textes, die einer Konkretisierung bzw. Aktualisierung durch einen Körper bedürfen, die nach einer Realisierung durch das innere Auge und innere Ohr drängen, die eine Situation, einen Raum, eine Stimme, einen Gestus präkodieren, die, um gelesen zu werden, nicht eine automatische Dechiffrierung, sondern die Beteiligung des Imaginären des Lesers fordern, die dessen Wünsche, dessen Begehren ansprechen. Flaubert hat mit diesem Text einen wichtigen Aspekt des Mechanismus' der Lektüre vorgeführt: Um gelesen zu werden, bedürfen Texte einer körperlichen Beteiligung des Lesers, seines inneren Auges und seines inneren Ohres. Klang und Bilder müssen sein Begehren ansprechen, um ein Gedächtnis an Vorstellungen auf dem anderen Schauplatz zu inszenieren. Eine solche Konzeption der Lektüre von Texten hat aber auch für den Umgang mit Dramentexten Konsequenzen: Es geht dabei nicht einfach um In-Szene-setzen eines Dramentextes. Es gibt keine ursprüngliche Bedeutung eines Stückes, keine Werktreue. Zwischen den Text eines Theaterstücks und seine Aufführung tritt eine vermittelnde Instanz: die mentale Aufführung. Sie kann den weiten Bogen von identifizierender Lektüre à la Antoine bis zu einer, nur das kulturelle Gedächtnis aktivierenden Lektüre umspannen. Damit kann es letztlich genauso viele Inszenierungen wie mögliche Leser geben. Dies beinhaltet zudem auch eine Einsicht zum Bezug von Dramentext und nichtdramatischem Text. Nach Flaubert hat jeder Text ein theatralisches Potential, wenn ihm gelingt, ein Gedächtnis aufzuschließen und kulturelles und affektives Wissen anzusprechen.

Flaubert stellt die Frage nach dem Texttheatralischen als Frage nach den Kräften, die über die reine Beschreibung und Darstellung hinaus, nach einer körperlichen Konkretisierung drängen. Die Ekstase des heiligen Antonius hat uns gezeigt, dass dies Klänge, Geräusche, Laute und Stimmen, aber auch Bilder sind, die auf Auge und Ohr abzielen und in gewisser Weise aus dem Text hinausziehen. Es sind Elemente, die dem formalen Aspekt eines Textes angehören, Elemente der Form. „Nicht der Inhalt eines Werkes irritiert", notiert Flaubert in den fünfziger Jahren, „sondern die Form".[5] Und aus seinen weiteren Notizen geht hervor, dass für ihn die Form denselben Interpellationscharakter zu besitzen vermag, den erotische Kraft durch die Transgression bisheriger Konventionen besitzt. Schon 1863 schreibt er so im Zusammenhang mit der letzten Version der *Versuchung*, dass es deshalb auch nicht darum gehe, die Visionen Antoines direkt auf die Bühne zu bringen. Er will einen Antonius zeigen, der eher seine Sünden *denkt*, als dass er sie sieht bzw. bevor er sie sieht. Flauberts *Versuchung* hat zwar die Form eines Dramas, doch führt er ein mentales Drama, ein Drama des Denkens vor. Der Raum dieses Theaters ist das Buch, sein potentieller konkreter Raum die subjektive mentale Bühne jeden einzelnen Lesers. Flauberts *Versuchung* ist der erste einer Reihe von Texten, die auf die Krise des Theaters ihrer Zeit mit dem Theater des Buches antworten. Ist für uns heute eine solche Antwort noch aktuell? Der Beantwortung dieser Frage sei der letzte Teil dieser Ausführungen gewidmet.

3. Das Theater und das Buch

In der Tat stellen eine Reihe von Theaterautoren seither – von Mallarmé bis Roussel, vom späten Artaud bis Pierre Guyotat, von Marguerite Duras bis zu Valère Novarina – den Text in den Vordergrund. Selbst Heiner Müller spricht von der Unantastbarkeit seiner Texte, von ihrer ‚kieselhaften' Geschlossenheit gegenüber jeglichem Versuch, mit ihnen szenisch umzugehen. Diese Unausschöpfbarkeit des Textes hatte Alfred Jarry schon vor hundert Jahren dergestalt formuliert, dass sein Text jedem Leser überlegen sei, weil dieser nur über das jeweilig begrenzte kulturelle und subjektive Gedächtnis verfüge, das sein Text gerade zum Explodieren bringe.

Heißt dies nun, dass das wahre Theater letztlich das Theater des Buches sei? Hierauf sollen zwei Überlegungen antworten. Die erste betrifft den metatheatralen Aspekt von Flauberts *Versuchung*, die zweite den veränderten Stellenwert des Textes im heutigen Theater bzw. den Wandel des Textbegriffes.

3.1. Emma Bovary in der Oper

Flauberts *Versuchung* hat nicht nur die äußere Form eines Dramentextes, sondern durch ihre Dekonstruktion des Lektüremechanismus gibt sie auch Anlass zu Überlegungen zur Wahrnehmung des Theaters. Die magisch identifizierende Lektüre der Welt und des Buches der Bücher, die der heilige Antonius vornimmt, ist gerade die eines Theaterzuschauers, der jedes von der Bühne kommende Wort, jede Geste, jeden Blick, jedes Geräusch, jeden Laut, jedes Bild und jeden Lichtstrahl als an ihn gerichtet wahrnimmt. So hat Flaubert schon im fünfzehnten Kapitel seiner *Madame Bovary* einen Besuch der Oper *Lucia di Lammermoor* in Rouen beschrieben, bei dem Emma in der gleichen Weise wie Antonius bei der Lektüre auf das Geschehen auf der Bühne reagiert: Zuerst bringt sie Donizettis Operngeschehen mit der Jugendlektüre Walter Scotts in Verbindung, um dann Lucias unglückliche Liebe mit ihrem eigenen Schicksal zu konfrontieren. Ihre Partizipation am Geschehen wird sich zu einem Delirium der Identifikationen steigern, das so weit geht, dass sie den Blick des Tenors Edgar Lagardy – laut Flaubert ein „diplomatischer Schmierenkomödiant" (*cabotin diplomate*), dessen „Scharlatannatur" eine Mischung aus „Frisör und Toreador" darstelle – auf sich brennen fühlt:

> Doch der Wahnsinn ergriff sie! Er schaute sie an, ganz sicher! Sie hatte Lust, in seine Arme zu laufen, um sich in seine Stärke zu flüchten, wie in die Inkarnation der Liebe selbst und um ihm zu sagen, um zu rufen: – Entführe mich, nimm mich mit, lass uns fortgehen! Zu Dir, für Dich, all mein Brennen, all meine Träume![6]

Die Wirkung, die im Buch Form und Stil – die Bilder und die präkodierten Stimmen – zeitigen, rufen im Theater, hier in der Oper, die Musik, die Stimme und vor allem der Körper der Schauspieler oder Sänger hervor. Die Wahrnehmung einer Verliebten wird uns hier als theatrale Wahrnehmung Emma Bovarys gezeigt. Roland Barthes hatte den Blick des/ der Verliebten so zerlegt:

> Einerseits sehe ich [in der Liebesbeziehung] nun den anderen sehr intensiv, ich sehe nur ihn. Ich betrachte ihn eingehend, ich will das Geheimnis dieses Körpers, den ich begehre, durchschauen; und andererseits sehe ich, dass er mich sieht: Ich bin eingeschüchtert, fassungslos, passiv von seinem allmächtigen Blick konstituiert; und diese Verwirrung ist so groß, dass ich nicht zugeben kann (oder will), dass er weiß, dass ich ihn sehe – was meine Entfremdung aufhöbe: Ich stehe ihm blind gegenüber.[7]

Das Theater beruht normalerweise auf dem symbolischen Pakt des *Als ob*: Ich nehme die Theaterpersonen wahr, als ob sie tatsächlich die Personen wären, die sie spielen, als ob sie nur mit mir sprächen, doch zugleich weiß ich, dass es sich um Spiel handelt. Dieser Pakt der Verneinung ist hier gebrochen. Die Perzeption des Spiels weckt das Begehren, die erotische Ausstrahlung des Schauspielers als Bühnen- *und* Privatperson öffnet einen subjektiven Raum, in dem sich die Träume und Wünsche des Rezipienten entfalten.

Diese erotische Attraktion des Bühnenschauspielers – der gerade mit seiner Stimme und seinem Körper hauptsächlicher Garant der Wahrscheinlichkeit des Bühnengeschehens ist – steht im Mittelpunkt der Reformen des Theaters, die die Bühne des 20. Jahrhunderts revolutionieren werden. Versuchten sie in der Zwischenkriegszeit, das singuläre Begehren auf ein gemeinsames gesellschaftliches Ziel auszurichten, so wird seit dem Ende der historischen Avantgarden der Prozess einer solchen begehrenden Wahrnehmung selbst auf der Bühne dekonstruiert. Damit macht das zeitgenössische Theater – von Robert Wilson bis Richard Foreman, von Meredith Monk bis Laurie Anderson, von Robert Ashley bis zur Wooster Group, von Luca Ronconi bis zu Federico Tiezzi – gerade den Bezug von Hören und Sehen, das Verhältnis zu gehörtem Text und sichtbarem Geschehen zum Erkenntnisgegenstand des Theaters. Im Mittelpunkt steht also wie bei Flauberts *Versuchung* der Prozess des Wahrnehmens. Doch dieser ist nicht nur durch den Einfluss der Medien wie Film, Fernsehen, Video komplexer geworden, auch der Status des Textes hat sich verändert. Nicht mehr ein inkarnierender Schauspieler garantiert seine Wahrscheinlichkeit, sondern vom Körper getrennt, über Mikrophone und Lautsprecher vervielfältigt, führt der Text ein Eigenleben. Sein theatrales Potential an Bildern und Stimmen wird mit der Theatralität des Bühnengeschehens konfrontiert, und erst der Zuschauer verbindet beide Ordnungen wie in einem Lektüreprozess. Das Theater selbst wird dabei zum Text, zum Buch.

3.2. Das Theater als Buch

Der Auslöser für Flauberts *Tentation* war ein Gemälde von Jan Breughel dem Jüngeren gewesen, das er im Mai 1848 im Palazzo Balbi in Genua gesehen hatte. Dieses Bild, das heute im Besitz des römischen Prinzen Odescalchi ist, nimmt die Komposition eines verschollenen Gemäldes auf, das sich von den *Versuchungen* Boschs, Schongauers, Dürers oder Grünewalds dadurch unterscheidet, dass der heilige Antonius geradezu unberührt scheint von dem Spektakel, das sich um ihn herum entfaltet. Das Auge des Einsiedlers ist auf einen geöffneten Folianten fixiert, das Schauspiel der Versuchungen scheint Ergebnis der Lektüre. In seiner dritten Fassung der *Versuchung* hat Flaubert gerade diesen Aspekt von Antonius' Versuchungen in den Vordergrund gerückt, indem er die Ekstase als alleiniges Ergebnis einer Lektürehaltung erfahrbar macht. Flaubert, der für diese dritte Version der *Versuchung* eine ganze Bibliothek an Dokumentationsmaterial gelesen hatte, entnahm zudem die ikonographische und historische Konkretisierung der Visionen allein dieser historischen phantastischen Bibliothek. So ist, wie Michel Foucault gezeigt hat,[8] der Stoff des Imaginären des Einsiedlers vor allem Text, visueller und verbaler Text. Flauberts *Versuchung* ist damit zuallererst die Versuchung eines Lesers, der die Inszenierung eines kulturellen Gedächtnisses mit einem singulären Begehren konfrontiert. Insofern die Entfaltung einer mentalen Bühne Gegenstand dieses Textes ist, ist er auch nicht mehr ein Drama im traditionellen Sinne.

Doch was Flauberts Text ankündigt, hat sehr viel mit dem zeitgenössischen Theater zu tun, das ebenfalls nicht mehr einfach dramatische Handlungen in Szene setzt. Das Theater des Buches findet heute auch auf der Bühne statt, sobald das Theater selbst wie ein Buch gelesen werden will: Ein audiovisueller

Text bietet sich dar, der selbst wieder vom Zuschauer eine mentale Inszenierung fordert, weil szenisches Handeln und Spiel, Text und Bewegung nicht mehr in einem motivierten Bezug gezeigt werden.

Manche Theatermacher sind sich dieses Buchcharakters ihres Schaffens sehr wohl bewusst, auch manche Cineasten, ich erinnere nur an Peter Greenaways jüngsten Film, *Prospero's Books,* der von Shakespeares *Tempest* ausgeht. Doch abschließend sei auf ein augenfälliges Beispiel aus dem Theater verwiesen: So ist bei Robert Wilson seit den *Golden Windows* von 1982 zumeist vor Beginn die Bühne mit einem Prospekt verschlossen, auf dem in großen Lettern der Titel des Stückes aufgedruckt oder aufgezeichnet ist. Wenn das Stück zu Ende ist, verschließt dieser Prospekt wieder die Bühnenöffnung, wie ein Buchdeckel. Zwischen den beiden ‚Deckelseiten' des Titelprospekts spielt sich dann eine *performance* ab, die mit Farbe und Licht, Klang, Musik, Geräusch, Bewegung und Worten die Aufmerksamkeit und Wünsche der Zuschauer anspricht, zum Abschweifen, zu Assoziationen einlädt, doch keine Aufmerksamkeitszentren vorschreibt und damit etwas von der Freiheit jenes Sich-in-Signifikanten-Verlierens gibt, das Antonius in Ekstase versetzte. Doch im Gegensatz zu dem Einsiedler, der von Gott an ihn gerichtete Zeichen sucht, ist der Zuschauer hier auf sich selbst zurückgeworfen, er wird allein auf sein kulturelles und subjektives Gedächtnis zurückverwiesen. In Wilsons Universum hat das Buch – als gläsern durchsichtige Form oder als graziles hohles Gestell einen bestimmenden Platz: Die leeren Seiten werden erst durch den begehrenden Blick bevölkert, der die fehlenden Lettern hören lässt und dadurch Bilder produziert. Ein Vorgang, den Robert Wilson in den *Knee-plays,* den Intermedien zu den unvollendeten *CIVIL WarS,* auf eindringliche Weise als Allegorie des Zivilisationsprozesses vorführte. „Die Welt ist ein Buch", sagte Wilson kürzlich in einem Interview in Paris, „aus ihm hole ich das Material für meine Bühne, um sie selbst zum Buch, das heißt zum Leben, zu machen." Flaubert hatte mit seiner *Tentation de saint Antoine* gezeigt, dass Leben Ergebnis von Lektüren, Ergebnis des Buches sein kann. Da das Buch aber auch Theater ist, ist dieses letztlich das wahre Leben. Seine Figur Emma Bovary, wie auch Bouvard und Pécuchet sind seine weiteren Zeugen.

Vielleicht könnten sich heute, wo Robert Wilson auch mit vorgegebenen Texten arbeitet, beide treffen. Denn Wilsons Umgang mit Texten ist gerade der, den Antonius mit dem Buch der Welt oder dem Buch der Bücher unternimmt: Laute, Verse, sprachliche Bilder geben Anlass zu Assoziationen, die – systematisiert – die visuelle und choreographische Struktur der Inszenierung beherrschen. Und vielleicht ist gerade dieser magische, lustvolle Umgang mit Texten auch ein Indiz für einen neuen Bezug des Theaters zum Heiligen: Die Ekstase der Signifikanten, die hier heute herbeigerufen wird, zeugt gerade von einer Ehrfurcht vor einem neuen *Unmöglichen,* einer neuen Gottheit, zu der ein Band, mit der eine Kommunikation herbeigewünscht wird. Diese Gottheit ist die Sprache selbst, das unbekannte Wesen, aber auch das Buch, das als Zauberbuch – *grimoire* –, wie schon Flauberts Zeitgenosse Mallarmé mit seiner Figur Igitur klagte, für immer verschlossen scheint. So mag gerade heute eine Aufgabe des Theaters auch die sein, dieses Buch zu öffnen: zu zeigen, dass für jeden ein Weg zum Buch offen ist und dieser Weg heute vielleicht gerade über das Theater führt.

Zuletzt noch ein Wort zu den Versuchen, Flauberts *Versuchung* auf die Bühne zu bringen. Sie spiegeln in gewisser Weise das Verhältnis zum Buch heute und zugleich die Situation des Theaters wider. So gab es in den letzten Jahren eine Reihe von Produktionen, die Flauberts *Versuchung des heiligen Antonius* zum Anlass nahmen, aktualisierend die Frage nach der Versuchung der Medien zu stellen, so die der Wooster Group. Daneben gibt es szenische Lektüren des Stückes, wie die Jean-Marie Villégiers in Avignon vor einigen Jahren, die er auch danach mehrmals wieder aufnahm. Seine Lektüre lässt den Text hören, die Vielfalt von Stimmen, die den subjektiven Raum des Antonius evozieren, insistiert auf dem Rhythmus, der Melodie der Worte und der Chromatik der Bilder, eine Lektüresitzung, die für das innere Auge und das Ohr die mentale Inszenierung bewirken, die Flaubert im Text selbst analysiert.

Dies sind zwei Wege des heutigen Theaters, mit der Herausforderung Flauberts umzugehen: Sie impliziert ein Theater des subjektiven Raumes, der sowohl der des Produzenten als auch der des Zuschauers sein muss, damit Theater für den Einzelnen notwendig wird. Denn nur in Anerkennung des *anderen* Schauplatzes, des Anderen in uns, liegt die Chance, auch andere in ihrem Anderssein ertragen zu können. Somit ist ein Theater des subjektiven Raumes letztlich eine höchst gesellschaftliche Notwendigkeit.

Mit der Erinnerung an einen anderen heiligen Antonius, den Schutzheiligen Paduas, den ein Lied aus Gustav Mahlers Zyklus *Des Knaben Wunderhorn* besingt, möchte ich schließen.[9] Ihn könnte man als Beschützer des alten Theaters, des Theaters als moralische Anstalt, bezeichnen, setzte er doch eine große Hoffnung in die Wirkungskraft der Predigt, mit der er sogar Fische beglückte. Sein Misserfolg beruhte vielleicht gerade darauf, dass er glaubte, sich an die unbewusste Kreatur und nicht an Menschen richten zu müssen, für die Sprache nicht nur konativ ist. Antonius der Große hingegen, der die Wirkungskraft des Buches und des Theaters mit Flaubert erfahrbar und analysierbar machte, ist, so meine ich, der geeignete Schutzpatron nicht nur für die Universität Gießen, sondern auch für die heutige Theaterwissenschaft.

Januar 1992

Anmerkungen

1. Der vorliegende Aufsatz ist der um Anmerkungen erweiterte Text meiner Ende Januar 1992 an der Justus-Liebig-Universität Gießen gehaltenen Antrittsvorlesung.
2. Ich verwende die Ausgabe der *Œuvres complètes*, éd. Conard, Paris 1924, sowie die von Claudine Gothet-Mersch besorgte kritische Ausgabe, Folio, Paris 1983.
3. Vgl. Charles Baudelaire, „Richard Wagner et Tannhäuser", in: *L'Art Romantique. Curiosités esthétiques*, Paris 1962, S. 689–728.
4. Villiers de L'Isle-Adam, *Œuvres complètes* II, hrsg. v. Alain Raitt und Pierre Georges Castex, Paris 1986, S. 459–460: „Des gens qui font des pièces disent-ils: ‚J'écris un drame?' non, ils disent: ‚J'ai une grosse machine sur le chantier.' Est-ce que l'on dit: ‚C'est une œuvre bien faite?' Non, mais: ‚Voilà une ‚pièce' bien charpentée.' Est-ce que l'on dit: ‚L'habileté scénique?' On dit: ‚Les ficelles du théâtre.'" (Übers. v. HF)
5. Gustave Flaubert, *Carnets de travail*, kritische und genetische Ausgabe von Pierre-Marc de Biasi, Paris 1988, S. 213.
6. Gustave Flaubert, *Madame Bovary. Mœurs en province*, Paris 1961, S. 211: „Mais une folie la saisit: il la regardait, c'est sûr! Elle eut envie de courir dans ses bras pour se réfugier en sa force, comme dans l'incarnation de l'amour même, et de lui dire, de s'écrier: ‚Enlève-moi, emmène-moi, partons! À toi, à toi! toutes mes ardeurs et tous mes rêves!'" (Übers. v. HF)
7. Roland Barthes, *L'obvie et l'obtus. Essais Critiques* III, Paris 1982, S. 282: „„... d'une part je vois l'autre, avec intensité; je ne vois que lui, je le scrute, je veux percer le secret de son corps que je désire; et d'autre part, je vois me voir: je suis intimidé, sidéré, constitué passivement par son regard tout-puissant; et cet affolement est si grand que je ne peux (ou ne veux) reconnaitre qu'il sait que je le vois – ce qui me désaliénerait: je me vois aveugle devant lui." (Übers. v. HF)
8. Michel Foucault, „La Bibliothèque fantastique", in: Raymonde Debray-Genette et al. (Hrsg.), *Travail de Flaubert*, Paris 1983, S. 103–122.
9. Die Einspielung des Liedes *Des Antonius von Padua Fischpredigt* durch Dietrich Fischer-Dieskau diente als Hörbeispiel.

III.

Szenische Schrift und ihre Stimmen

Ein Raum für das Wort

Zum ‚Teatro di Parola' des neuen Theaters in Italien

1. Kriterien für ein Theater des nächsten Jahrtausends?

In seinen posthum veröffentlichten *Lezioni americane*[1] schlägt Italo Calvino in sechs Programmpunkten, von denen er nur die ersten fünf ausführen konnte, Charakteristika einer Literatur des nächsten Jahrtausends vor. Auf dem Deckblatt seines Manuskripts hatte er sie auf Englisch notiert:

1) Lightness
2) Quickness
3) Exactitude
4) Visibility
5) Multiplicity
6) Consistency[2]

Gegen Ende des 20. Jahrhunderts, das für ihn vor allem das Millennium des Buches war, sollten mit diesen Begriffen die Werte (*valori*), Eigenschaften (*qualità*) oder Besonderheiten (*specificità*) beschrieben werden, die allein die Literatur mit den ihr eigenen Mitteln schaffe.

Calvinos Ausführungen beziehen sich dabei auf translinguistische Textverfahren, die Katalysatoren der mentalen Inszenierung der Lektüre des einzelnen Lesers sind, oder auf Texte, welche – wie zum Beispiel die *Divina Commedia* – die Leserbeteiligung als Konstruktion potentieller Sinnmöglichkeiten und variabler affektiver Evaluationen problematisieren. Calvino thematisiert in seinen Notaten zu einer Literatur für ein neues Jahrtausend so die Eigenschaft literarischer Texte, das Gedächtnis und die Wahrnehmung als den Weg vom Signifikanten über die Vorstellung, über das subjektive und kulturelle Imaginäre ins Spiel zu bringen und somit die Darstellung als Produkt einer Konfrontation mit subjektivem und kulturellem Gedächtnis bewusst zu machen. Es geht um die Textverfahren, die eine innere Stimme und einen inneren Blick fordern, die letztlich den Leser zum *theatés*, zum Zuschauer einer mentalen Bühne machen, zu deren Regisseur und Schauspieler er ausgehend vom Text wird.

Calvinos *Six Memos for the Next Millennium* sind im Hinblick auf die Besonderheit des literarischen Textes gegenüber anderen medialen Kunstformen konzipiert. Seine Programmpunkte insistieren auf den Verfahren, die die Lektüre als Entfaltung eines inneren audiovisuellen Universums ermöglichen. Sie heben gerade die Elemente hervor, die den Text auf ein Außen öffnen, die Angelpunkte seiner Theatralität sind.

Diese Akzentsetzung auf der Theatralität des Textes reizt dazu, Calvinos *Six memos* auch zu Ausgangspunkten einer Überlegung zum Theater des kommenden Jahrtausends zu machen, zumal zum Theater jenes Landes, in dessen Sprache er sie schrieb und in dem er den letzten Teil seines Lebens wirkte. Denn „lightness" oder „leggerezza", „quickness" oder „rapidità", „exactitude" oder „esattezza", „visibility" oder „visibilità", „multiplicity" oder „molteplicità" sind nicht nur Kategorien, die in der ersten Avantgarde dieses Jahrhunderts als Schlagwörter einer Ästhetik auftauchen, die damals der durch die Technik veränderten Sensibilität Rechnung zu tragen suchte.[3] Es sind auch Kriterien, die für die Literatur angesichts der Bedrohung durch die Medien entwickelt wurden: Der Spektakularität der Medien halten sie die Theatralität der Schrift entgegen.

Doch auch das Theater ist mit den Medien konfrontiert: Zu Photo- und Phonograph, Radio und Film sind nach dem zweiten Weltkrieg Fernsehen, Ton- und Videoband, Synthesizer und Vocoder hinzugetreten. Ihr Auftauchen hat vor allem die Erfahrung einer Trennung akzentuiert, die gerade Ausgangspunkt für die Öffnung des modernen Textes auf die Theatralität war und die Hinwendung zum Theater bei einzelnen Autoren zu Ende des letzten Jahrhunderts bestimmte:[4] In der Erfahrung einer körperlosen Kommunikation, die Raum und Zeit mental überwinden lässt, wird das Simulakrum einer Einheit von Körper und Geist, Imaginärem und Symbolischem offenbar. Die Fiktion eines mit sich selbst identischen Subjekts, dessen körperliche Präsenz vermittelt durch die Stimme des Schauspielers die *verisimilitudo* theatralen Handelns garantiert, erweist sich als schwerfälliges Residuum einer Zeit nicht nur vor der telematischen Revolution, sondern auch zugleich vor den Humanwissenschaften, die uns den Menschen als Spielball von Trieben, Sprachen, sozialen Rollen und ökonomischen Determinationen zu zeigen gesucht hatten. Der Schauspieler ist nicht mehr automatisch Garant theatralen Tuns. Ist doch die Präsenz selbst fragwürdig geworden, seit ihre Statthalter – Körperbild und Stimme – vielfach aufnehm-, veränder- und reproduzierbar geworden sind.

Im Theater hat es Reaktionen auf diese Erfahrung gegeben: in der Hypostasierung der Physis, der Ritualisierung des Geschehens zum Gemeinschaftserleben, zum Ereignis. In den sechziger Jahren sind das Living Theatre und das *Happening* Zeugen einer solchen Suche nach neuen Garanten für Präsenz und Unmittelbarkeit. Ihr Geist wirkt fort in Beschwörungen eines archaischen Theaters, das zwar nicht das Heilige, doch ein Heiliges des Theaters in Gruppenriten punktuell zu entbinden sucht.

Auch im Theater des großen Schauspielers, sprich Histrionen, wird durch die faszinierende Präsenz der Person der lebendige Gegenbeweis physisch angetreten. Weiter scheinen diese Verteidigungsmotive auch in manchen Theaterformen am Werk zu sein, die mit dem Argument der Tradition und des Handwerks, in einem Ethnotheater europäische und außereuropäische Spielformen zu verbinden suchen und so der Dezentrierungserfahrung des technischen Zeitalters die Rezentrierung durch eine Körpersprache entgegenhalten.

Doch es gab nicht nur Fluchtreaktionen. Denn andere Theaterreformen und -utopien hatten sich schon seit dem Ende des 19. Jahrhunderts der Erfahrung der Entgrenzung gestellt, von Mallarmé bis Artaud, von Jarry bis Roussel, von Meyerhold bis Brecht: Ihre Bühne wird zur szenischen Analyse der Präsenz, des potentiellen Raumes zwischen Imaginärem und Symbolischem, zwischen Sichtbarem und Hörbarem. Sie wird zum Ort des Heterogenen (Bataille), eines Heterogenen des Subjekts und der Gesellschaft. Während die explizit politischen Reformen Meyerholds und Brechts dem Heterogenen eine soziale Kodierung unter politischem Vorzeichen zu geben suchten, wird in den Entwürfen anderer Theaterutopien der theatrale Ort zum Raum eines Subjekts im Prozess entgrenzt, in dem die Dekonstruktion des Präsenten durch die Trennung von imaginärer und symbolischer Ordnung, von Visuellem und Sonorem, von Körper und Sprache, von Klang und Intonation, Gestik und Tanz den Wahrnehmungsprozess selbst als identitätsstiftend erfahrbar macht. Das szenische Geschehen wird zu einer szenischen Schrift, die mit Auge und Ohr vom Zuschauer gelesen wird: Mit seinem subjektiven und kulturellen Gedächtnis konfrontiert, aktualisiert er durch Verbindung der getrennten Ordnungen ein Darstellungspotential als Aufführungstext.[5]

Für ein Theater, das zur *scrittura scenica*[6] wird, sollen nun die Kriterien angelegt werden, die Calvino für die literarische Schrift des neuen Jahrtausends vorschlägt, zumal ihre Analyse der Theatralität des Textes im Rahmen der szenischen Analyse der Theatralität des Theaters erfolgt: *Lightness* wäre dann Ergebnis einer Subtraktion des (Körper-)Gewichts des Materiellen, des Gewichts des Präsenten, einer Transformation der *dramatis personae* durch eine neue Gewichtung des Zusammenspiels der sie konstituierenden Signifikantensysteme. *Quickness*, das heißt eine bestimmte Geschwindigkeit, wäre Ergebnis einer musikalischen Aufführungsstruktur, eines szenischen Rhythmus', der die kausal-temporale Handlungsstruktur sekundär macht oder auflöst. *Exactitude* bezöge sich zugleich auf die Komposition der einzelnen Teile der visuellen und sonoren Szenographie wie Sprechen, Mimik und Gestik, Dekor, Lichtführung und Tonspur, sowie auf ihre kalkulierte Assemblage und Kombination, die ermöglichen, dass das Sicht- und Hörbare sich ins Unbestimmte, Unendliche zu öffnen vermag. *Visibility* kann dann, nicht nur wie im geschriebenen Text, von Worten Evoziertes mental sichtbar machen, auch die Klang- und Geräuschspur sollte diese Qualität haben und so ihr imaginäres Vorstellungspotential mit dem Wortpotential des szenisch Sichtbaren konfrontieren. Damit ließen sich imaginäre Bild- und Klangordnung und symbolische Wort- und Lautordnung kritisch relativieren. Interdependenzen könnten erfahrbar werden, ohne dass die Differenzen beider Ordnungen im Simulakrum einer gelöteten Einheit verwischt würden. *Multiplicity* schließlich, als Vielfalt der möglichen evozierten Universen und Bezugssysteme, ein *Theatrum Mundi* in mental entgrenzten, szenisch variablen Räumen, ergäbe sich dann aus dieser nichthierarchischen Kombination der einzelnen Reihen von Bühnenelementen verschiedener Wahrnehmungsordnungen.

So für das Theater umformuliert, sind Italo Calvinos Programmpunkte auch mögliche Beschreibungskategorien für ein italienisches Theater zu Beginn der neunziger Jahre: Es macht mit der szenischen Repräsentation – *rappresentazione* im Sinne des performativen trinitären Aktes, der Imaginäres, Symbolisches und Reales in einer Transfiguration verknüpft[7] – den Weg von der Wahrnehmung über die Vorstellung als ein Kombinieren visueller und sonorer Impulse erfahrbar, durch das erst ein Potential von konkreten Darstellungen durch den Rezipienten aktualisiert wird. Es ist ein Theater der Dramatisierung der Konstituenten des Theaters, das jedoch *consistency*, signifikante Dichte und Materialität[8] zu generieren vermag entgegen dem Postulat postmoderner Beliebigkeit. Ihre Basis findet die Konsistenzbildung im Wahrnehmungsprozess des Rezipienten, der aufgefordert ist, sein Verhältnis zu den Sprachen, zum Anderen und zu den anderen ins Spiel zu bringen.

2. *Scrittura scenica* und *Teatro di Parola*

In das italienische Theater ist seit den achtziger Jahren das Wort zurückgekehrt, das jedoch niemals ganz die Bühne des neuen Theaters verlassen hatte. In einer Ästhetik des *teatro di Parola*, eines Theaters des artikulierten und sonoren Wortes, treffen sich heute drei Generationen von Theatermachern, die zwanzig Jahre zuvor völlig verschiedene Wege zu gehen schienen. So von der ersten Generation der *signori della scena* Giorgio Strehler mit seinen *Faust Frammenti I* und *II* (Mailand 1988–1990), von der ersten Generation der Verfechter eines ‚Nuovo Teatro', Carmelo Bene und Luca Ronconi, respektive mit *Il teatro senza spettacolo* (Biennale, Venedig 1989) und *Mirra* (Teatro Carignano, Turin 1988/89) sowie *Gli ultimi giorni dell'umanità* (Lingotto, Turin 1990), schließlich aus der zweiten Generation der Erneuerer Federico Tiezzi mit *Hamletmaschine* (Mailand 1988), *Aspettando Godot* (Turin 1989), sowie mit dem Projekt zur *Divina Commedia* (Fabbricone Prato 1989–1991) und ebenfalls auch Giorgio Barberio Corsetti mit dem *Kafkaprojekt*, das 1988 begonnen wurde.[9]

Während Strehler die relative Priorität des Textes niemals in Frage gestellt hatte, doch, ihn mit epischen Mitteln analysierend, einer Brecht'schen Ästhetik verpflichtet blieb, gehörte Carmelo Bene bis Anfang der siebziger Jahre zu denen, die sich zwar eines Textes bedienten, so elisabethanischer und symbolistischer Dramen, doch ihn zugleich durch einen semiotischen Rhythmus und

Klanggeräusche, durch Manifestationen des Heterogenen von Gestik und Stimme aufzulösen suchten, um dem Textkörper einen Körpertext entgegenzuhalten.[10] Seine im Anschluss an öffentliche Lektüren entwickelte Dramatik der Stimme und des Monologs, so von Dante 1981 in Bologna, machte ihn zu einem ersten Verteidiger eines *teatro di Parola* als *teatro della Voce*. Es führte ihn von der Zurückgewinnung der Musikalität der artikulierten Textstimme – so beispielsweise im *Macbeth*, Festival d'Automne 1979 – zu einem „Theater ohne Spektakel", das nicht nur den Körper in der Stimme aufzuheben sucht, sondern auch das Publikum verweigert, ein *teatro invisibile*.[11] Federico Tiezzi, zusammen mit Sandro Lombardi, und Giorgio Barberio Corsetti gehörten schließlich seit den siebziger Jahren dem Performancetheater und dem *teatro-immagine* an und wandten sich erst seit Mitte der Achtziger Produktionen zu, die von Texten ihren Ausgang nehmen.[12] Luca Ronconi hingegen beschritt seit seinem *Orlando furioso* von 1969 einen Weg, der ein neues Theater als Raum für das Wort möglich zu machen sucht.[13] Diese Theatermacher treffen sich heute in einer Erforschung der Theatralität des Theaters, die ausdrücklich die szenische Analyse der Texttheatralität mit einbezieht und so beansprucht, zugleich *scrittura scenica* und *teatro di Parola* zu sein.[15]

Bedingung für eine derartige Entwicklung ist ein Wandel des Textverständnisses, dem eine Annäherung an Texte entspringt, die nicht im traditionellen Sinne dramatisch sind, jedoch einen hohen Grad an Eigentheatralität aufweisen, so dass sie schon bei der Lektüre die innere Stimme des Lesers vor allem als Katalysator der Produktion mentaler Inszenierungen beanspruchen. Es handelt sich um poetische Texte in weitestem Sinne, um eine Poetizität des Stils und des Verses, wie wir sie in Epen wie Ariosts *Orlando furioso* oder Dantes *Divina Commedia* finden, auch eine Poetizität der gestischen Sprache, wie in den Erzählungen Kafkas. Es geht aber auch um eine poetische Qualität, wie sie in den Sprechmasken und der musikalisch-rhythmischen Struktur ‚unspielbarer' Stücke wie *Die letzten Tage der Menschheit* von Karl Kraus zu finden ist oder im Vers von Vittorio Alfieris Tragödie *Mirra* oder von Goethes *Faust*.

Der Text ist dabei nicht mehr Depot niedergelegten Sinns, er ist offen, vielfach lesbar, dialogisch; Form und Struktur bestimmen ebenso mögliche Sinnkonstruktionen wie der Dialog mit Intertexten. Der aus dieser neuen Textkonzeption resultierende Wandel des Verhältnisses von Bühne und Text wird zum ersten Mal in Italien 1967 formuliert und debattiert, zu einem Zeitpunkt, als dort nicht nur das Regietheater Ermüdungserscheinungen zeigt bzw. durch die Konkurrenz von Film und Fernsehen kaum noch ein Publikum findet,[15] sondern auch die Experimente des Living Theatre und Grotowskis bekannt werden, denen ein Jahr später dann die Veröffentlichung von Artauds *Le Théâtre et son double* folgt, das 1968 zum ersten Mal in italienischer Sprache bei Einaudi mit einem

Vorwort Jacques Derridas präsentiert wird, dem Verfechter der Schrift und der Differenz, dem Diagnostiker einer „clôture de la représentation".
Damit sind auch schon die Spannungspole benannt, zwischen denen sich in Italien die Auseinandersetzung mit einem anderen Theater abspielen wird: Im Gegensatz zur Entwicklung in anderen Ländern wird hier die Infragestellung des konventionellen Sprechtheaters, das zudem auf keine institutionelle Tradition zurückblicken konnte,[16] nicht nur von einer emphatischen Körperkonzeption ausgehen, sondern die szenische Kritik begleitet zugleich eine Reflexion, die mit (post-)strukturalistischen Ansätzen von Linguistik (Jakobson), Semiologie (Propp, Barthes, Eco), Philosophie (Derrida, Deleuze), Ethnologie und Anthropologie (Levi-Strauss) der Krise der Repräsentierbarkeit des Subjekts in geradewegs katholischer Tradition mit einer Konzeption des Menschenwesens zu begegnen sucht, die es vor allem als Sprachwesen versteht. Neue Wege werden so gesucht für eine Versprachlichung des Heterogenen, ausgehend von der Prämisse einer Symbolizität des Imaginären und der imaginären Kraft des Symbolischen.[17]

Zwei Manifeste bzw. Debatten zum Theater werden zwischen 1967 und 1968 an die Öffentlichkeit getragen. Sie stecken zwei Konzeptionen des Verhältnisses von Bühne und Text ab, die bis heute die Spannungspole der Auseinandersetzung mitbestimmen: Der „Kongress für ein neues Theater" 1967 in Ivrea und Pier Paolo Pasolinis „Manifest für ein neues Theater" von 1968.

2.1. *Il convegno per il Nuovo Teatro*, Ivrea 1967

Bei diesem Treffen, das vom 9. bis 12. Juni 1967 im Centro Studi di Olivetti in Ivrea bei Turin stattfand und Theaterkünstler und Cineasten wie Carlo Quartucci, Luca Ronconi, Carmelo Bene, Leo De Bernardinis, Marco Bellocchio, Liliana Cavani, Komponisten wie Sylvano Bussotti und Gesangskünstler wie Cathy Berberian mit Theaterwissenschaftlern und Kritikern vereinte, wurde ein von Giuseppe Bartolucci, Ettore Capriolo, Edouardo Fadini und Franco Quadri verfasstes Diskussionspapier vorgelegt, das auch heute noch von großer Aktualität zeugt: Es suchte nicht nur das Theater soziologisch neu zu bestimmen, das heißt Zielgruppen und Partizipationsmodi zu erläutern, sondern begründete die neu zu schaffenden Produktionsformen wie Theaterlaboratorium und -kollektiv vor allem durch eine neue Ästhetik, die dem Dramentext seine automatisch dominierende Rolle bestreitet.[18] Die neuen Materialien der Bühne sind nun folgende:

a) gesto („Geste")
b) oggetto („Gegenstände")
c) scrittura drammaturgica („dramaturgische Schrift")
d) suono (fonetica e sonorizzazione) („Ton (Phonetik und Sound)")

e) spazio scenico (luogo teatrale e rapporto platea-palcoscenico) („Bühnenraum (Theaterort und Verhältnis Bühne-Zuschauerraum)")

Aus der Verweigerung, dem Dramentext die dominierende Rolle zu geben, resultiert die Konzeption der Aufführung als „szenische Schrift" – *scrittura scenica* –, in der alle am Bühnenprozess beteiligten Elemente gleichwertig miteinander kombiniert werden sollen. Wie bei der Lektüre des offenen literarischen Textes wird damit eine Partizipation gefordert, die erst in der Rezeption diesen Text in seinen Sinnmöglichkeiten vollendet.

Der Dramentext oder die dramaturgische Vorlage – *scrittura drammaturgica* – ist dabei nur einer der ‚Texte', aus denen sich die szenische Schrift konstruiert: Der visuelle Text, den schauspielerische Geste, die Gegenstände und der Bühnenraum erstellen, ist zudem mit dem sonoren Text konfrontiert, der aus der sonoren Artikulation des Wortes – *fonetica* – besteht und aus Musik und Geräuschen – *sonorizzazione*. Das Problem des Verhältnisses von Text und Bühne wird also umformuliert: Nicht Körpertext und Schrifttext stehen sich gegenüber, sondern Materialien visueller und sonorer Ordnungen, die sowohl im Körper wie in der Schrift wie auch in Gegenständen oder Maschinen ihre Mittler haben können. Auch der Gegensatz von Körper und Sprache wird aus seiner Starre herausgelöst: Geste und phonetischer Klang können von, dem Symbolischen verpflichteten Kodes herrühren und zugleich dem imaginären Körperbild angehören, je nach Akzentuierung des Verhältnisses zum dramaturgischen Text. Bei dieser neuen Strukturbestimmung des Theaters, in der die Aufhebung der Vorherrschaft des geschriebenen Wortes mit dem damaligen Stand der „Evolution der Gesellschaft" begründet wird, ist gerade der Einfluss jenes offenen Textbegriffes zu spüren, wie er im Anschluss an den modernen Text von der *Gruppe 63* mit Protagonisten wie Edoardo Sanguineti und Umberto Eco[19] in Auseinandersetzung mit den historischen Avantgarden praktisch und theoretisch entwickelt wurde.

Die Unterstreichung des Klangs/Tons bzw. Geräusches als „wesentlicher Teil der szenischen Schrift" trägt dabei auch der Ästhetik des Films Rechnung, in dem die Tonspur gerade die Trennung zwischen visueller und sonorer Wahrnehmung technisch vorgibt und somit zugleich die Verbindung von visueller/physischer und sonorer/sprachlicher Ordnung über Stimm- und Lichtpunkte einer Perzeption zuweist, die dem Begehren sich öffnet.[20]

Mit dieser Bestimmung der szenischen Schrift werden zugleich mögliche Anleitungen gegeben, wie die Krise der *verisimilitudo* der Figur als Subjekts auf der Bühne gerade durch eine Problematisierung der Präsenz angegangen werden kann: Körperlichkeit der Stimme und Entkörperlichung der physischen Präsenz und damit Bewusstmachen der spekulären Faszination und des Begehrens, das sich auf den Histrionen projiziert, werden möglich durch die Trennung und parallele Strukturierung von Geste und Klang, sowie durch die Überdeterminierung der Intonation durch Klang, Rhythmus und Geräusch einerseits, durch die choreographische Überdeterminierung der Geste andererseits.[21] Zum relativ dominierend strukturierenden Element können alle fünf Komponenten der *scrittura scenica* werden, auch die *scrittura drammaturgica*, die hier explizit als notwendiger Teil genannt wird. Jedoch können auch die Texte visueller Ordnung überwiegen, so dass die Geste, die Gegenstände, die Raumstruktur vorherrschend sind, wenn sie auch von einer Ordnung, die das Ohr anspricht, begleitet sind, in der die Phoné in den Hintergrund rückt. Gerade dies wird der Fall sein mit dem Bildertheater der siebziger und achtziger Jahre, von Gruppen wie Il Carrozzone, dann Magazzini criminali und Gaia Scienza bis zu Falso movimento und Parco Butterfly.[22]

In den sechziger Jahren wird in der Praxis von Carmelo Bene bis zu Carlo Quartucci, der schon seit 1959 mit Beckett-Stücken arbeitete, eine Umschrift des dramatischen Textes in eine Klang- und Geräuschpartitur privilegiert. Die translinguistische Qualität des artikulierten sonoren Textes, seine musikalische Klang und Geräuschstruktur wird die sinngebende Intonation sprengen, auch zerstören, genau wie die outrierte Geste den illustrierenden sinnbezogenen Charakter gestischen Tuns überlagern wird.

Und gerade einem solchen *teatro dell'Urlo e dell'Gesto*, einem „Schrei- und Gestentheater", scheint ein Jahr später, im Frühjahr 1968, Pier Paolo Pasolini sein *Manifesto per un Nuovo Teatro* entgegenzuschleudern, das nun für ein Worttheater, ein *teatro di Parola* eintritt.

2.2. Pier Paolo Pasolinis „Manifest für ein Neues Theater"

Ausgehend von der Feststellung, dass die Epoche Brechts endgültig zu Ende sei, da nur ein Theater, das tatsächlich existiere, Reformen erwarten könne, versucht Pier Paolo Pasolini die Komplizenschaft von traditionellem Sprechtheater und Avantgardetheater, respektive als „Theater des Geschwätzes" und „Theater der Geste und des Schreis" tituliert, aufzuzeigen: Es eine sie derselbe Hass gegen das Wort, das sie im ersten Falle durch das „Geschwätz," im zweiten Falle durch prägrammatische Geräusche (*borborigmi*) zu ersetzen suchten.[23] Beide seien Rituale der Selbstbespiegelung, in denen sich (Klein)Bürger in der Selbstaffirmation und im antibürgerlichen Gestus wiedererkennen würden. Pasolinis primär soziologische Argumentation macht sich zuerst an der Nichterfüllung eines Programmpunktes des Diskussionspapiers von Ivrea fest, das die Öffnung der Theater auf ein neues Publikum – „das Proletariat" – betrifft. Doch dieses Ziel sollte dort erst Ergebnis neuer Produktionsformen in Theaterlabors sein, in denen Produzenten und zukünftige Theatermacher mit Formexperimenten ein neues Theater entwickeln sollten, wie dies dann auch später mit Luca Ronconis Theaterlabor in Prato von 1976–1978 geschehen wird. Pasolini schlägt dagegen sofort ein Theater vor, das allein für die gemacht werde, die selbst am Theater beteiligt sind bzw. für Intellektuelle, denen an einer gesellschaftlichen Funktion des Theaters gelegen sei.[24]

Für Pasolini ist dieser Punkt der wesentliche Teil seines Manifests. Doch hier scheint von größerem Interesse die Argumentation, die ein „Theater des gesprochenen Worts" betrifft. Worum geht es? Bezugspunkt ist das Theater der griechischen Polis, die nachfolgende europäische Theatertradition wird bewusst übersprungen. Pasolinis „Neues Theater" soll mehr das Ohr denn das Auge fordern, ein Theater der Ideen, ein Theater, dessen Raum der Kopf ist, wird erstrebt. Deshalb wird auch jede Sorge um die Inszenierung gegenstandslos, denn wie im Theater Athens sei das Charakteristikum dieses Theaters das „fast völlige Fehlen der Inszenierung". Reduziert auf das szenisch Notwendige, ist dieses neue Theater eher als Kritik denn als Ritus bestimmt, im Höchstfalle sei es „kultureller Ritus", *rito culturale*. Seine Präzisierungen gelten allein der Sprache (*lingua*), der Aussprache (*pronuncia*) bzw. dem Spiel (*recitazione*): Der nach Pasolini alleinig erlaubten Aussprache eines Wortes auf dem Theater setzt der Autor die Vielfalt regionaler Aussprachefärbungen entgegen, die jedoch nicht dialektal werden dürften. Gegenstand des Spiels sei so nicht die Form, sondern allein „il significato delle parole e il senso dell'opera" (Punkt 31 des Manifests), das heißt „die Bedeutungen der Wörter und der Sinn des Werkes". Vom Schauspieler wird deshalb vor allem „Bildung" verlangt und die Fähigkeit, „tatsächlich den Text zu verstehen" (Punkt 35). Pasolini antwortet hier mit der ihm eigenen Galle auf Mystifikationen, aber auch auf sich abzeichnende Tendenzen des Neuen Theaters mit einem Textbegriff, der hinter seine eigene künstlerische Praxis weit zurückgeht, wenn er den einen Sinn, die richtigen Bedeutungen, das wahre Textverständnis verteidigt. Zugleich macht aber seine Kritik ein Problem der *scrittura scenica* deutlich, das sich der zweiten Generation des *Nuovo Teatro* stellen wird, nämlich die Frage nach der Gewichtung der *scrittura drammaturgica*. So wird Federico Tiezzi in der Zeitschrift der Magazzini Pasolinis Manifest gerade 1985 wieder publizieren,[25] als die Notwendigkeit des geschriebenen Worts auch für das Performancetheater akut wird. Im folgenden Jahr verfasst Tiezzi eine Antwort, in der, angelehnt an das alte Problem, ob zuerst der Text und dann die Musik da sei oder umgekehrt, für das Theater eine Lösung mit folgender Formel vorgeschlagen wird: „prima il testo poetico e la musica e poi il testo dell'attore" („zuerst der poetische Text und die Musik und erst dann der Text des Schauspielers".[26]

Doch zurück ins Jahr 1968. Ein Jahr nach Erscheinen von Pasolinis Manifest gibt eine Theaterproduktion auf die Frage der Gewichtung des dramaturgischen Textes eine Antwort, welche die Alternative von Musik- oder Worttheater aufhebt. Sie geht von einem Text aus, dessen Sinnmöglichkeiten sich eben erst über den Klang, die Phoné des Verses, erschließen lassen: Luca Ronconis *Orlando furioso*, in der dramaturgischen Bearbeitung durch Edoardo Sanguineti, zeigt im Juli 1969 beim Festival von Spoleto,[27] dass eine *scrittura scenica* dann zum *teatro di Parola* werden kann, wenn der dramaturgische Text, die *scrittura drammaturgica*, selbst in hohem Maße musikalisch bzw. poetisch im Sinne Jakobsons organisiert ist. Gerade diese musikalisch-rhythmische Struktur kann dann zur Basis der Realisierung der *colonna sonora*, der Klangspur, genommen werden, aber auch als Ausgangspunkt für eine visuelle Struktur dienen. Diese These soll nun an zwei Theaterproduktionen Luca Ronconis diskutiert werden.

3. Luca Ronconis Raum für das Wort

3.1. Vittorio Alfieris *Mirra*, Teatro Carignano Turin 1988/89

Gerade Luca Ronconi hat durch die Jahre hindurch eine Inszenierungspolitik verfolgt, die neben der großen Theatermaschine, wie sie *Orlando* darstellte, zugleich im Kammerspiel des Guckkastentheaters eine Ästhetik erprobte, die, ausgehend von der theatralen Offenheit des dramaturgischen Textes, ein Gleichgewicht der perzeptiven Ordnungen ermöglichte. Sein Theater gibt dem Zuschauer/Leser seiner „szenischen Schrift" Raum für die audiovisuelle Konstruktion von Sinnmöglichkeiten, für ein subjektives und kulturelles Gedächtnis, die sich im *Zwischen* von Auge und Ohr zu analysieren vermögen.

Vittorio Alfieris *Mirra* (1788/89), wie die meisten Tragödien des Autors von der Universitätskritik wegen ihres für „ungeschliffen" und „unmusikalisch" gehaltenen Verses als kaum aufführbar eingeschätzt,[28] macht Ronconi zu einer Kammersprechoper. Hierfür entwickelt er mit seinen Schauspielern einen Rezitations- und Bewegungsgestus, den Passagen des Requiems von François-Joseph Gossec – einem Zeitgenossen der Französischen Revolution und des Empire – punktieren. Die Musik hat hier die Funktion der Überblendung: Sie leitet jeweils den Schauplatzwechsel ein und begleitet so die fließende Abfolge einer Reihe von Innenräumen, die den Stil des Empire andeuten. Der Einsatz von Musik auf der Bühne selbst, im Rahmen der Handlung in der 3. Szene des 4. Aktes, von Alfieri in den Didaskalien vorgesehen, manifestiert im Zusammenprall zweier sonorer Ordnungen den Sieg der ausgeschlossenen Musik der Leidenschaft über die innere Ordnung der Sprache. Im gleitenden Rhythmus von Sprechklang und Orchestermusik, von choreographisch stilisierter Gestik und visuellem Rhythmus der Räume wird so die unmögliche Passion der Königstochter Mirra zu ihrem Vater als eine todbringende Entgrenzung des Subjekts zelebriert, der im nach-revolutionären Zeitalter kein äußeres Gesetz Einhalt zu bieten vermag und die dem Todestrieb ausliefert.

Die dem Vers Ovids nachgebildete Rhythmik von Alfieris Tragödiensprache wird durch eine schwebende Diktion hervorgeholt, die entgegen dem italienischen Deklamationshabitus sinnunterstreichend den Silbenklang moduliert. Zusammen mit einer an klassizistischer Malerei modellierten Gestik, die das Wort kontrapunktiert, zeigt sie die Figuren als von einem Außen determinierte Aktanten, mechanisiert von fremden Kräften, denen allein Mirra den Widerstand eines immer schwächer werdenden inneren moralischen Gesetzes bis zum Zerbrechen entgegenstemmt. Es sind Gefangene in Innenräumen, die das Außen, das Andere, das Wilde zu bannen suchen, indem sie es wie die Tiertatzen der Empiresessel und -stühle zum Bestandteil eines inneren Ameublements machten.

Hier werden die Figuren leicht: Ihre Gesten und Stimmen sind Kampfplatz fremder Mächte, die im Falle Mirras im zentrifugalen Widerstreit stehen. So fremdbestimmt, entkörperlichen sie die physische Präsenz des Schauspielers. Der Rhythmus dieses Requiems drängt in Geschwindigkeit weiter, trotz dreieinhalb Stunden objektiver Spieldauer. Die Präzision der visuellen und sonoren Sprachen generiert durch die Kontrapunktstruktur eine Atmosphäre des Unheimlichen und des Rätsels, die der sichtbaren Geste die Ambivalenz des implizit Gesagten hinzufügt, die im Gehörten sichtbar zu werden sucht. Die Multiplizität der evozierten Universen führt von der Kontradiktion der Tragödiensprache Alfieris, die sich zwischen Klassizismus und Romantik ansiedelt, in den historischen Raum zwischen Revolution und Empire, dessen Gesetzesleere durch die Zerstörung des Gottesgnadentums allein die Alternative von Blutsbanden (Napoleon) als neuer Gesetzesgrundlage aufzeigt. Sie führt in den Raum des Psychodramas der Abwesenheit einer symbolischen Vaterinstanz und der Auslieferung an das Begehren der Eltern. *Mirra* hat so als Bezugsrahmen neben dem antiken Mythos politisch-historische und psychoanalytische Erklärungsmodelle menschlichen Handelns. Sie wird so auch zur Tragödie des fehlenden Wortes, das der familiäre Zwang zur harmonischen Kommunikation verhindert und damit zugleich auch die theatralische Kommunikation mehrschichtig und vieldeutig macht.

3.2. Karl Kraus: *Gli ultimi giorni dell'umanità*, Lingotto, Turin 1990

Mit der italienischen Uraufführung von Karl Kraus' *Letzten Tagen der Menschheit* Ende November 1990 in Turin konstruiert Luca Ronconi eine Theatermaschine, die, ähnlich wie *Orlando furioso,* nun die Strukturen dieses Textes bloßlegt und sie zuerst in Strukturen des Raumes und des Spiels dieses, für ein „Marstheater", so Kraus, konzipierten Stücks projiziert. Während die Basler und vor allem die Wiener (Ur-)Aufführung von 1975 bzw. 1980 durch Hans Bollmann das Geschehen ins Kaffeehaus verlegten,[29] deckt hingegen die Verpflanzung in den Pressensaal des Lingotto, der zum Kulturzentrum bestimmten ersten vollautomatischen FIAT-Fabrik, das Räderwerk der Kriegs- und Kommunikationsmaschinerie auf, der das Kraus'sche Fünfhundertpersonenstück in fünf Akten und 220 Szenen seine Textmaschine entgegenstellt. Die Maschine, für Kraus der Hauptschuldige an diesem Krieg (Akt 1, 29. Szene), macht Ronconi zu einer Theatermaschine, die den Zuschauer den Bedingungen jener Kommunikation aussetzt, die die von Kraus gegeißelte Presse und die Medien diktieren. In der riesigen Halle der Metallpressen im Lingotto ist ein langgestreckter rechteckiger Mittelraum für die Zuschauer freigelassen, den rechts und links vor den Trägersäulen Podien auf Rollen mit Druckerpressen säumen, hinter denen beidseitig zwei Reihen Eisenbahnschienen und auf halber Höhe ebenfalls schienenbewehrte Metallgalerien folgen. Die szenische Aktion vollzieht sich hier auf Rollwagen, die von den Seiten, von vorne und hinten in den Raum geschoben werden, sowie auf echten Lokomotiven, Flachwagen, Güterentladern und Verschlagwagen, die sich auf den Gleisen bewegen, auf einer Sesselbahn, die über dem Mittelraum an der Decke schwebt, auch an einem Schreibtisch mit Sessel, der auf den Schienen der Galerie auf- und abfährt. Alle Fahrgestelle sind mehr oder weniger ununterbrochen mit lautem Lärm in Bewegung und schaffen mit dem Geräusch der Druckerpressen, den simultan sprechenden und deklamierenden Personen den Geräusch- und Klangraum einer rhythmisch orchestrierten Sprechoper, den die ‚Sprecharien' einzelner, durch Mikrophon verstärkter Aktanten, so Nepalleck, der Optimist und der Nörgler, oder die Schalek, für Momente zum Verstummen bringen oder übertönen. Musik im engeren Sinne reichert dieses Klang- und Geräuschspektrum an, so die dreimal einsetzende Orchestermusik – Mozarts *Requiem* beim Begräbnis des Erbprinzen, *Deutsches Requiem* von Brahms an der Front und Wiener Walzer gegen Ende – sowie die von Einzelnen gesungenen Kabarettsongs und Volkslieder und die Schlussnummern der Hauptprotagonisten, die in Operettenmanier das Stück zu Ende führen. Die Maschinerie liegt offen zutage, sie wird von Menschen in schwarzer Arbeitsmontur bewegt, die in der Anzahl der Zahl der Spieler nicht nachstehen.

Die ununterbrochene Bewegung des dem Blick Angebotenen, die Omnipräsenz von Stimmen, Geräuschen, Klängen, die im Falle der durch Mikrophon verstärkten, über Lautsprecher übertragenen Stimmen zugleich Lautquelle (Lautsprecher) und Körper trennt, zwingt den Zuschauer, sich selbst zu bewegen, will er nicht, betäubt von den Sinnesreizen, wie Stendhals Fabrice del Dongo auf dem Schlachtfeld von Waterloo, das Ereignis, so es stattfindet, versäumen.

Doch die Form der Teilnahme und der Verlauf der Bewegung, die das Wahrgenommene zu einer Lektüre der szenischen Schrift verknüpft, muss ununterbrochen neu bestimmt und entschieden werden: Ein Überblick ist unmöglich, die Perzeptionsformen und Perspektiven wechseln ununterbrochen und fordern zu Selbstreflexion heraus. Von epischer Distanz bis zur Einbeziehung ins Geschehen, beispielsweise als Teilnehmer des Trauerzugs hinter dem Sarg des Erbprinzen, von der Faszination des frontalen Bezugs zur nahen Kabarettbühne und zur fernen Rednertribüne, von der Schaulust am artistischen Spiel über den Köpfen bis zur Aufmerksamkeit gegenüber der Predigt von der Kanzel, werden Formen theatraler und sozialer Schaulust erprobt, deren Gegenstände jedoch durch die Bewegung der Spielflächen zumeist dem Blick schnell wieder entzogen werden. Musik und Geräusch, die sonore Ordnung, offenbart ihre die Wahrnehmung determinierende und strukturierende Funktion: Denn die Körper entschwinden oder sind noch nicht sichtbar, wenn schon Stimmen, die ihnen zuzuordnen wären, die Aufmerksamkeit für sich beanspruchen. Der sich zu fixieren suchende Blick wird ununterbrochen enttäuscht. Und findet er in den simultan gespielten Szenen einen frontalen Augenschmaus, so geschieht dies um den Preis des Versäumens anderer Szenen.

Die Theatermaschine Ronconis kritisiert so zuerst den Realitätseffekt der Medien, indem sie deren Wahrnehmungsstruktur vom Zuschauer selbst dekonstruieren lässt: Die Fiktion einer Omnipräsenz wird ebenso obsolet – der Krieg ist nicht mehr überschaubar – wie die Fiktion einer objektiven Vorzeigbarkeit – die Bilder oder Photos vom Kriegsschauplatz sind inszeniert, die Berichte narrativ zugerichtet. Zugleich setzt damit die Maschinenstruktur des dreieinhalb Stunden dauernden Ereignisses dem Kraus'schen Text eine adäquate Form entgegen: Die *scrittura scenica* aktualisiert eine *Multiplizität* von ästhetischen Bezugssystemen, die von den futuristischen *parole in libertà* – sie werden durch die Sprechchöre der Zeitungsjungen evoziert – zum Film – so in Zoombewegungen, in denen sich die Aktanten nähern und entfernen, oder in Überblendungen, die durch die Zurücknahme bzw. Verstärkung bestimmter Laut-, Stimm-, Klang- und Geräuschregister bewirkt werden – und bis zur Operette reichen und auch den Aspekt der dissonanten Sprechklangoper, den der dramaturgische Text zu evozieren weiß, ins Spiel bringen. Die Multiplizität der referentiellen Bezugssysteme ergibt sich aus dem Modus der Wahrnehmung, der nicht nur die Wahrnehmung verschiedenster Theaterformen, sondern auch soziale Formen der Beteiligung kritisch reflektieren lässt. Dabei können aktuelle Bezüge auch auf das Heute hergestellt werden, ist doch die Produktion von Ereignissen für und durch die Medien auch dem jüngsten Gedächtnis nicht fremd.

Die Mobilität der Maschinerie produziert eine *Leichtigkeit*, die die Körper gleiten lässt, Bilder zu Chimären entwirklicht, während die Stimmen und Geräusche noch nachhallen. Der Rhythmus einer Folge von einzelnen und simultanen Szenen, aus Pausen und Beschleunigungen wird nicht aufgezwungen, sondern kann durch den Zuschauer modifiziert werden, der sich ihm nach seiner eigenen Temporalität einfügt. Die *Geschwindigkeit* ist zugleich objektiv und subjektiv variierbar. *Exaktheit* und *Präzision* der Maschinerie wie des Spiels geben Raum für das Andere, das sich im Innenraum der Perzeption mental verwirklichen kann und so aus dem Sichtbaren das Ungesagte und aus dem Gesagten das Nichtdargestellte im Spiegel subjektiven und kulturellen Gedächtnisses entfaltet.

Die dissonante Sprech-, Klang- und Geräuschoper Ronconis ist die szenische Schrift, die die dramaturgische Schrift von Kraus, den Sprachkörper seiner Sprechmasken, Kabarett- und Operettenstimmen, das Skelett aus montierten Szenen und collagierten Diskursen im Maschinenraum eines Theaters zum Leben erweckt, das mit Gesten, Gegenständen, Raum und Klang auch eine Antwort des Theaters auf die Herausforderung des telematischen Zeitalters schreibt: Nur als szenische Schrift, die auch dem Wort einen Raum gibt, zugleich Analyse *in actu* einer Lektüre der dramaturgischen Schrift ist, und so szenisch die Verbindungsmöglichkeiten von visueller und sonorer Ordnung erprobt, kann Theater seinen Anspruch, unersetzbar zu sein, weiter behaupten: Denn als präsente Aktion, die die Bedingungen der Wirkung von Präsenz erfahrbar macht, ist das Theater ein Ort, der ermöglicht, das Verhältnis zu den Identität stiftenden Wahrnehmungsordnungen, das Verhältnis zur Sprache, zum Anderen und zu den anderen zu erforschen. Ein Ort der Erprobung flexibler Identitäten. Ein Ort, in dem, wie in Kafkas Utopie des Naturtheaters von Oklahoma, jeder seinen (subjektiven) Raum finden möge.

Januar 1991

Anmerkungen

1 Italo Calvino, *Lezioni americane. Sei proposte per il prossimo millennio*, Mailand 1988.
2 Ebd.
3 So als „distruzione dell'io", „abolizione del personaggio" (leggerezza); „velocità", „sintesi" (rapidità); „splendore geometrico" (esattezza), „sorpresa", „varietà" (visibilità); „simultaneità" (molteplicità) in den futuristischen Manifesten. Vgl. Filippo Tommaso Marinetti, *Teoria e invenzione futurista (Opere III)*, hrsg. v. Luciano De Maria, Mailand 1968.
4 Vgl. Helga Finter, *Der subjektive Raum*, Bd. 1: *Die Theaterutopien Stéphane Mallarmés, Alfred Jarrys und Raymond Roussels: Sprachräume des Imaginären*, Tübingen 1989/90; Dies., *Der subjektive Raum*, Bd. 2: *„... der Ort, wo das Denken seinen Körper finden soll": Antonin Artaud und die Utopie des Theaters*, Tübingen 1989/90.
5 Ebd.
6 Der italienische Theaterwissenschaftler und Kritiker Giuseppe Bartolucci hat schon seit Beginn der siebziger Jahre eine Zeitschrift mit dem Titel *La scrittura scenica* herausgegeben, die gerade die Anfänge des neuen Theaters dokumentierte.
7 Vgl. H. Finter, *Der subjektive Raum*, Bd. 1, S. 50. Federico Tiezzi setzt diesen Begriff dem Regietheater entgegen, bei dem es gerade um „Interpretation", nur in seltenen Fällen um inkarnierende „Repräsentation" ginge, vgl. F. Tiezzi, *Perdita di memoria. Una*

Ein Raum für das Wort. ,Teatro di Parola'	191

    trilogia per magazzini criminali: Genet a Tangeri. Ritratto dell'attore da giovane. Vita immaginaria di Paolo Uccello, Mailand 1986, S. 128f.
8   Calvino selbst hat diesen Punkt nicht mehr ausführen können. Doch ist zu vermuten, dass er ihn als Ergebnis der Lektürearbeit gezeigt hätte.
9   Jede dieser Produktionen erforderte eine eigenständige Untersuchung, für die hier der Raum fehlt.
10   Vgl. Paolo Puppa, *Teatro e spettacolo nel secondo novecento*, Bari/Rom, S. 292f.
11   Vgl. die Dokumentation *Biennale Teatro '89, La ricerca impossibile*, Rom 1990 und Carmelo Bene, *Il teatro senza spettacolo*, Rom 1990.
12   Vgl. F. Tiezzi, *Perdita di memoria*. Es folgen Heiner Müller, *Hamletmaschine*, 1988 (vgl. dazu H. Finter, „I magazzini en scène", in: *Art press* 135, 1989, S. 54–56 und Helena Janeczek, „Totenmesse für Europa. Heiner Müllers ‚Hamletmaschine' in Italien", in: *Theater heute* 7, 1988, S. 42), Samuel Becketts *Come è*, 1989, *Aspettando Godot*, 1989 und 1989–1991 das *Danteprojekt*. Zu Giorgio Barberio Corsetti vgl. Oliviero Ponte di Pino, *Il nuovo teatro italiano 1975–1988*, Mailand 1988, S. 77f. Corsettis Zuwendung zum Text beginnt mit dem Kafkaprojekt.
13   Vgl. Franco Quadri, *Il rito perduto. Saggio su Luca Ronconi*, Turin 1973.
14   Vgl. in diesem Sinne exemplarisch F. Tiezzi, *Perdita di memoria*, S. 129ff.
15   Vgl. P. Puppa, *Teatro e spettacolo*, Kap. II. Puppa zählt Luchino Visconti, Luigi Squarzina, Franco Zeffirelli und natürlich Strehler zu dieser Generation der Regisseure, die mit einer gegenüber dem übrigen Europa fünfzigjährigen Verspätung den Beruf des Regisseurs in Italien einführten. Das Regietheater wird neuerdings auch von den großen Schauspielern angegriffen, so jüngst von Dario Fo (in: Ders., Luigi Allegri, *Dialogo provocatorio*, Bari/Rom 1990, S. 58 ff.), der sich hauptsächlich gegen Strehler und Ronconi wendet, weil sie, so wörtlich, „den Körper des Schauspielers nicht zeigen."
16   Die erste Theaterakademie wird erst 1938 in Rom auf Betreiben von Silvio D'Amico gegründet, Strehler und Ronconi sind ihre Schüler, Carmelo Bene ein gescheiterter Akademie-Absolvent.
17   Gerade dies mag den gleitenden Übergang der Protagonisten des „Teatro immagine" zu einem „teatro d'immagine e di parole", wie auch eklatante Kehrtwendungen, wie die Carmelo Benes von einer Hypostasierung der Physis zu einer Sakralisierung der Phoné einsichtiger machen. Zur Reflexion über ihre Entwicklung vgl. auch „Conversazione con Federico Tiezzi", in: *Ponte di Pino, Il nuovo teatro italiano 1975–1988*, S. 59–70 und „Conversazione con Giorgio Barberio Corsetti", ebd., S. 77–88.
18   Vgl. die Dokumentation in: F. Quadri, *L'avanguardia teatrale in Italia (Materiali 1960–1976)*, 2 Bde., Turin 1977, hier Bd. I, S. 135–148.
19   Umberto Ecos *Opera aperta* erscheint zum ersten Mal 1962 bei Bompiani Mailand. Edoardo Sanguineti wird selbst dramatische Texte schreiben, so für Luciano Berio und Luigi Nono. Die Einrichtung des Textes für den ersten Teil des *Divina Commedia*-Projekts der Magazzini, *La commedia dell'Inferno*, stammt ebenfalls von ihm, vgl. E. Sanguineti, *Commedia dell'Inferno*, Genova 1989.
20   Vgl. H. Finter, „Experimental Theatre and Semiology of Theatre: The Theatricalization of Voice", in: *Modern Drama* XXVI, 1983, S. 510–517.
21   Vgl. H. Finter, „Die souffliierte Stimme. Klangtheatralik bei Schönberg, Artaud, Jandl, Wilson und anderen" (in: *Theater heute* 1, 1982, S. 45–51), in diesem Band S. 19–34;

Dies., „Corps emblématiques" (in: Michèle Fèvbre (Hrsg.), *La danse au défi*, Montréal 1987, S. 96–104), in: Dies., *Le Corps de l'audible. Écrits français sur la voix 1979–2012*, Frankfurt/Main 2014, S. 81–92.

22 Vgl. F. Quadri, *L'avanguardia teatrale in Italia*, Bd. II; O. Ponte di Pino, *Il nuovo teatro italiano*. Zu Il Carrozzone/Magazzini criminali vgl. H. Finter, „Die soufflierte Stimme" sowie „I magazzini en scène".

23 Punkt 11 in: Pier Paolo Pasolini, „Manifesto per un Nuovo Teatro", in: *Nuovi Argomenti* 9, 1968, S. 6–22, wiederabgedruckt in: *I magazzini* 8, 1985, S. 91–102. Explizit werden Strehler, Zeffirelli und Visconti für die eine Seite und Living Theater und Grotowski für die andere Seite genannt. Für letztere fehlt es nicht an Anspielungen auf die ersten Versuche eines Neuen Theaters in den legendären römischen *cantine*, in denen u.a. Bene und Quartucci debütierten

24 Pasolinis Konzeption basiert natürlich auf der Idee des „organischen Intellektuellen" Gramscis, der ihn als ‚natürlichen' Vermittler zwischen der *classe dei colti* und dem Proletariat versteht.

25 Vgl. *I magazzini* 8, 1985.

26 Vgl. F. Tiezzi, *Perdita di memoria*, S. 131ff.

27 Vgl. F. Quadri, *Il rito perduto*, S. 81–110.

28 Für den Schriftsteller Giorgio Manganelli hingegen gehört Alfieris Tragödiensprache zum Provokativsten, was die italienische Literatur hervorgebracht habe, vgl. G. Manganelli, *Laboriose inezie*, Mailand 1986, S. 189.

29 Vgl. Paul Kruntograd, „Die Apokalypse im Caféhaus – Hollmanns neuer Anlauf zu den ‚Letzten Tagen der Menschheit' und Qualtingers Versuch mit den ‚Unüberwindlichen' von Karl Kraus", in: *Theater heute* 8, 1980, S. 16–18.

Pier Paolos Pasolinis Utopie eines Theaters der Poesie zwischen Kopf und Leib

Fast zehn Jahre nach Pier Paolo Pasolinis gewaltsamem Tod auf einem *terrain vague* nahe dem Wasserflughafen von Ostia im Morgengrauen der Nacht von Allerheiligen auf Allerseelen am 2. November 1975, druckte die Zeitschrift der Theatergruppe Magazzini criminali Pier Paolo Pasolinis „Manifesto per un Nuovo Teatro" zum ersten Mal seit seiner Veröffentlichung im Januar/März 1968,[1] unter der Rubrik „Im Theater der toten Sprachen" (*Nel teatro delle lingue morte*) wieder ab.[2] Diese Publikation der Magazzini unterstrich die Abwendung Sandro Lombardis, Marion d'Amburgos und Federico Tiezzis von einem Performancetheater wie *Crollo nervoso* 1980 und initiierte ihr Projekt eines „Labors für ein Theater der Poesie" (*laboratorio per un teatro di poesia*), das die Gruppe in den neunziger Jahren mit Dantes *Divina Commedia* (1989–1991), Giovanni Testoris *Edipus* (1994) und Pasolinis *Porcile* (1994) umsetzen wird. Zweifelsohne hatte Pasolinis vergessenes Manifest ihre Entwicklung zu einer Theaterästhetik des gesprochenen Wortes in den neunziger Jahren ebenso beeinflusst, wie die vorangehende Auseinandersetzung mit Pasolinis Dramentexten zur Ausbildung eines spezifischen italienischen *teatro della parola* beigetragen hatte.[3] Heute, dreißig Jahre nach Pasolinis Tod und zwanzig Jahre nach der ersten Reprise des Manifest durch eine damalige Theateravantgarde, stellt sich die Frage nach der Aktualität von Pasolinis Text vor einem Horizont, der sich zwischen den Polen zweier repräsentativer Positionen spannt, die mit den Namen Luca Ronconi einerseits und Giuseppe Zigaina andererseits verbunden sind.

Pasolinis Manifest: „Theatrale Inkompetenz" oder „Todesritual"?

In Pasolinis Werkausgabe bei Mondadori ist sein Theatermanifest nicht abgedruckt.[4] In dem Interview, das dem Band *Teatro* der Gesamtausgabe vorangestellt ist, wie auch in einem neueren Gespräch,[5] behauptet der Regisseur bewundernswerter Pasolini-Inszenierungen die „Kontraproduktivität" der im Manifest geäußerten Kritik am Theater: Ronconi hält sie in der Tat für eine „durch Ideologie oder theatrales Unwissen bedingte Verweigerung theatraler Techniken".[6] In der Einführung zu Stefano Casis beeindruckender Studie zum Theater Pasolinis[7] schließlich apostrophiert Ronconi das Manifest geradezu als „Hemmschuh" (*catenaccio*) für ein tieferes Verständnis seiner Dramen: Das Manifest verdanke sich einer „Animosität" (*malumore*) gegenüber dem Konzept der „Darstellung" (*rappresentazione*) und stelle nicht wirklich ein Manifest theatraler Möglichkeiten dar.[8] Schließt man mögliche Animositäten seitens Ronconis aus – der Regisseur war zusammen mit Giorgio Strehler noch bis zuletzt Zielscheibe von Pasolinis Theaterschelte –, so bestimmte dieses strenge Urteil wohl vor allem das Erlebnis von Pasolinis einziger Inszenierung[9] *Orgia* im November 1968 in Turin, die Ronconi als vollkommenes Desaster erschien.

Eine diametral entgegengesetzte Position nimmt Giuseppe Zigaina ein, die jedoch kurioserweise ebenfalls zu einer Verwerfung von Pasolinis Theaterutopie führt: Für Zigaina[10] hat nämlich das Theater Pasolinis letztlich in seinem gewaltsamen Todes seinen höchsten Ausdruck gefunden. Diese von einer willkürlich esoterischen Lektüre seiner Schriften gestützte These interpretiert Pasolinis Ermordung als ein *acting out* seines kontradiktorischen Stils, der in einer „Schrift des Realen" seine Aufhebung finde und so seinen Tod als „einen mythischen Ritualmord, der als neue skandalöse Sprache lesbar wird"[11] definieren ließe. Darüber hinaus versteht Zigaina das „Manifest für ein Neues Theater" zudem als Skript, das Pasolinis Ermordung im November 1975, in der Nacht zwischen Allerheiligen und Allerseelen, als inszenierten Opfertod in Form einer definitiven „Realperformance" dramaturgisch vorbereite. Die von Zigaina aus vorgeblich „pädagogischen" Gründen von seinen drei linguistischen Klammern gereinigte Version[12] beraubt Pasolinis Manifest somit zugleich seines Argumentationszentrums, denn sie spart seine Reflexion über die Sprache als gesprochenes Wort (*parola*) aus: Pasolinis Überlegungen über das Verhältnis zur Schrift, sowie über die Beziehung von geschriebenem und gesprochenen Wort in der Theaterdiktion, wie auch die daraus resultierende Formulierung der Utopie eines *Teatro di Parola*.

Zigaina verkennt damit auch Pasolinis Projekt eines „Theaters der poetischen Sprache", das der Dichter in seiner posthum veröffentlichten autobiographischen Tragödie *Bestia da stile* („Stilbestie"), nicht nur mit dem 1975 geschriebenen Vorwort[13] gegen das bürgerliche und nun als konformistisch erfahrene avantgardistische bzw. linke Theater angeführt hatte – die Namen des Living Theatre, Dario Fos, Giorgio Strehlers, Luca Ronconis und Luchino Viscontis wurden dort genannt, während Carmelo Bene explizit von dieser Schelte wie schon in vorausgehenden Kritiken ausgenommen worden war. Auch mit diesem letzten Drama hatte Pasolini nun ausdrücklich im Text selbst sein Theater des gesprochenen Wortes als das einer poetisch eingeschriebenen *Textstimme* charakterisiert: Die ersten elf Verse des Eingangschors formen dort nämlich das Akrostichon *VIVA LO STILE* („Es lebe der Stil") und disseminieren über Rhythmus und Vers so eine Vokalität, die Indiz für einen Körper und Appell für die Realisierung der Stimme des Lesers oder Sprechers wird:[14]

Versi senza metrica
Intonati da una voce che mente onestamente
Vengono destinati
A rendere riconoscibile l'irriconoscibile –

Liberi versi non-liberi
Ornano qualcosa che non può essere che disadorno –

Se la coscienza della lingua
Tiene il posto della sua necessità,
Istituisce nuove forme:
Lasciare che essa si illuda,
E aspettare che ciò che vuole si esprima.[15]

Von diesen Versen Pasolinis bestärkt und gestützt möchte ich nun jenseits ‚theatertechnischer' Reserven und esoterischer Spekulation Pasolinis „Manifest für ein Neues Theater" im Hinblick auf den Stellenwert, den der Dichter der Sprache, dem Bewusstsein von Sprache in seinem Theater zuweist, befragen und die hieraus resultierende Sprachkonzeption diskutieren.

Debatten um ein neues Theater: Neue Dramaturgie oder neues Theater?

In den Debatten um das Theater der sechziger Jahre in Italien steht die Sprache des dramatischen Texts wie auch die auf der Bühne artikulierte Sprache im Mittelpunkt. Deshalb sei zuerst kurz ein Blick auf den Kontext der Diskussion über die Zukunft und Funktion des Theaters erlaubt, die seit Mitte der sechziger Jahre in Italien Theaterschaffende sowie Schriftsteller, Intellektuelle und Künstler bewegte. Zwei divergierende Tendenzen zeichneten sich dabei ab: Einerseits ging es um eine neue Dramaturgie, um ein Theater der Autoren, andererseits um eine neue szenische Schrift, in welcher der Text seinen dominierenden Stellenwert einbüßt und nur als eines der vielen, die Aufführung konstituierenden Signifikantensysteme angesehen wird.[16]

Ausgehend von einem ministeriellen Erlass, der für die Bezuschussung der Theater einen bestimmten Prozentsatz zeitgenössischer, italienischer Dramatik einklagte,[17] fanden Mitte der sechziger Jahre national und regional zuerst Diskussionen zum Stellenwert der italienischen Dramatik statt. So hatte sich beispielsweise der Leiter des Teatro Stabile von Turin, Gianfranco de Bosio, der Politik einer neuen Dramaturgie verschrieben, mit Aufträgen an Schriftsteller wie Alberto Moravia, Natalia Ginzburg oder auch Primo Levi, dessen Bühnenbearbeitung seines Auschwitzberichtes *Se questo è un uomo* im November 1965 in Turin aufgeführt wurde.[18] In diese Politik einer neuen italienischen Dramaturgie wird sich Pier Paolo Pasolinis Aufführung von *Orgia* 1968 in Turin als letzte Aufführung dieser Intendanz einreihen.

Dieser regionalen Autorenpolitik stand eine nationale Debatte gegenüber, die in Form einer Befragung von Schriftstellern, Intellektuellen, Theatermachern und Kritikern zum Stellenwert des dramatischen Theaters in den Zeitschriften *Sipario* und *Marcatré* von 1965 und 1966 stattfand.[19] Drei Fragen wurden gestellt: 1. Wovon hängt nach Ihrer Meinung der Bruch zwischen Intellektuellen und der Bühne in Italien ab? 2. Was war und ist Ihre Haltung als Autor gegenüber dem Theater? 3. Gehen Sie ins Theater und welche Theaterautoren oder -persönlichkeiten interessieren Sie? Die zahlreichen Antworten zeigen insgesamt folgende italienischen Besonderheiten: Der Großteil der befragten Autoren manifestiert ein allgemeines Desinteresse, ja Verachtung gegenüber dem italienischen Theater. Wenn überhaupt, gehen die meisten Schriftsteller nur im Ausland ins Theater, als einziges italienisches Theater wird neben Giorgio Strehlers Piccolo Teatro in Mailand vor allem das Dialekttheater Edoardo de Filippos in Neapel genannt. Wie die Schriftsteller Natalia Ginzburg, Alberto Moravia oder Dacia Maraini unterstreicht Pasolini, der bei diesen Debatten mehrmals interveniert, das Fehlen eines verbindlichen gesprochenen Italienisch – *italiano medio* – und die Problematik eines Hiatus zwischen gesprochener und geschriebener Sprache, welcher zu einem Akademismus des Theateritalienisch geführt habe, den er nur von wenigen Schauspielern überwunden sieht: in der Nummer 229 des *Sipario* im Mai 1965 werden Edoardo de Filippo, Franco Parenti, Franca Valeri und Laura Betti genannt, in der Nummer 240 im November 1966 wird als mögliches Modell zudem der Varieté-Schauspieler – *guitto* –, sowie, als einzige Ausnahme unter den Zeitgenossen, Carmelo Bene angeführt.

Jenseits vom Dialekttheater und von Benes Ästhetik sucht Pasolini jedoch nach einem Weg im Theater, der seinen Wunsch, sich in den Dienst des Textes zu stellen, realisieren könnte. So zieht er die Möglichkeit in Betracht, entweder seine zu diesem Zeitpunkt in Arbeit befindlichen Dramentexte in Übersetzung im Ausland spielen zu lassen oder aber eventuell Nicht-Schauspieler für seine Stücke einzusetzen: „Man müsste vielleicht junge Leute, die noch nie gespielt haben, nehmen und ihnen alles von Anfang an beibringen; wenigstens sie mit dem Bewusstsein beginnen lassen, dass dieses Problem existiert ...".[20] Schon 1966 wird so deutlich, dass die Frage der gesprochenen Sprache im Theater, die Frage des Theaters des Worts, in engem Zusammenhang mit dem Verhältnis des Schauspielers zur Sprache steht. Zu diesem Zeitpunkt erhofft sich Pasolini, der die Integration des Theatertexts in eine spezifische Theatersprache als Hauptproblem ansieht, Hilfe von einer noch zu entwickelnden Theatersemiotik: „Die ganze Semiologie der Theaterzeichen ist in Wirklichkeit noch zu schaffen. Man muss sie schaffen."[21]

Unter einer solchen semiotischen Fragestellung findet im folgenden Jahr der *Convegno per il Nuovo Teatro* vom 9.-12. Juni 1967 im Centro Studi di Olivetti in Ivrea bei Turin statt, der neben Theaterkritikern Theaterkünstler und Komponisten der Avantgarde sowie Cineasten – Carlo Quartucci, Luca Ronconi, Carmelo Bene, Leo de Bernardinis, Marco Bellocchio, Liliana Cavani, Sylvano Bussotti, Cathy Berberian – versammeln wird.[22] Aus einem von Giuseppe Bartolucci und Franco Quadri vorgelegten Diskussionspapier geht hervor, dass hier Theater nicht nur sozio-politisch neu zu bestimmen versucht wurde, sondern auch neu zu schaffende Produktionsformen wie Theaterlaboratorium und Theaterkollektiv vor allem auch durch eine neue Ästhetik begründet wurden, in welcher der Text seiner dominierenden Rolle beraubt werden sollte: Dieser wird, in dramaturgische Schrift und phonetischen Ton aufgesplittet, nur noch als eines unter den anderen Zeichensystemen des Theaters aufgeführt, die da sind: „a) Geste, b) Objekt, c) dramaturgische Schrift d) Ton (Phonetik und Sound), e) szenischer Raum (Theaterort und Verhältnis Bühne–Zuschauerraum)."

Aus der Weigerung, dem Dramentext die beherrschende Rolle zu geben, resultiert nun eine Konzeption der Aufführung als szenische Schrift – *scrittura scenica* –, in der alle am Bühnenprozess beteiligten Elemente gleichwertig miteinander kombiniert werden sollen. Wie bei der Lektüre des offenen literarischen Textes (Umberto Eco) wird damit eine Partizipation vom Zuschauer gefordert, der erst in der Rezeption des Bühnengeschehens diesen Text in seinen Sinnmöglichkeiten vollendet. Es geht nicht mehr um eine Divergenz von inadäquatem Körpertext des Schauspielers und poetischen Schrifttext, sondern um die Heterogenität von visuellen und sonoren Wahrnehmungsordnungen. Dies erlaubt, die Krise der menschlichen Darstellung auf der Bühne gerade in der Dekonstruktion der habituellen Einheit von Stimme und visuell wahrgenommenem Körper nicht nur bewusst zu machen, sondern auch zu dialektisieren. Damit resümiert und antizipiert dieses Diskussionspapier Entwicklungen des italienischen Theaters, in denen der Text – wie bei Carlo Quartucci zum Beispiel – zur Laut- und Geräuschpartitur wird oder überhaupt zurücktritt, um einem visuellen Text – wie in den frühen Arbeiten der Carrozzone/Magazzini Criminali oder Gaia Scienza oder Falso Movimento – das Feld zu überlassen.

Pier Paolo Pasolini und Giovanni Testori: Für ein Theater zwischen Kopf und Leib

In dieser Debatte über die Zukunft und Funktion des Theaters, die seit Mitte der sechziger Jahre in Italien Theaterschaffende, Intellektuelle und Künstler bewegte, setzt neben Pasolini 1968 noch ein weiterer Schriftsteller und Dichter, Giovanni Testori, mit einem Theatermanifest ein Zeichen, welches wie das Manifest Pasolinis zugleich Schlusspunkt dieser Debatte als auch wegweisend für die Bemühung um ein neues Theater seit Mitte der achtziger Jahre werden sollte. Im Zentrum steht bei beiden gerade jenes Element des Theaters, das in der Praxis und in den Diskussionen der Theateravantgarde zur Disposition gestellt bzw. zu einem Element unter anderen erklärt worden war: *la parola*, das gesprochene Wort. Bei beiden ist das gesprochene Wort direkt an den Zuschauer gerichtet, sein Verhältnis zur Bühne wird von ihm bestimmt. Jedoch divergieren die jeweiligen Konzeptionen dieses gesprochenen Wortes: Während Pier Paolo Pasolini in seinem „Manifesto per un Nuovo Teatro"[23] das gesprochene Wort primär als Vehikel von Ideen zu verstehen scheint und somit seiner theatralen Qualität entkleiden will, stellt Giovanni Testori in seinem „Il ventre del teatro" („Der Bauch des Theaters")[24] gerade das durch die Stimme sich körperlich manifestierende Wort ins Zentrum, das nun den Knoten der Existenz freilegen soll.

Pasolinis im Januar 1968 veröffentlichtes Manifest ist gegen das bürgerliche „Theaters des Geschwätzes" einerseits, sowie gegen das fortschrittlich sich wähnende „Theater der Geste und des Schreis" in der Artaud- und Living Theatre-Nachfolge gerichtet. Es fordert eine neue Qualität des gesprochenen Wortes, das jenseits einer theatralen Rhetorik ebenso wie jenseits einer Körperlautpartitur oder politischen Gestikulation angesiedelt sein sollte: Ein Theater, welches das Ohr fordert, in dem die Handlung reduziert ist und die Inszenierung fast völlig verschwindet, und das als kultureller Ritus dem fortschrittlichsten Teil des Bürgertums vorbehalten ist. Die Präzisierungen in drei linguistischen Exkursen gelten vor allem der Sprache (*lingua*), der Aussprache (*pronuncia*) sowie dem Spiel (*recitazione*). Mit ihnen begründet Pasolini seine Abwendung vom bürgerlichen Theater wie auch vom Avantgardetheater als zwei Seiten einer Medaille: Unbewusste Rhetorik des sozialen Status und unbewusste vorsprachliche Körperrhetorik spiegelten sich. Dagegen fordert er für das Neue Theater eine „regelrechte Schule der sprachlichen Reedukation". Ihr Ziel ist ein „Sprechen (*dizione*), dessen unmittelbarer Gegenstand nicht die Sprache ist, sondern die Bedeutung der Worte und der Sinn des Werks" (Punkt 31). Der Schauspieler soll zum „lebendigen Träger des Textes" werden und nicht, wie im bürgerlichen Theater des Geschwätzes, soziale Theatermasken mittels seiner Star-Aura rhetorisch verkörpern oder, wie im Theater des Gestus und des Schreis, als hysterisches Medium das den Text Transzendierende als Mysterium inkarnieren wollen. Die in beiden Fällen zugrundeliegende falsche Sakralität – das Mysterium des Metiers, das Mysterium eines Theaterrituals – soll so ein Spiel dekonstruieren, in dem der Schauspieler dem Text seine Stimme ohne jegliches künstliches Beiwerk leihen soll. Es geht um ein Theater, das den Hass auf das Wort, den Pasolini sowohl für die Heuchelei des Theaters des Geschwätzes als auch den Irrationalismus des Theaters der Geste und des Schreis diagnostiziert, zu überwinden vermag.

Giovanni Testoris 1968 in der Juninummer der Zeitschrift *Paragone* publizierter Text „Il ventre del teatro" („Der Bauch des Theaters"),[25] der ebenfalls nicht in seiner Werkausgabe[26] aufgenommen wurde, wendet sich gegen ein Theater, das für ihn seit Luigi Pirandello Reduktion auf einen *canovaccio*, einen Plot, und damit Verzicht auf die Literatur bedeutet. Literatur im Theater ist für Testori der Versuch einer Versprachlichung des „grumo dell'esistenza", einer Fleischwerdung des Wortes, welche die Gründe der Gewalt, der Leidenschaft zu ‚verifizieren' sucht. Daher muss nach ihm dieses gesprochene Wort unerträglich physiologisch werden, ein direkt an das Publikum adressierter Monolog, der weder politisch noch ideologisch sein will, sondern komplex und grässlich keimend (*germinale*). Dem zeitgenössischen Theater wird so die Absenz jeglichen Sinns für das Sakrale und das Unmögliche vorgeworfen, welche säkulare Dialektik und Eitelkeit des Denkens durch die Abwertung der letzten Gründe der Wortmaterie herbeigeführt hätten. Damit geht es Testori letztlich um die Heiligkeit des sich sprachlich verlautenden menschlichen Körpers, um jene Heiligkeit des singulären Individuums, die auch Pasolini in seinen Texten und Filmen beschäftigte.[27] Denn wenn auch Pasolini im Theater dessen falsche Sakralität bekämpft, so ist er keineswegs in die Reihe derer einzuordnen, die Testori hier angreift. Denn beide, auf der Ebene der expliziten Poetik unvereinbar scheinenden Konzeptionen des Theaters treffen sich auf der Ebene der Praxis.

Dies wird mit Pasolinis im Hinblick auf diese neue Poetik konzipierten einzigen Bühnenarbeit deutlich: Im November 1968 inszeniert er in Turin mit *Orgia* einen Text, der in seiner poetischen Form und seiner Thematik paradoxerweise Testoris Forderungen nach einem Theater des Unmöglichen entspricht: Ausgehend vom schmerzhaften Fehlen der *parola* gibt *Orgia* dem Diversen, dem Anderen eine Sprachbühne und lässt mit dem gesprochenen Wort die Grenzen des Unsagbaren ausloten. Im Zentrum seines Dramas steht nämlich das Verhältnis von Körper und Sprache, von Sprache und Sexualität. *Orgia* thematisiert den Tod als untrennbaren Aspekt des Begehrens und stellt ihn der Ideologie der ‚Natürlichkeit' des Geschlechtlichen gegenüber. Schon der Eingangsvers des in Turin nicht aufgeführten Prologs deutet das allein durch Sprache aufführbare Unmögliche an:

Sono morto da poco. Il mio corpo
Penzola a una corda, stranamente vestito.[28]

Die Bühne lässt die Toten sprechen, gibt ihrem Schatten Leben durch den Atem der Stimme des Schauspielers. Der Subtext der Figuren ist in ihren Sprechtext integriert, dessen Wiedergabe durch eine Stimme weder expressiver Rhetorik noch mimischer Psychologie bedarf. Dem trug in der Uraufführung am 27. November 1968 im Deposito d'Arte Presente von Turin das reduzierte Spiel der Schauspieler Laura Betti, Luigi Mezzanotte und Nelide Giammarco Rechnung, das in einer szenischen Struktur von Mario Ceroli erfolgte. Punktiert von einem von Ennio Morricone komponierten Trompetensolo lässt die Tonbandaufzeichnung dieser Aufführung[29] eine zurückgenommene Sprechweise hören: Sie stellt das persönliche Verhältnis des Schauspielers zum Text zurück und enthält sich emotiver oder expressiver Verlautung. So auf eine neutrale Diktion reduziert, tritt die Stimme des Textes ebenso in den Vordergrund wie ihre Trennung vom Körper des Schauspielers.

Im Hinblick auf das negative Echo bei der Kritik bedauerte Pasolini deshalb, dass Theater- und nicht Literaturkritiker die Aufführung rezensierten, denn letztlich habe es sich um „,orale Poesie'" gehandelt, „die durch die physische Präsenz der Schauspieler rituell wird in dem einem solchem Ritus zugewiesenen Ort", oder noch genauer, um „eine Mischung aus ‚mit lauter Stimme gelesener Poesie'" und einer auf ein Minimum reduzierten „,theatralen Konvention'."[30] Neben dem traditionellen Theater und dem Theater der Avantgarde gibt es so für Pasolini ein drittes Theater, das deshalb „Teatro della Parola" ist, weil es „in Versen, das heißt in einer poetischen Sprache geschrieben ist.[...] In ihr", so sagt er, „wird das gesprochene Wort (*parola*) im höchsten Grade des Ausdrucks verwendet: zugleich mehrdeutig und absolut".[31]

Gerade die Schwierigkeit der Verlautung von Poesie auf der Bühne scheint aber hier Pasolini noch nicht als Problem bewusst gewesen zu sein, und dies mag zum Teil gerade das Entsetzen wohlgesinnter Zuhörer der Aufführung wie Luca Ronconi bestimmt haben. Einen poetischen Text sprechen heißt, den Körpers des Sprechers, sein inneres Ohr und seine innere Stimme mit der Stimme des Textes, die durch Rhythmus und Vers sowie Lautokkurenzen vorgegeben ist, in Bezug zu setzen. Doch Poesie stellt zudem ein weiteres Problem, das Jean-Christophe Bailly in folgender Frage formuliert hat: Wie die utopische Stimme eines Gedichts laut artikulieren, die darauf abzielt, die ganze Sprache zu beinhalten und mit seiner Verlautung zugleich die mysteriöse Stimme, die ihn diktiert, hören lassen will?[32] Diese Frage hatte Pasolini in seinem Manifest ausgespart, als er den Schauspieler allein auf ein Sagen (*dizione*) zur Sinnwiedergabe des Textes verpflichtete.

Doch während in Pasolinis Manifest die Frage des Körpers und der Stimme nur unter dem negativen Aspekt der histrionischen Theatralität und der avantgardistischen, sinnzerstörenden Dekonstruktion des Wortes angesprochen wird und somit den Zeitgenossen als Utopie eines zerebralen Theaters körperloser Sprachflächen erscheinen mochte, führten seine Dramen die Stimme als poetische Stimmen eines Textkörpers ein, dessen zentrales Thema die Andersartigkeit diverser Körper ist. Pasolinis spärliche ästhetische Hinweise für die *dizione* des Schauspielers werden hier zentral: Denn mittels der Stimme des Schauspielers kann ihr eine die Verbindung von Körper und Text projizierende oder aber ihre Trennung ausstellende Dramatisierung gegeben werden. In der Turiner Aufführung, in der Pasolini allein den Text verlauten lassen wollte, war für die Zuhörer eine vom Körper *getrennte* Textstimme ausgestellt worden. Die Sprache der Realität, welche die Worte evozierten, erschien damit in der Aufführung von *Orgia* durch das Dichterwort souffliert, was im vitalistischen Kontext des Jahres 1968 in der Tat ein Skandalon bedeuten musste. So umreißen die spärlichen Ausführungen zum Vortrag des Textes in Pasolinis Manifest schon *ex negativo* jenes Feld des Bezugs von Stimme und Text, den das postdramatische Theater in den kommenden Jahrzehnten erforschen wird.

Berücksichtigt man den Kontext der zeitgenössischen Theaterdebatte wie auch die Umstände seiner einzigen Inszenierung, so zeigt sich die Tragweite von Pasolinis oft als der Theaterrealität ferne kritisiertem Manifest auf neue Weise: Einerseits impliziert es ein Theater des Diskurses, der Ansprache, des *non-acting*, wie sie das postdramatische Theater praktizieren wird, und ebenfalls eine Konzeption der Funktion des Theaters, das als kultureller Ritus für ein ausgewähltes Publikum von Kulturschaffenden und -vermittlern heute gerade in seiner avanciertesten Form teilweise Realität geworden ist. Andererseits macht aber gerade seine einzige Inszenierung auch deutlich, dass Pasolini auf der Bühne eben die Themen zu verhandeln sucht, die sein Dichterkollege Giovanni Testori als die einzigen das Theater rechtfertigenden und begründenden Themen begreift: die Dramatisierung der Grenzen von Körper und Sprache im Versuch einer Versprachlichung des Unmöglichen. Die sprachliche Verhandlung eines Antagonismus von Kopf und Leib, die für Testori allein das Theater legitimiert, ist Thema aller sechs Dramen Pasolinis und manifestiert sich dort in einer poetischen Sprache, die über den Stil dem Leib eine Stimme gibt.

Diese Auseinandersetzung mit dem Heiligen, die Pasolini in allen von ihm experimentierten künstlerischen Praktiken verfolgte, kristallisiert sich zuletzt in den Versen von *Bestia da Stile*, die eine Passion des Körpers der Schrift als Schrift eines Körpers in Szene setzen, die Pasolini autobiographisch nannte. *Bestia da Stile* („Stilbestie") ist eine jener Injurien, die Politkommissare jeder Couleur für widerständige Dichter oder Künstler bereithielten und -halten. Pasolinis Identifikation seiner Theaterutopie mit einem Theater der Poesie adelt nicht nur das Beharren des Dichters auf dem Stil der *parola*, sondern lässt auch den Stil poetischer Sprache als die einzige Möglichkeit aufscheinen, die Beziehung von Kopf und Leib, Sprache und Begehren verlauten zu lassen. Wer hingegen den Mord an Pasolini zu einer Realisierung seiner poetischen Sprache pervertiert, schlägt sich nicht nur auf die Seite jener, die den Buchstaben hassen, sondern rechtfertigt auch jene, die das Symbolische in einem *acting out*, das Reales und Imaginäres kurzschließt, verwerfen, wobei ein mörderischer Akt an die Stelle der Sprache tritt. *Bestia da Stile* setzt gegen einen solchen aphasischen Akt den Sprachakt, der, durch die Übertragung des Atems des Lesers zum Sprechakt, zum Keim des Theaters, werden kann, zu einer Aufführung, zu einer Repräsentation, die sich sowohl mental als auch vor den Augen abspielen mag. Denn gerade das heißt auch etymologisch gesprochen, Theater.

November 2005

Anmerkungen

1 *Nuovi Argomenti* 9, 1968, S. 6–22.
2 *Magazzini (Quaderni dei Magazzini Teatro di Scandicci)* 8, 1985, S. 91–102.
3 Vgl. Helga Finter, „Ein Raum für das Wort. Zum ‚Teatro di Parola' des neuen Theaters in Italien" (in: *Zeitschrift für Literaturwissenschaft und Linguistik* 21/81, 1991, S. 53–69), in diesem Band S. 177–192.
4 Pier Paolo Pasolini, *Teatro*, hrsg. v. Walter Sitti und Silvia De Laude, Mailand 2001.
5 Vgl. „Un teatro borghese. Intervista a Luca Ronconi", in: P. P. Pasolini, *Teatro*, S. XI–XXVI; sowie Interview von H. Finter mit Luca Ronconi „Restituire alla parola la libertà", 10. Januar 2004, unveröffentlicht.
6 P. P. Pasolini, *Teatro*, S. XXIII.
7 Stefano Casi, *I teatri di Pasolini*, Mailand 2005, S. 11–17.
8 Ebd., S. 11.
9 Abgesehen von ersten Versuchen in der Jugend mit Dialekttheater, vgl. Hervé Joubert-Laurencin: „Préface", in: P. P. Pasolini, *Théâtre 1938-1965* (aus dem Italienischen übers. v. H. Joubert-Laurencin/Caroline Michel, aus dem friaulischen v. Luigi Sandele), Besançon 2005, S. 7–24.
10 Vgl. Giuseppe Zigaina, *Pasolini e il suo nuovo Teatro*, Venedig 2003: „senza anteprime né prime né repliche".
11 Ebd., S. 195: „una morte rituale e mitica leggibile come un nuovo scandaloso linguaggio".
12 Ebd., S. 198ff.
13 P. P. Pasolini, *Bestia da stile*, in: Ders.: *Porcile – Orgia – Bestia da stile*, Mailand 1979, S. 195–196.
14 Ebd., S. 197.
15 In meiner Übersetzung: „Verse ohne Metrik / Intoniert durch eine Stimme die ehrlich lügt / Sind dazu bestimmt worden / Das Nicht-Erkennbare erkennbar zu machen / Freie nicht-freie Verse / Schmücken etwas, was nur des Schmucks beraubt sein kann – / Wenn das Sprachbewusstsein / Seinen notwendigen Platz einnimmt / Richtet es neue Formen ein: / Zulassen, dass es täusche / Und hoffen, dass was will, sich ausdrücke".
16 H. Finter, „Ein Raum für das Wort", in diesem Band S. 177–192.
17 Vgl. Gian Renzo Morteo, „Gli autori e il nostro teatro", in: *Quaderni del Stabile di Torino* 8, 1966, S. 5–17.
18 Vgl. H. Finter, „Primo Levi's Stage Version of *Se questo è un uomo*", in: Claude Schumacher (Hrsg.), *Staging the Holocaust. The Shoah in Drama and Performance*, Cambridge/New York 1998, S. 229–253.
19 „Gli scrittori e il teatro", in: *Sipario* 229, 1965, S. 2–14; „Gli scrittori e il teatro" und „Otto autori come campioni", in: *Sipario* 231,1965, S. 2–15; „Cinema e teatro", in: *Sipario* 240, 1966, S. 8–10; „Per un convegno sul nuovo teatro", „Esiste un nuovo corso",

in: *Sipario* 247, 1966, S. 2–7; „Teatro oggi, funzione e linguaggio", in: *Marcatré* 19/20/21/22, 1966, S. 129–180.
20 *Sipario* 247, 1966, S. 7: „Bisognerebbe forse prendere dei giovani che non abbiano mai recitato e insegnar loro tutto da capo; farli almeno cominciare con la coscienza che esiste questo problema ...".
21 Ebd.: „In realtà tutta la semiologia del sistema di segni del teatro è ancora da fare. Bisogna farlo."
22 Das Diskussionspapier ist abgedruckt in: Franco Quadri, *L'avanguardia teatrale in Italia (Materiali 1960-1976)* I, Turin 1977, S. 135–148, vgl. auch „Ein Raum für das Wort", in diesem Band S. 177–192.
23 *Nuovi Argomenti* 9, 1968, S. 6–22.
24 *Paragone serie Letteratura* 219, 1968, Florenz, S. 93–107.
25 Giovanni Testori, „Il ventre del teatro", in: ebd.
26 G. Testori, *Opere 1965-1977*, hrsg. v. Fulvio Panzeri, Mailand 1997.
27 H. Finter, „San Pier Paolo oder ‚Alles ist Paradies in der Hölle' (Sade). Über Pier Paolo Pasolini", in: Hans Jürgen Heinrichs (Hrsg.), *Der Körper und seine Sprachen*, Frankfurt/Main 1984, S. 61–91, hier S. 146.
28 P. P. Pasolini, *Porcile – Orgia – Bestia da stile*, S. 103: „Ich bin seit kurzem tot. Mein Körper, / seltsam gekleidet, pendelt an einem Strick." (Übers. v. HF)
29 Ich konnte diese Tonbandaufnahme im *Centro Studi Teatrali* in Turin zusammen mit weiterem Archivmaterial konsultieren.
30 P. P. Pasolini in: *Il Giorno* 1, 1968, abgedruckt in: P. P. Pasolini, *Teatro*, S. 347 (übers. v. HF): „‚poesia orale', resa rituale dalla presenza fisica degli attori in un luogo deputato a tale rito"; „un misto di ‚poesia letta a voce alta' e di ‚convenzione teatrale', sia pure ridotta al minimo."
31 Ebd., S. 349.
32 Jean-Christophe Bailly, „Un chant est-il encore possible?", in: *L'animal. Littératures, Arts & Philosophies* 17, 2004, S. 126–137.

… eine Maschine, die die Bewegung des Denkens schriebe?
Zu Gedächtnis und szenischer Schrift im zeitgenössischen Theater

> *Les marionnettes seules dont on est maître, souverain et Créateur [...] traduisent, passivement et rudimentairement ce qui est le schéma de l'exactitude, nos pensées. On pêche à la ligne [...] leurs gestes qui n'ont point de limites de la vulgaire humanité. On est devant – ou mieux au-dessus de ce clavier comme à celui d'une machine à écrire [...] et les actions qu'on leur prête n'ont point de limites non plus.*
>
> Alfred Jarry

Text, Lektüre, (szenische) Schrift

Mit der Infragestellung des Repräsentationstheaters am Ende des 19. Jahrhunderts suchen Schriftsteller auch die Grenzen des Dramentextes zu sprengen: Ihre Utopien einer szenischen Schrift drängen danach, Einzug auf der Bühne zu halten. So träumt Alfred Jarry die Bühne als überdimensionale Schreibmaschine, deren Tastatur dem Schriftsteller die Bewegung seines Denkens vor Augen führen sollte. Doch dieser Traum einer szenischen Schrift ist bei ihm auch mit der Phantasie einer totalen Beherrschung der Bühnensprache verbunden. Nur mit Marionetten, mit selbst geschaffenen Kreaturen, mag die Utopie, wie der Schriftsteller ironisch andeutet, Realität werden.

Bereits Alfred Jarrys eine Generation älterer Zeitgenosse Stéphane Mallarmé, der ebenfalls schon die Bühne zum vierdimensionalen Buch hatte machen wollen, nachdem er einerseits den Leser zum Regisseur seiner eigenen mentalen Bühne erklärt und andererseits den Tanz als Notation *in actu*, als „écriture sans appareil du scribe" gewürdigt hatte, hatte offenbar gemacht, warum nun Dichter auf die Bühne als weißes Blatt ihres Schreibens abzielen: Die Bühne als Schrift ist Ort der Analyse singulärer Lektüren, sie kann das beim Zusammentreffen mit einem Text beteiligte Imaginäre und Begehren visualisieren und verlauten lassen, sie kann zum subjektiven Raum werden, der das singuläre Verhältnis des Einzelnen zu den Sprachen schreibt.[1]

Diese Theaterutopien der Schriftsteller wurden in Auseinandersetzung mit der Theaterästhetik ihrer Zeit und gegen sie entwickelt. Heute können sich auf sie auch Theatermacher berufen, denen ein gebrochenes, wenn nicht gar fehlendes Verhältnis zum Text vorgeworfen wird und deren Produktionen man der ‚Sinnleere' und der ‚Beliebigkeit der Bilder' zeiht. Denn sie stehen, oft ohne dies für sich zu beanspruchen, in der Tradition einer Revolution des Textverständnisses, die seit dem Ende des 19. Jahrhunderts das Gefängnis der Buchseiten sprengte: Dort wurde für allemal bewusst gemacht, dass der Text nicht Grab von Zeichen und Strukturen ist, die archäologischer Eifer zutage befördern vermag, sondern Produkt einer schöpferischen Aktivität, der *Lektüre*, in der ein Subjekt, mit seinem Wissen und seiner Erfahrung, aber auch mit seinem Begehren und seinem Imaginären sich einem Übertragungsprozess in psychoanalytischem Sinne aussetzt, der ihn als dezentriertes Subjekt konstituiert. So schafft auch die Bühne erst den Text, einen eigenen Text, wenn sie audiovisuelle Realisierung einer Lektüre ist, Analyse der affektiven Beziehung zu den Zeichen einer mentalen Inszenierung.

Dies gilt auch für den Autor selbst. Wenn Richard Foreman seine selbst geschriebenen Texte szenisch erprobt, so ist dies für ihn zugleich eine Analyse seines Schreibprozesses: „writing my (self:plays)";[2] es geht darum, die Lebensfähigkeit eines Textes zu erproben, die Lektüre des Schriftstellers mit der Lektüre der Performer zu konfrontieren.[3] So hat Foreman lange die Schreibmaschinenmetapher ironisch visualisiert: Sein Ton- und Lichtregiepult, das sich inmitten der ansteigenden Zuschauerreihen seines New Yorker Theaterlofts befand, war so nicht nur geometrisch der Brennpunkt einer Linie, die zum perspektivischen Fluchtpunkt des Bühnenraums gezogen werden konnte. Es war auch der Sitz des utopischen Weltenschöpfers, der von dort aus seine Kreaturen, anfangs noch mit Seilen, dann allein durch die Tonbandmaschinen in Bewegung setzte und zum Stillstand brachte, doch zugleich mit dem Widerstand seiner Performer zu rechnen hatte, sodass der nun entstehende Bühnentext einem Kampf zwischen Autoren- und Performerlektüre entsprang.

Auch wenn Robert Wilson in *I Was Sitting on my Patio this Guy Appeared I Thought I Was Hallucinating* den gleichen Text nacheinander von zwei verschiedenen Performern spielen ließ,[4] so machte er ebenfalls die Unabgeschlossenheit der Schrift und der Zeichen sichtbar, ihre notwendige Besetzung mit subjektiven Inhalten durch die jeweilige Stimme und Gestik, die jeweils einen neuen Bühnentext schufen. In beiden Fällen ist dann die Performance auch Analyse der Lektüre und der Affektbesetzung der Wörter. Und zugleich wird auch das Phantasma einer totalen Beherrschung der Apparatur selbst ironisch thematisiert. Die Texttreue ist eine Phantasie der Unmittelbarkeit, welche eine Bühnenschrift *in actu* zerlegt: Die mentalen Inszenierungen der Lektüre sind vielfältig, die Körper sperrig und undurchdringlich, die Gegenstände des Dekors hierarchisch und feindlich. Sie unterwerfen sich nicht mehr dem Wort, auch nicht mehr einem alles vereinnahmenden Imaginären.

Richard Foreman und Robert Wilson schreiben jedoch nicht mehr Stücke im traditionellen Sinne. Ihre fortlaufenden Texte werden erst bei der Bühnenarbeit an einzelne Stimmen, Figuren verteilt und mit gleichzeitig entwickelten Raum- und Klangkonzeptionen konfrontiert. Gerade durch den schockartigen Kontrast kann dann das Sinnpotential der Texte aktualisiert werden.

Der Autor, der ein Stück schreibt, mit Bühnenanweisungen und Dialogen, und der dann auf der ‚Werktreue' beharrt, wie dies jüngst der Fall war bei Bernard-Marie Koltès oder auch bei Marguerite Duras, will hingegen die imaginäre Inszenierung seiner eigenen Lektüre verwirklicht wissen. Die Szenenanweisungen haben so in gewisser Weise die Funktion, den metaphysischen Bezugsrahmen für die Repräsentation – Vor- und Darstellung sowie Aufführung – festzuschreiben. Doch es gibt kein gemeinsames Maß, das singuläre und kulturelle Gedächtnis tritt dazwischen, das Imaginäre und das Begehren. Und dies umso mehr in einer Epoche, in der die Pluralität der Diskurse und Ästhetiken den sicheren Horizont einer verbindlichen Weltsicht verweigert.

Die radikale Subjektivität, auch gegenüber vorgefundenen Texten, kann jedoch eine Chance sein. Denn wird Theater zu einer Schrift, die das Verhältnis zu den Zeichen, das Imaginäre und den Affekt zu ihrem Thema macht, dann ist es nicht nur der Ort, in dem der einzelne seinen subjektiven Raum zu projizieren vermag, sondern auch der Ort, in dem das sag- und verlautbar wird, was Sprache, die gemeinsames Maß sein will, ausschließt. Und Theater kann so mit den Formen der Wahrnehmung – mit der Analyse von Sehen und Hören – thematisieren, was Subjektwerdung und Sozialisierung notwendig ausschließen, was gesellschaftlich wahrscheinliche Darstellungsformen und Diskurse verschweigen.

Solche Theaterarbeit kann von Texten ausgehen: Klaus Michael Grübers ‚Textopern' wie Racines *Bérénice* (1984), Luca Ronconis Turiner Inszenierung der Alfieri-Tragödie *Mirra* (1989) oder Giorgio Barberio Corsettis Kafka-Studien *Beim Bau der chinesischen Mauer* zeigten ebenso wie Federico Tiezzis *Aspettando Godot* (1989), um nur einige Beispiele zu nennen, dass eine den klanglichen Affektgehalt dieser Texte thematisierende Theaterarbeit zugleich auch sich asymptotisch dem Heterogenen annähern kann, das diese Texte schreiben.

Doch eine ganze Reihe zeitgenössischer Theaterproduktionen geht nicht mehr von einem Dramentext aus. Dennoch können auch sie dem Zuschauer einen, nun audiovisuellen Text geben, den er mit Augen und Ohren lesen und bei dem er sich der Prozesse der Lektüre verbaler Texte bewusst werden kann: Denn er zerlegt ebenfalls die Konstituenten der Wahrnehmung in ihre Teile und macht die Beteiligung von Gedächtnis und Imaginärem bei der Sinnproduktion evident. Ich möchte dies im Folgenden an zwei Beispielen aus dem zeitgenössischen Performancetheater verdeutlichen, doch zuvor noch eingehender auf die Frage zurückkommen: Was geschieht bei der Lektüre von Zeichen, wie wird gelesen?

Schrift und Gedächtnis

Ein Dramentext gibt einem Leser normalerweise Bühnenanweisungen mit Rollen- und Ortsverzeichnis sowie Dialogen bzw. Monologen vor. Ausgehend von ihnen konstruiert der Leser mental eine Inszenierung, bei der die Erinnerung an frühere Inszenierungen des Textes ebenso mitspielt wie sein kulturelles und sein subjektives Gedächtnis. Er konstruiert aus Didaskalien (wie die Bühnenanweisungen insgesamt mit dem Terminus technicus benannt werden) und aus den Repliken die Personen, ihre Beziehungen, ihre Charaktere bzw. den Personentypus, er konkretisiert aus den Bühnenanweisungen und den impliziten Indizien des Dialogtextes, weiter den Raum und die Zeit. Doch die Lektüre der sprachlichen Signifikanten ist nicht unmittelbare Übersetzung oder automatische Dekodierung vorbestimmter Zeichen. Ein kleines Beispiel, aktuell im Hinblick auf die diesjährige Zweihundertjahrfeier der Französischen Revolution, möge dies verdeutlichen. Nehmen wir an, es ist in einem Drama oder in einer Dramenvorlage von einem ‚Bastillesturm' die Rede, es könnte sich vielleicht um eine Bühnenanweisung handeln. Ein Leser kann mit seinem inneren Auge die Konfiguration des historischen Festungsgefängnisses konkretisieren. Die Bastille wird dabei, je nachdem wie stark das kulturelle Gedächtnis von Bastille-Darstellungen präsent ist, mehr oder weniger die Form annehmen, mit der uns heute auch kleine Plastikreiseandenken an den 14. Juli 1789 erinnern. In diesem Falle weckt das Wort ‚Bastillesturm' ein kulturelles Gedächtnis, das den revolutionären Angriff auf die Bastille nun als Volkssturm imaginieren läßt. Die innere visuelle Anschauung wird dabei mehr oder weniger präzise sein, je nach Vorwissen und historischer Kenntnis, die durch Gemälde, Bilder, historische Beschreibungen oder auch durch Filme gegeben sein kann. Doch bei der Lektüre des Wortes ‚Bastillesturm' könnte auch für einen Moment der Akzent auf das Wort Sturm gelegt werden. Und ist zudem im affektiven Gedächtnis des Lesers das ‚Wesen' des Sturms gar mit einer bestimmten Jahreszeit verbunden, so könnte auch vor seinem inneren Auge sich das mentale Bild formen, das ein anderes Touristensouvenir in diesem Revolutionsgedächtnisjahr in einer Glaskugel materialisiert: Schüttelt man sie, so umtost ein Schneesturm das ehrwürdige Festungsgefängnis. Als gewiefte Semiotiker haben hier die Souvenirproduzenten weitere mögliche Kontexte des Wortes ‚Sturm' mitaktualisiert, eine kaum mehr als Metapher erfahrene Wortwendung wird in ihrer Zeichenqualität bedeutet. Doch diese Interpretation ist nur gültig, wenn wir uns im deutschen Sprachkontext befinden. Das Französische stellt in diesem Falle einen anderern Aspekt in den Vordergrund für die Form jenes Souvenirs, das als Kristallkugel, entgegen jeglichem Realitätssinn, ägyptische Pyramiden, die Akropolis oder die Palmen der Karibik einem Schneegestöber aussetzen: Im Französischen heißt der Sturm auf die Bastille *La prise de la Bastille*, die Einnahme der Bastille. Doch richtet hier der Leser sein Augenmerk allein auf das Wort *prise*, so kann sein Gedächtnis vor sein inneres Auge auch die visuelle Konfiguration einer anderen *prise* führen: *prise* bedeutet im Französischen nicht nur militärische Einnahme, sondern auch ein elektrischer Stecker. Die *prise de la Bastille* könnte dann vor dem geistigen Auge des Lesers gerade so aussehen, wie sie Andenkenfabrikanten in diesem Jahr in französischen Städten anbieten: Die *véritable prise de la Bastille* zeigt eine, auf der Unterseite mit einem blauen Stecker versehene weiß-rote Plastik-Bastille, die durch den Kontakt mit der Steckdose zum Flammenleuchten gebracht wird.

Welche Schlüsse wären aus diesen beiden Beispielen zu ziehen? Die Lektüre eines Textes ist nicht unmittelbar. Zwischen Zeichenkörper und sodann aktualisierter Bedeutung tritt eine Instanz, welche die Zeichentheorie Interpretant nennt. Dieser Interpretant ist aber keine leere Diskursfunktion, er ist Ergebnis der konkreten Aktivität eines Subjekts, das sein kulturelles und subjektives Gedächtnis bei der Lektüre beteiligt. Ist im Zusammenhang mit historischen Theatertexten von ‚Werktreue' die Rede, so wird zumeist die Treue zu einem bis dahin anerkannten kulturellen Kontext gefordert, zu einem Horizont historischer Interpretation, der, wie gerade die Entwicklung der Barockmusik seit Nikolaus Harnoncourt und Gustav Leonhardt zeigte, auch eine historische Fehlentwicklung sein konnte, denn in diesem Fall war gerade die bis dahin ‚werktreue' Interpretation der Musik des 17. und 18. Jahrhunderts der Musikästhetik des 19. Jahrhunderts unterworfen worden. Neben einer immerwährenden Infragestellung des kulturellen Kontextes wird so für einen Theaterkünstler, dem es darum geht, die Vielschichtigkeit der Sprache und seines Verhältnisses zu ihr szenisch erfahrbar zu machen, das subjektive Gedächtnis der Signifikanten und ihrer Wahrnehmung im Vordergrund stehen. Er könnte damit zum Beispiel einen Raum projizieren, der das affektive Gedächtnis der Wörter erfahrbar macht: ‚Bastillesturm' und *prise de la Bastille*, wie ich sie angedeutet habe, könnten in einem zeitgenössischen Theater eine gleichermaßen gerechtfertigte Konkretisierung sein, die den individuellen Bezug zu diesem Wort in einer das Pathos der offiziellen Feiern witzig sprengenden Weise visualisiert.

Was bedeuten diese Überlegungen für das Theater? Theater, ob nun von einem Dramentext oder von einer Textvorlage ausgehend, ist keineswegs nur die Illustration oder Bühnenübersetzung eines vorgegebenen Textes. Vielmehr schafft erst die Zusammenarbeit von Regisseur, Schauspielern, Bühnen- und Kostümbildnern, Beleuchtungs- und Tonkünstlern einen zuvor nicht existierenden audiovisuellen Text. Im gegebenen Fall kann dieser auch der Versuch einer Realisierung der mentalen Inszenierung eines Theatermachers sein, der so eine Lektüre zum Leben erweckt. Das beinhaltet insgesamt, dass eine Bühneninszenierung audiovisuell einen Bühnentext *in actu* erst schreibt. Dieser wird vom Zuschauer mit Augen und Ohren gelesen, indem er, wie bei der Lektüre verbalschriftlicher Texte, ebenfalls sein kulturelles und subjektives Gedächtnis aktiviert.

Wie ich schon angedeutet habe, können geschriebene Zeichen verschiedene Vorstellungsbilder im Gedächtnis hervorrufen. Doch auch die klangliche Realisierung von Worten, von Musik und Geräuschen auf der Bühne, wie auch die visuelle Realisierung von Signifikanten und Signifikantenprozessen, wie sie uns das Theater bietet, beinhalten gleichermaßen die Möglichkeit, neue Interpretanten zu finden. Und sie geben uns ebenfalls Anlass, das Verhältnis zu visueller und sonorer Wahrnehmung zu thematisieren. Theater, das mit sonoren und visuellen Signifikanten arbeitet, kann zu einer szenischen Schrift werden, die der Zuschauer liest, indem er sein Gedächtnis der audiovisuellen Zeichenhandlungen aktiviert und so neue Bezüge und Verbindungen schafft. Theater als szenische Schrift wäre so ein Theater des Gedächtnisses in zweifachem Sinne: Es kann das Gedächtnis audiovisueller Zeichenhandlungen bewusst machen und das kulturelle und subjektive Gedächtnis des Zuschauers aktivieren. Ich möchte eine solche Lektüre von Bühnentexten an zwei Beispielen näher erörtern. In beiden Fällen handelt es sich um Theater, das nicht dramatisch ist, nicht von einem Dramentext ausgeht. Das erste Beispiel arbeitet ganz ohne Text und Musik, das zweite Beispiel mit Text, Musik, Geräuschen und Tanz. Dennoch kann ein solches Theater nicht nur eine zwingende Logik seiner Bilder beinhalten, sondern auch Sinnpotentiale hervorbringen, die durchaus mit denen geschriebener Texte konkurrieren können, indessen aber auch die Eigenständigkeit szenischer Sprache zeigen.

Eine Schrift stummer Bilder: Robert Wilsons *Prologue to Deafman Glance*

Robert Wilsons Prolog zu *Deafman Glance* von 1971, zum „Flüchtigen Blick eines Tauben" ist eine stumme Performance. Ich möchte zuerst kurz diese Performance von dreißig Minuten beschreiben, so wie ich sie im Sommer 1982, im Anschluss an Wilsons *CIVIL warS*-Workshop in Freiburg gesehen habe: In einem weißen Raum, bestehend aus einer quadratischen weißen Rückwand, und einem weiß ausgeschlagenen quadratischen Podium, befinden sich, mit dem Gesicht zur Rückwand vor einem weißen Tisch ein schwarz gekleideter Mann und eine schwarz gekleidete Frau, in diesem Falle die Performer Robert Wilson und Carole Miles. Am vorderen linken Podiumsrand sitzt auf einem weißen Schemel ein kleiner Junge in schwarzer Hose und weißem Hemd. Er liest in einem großen Buch mit dem Rücken um Publikum. Auf dem vorderen rechten Podiumsrand liegt unter einem weißen Laken ein kleines Mädchen auf dem Bauch. Vor dem Mann und vor der Frau stehen auf dem Tisch jeweils ein leeres Glas und eine Flasche mit weißer Flüssigkeit, die wie Milch aussieht. Mann und Frau werden nun nacheinander folgende Handlungen vornehmen: Sie ziehen langsam einen schwarzen Handschuh über die rechte Hand, füllen dann langsam weiße Milch in das Glas, drehen sich um in Zeitlupengeschwindigkeit und gehen ebenso langsam jeweils zu dem sitzenden bzw. liegenden Kind hin, beugen sich zu ihm hinunter und reichen ihm das Glas, das es leeren wird, gehen sodann wieder zurück zum Tisch, stellen das geleerte Glas ab. Dann nehmen sie, wieder mit der rechten Hand, langsam ein Küchenmesser auf, dessen Klinge im Lichtstrahl des Scheinwerfers aufblinken wird, drehen sich im Zeitlupentempo und nähern sich in der gleichen verlangsamten Geschwindigkeit wieder dem Kinde, beugen sich mit gleich unbewegtem Gesicht zu dem Kind hinunter, richten auf es das gezückte Messer, das Kind bricht zusammen, ebenso langsam gehen sie wieder zum Tisch im Bühnenfond zurück und legen das Messer ab. Zweimal wird so eine Pflegehandlung gezeigt – einem Kind wird Nahrung gebracht – und zweimal eine Tötungshandlung, die im Bewegungsablauf und in der Ausdruckslosigkeit von Gestik und Mimik die Struktur der Pflegehandlung wiederholt. Das Besondere an dieser Aktion ist, dass sie zum einen völlig stumm und lautlos[5] in einem weißen Raum abläuft und zum anderen in Zeitlupe gedehnt ist. Die Aktion selbst dauert ungefähr fünfundvierzig Minuten, ihre Wahrnehmung wird ebenfalls gedehnt: Die Zielgerichtetheit der Handlung wird desautomatisiert, denn die zeitliche Dehnung zerlegt Gesten und Bewegungen in ihre Bestandteile. Dadurch wird dem Zuschauer die Möglichkeit gegeben, zwischen Handlungsbeginn und Handlungsziel seine eigenen Präsuppositionen zu formulieren und sich damit seiner eigenen Wahrnehmung selbst gewahr zu werden.

So werden zwei in Theater und Film oft zu sehende Handlungen unheimlich, nicht nur weil ihre Zielgerichtetheit desautomatisiert ist, sondern auch, weil sie, aus zwei verschiedenen Kontexten stammend, hier zusammengelegt sind: die Verpflegung eines Kindes und die Tötung eines Kindes, die beide mit derselben Gestik und Bewegung ausgeführt werden. Was Sie unterscheidet, ist jeweils nur der Gegenstand: das Glas mit Milch beim ersten Mal, das Messer beim zweiten Mal.

Doch gerade durch die Desautomatisierung der Bewegung und die strukturelle Ähnlichkeit des Bewegungsablaufs sagt uns diese Performance nicht nur etwas über unsere persönliche Implikation bei der theatralen Wahrnehmung, sondern auch über die Bedingungen menschlicher Wahrnehmung allgemein, gerade weil sie das jeweils subjektive Gedächtnis anspricht. Ich will dies zuerst mit den Zuschauerreaktionen, die ich damals in Freiburg gehört habe, verdeutlichen: Die auf eine dreiviertel Stunde gedehnte doppelte Pflegehandlung mit Doppelmord ließ schon auf halber Strecke, als Wilson sich mit dem Messer dem kleinen Knaben näherte, Stimmen aus dem Publikum laut werden, die „stich zu!", „murks ihn ab!" riefen. Der zweite Durchlauf wurde ebenfalls von lauten und aggressiven Publikumsbekundungen begleitet. Diese dem Kontext einer Performance wenig adäquaten Reaktionen sagten jedoch sehr viel über die von der Tötungshandlung enttäuschte Zuschauererwartung.

Das Sehen einer Tötungshandlung auf der Bühne oder im Film löst Aggressionen und ist zugleich lustbringend, doch ist dies nur möglich, wenn der Affekt unbewusst bleibt. Die Dehnung einer solchen Handlung bewirkt jedoch gerade, dass der Zuschauer der eigenen Schaulust gewahr werden kann, wie auch seiner unbewussten Erwartungen. Wilsons Bühnenhandlung aktualisiert hier das unbewusste Gedächtnis des Sehens: Sie macht einen beim Sehen beteiligten aggressiven Affekt bewusst bzw. provoziert ihn als Symptom. Die Bühnenhandlung gibt so zuerst *in actu* die Analyse eines bestimmten Blicks, einer bestimmten Schaulust, sie hat eine metatheatralische Funktion, auf die der Zuschauer abweisend oder betroffen reagieren kann.

Diese Performance ist jedoch nicht nur Metatheater. Diese zeitlich gedehnte, in einem Raum ohne Farbe und Ton stattfindende Handlung verweist weiter auf eine Wahrnehmung, welche die von Menschen ist, denen das Hören verwehrt ist: der Blick des Tauben also, *Deafman Glance*. Indem Wilson den Blick vom Gehör getrennt zeigt, macht er für die hörenden Zuschauer eine Ambivalenz erfahrbar, welche die aller stummen Bilder ist: ihre affektive Evaluation ist nicht eindeutig. Positiver und negativer Affekt liegen eng beisammen. Dies wussten schon die Künstler des Barock, deren Märtyrer im Höhepunkt des Schmerzes auch die Seeligkeit der Ekstase ausdrücken, so Gian Lorenzo Berninis *San Sebastiano* und *Ludovica Alberto*, auf deren Ikonographie Wilson in jüngsten Stücken auch anspielte. Der Höhepunkt der Leidenschaft ist im Sinne des Ausdrucks indifferent, zeigt Lust und Schmerz zugleich, ist positiv und negativ besetzt. Seine Dekodierung ermöglicht erst der Kontext, doch wenn auch dieser stumm, sprachlos ist, dann muss die subjektive Wahrnehmung die einzelnen Bewegungen, Gesten zergliedern. Die Dehnung der Handlung wäre somit auch eine Modellierung der affektgeladenen Wahrnehmung eines Stummen, für den die Bewegung zum Wort, zur ‚Stimme' wird.

Doch in diesem Falle ist die Bewegung keineswegs affektiv auflösbar, denn kein mimisches Zeichen des Gesichtsausdrucks wird gegeben. Zuwendung und Pflege bedeuten hier zugleich Bedrohung. Wir haben eine Geste, der eine Doppelbindung unterliegt, das heißt, sie ist doppelt kodiert, ihre Ziele widersprechen sich. Sie sagt Pflege und Morddrohung zugleich. Robert Wilson zeigt diese gestische Ambivalenz aufgelöst im Nacheinander der Handlung. Die zeitliche Dehnung produziert eine Spannung und schafft durch die Desautomatisierung der Zielgerichtetheit eine fast bedrückende, ja unheimliche atmosphärische Wirkung.

Wie ist dies möglich? Weshalb können wir emotional die Bedrückung der Wirklichkeitserfahrung eines stummen Kindes nachvollziehen, wir, die wir sprechen, in Sprache aufgewachsen sind, eine Stimme haben, hören können? Auf welche Erinnerungen rekurriert diese Handlung, gibt es Erfahrungen, auf die hier Robert Wilson zurückgreifen kann? Ich glaube ja. Denn das affektive Gedächtnis, an das hier Robert Wilsons Performance appelliert, ist vorsprachlich: Zu einer Zeit, da jeder von uns noch von einer Pflegeperson abhängig, ganz auf ihre pflegerische und affektive Zuwendung ausgerichtet war, in einem Moment, in dem die Verbalsprache noch nicht verfügbar war, konnte die Sprache der Gesten in ihrer Ambivalenz bedrohlich erfahren werden.

Die Ausbildung des ersten Objekts, des Nicht-Ichs, das zugleich ein erstes Ichbewusstsein gibt, ist ohne positive affektive Zuwendung nicht möglich. Psychoanalytiker wie Rene A. Spitz oder Maud Mannoni haben dies in ihren Studien schizophrener Kinder gezeigt.[6] Ein Auseinanderfallen von positiver Pflegezuwendung und positiver affektiver Zuwendung kann die Ausbildung eines unabhängigen Ichs stören.

Robert Wilson, der in den sechziger Jahren mit der Therapie sprachgestörter und autistischer Kinder zu arbeiten begonnen hatte, wurde gerade von solchen Studien beeindruckt. Und er betont immer wieder den Einfluss, den gerade Filme, die solche paradoxen Pflegehandlungen deutlich machen konnten, auf seine Theaterarbeit hatten:

> Ich habe in meiner Arbeit immer wieder auf ein Erlebnis zurückgegriffen das ich 1966 oder 1967 in Amerika hatte. Ich traf da einen Psychiater, der Filme machte über Mütter, die auf ihre weinenden Babys einredeten. Er machte über dreihundert Filme dieser Art. Wenn wir so einen Film in der normalen Geschwindigkeit sahen, war da einfach ein schreiendes Kind mit der Mutter, die sich ihrem Kind zuwandte, um es zu beruhigen. Das war ein 16-mm-Film. Wir ließen dann den Film in einer langsamen Geschwindigkeit laufen, und jetzt sahen wir etwas anderes. Pro Sekunde waren vierundzwanzig Aufnahmen. Die ersten drei Aufnahmen zeigten, wie sich die Mutter auf das Kind stürzt und wie das Kind sich dagegen wehrt, auf den folgenden zwei oder drei Bildern sahen wir die Mutter in einer anderen Haltung, auf den nächsten wieder in einer anderen. So fanden wir heraus, wie komplex die emotionalen Reaktionen sind, die der Mutter wie auch die des Kindes. Als wir den Film der Mutter vorführten, war sie natürlich entsetzt. Sie sagte, dass sie ihr Kind liebt und es beruhigen wollte. Aber wir sahen, dass das viel komplizierter war. Genauso ist es auch mit einem Text oder mit einer Geste; es ist praktisch unmöglich, damit etwas ganz adäquat, vollständig auszudrücken. Allerdings sind in der Sprache alle diese emotionalen Nuancen inkorporiert. Ich stelle mir manchmal die Wörter als Steine vor, die wir mit einem Hammer zerschlagen.[7]

In dieser Performance legt Wilson das komplexe Sinnpotential einer Geste frei, indem er auch sie in gewisser Weise aufschlägt, in ihre Teile zerlegt, von der Verbalsprache und vom Gesichtsausdruck trennt.

Die hier beschriebene Doppelbindung von Pflegezuwendung und negativer Affektbesetzung ist für jeden von uns mehr oder weniger bewusst erinnerbar bzw. nachvollziehbar, gerade weil Pflegepersonen nicht Roboter sind, sondern auch mal müde und mit Sorgen belastet sein können. Doch war für uns diese Doppelbindung, die die Psychoanalytiker *doublebind* nennen, nicht persönlichkeitsstrukturierend. Indessen kennen wir die Erfahrung der Doppelbindung, wir kennen die mit ihr verbundene Angst und den Affekt. Paul Watzlawick hat in Zusammenarbeit mit Janet H. Beavin und Don D. Jackson ihre Struktur so beschrieben: In einer affektiven Abhängigkeitsbeziehung wird eine Aussage auf der Ebene der Meta-Kommunikation negiert, zum Beispiel wird eine konkrete Pflegehandlung durch Aggressionssignale in ihrer Positivität dementiert. Dies führt beim Kind, das noch nicht erfahrungsgemäß das eigene Ich von der Pflegeperson getrennt hat, geradezu zu einer Entwertung, einer Verneinung seiner Existenz, die letztlich eine Art symbolischen Mord bedeutet.[8] Einen solchen demonstriert auch der zweite Teil der Performance von Robert Wilson als konkreten Mord.

Weit davon entfernt, eine rein formale Spielerei zu sein, ermöglicht der *Prologue to Deafman Glance* dem Zuschauer gerade durch ein stilisiertes und strukturiertes stummes szenisches Handeln, Wahrnehmungsmechanismen zu analysieren und der eigenen affektiven Besetzung der Wahrnehmung gewahr zu werden. Die stumme Performance ist eine szenische Schrift, ein visueller Text, denen die Gesten und Bewegungen eine Stimme geben, die eine dreifache emotivkognitive Lektüre ermöglicht:
- Sie gibt die Möglichkeit, der kathartischen Funktion der Schaulust bei kriegerischen Szenen und Gewaltszenen gewahr zu werden.
- Sie gibt modellhaft Einblick in das Erfahrungsuniversum eines Tauben.
- Sie kann beim Zuschauer das vorsprachliche Gedächtnis verdrängter Ängste, die mit vorsprachlicher Erfahrung verbunden sind, bewusst machen.

Die Konkretisierung dieser Lektüren hängt davon ab, inwieweit der Rezipient bereit ist, sein affektives Gedächtnis ansprechen zu lassen, sich seinem eigenen Imaginären auszusetzen.

I Magazzini: *Artaud una tragedia*

An diesem einfachen Beispiel, das heißt einfach in seiner szenischen Sprache, die nur mit visuellen Kodes, symmetrischen Wiederholungsstrukturen und der Opposition von zwei Farben arbeitet, mag deutlich geworden sein, dass ein

Theater, das erst szenisch zum Text wird, durchaus nicht Sinnarmut bedeuten muss.

Ich möchte mich nun einem Beispiel zuwenden, bei dem auch sonore Zeichen verwendet werden. Es geht um eine Sequenz aus der Produktion *Artaud una tragedia,* die die Florentiner Gruppe I Magazzini (Federico Tiezzi und Sandro Lombardi) 1987 auf der Documenta in Kassel vorstellten und die 1988 in überarbeiteter Form in Italien zu sehen war. Trotz des Untertitels ist das Stück kein biographisches Drama. Vielmehr sucht die Gruppe hier eine Analyse des eigenen Bezugs zur mythischen Figur Artaud und zu dem zu geben, was heute für sie seine Theaterästhetik bedeutet. Das eineinhalb Stunden dauernde Stück geht ebenfalls nicht mehr von einem vorgegebenen Text aus, sondern verbindet eine Musik-, Geräusch- und Textcollage, die vom Band kommt und zum Teil mit *live* gesprochenem Text kontrastiert wird, mit visuellen Handlungen, die ebenfalls sowohl auf der Bühne als auch auf Videomonitoren sichtbar werden. Produktionsgeschichtlich ist die Tonspur, die *colonna sonora,* Ausgangspunkt, sie hat für die Performer, so sagen sie, die gleiche Funktion wie die Partitur für eine Oper. Wir sehen so eine Artaudfigur, die die Masken eines Aztekenfürsten, eines No-Spielers, eines Wahnsinnigen mit Beckettmähne oder eines mit Toto verbrüderten Charly Chaplin annimmt, zusammen mit verschiedenen phantasmatischen Schatten und Doppeln. Sie werden in Handlungszusammenhängen und Situationen gezeigt, in denen die visuellen und sonoren Mittel jeweils wie Wörter funktionieren, deren frühere Kontexte mit erinnert werden müssen, um das Bühnengeschehen in der Rezeption zu einer szenischen Schrift werden zu lassen, die zum Betrachter spricht.

Denn auch bei diesem Typ von Theater handelt es sich nicht um eine postmoderne Beliebigkeit der visuellen und sonoren Zitate. Gerade erst die Aktivierung des Sinnpotentials der audiovisuellen Zitate durch das Gedächtnis ermöglicht es, das Bühnengeschehen als audiovisuelle Schrift zu verstehen bzw. zu lesen.

Was geschieht in der Sequenz, die ich nun genauer beschreiben möchte? Wir haben eine Bühne in Cinemascope-Format eingerahmt von fünf aufgehängten Videomonitoren. Dieser Raum ist durch einen faltenreichen Vorhang aus Goldlamé abgeschlossen, der die ganze hintere Bühnenwand einnimmt. In der Mitte ein Metallbettgestell, dahinter ein Tonbandgerät, links ein Schaukelstuhl, rechts neben dem Bett ein überdimensionaler, skulpturenartiger Wasserspender, aus dessen Hahn Wasser in eine Zinkwanne tropft. Ein kleiner Junge hat soeben unter dem im Hintergrund hochgerafften Vorhang einen Hölderlintext verlesen, in Italienisch, *Heimat,* aus den hymnischen Entwürfen. Ein tanzendes Double (Virgilio Sieni) der Artaudfigur Sandro Lombardis, wie er im Silberlaméanzug, setzt sich neben ihm auf das Bett. Langsam senken sich aus einem quadratischen

Rahmen im Schnürboden Aluminiumjalousien herunter, die Artaud wie in einem Käfig einschließen. Das Double geht ab. Dies geschieht zum Schlusschor des ersten Akts von Giacomo Puccinis *Turandot* „Per l'ultima volta". Während sich die Jalousien senken, wanken rechts und links auf die Bühne zwei Krieger in blitzender Metallrüstung, die vor dem Käfig miteinander in stilisierter Form kämpfen. Die metallenen Schläge ihrer Schwerter punktieren die Ankündigung des Auftritts der männermordenden Turandot und die Verzauberung des Prinzen Kalaf, der sich nun ihrer Herausforderung stellen wird. Mit dem Ende des Chors fallen sich die Krieger unter Ächzen und Stöhnen in die Arme. Unterdessen hat die Artaudfigur den ganzen Kampfvorgang vom Innern des dunklen Käfigs aus beobachtet und zieht sich nun zurück, als Stille eintritt. Der eine Ritter lüftet das Visier des anderen und gibt ihm aus einer metallenen Feldflasche zu trinken. Inzwischen hat eine neue Arie angehoben, wahrscheinlich von Enrico Caruso oder Giuseppe di Stefano gesungen, „Je crois entendre encore", die Arie des Nadir aus den *Pêcheurs de perles* von Georges Bizet. Der Refrain „Oh souvenir charmant" („Oh verzaubernde Erinnerung") ist deutlich zu verstehen. Diese Arie dauert noch an, als der sieghafte Ritter weg wankt, unter dem Käfig hindurch kriecht, in dem nun das Licht angeht. Man sieht ihn auf die Artaudfigur, die seine Wunden abtupft, zurobben. Währenddessen nimmt der zweite Ritter seinen Helm ab, entblößt die rote Mähne einer Frau und punktiert mit einer Art Lacharie das Lied der Erinnerung an den Zauber des Abends, an dem Nadir die heimlich Geliebte zum ersten Mal erblickt hatte.

So wird der Käfig, von dem aus die Artaudfigur den Kampf der Ritter beobachtet hatte, durch diese Arie und den Kämpfer, der sich als Frau zu erkennen gibt, zum Voyeurort einer phantasmatischen Urszene, eines erotischen Kampfes, den schon die Turandot-Arie konnotativ signalisierte. Diese Szene, bei der die Opernarien das Proszenium als Ort eines erotischen Kampfes präzisieren, deutet so, im Hinblick auf den Diskurs des Stückes, eine theatralische Hypothese für Artauds negative Haltung zur Sexualität an. In der ersten Version des Stücks war dies noch ein homoerotischer Kampf, doch durch die Entscheidung, den lachenden Kämpfer mit einer Frau zu besetzen, wird das Sinnpotential dieser Sequenz erhöht: Die Herkunft der Arien – Turandots Auftritt wird angekündigt, Nadir erinnert sich den ersten Abend, an dem er die Geliebte erblickte – aktiviert die möglichen Bedeutungen ‚Liebeskampf' und ‚Liebesnacht', die aus der Erinnerung an die früheren Kontexte dieser Opernpartien und dem aktualisierten Arientext gewonnen werden.

Weil die szenische Struktur mit der Opernmusik und dem choreographisch stilisierten Bewegungsablauf eines Zweikampfes arbeitet, kann durch den theatralen Diskurs zugleich auch das Gedächtnis zweier Liebeskämpfe in der Operngeschichte aktiviert werden, die durch diese Sequenz in neuer Weise lesbar werden: Claudio Monteverdis Ballett *Tancredi e Clorinda* von 1624, ein episches Tanztheater, komponiert nach einigen Stanzen von Torquato Tassos *Gerusalemme liberata*, zeigte eine Textstimme (*il Testo*) und zwei tanzende und singende Ritter (Tancredi und Clorinda), die nach einem Kampf am Ende sterbend sich als Liebende wiedererkennen werden. Der Kampf, den die Musik mit großer affektiver Kraft auch als Liebeskampf modelliert, wirkt vielleicht gerade deshalb auf den Zuhörer so stark – dies legt diese Kampfszene der Magazzini nahe –, weil sie das unbewusste Gedächtnis an eine Phantasie der Urszene anspricht. Zugleich könnte das Lachen der rotmähnigen Kriegerin auch das Lachen Brünnhildes sein, die Gunter in der Hochzeitsnacht besiegt oder die, wie im zweiten Akt der *Götterdämmerung*, erkennt, dass Gunter nur mit Hilfe von Siegfried ihrer Herr werden konnte.

Die Aktivierung des kulturellen und auch affektiven Gedächtnisses, die diese Sequenz der Artaud-Performance fordert, kann also eine mehrfache Funktion haben: Zuerst ermöglicht die Erinnerung an den Kontext der Opernpartien, das Sinnpotential der Bühnenaktion als Phantasie einer erotischen Urszene aufzulösen, die emblematisch die negative Haltung Artauds gegenüber der Sexualität analysiert. Theater wird hier zur anderen Szene, zur Bühne des Unbewussten, die gerade Artaud selbst mit seinem Theater der Grausamkeit zu realisieren suchte.[9] Doch weiter gibt auch die Spielstruktur dieser Szene – eine Toncollage aus Opernarien, Geräuschen wie Schlägen und Stöhnen, Lachen, und ein stilisierter Kampf – Anlass, sich nicht nur an weitere Liebeskämpfe aus der Theatergeschichte zu erinnern, sondern auch zu verstehen, woher sie ihre affektive Kraft beziehen: Sie appellieren an unbewusste Phantasien, funktionieren wie Halluzinationen sonorer und visueller Art.

Diese Beispiele sollten deutlich machen, dass auch das Performancetheater durchaus eine eigenständige Form der Theaterkommunikation mit einem audiovisuellen Text vorschlägt, der ganz ähnlich dem schriftlichen Text, bei der Rezeption das kulturelle und subjektive Gedächtnis des Rezipienten anspricht. Die Schrift der Bühne fordert wie jede *écriture* die Partizipation des Rezipienten mit seinem Wissen und seinen Emotionen, sie gibt ihm auch die Möglichkeit, diese selbst zu analysieren. Ob eine solche *écriture* nun von einem ausformulierten Dramentext als Material ausgeht, mit Textfragmenten oder auch überhaupt ohne Text arbeitet, scheint mir dabei zweitrangig zu sein. Auch Robert Wilson und Federico Tiezzi haben Stücke und Opern zu szenischen Texten werden lassen. Entscheidend jedoch war bei diesen Unternehmen, dass das Denken, das sie in Bewegung setzten, zugleich einen Raum fand und damit dem Zuschauer die Möglichkeit gegeben wurde, sich seines eigenen Denkens gewahr zu werden. Die Frage, die sich heute stellt, ist nicht die des Endes des Dramas, sondern die des Verhältnisses des jeweiligen Theaters zur Schrift und zu den (audiovisuellen) Sprachen, das dem singulären Imaginären, dem Begehren, einen Raum zu geben vermag.

Frühjahr 1989

Anmerkungen

1 Vgl. Helga Finter, *Der subjektive Raum*, Bd. I: *Die Theaterutopien Stéphane Mallarmés, Alfred Jarrys und Raymond Roussels: Sprachräume des Imaginären*, Tübingen 1990.
2 Vgl. Richard Foreman, „How I write My (Self:Plays)", in: *Drama Review* 21/4, 1977, S. 24.
3 Vgl. H. Finter, „Interview mit Richard Foreman", in: *Theater heute* 9, 1980, in diesem Band S. 41–46.
4 Vgl. H. Finter, „Autour de la voix au théâtre: Voie de texte ou texte de voix?" (in: Bruno Gentili/Giuseppe Paioni (Hrsg.), *Oralità. Cultura, letteratura, discorso. Atti del convegno internazionale (Urbino 21–25 luglio 1980)*, Florenz 1982, S. 663–674, ebenfalls in: Chantal Pontbriand (Hrsg.), *Performances, Text(e)s & Documents. Actes du colloque: Performance et multidisciplinarité: Postmodernisme*, 1980, Montréal 1981, S. 101–109), in: Dies., *Le Corps de l'audible. Écrits français sur la voix 1979–2012*, Frankfurt/Main 2014, S. 19–30.
5 Der am Ende eingespielte Schrei des Taubstummen fehlte bei der Freiburger Version.
6 Vgl. Maud Mannoni, *L'Enfant, sa „maladie" et les autres*, Paris 1967; René A. Spitz, *De la naissance à la parole*, Paris 1968.
7 Vgl. *Theater heute*, Jahrbuch 1981, S. 79.
8 Vgl. Paul Watzlawick/Janet H. Beavin/Don D. Jackson, *Menschliche Kommunikation. Formen, Störungen, Paradoxien*, Bern/Stuttgart 1969.
9 Vgl. H. Finter, *Der subjektive Raum*, Bd. II: *„... der Ort, wo das Denken seinen Körper finden soll. Antonin Artaud und die Utopie des Theaters"*, Tübingen 1990.

IV.
Theorie (1)

Audiovision
Zur Dioptrik von Text, Bühne und Zuschauer

Das Theater ist doppelt. Ein Schauplatz entfaltet sich vor unseren Augen und zugleich in unseren Köpfen. Welcher ist der wahre, der wirkliche Schauplatz? Welcher ist das Theater? Gibt es nur einen? Muss man sich entscheiden? Oder geht es nicht vielmehr darum, die Beziehung zwischen beiden Schauplätzen zu untersuchen? Wäre dann das Theater nicht gerade der Zwischenbereich, der sich zwischen der konkreten Bühne und der Bühne im Kopf ausbildet?

Solche Fragen können gestellt werden, seit das Theater als Repräsentation problematisch geworden ist und somit die Szenen vor unseren Augen nicht mehr automatisch den Szenen gleichen, die sie im Kopf ausgelöst haben. Mit anderen Worten, das szenische Geschehen produziert Sinnpotentiale, die sich nur noch in einer Vielfalt von mentalen Einzelszenen auflösen lassen. Die Sinnenvielfalt korrespondiert nicht mehr mit dem aufgedrängten verbindlichen Sinn, dessen Anspruch, der ‚eine' Sinn zu sein, sich als Schwach-Sinn erweist. Schauspielerische Präsenz ist nicht mehr allein Garant von sinnvollem Handeln und Tun auf der Bühne. Die Sinnkonstruktion wird jedem einzelnen Zuschauer und Zuhörer überantwortet. Eine solche Infragestellung finden wir auf den europäischen Theatern seit den sechziger Jahren mit dem Performancetheater, das mit Namen wie Robert Wilson oder Richard Foreman verbunden ist.

Doch schon seit Ende des 19. Jahrhunderts problematisierten Theaterutopien von Schriftstellern die Re-Präsentation als Aufführung, Vorführung oder Wiederholung eines Textes, indem sie den Text selbst entgrenzten. Eine neue Konzeption des Subjekts und ein Verständnis des Bühnengeschehens als Schrift im Raum war ihre Antwort. Die Bühne sollte bei Mallarmé ein *Buch* sein, bei Jarry ein *Wappen*, bei Roussel Schauplatz einer *Glorie*, bei Artaud ein *Stimmenkörper*. Ihre Theaterutopien gehen von einer Grenzerfahrung mit der Schrift aus, die die Grenzen der Buchseite sprengt: Als Partitur wird ihr dramatischer Text zu einer *Linse* für das Ohr, die auf einer mentalen Bühne den Klang der Worte im Kaleidoskop von Bildern, Körpern, Gesten, Empfindungen und Affekten bricht.

Der zur Partitur gewordene Dramentext, der das Bühnengeschehen als szenische Schrift projiziert, ist Ausgangspunkt für ein nun *bewusst* verdoppeltes Theater: Die konkreten szenischen Gegebenheiten realisieren das Theater im Kopf der Zuschauer und Zuhörer als Vielfalt mentaler Szenen, die sich ausgehend von visuellen und akustischen Signifikantenpotentialen konkretisieren. Die Art und Weise des Zusammenspiels von visuellen und akustischen Signifikantensystemen, die ihr verwahrscheinlichendes Zentrum nicht mehr im Schauspieler und seiner Integration von Wort und Geste haben, sie schafft die *Dioptrik,* das heißt die Linse, die bewirkt, dass sich das szenische Geschehen in einer Vielfalt mentaler Szenen bricht, die das jeweilige subjektive und kulturelle Gedächtnis des Zuschauers hervorbringt.

Wie kann man ein solches Theater beschreiben, wie von seinem doppelten Schauplatz sprechen? Das Kommunikationsmodell wird explizit verworfen, da die vorausgesetzte Intersubjektivität nicht mehr wirkt, sobald dezentrierte Subjekte in einem zur szenischen Schrift gewordenen Theater zusammentreffen.

Ein solches Theater ist nicht mehr im Hinblick auf seine möglichen Botschaften oder die Referenten seiner Zeichen zu fassen. Jedoch gibt seine Arbeit an der Theatralität einen Ansatzpunkt: Hier wird das *konventionelle* Theatralische – die Rhetorik einer Präsenz der Integration von visueller und akustischer Ordnung – so dekonstruiert, dass gerade eine *Dioptrik* des Imaginären, das den doppelten Schauplatz regiert, von diesem Theater ausgebildet wird. Mit anderen Worten: Die impliziten Grundannahmen eines Wertesystems, das die Darstellung *verosimile* macht, sowie das Begehren zu hören und zu sehen – der skopische und invokatorische Triebimpuls (Lacan) –, die durch das Spektakuläre einer konventionellen Theatralität bestätigt werden, sie werden hier szenisch analysiert. Die Integration der heterogenen visuellen und akustischen Wahrnehmungsordnungen, mit der das Theater ‚wahrscheinliche' Wirkungen hervorbringt, wird dekonstruiert. Der Schauspieler, der durch seine Stimme und körperliche Präsenz die fiktive Einheit der beiden Wahrnehmungsordnungen garantiert, wird so als erster der szenischen Analyse seiner Theatralität unterzogen. Bei Mallarmé wird er zum *officiant,* zum Offizianten, der den Text liest, bei Jarry soll er zur *Marionette,* bei Roussel zur *soufflierten Stimme* und beim späten Artaud zu einem *Stimmenkörper* werden. Warum wird gerade in der Epoche der großen Schauspieler – an die Duse und an Sarah Bernhardt sei erinnert – der Körper des Schauspielers zum Problem? Zu aufdringlich oder nicht genug gegenwärtig, dem Text parasitär oder falsch gebaut, stört er die Idee eines neuen Theaters, die Autoren ausgehend von der Dekonstruktion der Theatralität entwickeln. Die Körperrhetorik des Schauspielers ist nämlich Hindernis für das, was im Zentrum der Experimente dieser Autoren steht: die Konstruktion eines subjektiven Raumes, die Konstruktion eines dezentrierten Subjekts, in das die gelöteten hypostasierten und hysterischen Identitäten auch des Körpers aufgelöst werden sollen.

So setzt ihre Arbeit zuerst am dramatischen Text an, dessen Theatralität analysiert wird, um den Text als dioptrische Maschine, die Laut- und Bildvorstellungen produziert, erfahrbar zu machen. Auf der Bühne wird dann die Desartikulation von Text und Spiel die Präsenz garantierende Einheit des Schauspielers auflösen, der nun nicht mehr sich selbst identisches Subjekt, Ursprung der Spra-

Audiovision. Zur Dioptrik von Text, Bühne und Zuschauer 223

che bzw. reiner Körperausdruck ist, sondern von den Sprachen gesprochen wird. So schaffen neue Körpermodelle zugleich Raumprojektionen von Subjekten im Prozess, die den Zuschauer vor sein Verhältnis zu Hören und Sehen stellen.

Ich will zuerst kurz auf diesen anderen Typ von Theatralität anhand des nichtdramatischen neuen Texttypus und der aus ihm resultierenden szenischen Schrift eingehen und die Frage nach der Veränderung der Wahrnehmung stellen, für die diese Autoren eine Antwort vorwegnehmen. In einem zweiten Schritt sollen dann die heutigen Perzeptionsveränderungen in Betracht gezogen werden, mit denen sich das Theater, das die Repräsentation in Frage stellt, auseinandersetzt, die aber auch schon das Theater, das ein anderes Theater sein will, kontaminiert haben. Während es beim Text und im postmodernen Theater um eine *Dioptrik* geht, die die mentale Bühne des Zuschauers freisetzt, haben wir es bei den neuen Perzeptionsbedingungen mit einer *Dioptrik* zu tun, die die Automatismen der Koordinierung von Hören und Sehen, den Wunsch nach der Identität als *Dioptrik* der Verwahrscheinlichung von visueller und akustischer Perzeption benutzt.

Zur Dioptrik des Textes und der szenischen Schrift

Kehren wir zurück zu den obigen Autoren und damit zur Kritik der Theatralität, die im Lektüreakt effektiv wird. Sie werden zeigen, dass gerade die Theatralität die Linse ist, die vor einem inneren Auge und Ohr einen mentalen Schauplatz entstehen lässt. Die Auseinandersetzung mit der Theatralität beinhaltet so zugleich eine Theorie der Lektüre: Sie fragt nach den Elementen im Text, die Auge und Ohr eines Rezipienten und damit eine Präsenz, eine körperliche Präsenz, eine Stimme, einen Blick fordern. Kriterium für die Theatralität eines Textes wäre also seine Fähigkeit, ein Publikum von Lesern als Zuschauer und Zuhörer aufzurufen und anzusprechen: imaginäre Zuschauer, die kraft ihres Hörens und Sehens beim Akt des Entzifferns die mentale Szene eines kulturellen und subjektiven Gedächtnisses entfalten.

Diese mentale Szene doppelt die Szene der Seite, so wie dann im Theater als *anderer* Schauplatz die Szene der Bühne die gesprochenen Worte und visuellen Präsenzen doppeln wird. Das Kriterium wäre also die Fähigkeit eines verbalen und/oder audiovisuellen Textes, aus einem Leser einen Zuhörer und Zuschauer zu machen: einen *theatés*. Er ist zugleich mehrere: Er nimmt wahr und sucht zugleich Blick und Gehör, die durch das Geschriebene (das konkrete Theater) bewirkt wurden, zu analysieren. Wodurch er nicht mehr in einem fiktiven Einssein bestätigt wird, wie das die konventionelle Theatralität tut, sondern gespalten seines Begehrens gewahr werden kann, das Hören und Sehen regiert.

Die Theatralität einer solchen (szenischen) Schrift ist also verschieden von der *konventionellen* Theatralität, die eher die Trugbilder des Einen zu verwahrscheinlichen sucht. Es ist eine *analytische* Theatralität, die für das Theater des Buches wie für die Bühne als Text gelten kann. Sie denkt szenisch, was sie dem Ort verdankt, von dem aus einer zuhört *und* zuschaut, dem Ort des *theatròns* wie auch der Handlung des Zuschauens: *theoría*.

Hier ist ein kleiner Exkurs angemessen, der an die gemeinsamen Wurzeln von Theater und Theorie erinnert:[1] *theaomai, theomai* heißt betrachten (1), Zuschauer im Theater sein (2), Revue passieren (3), mit dem Verstand, der Einbildungskraft betrachten (4) und Dinge beim Reden in gewisser Weise gegenwärtig vor Augen sehen, mit der Vorstellung einer genaueren Kenntnis (5). Es handelt sich also um einen konkreten und mentalen Blick, der das Gedächtnis durchquert, um sich zu realisieren. Er setzt Theater und Theorie voraus. Denn *theoría* ist der Akt des Sehens, des Beobachtens, des Untersuchens. *Theoría* ist auch das Zuschauen bei einem Spektakel, das Teilnehmen an einem Fest. Erst seit Platon wird *theoría* ausschließlich zur geistigen Kontemplation, Meditation oder theoretischen Spekulation. *Theatròn* ist der Ort, von dem aus ein Spektakel verfolgt wird, der Platz im Theater und schließlich die Gesamtheit der Zuschauer. Erst in christlicher Zeit bezeichnet *theatròn* auch das Spektakel selbst.

Zugleich der *theoría* und dem *theatròn* verpflichtet, befragt die analytische Theatralität des Textes oder der szenischen Schrift den konkreten und mentalen Blick: seine Wahrnehmungsweise und seinen imaginären Ursprung. In diesem Sinne stellt die Theatralität des Textes wie auch der szenischen Schrift das Problem des Zuschauers und Zuhörers als Problem des Wahrnehmungsmodus und des Ortes, von dem die Wahrnehmung ausgeht. Dies heißt, dass analytische Theatralität die Frage nach dem Subjekt, seinem Bezug zur Schrift und zum Imaginären, zum Gedächtnis und zum Begehren aufwirft, welche bei der Lektüre eines (szenischen) Textes beteiligt sind.

Wie manifestiert sich die so definierte *analytische* Theatralität eines Textes, was macht, dass (vor-)gelesene bzw. artikulierte Worte sich in Visionen brechen, mentale Schauplätze hervorbringen? Hier zeigt sich die an anderer Stelle untersuchte globale Funktion der Stimme, die sowohl als Ton wie als Klang im Text vorkodiert ist und ebenfalls die Bedeutung der Strukturen poetischer, metaphorischer, syntaktischer und visueller Verfahren. Im Übrigen bestimmen auch auf der Bühne Polyphonie und visuelle poetische Verfahren die szenische Schrift, die mit der Analyse der Theatralität *in actu* zugleich das Subjekt als ein dezentriertes Subjekt in den Raum projiziert.

Stellt die *analytische* Theatralität des Textes den Rezipienten vor sein Verhältnis zur Verbalsprache und seine Fähigkeit, sich ihr imaginär einzuschreiben, um mehrere zu werden, so schafft die szenische Schrift einen noch direkteren Zugriff auf das Imaginäre, indem sie das physische Körperbild verunsichert, das nun als Produkt visueller und akustischer Signifikantensysteme erfahren werden kann. Die spezifische Dioptrik der sprechenden Körper in den Theaterutopien seit der Jahrhundertwende wie auch im postmodernen Theater, die ich an anderer Stelle untersucht habe,[2] ist Ergebnis von audiovisuellen Dispositiven, die den ‚Lektüreprozess' des Rezipienten zu einer Aktivität werden lassen, bei der kulturelles und singuläres Gedächtnis Material für die Verdoppelung der Bühne durch vielfältige mentale Bühnen liefern, die sich im Zwischenraum von Hören und Sehen entfalten können.

Im Zeichen der Audiovision

Die Fähigkeit, aus Lettern Klänge und Bilder auf einem anderen Schauplatz entstehen zu lassen, hat Stéphane Mallarmé als Dioptrik des Textes gezeigt, die sich der Theatralität in analytischer Weise versichert. Damit nehmen seine Dramenpartituren eine Antwort auf ein erst später sich zeigendes Problem vorweg: die Veränderung der Wahrnehmung durch neue Lokomotions- und Kommunikationstechnologien, in deren Zuge die Lektüre selbst problematisch werden wird. So ist bei ihm schon die Utopie einer szenischen Schrift auch Formulierung einer neuen Aufgabe für das Theater, nämlich die, szenisch die Mechanismen der Lektüre erfahrbar zu machen. Bis zu Artaud war der kritische Horizont neben dem traditionellen Dramentext vor allem das Worttheater in seiner logozentrischen Bestimmung; soweit die Medien explizit ins Blickfeld traten, erfolgte dies in ihrer rein visuellen Form (Stummfilm) oder in der akustischen Form (Radiophonie). Heute geschieht die Auseinandersetzung mit der Repräsentation nicht nur auf dem Hintergrund eines implizit logozentrischen Worttheaters, bei dem der Schauspieler als Integrator von Symbolischem und Imaginärem fragwürdig geworden ist, sondern die Verbindung von akustischer und visueller Wahrnehmung folgt neuen Automatismen, die von den Medien vorgeformt wurden: Film, Fernsehen, Video haben, verstärkt in den letzten Jahren, entscheidend die Wahrnehmungsweisen verändert und neu organisiert. Die szenische Schrift des postmodernen Theaters setzt sich mit diesen neuen Wahrnehmungsweisen auseinander, mit ihren Mechanismen der Produktion von Präsenz, die mit den Bühnenmechanismen konfrontiert werden. So führen sie vor allem eine Charakteristik des Mediums Film kritisch ein: die Trennung von Ton- und Bildspur. Sie dient dazu, die signifikante Produktion von Präsenzen auf der Bühne als Ergebnis von audiovisuellen Sprachen erfahrbar zu machen.

Diese Trennung von Ton- und Bildspur wird jedoch im Film selbst nur von sehr wenigen Cineasten – Jean-Luc Godard sei hier genannt, ebenfalls Jean-Marie Straub und Danièle Huillet – als ästhetisches Verfahren eingesetzt. Vielmehr ist die filmische Wahrnehmung bestimmt durch das Phänomen der *Audiovision,* der automatischen Verschmelzung von Bild- und Tonspur durch den Betrachter. Die Integration von visueller und akustischer Wahrnehmung, wie sie der Film einübt, bedient den Wunsch nach einer Identität von Imaginärem und Symbolischem, indem er die visuelle Wahrnehmung affektiv durch die Tonspur einstimmt und die akustische Wahrnehmung affektiv durch den Bildrhythmus färbt. Wie Michel Chion in seinen zahlreichen Forschungen zum Film gezeigt hat, ist die *Audiovision* nicht Addition der Eindrücke von Bild- und Tonspur, sondern Ergebnis einer Verschmelzung, die eine *audiovisuelle Illusion* schafft.[3] Sie ist jedoch nicht Produkt freier Imagination, sondern vielmehr eines quasi Pawlow'schen Reflexes, das Bild als Quelle des Tons bzw. den Ton als Quelle des Bildes wahrzunehmen. Der Film schafft, automatisiert und im Medium vorstrukturiert, eine mentale Verdoppelung der Leinwandszene, die gelenkt vollendet, was das unfertige Medium vorgibt. Gegenüber der Verdoppelung der Bühne, die die szenische Schrift seit Ende des 19. Jahrhunderts ermöglicht, wird hier aber nicht ein singuläres und kulturelles Gedächtnis in seiner Vielfalt angesprochen, sondern es wird mit einem Signifikanteninventar von Primäraffekten gearbeitet, die sich zumeist des jahrhundertealten Fundus von audiovisuellen Klischees bedienen.

Auf der Bühne hat die Audiovision in den letzten Jahren fast unbemerkt immer mehr Einzug gehalten, neben der sporadischen Bühnenmusik hat sich die filmhafte Sonorisierung breitgemacht. Sind hier Möglichkeilen gegeben, durch den Klang zum Beispiel den Raum zu erweitern, Zeit zu punktieren und den Rhythmus einer, sonst durch stille Umbaupausen unterbrochenen Aufführung, fließend zu machen, so zeigt die Übertragung des Audiovisionsprinzips des Films auf das Theater auch negative Aspekte: So wird ein passiver Klangteppich oft eingesetzt, um das Fehlen jener affektmodulierenden Sprechweise, wie wir sie zum Beispiel bei Klaus Michael Grüber schätzen, zu verdecken. Ohne die Tonspur wären wahrscheinlich die *Atriden* des Théâtre du Soleil nur ungeschickt und falsch betontes Deklamationsschreitheater. Doch die alles verkleisternde Musik schafft wie im Kino gewaltige Affekte, die so zielsicher durch die Musik produziert werden, wie im Kino die Rührung durch Geigenschluchzen. Keine Pause im Klangfluss, kein Moment der Stille, das die Worte nachklingen ließe, damit auch keine Möglichkeit für eine imaginäre Bühne. Die Dioptrik des Textes, die die Dioptrik des Zuschauers in Bewegung setzt, wird hier von der Audiovisionsmaschine absorbiert, die geradezu zur Prothese des Imaginären des Zuschauers wird.

Die Rückkehr zum Text, die heute bei den Performern des Theaters der siebziger Jahre festzustellen ist, wäre unter diesem Aspekt genauer zu untersuchen. Nicht immer bedeutet sie Befreiung der Einbildungskraft.

Hans-Jürgen Syberberg: *Die Marquise von O.*
Ich möchte an einem Beispiel kurz zeigen, dass selbst bei der inszenierten Lektüre bzw. Rezitation eines nichtdramatischen Textes eine an die affirmative Theatralität appellierende Rezitationsweise sich mit den filmischen Mechanismen der Audiovision harmonisch zu einer ideologisch zweifelhaften Veranstaltung verbinden kann. Analysekriterium ist hier also der Lektüre- bzw. Rezitationsmodus und der Umgang mit audiovisueller Illusion. Sobald Lektüre öffentlich wird, ist sie neben der textuellen Theatralität auch der szenischen Theatralität unterworfen: Ein Leser/Rezitator lässt seinen (imaginären) Bezug zum Text sehen und hören. Damit gibt er ein Körpermodell der Integration von Hören und Sehen, das Wirkung der aktualisierten Theatralität ist. Hier kann sich zeigen, dass konventionelle Theatralität zugleich die theatralischen Codes der Wahrscheinlichkeit als Horizont hat.

Seit Mitte der achtziger Jahre wird von dem Cineasten Hans-Jürgen Syberberg eine Erneuerung des Worttheaters verfochten, die schon mehrere Produktionen, immer mit der Schauspielerin Edith Clever, zur Schau gestellt hat. So auch die Arbeit zu Heinrich von Kleists *Marquise von O.*, die 1989 in einer Koproduktion von Hebbeltheater Berlin, Schauspiel Frankfurt und Festival d'Automne in Paris zu sehen war. Edith Clever leiht der Kleist'schen Novelle Stimme und Körper, sie liest, rezitiert und spielt den Text in einem mit Laub bedeckten Bühnenraum, dessen Möbel und Requisiten an das Preußen zu Beginn des 19. Jahrhunderts, aber auch an seine Zerstörung nach 1945 erinnern. Photoprojektionen des zerstörten Schlosses Charlottenburg, des Friedersdorf Schlosses, Reproduktionen der Schadowskulptur der Preußenprinzessinnen wechseln mit Photos von preußischen Feldern und Bäumen, von einstmals deutschem Land. Die Schauspielerin trägt über schwarzem Gewand einen schwarzen Umhang oder einen Schal. Die altdeutsche Atmosphäre ist eindeutig: „vom Süden nach dem Norden verlegt ..." ist nach Syberberg, laut Programmheft, die Novelle.

Edith Clever spricht ihren Text, indem jeder Satz von ihr mit einer spezifischen, sozial erkennbaren Intonation belegt wird. Sie ist zugleich Erzähler der Novelle und das jeweilige Subjekt des Ausgesagten. Doch der distanzierende Erzähler verschwindet mehr und mehr, um den Subjekten des Ausgesagten Platz zu machen. Ein Spektrum von sozialen Tönen wird so ausgebreitet: Der Kommandant bellt, seine Gattin säuselt affektiert und manieriert, die Amme schwätzt mit der Stimme des Volkes, der Graf spricht vornehm durch die Nase, die Herzogin flötet. Wort und Ding sollen in einem Inventar von vorkodierten Akzenten und Intonationen verschmelzen. Diese Stimmrhetorik scheint eher dem Kino der dreißiger und vierziger Jahre denn dem Theater entnommen und appelliert so an das *verosimile* eines konventionellen Realismus. Die Stimme der Schauspielerin, die den Text in einer Weise von sich gibt, die sein Imaginationspotential auf Eindeutigkeit reduziert, wird gedoppelt durch Gesten, die den Aussagegegenstand mimen und skizzieren: Spricht der Text vom Grafen, der niederkniet, so führt Frau Clever flugs auch diese Bewegung aus, um sofort auf die andere Seite zu springen und zu zeigen, wie die Marquise ihm den Rücken zukehrt. Hier sollen Wort und Körper in eins gezwungen werden. Die Inszenierung zeigt den manifesten Wunsch, Text und Ton eins werden zu lassen, verankert im auf der Bühne präsenten Körper, der sich als Ursprung des Worts ausstellt. Überlaute Einspielungen von Beethovens Streichquartett Nr. 13, B-Dur und der großen Fuge B-Dur färben, wie auch das Beleuchtungsdesign, affektiv das Gesagte. Die Einspielung der großen Fuge direkt nach dem Bericht der Ohnmacht folgt einer Logik der Audiovision, die eine Vergewaltigung da verwahrscheinlichen soll, wo der Text es dem Leser überlässt, selbst den Zwischenraum von Sprache und Körper mit seinem eigenen Verhältnis zur Sprache imaginär zu besetzen. Hier soll die translinguistische Stimme des Erzählers durch den präsenten Körperfetisch ersetzt werden, den der Regisseur als Ursprung des Textes zu visualisieren sucht.

Dies ist im Falle des Kleist'schen Textes umso fragwürdiger, als er gerade das Mysterium des Ursprungs als Mysterium der Wahrnehmung nahelegt: Das Unerklärliche, Unsagbare wird in der Novelle als unerklärbare Empfängnis thematisiert, die im Text ebenso rätselhaft ist wie jene, die sich über eine durch das Ohr aufgenommene Stimme als Wort, das zu Fleisch wird, konkretisiert. Diese im Nachrevolutionären Europa von einem protestantischen Preußen thematisierte Ungeheuerlichkeit wird durch konventionelle Theatralität und audiovisuelle Dioptrik zu einer eindeutigen politischen Parabel der Vergewaltigung einer deutschen Frau bzw. Deutschlands durch einen russischen Offizier bzw. durch Russland szenisch platt gewalzt. Im Frühjahr 1989 zeigt dies Weitsicht für die Möglichkeiten künftigen politischen Realtheaters.

Doch diese Weitsicht trifft nicht für das Theater selbst zu, das ja gerade seine Aufgabe tatsächlich darin neu bestimmen könnte, dass es zu einem Ort wird, in dem die Lektüre textueller und szenischer Schrift in einer kritischen Auseinandersetzung mit den Medien erst stattfinden kann. Diese Lektüre wäre dann aber nicht, wie die Besprochene, *lectio* im Sinne einer Lektion. Gerade weil die Lektion die Pluralität der Sinnmöglichkeiten reduziert, den Zuhörer und Zuschauer auf die Linse der Audiovision adjustieren will, auf die Dioptrik eines Meisters des Imaginären, der sich als Regisseur am Schaltpult zum Ursprung des Wortes macht, wird der sakrale Anspruch einer solchen *lectio* offensichtlich: Der Regisseur ist hier derjenige, der zwanghaft verschiedene Wahrnehmungsordnungen zusammenbindet – *religare* –, und nicht der, der liest – *legere* –, wie eine zweite Wurzel von *religio* lautet. Lektüre als *lectura*, als materieller Akt des Lektüreprozesses, der mit Augen und Ohren entziffert, ausliest und aufliest aus dem Gedächtnis, interpretierend liest, vorliest immer bewusst des Zitatcharakters des (Vor-)Gelesenen, des Re-Zitierens, der in dieser Weise auch mit den Signifikantensystemen der visuellen und nichtsprachlichen akustischen Ordnung umgeht, eine solche Lektüre kann dem Anderen, dem Imaginären einen Raum geben, indem sie Text und Bild, akustische und visuelle Signifikanten zu einem subjektiven Raum konfiguriert, der wieder von einem *theatés* gelesen und auf viele mentale Bühnen projiziert werden kann.

Herbst 1991

Anmerkungen

1 Vgl. Victor Magnien/Maurice Lacroix, *Dictionnaire Grec–Français*, Paris 1969.
2 Vgl. Helga Finter, „Corps emblématiques" (in: Michèle Febvre, *La danse au défi*, Montréal 1987, S. 96–105), in: Dies., *Le Corps de l'audible. Écrits français sur la voix 1979–2012*, Frankfurt/Main 2014, S. 81–92; sowie dies., „Dioptrique de l'imaginaire et de l'invisible. L'espace subjectif de la scène" (in: Dies., *L'espace subjectif de la scène, Documents de Travail et prépublications* 211, (série F), Centro Internazionale di Semiotica e di Linguistica, Università di Urbino, 1992, S. 1–18), in: ebd., S. 93–108.
3 Zuletzt ist zu diesem Komplex erschienen: Michel Chion, *L'Audio-Vision*, Paris 1990.

Theater als Lichtspiel des Unsichtbaren

Was man nicht sagen kann, kann man vielleicht schon singen.
Heiner Müller 1970

... das Bühnenbild ein Reiseführer durch die Landschaften jenseits des Todes ...
Heiner Müller an Erich Wonder 1986

Der Anlass: Heiner Müllers *Tristan und Isolde*-Inszenierung
„Aberwitzigen Eigensinn" warf im Sommer 1994 der Kritiker Joachim Kaiser dem vom Bayreuther Premierenpublikum wiederum vehement ausgebuhten Regisseur Heiner Müller vor, weil seiner Inszenierung von Richard Wagners *Tristan und Isolde* vor allem im zweiten Akt das visuell gefehlt habe, was die Musik beschwöre und der Text behaupte.[1] Man könnte ein solches Urteil als Sprachrohr der Konstanz eines Publikumsgeschmacks interpretieren, dem das von Wieland und Wolfgang Wagner ins Leben gerufene Neu-Bayreuth nichts hatte anhaben können. Klingt es doch wie das Echo einer Kritik von vor nunmehr dreißig Jahren, die aus Anlass von Wieland Wagners *Tannhäuser*-Inszenierung ebenfalls den Pleonasmus von Hör- und Seheindruck vermisste: So stellte 1964 Marcel Reich-Ranicki im ersten Akt in der Venusbergszene eine „außergewöhnliche Diskrepanz zwischen Musik und Bühne" fest, und obgleich er sich dagegen verwahrte, Wagners Bühnenanweisungen treu befolgt zu sehen, war er dennoch der Meinung, dass „ein verlockender Sündenpfuhl hier doch nicht zu entbehren" sei.[2]

„Ekstase im Orchester, Askese auf der Bühne" hieß das inkriminierte Delikt damals und scheint es auch noch heute zu heißen. Doch nicht mehr so einmütig auf Kritikerseite. Andere Stimmen gestehen jetzt dem Regisseur durchaus ein Kontrastprogramm für Auge und Ohr zu, doch stoßen sie sich an einer „postmodernen Beliebigkeit", mit welcher der „Wilson-Schüler" und „Nicht-Regisseur" Heiner Müller nun Neu-Bayreuth bedrohe.[3] Berücksichtigt man auch die seltenen Stimmen, die bei dieser Inszenierung im Gegenteil „eine erstaunlich enge Beziehung zwischen der Musik und der Szene hergestellt" sehen,[4] so scheint die Verwirrung komplett und zudem ein Beweis für die Subjektivität einer theatralen Wahrnehmung, in der Hören und Sehen vom subjektiven und kulturellen Gedächtnis des jeweiligen Auges und Ohrs gedoppelt wird. Doch eine solche Einsicht ist wenig befriedigend. Weder erklärt sie die Vehemenz und Gewalt des sich in Gebrüll entladenden Zuschaueraffekts, der nun schon im zweiten Jahr den Regisseur und im ersten Jahr auch den Bühnenbildner Erich Wonder begrüßte, noch mag sie verdeutlichen, warum weniger leidenschaftliche Rezipienten, auf Kontrastprogramm eingestellt, nur „postmoderne Beliebigkeit" sehen konnten. Denn dieser Vorwurf, der in ähnlicher Weise in den letzten Jahren Theater- und Operninszenierungen Robert Wilsons trifft, beinhaltet ja gerade, dass durchaus über den visuellen Aspekt einer Inszenierung neue Einsichten in die Musik und den Text eröffnet werden können, insofern ihnen eine Logik unterliegt. Diese widersprüchliche Rezeption ist so Anlass, die Frage zu stellen, welches die Funktionen des visuellen Aspekts der Theaterinszenierung und speziell der Musiktheaterinszenierung sein können.

Denn Heiner Müllers *Tristan*-Inszenierung in den Räumen Erich Wonders und mit der subtilen Lichtregie von Manfred Voss ist in mehrfacher Hinsicht paradigmatisch für die Probleme, die das Verhältnis von Hören und Sehen im (Musik-)Theater stellt. Durch die vorgeschlagenen Lösungen und die daraus resultierenden Anforderungen an den Zuschauer *und* Zuhörer reihen sie ihre Inszenierung in eine Tradition ein, die, ausgehend von Adolphe Appia und verbunden mit den Namen Wieland Wagner und Robert Wilson, die (Musik-) Theaterinszenierung zum Ort einer neuen Erfahrung der Beziehung von Hören und Sehen machte, eine Kritik der Funktion der Bilder impliziert und dadurch eine Selbstanalyse des Zuschauerwunsches nach einer Identität von Hören und Sehen beinhaltet. Zugleich steht dieses Theater einer Dekonstruktion der Wahrnehmung aber auch im Kontrast zu einer Politik der Bilder, die entweder allein ein historisches Gedächtnis illustriert und/oder der singulären Phantasie einer Wunschwelt den Vorrang gibt, so wie sie im Regietheater der letzten dreißig Jahre sowohl für das Sprechtheater als für die Oper vorzufinden ist.

Hören und Sehen im Sprechtheater

Hören und Sehen sind getrennte Wahrnehmungsordnungen. Das Hören geht dem Sehen entwicklungsgeschichtlich voraus, beide Wahrnehmungsformen haben in der Psychogenese des Menschen die Funktion einer ersten Ichbildung. Beide strukturieren sich zuerst im vorsprachlichen Bereich – das Hören ist dem Affekt, das Sehen dem Imaginären verbunden – und werden durch die Erlernung der Verbalsprache dann in ein dynamisches Dispositiv des Subjekts überführt, das sie zugleich beschneidet und potenziert.[5]

Das Sprechtheater führt unter der Ägide des Textes Hören und Sehen zusammen, verwahrscheinlicht eine Verbindung von Imaginärem und Symbolischem in der Figur des Schauspielers, der eine Rolle darstellt und Modelle des Subjekts vorschlägt. Das neue Theater hat diese Verbindung, die auf Seiten des Zuschauers in Form einer Audiovision geschieht,[6] seit dem letzten Jahrhundert problematisiert und so sowohl das auditive Imaginäre – die lautliche Affekteinschreibung, die Musikalität der Sprache – als auch das visuelle Imaginäre in Kontrast zum Text gestellt. Die Klangtheatralik,[7] die im Theater der siebziger Jahre diesen Aspekt der Sprache auf der Bühne in den Vordergrund rückte, machte durch Musikalität die Affektqualitäten von Sprache hörbar und rückte so das Theater in die Nähe der Oper. Robert Wilson nannte schon in den Anfängen seine Performances *operas* und dies zu Recht, wurde doch die Inszenierung nicht mehr als eine vom Text vorgegebene psychologisch motivierte Handlung entwickelt, sondern strukturierte sich nach rein musikalischen und poetischen Prinzipien, Symmetrien und Dissymmetrien, Variationen, Ähnlichkeiten und Unähnlichkeiten, sowohl auf visueller als auch auf auditiver Ebene. Die Nichtidentität von Hören und Sehen, die entscheidend für Wilsons Ästhetik ist, erklärt er selbst aus einer spezifischen Erfahrung mit den Medien. Doch könnte auch hier eine Opernerfahrung mitgewirkt haben, die Wilson in seinen Lehrjahren gemacht hatte.

Ehe Robert Wilson im Jahre 1967 sich in New York niederließ, um selbst Theater zu machen, führte ihn 1964 eine Europareise auch nach Bayreuth, wo er Wieland Wagners *Tannhäuser* in eben jener Inszenierung sah,[8] der die Kritik den absoluten Kontrast von visuellem und auditivem Eindruck vorwarf. Wieland Wagners Inszenierungsstil war geprägt durch eine aus der Musik entwickelte Bewegungs- und Lichtchoreographie, die den theatralen Raum als audiovisuelles Produkt schuf.[9] Die ausgiebige Beschäftigung Wilsons mit Wieland Wagner und auch Appia im Zusammenhang mit seit 1974 anvisierten Wagnerinszenierungen ist zwar erst für die zweite Hälfte der siebziger Jahre verbürgt,[10] doch ist nicht auszuschließen, dass das Gedächtnis dieses Opernerlebnisses unbewusst bei der Entwicklung eines Theaters mitgewirkt hat, das Sprachklang und visuelle Choreographie durch eine Lichtführung verbindet, die das Theater zum Lichtspiel macht.[11] Denn bei Wieland Wagner hatte Wilson sehen können, was im Gegensatz zum Sprechtheater die Funktion der Inszenierung für das Musiktheater sein kann, wenn sie die strukturelle Spezifik dieses Genres berücksichtigt.

Hören und Sehen im Musiktheater

Im Musiktheater ist der in den Text eingeschriebene Affekt, der im Sprechtheater der Sinnkonstruktion unterworfen und im neuen Theater eines Robert Wilson zum Beispiel bei der Wiedergabe von Texten privilegiert wird, schon durch die Komposition vorgegeben und in der Partitur zu einem Diskurs nach den Regeln der Musiksprache transponiert. So ist die Musik eine Sprache der Affekte ohne genau determinierten Gegenstand, da ihn das Libretto mit der Handlung nur vage umreißt. Bei Wagner, der aus der Sprache heraus komponiert, die in den Text eingeschriebenen Affekte potenziert und zugleich mit der Leitmotivtechnik zu einem musikalischen Diskurs des Unbewussten der Protagonisten erweitert, ist diese Charakterisierung ohrenfällig. Der vom Libretto indizierte, aber nicht bezeichnete Gegenstand des musikalischen Affektdiskurses wird in der auditiven Wahrnehmung, die dem Imaginären von Affekt und Vorstellungen verbunden bleibt, jedoch über den Hörsinn *empfunden*.[12] Daraus erklärt sich auch die Lust des unsichtbaren Theaters der Oratorien und Orchesteraufführungen, wo die alleinige Beanspruchung des Ohrs das singuläre Imaginäre nicht beeinträchtigt sondern geradezu fördert.

Die Inszenierung der Oper hat nun zwei Möglichkeiten, mit visuellen Mitteln auf die Musik zu reagieren. Einerseits kann sie das Libretto bebildern: die häufigste, oft auch schlechteste Lösung ist die Variante der Traditionserfüllung – als Paradebeispiel seien hier die Produktionen der Metropolitan Opera genannt –, eine andere ist die Historisierung bzw. Soziologisierung, wobei ausgehend von Details der Handlung eine aktualisierende Perspektivierung der Geschichte vorgenommen wird. Andererseits kann die Inszenierung – und dies ist das für Musiktheater spezifische Verfahren – die dramatische Vorgabe der Musik inszenieren, indem sie den musikalischen Gedanken interpretierend sichtbar macht. Sie steht dabei im Dialog mit den bisherigen Visualisierungen der musikalischen Affekte, die sie bestätigen, aber auch visuell analysieren kann. Die Operninszenierung hat also noch mehr als das Sprechtheater einen direkten Zugriff auf das Imaginäre des Zuschauers. Denn aus den angedeuteten Möglichkeiten von Musiktheaterinszenierungen wird deutlich, welche *Psychomaschine* das Musiktheater zu sein vermag: Während die Illustration die Unübersetzbarkeit des Affekts in eine für ein Publikum verbindliche Form des Imaginären implizit behauptet bzw. der Musik die filmische Funktion der Affektuntermalung gibt, belässt sie zugleich die Lust am Affekt, ohne die Affektvorstellungen des einzelnen allzu sehr zu stören. Eine Inszenierung, die als Ausgangsbasis den musikalischen Diskurs nimmt, der im Musiktheater das eigentliche Drama knüpft, kann diesen interpretierend visuell verdoppeln oder aber visuell den Affektdiskurs analysieren. So kann einerseits der Affektdiskurs potenziert werden, wenn die Inszenierung eine Identität von gehörtem Affekt und visuellen Äquivalenten dieses Affekts, die dem Fundus kulturell verbürgter Bilder und Vorstellungen entnommen sind, durch die räumliche Projektion des gesungenen Spiels zugleich hör- und sichtbar zu machen sucht. Eine solche Illusion des *anderen Schauplatzes* (Freud) wird hingegen nur gelingen, wenn sie mit einer gesellschaftlich als *verosimile* anerkannten visuellen Interpretation der Affekte arbeitet. Eine visuelle Analyse der musikalischen Affektsprache hingegen mag gerade die Brüche zwischen auditivem Affekteindruck und seinem bis dahin gesellschaftlich wahrscheinlichen visuellen Äquivalent erfahrbar machen. Dies bedeutet aber zugleich einen Angriff auf die imaginäre Identität des Zuschauers, auf seine affektive Vorstellungsidentität. Die Enttäuschung der mit ihr verbundenen

Erwartungen mag die aggressiven Affektentladungen erklären, denen Inszenierungen ausgesetzt sind, die danach trachten, den Affekt in neue Bilder zu übersetzen, die diesen visuell zu analysieren suchen.

Dies wird besonders deutlich bei szenischen Versuchen, gesellschaftlich wahrscheinliche Konkretisierungen des Nichtdarstellbaren visuell umzusetzen. Sehr oft handelt es sich dabei um Variationen der freudschen Urszene, im weitesten Sinn, in Form von Szenen erotischer und mörderischer Lust. Die Geschichte des Dramas wie auch der Oper weist eine ganze Reihe solcher Szenen auf: Neben Wagners Venusberg im *Tannhäuser,* dem zweiten Akt des *Tristan* oder der Blumenmädchenszene des *Parsifal* gehören auch die Walpurgisnacht aus Goethes *Faust* oder der Tanz ums goldene Kalb in Arnold Schönbergs Oper *Moses und Aron* dazu.

Die Singularität und Nichtsozialisierbarkeit des Begehrens sprechen gegen eine konkrete Darstellbarkeit dieser Szenen, zumal ein visuelles Äquivalent immer auch Fixieren und Anhalten von (musikalisch) unendlicher, sinnlicher Erfahrung ist. Eine Inszenierung solcher Szenen fordert zudem ein intimes Engagement dessen, der die Bilder schafft, und setzt ihn zugleich dem Risiko aus, die Verankerung seines Imaginären in gesellschaftlichen Klischees und Ressentiments ungewollt preiszugeben, falls er sie nicht stringent zu analysieren weiß. So transzendierten weder Claus Peymanns Walpurgisnacht, 1978 in Stuttgart, noch Juri Ljubimows Venusberg, 1989 am selben Ort – um nur zwei Beispiele zu nennen – die sozial kodierte Ikonographie des Anderen als im Rotlichtmilieu angesiedelt. Selbst gewollt neue Bilder können alte Phantasmen bestätigen: So die Variationen des Tanzes um das goldene Kalb zum Beispiel in den *Moses und Aron*-Inszenierungen von Friedrich Meyer-Oertel, 1984 in Mannheim, und von dem in anderen Produktionen eher ikonographisch genau denkenden Jean-Pierre Ponnelle, 1987 in Salzburg. Mit neuen Bildern des Anderen sollte der Durchbruch kollektiver Opfergewalt und -lust sichtbar gemacht werden. Doch in beiden Fällen führte eine politisch gutgemeinte, aber im Hinblick auf die Logik der Narration falsche Kostümwahl zu einer semiotisch äußerst befremdlichen Darstellung des im Tanz ums goldene Kalb designierten Anderen: So wird das jüdische Volk, das erst durch den Empfang der Gesetzestafeln zum auserwählten Volk des Bundes wird, schon zuvor als solches mit Judensternen und in den traditionellen Gewändern der Ostjuden gezeigt. Es ist so in der 3. Szene des zweiten Aktes bei Meyer-Oertel Protagonist historischer Zerstörungsexzesse, zu denen auch die durch Film eingeblendete Bombardierung deutscher Städte gehört; bei Ponnelle, unterstützt durch die Choreographie Hans Kresniks, wird es gar mit Judenstern und Kippa Ausführender von blutig inszenierten Ritualmordorgien – eine Darstellung, die auch den Erwartungshorizont primitivster antisemitischer Phantasmen nicht enttäuscht hätte.[13]

Während diese Beispiele verdeutlichen, wie eine *synthetische* Inszenierung mit konventionellen Bildern des Nichtdarstellbaren die Affektsprache der Musik zu einer Erlebniseinheit von Hören und Sehen zu verbinden mag, zugleich aber auch soziale Formen des Anderen stärkt, soll an anderen Beispielen gezeigt werden, dass eine *analytische* Inszenierung, die visuelle Dar- und Vorstellungen von Affekten dekonstruiert, gleichzeitig den musikalischen Diskurs neu hörbar zu machen und die in musikalische Sprache transponierten Affekte neu zu interpretieren vermag. Damit kann sie dem Musiktheater eine Funktion geben, die es gleichberechtigt neben das Theater stellt und in seiner Eigenheit bestimmt: Das Musiktheater könnte so zu dem Ort werden, wo Hören und Sehen in ihrer affektiven und imaginären Komponente sinnlich erfahrbar und zugleich perzeptiv analysierbar werden, wo im Zwischen von Hör- und Seherfahrung die Erwartungen und Wünsche des einzelnen *theatés* einen Analyse- und Übertragungsraum finden können. Während das Sprechtheater ein Ort der Auseinandersetzung von Imaginärem und Symbolischem ist, wäre dann der Ort des Musiktheaters der *andere* Schauplatz, auf dem die Affekte und das Imaginäre, das sie zu visualisieren sucht, zur Diskussion stehen. Doch dies verlangt ein Publikum, das im Musiktheater nicht nur ein Eintauchen in einen Raum vorsprachlichen Ohrenschmauses und narzisstischer Augenlust sucht.

Gerade die großen Skandale der Musiktheater- und Ballettinszenierung haben sich eben an Werken entzündet, die in bis dahin unerhörter Weise Affekte musikalisch transponierten und zugleich deren gesellschaftlich akzeptierten visuellen Fixierungen zertrümmerten. Indem Vaslav Nijinskys Choreographien des *L'après-midi d'un faune* und des *Sacre du printemps* den erotischen bzw. aggressiven Affekt des musikalischen Diskurses visuell übersetzten, dekonstruierten sie zugleich die idyllisch enterotisierten Darstellungen des gesellschaftlichen Imaginären der Nymphen- und Faunenwelt wie auch die folkloristisch verklärte, im Ballet übliche Visualisierung bäuerlichen Brauchtums.

Wieland Wagners Inszenierung des Venusbergs von 1963/64, ebenso wie die spätere *Tristan*-Inszenierung befreiten die von der Wunschphantasie einer paganen bzw. verklärten Verschmelzung visuell überlagerte Musik. Ihr setzten sie eine Aktualisierung der ambivalent erotischen Dimension dieses musikalischen Affektdiskurses entgegen, die visuell als Durchbruch eines archaisch regressiven Begehrens durch einen Bühnenraum realisiert wurde, der in seiner in minimalen Lichtvariationen changierenden, durch ein halbrundes Zyklorama nach hinten hin abgeschlossenen Konfiguration sich mit dem Amphitheater des Bayreuther Zuschauerraums zu einer Wahrnehmungs-*Chora* verband, in der die Lust und der Schrecken einer primären Auflösung erfahrbar werden konnten.[14]

Seine visuelle Umsetzung entwickelte Wieland Wagner aus der Analyse der Partitur heraus. So sagte er zu dem bei ihm und heute bei Heiner Müller heftig kritisierten zweiten Akt des *Tristan*, dass dieser Akt, wolle man tatsächlich naturalistisch verfahren, im Schlafzimmer Isoldes stattfinden und Isolde völlig nackt sein müsste.[15] Was der Großvater schon zu wissen schien, als er im April 1859 an Mathilde Wesendonck schrieb:

> Ich fürchte, die Oper wird verboten, falls durch schlechte Aufführung nicht das ganze parodiert wird –: nur mittelmäßige Aufführungen können mich retten! Vollständig gute müßten die Leute verrückt machen.[16]

Doch vor allem die Erfindung einer theatralen Wahrnehmungsmaschine scheint Wagner gerettet zu haben: Das Bayreuther Festspielhaus wurde zum Instrument einer Musiktheaterkonzeption, die auf den anderen Schauplatz führt, dort neue gemeinsame visuelle Äquivalente der Affektsprache der Musik schafft, deren Wirken das gesellschaftliche Imaginäre nachhaltiger beeinflusst haben mag als die Musik und diese gar überlagert hat. Doch diese Wahrnehmungsmaschine birgt auch in sich die Möglichkeit der Dekonstruktion der audiovisuellen Wahrnehmung seines Musiktheaters.

Das Festspielhaus als anderer Schauplatz

Wagners Musiktheater sucht auf den anderen Schauplatz der Affekte und des Imaginären zu führen, indem die Sänger wie vom Kothurn der Musik bewegt agieren. Hierzu hat Wagner sein Festspielhaus in einer Weise konzipiert, die auch architektonisch dieses Ent- und Verführen unterstützen sollte: Die Versenkung des Orchestergrabens, die die Trennung zwischen Publikum und Bühne aufhebt, das *theatròn* zu einem von der Musik umhüllten Klangraum macht, rückt zugleich durch ein doppeltes Proszenium die eigentliche Bühne in die Ferne. Dadurch entsteht aber ebenfalls die Sinnestäuschung ihrer Nähe, die für jeden einzelnen Zuschauer nun eine auratische Wahrnehmung des Bühnengeschehens ermöglicht: „Eine Entfernung im Schweben",[17] so Wagner, trennt und verbindet zugleich Bühne und Publikum. Er sucht so die Wirkung einer Halluzination, eines „Hellsehens" zu erzielen, das sich mit der „aus dem mystischen Abgrunde geisterhaft erklingenden Musik"[18] verbindet. Ihre vorsprachliche Herkunft – Wagner vergleicht sie ebenda mit „unter dem Sitze der Pythia dem heiligen Urschoße Gaias entsteigenden Dämpfen" – soll sinnlich erlebbar werden in einer Raumkonfiguration, die an die vorsprachliche mütterliche *Chora*[19] gemahnt, in der Hören und Sehen noch nicht getrennt sind und die audiovisuelle Perzeption durch reine Affektqualitäten bestimmt ist.

Wagners Ziel ist also die Verschmelzung von Affekt und Imaginärem durch Eintauchen in einen Raum vorsprachlicher Lust, der jedoch – und hier setzte die Kritik seit Nietzsche an – ein sozialer Raum mit religiöser Funktion ist, da die Affekte im Imaginären eines (nationalen) Mythos fixiert werden sollten.

Mit seiner musiktheatralischen Psychomaschine, die allein das Unbewusste ansprechen und sozial fixieren sollte, ist Wagner in gewisser Weise Vorläufer der Medien.[20] Doch sein totaler Perzeptionsraum birgt auch die Möglichkeit, die Konstituenten der audiovisuellen Wahrnehmung und ihren psychischen Mechanismus bewusst erfahrbar zu machen. Dies kann dann geschehen, wenn die Operninszenierung ihre Funktion der visuellen Analyse der musikalischen Affektsprache auf sich nimmt.

So hat im Zusammenhang mit der Musiktheatertradition Bayreuths Theodor W. Adorno diese Aufgabe als ein Aufbrechen des die Musik überlagernden „Zeitkerns"[21] formuliert. Für die Inszenierung heißt dies eine doppelte Stoßrichtung: Sie wendet sich gegen die reine Illustration des Librettos und steht mit der Visualisierung der Affektsprache der Musik zugleich in einem kritischen Dialog mit dem gesellschaftlichen Imaginären, das diese bisher übersetzte.

Theater als Projektion und *Chora*: Wieland Wagner

Wieland Wagners ‚Entrümpelung' Bayreuths zerstörte die imaginäre Fixierung des musikalischen Diskurses in einer auch politisch und ideologisch wertigen Szenographie und gab durch eine anti-historische visuelle Übersetzung der Wagner'schen Musik dem einzelnen Zuschauer die Möglichkeit, den Raum zwischen Auge und Ohr je singulär imaginär zu besetzen. Seine Inszenierungen suchten zuerst das archaische Drama der Psyche auf der Bühne nachvollziehbar zu machen, indem sie die theatralen Handlungen in strenger Choreographie aus den von der Musik hörbar gemachten Affekten entwickelten. Der visuelle Aspekt der Inszenierung hatte zugleich affektive und analytische Funktion. Die Wände des nach hinten halbrund abgegrenzten Bühnenraums wie auch die Kostüme und wenigen abstrakten Gegenstände auf der Bühne waren affektiv besetzbar durch ihre Materialität – verschiedene Ledertexturen für die Kostüme, den Tastsinn ansprechende harte und weiche Materialien. Ihre durch die Lichtregie ins Auge springende sinnliche Qualität konnte so visuell dem auditiven Affekteindruck korrespondieren. Die wenigen genauen, auch die Lichtregie berücksichtigenden Beschreibungen der Inszenierungen[22] legen die Hypothese nahe, dass Wieland Wagner auf eine Rezeption abzielte, die das Bühnengeschehen als eine sich selbst als imaginäre Projektion bedeutende Halluzination wahrnahm. So entrückte der Gazevorhang, der den Bühnenrahmen abschloss, die Akteure hinter einen Wahrnehmungsschleier: Die Lichtführung verwischte die Konturen des Raumes und der Gegenstände und ließ sie im Halbdunkel unmerklich und ununterbrochen in subtilen Farbnuancen oszillieren; Projektionen von schemenhaften Konfigurationen auf die Leinwand des Bühnenrahmens und auf das den Bühnenhintergrund abschließende Zyklorama verstärkten den halluzinatorischen Eindruck.

Wieland Wagner hat das Theater seines Großvaters – will man den Berichten der Zeitgenossen Glauben schenken – zum *Lichtspiel* transformiert. Der Zuschauer, eingehüllt in einen Klangraum, dessen Halbrund sich mit dem Halbrund des hinteren Bühnenabschlusses zum Kreis bzw. Oval verband, konnte so das Bühnengeschehen wie die Projektion der vom Klang generierten Wunschphantasien in einer audiovisuellen Einheit sinnlich erleben, doch zugleich auch in kritischer Distanz wahrnehmen. Denn die Projektionsleinwände der Phantasie waren als solche ausdrücklich bedeutet, und die Bewegungsregie für die Sänger enttäuschte durch die ihr eigene choreographische Logik die Erwartung einer audiovisuellen Identität von Affekt und Imaginärem.

Utopien des Seh(n)ens: Heiner Müller und Erich Wonder

Heiner Müller, der zusammen mit Erich Wonder vor allem Wielands szenische Projekte für seine Aufführung des *Tristan* studiert hat,[23] nimmt die Konzeption des Lichtspiels auf und erweitert sie durch einen Umgang mit Bildern, wie er für die theatrale Praxis Robert Wilsons kennzeichnend ist.[24] So ist das Drama der Affekte für Müller nicht mehr allein psychoanalytisch motivierbar und in einer platonischen Höhle des Theaters nachlebbar. Die Inszenierung macht nun das Theater zur *camera chiara* der Projektion einer Identität von Hören und Sehen. Indem der Bühnenraum einen nach vorne geneigten, durch eine Gazeleinwand abgeschlossenen Würfel bildet, wird das bei Wieland noch mögliche Erleben einer Einheit von Bühnen- und Zuschauerraum rückgängig gemacht. In den Vordergrund rückt nun die szenische Behauptung, dass jedes Theater Leinwand von Projektionen und zugleich der Ort zu sein vermag, in dem die Wahrnehmung sich in ihren Konstituenten erfährt.

Die nach dem Öffnen des Vorhangs am Ende jeden Vorspiels vor jedem Akt sichtbare leere graue Fläche im Bühnenrahmen lässt das Auge mit der Musik langsam neu sehen lernen und das Wahrnehmen immer intensiver flimmernder Graunuancen als vom Licht gelenktes Begehren sinnlich erfahren. Das beim geschlossenen Vorhang zu Beginn des Vorspiels sich einstellende ‚Hellsehen', das sich an dem Faltenwurf des Bayreuther Bühnenvorhangs in der Perzeption von Graunuancen im Einklang mit der Musik eingeübt hat, wird so als Begehren zu sehen bedeutet, das der Korrespondenz von Klang und Licht entspringt.

Die Projektionen, die dann die Inszenierung des *Tristan* aus der Bewegung der Musik heraus im Raum zeichnet, konkretisieren das Drama einer Liebesillusion, deren heimlicher Herrscher ein Todestrieb ist, welcher als Antrieb einer anti-gesellschaftlichen Utopie den gesellschaftlichen Statthaltern dieses Todestriebes weichen muss und nur außerhalb der Welt in einer mystischen Verklärung Erfüllung finden kann. Mit dieser ihm eigenen pessimistisch-realistischen

Sicht ist Müller mehr Georges Bataille und dem Richard Strauß der *Salomé* verpflichtet als Sigmund Freud.

So hat der Lichtprojektionsraum nun auch nicht mehr die Funktion einer affektiven Einschließung des Zuschauers in einen Klangwahrnehmungsraum: Das ikonographische Zitat der von Erich Wonder ins Dreidimensionale projizierten abstrakten Farbkompositionen des amerikanischen Malers Mark Rothko nimmt vielmehr seinen Ausgang im *Punctum* (Barthes) dieser den Blick anziehenden und einsaugenden Montage von Farbquadraten und -rechtecken: Deren unsichtbaren Trennstrich deckt er als Verletzung, Wunde auf und gibt zugleich eine visuelle Interpretation der privaten Farbensymbolik des Malers. Vom in Rotnuancen schwelgenden Liebesillusionsraum des ersten Aktes, in dem die als Farblichtquadrate getrennten Räume von Tristan und Isolde durch das Durchschreiten einer unsichtbaren Lichtschranke sich für einen Moment zu einem gemeinsamen Lichtquadrat verbinden, das als drittes die Liebenden der Bodenhaftung enthebt, führt im zweiten Akt die Musik in einen dunkelgrüne und schwarzblaue Farbquadrate verschmelzenden Raum. Er wird beherrscht von einer Installation aus leuchtend glänzenden Brustpanzern, auf deren Schultern und Halsausschnitten in der Fassung von 1994 moosähnliche Überwucherungen angesetzt haben. So werden, während die musikalische Handlung Liebesekstase nahelegt, Tod und Vergänglichkeit gegenwärtig, unterstützt durch eine Bewegungschoreographie, die die Unmöglichkeit sexueller Beziehung (Lacan) visuell unterstreicht: Die Vereinigung geschieht allein im Imaginären des musikalischen Affekts. Der weißgrau-schwarze Raum des dritten Aktes, durch die Lichtprojektion als unter der Erde angesiedelt bedeutet, verstärkt den sinnlichen Eindruck affektiver Kälte, und erst das Einströmen von Rot und goldenem Licht bei Isoldes Liebestodverklärung knüpft visuell wieder – und nun als Utopie bedeutet – an die Farbprojektion des Raumes des ersten Aktes an.

Erich Wonders Räume für die drei Akte sind aus der visuellen Analyse der affektiven Wertigkeit der Farben in Rothkos Bildern entwickelt und aus der Analyse der Musik als ein tödliches Sehen, das als utopische Kraft das Sehen des Orts der Welt aufhebt. Die jeweils dominierenden Farben der drei Bühnenräume lehnen sich in der Folge an die Entwicklung der Malerei Mark Rothkos an, die ihn von dominant mit hellen warmen Farbtönen arbeitenden Kompositionen in den fünfziger Jahren zu kälteren und dunkleren Farbverbindungen und schließlich zu den schwarzen Monochromen der Kapelle in Houston, kurz vor seinem Freitod 1967, geführt hatte.[25] Die visuelle Passion eines Künstlers, der seine Abstraktion in Auseinandersetzung mit dem biblischen Darstellungsverbot experimentiert, wird durch die Räume Wonders als utopische Passion unter dem Vorzeichen des Todes interpretiert, die folgerichtig visuell in einer Verklärung mündet.

Das Eindringen von konkreten Elementen der Zerstörung in den abstrakten Kubus – die von der Kritik besonders störend empfundenen Brustpanzer im zweiten Akt und die Trümmerreste im dritten Akt, die im Jahr ihrer Entstehung wie die Antizipation der Installation *Germania* von Hans Haacke im deutschen Pavillon der Biennale in Venedig erscheinen mochten – wird zum Signifikanten einer auch von der stärksten Liebesillusion nicht auszugrenzenden und sich ihr widersetzenden Realität: So wie die Vereinigung der Liebenden nur über das audiovisuelle Empfinden von Musik und Farblichteindruck inszeniert wird, doch dieser affektiven Vorstellungsidentität eine die Trennung hervorhebende Bewegungschoreographie widerspricht, so signalisieren die durch die Lichtregie wie aufgereihte schwarze Uniformbrüste des Nürnberger Parteitags in der Riefenstahlverfilmung aufblitzenden Brustpanzer, die durch wechselnden Lichteinfall auch Soldatenfriedhöfe oder Waffenkammern konnotieren, die Unmöglichkeit, Geschichte auszuschließen. Die Liebesekstase findet wie bei Bataille angesichts der Gräber und auf dem Hintergrund des Krieges statt, der die gesellschaftlich einvernehmliche Form des Ausagierens des Todestriebes ist, doch nicht zu einer mystischen Erfahrung führt. Diese bleibt den Liebenden vorbehalten, wenn Isolde aufrecht in goldenes Licht verklärt den Liebestod singen wird.

Die Inszenierung Heiner Müllers und Erich Wonders hat – weit davon entfernt, einer postmodernen Beliebigkeit zu frönen – eine stringente visuelle Logik. Sie fordert jedoch vom Zuschauer neben der affektiv sinnlichen Partizipation auch die Bereitschaft, seinen Wunsch nach einer Identität von Affekt und Imaginärem mit den Forderungen des Symbolischen zu konfrontieren, das über Realitätszeichen als Einbruch der Geschichte bedeutet wird. So analysiert diese Inszenierung das Sehen des Ohrs und das Hören des Auges und stellt jeden einzelnen vor seinen eigenen Bezug zur Audiovision. Denn in dieser Inszenierung singt und spricht die Musik das, was sich noch nicht oder nur durch affektive Lichtqualitäten darstellen lässt, während die Bewegungschoreographie und die Signifikanten des Einbruchs des Realen das Imaginäre einer Liebesverschmelzung gleichzeitig zu dekonstruieren suchen.

Nach Cosima Wagners Aufzeichnungen hatte sich Richard Wagner im Zusammenhang mit der ersten *Parsifal*-Inszenierung gewünscht, er möge, nachdem er das unsichtbare Orchester geschaffen habe, nun auch das unsichtbare Theater erfinden.[26] In Abwandlung dieses Diktums, auf das Wieland Wagner gerne zur Rechtfertigung seines Inszenierungsstils zurückgriff, könnte das Unternehmen Heiner Müllers mit der Komplizenschaft Erich Wonders als Annäherung an ein *Theater des Unsichtbaren* gelesen werden, in dem durch eine Dekonstruktion der Beziehung von Hören und Sehen sichtbar zu machen gesucht wird, was in der Musiksprache und in den ihr automatisch zugeordneten Bildern unsichtbar geblieben war. Die dem Musiktheater zugewiesene Funktion einer Verschmelzung von heterogenen Formen sinnlicher Erfahrung aus heterogenen Bereichen psychischen Erlebens wird hier durch das Insistieren auf dem, was beim Willen zum Gesamtkunstwerk sich der Korrespondenz widersetzt, als Aufgabe der Rezeption bedeutet. So ist das Musiktheater, das die Beziehung von Affekt, Imaginärem und Symbolischen analysiert, als analytisches Gesamtkunstwerk zugleich mentale Utopie.

Herbst 1994

1   Vgl. Joachim Kaiser, „Liebestod. Zur Wiederaufnahme von ‚Tristan und Isolde'", in: *Süddeutsche Zeitung*, 03.08.1994.
2   Vgl. Marcel Reich-Ranicki, „Wieland Wagners Rechnung ging nicht auf", in: *Die Zeit*, 31.07.1964, abgedruckt in: Herbert Barth (Hrsg.), *Der Festspielhügel. Richard Wagners Werk in Bayreuth von den Anfängen bis zur Gegenwart*, Bayreuth [6]1991, S. 189–194.
3   So Klaus Umbach, „Pfiffe in der Linkskurve", in: *Der Spiegel* 31, 1993.
4   Vgl. Eberhard Roelcke, „Geometrie des Todes", in: *Die Zeit*, 30.07.1993; vgl. auch Reinhard Baumgart, „Zwei Todesengel – Nirgendwo", in: *Theater heute* 9, 1993, S. 5–8.
5   Zur Beziehung von Hören und erster Ichbildung vgl. Marie-France Castarède, *La Voix et ses sortilèges*, Paris 1987, S. 67–100; zur Beziehung von Sehen und erster Ichbildung vgl. Jacques Lacan, „Le stade du miroir comme formateur et fonction du Je", in: Ders., *Écrits*, Paris 1966, S. 93–100. Hören und Sehen haben entwicklungsgeschichtlich Teil am potentiellen Raum (Winnicott), in dem die Ablösung von der Mutterdyade und die Ausbildung von Vorstellungen erprobt werden. Klang- und Stimmproduktion wie auch ihre Wahrnehmung stehen so unter der Ägide des Imaginären.
6   Vgl. Helga Finter, „Audiovision. Zur Dioptrik von Text, Bühne und Zuschauer" (in: Erika Fischer-Lichte/Wolfgang Greisenegger/Hans-Thies Lehmann (Hrsg.), *Arbeitsfelder der Theaterwissenschaft. Forum Modernes Theater* (Schriftenreihe Band 15), Tübingen 1994, S. 183–192), in diesem Band S. 221–229.
7   Vgl. H. Finter, „Die soufflierte Stimme" und die „Theatralisierung der Stimme im Experimentaltheater" in diesem Band, S. 19–34 bzw. S. 63–78.
8   Vgl. Laurence Shyer, *Robert Wilson and his Collaborators*, New York 1989, S. 136ff.
9   Vgl. Claude Lust, *Wieland Wagner et la survie du théâtre lyrique*, Lausanne 1969.
10 Vgl. L. Shyer, „Robert Wilson: Current Projects", in: *Theatre, Yale* 14, 1983, S. 83–98, sowie ders., *Robert Wilson and his Collaborators*, S. 136–152.
11 Auch für die Ikonographie Wilsons ist der Einfluss dieser *Tannhäuser*-Inszenierung nicht auszuschließen: Zwar konnte Wilson 1964, als Anja Silja die Venus sang, nicht selbst die Furore machende schwarze Venus Grace Bumbrys erleben. Doch das visuelle Echo dieser als rätselhafte schwarze Göttin überall in der Presse und auch in Bayreuth über Photos präsenten Darstellung scheint in Wilsons Ästhetik eingegangen zu sein: Von den ersten Theaterarbeiten an bis zu den Projekten mit Jessye Norman finden wir bei Wilson schwarze Frauengestalten, die wie die von Sheryll Sutton verkörperte Mutter in *Deafman's Glance* Anziehung und Schrecken in sich vereinigen.

12 Ich folge hier der Analyse von C. Lust, *Wieland Wagner et la survie du théâtre lyrique*, S. 62–86.
13 Zu Meyer-Oertels Inszenierung vgl. meine Kritik „Moïse et Aron à Mannheim ou Schoenberg pris en ôtage par l'image", in: *Art Press* 83, 1984, S. 54. Die meines Erachtens gelungenste Lösung haben Jean-Marie Straub und Danièle Huillet in ihrer Verfilmung der Oper gefunden, in der die Opferrituale metonymisch angedeutet werden und der begehrende Zuschauerblick selbst als Blick eines Voyeurs thematisiert wird. Zur Problematik der Nichtdarstellbarkeit als Antwort Schönbergs auf Wagner, vgl. Philippe Lacoue-Labarthe, *Musica Ficta (Figures de Wagner)*, Paris 1992, S. 215–264.
14 Vgl. C. Lust, *Wieland Wagner et la survie du théâtre lyrique*, S. 95–126.
15 Vgl. Antoine Goléa, *Entretiens avec Wieland Wagner*, Paris 1967, S. 118.
16 Abgedruckt in: Richard Wagner, *Tristan und Isolde. Texte, Materialien, Kommentare*, mit einem Essay von Dietmar Holland, Reinbek 1983, S. 118.
17 Vgl. R. Wagner, „Das Bühnenfestspiel in Bayreuth" [1873], in: Ders., *Gesammelte Schriften und Dichtungen*, Band 9, Leipzig 1883, S. 384ff.
18 Ebd.
19 Zum Begriff der *Chora* als Modell vorsprachlicher Wahrnehmung vgl. Julia Kristeva, *La Révolution du langage poétique*, Paris 1974, S. 22–30, sowie „Éllipse sur la frayeur et la séduction spéculaire", in: *Communication* 23, 1975, S. 73–78.
20 Vgl. Norbert Bolz, *Theorie der neuen Medien*, München 1990, S. 9–65.
21 Vgl. Theodor W. Adorno, „Wagners Aktualität", in: *Die Zeit*, 24.07.1964, abgedruckt in: H. Barth (Hrsg.), *Der Festspielhügel. Richard Wagners Werk in Bayreuth von den Anfängen bis zur Gegenwart*, S. 186-189.
22 Hier ist vor allem die schon zitierte Untersuchung *Wieland Wagner et la survie du théâtre lyrique* von C. Lust zu nennen.
23 Ich beziehe mich hier auf eine mündliche Auskunft Erich Wonders bei einem Gespräch im Herbst 1994 in Straßburg.
24 Wilson geht sehr oft von bekannten Bildern oder Photographien aus, um die ambivalente Affektqualität ihres *Punctums* (Roland Barthes) visuell zu analysieren und in neuen Kontexten zu rahmen.
25 Vgl. Diane Waldmann, „Mark Rothko: the Farther Shore of Art", in: Dies. (Hrsg.), *Mark Rothko, 1903–1970. A Retrospective*, New York 1978, S. 16–69.
26 Vgl. Cosima Wagner, „Tagebuchaufzeichnung vom 23. September 1878", abgedruckt in: Hans Mayer, *Richard Wagner. Mitwelt und Nachwelt*, Stuttgart/Zürich 1978, S. 378.

Der Körper und seine (vokalen) Doubles:
Zur Dekonstruktion von Weiblichkeit auf der Bühne

Konnte man noch Anfang der achtziger Jahre einen Großteil des institutionellen Theaters als Hort des Logozentrismus charakterisieren, so erscheint heute mancherorts die Bühne eher als Kultstätte von Körpern, für die das Wort zur *quantité négligeable* geworden ist. Doch welcher Körper wird dort gefeiert? Welche Konzeption des Subjekts legt er nahe? Ist der Körper tatsächlich das Reale, das Theater und Leben gemeinsam haben? Heißt Körper ausschließlich die physische Präsenz des Fleisches?

Solche Fragen stellen sich nicht nur, wenn das Fehlen von körperlicher Präsenz und Ausstrahlung gerade bei der Exhibition nackten Fleisches beobachtet wird. Sie werden schon aufgeworfen, wenn man die von Sigmund Freud konstatierte physische Verankerung der Psyche – er versteht sie als Oberflächendifferenzierung aus der Wahrnehmung des eigenen Körpers[1] – zu denken sucht. Gerade wenn im Theater die mit der Wahrnehmung körperlicher Identitäten verbundenen Erwartungen durch eine Inszenierung irritiert werden, die Geschlechtsidentitäten verschiebt, verwischt, auflöst, liegt der Schluss nahe, dass die Bühne nicht nur dem Kult unhinterfragter Körperlichkeit dient, sondern auch ein Ort sein kann, in dem die Komplexität gesellschaftlicher Körper- und Identitätskonzeptionen szenisch verhandelt wird. Am Beispiel der Inszenierung des weiblichen Körpers soll eine solche szenische Auseinandersetzung untersucht werden. Sie impliziert die Frage nach der Konstruktion von Weiblichkeit und nach den dabei beteiligten Signifikantensystemen. Sie enthält weiter die Frage nach dem Stellenwert des präsenten physischen Körpers und den Mechanismen der Perzeption von Bühnenpersonen bzw. Performern.

Ausgehend von einer Betrachtung der epistemischen Prämissen dieser Fragestellung soll so die Analyse der bei der Konstruktion von Körperidentität beteiligten Theatersprachen eine nicht nur für das Theater gültige Konzeption des *doppelten* Körpers erhellen. Sie wird manifest im Sprechtheater seit der Renaissance, doch vor allem in der Barockoper, die Utopien von körperlichen und sexuellen Identitäten auf die Bühne projiziert. Wie dieser doppelte Körper der Darsteller/innen zum *multiplen* Körper eines Subjekts im zeitgenössischen Theater werden kann und wie dessen szenische Recherchen mit gesellschaftlichen Entgrenzungsversuchen des Körpers und mit den Ergebnissen der Forschung zur Psychogenese in Zusammenhang gedacht werden können, ist Gegenstand der weiteren Ausführungen. Sie münden am Beispiel von Robert Wilsons deutscher und französischer Produktion von Virginia Woolfs *Orlando* in eine Analyse, die an der konkreten Arbeit der Schauspielerinnen Jutta Lampe und Isabelle Huppert die Dekonstruktion von Weiblichkeit zu einem multiplen Subjekt als Resultat des Spiels aufzeigen will: Die Erhellung der Charakteristika des Spiels soll zeigen, wie es einen vielfachen *potentiellen* Körper generiert, für den nicht nur der sichtbare Körper der Schauspielerinnen, sondern auch durch deren Stimmen unbewusste Körperbilder sowie die ‚Körper' des Textes zum Spieleinsatz werden können.

1. Konstruktion von Weiblichkeit: Ein Paradoxon?

Die Frage nach der Konstruktion von Weiblichkeit auf der Bühne mag zuerst einmal paradox erscheinen. Kann man konstruieren, was durch die Endsilbe ‚-keit' als Wesen, als Essenz markiert ist? Denn wie ‚Menschlichkeit' die Gesamtheit der Charakteristika bezeichnet, die den Menschen auszeichnen, so benennt gerade das Substantiv ‚Weiblichkeit' die Gesamtheit dessen, was weiblich ist oder als solches angesehen wird. Doch was heißt ‚weiblich'? Befragen wir ein Wörterbuch, zum Beispiel Gerhard Wahrigs *Wörterbuch der deutschen Sprache* in der Ausgabe von 1981, so verzeichnet es unter dem Stichwort ‚weiblich' „1. die (Geschlechts-)Merkmale des Weibes, der Weiblichkeit aufweisend" und „2. das Weib betreffend, ihm zugehörig, ihm entsprechend". Während für die erste Bedeutung die Beispiele „das weibliche Geschlecht, ein weibliches Tier, ein weibliches Substantiv, ein weiblicher Artikel, ein weiblicher Reim" genannt werden, wird die zweite Bedeutung veranschaulicht durch die Beispiele „weibliche Arbeiten, Handarbeiten verrichten; weibliche Körperformen".

‚Weiblichkeit' scheint also ein zugleich natürliches und kulturelles Phänomen zu benennen. Dieses Wort bezeichnet einerseits ein biologisches Faktum – es qualifiziert die Gesamtheit der distinktiven Merkmale eines physischen Körpers: Geschlechtsmerkmale, Körperformen. Doch zugleich bezeichnet dieser Begriff auch ein Sprach- und ein Kulturphänomen – gewisse Wörter, Sprachverfahren gelten als weiblich oder sind der Sphäre des Weiblichen zugeordnet, gewisse Tätigkeiten gelten in einer Kultur oder Gesellschaft als der Frau zugehörig. Weiblichkeit ist also ein Terminus, der sowohl physisch nachprüfbare Eigenschaften als auch kulturell und linguistisch determinierte Qualifikationen in ihrer Gesamtheit zu fassen sucht. Er bezeichnet die physisch nachweisbaren Merkmale sexueller Differenz wie die kulturell und sprachlich zugewiesenen Merkmale einer geschlechtlichen Differenzierung.

Die Bühne als ein Ort, der die Illusion von Wirklichkeit über Sprachen und kulturelle Zeichen generiert, produziert – so ist anzunehmen – Weiblichkeit ebenfalls als Wirkung von Signifikanten. Die Frage nach der Konstruktion von Weiblichkeit auf der Bühne beinhaltet so die Frage nach den kulturell und historisch sich wandelnden Signifikantensystemen, mit denen Geschlechterdifferenzen, Weiblichkeit, Frausein auf dem Theater verwahrscheinlicht werden. Es geht also um die Konstruktion von Modellen und Entwürfen von Weiblichkeit, die die Bühne anbietet. Die Frage nach der Konstruktion beinhaltet zugleich das Analyseverfahren der Dekonstruktion: Dekonstruktion ist am Werk bei der Analyse der Rezeption eines durch audiovisuelle Konstruktion produzierten Gesamteindrucks weiblicher Identität; Dekonstruktion ist auch in der theatralen Produktion selbst am Werk, wenn eine habitualisierte Darstellung des Weiblichen desartikuliert wird. Beide Formen der Dekonstruktion von Weiblichkeit stehen im Blickpunkt dieser Überlegungen. Sie reihen sich in den übergreifenden Kontext der Frage nach dem Wandel von Subjektkonzeptionen im zeitgenössischen Theater ein.

Theater hat schon immer die Funktion gehabt, Modelle des Menschen zu geben bzw. für die Gesellschaft problematische, ihr heterogene Verhaltensweisen über Helden und Heldinnen, Antihelden und -heldinnen, Typen oder Charaktere zur Diskussion zu stellen. Zwar geschah dies aus einer Sicht, die primär von männlichen Individuen bestimmt war. Doch zugleich stellt sich die Frage, ob die Geschichte des Dramas und des Theaters deshalb auch die Geschlechterdifferenzierung ausschließlich im Sinne einer binären Betonierung der Weiblichkeits- und Männlichkeitsmodelle festgeschrieben hat. Sicher ist diese Frage erst einmal zu verneinen. Die Theater- und Dramengeschichte ist reich an Beispielen, aus denen hervorgeht, dass Theater schon immer ein Ort war, in dem vielmehr gerade die Frage der Geschlechterdifferenzierung verhandelt und die Konstruktion von Weiblichkeit erprobt wurde. Von der Antike bis in die Jetztzeit haben Männer Frauen und Frauen Männer gespielt, die selbst wieder im Kontext mancher Stücke – so zum Beispiel die Rosalind in Shakespeares *As You Like It* – innerhalb ihrer Rolle noch einmal das andere Geschlecht spielten.[2]

Hier schon kann geahnt werden, dass Weiblichkeit bzw. Männlichkeit auf dem Theater nicht allein an den physischen Leib gebunden und vielmehr die gespielte Geschlechteridentität Wirkung und Ergebnis der beteiligten Bühnensprachen ist. Denn das Theater als ein Kunstwerk, in dem jedes Element Signifikantenfunktion hat und somit potentiell bedeutsam ist, ist eine Veranstaltung, für die zwar die physische Präsenz der Spieler notwendig ist. Doch wird sie selbst wieder in einen Zeichenprozess einbezogen, der das physische Ausgangsmaterial über Bühnensprachen artikuliert, durch die letztlich erst die Präsenz der *dramatis personae* plausibel werden kann.

Ein solches Verständnis des Theaters mag auf den ersten Blick erstaunen, wird jedoch gerade durch ein zeitgenössisches Theater bestätigt, das seine semiotische Funktion sehr ernst nimmt: Ingrid Andrée als Friedrich II. in Robert Wilsons deutschem Teil von *CIVIL WarS* 1984 in Köln, Marianne Hoppe als Lear in seiner Frankfurter Produktion 1990 oder Margit Carstensen als Kreon in

Leander Haußmanns *Antigone* in Salzburg 1993 seien nur einige Beispiele, in denen *cross-dressing* ein neues Licht auf eine Theaterfigur zu werfen vermag. Hier werden in gleicher Weise feste Identitäten aufgelöst, wie dies schon die Stöckelschuhe bewehrten und in Tutus gekleideten Tänzer von Pina Bausch und Reinhild Hoffmann vermochten. Und schauen wir etwas zurück, so sehen wir die Bilder großer Virtuosinnen des abendländischen Theaters, die wie Sarah Bernhardt sich als Hamlet, als Lorenzaccio oder als Aiglon auf die Bühne stellten.

Diese Beispiele legen die Frage nahe, ob die mit theatralen Mitteln konstituierte Geschlechtsidentität wie die natürliche wirke. Oder mit anderen Worten, ob die vom anderen Geschlecht konstituierte Identität dieselbe Wirkung habe, wie wenn vom gleichen Geschlecht eine Rolle dargestellt wird. Hat die von Frauen spielerisch konstituierte Männlichkeit dieselbe Wirkung wie die von Männern bzw. die von männlichen Darstellern produzierte Weiblichkeit denselben Effekt wie der von Frauen? Man muss diese Frage verneinen. Vielmehr setzt hier ein Desautomatisierungsprozess der Wahrnehmung von Geschlechtsidentitäten ein: In beiden Fällen kann nämlich eine Geschlechtsidentität als Konstruktion bewusst werden, als ein Produkt kultureller Signifikantensysteme. Hier liegt der intellektuelle Reiz am Spiel der japanischen Frauendarsteller oder der Alto und Soprane in Hosenrollen. Hier kann auch deutlich werden, warum ein Regisseur wie Federico Tiezzi 1988 in Mailand und Rom in Heiner Müllers *Hamletmaschine* die Rolle der Ophelia, die der Autor als Einschreibfläche verschiedenster Männerphantasien über Frauen versteht, von einem *onnagata* des Kabuki hat spielen lassen. Doch durch den Tausch der Geschlechter im Spiel wird auch ein weiteres, eher in der psychischen Ökonomie wirksames Moment erfahrbar: Während die Fragilität jeder Geschlechtsidentität in der Ambiguität und Ambivalenz der Rollenfrauen und Rollenmänner offenbar wird, ermöglicht sie zugleich das Vergnügen, sich im Schutze des theatralen Paktes einer im Normalleben nicht eingestandenen erotischen Anziehung auszusetzen.

2. Geschlechterdifferenzen auf der Bühne: eine audiovisuelle Performanz

Doch wie kommen solche Wirkungen zustande? Um sie im einzelnen analysieren zu können, ist zuerst zu fragen, durch welche Attribute Geschlechtsdifferenzen auf der Bühne signifikant werden, mit welchen Signifikanten das Theater Weiblichkeit und Männlichkeit konstituiert. Schauspieler/innen produzieren *dramatis personae* durch Signifikantensysteme, die heterogenen Wahrnehmungsordnungen entspringen: auf der einen Seite der Körper mit seiner Mimik, den Gesten und Bewegungen, seinen Masken und Kostümen, die das Auge wahrnimmt, und auf der anderen Seite die Stimme, die den Text spricht, singt, Laute, Geräusche artikuliert und vom Ohr wahrgenommen wird. Die Einheit der *dramatis personae* ist so zuerst ein Produkt der Wahrnehmung: Sie ist Ergebnis der Audiovision einer Performance, die erst *in actu* die Charakteristika der Person schafft, die ihr Protagonist ist. Diese Audiovision wird sich umso automatisierter vollziehen, als die Zuordnung von Erscheinungsbild und Stimme den gegebenen Mustern einer Kultur entspricht.

Zuerst zum äußeren Erscheinungsbild, der visuellen Ordnung der Geschlechterdifferenzen: Weiblichkeit wie Männlichkeit sind physisch bestimmt durch primäre und sekundäre Geschlechtsmerkmale, durch Körperformen. Kleiderordnungen wie auch Schmink- und Frisurenordnungen können sie unterstützen und so die Funktion einer kulturellen Zeichensprache der Geschlechter haben. Zum Beispiel war so in unserer Kultur seit der Renaissance von einer relativ langen Gültigkeit die Opposition Hose vs. Rock, zu bestimmten Zeiten auch die Oppositionen kurze Haare vs. lange Haare und nicht geschminkt vs. geschminkt. Diese signifikanten Kleider- und Maskenordnungen erlauben einen Tausch der Geschlechterrollen allein durch die Kostümierung. Doch für eine Verwahrscheinlichung der Geschlechteridentität sind weiter die von den Bewegungskodes kulturell festgeschriebenen Differenzen zu berücksichtigen: So stehen sich nach traditioneller Kodierung weiblich graziös und männlich kraftvoll zum Beispiel gegenüber. Je nach historischem und kulturellem Kontext kann sowohl der weiblichen Bewegung auch ein bestimmtes Maß an Kraft, das aber den Eindruck von Leichtigkeit nicht beeinträchtigen soll, als auch der männlichen Bewegung ein bestimmtes Quantum an Eleganz zugesprochen werden.

Um aber die plausible Wirkung einer dominant weiblichen oder männlichen Identität zu erzielen, genügt nicht allein die kulturelle Kodierung des sichtbaren Körpers. Hinzu kommt die Stimme, die für die weibliche Person durchschnittlich eine Oktave höher festgelegt ist als für die männliche. Dies ist zuerst ein physisches Faktum: Denn während die männliche Stimme während der Pubertät durch den Stimmbruch auf eine tiefe Stimmlage festgelegt wird, verändert sich zwar auch die weibliche Stimme mit der sexuellen Reifung, behält gleichzeitig jedoch eine relative Höhe. Gerade die Körpermarkierung jeder einzelnen Stimme – das singuläre Timbre – ist mit ein Produkt der jeweiligen hormonellen Konstitution und steht eng im Zusammenhang mit der sexuellen Differenzierung.[3] So ist der zweite Beteiligte an der Ausbildung des Timbres das jeweilige imaginäre weibliche oder männliche Modell für die Geschlechtsidentität. Weibliche und männliche Personen werden also nicht nur über das Körperäußere unterschieden. Ihre Stimme erlaubt, sie dem weiblichen oder männlichen Genre zuzuordnen und kann darüber hinaus auch annähernd Auskunft über das Alter geben: ältere Männerstimmen haben die Tendenz, höher zu werden (als Beispiel sei die Kodierung der Stimme des Pantalone in der Commedia dell'arte genannt), ältere weibliche Stimmen nähern sich eher dem Alto an.[4]

Dieser natürlichen, empirisch feststellbaren Verteilung der Stimmen hat eine Theaterform Rechnung getragen: die Oper. So werden dort seit dem 19. Jahrhundert die Rollen der jungen Liebenden und Helden von Sopranen und Tenören gesungen, während der Alt den Ammen und Müttern, manchmal auch den Intrigantinnen vorbehalten ist und Baritonen und Bässen die Stimmlagen der Väter, Respektspersonen, Tyrannen, Rivalen und Intriganten verbleiben. Roland Barthes erklärte diese Festlegung als Übertragung der bürgerlichen Familienstrukturen auf die Oper.[5] Dies ist sicherlich richtig. Doch beinhaltet sie zugleich die Kodierung einer sexuellen Differenzierung, die sich an einem naturalistischen Modell orientiert: Diese Stimmverteilung sexualisiert die Stimme und sucht zugleich, sie im Sinne einer ödipalen Rollenverteilung zu vereindeutigen: Die weiblichen und männlichen Stimmtypen der Oper verwahrscheinlichen binäre sexuelle Identitäten oder sexuelle Differenzierungen. Schon hier wird einsichtig, dass die Konstruktion sexueller Identität auf dem Theater – von Weiblichkeit oder Männlichkeit – von den kulturell habitualisierten Korrespondenzmodellen von Körper und Stimme auszugehen hat. Will sie diese nicht wiederholen, muss ihre Kritik diese kulturell gegebenen Prämissen dekonstruieren.

3. Dissonanzen von Körper und Stimme

Die naturalistische Ausrichtung der Stimmfächerung, die in der italienischen Oper des 19. Jahrhunderts erfolgte, bedeutet in der Tat eine Verengung. Denn während der beiden vorangegangenen Jahrhunderte war in der Oper wie auch zum Teil auf dem Theater – das Beispiel des elisabethanischen Theaters sei genannt – weder die Identität von physischem Körper und Rollengeschlecht, noch von Rollenkörper und Rollenstimme die Regel. Wenn weibliche Rollen – auch die reifer Frauen – durchweg von vierzehn- bis fünfzehnjährigen Knaben gespielt wurden, die noch nicht den Stimmbruch erlitten hatten, dann fehlte hier für die Konstruktion von Weiblichkeit ebenso die sexuelle Markierung, wie sie bei der Oper im Hinblick auf die Männlichkeit der Heroen fehlte, die gleichermaßen von Kastraten wie von weiblichen Sopranen gesungen wurden. Doch ist andererseits anzunehmen, dass gerade der Kontrast von real präsentem Körper, Kostüm und Stimme den Genuss an Figurendarstellungen mitbestimmte, die den Geschlechtsnormen der Alltagswelt enthoben waren.

Diese Betrachtung der Stimmentypologie in der Theaterform Oper ist gerade deshalb interessant, weil die Oper eine institutionelle Regelung des Verhältnisses von Sprache und Musik darstellt: Die weiblich/mütterlich konnotierte Musik wird hier mit dem männlich/väterlich konnotierten sprachlichen Gesetz in einem szenischen Raum zusammengebracht. Damit bietet die Oper ein institutionelles Integrationsmodell präverbaler, oraler, vorsprachlicher, mütterlich konnotierter Lustproduktion an. Es variiert je nach Dominanz der Prämisse: *prima la parola* oder *prima la musica* den Stellenwert, den eine Gesellschaft der Anerkennung vorsprachlicher vokaler Lust gibt. So hat der Musikpsychologe Michel Poizat anhand der Entwicklung der abendländischen Oper gezeigt, dass eine Prädominanz des Wortes in der Oper ein Vorherrschen tieferer Tonlagen nach sich zieht, das sich auch aus deren besserer akustischen Verständlichkeit erklärt, dass jedoch eine Dominanz des reinen Klangs mit den höheren Tonlagen verbunden ist, die eine Einbuße akustischer Verständlichkeit zur Folge haben. Die Lust am reinen Klang der Stimme ist von der Psychogenese her weiblich und mütterlich markiert, während die, Sprache verständlich hörbar werden lassenden tieferen Stimmtonlagen männlich und dem väterlichen Gesetz zugehörend erfahren werden.[6] Doch psychogenetische und künstlerische Erfahrung waren nicht immer in der Oper zur Deckung gebracht. So wurden vor dem 19. Jahrhundert die weiblich markierten hohen Stimmen primär geschlechtsindifferent eingesetzt, ja Kinder-, Kastraten- und Frauenstimmen waren gleichermaßen als Engelsstimmen charakterisiert. Nicht die sexuelle Markierung war distinktiv, allein die Stimmhöhe bestimmte den Rollenemploi, so dass weibliche Heldinnen ebenso von jungen Kastraten wie von weiblichen Sopranen gesungen wurden, während Heroen und Götterhelden den älteren Kastraten aber wiederum auch weiblichen Sopranen vorbehalten waren.[7]

Bis zum Verschwinden der Barockoper einerseits, des elisabethanischen Theaters andererseits, kann man so an den Frauendarstellungen durch Knaben und junge Kastraten wie an den Männerdarstellungen durch Frauen und Kastraten auf den Bühnen eine Auffächerung der festen Binarisierung sexueller Differenzen ablesen: Sie ließ weibliche Komponenten im männlichen Geschlecht, männliche im weiblichen Geschlecht denken und machte sie geradezu zum Angelpunkt erotischen Interesses, wovon die Literatur von Balzacs *Sarrasine* bis Dominique Fernandez' *Porporino* ebenso zeugt wie die zeitgenössischen Berichte von der Begeisterung des vor allem weiblichen Publikums über die Kastraten.[8] Einschränkend muss jedoch gesagt werden, dass bei der Konstruktion von Weiblichkeit durch Knaben und Kastraten eher der angelische Aspekt im Vordergrund stand, während bei den Hosenrollen gerade das Timbre der Stimme der reifen Frau die Männlichkeit im Hinblick auf den weiblichen Anteil perspektivieren konnte.

Gerade diese Hosenrollen werden bis ins 20. Jahrhundert in der Oper weiterleben – vom Cherubino des *Figaro* bis zum Octavian des *Rosenkavalier*. Im Sprechtheater hingegen wurde die Frage der sexuellen Differenzierung seit Shakespeares *As You Like It* über Marivaux bis Beaumarchais und Goldoni vorrangig als ein der Logik der Handlung entsprungener notwendiger Kleidertausch problematisiert. Doch hatte auch er die Funktion – und vielleicht noch deutlicher als in der Oper – das Spiel der Leidenschaften in seinen (sexuellen) Ambivalenzen zu offenbaren. Hier schon wird die später von Jacques Lacan[9] analysierte Parade der Geschlechter als konstituierend für männliches und weibliches Begehren in Szene gesetzt: Die Frau spielt den Phallus als Ursache des Begehrens für den Mann, der Mann nimmt in der Parade des Männlichen für die Frau weibliche Züge an. Die Frau, die nach dem berühmten Diktum von Lacan nicht existiert, weil sie nicht alle und nicht eins ist, wird zu einer solchen durch die *mise en scène* ihrer Nichtexistenz als originäre Entität.

4. Paraden der Weiblichkeit

Man könnte fast annehmen, unsere Epoche habe sich dieses psychoanalytischen Befunds bemächtigt, um die sexuelle Differenzierung, die für Lacan eines jeden einzelnen Lebensaufgabe ist, durch Inszenierungsstrategien innerhalb unserer Gesellschaft des Spektakels nun gerade aufzulösen, zu negieren oder auszuschließen. Ein gesellschaftlich spektakuläres Phänomen – die Mode des *crossdressing* – dient gar zur Rechtfertigung eines feministischen Theoriediskurses, dessen erklärtes politisches Ziel die Abschaffung der Geschlechterdifferenz ist. Diese Formen gesellschaftlicher Dekonstruktion von Geschlechteridentitäten sollen hier als Folie für die nachfolgende Auseinandersetzung mit zeitgenössischen theatralen Formen betrachtet werden, um gerade deren theatrale Spezifik dann erhellen zu können.

Der Stellenwert der Mode hat sich seit den achtziger Jahren manifest verändert. Sie wird nun explizit in der Politik der Geschlechter eingesetzt. Was noch die ältere Generation – ich denke da an Äußerungen von Jan Kott[10] – 1968 als Verweigerung einer Geschlechterdifferenzierung angesichts der Jugendmode interpretierte, wurde seit den achtziger Jahren von einer Haltung abgelöst, die die Kleiderordnung der Geschlechter zwar ebenfalls nicht unhinterfragt lässt, doch dies auf eine parodistische Weise als Stilisierung der Differenzen unternimmt.[11] Dabei kommen die Modelle und Muster vor allem aus der Popmusik. Hier sind zum Beispiel Nina Hagen, Madonna oder heute Patricia Kaas wie auch Mick Jagger, David Bowie, Michael Jackson zu nennen. Die in ihren Videoclips und Konzerten praktizierte Performanz der Geschlechtsidentität steigert zum einen die äußeren habitualisierten Zeichen durch Überzeichnung, enthält sich aber auch nicht durch Verkleidungen und Maske der Suggestion von Ambiguität und Ambivalenz. So sind diese Popstars in gewisser Weise Nachfahren der Opernvirtuosen und -virtuosinnen des Barock, die neue Geschlechteridentitäten entwarfen. Und dies auch durch ihre Stimmen, in denen das Spiel mit Höhen und Tiefen des Timbres die Geschlechter durchquert. Im übrigen wäre der Konterpart zu dieser Parade der sexuellen Ambivalenzen oder Hyperidentitäten dann Tom Waits' Parodien der Geschlechterambivalenz mit seinem musikalisch unmelodiösen, tief ‚männlichen' Stimmorgan.

Die Gesellschaft des Spektakels der achtziger Jahre hat zudem ein weiteres Phänomen generiert, das von New York bis Paris, ja neuerdings auch bis Tokio, ausschließlich von Männern Weiblichkeit als Spektakel inszenieren lässt. Eine neue Form von Transvestismus, von den amerikanischen *cultural/gender studies* als *cross-dressing* oder *cross-gender* bezeichnet,[12] inszeniert das weibliche Geschlecht/Weiblichkeit über eine Komposition vestimentärer, kosmetischer und kapillarer Signifikanten als semiotisches Spiel, das ein Simulakrum – eine Kopie ohne Original, die jedoch zugleich singulär wäre – zum Ziel hat. Was innerhalb der *performance art* seit Ende der sechziger Jahre zum Beispiel Pierre Molinier, Michael Journiac oder Urs Lüthi als Variationen über das Selbstporträt erprobten,[13] ist so gesellschaftliches Phänomen geworden. Ein letztes Beispiel hierfür sind die japanischen *femio kuns*, junge Männer, deren Ideal es ist, durch Kleidung und Frisur Mädchen zu gleichen, um so ihr Unbehagen am Stress des japanischen Machos zu manifestieren.[14]

Die Inszenierung von geschlechtlicher Ambivalenz, Travestie und Transvestismus als ein gesellschaftliches Phänomen hat auch die Kulturtheoretikerinnen und -theoretiker auf den Plan gerufen, in vorderster Front gerade die, die hier neue Strategien zur Auflösung einer als Zwang empfundenen Geschlechterpolarität sahen. So glaubt Judith Butler[15] in diesen Phänomenen eine subversive Wirkung diagnostizieren zu können, da sie die „von Frauen, Lesbierinnen und Homosexuellen als Zwangsheterosexualität erfahrene Polarität der Geschlechter" parodierten und damit alle natürliche Verankerung von Weiblichkeit oder Männlichkeit als Zeichenperformanz entlarvten. Man mag dem entgegenhalten, dass in vielen Fällen der Transvestit auf diese Weise nur eine andere ‚Natur' auszudrücken sucht, für ihn das ‚Frausein' seine singuläre Wahrheit ist. Doch in einem Kontext argumentierend, der Differenzen ethnisch oder biologisch festzuschreiben sucht, und in dem auch die Frauenbewegung mit biologischen Argumenten eine kulturelle Spezifik fundieren will, radikalisiert diese Theorie Simone de Beauvoirs These, nach der man nicht als Frau geboren, sondern zu einer solchen erst werde. Eine eigenwillige Lektüre poststrukturalistischer Denkerinnen und Denker – allen voran Michel Foucaults – erlaubt dann, Geschlechtsidentität als ein Produkt kultureller Signifikantensysteme zu verstehen, das sich in performativen Sprechakten als ständiges Werden manifestiert. Dieser Sprachidealismus, der den Sprachenstreit zwischen Hermogenes und Kratylos auf die Ebene der Geschlechtsidentität verlegt, scheint so die Theatralität – ähnlich wie schon Erving Goffman in den sechziger Jahren bei der Bestimmung der Identität als soziales Rollendispositiv – nun zum Schlüssel der Geschlechterfrage zu machen. Dabei wird die von Lacan konstatierte Geschlechterparade des Begehrens ihrer psychoanalytischen Grundlagen entkleidet, zum gesellschaftlichen

Zwangssystem universalisiert, zu einem ‚Phallologozentrismus', der die singuläre Psychogenese leugnet.

Die seit geraumer Zeit in der Gesellschaft des Spektakels feststellbare Inszenierung geschlechtlicher Ambiguität, die in den Jugendkulturen auch zu einem breiten sozialen Phänomen geworden ist, mag wohl Ausdruck eines Unbehagens der Geschlechter sein, doch verbleibt ihre Subversivität in den Grenzen der gesellschaftlichen Logik des Spektakels gefangen, die schnell die vestimentäre Inszenierung von Weiblichkeit in ihre Moden zu integrieren und zu vermarkten weiß.[16]

Hingegen hat schon seit langem in einer auf die szenische Form sich öffnenden Kunst, in der *performance art* seit Ende der siebziger Jahre und dann im Performancetheater, eine Auseinandersetzung mit der Frage der Geschlechteridentität eingesetzt. Sie überwindet die Begrenztheit des rein Vestimentären und nähert sich in ihrer ästhetischen Dekonstruktion der Inszenierung von Weiblichkeit einer Konzeption des Subjekts an, die es in seiner singulären Multiplizität zu fassen sucht. Am Beispiel der Recherchen zweier Künstlerinnen – Meredith Monk und Laurie Anderson – zum Verhältnis von Körper und Stimme sollen zuerst die epistemischen Implikationen einer solchen Subjektkonzeption diskutiert werden, um dann eine Dekonstruktion von Weiblichkeit bzw. Männlichkeit auf dem Theater vorzustellen, die von einem Text ausgeht. Die deutsche und die französische Produktion von Virginia Woolfs *Orlando*, in der Bühnenfassung von Robert Wilson und Darryl Pinckney, beruht nicht nur auf einem Text, der das Durchschreiten verschiedener sexueller Identitäten thematisiert. Seiner szenischen Umsetzung gelingt es auch, eine Reflexion über die Konstituenten von Geschlechtsidentität auf dem Theater *in actu* in Gang zu setzen: Denn in beiden Versionen kann einsichtig werden, dass die Konstruktion von Weiblichkeit bzw. Männlichkeit auf der Bühne nicht nur auf einer Rhetorik der Bühnensprachen beruht, sondern dass gerade das singuläre Verhältnis der jeweiligen Schauspielerin zu ihnen, das heißt ihr spezifisches Verhältnis zum Körper und zu den Sprachen, hier bestimmend eingreift und so letztlich das Verhältnis des Subjekts zum unbewussten Körper die Darstellung determiniert.

5. Weiblichkeit und Stimme: Meredith Monk und Laurie Anderson

Will man heute die Leistung des amerikanischen Performancetheaters der siebziger und achtziger Jahre würdigen, so ist sicher die szenische Desartikulation der Konstituenten des Theaters ins Feld zu führen, die sich zuerst an der Problematisierung der Beziehung von Text und Spiel zeigte.[17] So war das Spiel nicht mehr nur illustrierend dem Text untergeordnet. Was die Personen auf der Bühne machten, hatte keine notwendige, kausal erklärende Verbindung mit dem, was sie sagten. Aber auch aus der Art und Weise wie sie die Texte sprachen, konnte kein Verhältnis eines Körpers zu einem Sagen oder der affektive Bezug einer Stimme zu dem, was sie sagt, konstituiert werden. Erfahrbar hingegen wurde, wie in der Theatertradition die Darstellung von Subjekten verwahrscheinlicht wurde.

Denn so wurde die Integrationsfunktion deutlich, die die Stimme einerseits für den physisch präsenten Körper und die Sprache hat, und andererseits auch für die Verschmelzung von lautlich manifestiertem Text mit einem Inhalt. Es konnte so erfahren werden, dass eine Person auf dem Theater zu einer solchen nur dann wird, wenn ihre sowohl klanglich über das Timbre als auch intonatorisch über die Prosodie manifestierte Präsenz eine plausible Verbindung mit dem präsenten physischen Körper eingeht. Durch Subtraktion der sinnbetonenden Intonation oder durch gewollte Stimmlosigkeit, die das geschlechtsidentifizierende Timbre neutralisiert, wie auch durch Trennung der Stimme durch Microports vom Körper produzierten zum Beispiel Robert Wilson und Richard Foreman solche Dekonstruktionen theatraler Subjekte.[18] In diesem Kontext war der Beitrag zweier Künstlerinnen – Meredith Monk und Laurie Anderson – gerade im Hinblick auf die Frage der Funktion der Stimme bei der Konstruktion der Geschlechtsidentität früh entscheidend.

Meredith Monk machte mit *Education of a Girlchild* 1973, mit *Quarry* 1976 und mit *Recent Ruins* 1979[19] durch auf Glossolalien reduzierte Klangsequenzen und -melodien in dieser Utopie der Sprache hörbar, wie eine Fülle von Intonationsgesten und lautlichen Affektgesten als semiotisch besetzbare Stimmgesten erfahrbar werden können. So wird in ihren fast ohne Worte auskommenden Opern deutlich, dass schon vor der eigentlichen Spracherlernung ein Inventar von signifikanten Äußerungen ausgebildet wird, die Mädchen und Jungen, Männer und Frauen stimmlich charakterisieren. Weiter macht sie hörbar, wie in diesen Intonationen und Prosodien zugleich sprach- und gruppenspezifische Klänge erkannt werden können.

5.1 Stimme und Identität

Durch eine Durchquerung der Stimmen vor dem Spracherwerb macht Meredith Monk eine Erfahrung des Subjekts mit der Sprache hörbar, die in anderem Kontext, an der Grenze zum Wahnsinn, schon Artaud auf seine singuläre Weise zu Gehör brachte.[20] Heute kann sie die psychoanalytische und psycholinguistische Erforschung des Spracherwerbs bestätigen:[21] Eine erste Identität des Kleinkindes bildet sich über die Stimme der Mutter aus, zuerst, indem ab der dritten Woche über den Schrei, der polysem wird, eine Kommunikation hergestellt und über die Echolalien die orale Lust an der Vokalisierung erprobt wird. Diese vokale ‚Identität' modelliert sich zwischen dem achten und dem elften Monat nach den Klängen (Phoneme und Intonation) der Muttersprache. So gibt ein erster

Identitätsprozess einen über das Ohr vermittelten, räumlichen Klang- und Stimmkörper, der mütterlich und affektiv besetzt ist: Positive und negative Körpererfahrungen sind eingebunden in den Kreislauf einer Dialektik von Bedürfnisbefriedigung und Anspruchserfüllung, aus deren Differenz sich dann später, mit dem Spracherwerb, das Begehren entfalten wird. Es handelt sich um eine erste Identität, die der narzisstischen Konstitution als Anderer über den Spiegel – diese wird zwischen dem neunten und achtzehnten Monat angesetzt[22] – vorausgeht. Jene erste vokale Identität ist zudem zugleich eine Basis und Voraussetzung für die Möglichkeit einer affektiven Besetzung der Verbalsprache, für Kreativität mit Sprache.[23] Zudem werden hier die Grundlagen für die Formierung von Familienstimmen gelegt, die sich dann während der ödipalen Phase und vor allem in der Pubertät voll ausbilden. Bekannt ist dieses Phänomen, das sich besonders deutlich am Telephon feststellen lässt: Sie rufen eine bekannte Person an, glauben mit ihr zu sprechen, doch Sie haben den Sohn, die Tochter oder auch den Vater oder die Mutter an der Strippe. Solche Ähnlichkeiten der Stimmen zwischen Mutter und Tochter, Vater und Sohn zum Beispiel sprechen davon, für welches sexuelle Modell die Entscheidung bei der Herausdifferenzierung der eigenen Sexualität fiel, ebenso wie regionale Akzente, nationale Akzente in Fremdsprachen oder gruppenspezifische Akzente die imaginären Identifikationen mit diesen Gruppen-Sprachkörpern hören lassen.

Die erste Körpererfahrung ist also mit dem Stimm-Körper der Mutter verbunden, ihre Erforschung ist eine Erforschung des mütterlichen Körpers und seiner Lust, aber auch eine Auseinandersetzung mit dem in diese Stimme eingeschriebenen Begehren und der eigenen Situierung zu ihm. Die Ausbildung der Stimme beinhaltet so ein klangliches Körperbild, das sich am Stimm-Körper von Vater und Mutter modelliert und einem dialektischen Verhältnis von physischen Prädispositionen und unbewusst imaginärem Klangkörperbild entspringt. In diesem Stimm-Körper markiert sich die Sexuierung im Timbre, das modulierbar ist und so ein Spiel mit den Identitäten ermöglicht: Die aktualisierte Stimme ist ein Produkt von physischen Dispositionen der Stimme, psychischem, imaginärem Stimm-Körper, der ein Gedächtnis des ersten Stimm-Körpers und eine Utopie des Stimm-Körpers des Anderen in Beziehung setzt.[24] Der singuläre Stimm-Körper akkommodiert sich mit dem leiblichen Körper, der ebenfalls das Produkt des Verhältnisses zwischen tatsächlich physischem Körper und imaginärem Körperbild ist. Die Beziehungen können hier vielfältig sein, von völliger Dissonanz zu größter Harmonie im Sinne der kulturellen Muster.

5.2 Körper und Stimme

Die Stimme als Produkt von physischer Anlage und imaginärer erster stimmlicher Körperidentität beinhaltet gleichermaßen für den aus dem Schnittpunkt von realer Anlage und Imaginärem konstituierten Körper die Möglichkeit, mit seinen Identitäten zu spielen. Doch setzt dies ein bestimmtes Verhältnis zum Unbewussten von Körper und Stimme voraus, das letztlich ein Verhältnis zu ihnen als einer Sprache ist, mit der gespielt werden kann. Sich selbst in Prozess zu setzen, ist nicht jedem gegeben, es bedarf einer soliden psychischen Struktur, deren Grundlagen mit der ersten vokalen Identität gegeben werden.

Große Schauspieler haben die Fähigkeit, mit den Identitäten beider Körper zu spielen. Während mittelmäßige Schauspieler uns zuerst an ihrem Glauben an einen in der Physis verankerten ‚ursprünglichen' Körper teilhaben lassen – was die einen histrionisch, die anderen hysterisch nennen mögen –, stellen große Schauspieler ihren Leib und ihren Stimmkörper als Sprachphänomen aus, wenn sie mit ihnen wie mit einem Instrument spielen. So kann auch die Geschlechterdifferenz zur Szene eines Spiels mit den sie konstituierenden Signifikantensystemen werden, in dem zum Beispiel theatralisch eine Differenz von sichtbarem Leib und Stimmkörper einen signifikanten Raum findet. Doch ehe ich zu solchen Strategien theatraler Dekonstruktion am Beispiel von Jutta Lampes und Isabelle Hupperts Orlando komme, möchte ich kurz zeigen, wie heute auch ohne außerordentliche Schauspielkunst eine ähnliche Wirkung erzielt werden kann.

Die neuen Medien beeinflussen nicht nur unsere Wahrnehmung, sie können auch dazu dienen, die Wahrnehmung unserer selbst und der Identität von anderen zu analysieren. So können elektronische Medien körperliche Identitäten verschieben und zugleich deren habitualisierte Wahrnehmung bewusst machen. Dies hat schon 1982 Laurie Anderson in *United States II*, dem zweiten Teil ihrer U.S.A.-Tetralogie, vorgeführt. Laurie Anderson war mit Multimedia- und musikalischen Performances bekannt geworden, die sie bis Ende der siebziger Jahre zusammen mit Julia Heyward zeigte. So war die Performance, die später der erste Teil der Tetralogie werden sollte – *Americans on the Move* –, 1979 in Hamburg beim Theater der Nationen als Aktion beider Künstlerinnen zu sehen. Laurie Anderson trug zu diesem Zeitpunkt noch die mittelgescheitelten langen glatten Haare, die ebenso wie die Hose mit Schlag und das lange indische Baumwollhemd charakteristisch für die Generation nach Woodstock waren. Drei Jahre später ist das Äußere ihrer Musik und der technischen Apparatur sowie dem, was sie zu sagen hat, angeglichen: Die Haare stehen punkartig gestutzt kurz zu Berge, und ein dem Schnitt der Männeranzüge der Endfünfziger nachempfundener Satinhosenanzug sowie eine schmale Krawatte auf dunklem Herrenhemd bilden nun die Uniform, die zu Andersons Markenzeichen werden wird. Ihr androgynes Aussehen wird zur Projektionsfläche einer erotischen Ausstrahlung, die eine dominierend über die Stimmen vermittelte Weiblichkeit generiert. Mit Filter, Vocoder und Elektronik spielt Anderson mit den stereotypen Frauenstimmen der Medien: Hostessen, Mütter, Ärztinnen, kleine Mädchen, sinnliche *fem-*

mes fatales, Cyberstimmen vervielfältigen den präsenten Körper. Wenn dann, durch einen Filter transformiert in „Difficult Listening Hour", dem Mund dieses technischen Zauberlehrlings eine tiefe männliche Bassstimme entspringt, welche vom Besuch eines „Soul Doctors" berichtet, der ihr mitteilt, „language is a virus from Outer Space", ist die Verblüffung, aber auch das Erstaunen über die so bewusst gewordenen eigenen Erwartungen ebenso groß wie über das durchdringend unheimliche Geräusch, das ein Schlag mit dem Gummihammer auf Lauries Hirnschale entfachte und dessen Klangwellen nun ans Ohr dringen.

Wie bei Monk so können wir auch bei Anderson die Erfahrung machen, dass nicht primär Bilder den visuellen Eindruck der Darstellung strukturieren, sondern dass er durch den lautlichen Eindruck determiniert wird: Anderson ist der männliche Erzähler, wenn auch in einer heimlich-unheimlichen Ambiguität: Produkt eines Sprachwesens aus *Outer Space*.

Diese Anfang der achtziger Jahre noch aufregenden Verfahren elektronischer Medien sind heute das tägliche Brot der Musik- und Spektakelindustrie, die jegliche Form von Simulakrum, das heißt einer Kopie ohne Original, mit elektronischen Medien produzieren kann. Doch wie sieht es mit der Dekonstruktion von Geschlechteridentität mit spezifisch theatralen Mitteln aus? Als Antwort möchte ich abschließend einen solchen konkreten Fall betrachten. Zwei große Schauspielerinnen stehen in seinem Zentrum, mit ihrer ganz eigenen Art und Weise, mit der Vielfalt ihrer Körper umzugehen. Die Analyse der Charakteristik ihres jeweiligen Spiels soll erhellen, wie trotz eines fast identischen, vorgegebenen szenischen Dispositivs – der Textdécoupage, der Bewegungs-, Licht- und Raumchoreographie von Robert Wilson sowie der Musik und des Sounds von Hans Peter Kuhn – und trotz gleichen Dekors, gleicher Accessoires, Kostüme und Schminkmasken zwei völlig verschiedene Dekonstruktionsentwürfe von Weiblichkeit produziert werden. Sie setzen verschiedene Subjektkonzeptionen voraus, die dem jeweiligen Verhältnis von Körper und Sprache bei beiden Schauspielerinnen eine theatrale Funktion zuweisen und die Differenzen des darstellerischen Ergebnisses letztlich als auf der jeweiligen Beteiligung des Unbewussten basierend lesen lassen.

6. Die Körper Orlandos

Die Bearbeitung von Virginia Woolfs Buch *Orlando* durch Robert Wilson und Darryl Pinckney reduziert die Reise Orlandos durch die Jahrhunderte auf wenige Stationen: Der junge Adlige Orlando erwacht im elisabethanischen England, trifft die Königin Elisabeth I., ist dann unter dem König Jakob zu sehen, als er sich in eine russische Prinzessin verliebt, die ihn verlassen wird. Im zweiten Teil finden wir ihn als Botschafter des Königs Charles in Konstantinopel; ein Aufstand der Türken fällt zusammen mit seiner Verwandlung in eine Frau. Eine

Phase der Indifferenz gegenüber diesem Geschlecht, die er/sie unter Zigeunern verbringt, findet bald ihr Ende mit der Flucht. Der dritte Teil zeigt Orlando als libertine Aristokratin im England des 18. Jahrhunderts, dann als kränkelnd leidende, immer melancholischere Hysterikerin im 19. Jahrhundert, um schließlich im 20. Jahrhundert mit der Schriftstellerin Virginia Woolf zu verschmelzen, deren Selbstmord evoziert wird.

Die Inszenierung, die zuerst 1988 mit Jutta Lampe an der Schaubühne in Berlin erfolgte und seit 1993 mit Isabelle Huppert zuerst in Lausanne, dann in Paris und seither in Europa auf Tournee zu sehen war, gibt der Schauspielerin einen Raum vor, eine Lichtregie, ein Vokabular von Bewegungen und eine Textdécoupage sowie ein Klangdesign. Letzteres legt mit der Musik auch fest, wann die Technik die in Microports gesprochene Stimme der Schauspielerin stiehlt, wie sie sie über den Raum verteilt und wann sie diese ihr zurückgibt, wenn die Mikrophone abgeschaltet werden. Bei gleichem Performanceskript, gleichen Kostümen und gleichen Accessoires ist jedoch das jeweilige Ergebnis grundverschieden. Hier tritt nämlich ein Phänomen in den Vordergrund, das im Theater zwar für die Aufführung bestimmend ist, doch nur unbewusst perzipiert wird: die signifikante Funktion des jeweils singulären Verhältnisses der einzelnen Schauspieler/in zum eigenen Körper. Als sichtbarer und als über Klang und Prosodie projizierter Körper ist er doppelt und kann vielfach werden, wenn die anderen Körper der jeweilig bestimmenden nationalen Theatertradition der Männer- bzw. Frauendarstellung sich hinzugesellen.

Ich will zuerst auf die Körper der Theatertradition eingehen: Jutta Lampe, der Schaubühne erste Dame, kommt aus einer Tradition, in der die Frauendarstellung vor allem die großer Tragödinnen ist, in der Frausein oft ein Leiden an sich selber bedeutet oder Weihe impliziert, in der Mannsein – von einer Frau dargestellt – zum Beispiel Asta Nielsen als Hamlet oder Else Lasker-Schüler als Prinz Jussuf ergibt. Jutta Lampe evoziert als elisabethanischen Orlando den Hamlet Asta Nielsens, als Aristokratin des 18. Jahrhunderts eine deutsche Lessingfigur, als Frau des 19. Jahrhunderts eine Heroine Kleists und dann Ibsens und als Frau des 20. Jahrhunderts schließlich eine Schaubühnentragödin. Doch diese Figuren lässt Lampe nur als subtile Schatten ahnen. Denn ihr sowohl in der Stimme als auch in den Bewegungen melancholischer Gestus hält die anderen Leiber und ihre Stimmkörper fern. So bleibt sie außerhalb der Figuren wie auch des Publikums, dem sie sich niemals zuwendet. Sie führt einen Mann vor, der trauert, nicht Frau zu sein, und eine Frau, die die verlorene Männlichkeit wie eine Zyste in sich eingeschlossen hat. Lampe nähert sich in dieser Wilson-Produktion jenen fast autistischen Wilson-Geschöpfen an, die ihre Besonderheit auf der Bühne mit einer Grazie zelebrieren, als seien sie so unbeobachtet wie Kleists Junge mit dem Dorn im Fuß. Lampe wird so im Spiel in gewisser Weise ein

Wesen der dritten Art, bei dem man unwillkürlich fragen mag, ob überhaupt ein Geschlecht es aus jener Sterilität oder Frigidität erlösen könnte, die die Distanz von Körper und Stimme, Körper und Text andeutet.

Wie kommt es zu einer solchen Darstellung, zumal Lampe in anderem Kontext sich durch andere Weisen von Beteiligung auszeichnet? Jutta Lampe zitiert Darstellungskodes aus der deutschen Schauspieltradition, Kodes von Weiblichkeit und Männlichkeit, die innerhalb einer nationalen Tradition verbleiben, in der das gesprochene Wort vorherrscht. Sie zitiert in Distanz, sie re-zitiert. Eine solche Sprechweise verdankt sich nicht nur dem Einfluss Brechts auf das deutsche Theater, sondern ist auch einer Besonderheit der deutschen (Theater-) Geschichte verpflichtet: Der Bruch mit den Sprechtraditionen, die zum Beispiel vor 1933 einen Alexander Moissi oder eine Elisabeth Bergner auszeichneten, setzt nach 1945 die Tradition solcher Verkörperung als ‚Schönreden' einem allgemeinen Misstrauen aus, da sie zwischen 1933 und 1945 – in harmonisch geglätteter Form – gerade als „Reichskanzleistil" (Fritz Kortner) weiter gepflegt worden war. Im Rahmen des Wilson'schen Dispositivs, das dem Schauspieler/Performer keine Hilfe im Sinne psychologischer Erklärungsmuster gibt, können für Jutta Lampe die Schauspielkodes nur episch distanziert eine Struktur für ihren Spielmodus abgeben, der zusammen mit einer Entscheidung für eine melancholische Grundierung die Performance bestimmt.

So entsteht der Eindruck einer Wilson-Figur durch die Konfrontation eines episch distanzierten Stimmkörpers mit einem durch die deutsche Theatertradition überlieferten expressionistisch feierlichen Körpergestus. Ein Körperausdruck, der das Wilson'sche Körpervokabular eher hieratisch expressiv aneinanderreiht, wird verbunden mit einer Stimme, die primär linear bleibt bzw. nur im Register der Klage moduliert. Der gesprochene Text wird hier zur linearen Rede,[25] im Gegensatz zu dem Polylog, den Isabelle Huppert bei dieser Performance entfalten wird. Jutta Lampe identifiziert sich niemals mit den Körpern, die der Text potentiell evoziert. Ihr Brecht'scher Gestus einer Distanz verhindert eine Verschmelzung mit ihnen. Lampe leiht ihren physischen Körper, ihre physische Stimme dem Text, verbindet sie mit dem weiblichen bzw. männlichen Stimmkörper der Theatertradition, aber die Verbindung zum eigenen imaginären Leib und Stimmkörper wird nicht geknüpft. So entsteht der Eindruck einer Fixierung an ein unbewusstes Körperbild, das auf der Bühne nicht preisgegeben werden will und den Aspekt extremer Zurückhaltung bestimmt. Dies ist charakteristisch für Lampes Spielweise in Wilsons *Orlando*. In der Arbeit mit anderen Regisseuren, zum Beispiel mit Klaus Michael Grüber in Kleists *Amphitryon*, wird diese Barriere abgebaut, so dass ein anderer Körper entstehen kann. Hier jedoch bleibt Lampe gefangen im Wilson'schen Dispositiv, das sie als einen Diskurs über das

Theater und als Trauerarbeit an einem verlorenen utopischen Körper virtuos realisiert.

Ganz anders Isabelle Huppert. Sie schafft sich im Wilson'schen Dispositiv einen Freiraum, der den Diskurs zum Polylog öffnet: Eine Vielfalt von intertextuellen Dialogen vervielfacht auch das sprechende, präsente Ich und perspektiviert es. Sicher ist Huppert hier begünstigt durch eine lebendige französische Tradition ganz heterogener Theaterstile vom 17. Jahrhundert bis ins 20. Jahrhundert hinein. Doch mag zugleich auch die Erfahrung einer Filmpraxis wirksam sein, die sie mit den Möglichkeiten eines Spiels mit dem eigenen gestohlenen Bild und der gestohlenen Stimme vertraut gemacht hat. Huppert zitiert nicht wie Lampe durchgängig eine Spielweise mit *einer* Stimme und *einem* Gestus, sondern sie nimmt eine Vielfalt von Stimmen und Akzenten an, die eine ununterbrochene Besetzung des Textkörpers durch eigene Erfahrung und Gedächtnis verrät: So hören wir Stimmen von kleinen Jungen und Mädchen, von *petits marquis* und von Maulhelden, von preziösen Mondänen, libertinen Contessen, blasierten Großbürgerinnen, Charcots Hysterikerinnen und ironischen *femmes de lettres*. Unterbrochen verschmilzt so die Schauspielerin mit fremden Stimm-Körpern, um zugleich sich wieder von ihnen loszulösen, manchmal mitten im Satz. Ein steter Wechsel von Tempo, Rhythmus und Lautstärken verändert die Signifikanz der Raumchoreographie des Sounddesigns: Unterstrich die über Microports durch Lautsprecher in den Zuschauerraum oder auf Hinter- und Vorderbühne projizierte Stimme Lampes melancholischen Gestus einer Absenz, so verstärkt bei Huppert dasselbe technische Dispositiv den Eindruck eines Wirbels, des Tanzes eines ohne Unterlass sich wandelnden polylogen Geschöpfes in einem entgrenzten Raum. Seine Omnipräsenz ist gerade Resultat des Abwesenden: Huppert macht ihr Gedächtnis der Stimm-Körper unterschiedlichster männlicher und weiblicher Theaterfiguren präsent, indem sie sie lautlich gegenwärtig macht.

Dieses Gedächtnis scheint sich auf die Eindrücke eines Ohrs zu stützen, das dem imaginären Stimmkörper eines kleinen Mädchens, das große Personen spielt, oder dem einer jungen Frau, die sich dieses Spiels vergegenwärtigt, anzugehören scheint. Von Sarah Bernhardt hat man berichtet, ihr Spiel bezaubere – im Gegensatz zu dem der Duse – eher durch den Charme einer Kindfrau. Isabelle Huppert, die Sarah Bernhardts Hamlet oder Aiglon durch ihr Spiel nahelegt,[26] setzt – nach eigenen Aussagen – bei dieser Arbeit mit Wilson ausdrücklich das Gedächtnis von Kindheitserinnerungen bei der Entwicklung der Rolle ein, um die mit ihnen verbundene Freiheit eines *Spiels* mit vorgegebenen Regeln wiederzugewinnen.[27] So sind bei ihr das Kind, die Frau, der Mann in deren möglichen Kombinationen zusammen mit Huppert gegenwärtig.

Dies gilt nicht nur für das Verhältnis Hupperts zu den Stimmkörpern des Textes, sondern auch für die Bewegungskörper Orlandos: Das Wilson'sche Bewegungsvokabular wird in ihrer Performance zu einem tänzerischen Vokabular. Dies ist ganz besonders deutlich in der Spiegelfechtszene des ersten Teils, in der Virtuosität, Eleganz und Geschick der Bewegung zugleich die Körper von Gérard Philippes Lorenzaccio und Sarah Bernhardts Hamlet, der uns gerade durch eine Filmsequenz der berühmten Fechtszene überliefert ist, mit dem Hupperts verschmelzen lassen. So erweist sich Orlandos Tanz auch als ein Spiel mit den potentiellen eigenen Körpern.

Der Psychoanalytiker Daniel Sibony[28] denkt den Tanz als eine Chance, den narzisstisch gefangenen eigenen Körper auf andere Körper hin zu öffnen, auf den anderen Körper des Begehrens: Tanzen heißt, den Ort des selbstgenügsamen In-sich-Ruhens zu verlassen, heißt, einen Schritt, eine Geste zu machen. Tanzen kann Fixierungen in Bewegung setzen, kann neue potentielle Körper finden lassen. Von der Arbeit mit Wilson berichtet Huppert ähnliches, wenn sie verwundert feststellt, sie habe mit Orlando erfahren, dass sie, die glaubte, nicht tanzen zu können, durch Wilsons theatrales Dispositiv – seine Trennung von choreographischem Körper und Stimm-Körper – plötzlich ihren Körper in Tanz versetzen konnte.[29]

So ist Hupperts Konstruktion der Weiblichkeits- und Männlichkeitsbilder – im Gegensatz zu Lampes epischer Geste des Vorzeigens – zuallererst *Spiel*: ein Spiel mit den Sprachen der Bühne, bei dem die Fixierungen der eigenen Identitäten als Einsatz aufs Spiel gesetzt werden. Der Gewinn ist eine Fülle von möglichen (sexuellen) Identitäten im potentiellen Raum des Theaters – eine Entgrenzung des Subjekts, *in actu*, zu einem Subjekt im Prozess. Das Glücksgefühl, das ein solches Spiel jenseits melancholischer Distanz, aber auch jenseits der begrenzten Illusion der Verkörperung eines kommensurablen Subjekts, ausgehend von Woolfs Text bewirkt, mag subjektiv sein. Doch es spricht von einer Lust an der Entgrenzung des eigenen Körpers, an der Sprengung seiner vielfältigen audiovisuellen Gefängnisse. Im tatsächlichen Leben sind solche Entgrenzungen nicht ohne Gefahren. Virginia Woolfs Ende spricht davon. Doch bleiben der Erprobung solcher Utopien des anderen Körpers – für die Performer, für den einzelnen im Publikum – die Künste, unter ihnen, in vorderster Linie, das Theater.

Frühjahr 1995

Anmerkungen

1. Vgl. Sigmund Freud, „Das Ich und das Es" (1923), in: Ders., *Studienausgabe*, Bd. III, Frankfurt/Main 1975, S. 273–330.
2. Vgl. Jan Kott, *The Gender of Rosalind*, Evanston/Ill. 1992.
3. Vgl. Marie France Castarède, *La Voix et ses sortilèges*, Paris 1987, S. 67–89.
4. Vgl. Michel Poizat, *L'Opéra ou le cri de l'ange. Essai sur la jouissance de l'amateur de l'Opéra*, Paris 1986, S. 66–71.
5. Vgl. Roland Barthes, „Le chant romantique" (1976), in: Ders., *L'obvie el l'obtus. Essais critiques II*, Paris 1982, S. 254f.
6. Vgl. M. Poizat, *L'Opéra ou le cri de l'ange*, S. 65ff.
7. Vgl. ebd., S. 161ff; sowie Patrick Barbier, *Histoire des castrats*, Paris 1989, S. 93–113.
8. Vgl. ebd., S. 141ff.
9. Vgl. Jacques Lacan, *Le Séminaire, Livre XX: Encore* (1972–1973), hrsg. v. Jacques-Alain Miller, Paris 1975, S. 61–71.
10. Vgl. Jan Kott, „Das Ende des unmöglichen Theaters", in: *Theater 1980*, Jahrbuch der Zeitschrift *Theater heute*, S. 138–143.
11. Vgl. Barbara Vinken, *Mode nach der Mode. Kleid und Geist am Ende des 20. Jahrhunderts*, Frankfurt/Main 1994.
12. Vgl. zum Beispiel Marjorie Garber, *Vested Interests. Cross-Dressing and Cultural Anxiety*, London 1992.
13. So Michel Journiac, *Vingt-quatre heures de la vie d'une femme ordinaire* („12 Selbstportraits in Frauenkleidung bei Tages- und Nachtbeschäftigungen") 1974 oder Pierre Moliniers weibliche Selbstportraits 1967 wie auch die Urs Lüthis seit 1970.
14. Vgl. Jean Christophe Schmitt, „Les ‚garçons feminins' de Tokyo, des ados fatigués de la vie macho", in: *Libération*, jeudi 5 janvier 1995.
15. Vgl. Judith Butler, *Gender Trouble*, New York 1990, deutsch: *Das Unbehagen der Geschlechter*, Frankfurt/Main 1991.
16. Zur kommerziellen Vereinnahmung vestimentären Protestes vgl. B. Vinken, *Mode nach der Mode* und auch J. Kott, „Das Ende des unmöglichen Theaters".
17. Vgl. H. Finter, „Disclosure(s) of Re-Presentation: Performance *hic et nunc*", in: Herbert Grabes (Hrsg.), *Aesthetics in Contemporary Discourse, REAL. Yearbook of Research in English and American Literature* 10 (1994), S. 154–167.
18. Vgl. H. Finter, „Die Theatralisierung der Stimme im Experimentaltheater" (in: Klaus Oehler (Hrsg.), *Zeichen und Realität*, Akten des 3. semiotischen Kolloquiums Hamburg 1981, Tübingen 1982, S. 1007–1021), in diesem Band S. 67–82.
19. Vgl. H. Finter, „Autour de la voix au théâtre: voix de texte ou texte de voix?" (in: Bruno Gentili/Giuseppe Paioni (Hrsg.), *Oralità. Cultura, letteratura, discorso. Atti del convegno internazionale (Urbino 21–25 luglio 1980)*, Florenz 1982, S. 663–674, ebenfalls in: Chantal Pontbriand (Hrsg.), *Performances, Text(e)s & Documents. Actes du colloque: Performance et multidisciplinarité: Postmodernisme, 1980*, Montréal 1981, S. 101–109), in: Dies., *Le Corps de l'audible. Écrits français sur la voix 1979–2012*, Frankfurt/Main 2014, S. 19–30.
20. Vgl. H. Finter, *Der subjektive Raum*, Bd. II, Tübingen 1990.
21. Eine Zusammenfassung gibt M. Castarède, *La voix et ses sortilèges*,

22 Vgl. J. Lacan, „Le stade du miroir comme formateur du Je", in: Ders., *Écrits*, Paris 1966, S. 93–100.
23 Vgl. Didier Anzieu, *Le Moi-Peau*, Paris 1985, S. 159–172.
24 Die Theorie der beiden Körper ist Daniel Sibony entlehnt, der sie für den Tanz und die Bewegung entwickelt hat. In *Le corps et sa danse*, Paris 1995 zeigt Sibony, wie in der De-plazierung zugleich eine Öffnung auf den anderen Körper des Begehrens am Werke ist. Diese Theorie soll hier ebenfalls auf den ersten Körper, den Stimm-Körper, erweitert werden.
25 Vgl. Andrzej Wirth, „Vom Dialog zum Diskurs", in: *Theater heute* 1, 1980, S. 16–19.
26 Vgl. die Photos aus dem Atelier Felix Nadars. Das einzige überlieferte Filmdokument von Sarah Bernhardts Hamlet-Darstellung zeigt sie gerade in der Fechtszene, die Huppert in der Spur derselben französischen Tradition virtuos tänzerisch realisiert.
27 Vgl. Isabelle Huppert, „Parole enfouie, parole informe, parole muette. Entretien avec Antoinette Fouques", in: *Cahiers du Cinéma, 477: Isabelle Huppert, autoportrait(s)*, März 1994, S. 36–46.
28 Vgl. D. Sibony, *Le corps et sa danse*.
29 Vgl. I. Huppert, „Parole enfouie, parole informe, parole muette", S. 40

Dioptrik des Körpers: Mit den Augen hören

Die Epoche, die von den großen Schauspielern geprägt ist, ist auch diejenige, in der der Körper des Schauspielers dem Dramatiker zum Problem wird. Schriftsteller hinterfragen nun das Theater als Darstellung und erarbeiten so theatralische Utopien, in welchen gleichzeitig eine neue Konzeption des Subjekts und die Funktion der Bühne als Schrift im Raum in den Vordergrund treten. Alfred Jarrys Notizen zum Puppentheater drücken diese Gedanken äußerst treffend aus:

> Nur die Puppen, deren Schöpfer und unumschränkter Herrscher man ist ... übersetzen passiv und rudimentär das, was als Schema für die Genauigkeit steht: unsere Gedanken. Man angelt ... nach ihren Gesten, die nicht an die Grenzen der gewöhnlichen Menschheit gebunden sind. Man befindet sich vor – oder besser noch – über dieser Tastatur wie über einer Schreibmaschine ... und die Handlungen, die man den Puppen verleiht, kennen ebenfalls keine Grenzen.[1]

Totalitarismen

Die Bühne als übergroße Schreibmaschine, deren Eisendraht-Tastatur dem Schriftsteller-Regisseur seine Gedankengänge räumlich organisiert vor Augen führen würde: eine solche Theaterutopie wird Zukunft haben. Dieser Wunsch nach einer Schrift im Raum wird sich zuerst in einer neuen Idee vom Körper des Schauspielers niederschlagen. So wird der biomechanisierte, taylorisierte und verfremdete Schauspieler die Projekte eines neuen Theaters bevölkern – von Craig bis zu Meyerhold, von den Futuristen bis zu Brecht. Das Theater als Maschine im Dienste dieses neuen Gottes – Dramatiker und/oder Regisseur – wird sogleich die neuen Herren zum Träumen bringen. In den Dokumenten der verschiedenen Totalitarismen kann man noch heute seine Spuren finden: Biomechaniken der stalinistischen und faschistischen Parteitage, an welchen der Herrscher sein Wappen oder seinen Namen von enteigneten Körpern in den Raum schreiben lässt. Nach der Erfahrung dieser ideologischen Vereinnahmung kann heute die Begeisterung für die Maschinisierung des Avantgarde-Theaters nur noch auf eine kühle und vorsichtige Aufnahme stoßen. Doch der mechanisierte Körper, der Marionetten-Körper, dessen Comeback in Theater und Tanz wir seit den siebziger Jahren feststellen können, findet in der Kunst einen ganz anderen Einsatz als in der Politik. In beiden Fällen wird zwar ein dem Maß und der Kadenz unterworfener Körper vorgeschlagen, der durch Kräfte, die ihm zu entgleiten scheinen, bewegt wird. Aber Körper, Bewegung und Raum, die sie jeweils schaffen, sind auf der Theaterbühne anders als auf der politischen Bühne. Der mechanisierte Körper im Theater unterscheidet sich vom Marionetten-Körper der Masseninszenierung wie das eigentliche Theater vom Spektakel. Ein dezentriertes Subjekt im Prozess widersetzt sich dem erstarrten Trugbild des Einen, dem sich der Körper des politischen Spektakels hingibt. Auch der Platz und die Rezeption des Zuschauers sind verschieden – das angesprochene Subjekt ist nicht dasselbe. Kurzum: Im Spektakel funktioniert der Körper – reine Augenweide – wie ein Spiegel: man verliert sich darin, um sich besser im gemeinschaftlichen Körper der Vielzahl wiederzufinden. Trugbild einer begehrten Identität, die die vielfältigen und auswechselbaren Namen zementieren könnte.

Im Theater jedoch – seine Etymologie (*theatron, theaomai*) verweist auf eine mit der Theorie gemeinsame Wurzel – findet die Rezeption über eine Einsicht in den Mechanismus des Sehens statt: Das Imaginäre verbindet dort das Gesehene mit dem Gehörten und bezieht beide auf das Gedächtnis. Es kommt also über das Begehren, das die Körper und Bewegungen auslösen oder fixieren können, zu einer Art ‚Lektüre'. Ausgehend von den Elementen der Performance erschafft sich der Zuschauer einen Raum, welcher den Schauplatz verdoppelt, den er vor Augen hat: Er verändert ihn, indem er die andere Szene der Wahrnehmung aufbaut, den atopischen Raum, wo sich das Theater abspielt. So bietet das Theater eine Dioptrik an, die die Hörfähigkeit des Auges und die Sehfähigkeit des Ohrs hinterfragt.

Wenn die Theaterneuerer seit dem letzten Jahrhundert einen anderen Körper vorschlagen als den des Histrionen oder der Hysterikerin, die nach einem Meister verlangen, so ist hier nicht einfach der Wunsch nach göttlicher Macht der Antrieb. Es geht vielmehr darum, einen Raum unendlicher Freiheit aufzuschließen, einen Raum für die szenische Schrift, in welchem ein Blick analysiert, ein Wunsch bloßgelegt und ein Subjekt dezentriert werden kann.

Der andre Schauplatz: Kleist, Jarry

Kommen wir wieder auf Alfred Jarry zurück. Welchen Körper, welche Geste, welche Stimme schlägt er vor und für welchen Raum? Was soll diese Berufung auf die Marionette? Kleists Essay *Über das Marionettentheater*[2] von 1810 – übrigens auch eine einzigartige Reaktion auf das Erscheinen der Maschine als Terror-Maschine – gibt uns eine erste Antwort. Kleist erklärt darin die Faszination, die von der Marionette ausgeht, durch deren Anmut. Ihre *vis motrix* ist nicht mehr eine Seele im Sinne eines Selbstbewusstseins, es handelt sich vielmehr um eine völlige Abwesenheit von Bewusstsein und paradoxerweise gleichzeitig um ein unbegrenztes Bewusstsein, welches das Bewusstsein Gottes wäre. Zwischen diesen beiden Polen pendelt seither die Zielsetzung des Puppentheaters.

Das Interesse an der Marionette beruht auf dem Fehlen jeglicher Psychologie. Diese macht den mathematischen Berechnungen einer Maschine Platz, deren Antriebszentrum jede Bewegung auslöst. Der Puppenspieler, der die Bewegung mit seinem eigenen Körper bestimmt, wird selbst Gott.

Kleist schlägt so für den Körper, die Bewegung und den Raum der Marionette ein besonderes Dispositiv vor: ein Körper, der von einem unsichtbaren Punkt aus bewegt wird, eine Bewegung ohne Bewusstsein und also ohne Motivation, ohne Lenkung, mechanisch – eine Bewegung, die auf den Raum des *anderen Schauplatzes* verweist, das heißt des Imaginären und des Unbewussten, den man fast ein Jahrhundert später in Wien entdeckte. Im Traum ist der Raum ja auch weder falsch noch wahr, er schließt jedes Bewusstsein von Schuld aus.

Die Marionette fasziniert, weil ihr Körper *eins* ist, es fehlt ihr nichts. Die Sünde der Sprache, der Sündenfall, hat nicht stattgefunden. Es ist ein Körper vor dem Fall und der Schuld und gerade deshalb kann er sie verkörpern. Er kann wie Jarrys Ubu das Verworfene und das Heterogene sein oder, wie bei Kleist, der Körper eines Kindes oder eines Tieres.

Das Theater wird jedoch nicht zu einem allumfassenden Puppentheater werden, sogar Jarry arbeitet mit Schauspielern: Welches ist nun das Verhältnis zwischen dem Körper des Schauspielers und dem der Marionette?

Bei Jarry scheint die Antwort relativ einfach. König Ubu ist, wie die Marionette von äußeren Kräften angetrieben: *Physik, Phynanz* und *Schreisse* bezeichnen die Trieb-Dreieinigkeit, die diese Figur in einem Raum in Bewegung hält, der aus der Zeit vor der Sprache und der Logik zu stammen scheint – das Heterogene in Aktion, die irdische Verkörperung des Bösen. Über seine Maske ist Ubu Pulcinella verwandt: wie er stammt er aus der Keimung eines Eis. Er ist dickbauchig und bucklig wie die Figur, die zur Zeit der französischen Revolution den von Göttern und Heiligen verlassenen Himmel bevölkerte.[3] Die Spielanweisungen Jarrys gehen alle in Richtung eines Guignol-Theaters, in dem Stimme und Bewegung, Mimik und Geste jenen des Marionettentheaters nachempfunden sind.[4]

Körper von Übermenschen

Steht für Jarry bei der Mechanisierung des Schauspielers die szenische Projektion des Heterogenen im Vordergrund, so streben andere im Gegenteil die Homogenisierung an. Kleist hatte es richtig notiert: Die Bewegung der Puppe konnte ihre Quelle in der Abwesenheit des Bewusstseins finden, aber auch in einem Überbewusstsein, in einem unendlichen Bewusstsein, von dem er annahm, es sei das Gottes. Der Tod Gottes hat bewirkt, dass der Mensch versucht ist, seinen Platz einzunehmen, und im Theater haben die Theorien vom neuen Menschen an demselben Willen teil. Die Körperkonzepte, besonders nach den italienischen Futuristen, setzen vor allem am erotischen, vom Heterogenen gezeichneten Körper des Schauspielers an. Die Mechanisierung des Schauspielers, Widerschein der Theorien vom Maschinen-Menschen, dient zuerst der Enterotisierung des Körpers, um dessen Anziehungskräfte in den Dienst der Botschaft zu stellen, die er verkörpern soll. Dem Körper wird so in den großen sozialen Maschinen verschiedenster politischer Zielrichtungen wieder ein ‚Ursprung' gegeben. Die Geste und die Bewegung, mechanisch oder expressiv, werden zweckdienlich, abhängig von der Arbeit oder der Kommunikation. Der Raum eines solchen Theaters ist ausdrücklich gemeinschaftlich und sozial konzipiert. Der mechanisierte Körper sucht das Heterogene zu evakuieren, ein göttlicher Körper – *die Götter des Stadions* –, dessen nicht unterdrückbare Anziehungskraft ohne sein Wissen den neuen Idolen dient – der Maschine, der Gemeinschaft, der Arbeit oder der Partei.[5]

Dezentrierte Körper

Solche Körperkonzepte hatten zwar im Theater einen Niederschlag gefunden, doch heute scheint man eher einem Verhältnis von Schauspielerkörper und Puppenkörper den Vorzug zu geben, das den ersten Aspekt der Kleist'schen Theorie realisiert und dabei die Brüche des zweiten Aspekts analysiert (die andere Szene).

Um das zu zeigen, werde ich mich an zwei herausragende Protagonisten des amerikanischen Theaters der siebziger Jahre halten: Robert Wilson und Richard Foreman. Bei beiden folgen Körper und Bewegungen einer präzisen, dem Tanz nahen Choreographie, wobei Stimmen, Texte und Körper sehr oft getrennt sind.[6] Wie Marionetten scheinen die Performer von geheimnisvollen Kräften angetrieben und lassen sogar den Begriff der Rollenperson bedeutungslos werden. Mit der Loslösung der Stimme von Körper und Sprache öffnet das Theater der Stimme ein *Dazwischen*, einen Raum zwischen Körper und Sprache. Die Stimme, gefangen zwischen Schreien der Deklamation und den Zitaten der Re-zitation, dekonstruiert die Kodes, die der Darstellung des Subjekts ihre Wahrscheinlichkeit verliehen hatten. Der Körper selbst ist enteignet, losgelöst von der imaginären Statue eines Ichs, dessen Konstitution in Schrecken und Gewalt im Prozess dem Blick angeboten wird. Die Bewegung und die Geste sind ebenfalls nicht mehr dem Wort oder einer transitiven Handlung untergeordnet. Bei Wilson folgen sie, verlangsamt, einer eigenen zeitlichen Logik, die sie stilisiert, während sie bei Foreman beschleunigt sind und dem Tonband zu gehorchen scheinen, das sie in Bewegung setzt oder zum Stillstand bringt. Beim ersten sind die Körper einer Logik der inneren Zeit unterworfen, beim zweiten einer Logik der äußeren Zeit. Bei beiden sind sie auf seltsame Weise anderswo: Automaten und Marionetten. Was setzt sie in Bewegung und was verfügt über ihre Schritte? Foreman stellt den Puppenspieler auf die Vorderbühne; er selbst hat lange diese ‚Rolle' gespielt, so als ob es darum ginge, deutlicher den Kampf zu zeigen, in dem sich der Regisseur als Meister und Drahtzieher und *die Performer* als vom Wunsch nach Exhibition angetriebene Hysteriker zwangsläufig gegenüberstehen.[7]

Bei Wilson hingegen muss der Zuschauer die Antwort selber finden. Einer numerischen und willkürlichen Logik des Rhythmus unterworfen, lassen die bis an die Grenzen des Tanzes getriebenen Gesten und Bewegungen das Verdrängte sehen, das die visuelle Identität des Körpers konstituiert. Das visuelle Gedächtnis der Repräsentation des Subjekts ist nämlich das Gedächtnis der Ausformung des Körperbildes durch den Blick. Es ist ein Gedächtnis, in welchem der Jubel mit dem Todestrieb, die Mordlust mit dem Schrecken einhergeht: sobald das *Doppel* auftaucht, an dem Schauspieler wie Zuschauer teilhaben.

So machen im *Prologue to Deafman Glance* von Wilson die Verlangsamung und die doppelte Wiederholung aus einer stummen Szene, in welcher ein Mann und eine Frau einem Kind zu trinken geben, eine Mordszene. Was hinter der pflegenden Geste erscheint, ist – verbunden mit der Entstehung des Blicks und des ersten Körperbildes – das Begehren in seinem ambivalenten Aspekt einer Hass-Liebe.[8] Die verlangsamte Geste aktiviert das Gedächtnis, in welchem dieses Körperbild sowohl von Gewalt hervorgebracht als auch Gewalt zeigend erscheint. Dies wird übrigens auch durch die Aggressivität bestätigt, die eine solche Performance beim Zuschauer auslösen kann. In der Video-Version des gleichen Stücks (1982) materialisieren die insistierenden Geräusche der Tonspur die diffuse Angst, welche die lautlose Handlung auf der Bühne auslösen konnte. Was als Blick des stummen Kindes verstanden werden könnte, wird hier durch eine Reihe von Geräuschen ausgedrückt, die nun die Rolle seiner Dioptrik übernehmen, um sie so als die vom Zuschauer der Theater-Performance virtuell erzeugten Affekte hören zu lassen, die seinen Blick analysieren.

Die Einführung einer numerischen Logik im postmodernen Theater erlaubt es, die choreographierte Bewegung und Geste als Triebverausgabung zu verstehen, und stellt so dem, was keine eigentliche Darstellung hat, ein semiotisches Dispositiv zur Verfügung. Ebenso wie die Trennung von Stimme und Körper erschaffen die Automatisierung und die Mechanisierung von Bewegung und Geste einen Raum, den sie choreographieren, *in actu* schreiben und in einer Zeit entfalten, die gerade dadurch ‚entchronologisiert' wird. Im postmodernen Theater sind Stimme und Körper *rythmós* im vorplatonischen Sinne des Werdens einer Form im Raum.[9] Wie der Schriftsteller oder Dramatiker an seiner Schreibmaschine ist der Puppenspieler dieses Theaters nicht mehr der Meister der Wirkungen, die er im Raum erzeugt. Weil die Dioptrik, die er *in actu* einschreibt, auch eine Dioptrik des Körpers des Zuschauers ist. Sie impliziert ebenso viele Augen wie Ohren, ebenso viele Bilder von Körpern wie Zuschauer im Saal sind. Die mentale Bühne, die diese *theatés* ausgehend von der Performance konstruieren, ist vielleicht das wahrhaftige Theater, weil sie das Theater und sein Doppel zur Koexistenz bringt.

Frühjahr 1991

Anmerkungen

1   Alfred Jarry, *Œuvres complètes I*, Paris 1972, S. 422ff.
2   Heinrich von Kleist, „Über das Marionettentheater", in: Ders., *Sämtliche Werke in einem Band*, München/Zürich 1961, S. 824–831.
3   Alfred Jarry, *César-Antechrist*, „Acte héraldique", *Scène* IX. Vgl. auch zu Pulcinella, Giovanni Domenico Tiepolo, *I disegni di Pulcinella*. Introduzione e schede di Adelheid Gealt, Mailand 1986.
4   Helga Finter, *Der subjektive Raum*, Bd. 1: *Die Theaterutopien Stéphane Mallarmés, Alfred Jarrys und Raymond Roussels: Sprachräume des Imaginären*, Tübingen 1990, S. 105–168.
5   Fabio Ciofi degli Atti, „Skene e Kinesis", in: Ders./Daniela Ferretti (Hrsg.), *Russia 1900–1930. L'arte della scena*, Mailand 1990, S. 29–41; Nicoletta Misler, „Coreografia e linguaggio del corpo tra avanguardia e restaurazione: il Laboratorio Coreologico della RAChN", in: ebd., S. 42–50.
6   Für eine ausführliche Beschreibung vgl. H. Finter, „Théâtre expérimental et sémiologie du théâtre: la théâtralisation de la voix" (in: Josette Féral (Hrsg.), *Théâtralité, écriture et mise en scène*, Ville de Lasalle/Quebec 1985, S. 141–164), in: Dies., *Le Corps de l'audible. Écrits français sur la voix 1979–2012*, Frankfurt/Main 2014, S. 55–71.
7   Ebd.
8   Eine ausführliche Analyse dieser Performance unternahm ich in „... eine Maschine, die die Bewegung des Denkens schriebe? Zu Gedächtnis und szenischer Schrift im zeitgenössischen Theater" (in: *TheaterZeitSchrift* 29, 1989, S. 101–111), in diesem Band S. 205–218.
9   Emile Benveniste, *Probleme der allgemeinen Sprachwissenschaft*, München 1974, S. 363–374.

V.
Dem Unmöglichen Stimme geben

Das Reale, der Körper und die soufflierten Stimmen: Artaud heute

1. Utopie eines Theaters der Grausamkeit

Im August 1946, nach neun Jahren der Internierung in psychiatrischen Kliniken nach Paris zurückgekehrt, schreibt Antonin Artaud das Vorwort – „Préambule" – zur Werkausgabe, die bei Gallimard veröffentlicht werden soll.[1] Aus diesem Anlass kommt er auf die Anfänge seines Schreibens zu sprechen und charakterisiert den Ausgangspunkt seiner singulären Erfahrung mit der Sprache, die ihn zu einer Erfahrung mit den Sprachen des Theaters führen wird, so:

> Für mich bestand die Frage nicht darin zu wissen, was in den Rahmen geschriebener Sprache, sondern was in die Textur meiner lebendigen Seele einzudringen vermöchte ...[2]

Und er umreißt diese Frage genauer:

> Mit welchen Worten werde ich in die Faser dieses scheelen Fleisches eindringen (ich sage TORVE, was scheel heißt, aber im Griechischen gibt es *tavaturi*, und tavaturi heißt Lärm, etc.).[3]

Artaud fragt nach der Fähigkeit von Worten, die Kraft, die Spannung, den Druck, seine Unterdrückung in der Schrift, im Schreiben erfahrbar zu machen, ohne dass sie in der Rezeption durch ein, gesellschaftlicher Wahrscheinlichkeit verpflichtetes Denken aufgelöst würden. Deshalb ist ihm wichtig, dass das Wort auch den Körper anzusprechen vermag, indem es ihn hörbar macht als Klang oder Lärm: *tavaturi*. Diese Suche hatte Artaud in den zwanziger und dreißiger Jahren zum Theater geführt, zu einer Konzeption des Theaters der Grausamkeit, die am breitesten in den Texten von *Le théâtre et son double* entwickelt wurde.[4] Doch 1946 gilt es besonders zu unterstreichen, dass mit Grausamkeit (*cruauté*) nicht einfach eine kommensurable Darstellung von Grausamkeit gemeint ist:

> Die Freiheit ist nur ein noch unerträglicheres Klischee als die Sklaverei. Und die Grausamkeit die Anwendung einer Idee.
> Fleischfarben vom Inkarnierten des knochigen Willens auf
> Knorpeln eingezogenen Willens, heißen meine Stimmen nicht Titania, Ophelia, Beatrice, Odysseus, Morella und Ligeia, Aischylos, Hamlet oder Penthesilea,
> sondern haben das Aufprallen eines feindlichen Sarkophags, das Knackgeräusch verbrannten Fleisches, nicht wahr Sonia Mossé.[5]

Mit dem Namen der Schauspielerin Sonia Mossé, die in den Gaskammern umkam, wird das Unvorstellbare und Nichtdarstellbare, das mit dem Namen Auschwitz verbunden ist, zum Horizont des Denkens der Grausamkeit:

> Ein senkrechter Abstieg ins Fleisch entwöhnt davon, auf Dauer an einen Ort [*en demeure*] die Grausamkeit zu rufen, die Grausamkeit oder die Freiheit.
> Das Theater ist das Schafott, der Galgen,
> die Schützengräben, der Krematoriumsofen
> oder das Irrenhaus.
> Die Grausamkeit: Die massakrierten Körper.[6]

Artaud weist hier dem Theater der Grausamkeit den Ort des *Realen* (Lacan) zu.[7] Die Grausamkeit ist der Tod, ist das Heterogene (Bataille), das in andere projiziert, in ihnen fixiert und während der NS-Herrschaft mit ihnen in einem technisch durchorganisierten *acting out* ausgelöscht werden sollte. Gibt es von nun an überhaupt noch die Möglichkeit, der Grausamkeit eine Bühne zu geben? Eine solche Bühne zu imaginieren?

Artaud wird auf der Notwendigkeit des Theaters beharren. Noch in seinem letzten überlieferten Brief, den er nach dem Verbot seiner Radiosendung *Pour en finir avec le jugement de dieu* am 24. Februar 1948 schrieb, tut er die Absicht kund, dass er sich von nun an ausschließlich dem Theater widmen werde:

> ein Theater aus Blut
> ein Theater, das bei jeder Vorstellung
> *körperlich*
> etwas erreicht haben wird
> ebenso für den, der spielt, wie für den, der kommt, um dem Spiel zuzusehen.

Und er fügt hinzu:

> übrigens spielt man nicht, man handelt.
> Das Theater ist in Wirklichkeit die *Genesis* der Schöpfung.[8]

Dem geht eine Diskussion voraus, in der Artaud an historischen Beispielen – den mittelalterlichen Mysterienspielen[9] und der katholischen Messe[10] – vor allem die Funktion des Theaters bzw. des Ritus hervorhebt, das Heterogene im Akt sagbar zu machen. Dieses Heterogene, als sexuelles Triebsubstrat verstanden, soll aber nicht sozialisiert oder fixiert werden,[11] wie dies noch in seinen Aussagen zu indianischen Riten 1936 in Mexiko anklingt[12] oder auch schon seine Beschäftigung mit der Pest nahezulegen scheint.[13] Vielmehr geht es darum, eine Form des Theaters zu finden, die durch den Akt, durch das theatralische Handeln, Affekte so über das Imaginäre ins Symbolische einbindet, dass ihre Kraft nicht im Symbol aufhebbar ist.

Keine neuen Gemeinschaften sollen über diesen Akt konstituiert werden. So weist Artaud in seinem Brief über die Deportation vom 16. Mai 1946 darauf hin,[14] dass Hitler mit seiner Inszenierung der Macht als Mythenspektakel gerade erst die Gemeinschaft geschaffen habe, in der der „Virus der Deportation, der Internierung, der Gefangenschaft, der Versklavung und der Nationalität" seinen Nährboden erhalten habe, da Gemeinschaft das ihr Heterogene auszuschließen trachte. Neue Mythen sollen nicht als gemeinschaftsbildender Horizont inszeniert werden, es gilt vielmehr, die Grausamkeit, welche Gemeinschaft und Gesellschaft erst ermöglicht, in jedem einzelnen und für jeden einzelnen erfahrbar zu machen.

Noch in einem Brief aus Rodez vom 19. April 1946, adressiert an Jean Paulhan,[15] lädt Artaud deshalb zu einer Neulektüre seines *Theaters der Grausamkeit* ein. Verwundert, dass seine Gedanken „gegen das Böse und seinen Schmutz" nicht ertragen würden, jedoch „der Krieg, die Hungersnot und die Konzentrationslager ertragen werden, da sie ein Faktum sind", kommt er auf seine Vorstellungen zum Theater zurück. Dabei steht hier wie auch später im Vorwort zu seiner Werkausgabe primär die Sprachfrage im Vordergrund: Artaud sieht die Quellen der Sprache angegriffen, doch gerade Sprache macht das Menschenwesen zum Sprachwesen. So ist es konsequent, dass Artauds öffentliche Auftritte nach dem Krieg – in drei Hörspielen und in einer Soirée im Théâtre du Vieux Colombier in Paris – eben die Möglichkeit der Sagbarmachung des Heterogenen in Sprache in den Mittelpunkt stellen und zugleich deren Wirksamkeit für den Einzelnen erproben. Artaud wird nun seine eigene Erfahrung mit der Sprache in Texten und in theatralen Formen zu projizieren suchen. Es handelt sich um eine Erfahrung, die ihn von der Mumie (*momie*) Artaud zu jenem Sprachwesen aus Worten (zu *Artaud le Mômo*) geführt hatte, das er dann in einer Soirée im Januar 1947 dem Pariser Publikum im Théâtre du Vieux Colombier vorzustellen suchte: eine singuläre Erfahrung mit der Sprache und den Sprachen des Theaters, die Grenzerfahrung eines Subjekts, die nicht übertragbar und nicht auf eine Ästhetik des Theaters zu reduzieren ist.

2. Grausamkeit einer Selbstdarstellung

Der Abend im Vieux Colombier war als *tête à tête* mit dem Autor angekündigt, die Plakate versprachen die *Histoire vécue d'Artaud-Mômo* („Artaud-Mômos gelebte Geschichte"). Drei Gedichte mit den Titeln: „Die Rückkehr des Mômo Artaud" (*Le retour d'Artaud-le-mômo*), „Mutterzentrum und Schätzchenchef" (*Centre-mère et patron-minet*) und „Die indianische Kultur" (*La culture indienne*) sollten dort vom Autor gelesen werden, der sie dann am Ende des Jahres in Buchform vorgelegt hat.[16] Dies geschah in der Tat. Doch zugleich wird von verschiedenen Zeugen dieser Soirée berichtet, dass Artaud nach dem Gedichtvortrag, der übereinstimmend beeindruckte, sodann begonnen habe, seine Lebensgeschichte ausgehend von einem Vortragsmanuskript zu berichten. Bald schweifte er von seinen Notizen ab, ging zu freier Rede über, um schließlich – nachdem er sich in seinen Manuskriptseiten nicht mehr zurechtfand und die Blätter auf dem Boden zusammensuchte – abzubrechen. In verwirrtem Zustand wurde er schließlich von André Gide behutsam nach diesen drei Stunden hinausgeleitet.[17]

Was von vielen als unerträgliche Schaustellung eines Kranken rezipiert wurde – André Breton gehörte zu ihnen –, war für Artaud selbst der unerhörte Versuch gewesen, die Grenzen einer theatralen Veranstaltung zu sprengen.[18] Der Rezitation seiner poetischen Texte, die eine Darstellung der Stimmen des Textes und damit noch *in nuce* eine theatrale Form bedeutete, sollte etwas folgen, was man heute vielleicht als *Performance* bezeichnen könnte: die Manifestation der Präsenz eines Subjekts, das über die Realität seines Leidens dessen Ursachen hörbar zu machen sucht. Zugleich hatte gerade diese Manifestation des *Realen* – die einhellig von den Augenzeugen in ihrer beeindruckenden Grausamkeit gewürdigt wurde – zur Folge, dass das, was Artaud über die Ursachen seines Leidens zu sagen hatte, nicht gehört werden konnte. Im Rahmen des symbolischen Vertrags eines Vortrags auf einer Theaterbühne wird der Einbruch des Realen in Form von Krankheit, Leiden, Wahn als sensationslüsterner Exhibitionismus wahrgenommen oder aber als histrionisches Spiel. Artaud wird sich im Laufe seiner Performance der Unmöglichkeit bewusst, durch ein Theater des Realen sich Gehör zu verschaffen und spricht im nachhinein davon, dass allein Bomben die von ihm beabsichtigte Wirkung hätten hervorbringen können.[19]

Doch anstatt Bomben zu werfen, wird Artaud im Anschluss nach einer neuen Form der Verlautbarung des Realen suchen. Mit dem Hörspiel *Pour en finir avec le jugement de dieu* („Schluss mit dem Gottesgericht"), das er Ende 1947 produzieren wird,[20] glaubt er, sich dem *Théâtre de la Cruauté* mit einem Theater der Stimmen angenähert zu haben. Die Verantwortlichen von Radio France scheinen der gleichen Meinung gewesen zu sein. Die Radiosendung wurde verboten und erst mehr als 25 Jahre später zum ersten Mal ausgestrahlt.[21]

Diese späte Erfahrung Artauds mit dem Theater zeigt schon an, wie schwer es ist, seine Auseinandersetzung mit dem Theater im Hinblick auf seine Aktualität für das heutige Theater zu diskutieren. Denn letztlich erweisen sich Artauds Recherchen als Suche nach einem *unmöglichen* Theater, nach einem Theater des *Unmöglichen*. Und dieses ist insofern Utopie, als es um ein Theater geht, das nicht zu verorten ist, weil seine Orte sich jeweils erst in den mentalen Orten der einzelnen Zuschauer und Leser realisieren sollen und können. Artauds Erfahrung mit dem Theater weist aber auch deshalb auf ein *unmögliches* Theater hin, weil sie der Grenzerfahrung eines Subjekts mit den Sprachen und der Gesellschaft entsprungen ist, die – wird sie wirklich ernst genommen – kaum traditionsbildend im Sinne einer Ästhetik sein kann. Gerade nach dem Kriege hat Artaud selbst immer wieder auf die Unmöglichkeit eines gemeinschaftsbildenden Theaters, das eine therapeutische, kathartische Wirkung haben könnte, hingewiesen. Der Rückzug auf die Theatralität des Hörspiels scheint auch in diesem Sinne konsequent: Die Stimmen sprechen den Einzelnen in seinem imaginären Bezug zum Körper direkt an und verlegen so die Grausamkeit in einen körperlichen Angriff, der den Bezug des Einzelnen zur Sprache auf die Probe stellt.

Kann eine solche Auseinandersetzung mit dem Theater Nachfolger oder Nachahmer finden? Es scheint so, denn seit vielen Jahrzehnten wird eine Fülle von Theaterexperimenten mit seinem Namen in Verbindung gebracht.[22] Doch legt die Heterogenität dieser Unternehmen auch den Schluss nahe, dass es eher die Fragen Artauds an das Theater sind, die vielleicht traditionsbildend gewirkt haben mögen, als die singulären Antworten, die er gegeben hat.

Wie sehen diese Fragen aus? In der Tat kreist seine Erfahrung um die Frage der Beziehung von Körper, Sprache und Theater: Wie kann das Inferno des Körpers, das er konkret durch eine vererbte Syphilis,[23] aber auch in Form einer Sprachkrise erfuhr, überwunden werden? Welche Rolle kann dabei das Theater spielen? Wie kann das Reale des Leidens in Sprache überführt werden, ohne dass es in ihr aufgehoben würde? Wie kann Präsenz in der Repräsentation sagbar werden? Wie die reale Grausamkeit, die Grausamkeit des Realen im Theater?

Diese Fragen scheinen sehr weit von den Problemen entfernt, mit denen sich das heutige Experimentaltheater beschäftigt. Und doch zeigt ein Blick auf einige Produktionen der letzten Spielzeiten, dass nach fast zwei Jahrzehnten eines postmodernen Spiels mit den Zeichen heute im Theater die Frage nach dem Verhältnis von Repräsentation und Präsenz sich wieder als Frage nach dem Verhältnis des Realen zu Formen des Symbolischem und Imaginären artikuliert. Ich möchte deshalb zuerst einen Blick auf diese zeitgenössischen Theaterexperimente werfen, die aus der *performance art* der siebziger und achtziger Jahre hervorgegangen sind. Welches Verhältnis zum Symbolischen und Imaginären zeigen sie, welche Funktion hat dort die manifeste Präsenz des Realen? Diese zeitgenössische Erfahrung möchte ich Artauds spätem Theater der Grausamkeit gegenüberstellen, um dann zu fragen, ob nicht doch aus dieser singulären Erfahrung für das heutige Theater pertinente Fragen und somit mögliche Antworten gefunden wurden oder gesucht werden können.

3. Grimassen des Realen oder zur ‚Aktualität' Artauds

Seit wenigen Spielzeiten mehren sich die Zeichen, dass auf den Bühnen dem Realen neuer Raum eingeräumt wird, ja, dass es gegen das Theater des ‚Als ob' oder der beliebigen Signifikanten immer mehr sein Recht zu fordern scheint, so zuerst durch die gefahrvolle Präsenz der lebendigen Kreatur: Lebende Vogelspinnen bei Jan Fabre,[24] Giftschlangen bei Jan Lauwers,[25] gar ein ganzes Rattenvolk in Glaskästen jüngst bei Marina Abramovič und Charles Atlas,[26] zeigen die Tendenz, mit schwerlich dem Paradox des Spielens zugänglichen Lebewesen nicht nur die Präsenz des Lebendigen, sondern die Gefahr und Anziehung des Realen erfahrbar zu machen. Der Spieler, der sich auf der Bühne mit diesen Tieren konfrontiert sieht, arbeitet im Angesicht der Gefahr, läuft vielleicht sogar Todesgefahr, sein Spiel erhält die Signatur wirklichen Risikos. Der Zuschauer sieht sich so halb dem Vertrag des ‚Als ob' enthoben, wird zugleich aber mit dieser Gefahr seinem *abjectum* (Kristeva), seinem Verworfenen und Heterogenen und den damit verbundenen Affekten ausgeliefert. Doch das Reale des Schmerzes und des Todes begleitet den Spieler auch, wenn er sich im Spiel erschöpft: So ist in Jan Fabres *Who Shall Speak My Thought?*[27] der Körper des Schauspielers Marc Van Overmeir durch Elektroden mit einem Schaltpult verbunden, das der Regisseur in Ku-Klux-Klan-Montur während der Vorstellung bedient, um mit Stromstößen den Redefluss des Schauspielers zu beeinflussen, der laut über den soufflierten Charakter seiner Rede nachdenkt. Reale körperliche Erschöpfung und Schmerz werden auch im Tanztheater zur Authentifizierung der Performance eingesetzt.[28] Und manchmal ruft die Ankündigung der Todeskrankheit eines Schauspielers – wie bei Ron Vawters letzter Soloperformance – das immanente Reale auf den Plan, wird zum Doppel des Theaters. Konkrete physische Gewalt gegen das Publikum zeigt sich nicht nur handfest wie bei der katalanischen Gruppe Fura dels Baus, sondern auch über die Dezibelstärken der Musik, die beispielsweise im Theater Rezah Abdohs[29] das Zwerchfell vibrieren und die Trommelfelle schmerzen lassen.

Dieses Theater evoziert nicht den Tod über ein Spiel mit Signifikanten – was normalerweise das Theater tut –, sondern es lädt ihn über seine realen Vorboten bzw. durch die Symptome der Sterblichkeit auf die Bretter, so als könnte nur auf diese Weise die Verletzlichkeit und Sterblichkeit des Menschenwesens in das Bewusstsein dringen.

Man hat in diesem Zusammenhang von einer Rückkehr des Theaters der sechziger Jahre gesprochen, die uns ja die Modewelt allenthalben schon beschert hat. Doch die Aufschließung und Entgrenzung der Repräsentation geschieht hier unter anderem Vorzeichen: Nicht mehr ein Gesetz wird angegriffen, das der Darstellung vorausginge, ihre *verisimilitudo* begründen würde, und es geht nicht um einen neuen Wirklichkeitsdiskurs, der sich politisch motivierte. Vielmehr ruft gerade die Abwesenheit eines verbindlichen symbolischen Gesetzes, die Abwesenheit dessen, was Jean-François Lyotard die *grands récits,* die großen Erzählungen nannte, das Heterogene jeden Symbols – den Akt, den Tod – mittels des Schmerzes, der physischen Erschöpfung oder der Gefahr auf den Plan. Allein einem Diskurs des Realen glaubt heute mancher Theatermacher eine Wirkung zuzutrauen, die den Zuschauer zu treffen vermag. Im Zeitalter der Simulation und der Simulakren scheint Betroffenheit nurmehr als reale physische Betroffenheit denkbar, allein die Provokation von realer Gefahr und realem körperlichem Schmerz scheint den Sinn und damit die sinnliche Empfindung des Existierens geben zu können, einen Sinn, der nur Sinn macht, wenn er den Zuschauer körperlich trifft.

Ein solcher Einbruch des Realen stellt das Theater als Repräsentation – Aufführung, Darstellung, Vorstellung – in Frage. Und er teilt zugleich einen tiefen Zweifel an der Wirksamkeit theatralen Darstellens mit. Obwohl all die genannten Produktionen eine ausgefeilte Theatralität ins Werk setzen, scheinen sie nicht mehr auf sie allein zu vertrauen. Der fehlende Glauben an die Wirkung des Spiels ist durch das Spektakuläre des Zirkus und seiner *Side-Shows* und der gefährlichen sportlichen Attraktion ersetzt worden. Die Repräsentation wird im Hinblick auf den theatralen Pakt entgrenzt: „Das Nichtdarstellbare alles Lebendigen und Gegenwärtigen", das schon Artaud für sein Theater forderte, soll die Bühne besetzen, dort seinen Platz finden.

Diese heutige Situation des Experimentaltheaters unterscheidet sich sichtbar von der des Performancetheaters und der *performance art* der siebziger und achtziger Jahre. Diese hatten eine Entgrenzung der Darstellung durch eine Arbeit an den Signifikantensystemen des Theaters unternommen, um sich an das singuläre und kulturelle Gedächtnis eines jeden einzelnen Zuschauers zu wenden. In diesem Sinne konnte zum Beispiel die Arbeit Robert Wilsons oder die Richard Foremans gelesen werden. Heute ist jedoch für viele die Möglichkeit eines kulturellen Gedächtnisses selbst wieder suspekt, ja unmöglich geworden. Um jedoch eine Aufführung nicht nur zu sehen oder zu hören, sondern auch wahrzunehmen, ist die Beteiligung der Vorstellung des Zuschauers, seines Imaginären und seines kulturellen Gedächtnisses gefordert. Und sie wird ausgelöst durch die affektive Besetzung dessen, was er hört und sieht. Doch gerade dieser Fähigkeit zu einer affektiven Besetzung der theatralischen Zeichen wird das Vertrauen entzogen. Allein dem Realen wird die Kraft, Affekte auszulösen, zugesprochen und noch mehr Vertrauen in die körperliche Affizierung gesetzt. Damit wird auch die imaginäre, ja sinnliche Tragweite jeder Symbolisierung verneint. Ein *Phobos* – Schrecken – der unmöglich gereinigt werden könnte, soll sie ersetzen, um so zum offenbarten Signifikanten einer Abwesenheit des Signifikanten zu werden. Allein Körperspuren der Angst, des Schmerzes glaubt man dem affektiven Gedächtnis des Zuschauers einverleiben zu können.

Die zitierten Beispiele sind repräsentativ für ein Experimentaltheater, das aus der *performance art* Ende der achtziger Jahre hervorgegangen ist. Da Theater immer schon der Ort war, in dem die Krisen und das Heterogene der Diskurse, die den imaginären Bezug zu den Existenzbedingungen artikulieren, gespielt wurden, wäre als Erstes zu fragen, was dieser Einbruch des Realen auf der Bühne wohl anzeigen mag. Er konfrontiert mit einer Krise, die der Mutation der Gesellschaft in eine postmoderne Gesellschaft des Spektakels Rechnung trägt: Nicht nur die Sprachkrise eines singulären Subjekts, wie dies bei Artaud der Fall war, sondern eine allgemeine Krise des Subjekts ist der Ausgangspunkt. Die Ausbildung des Imaginären und die Projektion jedes einzelnen Subjekts in die Sprache ist prekär geworden, seit die großen Erzählungen nicht mehr verbindlich sind und jeder sich über die Konstruktion singulärer kleiner Erzählungen selbst als Subjekt einer Permanenz im Prozess versichern muss. Die Religion des physischen Körpers, die die zitierten Theaterexperimente als einzige Sicherheit entgegensetzen, greift nicht mehr unbedingt. Der unversehrte Körper, den noch das Theater der sechziger Jahre feiern konnte, ist vom Tode bedroht und diese Drohung scheint nun in Form des Realen die einzige Sicherheit zu sein, Faszinosum und Schrecken zugleich.

An diesem Punkte ist es angebracht, auf Artauds Erfahrung mit dem Theater zurückzukommen. Denn ausgehend von einer Krise, der die Erfahrung eines Bruches des Bandes zwischen Körper und Sprache zu Grunde lag, suchte er, nach Auseinandersetzungen mit der Poesie, mit der Malerei und mit dem Film,[30] im Theater einen Weg, den geschundenen Körper und die Ursache dieser Wunden auf der Bühne sagbar zu machen. Dies führt ihn von der Konzeption eines gemeinschaftsbildenden, vom physischen Körper dominierten Theaters in den dreißiger Jahren zur Erforschung der Stimme des Schauspielers und des Textes nach dem Zweiten Weltkriege. Gerade in der Stimme wird er das Element finden, das zugleich die Realität des Körpers präsent und die Repräsentation des Textes möglich macht, da sie den Zuschauer real affiziert und ihn zugleich hören macht. So führt sein Weg von der Utopie eines gemeinschaftsbildenden Theaters zum Theater eines subjektiven Raumes, in dem das Subjekt als Wirkung der Sprachen, der Körper als Funktion der Stimme projiziert werden wird.

Artaud macht die Konstitution des Menschenwesen als Sprachwesen erfahrbar, indem er sie hörbar macht, und legt so den wunden Punkt des Theaters seiner Zeit offen: Die Integration der beiden Ordnungen des Imaginären und des Symbolischen über die Figur des Schauspielers, der durch seine Stimme und seinen Körper den Text verwahrscheinlicht, war gerade das gesellschaftliche Modell des Subjekts, das für die singuläre Erfahrung Artauds mit der Sprache nicht mehr verbindlich sein konnte. Es galt also eine Stimme zu finden, die noch die Spuren der körperlichen Realität Artauds jenseits der soufflierten Rhetoriken der Rollen zu verlauten weiß, wie auch einen Text, der diese Erfahrung zugleich zu sagen und zu reflektieren vermag. Von der Erfahrung Artauds hatte das Theater der sechziger Jahre vor allem den Bruch zwischen Körper und Sprache aufgenommen und so seine Experimente der dreißiger Jahre fortgesetzt. Doch ausgehend von Artaud war auch eine andere Theatererfahrung möglich, die erforscht, was in der Stimme dem Körper und Text tributär ist, und so die Figurendarstellung als Wirkung von audiovisuellen Signifikantensystemen experimentiert. Dies geschah vor allem im Performancetheater der siebziger und achtziger Jahre. Ich werde später darauf zurückkommen. Bei den Theaterexperimenten, die heute das Reale auf die Bühne bringen, scheint hingegen die Verzweiflung, die von einer unheilbaren Pest und zugleich von der omnipräsenten, den Tod ausschließenden Simulation motiviert ist, zu verdrängen, was das Theater der letzten Jahrzehnte im Anschluss an Artaud erforscht hatte: Die Rolle der Stimme und des Klangs, die nicht nur die Vergegenwärtigung eines Körpers ermöglicht, sondern auch die mögliche Affizierung des Zuschauers. Vielleicht ist gerade deshalb ein Rekurs auf Artaud sinnvoll, hatte er doch den Punkt am Theater getroffen, der es für den Einzelnen wie für die Gesellschaft notwendig macht: Artauds Erfahrung zeigt, wie die Erfahrung des Theaters, des theatralen ‚Als ob', am Anfang der Subjektwerdung steht und wie über die Stimme zugleich das Theater der Subjektwerdung eine Bühne geben kann.

4. Subjekte auf der Bühne

Die Darstellung auf dem Theater ist, vom Blickwinkel der Rezeption aus, das Resultat der Audiovision jedes einzelnen Zuschauers und Zuhörers. In der traditionellen Inszenierung schlägt die *dramatis persona* ein Modell für diese Audiovision vor: Mit seiner Stimme und seinem Körper macht der Schauspieler die Integration von zwei heterogenen der Wahrnehmungsordnungen, von Hören und Sehen, wahrscheinlich; seine Repräsentation ist Funktion der Sprechweise des Textes, die durch Mimik und Geste unterstützt wird. Körperliche Präsenz und die Sprechweise des Textes bestimmen so den Schauspieler als Darsteller eines Subjektes. Vom Spiel seines Körpers und der Verlautung seiner Stimme hängt ab, um welches Modell des Subjekts es sich dabei handelt: ob er Meister seiner Sprache oder Diener seines Körpers ist, ob durch seine Akzente ein individualisiertes Subjekt oder ein Subjekt gezeichnet wird, dessen Sprechweisen und Diskurse von andern abhängen, ob ein prekäres Subjekt oder ein triumphierendes Subjekt gezeigt wird.

Das klassische, naturalistische oder psychologische Theater hat uns solche Subjekte gegeben, die zwar oft gespalten, aber immer noch Träger und Übermittler von Texten waren, die dem Mund des Schauspielers entsprangen und dank seiner Stimme erlaubten, ihn als Darsteller einer Person, eines Typs oder eines Charakters zu identifizieren.

Die Stimme nimmt dabei die Rolle einer *persona* an – griechisch *persona* sowohl im Sinne des grammatikalischen Ichs, des Pronomens, als auch im Sinne einer Maske –, und sie macht den ausgestellten Körper wahrscheinlich durch stimmliche Klangbilder und Prosodien, die den nationalen Rhetorikinventaren entstammen. Doch mit dem Klang der Stimme des Schauspielers wird durch sein Timbre auch etwas signiert, was die reine Repräsentation übersteigt und eine Präsenz im Augenblick anzeigt: Die Körnigkeit der Stimme – das Barthes'sche *grain de la voix* – spricht von einer anderen Wirklichkeit als der der Zeichen und der Darstellung. Sie spricht von der Wirklichkeit des Schauspielers als begehrendem Wesen und von seinem Verhältnis zum eigenen Körper. Wenn die Präsenz dieses Wirklichkeitssignals zu sehr überwiegt – durch das ‚schöne' Timbre zum Beispiel, in dem der Schauspieler sich spiegelt, oder durch eine fehlerhafte Aussprache, die, wie das Lispeln, die allzu große Lust erster Oralität verrät –, dann wird die Darstellung gestört, zum Beispiel durch die Identifizierung der Rollenperson mit dem guten, histrionischen Schauspieler oder mit dem unfähigen, schlechten Schauspieler. Doch auf der anderen Seite fixiert gerade diese vokale Markierung der lustvollen Präsenz eines Körpers das Interesse des Zuschauers an der Stimme, das erst eine Verbindung von Gesehenem und Gehörtem erlaubt. Am Spiel des Schauspielers, an seiner Stimmarbeit interessiert gerade – Jacques Lacan hat in seinem Seminar zu *Hamlet* darauf hingewiesen[31] – das Verhältnis zum Körper, zum unbewussten Bild des Körpers, wodurch er Raum für das Imaginäre des Zuschauers, das heißt für sein Verhältnis zum Unbewussten, gibt.

5. Der Körper der Stimme: Ein Theater der Grausamkeit

Die Theater- und vor allem die Radioerfahrung des späten Artaud legte dieses Mehr des Spiels des Schauspielers durch seine Erforschung der Stimme offen. Mit seinen Hörspielen von 1946 und mit *Pour en finir avec le jugement de dieu* („Schluss mit dem Gottesgericht") von 1947 gelang es Artaud, einen subjektiven Klangraum zu zeichnen, der mit den existierenden Modellen brach. So zeigte sich, dass „der Schauspieler sehr wohl seine Glieder, seine Präsenz nicht nur als Marionette [der Rollenperson] leiht, sondern mit seinem realen Unbewussten, das heißt der Beziehung seiner Glieder zu seiner eigenen Geschichte" (Lacan)[32] die Rollenperson realisiert. In Artauds Hörspielen[33] wird dieser Bezug seines physischen Leibes – der Glieder – zu seiner eigenen Geschichte hörbar in der lautlichen Projektion eines neuen Körpers in der Stimme: eines *corps sans organes*, eines Körpers ohne Organe. Denn die vielfältigen polyphonen Stimmen Artauds verunmöglichen eine einzige sexuelle Zuschreibung, eine Identifizierung nach Alter und Herkunft. Ein polyloges Subjekt zeichnet einen Klangraum, in den sich über soufflierte Stimmen die semiotische und polymorph sexuelle

Lust eines dezentrierten Subjekts mit einem Ambitus von mehr als zwei Oktaven einschreibt. Unerträglich für seine Zeit wurde dieses Hörspiel gerade wohl deswegen verboten, weil das, wovon es spricht – die Abschaffung und das Austreiben der Sprache als Thesis –, hörbar wird und so den Zuschauer geradezu *körperlich* angreift: Sein eigenes imaginäres Körperbild, das über die Stimme vermittelt ist, wird nicht mehr gespiegelt, sondern zerschlagen. Auch heute noch beeindruckt die Art und Weise, wie Artaud hier identifikatorisches, spekuläres Zuhören dadurch verunmöglicht, dass er vokal das Verhältnis zur Nationalsprache und zu einem klanglich vermittelten ersten Körperbild dekonstruiert, um beide als souffliert aus- und fortzustoßen.[34]

Obwohl eine Polyphonie auch in Gedichtrezitationen weniger, großer Schauspieler der Zeit beobachtet werden kann – so zum Beispiel in der Aufnahme des *Erlkönigs* von Alexander Moissi aus dem Jahre 1927, die ebenfalls durch einen äußerst breiten Ambitus von eineinhalb Oktaven gekennzeichnet ist –, markiert das vokale Spiel Artauds eine Zäsur: Stimmenvielfalt und ein extrem breiter Stimmumfang dienen nicht dazu, stimmlich Personen durch Stimmmasken zu verwahrscheinlichen – wenn auch, über das Timbre, mit einem großen Anteil körperlicher Präsenz –, sondern sie sind Ergebnis einer subjektiven Notwendigkeit, Produkt einer singulären Geschichte, die der Text auf der Aussageebene artikuliert. So manifestiert die Stimme als Klang durch das Timbre den Körper als soufflierte Präsenz und verdoppelt und desinformiert zugleich die Intonation der Sprechstimme, deren Aufgabe es gerade ist, den Sinn zu unterstreichen und die Identität eines Subjekts des Aussageaktes zu markieren. Ein Körper des Unbewussten wird durch die Stimme projiziert: Das Verhältnis zum imaginären Körper, zur Lust, die vom Begehren von Mutter und Vater besetzt ist, wird hörbar, wenn so das Verhältnis zur ersten Identität, zum ersten Ich-Bild als souffliert verlautet. Artaud zeigt mithin das Körperbild als Funktion der Stimme. Die Körperpräsenz wird zur alleinigen Funktion der verlauteten Stimme, die sich an ein identifikatorisches Hören wendet, das auf diese Weise des Anteils des Imaginären bei der Wahrnehmung von Stimmphänomenen gewahr werden kann.

Wie war Artaud zu diesem Theater der Stimmen gekommen? Ich hatte schon zu Anfang angedeutet, dass diese Radiosendung Ende 1947, nach zwei früheren Versuchen, im Anschluss an den Abend im Théâtre du Vieux Colombier entstanden ist. Bei jener Soirée scheint gerade die physische Präsenz des von der Krankheit geschwächten und gezeichneten Artaud zu real präsent gewesen zu sein, als dass von den Zuschauern auch gehört werden konnte, was Artaud verlauten ließ. Die Radiosendung hingegen erlaubte eine *grausame* Präsenz des Körpers in der Stimme, markierte real das Gesagte, ohne es zugleich durch eine andere Wahrnehmungsordnung unhörbar zu machen.

Doch auch innerhalb von Artauds Auseinandersetzung mit dem Theater ist letztlich seine Beschäftigung mit dem Körper der Stimme und mit dem Text folgerichtig. Nur wer den Namen Artauds allein mit dem Mythos eines Theaters ohne Text, eines reinen Körpertheaters verbindet, mag über diese Entwicklung staunen. Artaud selbst zum Beispiel verstand sein letztes Hörspiel gar als *un modèle en réduction de ce que je veux faire dans le ‚Théâtre de la cruauté'*, als reduziertes Modell dessen, was er im Theater der Grausamkeit machen wolle oder als erste *mouture du théâtre de la cruauté*, als ersten Aufguss seines Theaters der Grausamkeit.[35] Für ihn galt es von Anfang an, das Theater zu dem Ort zu machen, „wo das Denken seinen Körper finden soll". Denn Artaud geht, wie er schon in den dreißiger Jahren notiert, von einem Theater des gesprochenen Wortes (*parole*) aus und zwar – ich zitiere – „vielmehr von der Notwendigkeit des gesprochenen Wortes als von einer vorgeformten Wortsprache." Und er fährt fort: „Und da es [das Theater] sie [die Wortsprache] in einer Sackgasse vorfindet, kehrt es zur Geste zurück, auf spontane Weise." Diese Passage aus dem zweiten Brief über die Sprache von 1932, abgedruckt in *Le Théâtre et son Double,*[36] enthält implizit schon den Hinweis auf das weitere Feld des Experimentierens, sobald die Metaphysik des physischen Körpers, die Geste, erschöpft ist: Gerade die ‚Sackgasse' der Wortsprache wird Artaud mit seinen Texten und Hörspielen dann nach seiner Internierung aufzubrechen suchen.

Wie sieht diese Sackgasse aus? Eine doppelte Mauer versperrt sie: Nicht nur das soufflierte Wort, auch die soufflierte Stimme verschließt sie. Die Sprache, die uns in den vielfältigsten Diskursen vorliegt, hat nicht nur das Monopol über den richtigen Ton – die Intonation –, sie hat auch den Klang der Stimme an sich gerissen: Den Platz zwischen Körper und Wort besetzt der Vers, im Französischen noch in den zwanziger Jahren der Alexandriner, die Rhetorik der Poesie. Doch nicht nur sie, auch die Stimmen von Mutter und Vater, nach denen das eigene Timbre, die Frequenzmodulationen sich modellieren, füllen den Raum zwischen Körper und Wort. So ist der Mensch als Sprachwesen zuallererst ein Produkt von soufflierter Rede und soufflierten Stimmen. Was Psycholinguistik und Psychoanalyse in den letzten Jahrzehnten über die Spracherlernung und die Konstitution des ersten Körperbildes und der ersten Identität aus der Klinik berichten konnten,[37] war bei Artaud schon seit langem Gegenstand einer schmerzlichen subjektiven Erfahrung gewesen: So weist Artaud das über die Stimme der Mutter vermittelte erste Klangkörperbild zurück, stößt es als souffliert aus, ebenso wie er die Muttersprache, ihre Intonation, und das nationale Stimmmodell des Subjekts, den Vers, aufzulösen suchte. Diese Attacke auf die Muttersprache und den Vers impliziert eine Grausamkeit für all jene, die ihre Identität – ihr unbewusstes Körperbild – in ihr verankern. Denn Artaud durchquert hier in ganz konkretem Sinne die Lust der Mutter- und Vatersprache und ihren individuellen wie nationalen Körper. Und er stellt diese Lust aus, womit er die Transgression begeht, die jedes große Theater seit den Anfängen vollzieht, nämlich das *Andere* des Gesetzes, sei es nun väterlich oder mütterlich besetzt, zum Sprechen zu bringen.

Dieses Andere hat das Theater schon immer hörbar gemacht, doch tat es dies unter dem Schutz einer Transzendenz, die letztlich ein Gott garantierte. Doch für Artaud ist Gott nicht mehr der Garant des Wortes, sondern ein böser Geist, der seinem Körper Gedanken, Worte, Stimmen souffliert, und so den Ort zwischen Körper und Sprache usurpiert. Gott sitzt für ihn an der Stelle des Auswurfs: Gerade, dass er denkbar ist, ist für Artaud Indiz einer missratenen Schöpfung. Es gilt dort hinabzusteigen und die Stimmen hörbar zu machen, die nicht mehr der Welt der Gedanken angehören, das heißt der poetischen Eingebung oder dem Wort, der Prosodie, die für ihn „Fötus, Fliegendreck, der lacht, weil sich's reimt", ist. Vielmehr geht es – wie ich schon eingangs zeigte – nun um Schreie, um Stimmen, die den Klang des Aufknallens eines feindlichen Sarkophags haben, das Knackgeräusch verbrennenden Fleisches. Was Artaud 1946, nach Auschwitz, im Vorwort zur Gesamtausgabe seiner Werke schrieb, beleuchtet das Theater der Grausamkeit in einer Weise, die jegliche Interpretation seines Theaters als mythenbildendes, sozialtherapeutisches Massenspektakel in ihre Schranken verweist. Es geht vielmehr darum, sicht- und hörbar zu machen, was die Verführung des nazi-faschistischen Politiktheaters erst ermöglicht – die Verleugnung des Anderen, des Heterogenen und seine Projektion nach außen in andere.

„Die Grausamkeit", so sagt Artaud, das sind „die massakrierten Körper". Artaud selbst hat seinen Körper als massakriert, geschunden, vergiftet erfahren. Was den Körper zu diesem leidenden Körper gemacht hat, soll sagbar werden. Über die Stimmen, die ihn belagern, soll das Andere, das verhindert, zum integralen Körper zu gelangen, erfahrbar werden. Dieses Andere war für Artaud die Sprache als Gesetz, waren die soufflierte Stimme und soufflierte Rede, waren die Familie und die Gesellschaft. Doch er macht auch ein Anderes hörbar über die Triebenergien und ihre Lust, die er in die Sprache einschreibt, in Glossolalien moduliert. Am Ende seines Lebens wird Artaud in einem, mit dem Epitaph *Ci-gît* – „Hier ruht" – betitelten Text sich als Schöpfer seiner selbst vorstellen: „Ich, Antonin Artaud, bin mein Sohn, mein Vater, meine Mutter – und ich."[38]

Dieses multiple Ich ist nur im Prozess der Schrift zu generieren als ein Dispositiv von Stimmen im poetischen Text oder als realisierte Stimmen eines polylogen Subjekts im Prozess, das das singuläre Verhältnis des Antonin Artaud zur Sprache und zu seinem imaginären Körperbild transkribiert und spricht.

6. Artaud, unser Zeitgenosse?

Kann eine solche Erfahrung Theatertradition bilden? Auch die Theatermacher und Komponisten, die sich mit dieser Erfahrung Artauds ausdrücklich auseinandergesetzt haben, haben dies verneint. So resultiert der Umgang von Pierre Boulez mit der Stimme, wie auch der von John Cage, die beide die Wichtigkeit von Artaud für ihre eigene Arbeit unterstrichen haben,[39] nicht aus einer Nachahmung von dessen Lösungen, sondern entspringt der Aufnahme der Frage, die Artaud an das Klangpotential von Texten stellt. Auch Robert Wilson, der drei Jahre nach der ersten Funkübertragung von *Pour en finir avec le jugement de dieu* in Paris seine *Letter for Queen Victoria* (1975) zeigen wird, lässt zwar Schreiarien und -duette hören, die an die Glossolalien von Artauds Hörspiel erinnern, doch das Verhältnis von Sprache und Körper, das diese *opera* thematisiert, ist von dem spezifischen Bezug Robert Wilsons und vor allem Christopher Knowles zur Sprache geprägt; ihre Texte und ihr Theater produzierten eine ihnen eigene und zugleich grausame Ästhetik. Selbst Federico Tiezzi, der zusammen mit Sandro Lombardi auf der Kasseler Documenta von 1987 *Artaud una tragedia* zeigte, unterstreicht den singulären Bezug der italienischen Gruppe I Magazzini zu dieser zum Mythos gewordenen Figur gerade dadurch, dass in einer Szene Sandro Lombardi in ohrentäuschender Weise Artauds Stimme aus dem Hörspiel nachahmt. Und nachgeahmt wird Artauds Umgang mit der Stimme hier zu einer Rhetorik, die verfügbar ist und erlernt werden kann wie andere Schauspielrhetoriken.

Doch was jeder, dem Theater eine Notwendigkeit ist, für sich selbst finden muss oder erforschen sollte, ist das eigene Verhältnis zur Stimme und damit zu seinem ersten imaginären Klangkörperbild, das das Verhältnis von Körper und Sprache knüpft. Dass dieser Aspekt bei den eingangs erwähnten Theatern vernachlässigt wird oder in den Hintergrund tritt, verrät vielleicht gerade, dass der Horizont dieser Experimente immer noch jene Metaphysik des Körpers ist, die Artauds späte Theatererfahrung gerade durch einen *Sprachkörper*, einen durch Stimmen projizierten Körper überwunden hatte.

Das beschriebene zeitgenössische Theater des Realen ist Reaktion auf die Experimente der späten sechziger, siebziger und frühen achtziger Jahre, auf deren postmodernes Spiel mit den Signifikanten. Damals experimentierten einzelne Künstlerinnen und Künstler die Konstituenten szenischer Präsenz und analysierten die Metaphysik des Körpers durch eine Dekonstruktion der Konstituenten seiner Repräsentation. Mit Artaud verband sie die Analyse des Verhältnisses des Einzelnen zur Wortsprache und zu dem was ihr heterogen ist, mit ihm verband sie die Erforschung der Subjektkonstitution durch Sprache. Von ihm trennte sie das Fehlen des Leidensdruckes, ein Verhältnis zum Körper, das weniger radikal und nicht an die letzten Grenzen getrieben wird, eine spielerische und auch kompromissbereitere Haltung, ebenso die größere Offenheit des kulturellen Kontextes. Die Frage nach der Aktualität Artauds möchte ich deshalb ausgehend von einer kurzen Befragung der Ästhetik der Stimme im Theater seit Ende der sechziger Jahren stellen, um den mit ihr verbundenen Wandel des Subjektmodells auf der Bühne im Lichte von Artauds Erfahrung zu befragen. Denn Artauds Lektion – mit den oben angedeuteten Einschränkungen – scheint mir vielleicht am ehesten von denen angenommen, die am wenigsten bisher mit seinem Namen in Verbindung gebracht wurden.

6.1. Totales Subjekt oder Subjekt im Prozess? Der prälinguistische Stimmkörper

In den sechziger Jahren erforschte eine Strömung, die sich auf das Erbe Artauds beruft oder ihm zugeordnet wird, im Gefolge der englischen Übersetzung von *Le Théâtre et son Double*, die Stimme als Klang und Geräusch, um die individuelle Stimme zu entgrenzen. Auf die Konzeption eines totalen Subjekts gestützt, erscheint heute diese Filiation sicher mehr als problematisch, zieht man Artauds Fernziel eines Körpers ohne Organe wie auch eines Raums des dezentrierten Subjekts in Betracht. Indessen nähert sich die Erforschung der Barrieren, die einer multiplen Stimme entgegenstehen, wie auch die Suche nach einer Stimme mit einem Ambitus von mehreren Oktaven gewissen Experimenten Artauds an: So weist Artauds Deklamation in seiner letzten Radiosendung innerhalb einzelner Sätze durchgehend Tonhöhensprünge auf, die das Sonogramm als einen zwischen 200 und 1200 Hertz variierenden Ambitus auffächert.[40] Das von seinen Zwängen befreite Subjekt, das die Ideologie dieses neuen Theaters anvisierte, gebar in der Tat kein holistisches oder gelötetes Subjekt. Im Gegenteil: Mit der Dekonstruktion des ersten Klangbildes wurde das imaginäre Körperspiegelbild in ein polyloges Klangkörperbild aufgelöst und in Prozess versetzt. Das Subjekt wird so in diesen Experimenten zu jener Leerstelle im Sinne Lacans, in die sich vielfache Stimmen und vielfache Körperbilder einschreiben.

Jacqueline Martin hat aufgezeigt, wie zuerst die Experimente Alfred Wolfsohns und in seinem Gefolge die des Roy Hart Theaters mit diesem Typus der Stimmtheatralisierung verbunden sind. Ebenfalls hat sie auf deren Einfluss auf die Arbeit von Jerzy Grotowski und Peter Brook hingewiesen.[41] Als Erforschung von Klang und Geräusch der Stimme könnte man dieser Strömung auch Meredith Monks Exploration der prälinguistischen Stimme hinzurechnen, wie sie zum Beispiel in *Quarry* und *Recent Ruins* erfolgte.[42] Doch wird bei ihr zugleich auch besonders deutlich, dass die Arbeit an der Stimme nicht auf ein Problem der Rhetorik zu reduzieren ist, wie dies in Martins Untersuchung anklingt, sondern in der Tat, wie schon oben angedeutet, die Frage des Subjekts ins Spiel bringt. Meredith Monk lässt das Verhältnis zu einem ersten, in der eigenen

Stimme gebahnten Klangkörperbild gerade dadurch hören, dass sie das, was der Koppelung von Wort und Stimme vorausgeht, ins Zentrum rückt: Glossolalien, die Intonationskurven und für immer verlorene Akzente mimen, rufen so die Stimme als Übergangsobjekt (Winnicott) auf den Plan und machen das erste Kinderbrabbeln, die Echolalien als *fort/da* einer mütterlichen Stimme erfahrbar, mit der ein klangliches Band geflochten und deren nationale und sexuelle Charakteristika durchquert werden.[43] So handelt es sich hier um die Erforschung der ersten soufflierten mütterlichen und späteren väterlichen Stimmen, um die Erforschung des vom Begehren der Eltern geprägten Timbres und der nationalen Intonation, kurzum um das Stimmdispositiv, das ein Subjekt des Begehrens modelliert.

Diese Arbeit am Klang, am Rauschen und am Timbre der Stimme mag nur insofern an die Erforschung der Lust einer ‚reinen' Stimme gemahnen, als diese als Übergangsobjekt vor der Sprache zugleich an deren Funktion bei der Spracherlernung erinnert. Dem Körper nahe und noch nicht Wort oder Text, projiziert hier die lustvolle Stimmverausgabung ein Subjekt des Unbewussten. Und zugleich wird mit dieser Stimmtheatralisierung eine Reflexion über die Repräsentation und die Präsenz auf dem Theater angeboten, denn sie zeigt, dass erst die Stimme die Wirkung von Präsenz hervorbringt und sie das Bild der Präsenz eines Körpers im Kopfe des Zuschauers lenkt. So wird mit diesen Stimmexperimenten deutlich, dass die Stimme, über das Verhältnis zur mütterlichen und väterlichen Stimme, Träger erster Körperbilder ist, die Klangkörperbilder sind.[44] Deren Auflösung und Stärkung bis zum Rauschen oder zum Schrei stellt zugleich die Wirkung von Präsenz im Theater auf die Probe. Doch durch die Verlautung ist diese Stimme zugleich auch mit dem Symbolischen verwoben: Dies wird deutlich mit dem Schrei, der als Schrei des Bedürfnisses und des Schmerzes Ruf nach Gegenwart ist, doch schon, noch während der Mutter-Kind Dyade, ab der sechsten Woche, auch Mimesis bedeutet: Als Repräsentation eines Bedürfnisses oder Schmerzes wird der Schrei als phatischer Signifikant eingesetzt, um auf einen Wunsch nach Kommunikation hinzuweisen.[45]

6.2. Der Körper der soufflierten oder gestohlenen Stimme

Eine zweite Strömung, eher für das Theater der siebziger Jahre charakteristisch, erforscht die dem Text verbundene Stimme, indem sie mit dem Klang oder der Abwesenheit von Intonation konfrontiert und deren Funktion durch Subtraktion auslotet. Elektronische Aufnahme- und Amplifizierungstechnik wird hier gerne eingesetzt, da sie eine Manipulation der *live* artikulierten Stimme erlaubt.

So wird zum Beispiel die Gegenwart des Performers bei Robert Wilson enigmatisch durch die Subtraktion der bedeutungsgebenden Intonation, vor allem in seinen frühen Arbeiten, wie auch durch die Trennung der Stimme vom

Körper mit Hilfe von Microports. Die seit 1978 systematisch eingesetzte Arbeit des *sound-designers* Hans Peter Kuhn[46] entwendet den Spielern die Stimmen, lässt sie im Bühnen- und Zuschauerraum wandern, schafft so auditive Großaufnahmen und Totalen, die, mit den Geräuschen und Klängen der *sound column* vermischt, zugleich Nähe und Ferne des *Performers* evozieren, ihn isolieren in einer auratischen, manchmal psychotisch oder autistisch anmutenden Ferne.[47] So überwiegen Stimmen ohne affektive Verankerungen oder reine, nicht motivierte Affektausbrüche, Brabbeln oder soziales *Chatter*, dessen Töne und Klänge wie Rauschen im Raum erklingen.

Richard Foreman dagegen erforscht den hysterischen Körper: Das Verhältnis von Schauspieler und Regisseur wird zum Verhältnis von Hysteriker(in) und Meister durch einen Einsatz des Textes, der diesen als Diskurs des Meister-Regisseurs dramatisiert, gegen den der/die Hysteriker(in)-Schauspieler(in) kämpft: Die akusmatische Stimme des Regisseurs ist dabei die Instanz, die die Stimmen der Schauspieler zu meistern oder zu lenken sucht, indem er ihnen ihre Replik soufliert, ihnen das Wort abschneidet oder es wiederholt. Die physische Aktion der Schauspieler, die gegen einen solchen Diebstahl der eigenen Stimme protestieren, wird so amplifiziert, und Geste und Bewegung erlangen dann den Status des Körperdiskurses des/der Hysterikers(in) als Gegenpol zum Diskurs des Meisters. Ein Sprachdrama entfaltet sich auf der Bühne, indem die Präsenz sich als Tragödie einer unmöglichen Inkarnation durch die Stimme oder einen Diskurs spielt.

6.3. Jenseits des prälinguistischen Körpers: Der Körper im Text

Während diese Theatralisierungen der Stimme mit Hilfe der Medien oder durch Bearbeitung des Klanges die Stimme und mit ihr den Körper als *souffliert* erfahrbar machen, kommen zur selben Zeit eine Reihe von Theatermachern durch eine Auseinandersetzung mit der theatralen Stimmrhetorik zu einem ähnlichen Ergebnis: Die Dekonstruktion der *dramatis personae* geschieht hier mittels des expliziten Einsatzes der Stimme als Stimmmaske, der Schauspieler artikuliert seine Präsenz als Verhältnis zum gesprochenen Text, den er als souffliert hörbar macht. So entzieht Luca Ronconi seit seinem *Orlando Furioso*[48] und später auch Klaus Michael Grüber[49] der Bühnenperson die rhetorisch wahrscheinliche Stimmstütze und ersetzt sie durch eine Vervielfältigung vokaler Gesten. Zugleich wird die musikalische und rhythmische Struktur des Textes hörbar gemacht, sie lenkt geradezu das Spiel und wird zum Rückgrat der Inszenierung: Einer Sprachpartitur steht so als Kontrapunkt eine präzise Choreographie von Gesten und Bewegungen gegenüber. In diesem Zusammenhang wären auch Jean-Marie Straub und Danièle Huillet zu nennen, deren exakte Textarbeit ebenfalls den Dramentext als Stimmkörper, Körper eines Anderen, mit dem es sich auseinanderzusetzen gilt, respektiert. Die Erfahrung der Dezentrierung des Schauspielerkörpers erfolgt so über die Konfrontation mit der poetischen Struktur des Textes.[50]

Obwohl vom Brecht'schen Gestus abgeleitet, ist der eingesetzte vokale Gestus nicht auf die Binarität dieses Modells zu reduzieren, nach dem eine allein sozial bestimmte Rollenperson im Spiel dem Schauspielersubjekt gegenüberstehe, das ebenfalls nicht in seiner Begehrensstruktur problematisiert wird. Vielmehr konstruiert die Montage verschiedenster sozialer Stimmgesten, die sich auf eine Vielfalt spektakulärer Kodes beziehen – Kodes des Theaters, des Kinos, des Fernsehen und des Alltagslebens – nicht die Einheit einer Rollenperson, sondern zeigt diese als Ergebnis der Unterwerfung unter soufflierte Stimmen, soufflierte Worte. Darüber hinaus markiert das Timbre des Schauspielers durch Stimmmodulation sowie den Rhythmus der Stimmführung die Singularität gegenüber dem Gewicht der sozialen Präsenz in der Stimme und suggeriert so seine flüchtige Realität. Das Gewicht des physischen Körpers ist aufgehoben in einer musikalischen Leichtigkeit, deren lautliche Semiotisierung neue Lektüren, ausgehend von der Vokalkolorierung eines pluralen Körpers, vorschlägt, der niemals eigentlich, niemals starr und unbeweglich ist.

6.4. Stimmkörper heute

Die beschriebenen Typen von Stimmexperimenten bringen ein Verhältnis von Text und Stimme ins Spiel, das sich als Verhältnis zum einzelnen Unbewussten zeigt. Im Spiel werden singuläres vokales Körperbild und soziales, in Intonations- und Akzenttypen kodiertes Imaginäres konfrontiert. So mag eine Kluft zwischen singulärem Klangbild und sozialer Rhetorik gerade durch deren Subtraktion erfahrbar werden. Das Subjekt wird hier als von soufflierten Instanzen projiziertes Dispositiv deutlich, dessen Singularität sich erst in ihrer Montage und ihrem Zusammenstoß zu schreiben vermag. Die Präsenz des Körpers im Theater ist so nicht mehr eine stabile Entität, die der Akt der Audiovision automatisch dekodiert. Vielmehr ist sie die Wirkung einer *Re-Präsentation*, die, immer in Bewegung, die Einheit des physischen Körpers dialektisiert und mittels der Stimmäußerung multiple Bilder des Körpers entwirft. So wird die Audiovision des Zuschauers mit ihren eigenen Glaubensvorgaben konfrontiert, mit dem Verhältnis zur Sprache und zum Körperbild. Die *verisimilitudo* eines ungeteilten Subjektes, eines der Spaltung unterworfenen, doch lötbaren *In-dividuums* ist suspekt geworden.

Die seit den achtziger Jahren zu beobachtende Rückkehr des Experimentaltheaters zum Text vollzieht sich vor dem Hintergrund dieser Erfahrungen mit der Stimme. Einerseits von der Integration der Ergebnisse vorausgehender Arbeiten an der Stimme geleitet, zeitigt diese Rückkehr andererseits jedoch auch

Versuche, die Angst vor der Auflösung des Subjekts durch die Konstruktion neuer Gewissheiten zu parieren. Diese beiden Haltungen korrespondieren im übrigen auf der Ebene der sozialen und kritischen Diskurse mit zwei analogen Konzeptionen des Menschenbildes: Auf der einen Seite dominiert ein euphorischer Optimismus, der das Verschwinden des menschlichen Subjekts, nun auch durch die neuen Medien unterstützt, preist;[51] auf der anderen Seite will ein tief sitzender Pessimismus durch symbolische, die nationale oder sexuelle Zugehörigkeit fundierende Diskurse eine oft mit fundamentalistischen Werten gefärbte Identität verankern.

So zeigen sich in beiden Strömungen insgesamt vier Typen von Stimmartikulation, die den heute auf dem Theater dominanten Körperkonzeptionen entsprechen. Ich will kurz auf sie eingehen und dabei auch ihre Nähe oder Ferne zu Artaud mitdiskutieren.

6.4.1. Der Körper des Schreis

Eine große Anzahl von zeitgenössischen Produktionen fallen durch eine Stimmästhetik auf, in der das Wort geschrien oder laut skandiert wird. Hier liegt eine Konzeption des physischen Körpers als Träger eines, von der verbalen Sprache unabhängigen Diskurses vor, die eine Trennung von Körper und Sprache als Basis von Stimmartikulationen voraussetzt. Der Schrei oder das Skandieren zeigen den Wunsch an, den physischen Körper mit dem Text zu verschmelzen. Doch zugleich wird das, was nicht durch die Stimme symbolisiert werden kann, mittels Musik- und Perkussionsinstrumenten, artikuliert. Eine solche Stimmästhetik wird oft für die Präsentation einzelner heroischer Personen aber auch für kollektive Personen eingesetzt und bietet so Modelle einzelner wie auch kollektiver Subjekte an.

Als Beispiel sei die Stimmbehandlung in Ariane Mnouchkine *Atrides* genannt: Die Einheit der Person wird hier durch eine laute, dem Schrei nahe Stimmdeklamation suggeriert. Nur in Lautstärke und Tempo, aber nicht in Klang und Rhythmus variierend, wird diese Stimmwirkung vor allem durch Perkussionsinstrumente verschiedener kultureller Herkunft unterstützt: Ein aus einem Musiker und seiner Assistentin bestehendes Orchester gibt durch den Rhythmus und die Klangfarben der Instrumente erst der Schauspielerdeklamation die affektiven Kolorierungen und Triebsemiotisierungen. Die Audiovision des Zuschauers realisiert die Einheit der Person wie im Kino durch die automatische Verschmelzung von Bild und *sound column*. Da die Sonorisierung kookkurrent zum augenscheinlichsten Textsinn ist, bleibt dem Zuschauer kein Raum, in dem zwischen Gehörtem und Gesehenen, sein Imaginäres eigene affektive Besetzungen – im Sinne des Barthes'schen *Punctums* – bzw. sein Gedächtnis entfalten könnte.

Der geschriene und skandierte Text ist auch charakteristisch für die Inszenierungen des deutschen Dramatikers und Regisseurs Einar Schleef. So vervielfältigt er oft die großen Dramenfiguren, wie zum Beispiel den *Faust*, in einem kollektiven Chor, der den Text einer einzelnen Person *unisono* von mehreren Stimmen wiedergeben lässt. Unterstützt durch das Geräusch von Stiefeln im Marschschritt sind die Skandierungen des Textes Emanationen eines kollektiven Subjekts, in dem die Indizien der Lust einzelner Stimmen sich einschmelzen und fixieren. Der unbewusste nationale Stimmkörper, der so generiert wird, ist erschreckend und ambivalent zugleich: Indem er den Schauspieler zwingt, offenbar zu legen, was in ihm einer solchen kollektiven Fixierung seiner Lust nahekommt, zwingt er auch den Zuschauer, in sich selbst zu erkennen, was ihn zu solchen Gemeinschaftslüsten drängt, deren historische Konnotationen schwerlich zu verdrängen sind.

Bei Reza Abdoh wurde ebenfalls, wie schon angedeutet, der Text geschrien, so in seinem *Law of Remains*, doch hier kämpfte der verzweifelte Schrei schon von Anfang an vergebens gegen eine übermächtige Lautsprecheranlage mit Rock-Musik, deren Stärke den Zuschauer in physisches Unbehagen versetzen konnte.

Alle drei Beispiele zeigen die Absicht, durch Schrei und Skandieren eine Einheit von physischen Körper und Text zu schaffen, doch unwillentlich lassen sie auch die verzweifelte Vergeblichkeit eines solchen Unternehmens hören. Denn die Triebsemiotisierung scheint hier nicht mehr in die Stimmäußerung integrierbar, sie kommt von außen, ist Sache der Musik- und Perkussionsinstrumente, die Bewegung und Gesten lenken. Trotz der Ästhetik des Schreis ist die Ferne zum späten Artaud offensichtlich.

In der Dichtung und in den großen dramatischen Texten ist die Triebsemiotisierung schon Teil ihrer Sprache und kann durch eine Stimmartikulation hörbar werden, die sie durch ein *corps à corps* zwischen der Schauspielerstimme und den Stimmen des Textes verlauten lässt. Doch sie wird, soweit vorhanden, in den genannten Theaterbeispielen unterdrückt und kommt hingegen von außen als Klang- und Geräuschhülle, die die Performer in dem zugleich süßen und schrecklichen Fruchtwasser einer ersten *Chora* (Kristeva) badet. Der geschriene und laut skandierte Text stellt so ein Subjekt aus, das durch seinen Schrei verzweifelt eine Einheit von Sprache und begehrendem Körper herbeiruft, doch zugleich mit seinem physischen Körper durch Klänge, Geräusche und Rhythmen der Musik davongetragen wird, die den Mangel an körperlicher Präsenz durch die Stimme auszugleichen suchen. In diesem Sinne wirkt auch oft der Einsatz von Gesang und Musik in heutigen Theaterproduktionen, der zum Beispiel bei Regisseuren wie Frank Castorf, Leander Haußmann oder Jürgen Kruse die Unmöglichkeit einer Verbindung von Text und Körperstimme ironisch zu unterstreichen sucht.[52] Auf den *kritischen* Einsatz von Gesang und Musik werde ich weiter unten zu sprechen kommen.

6.4.2. Die Emphase der Muttersprache: Der ethnische Körper

Eine andere Strategie, eine Einheit der Person durch die Stimme zu markieren, wird von Peter Brook vorgeschlagen, der die ethnischen Akzente seiner multinationalen Truppe als Zeichen einer ‚Authentizität' verwendet, deren Garantie er dem Spiel allein wohl nicht mehr zuzutrauen scheint. Ähnlich verfährt auch Peter Sellars zum Beispiel in der Inszenierung von Aischylos' *Persern*. Doch das Versprechen von ‚Authentizität' funktioniert nur auf der Matrix eines politisch korrekten Zuhörens. Denn im Gegensatz zu Jean-Marie Straubs *Othon*, in dem italienische Schauspieler die schwierigen französischen Verse Pierre Corneilles deklamieren, wird hier die Intonation der fremden Sprache als Anderer nicht anerkannt.[53] Vielmehr lassen die Schauspieler, die mit afrikanischen Akzenten und Intonationen zum Beispiel den französischen Text von Peter Brooks Version des Skakespeare'schen *Tempest* deklamierten, nicht vergessen, dass die Personen der italienischen Renaissance, die sie auf die Bühne bringen, einem anderen Anderen verpflichtet sind, der durch die importierte Intonationslinie der Muttersprache und ihr erstes Klangkörperbild hörbar wird. So doppelt die Beziehung zu den eigenen affektiven und sozialen Wurzeln das in der fremden Sprache Vorgetragene und belegt eine sonst bewundernswerte Inszenierung parasitär mit dem Eindruck von Amateurhaftigkeit, da die Überlagerung des deklamierten Textes durch die Intonation einer anderen Sprache keineswegs gemeistert oder gewollt zu erscheinen vermag.[54] Während Artaud gerade den Bezug zur Muttersprache kritisch beleuchtet und hörbar macht, wird er hier emphatisch gegen die fremde Sprache des Dramentextes ausgestellt und ein erstes imaginäres Stimmkörperbild als ‚ursprünglich' und ‚authentisch' dem Stimmkörper der fremden Sprache des Dramentextes gegenübergestellt.

6.4.3. Der Körper im Text und der Körper in der Stimme

Haben diese beiden Verlautungstypen der Stimme die Präsenz des Schauspielerkörpers als für sich selbst sprechende physische oder imaginäre Realität zur Sprache gebracht, so finden wir im Anschluss an die Stimmexperimente der siebziger Jahre auch im Experimentaltheater Auseinandersetzungen mit der Wortsprache, die durch die Analyse der lautlichen und rhythmischen Realität des Textes ihn als Anderen anerkennen: Die Musikalität des Textes steht dabei im Vordergrund, und der Text kann in der Tat fast souffliert en Status haben. Dies war der Fall bei den Produktionen von Marguerite Duras,[55] in denen der Stimmkörper des Textes nicht durch den Stimm- und Klangkörper des Schauspielers überlagert werden sollte. Dies ist zum Teil aber auch bei Straub/Huillet,

Ronconi und Grüber, die schon genannt waren, der Fall. Zugleich war bei ihnen ebenfalls die Gestik als die eines Körperbildes choreographiert, mit dem sich der Schauspieler in Beziehung setzen muss. Doch auch in letzten Arbeiten Robert Wilsons, wie *Orlando, The Meak Girl* und *Hamlet,* wird verlautbar, dass sich über Rhythmus und Timbremodulierung eine Konfrontation von eigenem Stimmkörperbild und den Stimmen des Textes webt: Der Text wird als Klangkörper, der ein Anderer ist, aufgenommen und die Beziehung zu ihm ausgestellt. Klangkörper des Textes und Stimmkörperbild des Schauspielers werden in Beziehung gesetzt und vervielfältigt. Zugleich setzt die Bewegungschoreographie, die ebenfalls ein Körperbild vorgibt, diesen Körper mit dem Körperbild des Schauspielers in Beziehung und doppelt so den Tanz der Wortmusik durch einen Bewegungstanz. Diese Dialektik der Montage der Bühnenfigur macht verständlich, warum hier Versionen desselben Inszenierungsdispositivs je nach Schauspieler – so bei Jutta Lampes und Isabelle Hupperts *Orlando* – ungemein variieren können.[56] Der Körper im Text und der Körper in der Stimme perspektivieren wie ein Kaleidoskop die Präsenz des physischen Körpers.

Dieses letzte Beispiel zeigt schon die Annäherung des zeitgenössischen Theaters an Tanz und Musik: Stimm- und Klangkörper des Textes, Stimm- und Klangkörperbild des Schauspielers und schließlich Klangkörper der Musik vervielfältigen die Körper des Schauspielers, machen ihn nicht nur zum Polylog, sondern auch in seiner physischen Präsenz zu einem Subjekt im Prozess, das den Schauspieler und den Zuschauer, der sich in ihm zu spiegeln sucht, an die Konstituenten seines eigenen Körperbildes führt. Mit der strengen Form dieses Theaters wird zudem eine Verwandtschaft zum barocken und klassischen Theater deutlich, das, als choreographierte Sprechoper inszeniert, seine Zeitgenossenschaft offenbart.[57]

Das hier auf die Bühne gebrachte Subjekt im Prozess ist der lustvolle Antipode zu Artauds geschundenem Körper. Die Grausamkeit ist in der fremden Schönheit des Anderen, einem Sublimen der Leere, aufgehoben. Der über das Licht und über das Sounddesign geschaffene visuelle und sonore Raum umhüllt wie eine *Chora* als letzter unhinterfragter metaphysischer Horizont einer Kunstreligion die endgültige Auflösung und Dezentrierung des Subjekts. In ihrer Schönheit zugleich den Schrecken zu spüren, bleibt dem einzelnen Zuschauer überlassen.

6.4.4. Die Ethik des Anderen im Musiktheater

Der Rückgriff auf die Musik als Instrument der Triebsemiotisierung wurde schon angedeutet. Ohne hier auf das eigentliche Musiktheater einzugehen – dies geschah an anderer Stelle[58] – soll noch kurz das Theater berücksichtigt werden, das aus dem Hörspiel hervorging. Gerade bei der Form, die Artaud zu einem, nach seinen eigenen Worten, „reduzierten Modell des Theaters der Grausamkeit" geführt hatte, mag die zeitgenössische Entwicklung besonders interessant scheinen. Die szenischen Musikstücke eines Heiner Goebbels wie auch die szenischen Hörspiele eines Andreas Ammer[59] sind hier zu nennen. Sie entnehmen ihr musikalisches Material zuerst der rhythmischen und lautlichen Struktur von Texten. Durch dieses Verfahren wird sie zum bewusst erfahrbaren Strukturierungselement. Heiner Goebbels, auf den ich mich hier beschränken möchte, sucht zum Beispiel ausdrücklich „eine Alternative von Oper und Schauspiel, die das gesprochene Wort auf eine musikalisierte, eine rhythmisierte Art in die Komposition integriert".[60] So ist ihm das Verdienst zuzuschreiben, Heiner Müllers Texte, wie zum Beispiel den *Prometheus* und *Herakles 2 oder die Hydra*, in ihrer rhythmisch tänzerischen Leichtigkeit hörbar gemacht zu haben, ohne zugleich deren Triebsubstrat, das in Sprechtheaterinszenierungen oft durch eine skandierende oder expressiv schreiende Wiedergabe dominiert, außer Kraft zu setzen, und es zugleich in seiner Todestriebkomponente zu analysieren. In *Ou bien le débarquement désastreux*, zum Beispiel, bringt der Einsatz eines mit Jazzgesang erfahrenen Schauspielers wie André Wilms eine Utopie des Umgangs mit Sprache und Text zu Gehör, die sich in den Rahmen eines Dispositivs einschreibt, welches traditionelle afrikanische Musik, wie die der Griot-Sänger, mit Jazz und europäischen Rhythmen konfrontiert. Nach vorgegebenen Zeitparametern klinkt sich Wilms in einer zwischen rhythmischem Sprechen und Sprechgesang variierenden Stimme in deren Improvisation ein und zeigt so, wie die Affektmöglichkeiten des Textes mit denen der verschiedenen Musiktypen in gegenseitiger Anerkennung und Respekt in einem szenischen Raum, der so zu vielen wird, simultan nebeneinander und zusammen wirken können.

Diese Ethik des Anderen, die sich sprachlich, textuell[61] und musikalisch vermittelt und auch im Umgang mit dem Bühnenbild als einem Anderen in dieser Produktion zum Tragen kommt,[62] hebt diese Arbeit heraus. Hier ist die Musik nicht utopischer Horizont eines unbewussten Nationalkörpers, wie dies bei Christoph Marthaler kritisch und bei Frank Castorf komplizenhaft erprobt wird, wenn in ihren Inszenierungen gemeinsamer Gesang zum einzigen, zugleich verführerischen und erschreckenden Gemeinschaftshorizont wird.[63] Auch ist der Sprechtext nicht, wie bei diesen, vorrangig von seinem musikalischen Klangkörperbild getrennt.[64] Vielmehr wird hier mit Text und Musik ein Umgang mit dem Andern der anderen geübt: Verschiedene Formen des sprachlichen Anderen werden mit verschiedenen musikalischen Formen der Triebsemiotisierung konfrontiert, durch sie kontrapunktiert oder perspektiviert. Damit ist dieses Theater, so verschieden es auch von dem der oben analysierten Theaterproduktionen zu sein scheint, ihnen doch in einem Punkte nahe, nämlich in der Analyse des Verhältnis zum Anderen als einem Verhältnis zum Heterogenen, das es über die

Montage verschiedener Integrationsformen in Sprache und Musik hörbar zu machen sucht. Die Mehrsprachigkeit der dargebotenen Texte vervielfältigt den Körper des Performers, und seine Stimmdarbietung zwischen Sprechen und Gesang trägt ebenfalls zum Eindruck fehlender Körperschwere bei.

Trotz der Ferne der Biographien gibt es auch eine Analogie zum Artaud'schen Projekt: Der Wunsch nach Gemeinschaft, den Musik, zum Beispiel als gemeinsames Singen bei Marthaler oder Castorf als Horizont andeutet, scheint hier zurückgestellt. Ein Nebeneinander verschiedener Formen des Heterogenen scheint möglich, ein Nebeneinander verschiedener Formen der Integration des Präverbalen, des Tons, des Klangs. Was die Stimmen fundiert, wird hier im Kontrast verschiedener sonorer Formen der Triebeinschreibung hörbar.

Ob dies jedoch das anti-kommunitäre Theater ist, das der späte Artaud anvisierte, bleibt dennoch fraglich. Denn wir haben durch dieses Theater zwar die Möglichkeit, die Manifestation des Heterogenen in Form des Triebsubstrats verschiedenster Formen von Texten und Musik, von Sprechen und Gesang unterschiedlichster Kulturen nebeneinander in einem gemeinsamen Raum zu hören. Doch bleibt dem Verständnis entzogen, was das dem jeweiligen Heterogenen zugrunde liegende Homogene zu sein vermag. Wie weit die Ethik des Anderen, die hier vorgeschlagen wird, trägt und zu tragen vermag, wird sich in der Zukunft zeigen müssen. Als eine spezifisch europäische Antwort auf die Frage des Interkulturalismus weist sie der Kunst, dem Theater die Funktion zu, eine Utopie des gegenseitigen Respekts und Nebeneinanders auf der Bühne zu realisieren.

Bei der Erforschung der Stimme und der Subjektivität wird auch hier nicht bis zu der Grenze gegangen, deren Überschreitung Artaud für unabdinglich hielt. In seiner späten Kritik an den Riten und Religionen fremder Kulturen hat Artaud auch von ihnen die Luzidität gefordert, die ihn selbst zu seiner Grenzerfahrung getrieben hat. In Heiner Goebbels szenischem Musiktheater bleibt sie noch unangetastet.

7. Artauds Vermächtnis

Die Experimente und Erfahrungen, die uns die Stimmästhetik des Theaters seit dem Ende der sechziger Jahre anbietet, treiben die Selbsterfahrung der Performer und auch der Zuschauer sehr weit, in einigen Fällen dringen sie bis zu den Konstituenten der Subjektivität vor. Selten oder gar nicht stößt ihre Exploration des Anderen im Selbst an den Punkt, wo die Verankerung der Aggression, die Lust der Gewalt gewahr werden kann. Doch ist die Erfahrung dessen, was Theater mit der Beziehung des Einzelnen zur Sprache und zu seinem Körper verbindet, schon ein erster Schritt, über das eigene Ausgeschlossene des eigenen Potentials an Gewalt gewahr zu werden.

Artaud hingegen wollte mehr. In seinem Vortrag „Das Theater und die Pest" hatte er 1933 gefordert, dass das theatrale Spiel exempelhaft den Geist zur Quelle seiner Konflikte führen sollte.[65] Artaud litt am Geist, und dieses Leiden affizierte ihn körperlich. Die Alten nannten dies: Leiden an der Seele. Viele Zeitgenossen glauben, die altmodische Seele überwunden zu haben, obwohl die Klinik der Psyche gerade aus diesen körperlichen Leiden entstehen konnte.[66] Einige, deren Vorstellungen vom Subjekt auf dem Theater hier vorgestellt wurden, suchen diese Seele über die stimmlichen und musikalischen Manifestationen von Subjektivität zu erforschen. Andere glauben, wie eingangs gezeigt wurde, den Körper ohne Mediation direkt heilen zu können, auch im Theater: durch das Reale. Doch der *Phobos*, der den Körper betäubt, der Affekt, der ohne Worte sich entlädt und kurz Erleichterung verschafft, verschwindet verworfen in den Mäandern eines sprachlosen Körpergedächtnisses. Und ist so für die Selbsterfahrung des Zuschauers genauso wertlos, wie die vollbrachte Tat für die Selbsterkenntnis des tatsächlichen Mörders. Ihm stellte Artaud im genannten Vortrag den Schauspieler gegenüber, der einen Mörder spielt:[67] Im Gegensatz zu diesem weiß der Schauspieler um die Potentialität seiner Mordlust, und deshalb gilt Artaud die Demonstration dieser Lust durch das Spiel auf dem Theater unendlich viel mehr als die im *acting out* realisierte Lust.

Dass der Zuschauer durch das Theater seines Gewaltpotentials, beispielsweise seiner Mordlust, auch physisch gewahr werde und diese körperliche Affizierung nicht verwerfe, sondern ins Bewusstsein dringen lasse, dass er so des ausgegrenzten Anderen *in ihm* gewahr werde — dies ist die utopische, vielleicht unmögliche Aufgabe, die uns Artauds Erfahrung immer noch als Vermächtnis stellt. Denn um die Gründe des Infernos des Realen aufzudecken, scheint auch für Artaud jene Devise Kafkas zu gelten, die besagt: aus der Reihe der Mörder springen ... durch die Schrift, durch das Spiel und durch eine Sprachmusik, die das, was sie der Sprache und was sie dem Körper verdankt, hörbar zu machen weiß in einem Zwischen von Sprache und Körper, von Sprache und Musik.

Januar 1996

Anmerkungen

1   Vgl. Antonin Artaud, *Œuvres complètes*, neue erweiterte Ausgabe, Bd. I*, Paris 1976, S. 7–12. Zusammen mit einer „Botschaft an den Papst" und einer „Botschaft an den Dalai Lama" sollte diese „Präambel" den neuen Auftakt für die Veröffentlichung des ersten Bandes der französischen Werkausgabe (26 Bde.) bilden. Während die beiden letzten Texte auf deutsch vorliegen (vgl. A. Artaud, *Briefe aus Rodez. Postsurrealistische Schriften*. Aus dem Französischen von Franz Loechler. Mit einer Marginalie von Bernd

Mattheus, München 1979, S. 99–107) ist diese „Préambule" in der vom Verlag Matthes & Seitz besorgten deutschen Werkausgabe noch nicht übersetzt.
2 Vgl. A. Artaud, *Œuvres complètes* I*, S. 8: „La question n'étant pas pour moi de savoir ce qui parviendrait à s'insinuer dans les cadres du langage écrit, mais dans la trame de mon âme en vie". Vgl. I*, S. 8.
3 Ebd.: „Par quels mots je pourrai entrer dans le fil de cette viande torve (je dis TORVE, ça veut dire louche, mais en grec il y a tavaturi et tavaturi veut dire bruit, etc.")·
4 A. Artaud, „Le Théâtre et son double", in: Ders., *Œuvres complètes* IV; deutsch: *Das Theater und sein Double*, übers. v. Gerd Henninger, Frankfurt 1969, ²1971.
5 A. Artaud, *Œuvres complètes* I,*, S. 11 (übers. v. HF): „La liberté n'est plus qu'un poncif plus insupportable que l'esclavage. / Et la cruauté l'application d'une idée. / Carné d'incarné de volonté osseuse sur cartilages de volonté/rentrée, mes voix ne s'appellent pas Titania, / Ophélie, Béatrice, Ulysse, Morella ou Ligeia, / Eschyle, Hamlet ou Penthésilée, / elles ont un heurt de sarcophage hostile, une friture de/viande brûlée, n'est-ce pas Sonia Mossé."
6 Ebd. (übers. v. HF): „Une descente à pic dans la chair sèvre d'appeler la cruauté à demeure, la cruauté ou la liberté. / Le théâtre c'est l'échafaud, la potence, les tranchées, le four crématoire ou l'asile d'aliénés. / La cruauté: les corps massacrés."
7 Nach Jacques Lacan ist das Reale in Abgrenzung vom Symbolischen und Imaginären das Unmögliche, das, was keinen Signifikanten findet bzw. finden kann und doch nicht aufhört, sich ununterbrochen zu schreiben.
8 A. Artaud: *Schluss mit dem Gottesgericht. Das Theater der Grausamkeit. Letzte Schriften zum Theater* (übers. v. Elena Kapralik), München 1980, S. 65; vgl. A. Artaud, *Œuvres complètes* XIII, S. 146–147: „[je] me consacrerai désormais / exclusivement / au théâtre / tel que je le conçois, / un théâtre de sang / un théâtre qui à chaque représentation aura fait / gagner / corporellement / quelque chose / aussi bien à celui qui joue qu'à celui qui vient voir / jouer, / d'ailleurs / on ne joue pas, / on agit. / Le théâtre c'est en réalité la génèse de la création."
9 Vgl. A. Artaud, *Œuvres complètes* XV, S. 13f: „Le retour de la France aux principes sacrés" (Februar 1945).
10 Vgl. A. Artaud, *Œuvres complètes* XIII, S. 258ff: „Avis de messe" vom 18. September 1947.
11 Vgl. ebd., S. 259.
12 Vgl. ebd., S. 227.
13 Vgl. A. Artaud, *Œuvres complètes* IV, S. 27.
14 A. Artaud, „Brief an Pierre Bosquet", in: Ders., *Œuvres complètes* XI, S. 268–277.
15 Ebd., S. 252–253.
16 Abgedruckt in A. Artaud, *Œuvres complètes* XII, S. 11–25 und S. 69–74; zur Ankündigung vgl. das Plakat für die Veranstaltung, abgedruckt in: Alain und Odette Virmaux, *Antonin Artaud. Qui êtes-vous*, Lyon 1986, S. 248.
17 Zum Verlauf des Abends vgl. A. und O. Virmaux, „La séance du Vieux Colombier (ou le discours abandonné)", in: *Obliques* 10–11, 1976, S. 79–84; H. Finter, *Der subjektive Raum*, Bd. 2: *„... der Ort, wo das Denken seinen Körper finden soll": Antonin Artaud und die Utopie des Theaters*, Tübingen 1990, S. 131ff. Ausführungen zum Vortrag, der der Rezitation folgte, sind abgedruckt in A. Artaud, *Œuvres complètes* XXVI, der durch

Artaud heute 299

Einspruch der Erben Artauds lange nicht erscheinen konnte. Auszüge sind zu lesen in: *L'Infini* 34, 1991, S. 3–49, jetzt vollständig in: A. Artaud, *Œuvres complètes*, Bd. XXVI, Paris 1994.
18 Vgl. „Brief an André Breton", abgedruckt in: *L'Éphémère* 8, hiver 1968.
19 Ebd.: „ce qu'il fallait c'étaient des bombes, or j' en n'avais pas entre les mains ni dans les poches".
20 Abgedruckt in A. Artaud, *Œuvres complètes* XIII, deutsch vgl. Anm. 8.
21 Am 5. März 1972, 22 Uhr in France-Culture. Das Pressedossier zum Verbot sowie Artauds Reaktion sind abgedruckt in A. Artaud, *Œuvres complètes* XIII.
22 Vgl. zur Rezeption bis 1978 A. und O. Virmaux, *Artaud; un bilan critique*, Paris 1979 sowie dies., *Artaud vivant*, Paris 1980.
23 Thomas Maeder vertritt in seiner Artaud-Biographie (Paris 1978) mit neuen Dokumenten diese These.
24 Vgl. Jan Fabre (mit Else Dekeukelaer), *Elle était et elle est, même*, März 1993, Theater am Turm, Frankfurt/Main,
25 In Jan Lauwers/Needcompany, *Antonius und Cleopatra* (nach Shakespeare), Februar 1992, Theater am Turm, Frankfurt/Main.
26 Vgl. Marina Abramovič/Charles Atlas, *Delusional*, April 1994, Theater am Turm, Frankfurt/Main.
27 Februar 1993, Theater am Turm, Frankfurt/Main.
28 So in Pina Bauschs *1980*, zweiter Teil, oder bei der Gruppe La La La Human Steps.
29 So zum Beispiel in der Produktion *Law of Remains* 1993.
30 Vgl. H. Finter, *Der subjektive Raum*, Bd. 2.
31 Jacques Lacan, „Hamlet", „Le désir de la Mère": (in: *Ornicar* 25, 1982, S. 16), in: Ders., *Le Séminaire Livre VI: Le désir et son interprétation* (1958–59), Paris 2013, S. 327–328.
32 Ebd., S. 18 bzw. S. 328.
33 Artaud hat drei Radiosendungen nach dem Kriege selbst produziert. 1946 nimmt er für den Club d'Essai, eine lokale Pariser Radiostation, zwei Sendungen auf: Am 8. Juni spricht er seinen Text „Les malades et les medecins", und am 16. Juli folgt die Lektüre von „Alienation et magie noire". Beide Sendungen wurden jeweils am folgenden Tag ausgestrahlt. Sie waren bis 1995 nur in den Archives de Radio France zugänglich. Sie stellen eine Vorarbeit (vgl. H. Finter, *Der subjektive Raum*, Bd. 2, S. 130–131) zu dem Hörspiel *Pour en finir avec le jugement de dieu* dar, das Artaud Ende 1947 zusammen mit Marie Casarès, Roger Blin und Paule Thévenin und unterstützt durch eine *bruitage* von Perkussionsinstrumenten für den staatlichen Rundfunk Radio France aufnahm. Zur Analyse vgl. ebd., S. 133–138.
34 Die drei Radiosendungen Artauds von 1946 und 1948 liegen heute vor als CDs der INA, die bei André Dimanche éditeur, Paris 1995 erschienen sind.
35 Vgl. A. Artaud, *Œuvres complètes* XIII, S. 127 und 139.
36 Vgl. A. Artaud, *Œuvres complètes* IV, S. 105–109: „Il part de la NÉCESSITÉ de parole beaucoup plus que de la parole déjà formée. Mais trouvant dans la parole une impasse, il revient au geste d'une façon spontanée."
37 Vgl. hierzu die Arbeiten von Ivan Fónagy, Françoise Dolto, Denis Vasse und Didier Anzieu.

38 Vgl. A. Artaud, *Œuvres complètes* XII, S. 78.
39 Vgl. Pierre Boulez, „Son et verbe", in: *Relevé d'apprenti*, 1966, S. 57–62 und Lise Brunel, „Avec John Cage", in: *Avant-Scène, Ballet/Danse* 10, 1982, S. 71 sowie Pierre Boulez/John Cage, *Correspondance. Documents réunis, présentés et annotés par Jean-Jacques Nattiez*, Paris 1991.
40 Vgl. Julia Kristeva, „Contraintes rythmiques et langage poétique", in: *Polylogue*, Paris 1977, S. 437–466; auf die Parallele von Artauds Stimmästhetik und Schönbergs Konzeption des Sprechgesangs im *Pierrot lunaire* habe ich an anderer Stelle hingewiesen, vgl. H. Finter, „Die soufflierte Stimme. Klangtheatralik bei Schönberg, Artaud, Jandl, Wilson und anderen" (in: *Theater heute* 1, 1982, S. 45–51), in diesem Band S. 19–34. Friedrich Cerha hat in einem Vortrag zur Sprechstimme im *Pierrot lunaire* am 16.08.1996 im Mozarteum, Salzburg, hervorgehoben, dass Schönberg für dieses Monodrama einen Umfang der Sprechstimme von zweieinhalb Oktaven voraussetzt, während im heutigen deutschen Sprechtheater ein maximaler Ambitus von einer Quart bzw. einer Quint eingesetzt wird, vgl. Friedrich Cerha, „Zur Interpretation der Sprechstimme in Schönbergs *Pierrot lunaire*", in: *Musik-Konzepte* 112–113 (*Schönberg und der Sprechgesang VII*), 2001, S. 62–72, hier S. 65–66.
41 Jacqueline Martin, *Voice in Modern Theatre*, London/New York 1991, S. 63ff.
42 Vgl. H. Finter, „Autour de la voix au théâtre: Voie de texte ou texte de voix?", (in: Bruno Gentili/Giuseppe Paioni (Hrsg.), *Oralità. Cultura, letteratura, discorso. Atti del convegno internazionale (Urbino 21–25 luglio 1980)*, Florenz 1982, S. 663–674, ebenfalls in: Chantal Pontbriand (Hrsg.), *Performances, Text(e)s & Documents. Actes du colloque: Performance et multidisciplinarité: Postmodernisme*, 1980, Montréal 1981, S. 101–109), in: Dies., *Le Corps de l'audible. Écrits français sur la voix 1979–2012*, Frankfurt/Main 2014, S. 19–30.
43 Zum Stand der psycholinguistischen Forschung zur Stimme vgl. Marie-France Castarède, *La Voix et ses sortilèges*, Paris 1987, S. 125ff.
44 Vgl. Didier Anzieu, *Le Moi-peau*, Paris 1985, S. 159ff
45 Vgl. P. H. Wolff, „The Natural History Of Crying and Other Vocalizations in Early Infancy", in: Brian M. Foss (Hrsg.), *Determinants of Infant Behaviour*, London 1969.
46 Hans Peter Kuhn konstruiert seit *Death Destruction & Detroit* den Klangraum der meisten Produktionen wie auch der Installationen Robert Wilsons. Vgl. Laurence Shyer, *Robert Wilson and his Collaborators*, New York 1989, S. 203–240
47 So in *I was Sitting on My Patio* von 1977.
48 Zur Luca Ronconis Stimmästhetik in Vittorio Alfieris Mirra und in Karl Kraus' *Gli ultimi giorni dell'umanità*, vgl. H. Finter, „Ein Raum für das Wort. Zum ‚Teatro di Parola' des neuen Theaters in Italien" (in: *Zeitschrift für Literaturwissenschaft und Linguistik*, 81, 1991, S. 53–69), in diesem Band S. 177–192. Dies ist besonders deutlich in seinen Kammerspielproduktionen, so zuletzt mit Pier Paolo Pasolinis *Affabulazione* und *Calderon*.
49 So zuletzt mit Jean Genets *Splendid's*, das ebenso wie Racines *Bérénice* oder Büchners *Dantons Tod* sich als eine Sprechoper mit choreographisch präzisen Traumwandlern entfaltete.
50 Ihre eigentliche Theaterarbeit beschränkt sich auf die Inszenierung von Friedrich Hölderlins *Antigone* in der Brecht-Bearbeitung, 1991 an der Schaubühne Berlin, als Vorar-

beit zum gleichnamigen Film. Doch war sie schon zu beobachten in den Verfilmungen von Pierre Corneilles *Othon*, 1969 und Friedrich Hölderlins *Der Tod des Empedokles*, 1985/86.
51 Im deutschen Sprachraum sind Verfechter eines solchen Diskurses Theoretiker wie Norbert Bolz und Peter Weibel.
52 Vgl. Helga Finter, „Corps proférés et corps chantés sur scène" (in: Sémir Badir/Herman Parret (Hrsg.), *Puissances de la voix. Corps sentant, corde sensible*, Limoges 2001, S. 173–188), in: Dies., *Les corps de l'audible*, S. 163–177.
53 Bei *Othon* hatte dies zur Folge, dass trotz starkem italienischen Akzent jedes Wort zu verstehen war und der Tragödienvers wie ein Zwangskorsett verlautbar wurde, das die dem Körper angetane Gewalt auch in der Sprache hörbar machte.
54 In Peter Brooks letzter Produktion nach Shakespeares *Hamlet* mit dem Titel *Qui est là?* wird dieser Eindruck noch durch den Kontrast verstärkt, sobald Schauspieler Passagen des Textes in beeindruckender Weise in ihrer Muttersprache spielen.
55 Vgl. H. Finter, „Vom Theater des Wortes, das fehlt ..." (in: Ilma Rakusa (Hrsg.), *Marguerite Duras. Materialien*, Frankfurt/Main 1988, S. 235–248), in diesem Band S. 129–140.
56 Zu den beiden Orlandos vgl. H. Finter, „Der Körper und seine (vokalen) Doubles: Zur Dekonstruktion von Weiblichkeit auf der Bühne" (in: *Forum modernes Theater* 1, 1996, S. 15–31; engl. Version: „The Body and its Doubles: On the (De-)Construction of Femininity on Stage", in: *Women & Performance. A Journal of Feminist Theory* 18: *Staging Sound*, 1998, S. 118–141), in diesem Band S. 245–264.
57 Hier sei der französische Regisseur Jean-Marie Villégier genannt, der nicht nur mit Jean-Baptiste Lullys *Atys* und Marc-Antoine Charpentiers *Médée* die französische Oper als Musiktragödie erfahrbar machte, sondern auch mit seinen Corneille- und Racine-Inszenierungen, deren Auseinandersetzung mit der Sprache als Integration des Semiotischen in den Sprachkörper hörbar machen konnte: So werden die *dramatis personae* von der Sprache gesprochen, die Logik des Verses gibt ihre Repliken vor, z.B. für Corneilles *Menteur*, dem der Zwang zum Reim die lügnerischen Antworten souffliert.
58 Vgl. H. Finter Anm. 52 zu Steve Reich und Robert Ashley.
59 Vgl. Heiner Goebbels, *Schwarz auf Weiß*, TAT Frankfurt/Main 1996, *Die Wiederholung*, ebd. 1995, *Die Befreiung des Prometheus*, ebd. 1994, *Ou bien le débarquement désastreux*, ebd. 1993; Andreas Ammer, *Apocalypse live*, Marsstall München 1995.
60 Vgl. H. Goebbels, „Hilflosigkeit, Langeweile", Interview durch Thomas Delektat, in: *Die Deutsche Bühne* März 1996, S. 18–21.
61 In der genannten Produktion sind die Sprachen Deutsch und Französisch, Texte von Francis Ponge, Joseph Conrad und Heiner Müller werden verwendet. Vielfalt der Sprachen und Heterogenität der Texte kennzeichnet auch die meisten anderen Produktionen Goebbels'.
62 Hier eine Skulptur und Installation von Magdalena Jetelova. In anderen Arbeiten zog Goebbels Künstler wie Michel Simon, Jean Kalman oder Erich Wonder hinzu.
63 Ich denke hier an Christoph Marthalers *Murx den Europäer!* und *Goethes Faust, Wurzel aus 1 + 2*, sowie an Frank Castorfs *Pension Schoeller/Die Schlacht*.
64 Werden Klangkörperbilder bei Marthaler über den Text evoziert, so fügen sie der Figur soziale und historische Dimensionen hinzu, die nicht notwendig im Text kodiert sind,

z.B. das Timbre und den Sprechduktus Gustaf Gründgens für das Vorspiel auf dem Theater oder den Sprechduktus Hitlers für einen Faust-Monolog aus *Faust 2*.
65 Vgl. A. Artaud, *Œuvres complètes* IV, S. 15–31, S. 89: „Comme la peste, le théâtre est donc un formidable appel des forces qui ramènent l'esprit par l'exemple à la source de ses conflits."
66 Vgl. hierzu Julia Kristeva, *Les nouvelles maladies de l'âme*, Paris 1993.
67 Vgl. A. Artaud, *Œuvres complètes* IV, S. 24–25: „Une fois lancé dans sa fureur, il faut infiniment plus de vertu à l'acteur pour s'empêcher de commettre un crime qu'il ne faut de courage à l'assassin pour parvenir à exécuter le sien, et c'est ici que, dans sa gratuité, l'action d'un sentiment au théâtre, apparaît comme quelque chose d'infiniment plus valable que celle d'un sentiment réalisé."

Das Theater und die Pest der Familie: Artauds Wort-Ton-Theater der *Cenci*

Chronik eines gesellschaftlichen Ereignisses

Von Mitte April 1935 an bereiteten die wichtigsten Pariser Tageszeitungen – so *Le Petit Parisien* am 14. April, *L'Écho de Paris* am 24. April und *Comoedia* und *L'Intransigeant* am 6. Mai – ihre Leser auf das Theaterereignis des Monats Mai vor, zuerst mit Interviews des Schauspielers, Regisseurs und Dramatikers Antonin Artaud:[1] Die Uraufführung von *Les Cenci*, einer Tragödie nach Shelley und Stendhal, sollte eine „Illustration" seines „Theaters der Grausamkeit" werden, das Artaud schon seit 1931 in skandalumwitterten Vorträgen, Essays und Manifesten angekündigt hatte.

Anfang Mai dann, am 1. Mai in *La Bête noire* und am 6. Mai im *Figaro*, wurde Artaud selbst Gelegenheit gegeben, mit eigener Feder sein Bühnenprojekt zu beschreiben: Sofort dämpft er die Erwartungen, „die Tragödie *Les Cenci* ist noch nicht das Theater der Grausamkeit, doch sie bereitet es vor."[2] Doch zugleich schraubt er sie auch wieder hoch: Das Stück selbst will er nicht als „Bearbeitung" der Tragödie Shelleys und der Chronik Stendhals, sondern als „genuines neues Stück" verstanden wissen, welches erst – und dies ist neu – durch die Inszenierung seine Realität erhalte. Die Bühnenmusik, für die der junge Komponist Roger Désormière gewonnen wurde, und die mit Klangaufzeichnungen beispielsweise des „Geläuts der Kathedrale von Amiens" oder von Fabrikgeräuschen, wie auch mit dem ersten elektronischen Instrument mit monodischer Klaviatur, den *Ondes Martenot*, arbeiten, soll zusammen mit einer speziellen Deklamation – jeder Figur ist „ein bestimmter Typ von Schrei" zugeordnet – den Zuschauer in ein Netz von Klangvibrationen einbinden. Deren Funktion ist es, mit der Bewegung – sie ist choreographiert und hat symbolischen Charakter –, dem Licht und dem Dekor und den Kostümen des jungen Malers Balthus zu einer sensoriellen Einheit zu verschmelzen.[3] Neu ist auch, dass die Schauspieler nicht nach ihrem Metier ausgewählt werden, sondern nach ihrer „vitalen Kraft", so die Russin Iya Abdy, Gattin eines englischen Aristokraten, der Artaud die Ausstrahlung „tragischer Fatalität" bescheinigt. Nicht der *fait divers* – der sexuelle Missbrauch der Tochter Beatrice durch den Vater Francesco Cenci und der darauf folgende Vatermord und seine grausame Bestrafung – machten das Interesse des Stücks aus, sondern auf der Bühne sollte ein Mythos erstehen, der die in allen schlummernden „unbewussten Kräfte des Bösen" wecken und bewusst machen sollte. Mit der Aufführung dieses Stücks will Artaud so nichts weniger erreichen, als seine „Epoche aus ihrem hypnotischen Schlaf aufzustören".

Die Generalprobe am 6. Mai, wie auch die Premiere am 7. Mai sind geschlossene Vorstellungen zugunsten des *Cercle François Villon* – eines Vereins zur Unterstützung arbeitsloser Intellektueller –; sie stehen unter der Schirmherrschaft der Prinzessin Georges de Grèce, der Prinzessin Edmond de Polignac, des Dr. Theyer-Landry und des Comte de Beaumont. Für dieses gesellschaftliche Ereignis erwünscht die gedruckte Einladung „Abendgarderobe". In der Avenue Wagram, vor dem Théâtre des Folies-Wagram, einem schäbigen Operettentheater, stellt dann der Chronist am Abend der Premiere zuerst einen Aufmarsch von Blumenlieferanten mit einem Meer von erlesenen Sträußen aus weißen Rosen und Zimmercallas fest, gefolgt von der Ankunft des *Tout Paris* in Luxuslimousinen mit Chauffeur. *Le Figaro* druckt am 8. Mai eine Karikatur, die „die Gala auf der Bühne und im Saal" zeigt, mit genauer Beschreibung der Abendroben und Accessoires der namentlich genannten Damen der Gesellschaft, die in den Logen und im Parkett sitzen, während drei von ihnen auf der Bühne spielen, unter ihnen die beiden Sponsorinnen des Abends als Hauptdarstellerinnen: Lady Iya Abdy als Béatrice und Cécile Bressant, Gattin des Verlegers Robert Laffont, als Lucrèce, Stiefmutter von Béatrice und zweite Frau Cencis.[4]

Die ersten Kritiken der Uraufführung von *Les Cenci* am 7. Mai gehören folgerichtig eher dem Genre der Gesellschafts- und Skandalchronik an, nur am Rande wird auch auf das Stück verwiesen: Raymonde Latour stellt im *Paris-Midi* in einem Artikel mit dem Titel „Vor dem *Tout Paris* wurde gestern Abend das Theater der Grausamkeit geboren" mit Bedauern das Ausbleiben der erwarteten Saalschlacht fest; Guermantes' Zeilen im *Figaro* desselben Tages – „Grausames Theater ..." – vermissen die Grausamkeit im Stück, stellen diese jedoch bei einem Publikum fest, das den Abend über unerbittlich darauf gewartet habe, dass diese Tragödie gemäß dem Spielort endlich komisch werde oder aber, dass eine der ihren – Lady Abdy oder Madame Robert Laffont – sich eine Blöße gäben. Die fragwürdige, um so grausamere Milde des Publikums habe schließlich den Sieg davon getragen.

In den folgenden Tagen erfährt der Zeitungsleser dann auch einiges über die Aufführung selbst, bzw. über die enttäuschten Erwartungen der Chronisten: F.D. hat am 8. Mai in *Le Temps* statt einer Tragödie ein „Melodrama" gesehen, wofür nicht nur das „übertriebene Spiel Artauds" und die „Schreie Iya Abdys" charakteristisch erschienen, welche schon vor dem Inzest sich verrückt gebärdet habe, sondern auch das Glockengeläute, das Gewittergrollen, das Flackern roter und grüner Laternen, die Geräusche der Folter. Fazit: „ein Theater der Grausamkeit, das grausam und amüsant ist."[5]

Unfreiwillige Komik und Unbeholfenheit hat Armory in dem Kulturjournal *Comoedia* beobachtet und unterstellt gar eine heimliche Mitarbeit des Komikers Cami.[6] Für diesen Journalisten gibt es nichts Neues an diesem „Surrealismus", der sich als „Surpasséismus" erweise und im Übrigen vor einem genuin unfranzösischen „lächerlichen Publikum" stattgefunden habe, wofür das viele Deutsch und akzentschwere Französisch im Saal sprächen. Der Charakterisierung dieses Publikums widmet sich im übrigen der Großteil dieses Artikels: Für ihn besteht es aus „*Pélléastres*", einer Wortschöpfung in Anlehnung an das Publikum von Débussys *Pelléas et Mélisande*, das schon Jahrzehnte zuvor seinen schlechten Geschmack der französischen Kultur habe aufzwingen wollen und folgendermaßen zusammengesetzt sei:

> Jedermann war da, der in Paris als Snob, als Homosexueller, als Feind unserer französischen Klarheit, als systematischer Zerstörer, als Anarchist des Denkens, als verwirrter Geist, als Morphium-, Kokain-, Ätherabhängiger, als falscher Ästhet, als Lesbierin, als Musik*de*komponist, als importierter Franzose, als Diener einer winzigen Schickeria und anderer obskurer Sekten, als Schreiberling der Linken und extremen Linken oder anderer trauriger Produkte des internationalen Sumpfes betrachtet wird und seine Inkohärenz dem gewöhnlichen Theaterbesucher oktroyieren will.

Dieses Stichwort der „Verteidigung des französischen Geistes" wird auch in vielen weiteren Kritiken immer wieder anklingen. Doch tritt nun auch die Aufführung selbst ins Blick- und Gehörfeld. Fortunat Strowski[7] im *Paris-Midi* lobt am 9. Mai die „hehre Anstrengung", klagt jedoch über „die erschöpfende Kontinuität paroxystischer Mittel": Der Einsatz von disziplinierter Bewegung und Slow Motion werde weder wie in den Theatern Moskaus und Warschaus gemeistert, noch werde er – wie bei Charles Dullin – dem *goût français* angepasst; die Unbeholfenheit der Spieler zeige höchstens die *tableaux vivants* eines Wachsfigurenkabinetts; Iya Abdy sei keine Schauspielerin, Artaud eine Fehlbesetzung.

Pierre Audiat[8] im *Paris Soir* des gleichen Tages hatte ebenfalls viel „Gelegenheit zu lachen oder schlimmer noch sich zu langweilen." Das Interesse des Abends sei auf keinen Fall in der schauspielerischen Leistung zu suchen, denn hier notiert der Chronist „den zerhackten schreienden Wortfluss von Artauds monotonem Sprechstil", „seine aufgerissenen Augen", ebenso Iya Abdys Bewegungen und Gebärden, die ihn an Isadora Duncan, Greta Garbo und Ida Rubinstein erinnern – letztere war zum Beispiel Protagonistin in Débussys und D'Annunzios *Le Martyre de Saint Sébastien* durch die Ballets russes gewesen. Vielmehr erscheint Audiart der Abend aus einem anderen Grunde von höchstem Interesse: „wegen des göttlichen Wahnsinns, der die Kunst vergiftet und der sich in Artauds Text, in der Inszenierung und in der Musik von Roger Désormière zeigt."

Auch weitere Artikel – von Gérard d'Houville am 12. Mai im *Petit Parisien*, von Henry Bidou am 13. Mai in *Le Temps*, von François Porché in der *Revue de Paris* am 15. Mai, von einem Interimsjournalisten in der *Action française* am 17. Mai und von Lucien Dubech im *Candide* am 23. Mai 1935[9] – sind von dieser

Mischung aus nationalistischer Reserve, anti-surrealistischem Ressentiment und Enttäuschung der Erwartungen geprägt: Gelächter über das Theater der Grausamkeit, über eine „fast bureske Komödie" konstatiert Gérard d'Houville, ebenso die „Schönheit von Dekor und Kostümen", doch fehlt ihm die „Wahrscheinlichkeit der Figuren", so bei Iya Abdy, deren Körperwuchs vermuten lasse, dass sie bei einer Vergewaltigung sich durchaus selbst zu verteidigen gewusst hätte, die Folter schließlich am Ende des Stücks rückt er in die Nähe eines *défilé* der Haute Couture. Ebenfalls Lob für das Bühnenbild von Henry Bisou, desgleichen Tadel für die „geschriene Prosa", neu dagegen sei die Vermischung von Text und rhythmischen Bewegungen, welche sich jedoch schon im russischen Theater – Tairows Inszenierung von Jean Racines *Phèdre* wird erwähnt – als Beleidigung des französischen Geschmacks erwiesen habe. François Porché kommt schließlich lapidar zum Schluss eines „absurden, teuren und völlig unnötigen Spektakels", „eine Beleidigung der dramatischen Kunst und des Schauspielerberufes" mit „vulgärem Licht", „schlechtem Spiel mit einem Schwall russischen Akzentes", dem letztlich nicht mehr als dreißig Personen applaudiert hätten.

Die beiden Publikationsorgane der extremen Rechten – *Action française* und *Candide* – stimmen in diesen Chor ein, zugleich wird zum ersten Mal auch auf den Stoff der Tragödie selbst – Inzest und Parrizid – Bezug genommen: Die Wahl eines Spektakels, das für „ein Publikum aus Salonrevolutionären und Surrealisten" durch einen „langhaarigen Surrealisten", einen „Liebhaber von Sade," konzipiert sei, erscheine konsequent angesichts der Rehabilitierung der Vatermörderin Violette Nozières durch die Surrealisten. Doch auch hier wird jegliche Innovation im Hinblick auf die durchaus „tragische Geschichte" geleugnet und wieder die Nähe zum Melodrama, nun eines Alexandre Dumas behauptet, zudem sei das Bühnenbild „dumm und konventionell" bzw. „verstümmelt", man wähnt sich glücklich, den Text im Meer der Geräusche und des Geschreis, sowie des russischen Akzents, nicht verstanden haben zu müssen.

Nach diesem Florilegium aus der Tagespresse hat das Theater der Grausamkeit nicht stattgefunden. Statt dessen ein *Society Event* mit Damen der Gesellschaft, die dank ihrer Finanzkraft und der Hilfe eines Protagonisten der Theateravantgarde auf der Bühne schauspielerische Fähigkeiten ausstellen konnten, die zwar nicht für die Aufnahme ins Konservatorium, jedoch für den Stummfilm gereicht hätten. Ein Avantgardeereignis, das sich als Melodrama des 19. Jahrhunderts entpuppt zu haben scheint, mit schlechten Schauspielern, die wie die alten Histrionen schreien. Ein völliger Misserfolg also?

Das Theater der Grausamkeit und der Dramentext

Wenige Kritiken, von namhaften Schriftstellern wie Colette, René Daumal und Pierre Jean Jouve geschrieben, rücken dieses Bild zurecht, doch erscheinen sie zu spät, nach siebzehn Aufführungen wird das Stück am 22. Mai vom Spielplan genommen. Colette hatte eine kurze Kritik schon am 12. Mai in *Le Journal* veröffentlicht, ein längerer Text mit dem Titel *Le spectacle à voir* („Das Schauspiel, das man gesehen haben muss") folgt später in einer bis heute noch nicht identifizierten Zeitschrift.[10] Zwar zweifelt dort Colette an der Notwendigkeit und Möglichkeit, die Grausamkeit auf die Bühne zu bringen, zwar beobachtet auch sie ein „Gebräu aus dem Melodrama Victor Hugos, den Dialogkorridoren Shakespeares, aus eingeschmuggeltem Musset und Villiers de l'Isle-Adam sowie aus Anleihen an die Ballets russes und aus Reminiszenzen des jüdischen Theaters" und sieht gar in diesem Gebräu „Futurismus und Surrealismus, Expressionismus und Exhibitionismus wie Fische im Wasser schwimmen." Und auch sie erblickt im Parkett „ein mondänes internationales, mit Schmuck behängtes Publikum in Pelzen und *Lacoste*-Hemden". Doch zugleich übersieht sie nicht den überwiegend jungen Teil eines Publikums, das sie vom Sujet des Abends – Inzest und Vatermord – angezogen wähnt. Vor allem aber lässt ihre Beschreibung der von anderen inkriminierten theatralen Mittel ahnen, was deren Funktion bei der Aufführung gewesen sein könnte. Ich möchte deshalb hier etwas ausführlicher zitieren:

> Ich erreichte meinen Platz in dem Augenblick, als die Musik von Désormière in Glockengeläute, in *Ondes Martenot*, Schreien und Tönen sich entlud, deren Lautstärke die Toleranz unseres fragilen und rudimentären Gehörs überstieg. Doch niemand beklagte sich, denn die schrille Aggression erreichte ihr intendiertes Ziel und sobald der Vorhang sich hob, spielte die Truppe wie im Trancezustand, wirbelte lautlos, wand sich in Konvulsionen, tanzte kriegerisch, in Negerart. Währenddessen kommt Pierre Asso, einer der Cencisöhne, aus einem Greco-Rahmen heraus, Iya Abdy steigt aus einem Botticelli-Bild herab, Antonin Artaud, der Vater Cenci, hat bei seinem Ausgang aus dem Hospiz von Bicêtre [einer Klinik für Kriegsversehrte] einen Halt beim Künstlerball (*bal des quaz'arts*) gemacht ...[11]

In ihrer ersten Kritik hatte Colette zudem die „Kohärenz der Schauspieltruppe" hervorgehoben wie auch eine Musik zwischen „Quietschen und Eisenbahnunglück". Zwar spiele Artaud schlecht, auch Iya Abdy habe weniger Metier als russischen Akzent, doch das Publikum werde gebannt von Schauspielern, „die sich selbst im Wege stehen, triefend vor Anstrengung und glücklicher Überzeugung". Colettes Empfehlung an ihre Leser, „diese Woche in das schlechteste neue Stück" zu gehen, bevor sie andere ansähen, wird mit folgendem Fazit begründet:

> Unter einem schönen und mächtigen und unvollendeten Dekor, unter der tönenden Explosion einer Musik, die in Schrei und Schmerz geboren wird, beerdigt ein solcher Abend das Theater wenigstens nicht mit einem faden Refrain.[12]

Pierre Jean Jouve in der *Nouvelle Revue Française*[13] wie auch René Daumal in den *Écrits du Nord*[14] sind die einzigen, die schließlich Artauds Aufführung der *Cenci* im Rahmen seines Projektes eines Theaters der Grausamkeit würdigen und zwar als einen Versuch, dem Theater eine gesellschaftliche Funktion wiederzugeben, welche der Kraft der antiken Tragödie wie auch der *action sacrée* des außereuropäischen Theaters nahekommen soll. Ehe ich auf diese Kritiken eingehe, die zusammen mit den Äußerungen Artauds, sowie den Bühnenanweisungen, den Notizen des Regieassistenten Roger Blin und den Photos einen Eindruck von der tatsächlichen Inszenierung geben können, möchte ich zuerst auf Artauds Projekt des Theaters der Grausamkeit zu sprechen kommen, das bis dahin durch Vorträge, Manifeste und Aufsätze Artauds in der *Nouvelle Revue Française* bekannt war.

Das Inszenierungsprojekt der *Cenci* stört das Klischee, das wir uns von Artauds Theater der Grausamkeit gemacht haben, auch hat es vermutlich sein zeitgenössisches Publikum verstört, das von ihm kaum die Inszenierung eines Textes erwartet haben konnte. Für Artaud selbst war das Unternehmen ein Kompromiss, der zwar in einer finanziellen Katastrophe endete, doch auch nach diesem „halben Scheitern" ist er sich noch sicher, „dass vom Theaterstandpunkt aus die Konzeption gut war" und „allein die Ausführung" ihn verraten habe.[15] Warum aber wollte Artaud, der in vielen seiner Texte gegen das Worttheater wütete, das Theater seiner Zeit mit der Inszenierung einer Tragödie erneuern? Warum nimmt er, der die Kraft des Mythos im balinesischen Theater bewunderte, einen historischen Stoff der Renaissance? Und schließlich was war das Innovative seines auch nach dem Scheitern für richtig empfundenen Inszenierungskonzeptes?

Ein Blick auf vorangehende Regieprojekte gibt erste Antworten. Artaud weißt nicht global den Text zurück, wir kennen sein Bemühen um verschiedene Dramen auch schon vor 1935, so sein Interesse für das elisabethanische Theater. So gab Artaud in einem Interview von 1932 als künftiges Programm eines Theaters, das im Rahmen der *NRF* stattfinden sollte, Tragödien von Webster, Cyril Tourneur und Ford an. Auch hatte er zuvor versucht, Louis Jouvet für Büchners *Woyzeck* und später einen anderen Regisseur für *Leonce und Lena* zu interessieren.[16] Im März 1934 ist auch eine durch Pierre Klossowski zum Drama adaptierte Erzählung von de Sade im Gespräch.[17]

Doch seit Dezember 1932 beschäftigt sich Artaud vor allem mit einem Autor, von dessen Entdeckung er vom Krankenbett seinem Mentor beim Verlag Gallimard, Jean Paulhan, berichtet: Nach der Lektüre der Tragödien Senecas erscheint ihm dieser als „der größte tragische Autor der Geschichte, eingeweiht in die höchsten Geheimnisse, die er noch besser als Aischylos in die Worte eingehen zu lassen gewusst hat." „Ich weine" schreibt er, „wenn ich sein inspiriertes

Theater lese und fühle, wie unter dem Wort, Silben in der schrecklichsten Weise knistern, ein Kochen, das die Kräfte des Chaos aufscheinen läßt."[18]
Deutlich wird hier, was sein Spätwerk dann bestätigen wird. Artaud geht es keineswegs um die Zurückweisung jeglichen Textes: Sobald „unter dem Wort die Silben ein Kochen der Kräfte des Chaos" sinnlich erfahrbar machten, ein Text also dem Sinn widerständige, unbewusste, heterogene Kräfte (*les Secrets*) hören lasse, könne dieser durchaus Vorlage für jenes Theater der Grausamkeit sein, das Artaud schaffen will. So schlägt er Paulhan gar mit Selbstironie vor, nach seiner Genesung dramatische Lesungen zu veranstalten:

> Sobald ich gesund bin, habe ich vor, dramatische Lesungen zu organisieren – nicht schlecht für jemand der den Text im Theater leugnet –, öffentliche Lektüren, bei denen ich die Tragödien Senecas lesen werde, und alle potentiellen Gesellschafter des Theater der Grausamkeit werden dazu eingeladen werden. Es gibt kein besseres *geschriebenes* Beispiel dafür, was man unter Grausamkeit im Theater versteht, als die Tragödien von Seneca, doch vor allem Atreus und Thyestes. [Die] im Blut sichtbare [Grausamkeit] haben sie auch im Geist. Diese Monster sind böse wie allein blinde Kräfte es sein können, und es gibt nur Theater, so glaube ich, auf einer noch nicht menschlichen Ebene.[19]

Der Vortrag „Das Theater und die Pest", den Artaud einige Monate später, am 6. April 1933, in der Sorbonne halten wird, scheint gerade aus dieser Tragödie ein in der späteren Druckfassung nicht enthaltenes Beispiel zu Gehör gebracht zu haben. Ein Besucher der Veranstaltung, Georges Bataille, wird sich einige Jahre später erinnern:

> Er sprach von der Theaterkunst und im Halbschlaf meines Zuhörens, sah ich plötzlich wie er sich erhob: Ich hatte verstanden, was er sagte, er hatte beschlossen uns sinnlich die Seele des Thyestes nahezubringen, wenn dieser plötzlich versteht, dass er seine eigenen Kinder verdaut. Vor einem bourgeoisen Publikum – fast keine Studenten waren anwesend – umfasste er seinen Bauch und stieß den unmenschlichsten Schrei aus, der je einer Menschenkehle entsprungen ist. Das schuf ein Unbehagen ähnlich dem, das wir empfunden hätten, wenn plötzlich ein Freund dem Delirium anheimgefallen wäre. Das war schrecklich (und vielleicht noch schrecklicher, weil es gespielt war).[20]

Thyestes wird Artaud bis zu Beginn der Arbeit an *Les Cenci* und selbst noch danach bis zu seiner Abreise nach Mexiko beschäftigen: Im Juli 1934 will er Senecas *Atrée et Thyestes* in Marseille in einer Fabrikhalle inszenieren, er hat den Komponisten André Jolivet kontaktiert, der die Musik schreiben soll, und sich auch mit dem Erfinder der *Ondes Martenot* in Verbindung setzt, damit dieser einen Musiker für sein Instrument nach Marseille schicke.[21] Dieses Projekt einer „Dezentralisierung" scheitert.[22] In einem Brief an Génica Athanasiou Mitte August, spricht Artaud davon, das Stück Senecas nun im Herbst in Paris aufführen zu wollen, wenn möglich, im Théâtre de l'Atelier, das Charles Dullin leitet. Génica solle im übrigen die einzige weibliche Rolle – die der Furie in der ersten Szene, Artaud spricht von der *Mégère* – übernehmen, da sie als Einzige jenes das Menschliche Übersteigende besitze, das er von den Schauspielern für sein *extrathéatre* verlangen werde.[23] Artaud beginnt nun, ausgehend von dieser Tragödie, an einem eigenen Stück zu arbeiten und kann es im Dezember 1934 schließlich seinem Verleger, Paul Gallimard, mit dem Titel *Le Supplice de Tantale* – „Die Strafe des Tantalus" – mit der Einschränkung ankündigen,[24] dass dieser ungewöhnliche Dramentext erst durch die Bühne voll realisiert werden könne. Doch dieses Projekt muss warten. Stattdessen beginnt Artaud Anfang 1935 die Arbeit an *Les Cenci*. Nach deren Misserfolg insistiert er weiter auf dem Projekt: So fordert er Ende September 1935 Jean Louis Barrault zur Lektüre seiner Tragödie, *Le Supplice de Tantale*, auf, nachdem er ihm empfohlen hatte, seine Forschungen über menschliche Figuren aufzugeben – *l'homme est ce qui nous emmerde le plus* – und „zu den unterirdischen Göttern zurückzukehren".[25] Im November 1935 schließlich findet eine Lesung des Stückes bei der Dichterin Lise Déharme statt. Artaud macht Ende des Jahres den Band mit seinen Theaterschriften für den Verleger fertig und schifft im Januar 1936 nach Mexiko ein. Von Bord aus teilt er seinem Verleger den Titel für diesen Band mit: *Le Théâtre et son Double*. Warum? „Das Doppel des Theaters ist das von den jetzigen Menschen unbenutzte Reale."[26]

Die Strafe des Tantalus, die *Cenci* und die Pest der Familie

Auf diesem Entstehungshintergrund von *Les Cenci* stellen sich folgende Fragen: Findet sich das Doppel, das „vom heutigen Menschen unbenutzte Reale", etwa bei Seneca wieder und in welchem Verhältnis steht es zu den bei diesem festgestellten „höchsten Geheimnissen" – *les Secrets*? Gibt etwa der Tantalus- und Thyestes-Stoff hierzu den Schlüssel? Warum aber ersetzt ihn Artaud dann durch einen historischen Stoff aus der Renaissance?

Für die Beantwortung der ersten beiden Fragen geben die spärlichen Notizen des verlorengegangenen Stückes, *Le Supplice de Tantale*,[27] sowie ein Blick in die griechische Mythologie[28] die ersten Indizien: Tantalus, dessen Schatten in der ersten Szene von Senecas *Thyestes* auftritt, ist der Mythos des Urvaters der griechischen Tragödie. Seine Geschichte ist in der Tat der Schlüssel zur Auflösung der Geheimnisse, welche die Tragik des Thyestes wie auch die der Atriden bewirken: Tantalos hat seinen Sohn Pelops getötet und den Göttern als Speise vorgesetzt, daher erleidet er im Orkus die berühmten Tantalusqualen. In Senecas Tragödie tritt er, kurz vom Orkus wieder auf die Erde geschickt, als Schatten im Hause seiner Enkel Atreus und Thyestes in der ersten Szene auf, um ihnen seinen Fluch als Vermächtnis zu bringen. „Lasten der Erbschaft", notiert Artaud.[29]

Die Strafe des Tantalus ist nicht nur seine eigene Strafe, er selbst ist die Strafe: Tantalus ist der Verdammte, das Opfer, er wird zu seinen Nachfahren geschickt, „wie eine vergiftete Wolke, die aus einer Erdspalte aufsteigt, wie eine Pest, um die Menschen anzustecken und sie zu zerstören" (*Thyestes*, 1.Szene).[30] Tantalus stachelt seine Enkel zur „Revolte gegen die göttliche Ordnung der Welt" an: Sein *supplice* ist sein Verbrechen, das er seinen Nachkommen als Strafe, als deren unbewusstes Erbe weitergibt: Wenn Atreus seinem Bruder Thyestes dessen, in einem Opferritus getöteten Söhne, wie in Senecas Tragödie, als Mahl vorsetzt, wenn Thyestes dann mit seiner Tochter den Ägisthos zeugt, damit dieser seinen Vater räche und wenn dieser dann tatsächlich Agamemnon im Bade tötet, wie in der Atridentragödie, dann wütet hier die Schuld – das Sakrileg – des Urvaters als Strafe in den Nachfahren.

Der Mythos des Tantalos wie der Mythos des Thyestes weisen jenseits der Psychologie auf einen heiligen Kern des Theaters hin, der die Menschen als Spielball der Auseinandersetzung mit den Göttern zeigt. Diese heilige Kraft des Mythos will Artaud nun für den modernen Menschen wie im antiken Theater zu einer therapeutischen Wirkung bringen,[31] sein Theater soll wie die Pest wirken und den Zuschauer mit einem Stück anstecken, dessen mythischer Protagonist selbst seine Nachkommen mit seinem schuldhaften Erbe wie mit einer Pest kontaminiert hatte.

Was ist also das Geheimnis der Urfamilie? Das Wüten eines sich göttergleich gebärdenden Vaters der Urhorde. Was gründet Gesellschaft? Sigmund Freud antwortet: der an diesem Vater gemeinsam begangene Mord der Brüderhorde, ein Menschenopfer, dessen Wiederkehr durch das Inzestverbot und durch Tieropfer verhindert werden soll; und er verweist dabei auf die Ausstellung dieser Schuld in der antiken Tragödie.[32] René Girard ergänzt, dass indessen der Mythos gerade den gründenden Mord zu verheimlichen sucht, mit den Worten des Matthäusevangeliums 13,35: *des choses cachées depuis la fondation du monde*, „seit Gründung der Welt verborgene Dinge".[33]

Doch gerade diese heimliche Kraft des Mythos, das was Artaud als *les Secrets* durch die Worte von Senecas Tragödie hindurchscheinen sieht, will er auf die Bühne bringen, will sie aufstören. Doch gilt es, nicht allein die Schuld auszustellen, sondern zugleich die Revolte gegen sie und die Lust an der Übertretung als eine dem Menschen innewohnende Tendenz:

> Tantalus ist der Mensch [*l'Homme*]
> Er vermeint alles zu halten!
> Macht des Besitzwortes.
> Alles täuscht ihn:
> Die Illusionen des Alters,
> die Liebe,

die einzige Liebe,
das Glück: ein Lockmittel,
schaut es genau an – es gibt nichts,
der Besitz: er besitzt nicht einmal seine Seele, selbst das Ich
existiert nicht,
das Leben: wer ist sicher, seinen Leichnam solange zu besitzen,
wie es notwendig ist, um die Wiedergeburt zu verhindern,
die Gesetze: Grenzen, die Stunden, die Jahrhunderte.
Das Blut.
Die Familie: welch Hohngelächter.
Der Frieden, der Krieg.
Die Ökonomie.[34]

Ist die Tragödie, wie dies Jacques Lacan analysiert,[35] der Konflikt mit dem symbolischen Gesetz auf der Ebene der Familie und der Gemeinschaft, dann tendiert Artaud – dem es, wie später auch Jean Genet um die Affirmation der Lust dieser Überschreitung geht, um den Genuss der Funktionen der Macht, – zu einer die Tragödie einschließenden grotesken Komödie.

Als das Tantalus-Projekt nicht zustande kommt, warum nicht eine Familientragödie zu einem Drama verarbeiten? *Les Cenci*[36] bedeutet wörtlich übersetzt „die Familie Cenci", wie „les Dupont" die Familie Dupont heißt. Denn wir tragen alle am unbewussten Begehren unserer Eltern, manche leiden auch physisch an dessen Folgen, der kleine Antonin, der die Syphilis des großen Antoine Le Roi Artaud geerbt hatte, wusste dies sehr wohl.[37] Auch Béatrice Cenci wird das Gift ihres Vaters im Blut spüren, die Allmachtphantasien Cencis, der außer sich selbst keinen Gott anerkennt – „ es gibt weder Leben, noch Tod, noch Gott, noch Inzest, noch Reue, noch Verbrechen für mich."[38] Cenci versteht sich selbst als Mythos, inszeniert seine Überschreitungen als Spektakel und rühmt sich seiner *cabotinage*, seines Histrionismus. Er ist ein Held, der zugleich schrecklich und lächerlich ist, was Artaud in seinem auch Gelächter erzeugenden Spiel zu übersetzen suchte. Die Kette von Morden und Racheakten ist in dieser Familie konsequent, vererbt sich vom Vater auf Söhne und Töchter, die unter der Gewalt des mythischen Urvaters leiden und ihn schließlich als Folge der berechtigten Revolte gegen dieses Erbes töten und so weitere neue Schuld anhäufen.

Die Bearbeitung des *Cenci*-Stoffes hat also im Rahmen von Artauds Interessen der dreißiger Jahre eine gewisse Plausibilität. Artauds Francesco Cenci ist ein Verwandter des Tantalus. Er steht im Zentrum des Stückes, und nicht die im 19. Jahrhundert zum Mythos gewordene Figur der Béatrice Cenci, wie noch in der Tragödie Shelleys von 1819 oder in Stendhals Bearbeitung und Übersetzung einer römischen Chronik aus dem Cinquecento von 1837. Auch folgt Artaud nicht dem visuellen Mythos dieser unglücklichen Heroine, die das 19. Jahrhundert in einem Bild von Guido Reni im Palazzo Barberini in Rom wiedererkennen wollte.[39] Artauds Béatrice ist nicht mehr jene sechzehnjährige Kindfrau, die das Gemälde zeigt, sondern ein hochgewachsener androgyner Engel, der – wie ein Kritiker der Aufführung treffend bemerkt – „besser das Schwert der Rache als die Lilie der Verkündigung" zu handhaben weiß.

Ein Wort-Ton-Theater gegen das humanistische Texttheater

Warum aber hat Artaud für seine Familientragödie seinen Stoff gerade aus der Renaissance gewählt, mit dem er so leicht in den Geruch des Melodramas des 19. Jahrhunderts kommen konnte? Scheinbar reiht Artaud sich hier in die Neu-Lektüre der Renaissance ein, die in der Tat mit einer Aufwertung Shakespeares durch Stendhal und Victor Hugo begonnen worden war. Doch Artauds Projekt zielt zugleich auch auf eine Kritik des ästhetischen und philosophischen Erbes der Renaissance ab. Denn er sucht auch das Heterogene in den Darstellungskodes des Humanismus selbst auf und zuerst in der Malerei: In seinem Vortrag „La mise en scène et la métaphysique" am 11. Dezember 1931 in der Sorbonne hatte er als Modell eines neuen Theaters schon eine andere Inzestdarstellung – *Loths Töchter* von Lucas van der Leyden aus dem Louvre – analysiert; an der Darstellung der Landschaft, den Gebärden und dem Ausdruck der Protagonisten las er so ein virtuelles Theater der Grausamkeit ab: „eine Poesie des Raumes", die verschiedene Aspekte beinhaltet, „zuerst die aller auf einer Bühne anwendbaren Ausdrucksmittel, wie Musik, Tanz, Skulptur, Pantomime, Mimik, Gestik, Intonationen, Architektur, Beleuchtung und Dekor".[40] Bei anderen Malern der Renaissance, wie Paolo Uccello, hatte ihn die theatrale Kraft einer unbewussten Schrift des Pinsels beschäftigt, die das Bild zum „mentalen Theater" gemacht habe.[41] Diese Auseinandersetzung mit dem, was die Darstellungskodes der Renaissance übersteigt, ist Vorbote für einen Angriff auf das Theater und das Menschenmodell, das uns diese Epoche vermacht hat, ein Angriff auf das von Harmonie und Vernunft geprägte humanistische Bild des Menschen, ein Angriff auf ein Theater der Verhältnismäßigkeit der Mittel, auf einen Spielstil, der dem Wort seinen wahrscheinlichen Rahmen zu geben sucht, sich an der Tradition der Rhetorik seit Cicero und Quintilian, am höfischen Ideal Baldassare Castigliones und seiner französischen Adepten orientiert.[42]

Artauds Projekt *Les Cenci* scheint also nicht nur allein ein Kompromiss im Hinblick auf die zwei, für seine Sponsorinnen notwendigen weiblichen Hauptrollen gewesen zu sein, obwohl es in Senecas *Thyestes* in der Tat nur den kurzen Auftritt der Furie gab. Vielmehr sollte mit den *Les Cenci* der Mythos der Renaissance selbst auf der Bühne in seinen darstellerischen und geistigen Grundlagen hinterfragt werden: Nicht Menschen sollten dargestellt werden, sondern Wesen (*êtres*), die übermächtige Kräfte inkarnieren, die man „brüllen zu hören glaubt", die „ihre Instinkte wie ihre Laster ausstellen", die „wie große Stürme vorbeiziehen, in welchen eine Art majestätischer Fatalität vibriert".[43]

Um ein solches Theater wirksam zu machen, muss auch das von der Renaissance geerbte Theater in seinen eigenen Mitteln dekonstruiert werden: Das Zusammentreffen 1931 mit dem balinesischen Theater, wie auch die 1933 erfolgte Zusammenarbeit mit dem Komponisten Edgard Varèse bestätigen Artaud in seinem, schon mit dem Théâtre Alfred Jarry begonnenen Vorhaben, die hierarchische Stellung des Wortes aufzuheben. Nicht nur soll der Worttext in einen Intonations-, Klang- und Geräuschtext aufgefächert werden, sondern gleichberechtigt mit diesem komplexen Stimmenausdruck sollen auch eine Musik- und Geräuschpartitur, eine Choreographie der Bewegung, Gestik und Mimik, eine Bühnensprache der Beleuchtung und des Dekors eingesetzt werden, welche alle miteinander im Dialog stehen und somit nicht mehr der Wortsprache untergeordnet sind.

Der Bühnenraum ist nicht mehr nur illustratives Dekor für den gesprochenen Text, er soll zu einer eigenständigen sinnlichen Realität werden, in der die Spieler wie von dessen äußeren Kräften determiniert agieren. Hier wird die Bühnenmusik wichtig: Artaud hatte sie schon für das Tantalus-Projekt in Marseille vorgesehen als eine Bühnenmusik, die nicht illustriert, was er einmal Olivier Messiaen vorgeworfen hatte, sondern die trans-individuelle, unbewusste Kräfte über die Klangqualität sinnlich erfahrbar macht und den Zuschauer einkreist. Für *Les Cenci* hatte Artaud zusammen mit Roger Désormière zu diesem Zweck unter anderem eine Art Quadrophonie für die auf Schallplatte aufgenommene Musik und die Geräusche erfunden, weitere akusmatische Stimmen in der Szene des misslungenen Mordes an Cenci eingesetzt (Akt III, 2.Szene), sowie Fabrikgeräusche für die Folterszene (Akt IV, 3. Szene).

Auch ein anderer Typ von Raum wird notwendig. Die für die Marseillaiser Seneca-Inszenierung ausgewählte Fabrikhalle deutet in diese Richtung. Steht kein neuer Typ von Raum zu Verfügung, dann muss er mit den Mitteln des Bühnenbilds geschaffen werden: Der Maler Balthus wird für *Les Cenci* einen überdimensionalen symbolischen Raum schaffen, der zwar die Bögen, Pilaster, Säulen der Renaissance zitiert, diese doch zugleich fragmentiert und ihres perspektivischen Zentrums beraubt. Mit seinen gebrochenen Bögen, Lunetten und schwebenden Leitern erinnerte der Raum – so Pierre Jean Jouve – an die Gefängnisse von Giovanni Battista Piranesi. Rote Vorhänge, die „wie Eisenfetzen oder geronnenes Blut" herabhängen, verstärkten den Eindruck des Todes und kontrastierten mit der „lebenden Materie" der glänzenden Kostümstoffe.[44]

Dieser Raum gerät in Bewegung und verändert sich, durch die Beleuchtung, die Musik, die Schauspieler, Pierre Jean Jouve konstatiert:

Artauds Inszenierung bewegt diesen Raum ununterbrochen in schöpferischer Weise: wir befinden uns fortwährend in einer beharrlichen Arbeit. Das komplexe Licht, die Bewegungen von Einzelnem und Masse, die Geräusche, die Musik offenbaren dem Zuschauer, dass der Raum mit der Zeit eine affektive Realität formt.[45] Die einzelnen Bühnensprachen treten in Dialog miteinander und überlagern den Wortdialog. Artaud notiert für letzteren in den Bühnenanweisungen die Timbres, Stimmlagen, Stimmqualitäten der Protagonisten, ihre Sprechweisen. Die Figuren unterliegen einer symbolischen Fremdbestimmtheit, die nur durch Schrei oder Verstummen unterbrochen werden kann. Ihre Stimmen vermischen sich mit den Geräuschen, dem Klang der Musik. Ähnliches gilt für die Mimik, die Gebärden, die Blicke. Die Bewegungen sind nicht mehr zielgerichtet, psychologisch determiniert, sie werden symbolisch, da choreographiert und chronometrisiert. Gebärden und Bewegungen zitieren die Ikonographie des Abendlands: Béatrice wird zur „Marie Madeleine zu Füßen des Kreuzes"(Akt III, Szene 1), Cencis Wachen bewegen sich „wie die Figuren des Glockenspiels des Straßburger Münsters", das heißt in der Slow Motion eines Totentanzes im Kreis, seine Mörder drehen sich wie Kreisel (Akt III, 2. Szene), Béatrices Folterinstrument ist das Rad der heiligen Katharina. Von der dritten Szene des ersten Aktes, dem Festmahl, das nach Artaud Paolo Veroneses „Hochzeit von Kanaan, doch in barbarischerer Weise" evozieren soll, gibt es die Notationen des Regieassistenten Roger Blin:[46] Sie zeigen Bewegungen von den Rändern zur Mitte, multiples Kreisen, bis zum Dreieck des geradezu cinématographischen Blickkontakts von Béatrice und Cenci, der das kommende Unheil ankündigt.

Die Spannung, die durch diese Strenge der Form aufgebaut werden soll, zeigt die Figuren nicht mehr als freie Individuen, sondern eingebunden und beherrscht von ihnen fremden Kräften. Nach René Daumal wird diese Form bis zum Ende kontinuierlich durchgehalten. Dem Zuschauer bleibe es überlassen, die Konvulsion, die sie in ihm ausgelöst habe, selbst aufzulösen.[47]

Einziger Kritikpunkt ist für diese beiden aufmerksamen Zuschauer und Zuhörer die mangelnde Ausbildung der Truppe: Doch nach Daumal rette Artaud das Unternehmen, da es seiner Kunst gelinge, „die Spinnweben larvenliterarischer Psychologie", die noch die Körper der übrigen Schauspieler bedeckten, teilweise „freizufegen".[48] Eine weitere Rettung der Einheit des Unternehmens schreibt er dem Bühnenbild von Balthus zu – „einer wahren Art von Menschenfalle", sowie der im ganzen Saal organisierten Geräuschpartitur.

Dieser, nach Daumal, „wütende Aufschrei des Erwachens des Theaters" war sicher noch nicht das Theater der Grausamkeit, wenn auch in ihm Jouve eine „große Realisierung des Theaters" sieht, „die durch einen Akt den Sinn zeigt, den es zu seinem Anfang hat". Vielleicht wird das Theater der Grausamkeit auch in Zukunft Utopie bleiben. Doch macht Artauds Wort-Ton-Theater von *Les*

Cenci deutlich, dass sein Theater durchaus nicht wort- und textfeindlich sein muss, ja vielmehr, durch ein Wort gewinnen kann, wenn der Weg zu ihm nicht verstellt, sondern durch Klang und Ton geöffnet wird, wenn diese in den Text schon als Rhythmus trans-textuell eingeschrieben sind.

Les Cenci stellen eine Etappe in Artauds Erforschung jener Grausamkeit dar, die das Subjekt gründet. Artaud hatte deren Kräfte in der Sprache Senecas aufgespürt, sie als die dem Mythos unterliegenden Geheimnisse interpretiert. Nach seiner neunjährigen Internierung in psychiatrischen Kliniken wird Artaud diese Grausamkeit nicht nur als die des Mythos, sondern als die der Konstitution des Subjekts durch Sprache hören lassen, im Rhythmus und in der Musikalität seiner eigenen Sprache. In vielen Texten aus der Nachkriegszeit können wir sie lesen, über unser inneres Ohr wahrnehmen. Doch ein Zeugnis ist uns erhalten, eine Radiosendung von 1947,[49] die Artaud selbst als *une mouture*, „einen Aufguß seines Theater der Grausamkeit" genannt hatte: das Hörspiel *Pour en finir avec le jugement de Dieu*, „Schluss mit dem Gottesgericht". In einem Drama der soufflierten Stimmen treibt dort Artaud vokal die Pest der Familie aus seinem Körper aus, indem er sich einen neuen Körper, einen Klang- und Stimmenkörper mit und gegen die Sprache schafft, einen Körper, der das eingeschriebene Begehren des Anderen und der anderen grausam zu Gehör bringt. So kann Artaud schreiben:

Ich, Antonin Artaud, ich bin mein Sohn, mein Vater,
meine Mutter
und ich.[50]

Geben wir deshalb Artaud mit dem ersten Teil dieses Hörspiels selbst das Wort.

März 2002

Anmerkungen

1 Vgl. Antonin Artaud, *Œuvres complètes*, Bd. V, Paris 1963ff., S. 299–312. Übers. der franz. u. engl. Zitate jeweils v. HF.
2 Ebd., S. 45–50.
3 Ebd., S. 49.
4 Abgedruckt mit englischer Übersetzung der Bildlegende in: *The Drama Review* 16/2, 1972, S. 131.
5 Ebd., S.129–130 (übers. v. HF).
6 Ebd., S. 130–132 (übers. v. HF).
7 Ebd., S. 132–133.
8 Ebd., S. 133.
9 Ebd., S. 135–140.
10 Abgedruckt in: Alain und Odette Virmaux, *Artaud vivant*, Paris 1980, S. 203–206.
11 Ebd., S. 206.

12 Ebd.
13 Pierre Jean Jouve, „Les Cenci d'Antonin Artaud" (in: La Nouvelle Revue Française, Juni 1935), wiederabgedruckt in: magazine littéraire 206, 1984, S. 55–68, hier S. 65.
14 René Daumal, „Les Cenci d'Antonin Artaud et Autour d'une Mère de Jean Louis Barrault", in: Écrits du Nord, Juli 1935, S. 173–178, wiederabgedruckt in: A. und O. Virmaux, Artaud vivant, S. 197–203
15 A. Artaud, Œuvres complètes V, S. 260.
16 A. Artaud, Œuvres complètes, zweite erweiterte Auflage (in 26 Bänden), Paris 1976ff, hier Bd. III, S. 225.
17 A. Artaud, Œuvres complètes V (1963), S. 231–232.
18 A. Artaud, Œuvres complètes III (^{2}1976ff), S. 286–287.
19 Ebd.
20 Georges Bataille, Œuvres complètes VIII, Paris 1976, S. 180.
21 A. Artaud, Œuvres complètes III (^{2}1976ff), S. 294ff.
22 Ebd., S. 162ff.
23 A. Artaud, Lettres à Génica Athanasiou, Paris 1969, S. 303–304.
24 Das Stück ist verloren, Notizen dazu sind abgedruckt in: O.c.2, II, S. 157–164.
25 A. Artaud, Œuvres complètes III(^{2}1976ff), S. 301.
26 A. Artaud, Œuvres complètes V (1963), S. 272–273.
27 A. Artaud, Œuvres complètes II (1963), S. 203–209.
28 Vgl. Pierre Grimal, Dictionnaire de la mythologie grecque et romaine, Paris 1951.
29 A. Artaud, Œuvres complètes II (^{2}1976ff), S. 207.
30 Ich zitiere nach der französischen Übersetzung von Florence Dupont: Sénèque. Théâtre complet I, Paris 1991.
31 A. Artaud, Œuvres complètes II (^{2}1976ff), S. 162
32 Vgl. Sigmund Freud, „Totem und Tabu. Einige Übereinstimmungen im Seelenleben der Wilden und Neurotiker [1912–13]", in: Ders., Gesammelte Werke IX, Frankfurt/Main 1999, S. 186–188.
33 Vgl. René Girard, Des Choses cachées depuis la fondation du monde. Recherches avec Jean-Michel Oughourlian et Guy Lefort, Paris 1978
34 A. Artaud, Œuvres complètes II (^{2}1976ff), S. 163
35 Vgl. zu Tragödie und Komödie, Jacques Lacan, Le Séminaire Livre V: Les formation de l'inconscient 1957–1958, Paris 1998, S. 261–268.
36 A. Artaud, „Les Cenci. Tragédie en quatre actes et dix tableaux d'après Shelley et Stendhal", in: Ders., Œuvres complètes IV (^{2}1978), S. 146–210.
37 Vgl. Thomas Maeder, Antonin Artaud, Paris 1978.
38 A. Artaud, „Les Cenci", S. 153, I. Akt, 1. Szene.
39 Vgl. Stendhal, Chroniques italiennes, Lausanne 1961.
40 A. Artaud, Œuvres complètes IV (^{2}1976ff), S. 37.
41 Vgl. Helga Finter, Der subjektive Raum, Bd. 2: „.... der Ort, wo das Denken seinen Körper finden soll": Antonin Artaud und die Utopie des Theaters, Tübingen 1990, S. 36–57.
42 Vgl. Marc Fumaroli, „À propos d'Antonin Artaud et de Sénèque. Tradition sénéquienne et tradition ciceronienne", in: Obliques, Sondernummer Antonin Artaud, Paris 1986, S. 69–77.

43 A. Artaud, *Œuvres complètes* V (1963), S. 47.
44 Vgl. P. J. Jouve, „*Les Cenci* d'Antonin Artaud".
45 Ebd., S. 58.
46 Zuerst veröffentlicht in: *Cahiers Renaud-Barrault* 51, 1965, S. 20; englische Übersetzung in: *The Drama Review* 54, 1972, S. 112–125.
47 Vgl. R. Daumal, „*Les Cenci* d'Antonin Artaud et *Autour d'une Mère* de Jean Louis Barrault".
48 Ebd., S. 200.
49 Dieses Hörspiel liegt zusammen mit zwei Radiosendungen von 1946 heute als CD vor: Antonin Artaud, *Pour en finir avec le jugement de dieu*, INA, Paris 1995.
50 A. Artaud, *Œuvres complètes* XII (1963), S. 77.

Poesie, Komödie, Tragödie oder die Masken des Unmöglichen

Georges Bataille und das Theater des Buches

> *La joie sociale telle quelle transparaît dans le rire est quelque chose de très suspect et même de très horrible [...].*
> *[...]*
> *Rire d'une chute est déjà en quelque sorte rire de la mort.*
> Georges Bataille, 9.2.1938
>
> *Des millions et des millions d'hommes sont décidés à tout – même à l'impossible - afin d'éliminer tout impossible (...) (Le rire affirmation de l'impossible)*
> Georges Bataille, Carnet 5

In einem Textfragment mit Erinnerungen an das letzte Kriegsjahr 1944 in Paris[1] evoziert Claude Simon eine Soiree, auf der sich Vertreter des französischen Kunst- und Geisteslebens zu einem Theaterspiel zusammengefunden hatten. Doch hatte dieses wenig mit dem Theater zu tun, das zu diesem Zeitpunkt auf den Pariser Bühnen gang und gäbe war: Nicht frisch entstaubte und neu arrangierte klassische Mythen tönten aus plisseegewandeten und mit Kothurnen bewehrten Masken von Bühnenbrettern herab, sondern ein frech surrealer Text, von Amateuren in eleganter Tageskleidung im bürgerlichen Salon einer Privatwohnung szenisch gelesen. Den ernsthaften Amateurschauspielern eines grotesk obszönen surrealistischen Textes stellt Claude Simon die Akteure der politischen Bühne – junge Widerstandskämpfer, die der Protagonist S. selbst beherbergte – kommentarlos gegenüber. Seinen Bericht schließt Simon mit den Worten, die S. entfahren, als er, mit dem Rücken zu den Amateurspielern am Fenster stehend, unten auf der Straße die auf Lastwagen transportierten, gestiefelt und gespornten Soldaten der Okkupationsmacht erblickt: „*Pauvres bougres*". Dabei bleibt unentschieden, ob dieses Epitheton, was soviel wie „arme Teufel" oder „arme Idioten" bedeutet, die illustren Schauspieler in seinem Rücken oder die wie Phantome hinter der gefrorenen Glasscheibe vorbeiziehenden Akteure der politischen Bühne meint oder vielleicht gar beide.

Claude Simon hält in dieser Szene paradigmatisch die Alternative vor Augen, die die politische Ausnahmesituation – Krieg, Besetzung, Judenverfolgung,

Deportation, Kollaboration und Widerstand – einer Reihe der wichtigsten Künstler und Schriftsteller nahelegte: mit der Waffe in der Hand zu kämpfen oder aber Widerstand durch eine Kunst zu leisten, die größere Gruppen oder neu zu schaffende Gemeinschaften ansprechen sollte. Die wenigsten – wie Claude Simon selbst oder René Char – hatten die erste Lösung gesucht. Die zweite hingegen war die Antwort vieler Künstler und Intellektueller.[2] So schrieben beispielsweise Louis Aragon oder Paul Eluard eine „Poesie für alle" – gemäß Lautréamonts Diktum, dass Poesie von allen gemacht werden sollte. Andere wandten sich einer Form der Künste zu, die sich erst durch den Rezipienten definiert, dem Theater.

Pablo Picassos im Januar 1941 geschriebenes Stück in sechs Akten, *Le Désir attrapé par la queue*,[3] dessen Uraufführung in Michel Leiris' Wohnung am Quai des Grands Augustins am 19. März 1944 Modell für Claude Simons Erzählung war, und Jean Paul Sartres *Les Mouches*, uraufgeführt am 3. Juni 1943 im Théâtre de la Cité, zeigen die formale und inhaltliche Spannbreite an, die Theater in einem solchen Kontext annehmen konnte: Es griff wie bei Sartre kritisch in die Polis ein oder aber verstand sich ausdrücklich als Gegenpol jeder bestehenden Ordnung, indem es durch die Verausgabung eines Festes neue Gemeinschaften, ja „Geheimgesellschaften" schaffen[4] und damit die institutionalisierten bzw. usurpierten Formen der Verausgabung – Krieg oder staatlich organisierte Gewaltausübung – durch eine praktische Kritik subvertieren wollte.

Georges Bataille, der den neuen poetischen Aufbruch aktiv wahrnahm[5] – er war am Theaterabend Picassos zugegen und äußerte auch sein Interesse an Sartres *Les Mouches*,[6] denen er jedoch das Fehlen des Poetischen, des „Geheimnisses" ankreidete –, setzt sich zu diesem Zeitpunkt ebenfalls mit Poesie und Theaters auseinander, doch entspringt diese Beschäftigung bei ihm nicht nur einer äußeren, sondern zuallererst einer *inneren* Notwendigkeit: Wie schon bei früheren literarischen und theoretischen Auseinandersetzungen, so mit der Frage des Faschismus, des Opfers oder der Gemeinschaft, verknüpft Bataille auch hier die Ausgangsproblematik ausdrücklich mit seiner subjektiven Erfahrung, die eine *innere Erfahrung* ist, wie der Titel seines Anfang 1943 erschienenen Buches anzeigt. Im Gegensatz zu Sartre – *L'Être et le Néant* erscheint gegen Ende desselben Jahres – oder auch zu Heidegger[7] nähert sich Bataille der Frage des *Seins* ausgehend von der subjektiven Erfahrung, um den Knoten zu umkreisen, der sie mit einer *mitteilbaren* Erfahrung verbindet. Mag *L'Expérience intérieure* noch wie die Vorwegnahme einer Antwort auf Sartre erscheinen, so ist seine zwischen Ende 1942 und Anfang 1944 geschriebene *Orestie*[8] nun auch eine Stellungnahme zum engagierten Theater und zur engagierten Poesie.

Doch Georges Bataille verfasst nicht einfach Gedichte, Tragödien oder Komödien: Vielmehr lotet er den Grund dessen aus, was Schreiben – Poesie, Tragödie und Komödie – erst ermöglicht. So wird er nicht nur seinen „Hass auf die Poesie" (*La Haine de la Poésie*)[9] als Hass *der* Poesie in einem Diptychon schreiben, das Tragödie und Komödie bzw. Satyrspiel gegenüberstellt: *L'Orestie* („Die Orestie") auf der einen und *Histoire de Rats (Journal de Dianus)* und *Dianus (Notes tirées des carnets de Monsieur Alpha)* auf der anderen Seite. Sondern Bataille wird auch das Wirken der Komödie und Tragödie in ihren Verbindungen in den verschiedensten Textformen erproben und dies parallel zur *Expérience intérieure*, die seine Arbeit an fiktiven Texten flankiert und weiterentwickelt. Die *Orestie* sowie die mit ihr verbundenen Texte bilden dabei den zentralen Kern eines Komplexes, der Bataille bis zu seinem Tode unter dem Titel *L'Impossible* beschäftigen wird: Das Konvolut mit den dazugehörenden Texten lag noch an seinem Ende auf dem Nachttisch.[10]

Das Theater des Buches, das Bataille hier entwickelt, ist ein Theater des Lachens, das die innere Erfahrung dramatisiert: das Heterogene, das Andere wird zum Sprechen gebracht, um den Leser zu einer Dramatisierung seiner selbst zu verpflichten, wie nur das Texttheater Sades es in dieser Weise vermocht hatte.[11] Denn das Lachen verbindet für ihn zwei Formen der Erkenntnis: eine emotionale, streng kommunitäre und eine diskursive Erkenntnis.[12] Damit privilegiert Bataille die Ambivalenz des Lachens, eines Lachens sowohl über den lustigen Gegenstand als auch über den Tod.

Lachen und Weinen: Zwischen Tragödie und Komödie

In einem Brief an den noch im Exil in den U.S.A. weilenden André Masson vom 22. September 1944,[13] also kurz nach der Landung der Alliierten in der Normandie und der Befreiung Frankreichs, hält Bataille das Paradoxon fest, dass die ihn 1942 ereilende Krankheit ihm letztlich seine Freiheit gegeben habe: Zwei erste Bücher sind nun unter seinem eigenen Namen bei Gallimard veröffentlicht – *L'Expérience intérieure* 1943 und *Le Coupable* 1944 –, zwei weitere unter Pseudonymen bei kleinen Verlagen – Pierre Angélique, *Madame Edwarda* 1941, Louis Trente, *Le Petit* 1943. Doch seine tatsächliche literarische Produktivität überstieg bei weitem noch das Genannte: Parallel zu diesen Veröffentlichungen finden wir eine Fülle von Texten, die sich, Genregrenzen überschreitend, vor allem mit theatralen bzw. spektakulären Formen auseinandersetzen oder aber sich konkret auf das Theater bzw. Weisen der Theatralisierung beziehen.[14]

Ist eine Zeit des gesellschaftlichen Chaos also besonders fruchtbar für die Literatur? Und insbesondere für den theatralen Text? Die Texte Batailles, die um das Theater im weitesten Sinne kreisen, bringen ein Phänomen ins Spiel, das Bataille seit 1920, wie er in *L'Expérience intérieure* notiert,[15] beschäftigt und das im Zentrum nicht nur dieses Buches, dem chronologisch vorausgehenden *Le*

Coupable[16] und des ihm folgenden *Sur Nietzsche*[17] stehen wird, sondern auch das Element ist, das die Frage des Theaters und der Theatralität nun gebündelt auf den Plan bringt:[18] das Lachen.

1920 hatte Bataille Henri Bergson, den Autor von *Le Rire*, in London kennengelernt. Person und Buch hatten ihn jedoch, wie er festhält, gleichermaßen enttäuscht. Geblieben hingegen war, nun als „Schlüsselfrage", die „Frage des verborgen gebliebenen Sinns des Lachens". Ein euphorisches Lachen hatte lange – so notiert er an derselben Stelle – sein Leben gekennzeichnet. Doch von diesem Lachen, das einer Erfahrung der Leere schließlich Platz gemacht hatte, geht die neue Fragestellung aus: „J'étais brisé, dissous d'avoir trop ri, tel, déprimé, je me trouvais: le monstre inconsistant, vide de sens et de volontés que j'étais, me fit peur."[19] Im Lachen manifestiert sich das den Menschen Kennzeichnende, das Bataille schon in seinen Vorträgen am Collège de Sociologie 1938, in denen es um die Spezifik menschlicher gegenüber tierischer Formen von Gesellschaft ging, als eine Kommunikation auffasste, die sowohl eine *unmittelbare* als auch eine *mittelbare Interattraktion* mit ins Spiel bringt.[20]

Das Lachen konfrontiert mit dem Tod, doch im gemeinschaftlichen Lachen dominiert die unmittelbar verbindende Kraft der Freude. Ausgehend von Erkenntnissen der Entwicklungspsychologie, formuliert Bataille neue Einsichten zum Lachen: Im Gegensatz zu dem Psychologen C.W. Valentine nimmt er nicht als erstes Lachen des Kindes das Lachen des Wiedererkennens an, sondern insistiert auf einem ihm vorausgehenden ersten Lachen gegenstandsloser Freude, das *unvermittelt* zwischen Mutter bzw. Erwachsenen und Kind die Kraft einer *Interattraktion* manifestiere, wie sie auch im animalischen Bereich für Gemeinschaftsbildung bestimmend ist.[21] Das singuläre Lachen über einen Toten – eine misslungene Form des Lachens (*rire échoué*), da es schwerlich den Gegenstand, an dem es sich entzündet, in einem gemeinschaftlichen Lachen vergessen ließe – zitiert Bataille als paradigmatisch für das *vermittelte* Lachen, das im späteren menschlichen Entwicklungsprozess dominieren wird. Es lässt ihn einen verdeckten Kern des Lachens fassen, der ihn den Tränen nahebringt: Indem diese Tränen gerade eine Unterbrechung der Kommunikation markieren, weisen sie gleichzeitig auf ihre Funktion hin, eine Verbindung mit anderen Mitteln herzustellen: letztlich bedeuten Tränen für Bataille einen Lustgewinn *sur le mode tragique.*[22]

Die Epiphänomene des Lachens und Weinens, die die physische Wirkung des Theaters, von Komödie und Tragödie, ausmachen, führen Bataille dazu, nun genauer den Kern einzukreisen, um den herum sich Gesellschaft als ein *être composé,* ein „zusammengesetztes Wesen" und nicht als Organismus oder strukturloses Chaos herausbildet: Dieser Kern ist ein Heiliges (*Sacré*), das zugleich anzieht und abstößt und das mit Bildern des Heterogenen arbeitet.

Das Heterogene steht also im Zentrum des Theaters, das es dramatisiert und so Gemeinschaft im Lachen oder Gemeinschaft im Weinen gerade über die Hervorrufung einer affektiven Erfahrung ermöglicht. Dabei scheinen Tragisches und Komisches dieselbe Quelle zu haben, doch das Tragische setzt einen Glauben, ein Firmament voraus, das das ambivalente Heilige, das Verbrechen, in ein hohes Heiliges transformiert.

In den Texten von 1938 scheint Bataille noch dem tragischen Schrecken den Vorzug zu geben; gegenüber der „Unerträglichkeit [...] unvermittelter vulgärer menschlicher Beziehungen" hebt er hervor, dass „erst mit einem gewissen tragischen Schrecken, der auf dem Leben laste, dieses zutiefst menschlich" werde.[23] Die Tragödie situiert Bataille innerhalb einer heiligen Einfriedung. Er sieht sie von einer profanen Region umgeben, die Wellen von Gelächter durchwogen. Da sie von Bildern wie denen der Komödie ausgelöst würden, sei die Komödie zwar nahe am heiligen Bezirk, doch *vor* seinen Mauern anzusiedeln.[24]

Für Bataille wird, wie er notiert, mit diesem anschaulich szenischen Bild das „Wesentliche" der Spezifik menschlicher Gesellschaft ausgedrückt: Die Verbindung der Menschen ist nicht unmittelbar, sie knüpft sich um einen verschwiegenen Kern herum, den das Ausgeschlossene bzw. Heterogene kennzeichnet und von dem gerade die Tragödie und in zweiter Instanz die Komödie sprechen. Theater (Tragödie und Komödie) bringt mit dem gemeinschaftsbildenden Weinen bzw. Lachen den verschwiegenen Grund der Gesellschaft zum Sprechen, ebenso wie den unbewussten Grund des Einzelnen: Denn Weinen und Lachen werden über Bilder des Heterogenen hervorgerufen – die tragische Handlung stellt das tragische Verbrechen in den Mittelpunkt; einen Glauben voraussetzend kreist sie um ein ambivalentes Heiliges, um ein kriminelles Opfer, das ein niederes *sacré* (das Verbrechen) in ein *sacré noble* transformiert. Die komische Handlung hingegen bearbeitet den Kern eines abjekten Heiligen, dessen Negativität jedoch von der Positivität gemeinschaftlicher Freude überlagert wird.[25] 1938 ordnet Bataille deshalb noch topisch die Komödie, das Lachen, der Tragödie unter.

In den ersten Kriegsjahren wird sich diese Gewichtung verschieben. Hier spielen einerseits die innere Erfahrung und die Erfahrung des Krieges, andererseits die Fortsetzung der intensiven Auseinandersetzung mit Nietzsche eine Rolle.

Das Lachen wird zum *heiligen* Lachen. Die Erfahrung der Tragödie wird als Dramatisierung des Seins zur Erfahrung einer Komödie. Die Parallele des Lachens mit der Ekstase und der erotischen Erfahrung enthüllt sich vor einem Hintergrund, der durch das Zerreißen des Papphimmels der Tragödie gekennzeichnet ist. Orest wird zur zentralen Figur: ein Orest im Puppentheater, wie ihn Anselmo Paleari im 12. Kapitel von Luigi Pirandellos *Il fu Matteo Pascal* von 1904 beschreibt:

> Se, nel momento culminante, proprio quando la marionetta che rappresenta Oreste è per vendicare la morte del padre sopra Egisto e la madre, si facesse uno strappo nel cielo di carta del teatrino, che averebbe? [...] Oreste rimarrebbe sconcertato da quel buco del cielo. [...] Oreste sentirebbe ancora gl'impulsi della vendetta, vorrebbe seguirli con smaniosa passione, ma gli occhi, sul punto, gli andrebbero lì, a quello strappo, donde ora ogni sorta di mali influssi penetrebbero nella scena, e si sentirebbe cader la braccia. Oreste, insomma, diventerebbe Amleto. *Tutta la differenza* [...] *fra la tragedia antica e la moderna consiste in ciò [...]: in un buco nel cielo di carta.* (Hvh. v. HF)[26]

Bataille geht noch weiter, wie aus einer Passage aus *Sur Nietzsche* deutlich wird: Der Riss im Dekor ist dort für ihn geradezu *komisch*, wie er in einem Vergleich mit einer alles entreißenden Liebe, die den Tod vergegenwärtige, formuliert. Durch sie stelle sich eine Komplizenschaft mit dem Un-Sinn der Welt ein und ihr leerer und freier Grund scheine auf.[27] Die Tragödie wird zu einer Komödie, welche die Tragödie einschließt und überwindet. Mit dem Zerreißen des Firmaments, mit dem Tod Gottes wird die tragische Figur zur komischen. Der Tod, die Schuld, die Liebe erhalten einen anderen Stellenwert.

Wird in seiner *Histoire de l'œil* (1928) und in *Le Bleu du ciel* (1935) die mythische Figur Don Juans und – mit dem Komtur, dem Gespenst des (blinden) Vaters – auch Ödipus evoziert, so ist nun Orest, *Être Oreste*, das zentrale Thema mehrerer Texte, die Bataille im Zeitraum von 1942 bis 1946 schreibt, doch nur zum Teil zu Lebzeiten veröffentlicht hat. Dieser Orest wird nicht wie bei Pirandello zu einem Hamlet. Vor dem zerrissenen Firmament bricht er in heiliges Gelächter aus: Er nimmt sein Begehren auf sich, durchquert das Begehren der Mutter, indem er den Tod akzeptiert, und entkommt so, in Ekstase lachend, den Erinnyen. Ich werde noch auf ihn zurückkommen.

Theatralisierung einer inneren Erfahrung (1941–44):
Unterwegs zum Unmöglichen

Was hat den Himmel zerrissen bzw. was lässt ihn als zerfetzten, papierenen Theaterhimmel erfahren, der ein Gelächter hervorruft? Warum muss sich diese Erfahrung schreiben bzw. warum drängt sie, trotz ihrer Berührung mit dem Unmöglichen, nach Mitteilung?

Einbrüche des Unmöglichen im privaten wie im gesellschaftlichen Bereich sind Batailles Ausgangspunkt: Persönliche Wirren und Leid treffen zusammen mit dem Chaos einer Gesellschaft, die das Heterogene ausgeschlossen hatte und ihm nun in den Wirren des Krieges eine Bühne gibt. Bataille hatte vorausblickend die Gefahr eines Krieges mit *Contre-attaque*, dem *Collège de Sociologie*, mit *Acéphale* und, noch zu Kriegsbeginn, mit dem *Collège Socratique* zu parieren gesucht. Zugleich sieht er nun seine Theorie im *acting out* der Greuel des Krieges bestätigt.[28]

Der Tod seiner Gefährtin Laure im November 1938 leitet eine Reihe von persönlichen Auseinandersetzungen mit dem Anderen ein. Zu ihnen gehören die schwere Krankheit, die Bataille zur Aufgabe seiner Stelle an der Bibliothèque Nationale in Paris zwingt, und die mit ihr verbundene innere Krise sowie, seit 1943, die dramatischen Umstände der Verbindung mit Diane Kotchoubey de Beauharnais, die in den Kriegsjahren durch bedrohlich burleske Umstände wie Verfolgung durch deren Ehemann, Flucht und Versteck begleitet sind.[29] Zusammen mit den bei vielfältigen Aufenthalten in der besetzten und der freien Zone gemachten Erfahrungen der Kriegswirren führen diese persönlichen und historischen Umstände zu einer Befragung der „letzten Möglichkeiten" (*possibilités dernières*) wie Ekstase, Chance und Lachen. Sie finden Niederschlag nicht nur in eher reflexiv-diskursiven Texten wie *Le Coupable*, *L'Expérience intérieure* oder *Sur Nietzsche,* sondern bilden auch das Ausgangsmaterial für eine Fülle von fiktiven Texten – Dichtungen, *Récits*, Filmskripte, Romane, in als Tableaux arrangierten Texten, in erotischen Skizzen, Liedlibretti, Komödien- und Tragödienfragmenten. Nur ein Teil davon wird, wenn überhaupt, veröffentlicht, die meisten Texte finden erst nach dem Krieg bzw. posthum einen Verleger.

So fallen in diesen Zeitraum: *Le Coupable,* begonnen zu Kriegsbeginn, September 1939, beendet Oktober 1944 und noch im selben Jahr veröffentlicht; *L'Expérience intérieure,* geschrieben zwischen 1941 und 1943 und 1943 als Buch erschienen; *Sur Nietzsche*, geschrieben von Februar bis August 1944 zum 100. Geburtstag des Philosophen und 1945 publiziert. Neben diesen Werken mit ‚philosophischer' Dominante entstehen in den Jahren 1941 bis 1945 die Erzählung *Madame Edwarda*, 1941; 1942-44 *L'Orestie, Histoire de Rats, Dianus*, zusammen 1947 unter dem Titel *La Haine de la poésie* erschienen; die zwischen August und Dezember 1943 verfaßte Gedichtsammlung *l'Archangélique*, erschienen 1944; die als Verbindung von Bild und Schrift zwischen 1942 und 1945 konzipierte Sammlung heterogener erotischer Texte, *La Tombe de Louis XXX;* der *Récit* einer erotischen Grenzerfahrung, *Le Petit*, geschrieben 1942, erschienen 1943; die 1943 verfaßte, posthum erschienene Erzählung in achtundzwanzig ganzseitigen Tableaux *Le Mort*; aus demselben Jahr, das Dramenfragment *Le Prince Pierre. La divinité du rire. Tragédie* sowie das Bändchen theatraler erotischer Szenen *La Scissiparité*, 1949 veröffentlicht; das Filmskript *La Maison brulée* aus dem Jahre 1944; das Romanfragment *Julie,* das an Racines *Phèdre* sich anlehnende Monologfragment *J'imagine le froid* von 1945 und schließlich zwei Dramenfragmente aus der Nachkriegszeit, die in Motiven und Themen mit der Produktion der Kriegsjahre verbunden sind, *Néron*, szenischer

Versuch in Alexandrinern, der 1951 datiert wird, und *La Cavatine*. *Les Noces de Pulsatilla, bouffonneries en trois actes,* burleske Szenen, die der Produktion des Jahres 1954 zugerechnet werden.

All diese Texte sind nicht eindeutig einer einzigen Textgattung zuzuordnen. Bataille experimentiert mit heterogenen Formen, verbindet Dichtung und Prosa, Bild und Text, dramatische Szene, Lied, Tagebucheintragung und philosophische Reflexion. Elemente aus der hohen Kunst – ein Monologfragment aus Racines *Phèdre*, die Ouvertüre von Mozarts *Don Giovanni* – sollen in einen veristischen Film, so das Filmskript *La Maison brulée*, einmontiert werden, aus burlesk erotischen Szenen niederer Komik entspringen mystische Haltungen. Alle diese Texte kreisen um ein traumatisches Zentrum, das hohes und niederes Heterogenes verbindet. Seine textuellen Indizien generieren eine Theatralität, die nicht nur ein Leserinteresse weckt, sondern sein Begehren in seiner Ambivalenz anzusprechen sucht. Indem diese Indizien Elemente des Realen anführen, die auf den Tod, die Sexualität verweisen, suchen sie die Kraft von Trauer, Schmerz, Leidenschaft und Lust dank eines äußeren Blicks zu bannen, um schließlich Lust und Lachen auszulösen.

Bis in die Letter wird Theatralität über Textstrategien, die die Sinne und das Begehren ansprechen, generiert:[30] Der Leser ist aufgefordert, mit seinem konkreten bzw. inneren Auge und seinem inneren Ohr, das heißt mit der Beteiligung seines konkreten und imaginären Körpers, dem Text einen Schauplatz zu geben. Zum *theatés* machen ihn so beispielsweise vielfältige Stimmqualitäten oder Stimmäußerungen zwischen Körpergeräusch und Schrei, die sowohl durch Schrifttyp als durch Epitheta signifikant werden. Durch innere Reime und Rekurrenzen sprechen sie neben dem lesenden Auge das innere Ohr des Rezipienten an. Auch das Layout des Textes gibt Bataille für den Druck in seinen Manuskripten genau vor: Kursiv- und Fettschrift, Paragraphen- und Seiteneinteilung legen die Bewegung des Auges durch eine Rhetorik des Blicks fest, die gleichzeitig die Wahrnehmung der Bedeutungsebene des Textes beeinflusst: Die handgeschriebenen Seitenentwürfe für das posthum veröffentlichte Buch *Le Mort* sehen für jedes der achtundzwanzig Tableaux eine Seite vor, die den jeweiligen Text in einen schwarzen, 13x19 cm großen Rahmen einfügt. Jedes Tableau soll Szene werden, die der Leser mit seiner Vorstellungskraft auf seinem *anderen* Schauplatz inszeniert.[31] Aus den Entwicklungsstadien des Manuskripts wird weiter deutlich, wie sehr Bataille auf die Vorstellungskraft des Lesers abzielt: Kausalitäten werden gestrichen, die endgültige Version unterdrückt die Handlungsmotivationen, der Text gibt dem Leser zugleich einen Blick vor, den er mit seinem Körper und dessen Erfahrung füllen soll.

Die audiovisuelle Anstrengung, die vom Gehör und Blick des Lesers verlangt wird, beinhaltet die Aktivierung einer zur Öffnung auf das singuläre Imaginäre bereiten Vorstellungskraft und ein extremes, sowohl kulturelles als auch subjektives Gedächtnis. Körperlicher Einsatz ist gefordert, um das affektive Gedächtnis des Heterogenen und Verworfenen zu aktivieren, um es dann auf Unbekanntes zu projizieren. Auf semantischer, stilistischer oder perzeptiver Ebene bedeutet dies das Zusammentreffen von hohem und niederem Heterogenen: So werden literarische Figuren tragischer Unmöglichkeit immer wieder im Zusammenhang mit Batailles Figuren, die das niedere Heterogene szenisch evozieren, auf den Plan gerufen: Racines Phèdre, Andromaque und Oreste, auch die mythischen Figuren Diane, Ödipus und Don Juan. Das geöffnete Geschlecht einer Frau wird beispielsweise zu *le Livre*, zum sakral konnotierten „Buch"; eine skabröse Szene zwischen einer sterbenden neunzigjährigen Prostituierten, einem „herr curé" und „Dieu, une sorte de pavé" wird zum *Oratorio* im selben Buchprojekt, *La Tombe de Louis XXX*.

Auch thematisch kreisen die Texte um das Unmögliche – den Tod, einen, mehrere Tote oder todgeweihte Kranke, Selbstmordsituationen, die Verausgabung und Ekstase provozieren. Gleichzeitig geht es um das Unmögliche, das eine begehrte Frau darstellt als Prostituierte oder Kurtisane, um die Heiligkeit des schamlosen nackten Frauenkörpers, des Geschlechts, um bedrohliche Komturfiguren, die die Lust zu unterbinden suchen, oft in Form von hysterisch kastrierenden Frauen oder gar mordenden Schwestern.

Die innertextuelle Heterogenität der Genres, der Formen, der Stile und Stilebenen, der Gegenstände, Themen und der geforderten Perzeptionsweisen beinhaltet eine Perspektivierung des jeweils tragischen oder komischen Aspekts: Eine Verschiebung der mit den jeweiligen Elementen verbundenen affektiven Evaluation hat eine Umwertung zur Folge, die die Abstoßungskraft als Anziehungskraft und umgekehrt erfahren lässt. Diesem Kontrast entspringt ein Lachen, das *heilige Lachen*, das einer Solidarität von hohem und niedrigem Heterogenen gewahr wird.[32] Die tragische Situation wird komisch, die erotische Erfahrung mystisch und umgekehrt.

Dramatisierung und Dichtung: Hass und Theater der Poesie

Die genannten Texte kreisen das Unmögliche ein und nähern sich ihm durch eine Theatralisierung an, die das Heterogene in Form und Inhalt auf eine Weise zitiert, die die körperliche Beteiligung des Rezipienten fordert. Diese Theatralisierung, die letztlich ein Lachen auslöst, nimmt eine Methode auf, die Bataille als *Dramatisierung des Seins* für den Weg zur Ekstase entwickelt hat und die in *L'Expérience intérieure* und *Le Coupable* dargelegt wird: Die Dramatisierung des Seins erlaubt, die eigenen Grenzen zu sprengen, ihr entspringt ein „komisches, ein törichtes Element, das in Lachen umschlägt".[33] Lachen setzt Dramatisieren voraus, doch dieses Dramatisieren hat noch eine zweite Bedeutung: Sie beinhaltet den Willen, über den Diskurs hinauszugehen, die reine Aussage zu überschreiten. Hierin beruht ihre Verbindung zum Theater:

> D'où l'art dramatique utilisant la sensation, non discursive, s'efforçant de frapper, pour cela imitant le bruit du vent et tâchant de glacer – comme par contagion: il fait trembler sur scène un personnage (plutôt que recourir à ces grossiers moyens, le philosophe s'entoure de signes narcotiques).[34]

Auch der Dichter nutzt, wie die Theaterkunst, die Empfindung, und er bringt sie mit Signifikanten hervor, die anstecken, aber auch, wie beim Philosophen, narkotisch wirken können: Es sind Signifikanten, die faszinieren, die Interesse wecken, Begehren, Affekte fixieren. Damit schaffen sie ein Band, wie dies die Projektion des das Ich überschreitenden Objektpunktes mit Hilfe von Bildern oder Worten bei der Meditation erreicht. Dieses Band kann über das von ihnen hervorgerufene Lachen auch mit den Zuständen diffuser Kommunikation verglichen werden, die, wie das Glücksgefühl, in der Meditation die Projektion in die Ekstase unterstützen.[35] Ebenso führt Poesie über das diskursive Erfassen der Wörter hinaus, sucht, die ihnen verbundenen Affekte und Gedächtnisspuren freizulegen, um sich in einem „Opfer der Wörter" dem Unbekannten anzunähern.[37] Doch dieser *holocauste des mots*[36] bleibt unvollständig: Zwar zieht der Hass *der* Poesie ein Opfer – sowohl auf der Ebene der Wörter als auch der Handlung – nach sich: „Oreste et Phèdre ravagés sont à la Poésie ce que la victime est au sacrifice."[38] Und seine Aktion zwingt den Leser, das Vertraute im Fremden und damit auch sich selbst aufzulösen.[39] Doch diese Auflösung gelingt nicht vollkommen: „les mots, les images dissoutes, sont chargés d'émotions déjà éprouvées, fixées à des objets qui les lient au connu."[40]

Dichtung sei nur eine wiedergutmachende Verwüstung, stellt Bataille im Zusammenhang mit Marcel Proust fest.[41] Sie gebe der nagenden Zeit das wieder, was ein eitler Stumpfsinn ihr entrissen habe, löse die Trugbilder einer geordneten Welt auf.[42] Damit kehre aber Poesie zum Möglichen zurück, paralysiere das Unmögliche in einem Zeichen, wie Prousts *madeleine*. Da Poesie das Nicht-Darstellbare, das Unmögliche in Formen kleidet, die über ein affektives Erinnerungspotential letztlich Vertrautes evozieren, ist zugleich Hass *auf* die Poesie als ein Hass auf die Bezeichnung angesagt.

Unter dem Titel *Haine de la Poésie* veröffentlicht Bataille 1947 seine zwischen 1942 und 1944 geschriebene *Orestie* sowie *Histoire de Rats* und *Dianus*. In dieser ersten Ausgabe folgen der *Orestie* die beiden, über die Figur des Dianus verbundenen Texte. In der noch zu Lebzeiten projektierten Neuausgabe, unter dem Titel *L'Impossible* 1962 erschienen, ist die Reihenfolge umgekehrt: der Tragödienstoff ist ans Ende gestellt, das Satyrspiel gibt den Auftakt. Batailles *Orestie* verbindet singuläre innere Erfahrung[43] mit der Figur des Orest, der in

Racines *Andromaque* als derjenige erscheint, der dem, von der geliebten Hermione geäußerten Begehren zuvorkommt, ihren Feind Pyrrhus tötet, doch von der über diesen Tod Verzweifelten einer falschen Interpretation ihres *désir* bezichtigt, über ihren Selbstmord wahnsinnig und von den Erinnyen verfolgt wird.

Das „Ich" der *Orestie* – die aus den Teilen *La discorde, Moi, Le Toit du Temple, Je me jette chez les morts* und *Être Oreste* besteht – vergleicht „seine in der Nacht geführte Existenz" mit der „eines Liebhabers beim Tod des geliebten Wesens", mit einem Orest, der sich als unwillentliche Ursache des Todes der Geliebten erkennt. Dieser Orest wird indirekt zum Mörder der Geliebten dadurch, dass er das weibliche Begehren durchquert. Er entkommt den Erinnyen der mütterlichen Rache, indem er in der Dramatisierung seiner Existenz gerade dies erkennt und darüber lacht.[44]

Die genannten Teile des Textes alternieren, durch die Letternqualität getrennt: direkter subjektiver Erfahrung entsprungene poetische Evokationen[45] sind in Normalschrift, diese reflektierende Teile in Kursivschrift gedruckt. Das Ich wird zur Theaterbühne, in Anlehnung an Mallarmés *Igitur*: Es spielt den Abstieg ins Gedächtnis, der nun der des Erzählers in Nervals *Nuits d'Octobre* ist; es liest Racines *Bérénice* wie Igiturs unentzifferbare Schrift (*grimoire*). Rimbauds *Je devins un opéra fabuleux* wird hier als Attitüde reflektiert. Die individuelle Tragödie, im Lichte der poetischen Haltungen gebrochen, wird zur Komödie, denn dieses intime Theater vollzieht sich angesichts eines zerrissenen Firmaments, das gerade in die Nacht die Luzidität einführt.

Die Tragödie wird gefolgt von einem zweiten und dritten Teil, *Histoire de Rats (Journal de Dianus)* und von *Dianus (Notes tirées des carnets de Monsignor Alpha)*. Das Tagebuch eines Toten und die, die Todesumstände erzählenden Notizen zeigen die andere Seite der Nacht, geben die niedere Version des in der Tragödie in hoher Form evozierten Heterogenen. In der Erstveröffentlichung schickte Bataille diesen beiden Teilen eine Notiz voraus, in der er sich außerstande erklärt, die Verbindung der heterogenen Teile des Buches zu erklären, doch zugleich darauf hinweist, dass gemäß seiner Erfahrung diese Verbindung gerade das „Unvermeidliche" übersetze.

Racine, der in Batailles Auseinandersetzung mit der Tragödie und der Dichtung einer seiner Hauptzeugen ist, liefert hier das *missing link*: Zum 250. Geburtstag Racines weist Bataille am Ende eines Textes in *Critique* 1949 auf die beiden Wappentiere des Dichters hin: neben dem Schwan figurierte die Ratte im Familienwappen, doch Racine, den es vor der Ratte grauste, habe ihre Tilgung erreicht, und so sei nur der Schwan als Symbol des Dichters und der Dichtung im Wappen verblieben: „Il manifestait de cette façon une aversion pour un symbole de sinistre virilité, un goût accentué pour la grâce féminine."[46] Die Unterdrückung der Ratte im Wappen scheint Bataille aber auch für die Tragödie signifikant: Denn auch sie schließt ebenfalls das niedere Heterogene aus. Ihr Wesen sei nicht nur Schweigen, sondern vor allem Unbewusstheit (*inconscience*): „La tragédie est le cri qui donne à l'horreur de la nuit le pouvoir d'énivrer. Mais elle éloigne de la lucidité. Tout en elle se dérobe, elle est pudeur et grâce, elle fascine et jamais n'invite à percer le mystère de la nuit."[47]

Diese Unbewusstheit durchbrechen gerade die der *Orestie* folgenden Teile, unter anderem auch mit der Geschichte, die dem zweiten Teil den Namen gegeben hat und die ebenfalls mit der Biographie Marcel Prousts verbunden ist. Das Tagebuch des toten Dianus, die „Rattengeschichte", erzählt die Agonie eines Todkranken, der seinen Zustand im Warten auf die ihm verwehrte Geliebte bis zur Halluzination und Ekstase dramatisiert. Sie ist in einer verlassenen, Batailles Aufenthalt 1942 in Tilly in der Normandie wachrufenden Gegend situiert und spielt in einer desolaten Winterlandschaft. Erinnerungen an Ausschweifungen in Nachtclubs, an Prousts solitäres Vergnügen mit einer Ratte,[48] lassen in der Agonie und im Warten den Icherzähler seine Existenz als eine Komödie, die die Tragödie einschließt, erfahren. Die Zuspitzung der Situation – ein in letzter Minute verhinderter Selbstmord im Schneetreiben – verdankt sich letztlich einem vaudevillesken Umstand: ein nicht ausgelieferter Brief der Geliebten – der Briefträger hatte sich in der Ausübung seiner Pflichten zu lange in Kneipen aufgewärmt – hätte eben die Verzweiflung anhalten können. Der die Verbindung hintertreibende Vater war nun tot, die Ereignisse der vergangenen Nacht, ja die dort erlebte Luzidität, werden im Nachhinein als Komödie einer Tragödie erfahren. Wie Don Juan triumphierend, wird das ganze Leben Spektakel und offenbart seinen heterogenen Grund angesichts der geliebten Frau, die beim toten Vater Wache hält.[49]

Der dritte Teil *Dianus* perspektiviert, nach dem Tode des Protagonisten, aus der Sicht seines Bruders, eines libertinen Monsignore Alpha, diese Suche nach dem Unmöglichen. Ein Epilog, in Kursivschrift, in dem unter anderem der Religion vorgeworfen wird, dass sie die Tragödie, die *Spiel* sei, vermische mit dem *Ernst*, der Zeichen der Arbeit sei, endet mit einem Hyänenlächeln (*sourire de hyène*) von Dianus' letzter Geliebter, die nackt sich ihm anbietet.

Mit diesem ambivalenten Bild, das die Solidarität von Liebe und Tod in einer grotesk lächerlichen Szene inszeniert, schloss die Erstausgabe des Buches. Die Inversion der Textfolge gibt 1962 der *Orestie* das letzte Wort. Es ist Hermiones Selbstmord gewidmet, der sie auf das Unbekannte öffnet: „Elle ne peut reconnaître en l'espèce de la nuit ‚ce qu'elle attendait'." („In einer derartigen Nacht konnte sie nicht das erkennen, ‚was sie erwartet hat'.").[50] Eine Variante markiert, dass das Begehren nicht im voraus wissen kann, dass es Begehren nach der eigenen Negation sei.[51] Und die in diesem dritten Manuskript folgenden Notizen zu *Le devenir Oreste ou L'exercice de la Méditation*[52] geben auch die Begründung für diese Inversion der Buchteile: Die poetische Erfahrung habe einen Sinn dank ihrer komischen Natur, sie sei dem entwickelten Menschen zugänglich, während der Zustand Orests es nicht sei. Denn seine Schreie drückten nur bedingt die Bedürfnisse dieser Figur aus: vor allem jedoch sprächen sie die Bedürfnisse des Zuschauers (Lesers) an. Bataille erfasst hier, dass die Rede der Tragödie immer auch einen Adressaten außerhalb der Bühne hat, zugleich an die Mitspieler und an das Publikum gerichtet ist. Damit weist er darauf hin, dass die Tragödie letztlich der Versuch einer *Kommunikation* des Unmöglichen ist.

Gerade weil er über eine Theatralität des Heterogenen den Leser als Subjekt fordert, mit seinem Körper, mit seinem Begehren und Imaginären, sucht auch der moderne poetische Text, Theater zu werden. Doch es bleibt, wie Bataille zu Lautréamont notiert, noch der antiken Tragödie vorbehalten, die „Bibel des Unbewussten", man könnte anfügen, des Unmöglichen, zu sein: „Lautréamont comme bible de *l'inconscient*, en réalité cette bible est encore la tragédie antique, poésie faite par tous."[52]

Der moderne Text, Batailles *Orestie* wie auch all seine um das Theater kreisenden Texte haben dieses unerreichte – unmögliche? – Modell vor Augen. Doch der Himmel über dem *theatron* und über der *skenè* hat sich als zerrissener Papphimmel erwiesen. Bleibt also der Schauplatz der inneren Bühne, das Theater des Buches, das die zerstörende Kraft der Poesie als Hass auf eine bestimmte, im Möglichen steckenbleibende Poesie inszeniert.

März 1998

Anmerkungen

1 Abgedruckt in *L'Infini* 56, 1996, S. 3–10 unter dem Titel „Lecture publique d'une pièce de théâtre. Fragment d'un texte", aufgenommen in Claude Simon, *Le Jardin des Plantes*, Paris 1997, S. 332–345; weitere Berichte zu diesem Abend vgl. Simone de Beauvoir, *La Force de l'âge*, Paris 1960, S. 655-658; Aliette Armel, *Michel Leiris*, Paris 1997, S. 435ff.
2 Vgl. Gilbert und Jean-Robert Ragache, *Des écrivains et des artistes sous l'occupation 1940–45*, Paris 1988.
3 Pablo Picasso, *Le Désir attrapé par la queue,* Paris 1989.
4 Claude Simon, wie auch Simone de Beauvoir unterstreichen in ihren Berichten von dem Theaterabend diesen subversiven, auf Verausgabung zielenden Aspekt. Auch das Opfer ist implizit präsent mit dem Portrait Max Jacobs inmitten der improvisierten Bühne, zu dessen Gedenkfeier in der Kirche Saint Roch – Jacob ist nach seiner Inhaftierung im Sammellager Drancy Anfang März umgekommen – Michel Leiris in der Frühe des folgenden Morgens gehen wird (vgl. A. Armel, *Michel Leiris*, S. 435).
5 Vgl. Bernd Mattheus, *George Bataille. Eine Thanatographie*, Bd. II, München 1988, S. 49 u. 103.

6   Vgl. Brief an Michel Leiris von Ende Juni 1943 aus Vézelay, in: G. Bataille, *Choix de lettres 1917–1962*, hrsg. v. Michel Surya, Paris 1997, S. 194 .

7   Vgl. Georges Bataille, *Œuvres complètes* III, Paris 1971, S. 519; Bd. V, Paris 1973, S. 128 u. 470.

8   Vgl. die Erstveröffentlichung unter dem Titel *L'Orestie*, Paris 1945; einzelne Gedichte des Textes wurden schon 1943 und 1945 in Zeitschriften publiziert, vgl. G. Bataille, *Œuvres complètes* III, S. 522ff.

9   Die *Orestie*, gefolgt von *Histoire de rats* und *Dianus* wird unter diesem Titel 1947 beim Verlag *Éditions de Minuit* veröffentlicht. Die noch von Bataille vorgesehene posthume Veröffentlichung unter dem Titel *L'Impossible*, Paris 1962, invertiert die Ordnung und modifiziert damit den Sinn des Zusammenspiels von Komödie und Tragödie, worauf ich noch zurückkommen werde.

10 Handschriftliche Notiz auf dem Manuskript BN 16 D, DP-I-167 zu *L'Impossible*: „texte sur la table de chevet". An dieser Stelle sei Frau Anne Angrémy, der für das Département des Manuscrits verantwortliche Konservatorin in der Bibliothèque Nationale Paris, gedankt für ihre zuvorkommende Hilfe bei der Bereitstellung der Manuskripte zum behandelten Themenkomplex.

11 Vgl. Philippe Sollers, „Sade dans le temps", in: Ders., *Sade contre l'Être Suprême*, précédé de *Sade dans le temps,* Paris 1996, S. 9–54; Helga Finter, „Anmerkungen zu Sades Theater der anderen Szene und seiner Übersetzung", in: *Programmheft zu „Marquis de Sade, Die Philosophie im Boudoir"* (Regie: André Wilms), Theater im Marstall, München 1997.

12 Vgl. G. Bataille, *Œuvres complètes* V, S. 11.

13 Abgedruckt in: G. Bataille, *Choix de lettres*, S. 216.

14 Sie sind abgedruckt in G. Bataille, *Œuvres complètes* III und IV.

15 Vgl. G. Bataille, *Œuvres complètes* V (veröffentlicht 1944), S. 80.

16 Vgl. ebd.

17 Vgl. G. Bataille, *Œuvres complètes* VI.

18 Auf Textstrategien der Theatralisierung im Zusammenhang mit dem Lachen in früheren Texten bin ich im Hinblick auf *Le Bleu du ciel* (1935) und die Figur des Don Giovanni eingegangen in H. Finter, „Das Lachen Don Giovannis. Zu Georges Batailles Rezeption des *dissoluto punito*" (in: Peter Csobádi et al. (Hrsg.), *Das Phänomen Mozart im 20. Jahrhundert*, Salzburg 1991, S. 639–660), in diesem Band S. 141–157, sowie „Heterologie und Repräsentation. Strategien des Lachens. Zu Georges Batailles *Le Bleu du ciel*", in: H. Finter/Georg Maag (Hrsg.), *Bataille lesen. Die Schrift und das Unmögliche*, München 1992, S. 13–31.

19 Vgl. G. Bataille, *Œuvres complètes* V, S. 80: „Ich war gebrochen, vom zu vielen Lachen aufgelöst, dergestalt deprimiert fand ich mich wieder: das inkonsistente, von Sinn und Willenskräften entleerte Monster, das ich war, machte mir Angst." (Übers. v. HF)

20 Vgl. G. Bataille, „Attraction et répulsion: I. Tropismes, sexualité, rire et larmes" (Vortrag vom 22. Januar 1938) sowie „Attraction et répulsion: II. La structure sociale" (Vortrag vom 5. Februar 1938), in: Denis Hollier (Hrsg.), *Le Collège de Sociologie 1937–1939*, Paris 1979 und 1995, S. 120–168; Bataille diskutiert hier die These der Interattraktion von Etienne Rabaud, *Phénomène sociale et sociétés animales*, Paris 1937; zu seiner Kritik vgl. D. Hollier, *Le Collège*, S. 90, Anm. 2.

21 Vgl. C.W. Valentine, „La psychologie génétique du rire", in: *Journal de Psychologie normale et pathologique* 1936, S. 641–672.
22 Vgl. G. Bataille, *Œuvres complètes* VI, S. 70.
23 Vgl. D. Hollier, *Le Collège*, S. 141f.
24 Vgl. ebd., S. 146.
25 Dieser heimliche Grund weist auf René Girard als Leser Batailles hin, obwohl er ihn in seinem Werk nur selten nennt. Vgl. zum Beispiel René Girard/Jean Michel Oughourlian/Guy Lefort, *Des choses cachées depuis la fondation du monde*, Paris 1978; die Theorie des Heterogenen zeigt hier schon ihren künftigen Einfluss auf das Denken Julia Kristevas z.B. in *Pouvoirs de l'horreur. Essai sur l'abjection*, Paris 1980. Auf die offensichtliche Auseinandersetzung Batailles mit Freud kann in diesem Zusammenhang nicht eingegangen werden.
26 Luigi Pirandello, *Il fu Mattia Pascal. Romanzo* (1904/1921). Die französische Ausgabe erschien 1910 bei Calman Lévy. 1925 erneuerte Marcel l'Herbiers Film *Feu Mathias Pascal* das Interesse am Buch. Zitiert wird nach der Ausgabe von Mondadori, Mailand 1965, S. 163; dt: *Die Wandlungen des Mattia Pascal. Das Abenteuer der Freiheit*, übers. v. Edgar Wiegand, Berlin 1955, S. 115: „Wenn auf dem Höhepunkt, also gerade wenn die Marionette, die Orest darstellt, im Begriff ist, den Tod des Vaters an Aegisth und der Mutter zu rächen, plötzlich ein Riß in dem papiernen Himmel des kleinen Theaters entstünde – was würde dann geschehen? [...] Orest würde noch den Impuls der Rache fühlen, würde mit rasender Leidenschaft ihm folgen, aber die Augen würden sofort zu dem Riß gehen, von dem nun jede Art böser Einflüsse in die Szene dringen würde, und er würde fühlen, wie ihm die Arme sinken. Kurz, Orest würde Hamlet werden. Der ganze Unterschied [...] zwischen der antiken und der modernen Tragödie [...] besteht darin: in einem Loch im papiernen Himmel."
27 Vgl. G. Bataille, *Œuvres complètes* VI, S. 76: „Dans la mesure où il rend la mort présente – *comme la déchirure comique d'un décor* – l'amour a le pouvoir d'arracher les nues. Tout est simple! À travers l'arrachement, je vois: comme si j'étais le complice de tout le non-sens du monde, le fond vide et libre apparaît." (Hvh. v. HF)
28 In Zeiten der Political Correctness ist es geläufig geworden, Bataille (‚ungesunde') Faszination am Kriege zu unterstellen, ihn gar faschistischer Neigungen zu bezichtigen (vgl. u.a. M. Surya, *Georges Bataille. La Mort à l'œuvre*, Paris 1987, S. 290ff; Bernard Sichère, „Bataille et les fascistes", in: *La Règle du Jeu* 8, 1992 und 9, 1993). Der blinden Verausgabung im *acting out* des Verdrängten stellte Bataille jedoch die bewusste Verausgabung und vor allem den Versuch, sie zu denken, gegenüber. Vgl. das Dossier „Georges Bataille – *La conjuration sacrée*", in: *Art press* 231, 1998, S. 26–31, in dem Marina Galleti (vgl. dies., *La congiura sacra*, Rom 1997) das Projekt der Geheimgesellschaft *Acéphale* analysiert.
29 Vgl. zu den Jahren 1938–1945 die Biographien von M. Surya, *Georges Bataille* und vor allem von B. Mattheus, *Georges Bataille. Eine Thanatographie* II, München 1988.
30 Ähnliche Verfahren der Theatralisierung sind schon in *Le Bleu du ciel* festzustellen, vgl. H. Finter, „Heterologie und Repräsentation. Strategien des Lachens. Zu Georges Batailles *Bleu du Ciel*", in: H. Finter/G. Maag (Hrsg.), *Bataille lesen*, S. 13–31.
31 Vgl. Manuskript Ms 152, BN Paris zu *L'Impossible*.

32 Zu dieser Strategie der Darstellung des Heterogenen, vgl. G. Bataille, *Œuvres complètes* II, S. 163–164 sowie H. Finter, „Heterologie und Repräsentation", S. 17f.
33 Vgl. G. Bataille, *Œuvres complètes* V, S. 23: „De cette façon de dramatiser – souvent forcée – ressort un élément de comédie, de sottise, qui tourne au rire".
34 Vgl. ebd., S. 26: „Daher die Kunst des Theaters, die eine nicht-diskursive Empfindung benützt, sich anstrengt zu treffen, deshalb das Rauschen des Windes nachahmt und versucht, [vor Schreck] erstarren zu lassen – wie durch Ansteckung: es lässt auf der Bühne eine Person zittern (anstatt auf diese groben Mittel zu rekurrieren, umgibt sich der Philosoph eher mit narkotischen Zeichen." (Übers. v. HF)
35 Ebd., S. 139ff.
36 Ebd., S. 17.
37 Ebd., S. 156ff.
38 Ebd., S. 169: „Der zerstörte Orest, die zerstörte Phaedra haben für die Poesie den gleichen Stellenwert wie das Opfer für die Opferhandlung".
39 Ebd., V, S. 17.
40 Ebd., S. 17: „[....] die Worte, die aufgelösten Bilder sind mit schon empfundenen Emotionen aufgeladen, an Gegenstände fixiert, die sie mit Bekanntem verbinden."
41 Ebd., S. 169ff.
42 Ebd.
43 Nicht nur Namen bzw. Namenskürzel wie Dianus oder B. für Diane de Kotchoubey de Beauharnais wie auch diegetische Elemente im zweiten und dritten Teil weisen auf autographisches Material hin, sondern auch schon der Zustand des Manuskripts des ersten Teils legt direkte Antworten auf private Krisensituationen nahe: einzelne Passagen des Manuskripts bestehen aus ausgerissenen Kalenderblättern, die von der Zeit der Krankheit und inneren Krise 1942–43, ja selbst aus der Zeit kurz nach Laures Tod datieren. Vgl. Manuskript BN Boîte 13 B zu *L'Impossible*.
44 Diesen Aspekt der *Orestie* hebt Ph. Sollers in *Les Passions de Francis Bacon*, Paris 1996, S. 26ff hervor.
45 Dies wird nicht nur auf der inhaltlichen Ebene des Textes deutlich, sondern ist direkt auch aus dem Manuskript erkenntlich: die schon genannten herausgerissenen Kalenderblätter, so vor allem für einzelne Gedichte von *La discorde* und *Moi*, aber auch die sich oft auflösenden Schriftzüge, nun in Blei- und Buntstift gerade in dem Manuskriptteil der später in normalen Lettern gedruckten Kapiteln der Orestie, weisen auf ein, in einer Krisensituation erfolgtes Schreiben hin.
46 Vgl. G. Bataille, *Œuvres complètes* XI, S. 500: „Er manifestierte auf diese Weise eine Aversion gegen ein Symbol finsterer Männlichkeit und einen akzentuierten Geschmack für die weibliche Grazie."
47 Ebd., S. 501: „Die Tragödie ist der Schrei, der dem Schrecken der Nacht die Macht zu berauschen gibt. Doch sie entfernt von der Klarsicht. Alles in ihr entzieht sich, sie ist Scham und Grazie, sie fasziniert und niemals lädt sie dazu ein, das Geheimnis der Nacht zu durchdringen."
48 Vgl. G. Bataille, *Œuvres complètes* III, S. 122.
49 *Le Mort* und *Julie* entwickeln diesen Stoff weiter.
50 Vgl. G. Bataille, *Œuvres complètes* III, S. 223
51 Vgl. ebd., S. 534.

52 Ebd., S. 534–544, vgl. Manuskript BN, Paris: DON 93-14, Enveloppe 65 zu *L'Impossible*.
53 Ebd., S. 537. Das dort als „unleserlich" von den Herausgebern der Werkausgabe bezeichnete Wort ist im Manuskript der BN, DON 93-4, Enveloppe 65, 7 verso deutlich als „l'inconscient" zu entziffern: „Lautréamont als Bibel des Unbewussten, in Wirklichkeit ist diese Bibel noch die antike Tragödie, von allen gemachte Poesie." (Übers. v. HF)

Georges Batailles unsichtbarer Film:
Das Szenario *La Maison brûlée*

Georges Bataille hat weder Theaterstücke geschrieben noch Filme gedreht, doch Theater und Film insistieren in seinem Werk seit den ersten Texten, die das Heterogene zum Gegenstand haben. Denn die Auseinandersetzung mit dem, was das Subjekt übersteigt, ruft insofern die Frage der Theatralität auf den Plan, als die Erforschung der gesellschaftlichen und künstlerischen Formen des Heterogenen das Problem ihrer Darstellbarkeit beinhaltet. Welche Möglichkeiten findet das von der Ratio und dem Diskurs Ausgeschlossene, sich zu manifestieren? Wie schreiben sich der Körper und das Begehren in künstlerische, literarische und religiöse Praktiken ein?

Der Aufsatz diskutiert in fünf Punkten Analyse und Strategien des Heterogenen in Batailles Werk: Ausgehend von der Analyse des Blicks in *Documents* als Geschichten des Auges (1), sowie von seinem Theater des Buches von *Le Bleu du ciel* bis zu den fiktionalen Texten der Kriegszeit (2) wird Batailles Schreiben für die Medien in den Kontext seiner *expérience intérieure* gestellt, die den Film einer *effusion du sacrifice* zuordnet (3). Die mit dem Filmprojekt für Fernandel angedeuteten und vor allem mit dem Szenario *La Maison brûlée* gefundenen audiovisuellen Strategien der Einschreibung des Heterogenen (4) werden als der ästhetische Versuch einer filmischen Sprache der Ekstase analysiert (5), welcher im Kontext der Methode der ekstatischen Subversion des Subjekts seine Tragweite offenbart.

1. Geschichten des Auges

Schon sehr früh, zur Zeit der *Documents* (1929–1930),[1] jener Zeitschrift, die sowohl Beispiele der Künste als auch Zeugnisse religiöser und populärer Kultur erforscht, sind visuelle und audiovisuelle künstlerische Formen Gegenstand von ersten Überlegungen, die Mitte der dreißiger Jahre in das später zugunsten literarischer Texte bzw. einer Philosophie der inneren Erfahrung und einer Theorie des verfemten Teils menschlicher Aktivität aufgegebene Projekt einer Heterologie münden werden.[2] Ihren solidarischen hohen und niederen Formen spürt Bataille in den *Documents* zuerst im Zusammenhang mit Bildern und Photos nach, an denen er die Frage der Darstellbarkeit des Heterogenen diskutiert.

Ein Text wie „Figure humaine"[3] stellt anhand von Photos der Idole von Batailles Elterngeneration die Frage des Verhältnisses von zeitgenössischer komischer Rezeption und Darstellbarkeit der menschlichen Wahrheit durch das Abbild. Die (Selbst-)Inszenierungen von Schönheiten der Belle Epoque – Kurtisanen, Gesellschaftsdamen, Schauspielerinnen, Diseusen –, die sich als entblößte Engel oder Elfen, Musikerinnen oder Sportlerinnen ausstellen, wie auch das Posieren großer Männer – Komponisten wie Johann Strauß, Könige oder Schauspieler wie Mounet Sully als Jupiter in Molières *Amphitryon* – lassen für Bataille gerade in den Zügen ihrer von Zeitgenossen lächerlich empfundenen Darstellung das Wesen des menschlichen Antlitzes aufscheinen. Die Bilder der Hollywooddiven zu „Lieux de Pèlerinage: Hollywood"[4] sind ihm Belege dafür, dass das Mekka des Films das „letzte Boudoir" sei, „wo eine (masochistisch gewordene) Philosophie die angestrebten inneren Spaltungen antreffen kann", denn „dank einer unfehlbaren Illusion stößt man, so scheint es, in der Tat nirgendwo anders auf unnatürliche – *dénaturées* – Frauen, die in so schreiender Weise unmöglich – *impossible* – zu erscheinen vermögen."[5] Die Charakterisierung von Leinwandgöttinnen als implizite Gehilfinnen für die Verifizierung der Präsuppositionen der idealistischen Philosophie weisen auf eine Denkbewegung hin, die auf eine Solidarität von hohem und niederem Heterogenen abzielt. Ähnlich verfährt Batailles Vergleich der „Pieds nickelés" – der komischen Halunkenfiguren einer der ersten Comics für Kinder – mit den Figuren der Walhalla mexikanischer Götter, wenn er beide als „à la fois ensanglantés et crevant de rire" beschreibt.[6] Die Populärformen darstellender Kunst – Film oder Comic – werden analog zu den Repräsentationen hoher Kunst oder Religion in ihrer Funktion analysiert: So führt ihn eine ‚mexikanische' Interpretation des zeitgenössischen Bedürfnisses nach *amusement* zu dem Schluss, dass dieses heute nicht nur die wohl „einzige Reduktion des Idealismus" darstelle, sondern sich auch als „schreiendes und selbstverständlich schrecklichstes Bedürfnis der menschlichen Natur"[7] erweise.

Schon in den Anfängen legt also Batailles ethnologischer Blick auf die Bilder der frühen Massenmedien eine Funktion dieser Repräsentationen frei, welche sie den noblen Produktionen der Religionen und Künste nicht nur analog macht, sondern sie sogar zu übertreffen vermag, wenn sie den Schrecken des Bildes aufscheinen lassen. So kritisiert Bataille in einem kurzen Artikel zu Roger Vitracs Bankrottverdacht des *esprit moderne*[8] das Verbergen der Funktion bildnerischer Darstellung durch die zeitgenössische Kunst: Sie habe die Kraft des Bildes durch ein Spiel der Transpositionen in ihrem Schrecken erstickt; hingegen könne das Bild nur durch das interessieren, was es an Residuen dieses Schreckens ahnen lasse, wenn alle Transpositionen aufgehoben seien.

Schon in diesen frühen Anfängen scheint Bataille dem Bild die Funktion zuzuschreiben, Spuren dessen, was dem Einzelnen und der Gesellschaft heterogen ist, in einer jede Form übersteigenden Kraft zu manifestieren, welche die Affektivität des Betrachters anzusprechen vermag. Die Reproduktionen von Kunstwerken, Illustrationen und Photos der beiden Jahrgänge von *Documents* werden in diesem Sinne zu Zeugen einer Lektüre und Inventarisierung des Heterogenen: Das vom Spektakel der Todesstrafe angezogene Auge des Zeichners Granville („attiré par le spectacle du supplice") ebenso wie das kastrierte und kastrierende Auge von Salvador Dalís und Luis Buñuels *Le Chien andalou* oder Stevensons Auge als „friandise cannibale"[9] dokumentieren hingegen eine Geschichte des Auges, die zeitgenössische Zeugnisse der Populärkultur, wie der Comic *L'Œil de la Police,* inszenieren, wenn sie dieses Organ als Quelle der Lust und des Schreckens präsentieren. Sie bestätigen so die sexuelle und erotische Funktion des Auges, die Bataille schon ein Jahr zuvor (1928) mit seiner unter dem Pseudonym Lord Auch veröffentlichten Erzählung *Histoire de l'œil*[10] erforscht hatte.

2. Theater des Buches

Für Bataille sind Bilder immer wieder Ausgangspunkt und Verweis für die Explorationen des Heterogenen und/oder des Unmöglichen. So wird eine Zeichnung André Massons für eine Bühnenfigur des Balletts *Présages,*[11] die Figur des Schicksals, *le Sort,* als „Unglücksvogel" (*oiseau de malheur*) eine Figur des Romans *Le Bleu du ciel* inspirieren, wie auch ein weiteres Bild von Masson aus demselben Jahr, das als Vorlage für das Bühnenprospekt des genannten Balletts diente, Bataille zu einem ersten Text mit dem Titel „ Le bleu du ciel" angeregt hatte,[12] der sodann als *Première partie* in das gleichnamige Buch integriert werden wird. In diesem dort kursiv gedruckten Text wird vom Erzähler-Ich eine Szene in einer Stadt *au décor de tragédie* evoziert, die das Motiv der Souveränität zusammen mit dem Motiv des Lachens und der Verweigerung der Reue Don Giovannis gegenüber dem Komtur verbindet. Lachen, Trunkenheit und Weinen werden zusammen mit der Musik bestimmend für die Theatralisierung des Heterogenen in diesem Roman werden.[13]

In diesem 1935 geschriebenen Roman, der erst 1957 veröffentlicht werden wird, wie auch in anderen seit dem Kriege entstandenen fiktionalen Texten, so vor allem in der zuerst im Hinblick auf das Theater konzipierten *Orestie* (1942–1944)[14] wird Bataille eine Affektsprache des Heterogenen entwickeln, welche die widerständige Körperlichkeit in sprachlichen Bildern und Stimmen einfängt. Bilder extremer Körperlichkeit, Bilder, die den menschlichen Körper mit seinem animalischen oder organischen Anderen konfrontieren oder konkrete Körper werden in ihrer Monstrosität evoziert. Schon 1930 schrieb Bataille in *Documents*: „Chaque forme individuelle est [...] par quelque degré un monstre".[15] So wurde auch das Konkrete visueller Formen gegen Ende dieser Überlegungen mit Sergej Eisensteins Projekt des *Panzerkreuzers Potemkin* als „bouleversant" begrüßt.

In diesen fiktionalen Texten geben vielfältige Stimmen ihren Figuren Leben: Die menschliche Stimme wird zwischen Körpergeräuschen – Schrei, Röcheln,

Schluckauf zum Beispiel – und Gesang – Chansons, Blues, Arien, obszönen Reimen – oszillierend präsentiert. Ein Lachen durchquert sie, mit einem Lachen begrüßt sie den Leser, der sie mit seiner inneren Stimme nachvollziehen muss, um potentielle Repräsentationen zu realisieren. Batailles fiktionale Texte, die, wie die *Orestie*, die Dramatisierung innerer Erfahrung als Tragödie der Komödie und als Komödie der Tragödie ins Zentrum stellen, drängen nach einer Performance durch den Leser, der aufgerufen ist, sein affektives und kulturelles Gedächtnis körperlich zu konkretisieren, um mit innerem Auge und Ohr diesen Texten seine Stimme und seinen Blick zu leihen.

Die Entwicklung dieses Theater des Buches,[16] die mit dem Roman *Le Bleu du ciel* von 1935 begonnen hatte, wird mit der reichen literarischen Produktivität der Kriegsjahre fortgeführt.[17] Doch sie erfolgt zugleich unter dem Vorzeichen einer allgemeinen Reflexion über die Funktion der Theatralität. Denn Dramatisierung, das Lachen, das Weinen, die Komödie, die Tragödie stehen auch im Zentrum seiner ersten großen philosophischen Werke, *L'Expérience intérieure* (1942–1943), *Le Coupable* (1939–1943) und *Sur Nietzsche, volonté de la chance* (1944),[18] deren Niederschrift parallel zu einer Fülle von literarischen Texten erfolgt.

In einem Brief vom 22. September 1944 an den noch im Exil in den USA weilenden André Masson[19] hält Bataille das Paradoxon fest, dass seine ihn 1942 heimsuchende Krankheit ihm letztlich die Freiheit gegeben habe: Die ersten zwei Bücher sind nun unter seinem eigenen Namen bei Gallimard veröffentlicht – *L'Expérience intérieure* 1943 und *Le Coupable* 1944 –, zwei weitere unter Pseudonymen bei kleinen Verlagen (Pierre Angélique, *Madame Edwarda* 1941, Louis Trente, *Le Petit* 1943).

Doch Batailles tatsächliche literarische Produktivität übersteigt bei Weitem das Genannte: Parallel zu diesen Veröffentlichungen finden wir eine Fülle von Texten, die sich – Genregrenzen überschreitend – vor allem mit theatralen und spektakulären Formen auseinandersetzen oder aber sich konkret auf das Theater bzw. Weisen der Theatralisierung beziehen.[20]

Zusammen mit den bei vielfältigen Aufenthalten in der besetzten und der freien Zone gemachten Erfahrungen der Kriegswirren finden persönliche und historische Umstände Niederschlag als Befragung der *possibilités dernières* wie Ekstase, Chance und Lachen nicht nur in mehr reflexiv-diskursiven Texten wie *Le Coupable*, *L'Expérience intérieure* oder *Sur Nietzsche*, sondern sie bilden auch das Ausgangsmaterial für eine Fülle von fiktiven Texten – Dichtungen, *Récits*, Filmskripten, Romanen, in zu Tableaux arrangierten Texten, erotischen Skizzen, Liedlibretti, Komödien- und Tragödienfragmenten. Nur ein Teil davon wird überhaupt veröffentlicht, die meisten Texte finden erst nach dem Krieg bzw. posthum einen Verleger.[21] Unter den posthumen Texten befindet sich neben einem kürzlich entdeckten Hörspiel nach Dostojewski *Aufzeichnungen aus dem Untergrund* auch ein Filmszenario, *La Maison brûlée* aus dem Jahre 1944. Mit Ausnahme dieser für die Medien bestimmten Skripte sind alle diese Texte nicht eindeutig einer einzigen Textgattung zuzuordnen. Bataille experimentiert mit heterogenen Formen, verbindet Dichtung und Prosa, Bild und Text, dramatische Szene, Lied, Tagebucheintragung und philosophische Reflexion. Thematisch kreisen sie um ein traumatisches Zentrum, das durch die Verbindung von Indizien von hohem und niedrigem Heterogenen eine Theatralität textuell zu generieren sucht, die das Interesse des Lesers durch Lachen und Weinen nicht nur fixieren, sondern Leidenschaft, Lust und Schmerz in ihrer Kraft dank eines äußeren Blicks bannen möchte, welcher sich an einem Element des Realen aufhängt, das auf den Tod, die Sexualität verweist, Lust und Lachen auslöst.[22]

3. Schreiben für die Medien

In diesem Kontext erscheinen das Filmskript und der Hörspieltext relativ konventionell; man hat einstimmig für beide die Hypothese einer Brotarbeit formuliert.[23] Doch diese Annahme ist wenig überzeugend: Denn auch die für Film und Radio bestimmten Skripte haben mit Batailles höher geschätzten literarischen Arbeiten nicht nur das Thema gemeinsam – das Unmögliche, die Souveränität, die innere Erfahrung –, sondern sie werden auch im Dialog mit Höhenkammwerken entwickelt: Das Hörspiel rekurriert auf Dostojewskis *Le Sous-sol*, der schon für *Le Bleu du ciel* Intertext war;[24] das Filmskript knüpft mit der Thematik unmöglicher Liebe an Filme an, die wie die auf Emily Brontës gleichnamigen Roman basierenden *Wuthering Heights* von William Wyler biographische Bedeutung für Bataille hatten.[25] Zudem gehen im Falle des Filmskripts auch persönliche Erfahrungen ein, einerseits auf der Ebene des Plots – der Krieg, dessen Auswirkungen Bataille in der Normandie und am Rande von Paris bei Fontainebleau erlebt, sowie die melodramatischen Umstände der Beziehung zu seiner späteren Frau Diane Kotschouby de Beauharnais –, andererseits auf der Ebene der Schauplätze des Films – sie sind ausdrücklich als signifikante Landschaften von Batailles Jugend und aktuellem Leben gekennzeichnet.

Doch vor allem spricht der Stellenwert des photographischen und filmischen Bildes, den Bataille im Zusammenhang mit seinen Ausführungen zur inneren Erfahrung und zur Meditation erörtern wird, für eine ernsthafte Auseinandersetzung mit dem Filmprojekt. Seine philosophische Reflexion öffnet eine Bühne für die Diskussion der Bedingungen der Repräsentation, der Bedingungen von Darstellung. Es geht um die Frage der Souveränität, Ergebnis des Opfers des Subjekts als transzendentales Ego, das dem Reich des Nützlichen und der Arbeit unterworfen ist. Unter den Aktivitäten, die eine solche Souveränität aufscheinen lassen, nennt Bataille in seiner *Méthode de méditation* neben der Ekstase, der

Trunkenheit, des erotischen Verströmens (*effusion érotique*), des Lachens und des poetischen Verströmens, das Verströmen des Opfers – *effusion du sacrifice*. Ihm rechnet er in einer Anmerkung neben dem Roman auch den Film zu:

> J'entends par sacrifice, non seulement le rite, mais toute représentation ou récit dans lesquels la destruction (ou la menace de destruction) d'un héros ou plus généralement d'un être joue un rôle essentiel; et par extension, les représentations et les récits où le héros (ou l'être) est mis en jeu sur le mode érotique (ainsi je désigne par *effusion du sacrifice* aussi bien celle que s'efforcent d'obtenir (assez mal) les procédés du film et du roman).[26]

Batailles Beschäftigung mit dem Film reiht sich also logisch in sein Projekt einer Subversion des Subjekts und der Freilegung der Möglichkeiten ein, seine Grenzen zu überschreiten. Hierzu muss der Film eine Repräsentation sein, welche die Drohung der Zerstörung eines Protagonisten bzw. seine Zerstörung oder seine erotische Destabilisierung ins Zentrum stellt. Gerade dies ist in der Tat das Sujet von *La Maison brûlée*, wie ich später aufzeigen möchte. Doch für den Film, wie auch für den Roman macht Bataille zugleich Einschränkungen: Ihre Verfahren für ein solches sakrifizielles Verströmen zeitigten bisher eher ein „ziemlich schlechtes" Ergebnis. Es wäre also im Zusammenhang mit Batailles Filmskripten zu fragen, inwieweit sie auch eine Reflexion über die filmische Sprache bergen bzw. wie Bataille mit den Darstellungsverfahren des Filmes umgeht, wie er eine filmische Sprache des Heterogenen konzipiert.

4. Von Fernandel und Sade zu *La Maison brûlée*

Schon 1943 hatte Bataille zusammen mit Henri François Rey ein Filmprojekt in Angriff genommen, das nicht nur ein kommerzieller Erfolg werden, sondern auch seinen philosophischen und moralischen Beschäftigungen Rechnung tragen sollte. Zusammen mit Rey wurde ein heute verlorenes Szenario entwickelt, in dem der Komiker Fernandel einen respektablen Seifenfabrikanten aus Marseille und Präsidenten von Wohlfahrtsvereinen darstellen sollte, der, in Abwesenheit seiner Familie, im Kostüm des Marquis de Sade mit einigen Prostituierten Szenen aus *120 journées de Sodome* und aus *La Philosophie dans le boudoir* nachlebt. Henri François Rey berichtet: „Tout cela finissait mal. Le fabricant de savon (de Marseille) assassinant bellement une des putains, on étouffait l'affaire bien entendu, mais le faux Sade et véritable salaud se suicidait pour que la morale triomphe."[27]

Einem Filmproduzenten und auch Fernandel vorgelegt, wurde dieses Szenario zu Batailles großer Enttäuschung abgelehnt. Aus dem von Rey überlieferten Plot geht jedoch hervor, dass es Bataille wohl nicht allein darum gehen konnte, die Doppelexistenz eines respektablen Bürgers kritisch aufzuzeigen, auch nicht darum, wie Charlie Chaplin in seinem ein Jahr später begonnenen *Monsieur*

Verdoux (1944–1945) das Doppelleben des Protagonisten durch einen politischen Diskurs zu rechtfertigen. Vielmehr deutet der Plot darauf hin, dass Bataille die Spaltung in ein moralisches und ein dem Todestrieb gewidmetes Leben als Wahrheit des Eros darzustellen suchte.

Schon wenige Monate später, Anfang 1944, wurde dann *La Maison brûlée,* das einzige erhaltene Filmszenario Batailles, verfasst. Es stellt diese Verbindung von Eros und Thanatos, von Eros und Heiligem ins Zentrum. In der Bibliothèque Nationale in Paris finden sich mehrere Versionen dieses Szenarios.[28] Dem handgeschriebenen Manuskript ist in Tabellenformen in vier Faltblättern eine *découpage* der Handlung in dreiundvierzig bzw. vierundvierzig Sequenzen beigefügt, die jeweils in einem Kästchen pro Sequenz Notizen zum Handlungsverlauf und seiner Datierung (Blatt 1), zum Einsatz von Ton, Sprache, Geräusch und Musik, sowie zu den Rekurrenzen von Orten und Landschaften (Blatt 2) sowie Chiffrierungen der Einstellungen für die Sequenzen festhalten.

Das Szenario siedelt den Film in einem Spannungsfeld von mehreren Handlungsorten an, die zugleich durch ihren kontrastiven Bezug untereinander wie auch zu der sie umgebenden Landschaft sowie zu den Protagonisten ambivalent, als unheimlich oder geheimnisvoll, affektiv evaluiert werden.

Die Schauplätze sind in kontrastive Landschaften eingebettet. Auf einem kargen Hochplateau sind folgende Orte angesiedelt: ein Kloster, in dem der Zuschauer zuerst dem Tod von Antoines Bruder beiwohnt; in der Ferne der Friedhof einer dem Felsplateau gegenüberliegenden kleinen, auf einem hohen Felsen angelegten Stadt; ein vernachlässigter Bauernhof (*la ferme de Mauronnes*) sowie ein ebenfalls vernachlässigtes Herrenhaus (*la maison de Mauronnes*), das Elternhaus der Cousinen Antoines – der Schwestern Marthe und Marie, wobei Marie Antoines erste Frau ist; ein stattliches gepflegtes Haus zwischen Blumen, das Elternhaus Antoines, bei dessen Brand sein Vater umkommen wird und vor dem, als *maison brûlée,* Marthes herbeigerufene Freundin Anne zum ersten Mal auf Antoine treffen wird, als sie ihn beinahe mit ihrem Sportwagen überfährt; ein angrenzendes Tal – das Vallée de l'Impradine mit dem Cirque de Mandaillon und dem Puy Griou,[29] der Ort, an dem Antoines Frau Marie sich zu Tode stürzen wird; ein Wald mit einer Schlucht und einem Wasserfall, der Todesort von Marthe; das Schloss von Mauronnes mit seinem Schlossturm auf felsiger Anhöhe, von dem aus man Friedhof und Kloster sieht. Gegenüber diesem Hochplateau mit seinen angrenzenden Tälern und Schluchten liegt eine auf einem hohen Felsplateau gebaute kleine Stadt mit den zwei Türmen ihrer Kathedrale; an ihrem Felsenrand über dem Abgrund ist das vernachlässigte labyrinthartige Haus von Marthe mit seinem anschließenden Garten mit einer Kapelle lokalisiert; in den engen Gassen der Stadt befinden sich der Laden des Schuhmachers Poussin, das Sägewerk, das Büro eines Richters.

Ein Teil dieser Orte sind Montagen aus Gedächtnisorten der persönlichen Biographie Batailles: Orte seiner Jugend in der Auvergne – Saint Flour, wo er Seminarist war, der Ausflugsort Vallée de l'Impradine oder auch ein kurz vor der Niederschrift des Szenarios bewohntes Stadthaus in Vézeley, dessen Garten mit einer kleinen Kapelle hoch über dem Tal in die weite Landschaft blickt.[30] Doch diese Orte werden hier zugleich auch ihrer signifikanten Kraft wegen ausgewählt. Im Zusammenhang mit dem Romanfragment *Julie*, in dem ebenfalls das Vallée de l'Impradine evoziert wird, schreibt Bataille:

> Chaque ville, chaque village, en dehors du commun des habitants, est hanté par des êtres plus noirs que lient la hargne ou le mauvais sort. Sans rien qui les protège de vents, de rage et du froid, ouverts comme des haillons qui les couvrent aux intempéries du ciel et du cœur.[31]

Die Orte indizieren den Affektzustand der Protagonisten: Für die von Hass und Ressentiment getriebene Marthe sind es der vernachlässigte Gemüsegarten der *ferme de Mauronnes*, das von Schmutz und Spinnweben starrende Elternhaus, *la maison de Mauronnes*, in dem sie heimlich mit Antoine zusammentrifft und in dem sie in einem Flashback am Ende des Films ihr Mordgeständnis ablegen wird, sowie weiter ihr Stadthaus über dem Abgrund, ein von Staub und Spinnweben starrendes Labyrinth. Der Klosterraum hingegen, in dem Antoine der Sterbeszene seines Bruders beiwohnt, soll wie ein Bild von Eustache Lesueur erscheinen,[32] das heißt als strenger klarer Raum in barockem Chiaroscuro. Der Laden des Schusters Poussin, eines Gegenspielers derer, die – wie die Mönche – Antoine des Mordes an Vater, Frau und Cousine verdächtigen und Annes Verbindung mit ihm verurteilen, ist ein Ort des Studiums: In der Szene, in der Anne ihn besucht, sollen ihre Blicke auf einige seiner Bücher fallen, welche die Kamera heraushebt – Texte Alfred Jarrys, Tragödien von Crébillon Fils, ein zerlesenes altes Exemplar der *Ethik* von Spinoza, Erzählungen von Paul de Knock charakterisieren ihn als aufgeklärten, mit dem Komischen wie mit dem Tragischen und der Philosophie vertrauten Antagonisten der Mönche.

Die Handlung ist chronologisch auf den Tag und die Zeit genau bestimmt: Die erste Sequenz im Kloster ist auf den 5. Januar 1928 datiert. Sie zeigt den Tod eines Mönchs in einer Sterbeekstase, der sein Bruder Antoine beiwohnt. Die weiteren zwei- bzw. dreiundvierzig Sequenzen spielen im Jahr 1935 vom dritten April bis zum 23. Oktober: Am 3. April die Sequenz 2, in der wir Marthe beim wütenden Herausreißen von Blumen im Garten des Bauernhofs von Mauronnes sehen, beobachtet vom Schuster Poussin, dem der Kauf von Milch verweigert wird; sodann die Sequenz 3, die das noch intakte Elternhaus Antoines zeigt, und danach, von der Stadt aus, den von Marthe, Marie und Antoine beobachteten Brand des Hauses; Sequenz 4 folgt am 5. August mit dem tödlichen

Sturz Maries bei einem Ausflug mit Marthe und Antoine zum Vallée de l'Impradine; am 5. Oktober spielen die Sequenzen 5–9, die Marthes Freundin Anne im Sportcabriolet auf der Straße von Mauronnes bei einem im letzten Moment vermiedenen Unfall mit Antoine vor der *maison brûlée* zeigen, sodann ihre Ankunft im Hause der Freundin, deren bizarres Verhalten und Verschwinden sowie eine unheimliche Nacht in diesem Gemäuer über dem Abgrund sich dem inneren Blick des Lesers anbieten; am 6. Oktober spielen die Sequenzen 10–16, welche die Entdeckung der toten Marthe in einer Schlucht, die Aufbahrung ihrer Leiche in ihrem Stadthaus sowie Anne in den Straßen der Stadt und beim Schuster Poussin sehen lassen; am 7. Oktober folgt in den Sequenzen 17–20 nach dem Begräbnis Marthes das Zusammentreffen Annes mit Antoine, der gemeinsame Spaziergang über das Schloss von Mauronnes zur Todesschlucht und die erste Liebesnacht beider im Haus von Mauronnes; am 10. Oktober zeigen die Sequenzen 21–26 die Ankündigung der Heirat der beiden Hinterbliebenen, die Mobilisierung der Stadt gegen den eines dreifachen Mordes verdächtigten Antoine; am 11. Oktober werden in zwei Sequenzen die Demarchen des Mönches Dom Lesueur gegen den vermeintlichen Mörder sowie seine Ekstase beim Gebet in der Kapelle des Klosters gezeigt; am 16. Oktober sehen wir in den Sequenzen 29–33 Anne auf der Suche nach Antoine, die Reaktion der Bevölkerung auf das nach der Trauung aus der Kirche heraustretende Paar sowie ihre Rückkehr in das Stadthaus von Marthe; am 17. Oktober zeigt die Sequenz 34 die unheimlich bedrückende Stimmung des Lebens der beiden im Haus der Toten; die Sequenzen 35–37, die, fünf Tage später, im selben Haus spielen, führen die Krankheit Annes, ihren Schrecken vor dem Abgrund und Antoines Ekstase im Garten des Hauses vor; der Tag endet mit einem Fest beider mit Champagner, Arien von Don Giovanni, der Rezitation des Todesmonologs von Racines *Phèdre* durch Marthe in einer Rückblende, sowie der Erzählung Antoines von Marthes Schlangen; der 23. Oktober zeigt in sechs Sequenzen zuerst den Versuch des Mönches, Anne zur Denunzierung Antoines zu bewegen, dann Annes Flucht in das Haus von Mauronnes, wo sie Briefe, die eine Liaison von Antoine und Marthe belegen, findet und schließlich, nach dem Eintreffen Antoines, das Geständnis Marthes in Form einer Rückblende.

Mit der chronologischen Bestimmung des Handlungsablaufes geht eine atmosphärische Evaluation einher, die über signifikant werdende Indizien für Witterung und Jahreszeiten sowie durch rituelle Zeitmarkierungen von Glockengeläut und Uhrenschlagen erreicht werden soll. So ist zum Beispiel das Hochplateau der ersten Sequenz, die Anfang Januar spielt, mit Schnee bedeckt, Raben fliegen vorbei, man hört sie kreischen und das Totenglöckchen läutet.

Hier wird schon deutlich, dass Bataille die audiovisuelle Determinierung von Orten nicht im Sinne eines *effet du réel* einsetzt, sondern versucht, gerade das *Doppel* der Orte, ihre Beziehung untereinander, ihre determinierende Rolle für die Protagonisten, kurz ihren heterogenen *Schatten* für den Zuschauer erfahrbar zu machen. Diesen Doppelaspekt lässt die letzte Einstellung aufscheinen, die Bataille im Faltblatt 2 als vierundvierzigste Sequenz angibt: Sie sollte „le cimetière et le monastère" („den Friedhof und das Kloster") zeigen. Die Wichtigkeit einer solchen chronotopischen Punktierung macht neben dieser ersten tabellarischen *découpage*[33] ein weiteres Faltblatt deutlich, das in untereinander angeordneten Kästchen die noch ausstehenden weiteren Ausarbeitungen notiert:

À faire encore:
le récitatif
Description des pers.
Description des lieux[34]

Eine weitere Seite notiert das Programm für die „prise de vue" („Aufnahme") und die Montage: „Le thème du monastère doit être réintroduit plus régulièrement"[35] und „Le monastère doit être situé près de la petite ville et l'on doit les voir dans un même paysage, ainsi entendu à peu près en même temps sonner les heures de l'un et l'autre."[36] Sakrale und simultan säkulare zeitliche Punktierung sollen also die Handlung rhythmisieren. Hier wird schon deutlich, dass Bataille eine Realisierung des Szenarios beabsichtigt, welche die Determinierung der Protagonisten durch das Heterogene – das religiöse Sakrale und die zum Tode drängende chronologische Zeit – audiovisuell indizieren soll.

Die Handlung mag, wie Kritiker feststellten,[37] auf den ersten Blick wie die eines Kriminalfilms erscheinen: Es häufen sich im Laufe der Handlung vier ungeklärte Tode – Antoines Bruder stirbt im Kloster, sein Vater kommt in seinem abgebrannten Haus um, seine erste Frau Marie stürzt bei einem gemeinsamen Ausflug zu Tode, seine Cousine Marthe, die Schwester seiner Frau, wird tot in einer Schlucht gefunden. Als Schuldiger scheint Antoine naheliegend: Sowohl die Mönche des Klosters wie auch die Bevölkerung verdächtigen ihn des Mordes und selbst die auf Marthes Bitten angereiste Freundin Anne, die am Tag von Marthes Beerdigung seine Geliebte und zehn Tage später seine Frau geworden war, gibt schließlich den aufkommenden Zweifeln nach. Die Aufklärung der Todesfälle erfolgt im Elternhaus der toten Schwestern, das sowohl Schauplatz für die verbotene Liebes Marthes zu Antoine als auch von Annes erster Liebesnacht mit Antoine gewesen war. In einer Rückblende – *Les aveux de Marthe* („Marthes Geständnis") – bezichtigt sich Marthe des Mordes an Antoines Vater und an Marie, ihr eigener Tod erweist sich als Selbstmord. Marthes Geständnis, das den Kriminalfall löst, wirft zugleich das Licht auf eine zügellose, zu Tode drängende Leidenschaft, die Antoine, der sich ihr nicht würdig erwiesen habe, in die Souveränität gesetzloser Affirmation hineinzuziehen suchte:

Je voulais pas seulement être ton amante mais la meurtrière ... de ta femme, de ton père ...

... et la mère de ton enfant! [...] Il n'est rien de si insensé que je ne l'aie désiré pour te posséder davantage.[38]

Diese Solidarität von Eros und Thanatos, die den Kriminalfall determiniert, wird jedoch im Szenario auf eine Identität mit der mystischen Ekstase erweitert. Wie bekannt ist, setzt Bataille in seinen in den Kriegsjahren verfassten philosophischen Schriften Eros, Todestrieb und mystische Erfahrung analog, deren strukturale Identität er später (1957) in *L'Érotisme* theoretisieren wird.[39] Das Filmszenario behauptet diese Identität in szenischen Bildern, die insofern die Kriminalgeschichte überlagern und überdeterminieren, als die Anfangsszene in eine mystische Ekstase im Kloster einführt und die Schlusseinstellung dieses Kloster zusammen mit dem Friedhof zeigen soll, wodurch der Film ausdrücklich durch das Todes- und Klosterthema sakral gerahmt wird. In der Tat öffnet der vierte Tote, Antoines Bruder, dessen Sterben die Anfangssequenz wie in einem *tableau* von Eustache Lesueur zeigen soll, auf eine Reihe von zur Kriminalgeschichte funktional widerständigen Szenen und Einstellungen, die Tod bzw. Todesgefahr und Indizien von ekstatischen Zuständen in Verbindung bringen: Das Szenario evoziert diesen sterbenden Mönch mit einem „von einem seltsamen Schimmer erhellten Gesicht" („un visage éclairé d'une lueur étrange").[40]

Im Gegensatz zu Marthe, die in Rage, hasserfüllt, abweisend, finster und brüsk gezeigt wird, stehen die Gesichter der anderen Protagonisten angesichts von Tod oder Todesgefahr. Das Szenario insistiert auf in Großaufnahme zu imaginierenden ekstatischen Gesichtern: „das Gesicht Maries in dem Moment, in dem sie fällt" („le visage de Marie au moment où elle tombe")[41] und im Gegenschuss „die Gesichter von Marthe und Antoine nach dem Sturz. Verstörte, jedoch harte Gesichter, wie in Ekstase" („les visages de Marthe et Antoine après la chute. Visages égarés, toutefois durs, comme en extase").[42] Weitere nicht kausalpsychologisch in eine Kriminalhandlung integrierbare Hinweise auf ekstatische Zustände folgen: Antoine vor dem abgebrannten Vaterhaus (Sequenz 5) „schickt sich an zu lächeln, dann stumm zu lachen wie von einem inneren Lachen zerrissen" („s'est mis à sourire puis à rire silencieusement comme déchiré par un rire intérieur");[43] das erste Zusammentreffen Annes und Antoines vor diesem Haus (Sequenz 6) soll ihren Blickwechsel nach dem durch brüskes Bremsen verhinderten Unfall als ein „Eindruck geheimen Einverständnisses" („impression de complicité")[44] von zwei Wesen zeigen, „für die das Schweigen in diesem Fall gleichermaßen notwendig ist" („auxquels le silence est également nécessaire dans ce cas").[45] Anne, in den Straßen der Stadt nach dem Tode Marthes (Sequenz 14), zeigt Reaktionen von stillem Außer-sich-Sein, nachdem sie mit dem

Abstechen eines Zickleins vor einem Metzgerladen und den blutenden Verletzungen eines kleinen Mädchens durch den Zusammenstoß mit einem betrunkenen Rosshändler konfrontiert worden war und im Laden des Schusters auf einen schwarzen Raben mit dem Namen Jezabel traf.

Während die Bevölkerung der Stadt in Opfern ähnlichen Schlacht- und Kampfritualen – so weiter ein blutiger Unfall im Sägewerk, bei dem ein Daumen ‚geopfert' wird (Sequenz 23) und eine Schlägerei auf ihrem Vorplatz (Sequenz 26) sowie mit Steinwürfen gegen Anne (Sequenz 31) – ihren aggressiven Todestendenzen freien Lauf lässt, manifestiert sich bei den beiden Liebenden die Verbindung von Eros und Thanatos in ekstatischen Zuständen (Sequenzen 36 und 37): Die Ekstase erfasst Antoine im Garten des Hauses von Marthe beim Blick in den Abgrund; ihr folgt ein Fest im Haus der Toten mit der Ouvertüre zu Mozarts *Don Giovanni*; in der Kapelle des Gartens erzählt er die Geschichte von Marthes Schlangen. Bataille notiert in Klammern: „L'on doit se demander s'il ne va pas la tuer le soir même." („Man muss sich fragen, ob er sie nicht noch am selben Abend töten wird.")[46] Der Todesmonolog von Racines *Phèdre* – „C'est Vénus toute entière" – wird von Marthe (in einer Rückblende) vor dem Spiegel rezitiert. Schließlich führt die erstmalige Erzählung Antoines vom Tode seines Bruders ihn zu dem Geständnis, „die Reiteration jener Momente der Transparenz, in denen alles göttlich, weil unmöglich ist"[47] seither ohne Unterlass gesucht zu haben. Bataille notiert in Klammern: „Impossible surtout d'*expliquer*, de *parler*." („Unmöglich vor allem zu *erklären*, zu sprechen.")

Die Schlusssequenzen 42 und 43 zeigen wieder die Protagonisten außer sich, indiziert durch körperliche Zeichen: Antoine „pas rasé, décoiffé", Anne „épuisé", „terrifiée, mais dans l'un de ces moments d'incandescence où nous sommes portés par ce que nous vivons au-delà de nous-mêmes."[48]

Das Andere, das Heterogene wird durch die Landschaften und Orte, die unwirtliche Witterung – Schnee, Regen, Wind –, Stimmen von Vögeln, Schlachtvieh und Hunden, akusmatische Geräusche wie Schlagen von Türen und Fensterläden, Hallen von Schritten, Läuten von Glocken und Schlagen von Turmuhren, durch einen nicht psychologisch auflösbaren Blick, Gesichtsausdruck, Körpergestik und -haltung der Protagonisten, diegetisch unmotiviertes Lachen und Lächeln sowie die Stimmlagen indiziert. Die Filmmusik unterstützt diese unauflösbare, ambivalente Affektevaluation der Bildspur, sie lässt den Atem anhalten, um besser zu hören (Sequenz 9), sie wird mit Mozarts *Don Giovanni* zum Triumph des Souveränen (Sequenz 37).[49]

Visuelle Bilder sowie Klang- und Geräuschbilder, die den Blick und das Ohr auf ein *Punctum* im Sinne Barthes' ausrichten, welches das Gedächtnis des virtuellen Zuschauers öffnet, zeichnen so intentional eine audiovisuelle Schrift des Heterogenen, die den Zuschauer als begehrendes Subjekt anspricht. Batailles

Szenarios entrollt in der Lektüre einen unsichtbaren Film, der an die Ästhetik mancher Filme des italienischen Neorealismus denken lässt, an Curzio Malapartes *Cristo proibito* (1950) zum Beispiel, oder aber an Cineasten, die sich explizit mit der Darstellbarkeit des Heiligen auseinandergesetzt haben, wie später Pier Paolo Pasolini mit *Porcile* oder *Teorema*.[50]

5. Das Bild, die Dramatisierung und die Ekstase

La Maison brûlée heißt im Französischen auch der Titel von August Strindbergs Kammerspiel *Brända tomten* (deutsch „Brandstätte") von 1907. Wie dort ist das niedergebrannte Vaterhaus Auslöser für die Aufdeckung der verborgenen Geheimnisse einer Familie durch eine von außen hinzugestoßene Person, dort der aus der Fremde heimgereiste Bruder, der „Fremde", hier die angereiste Freundin der Brandstifterin Marthe. Doch die freudige Erwartung von „Unglück" und „Opfer", die der Fremde in Strindbergs Stück bei der Bevölkerung zu Beginn des zweiten Aktes notiert, wird in Batailles Filmszenario aufgefächert in die Versuche eines Sündenbockopfers durch die Bevölkerung und in die Selbstopfer der Protagonisten in Eros und Ekstase.

Die virtuelle filmische *effusion du sacrifice* wird im Gegensatz zum Stück Strindbergs, in dem sie vor allem Ergebnis des Dialogs ist, eng an die audiovisuelle Konstruktion des Chronotopos, die Situierung der Handlung in von Heterogenität geprägten ambivalenten Orten und Landschaften und in einem durch klimatische Exzesse geprägten zyklisch und rituell punktierten Zeitraum gebunden. Vor allem aber evoziert Bataille die Subversion des Subjekts im Heiligen der Ekstase durch eine Bild- und Tonspur, die einen Subtext des Heterogenen von menschlichem Körper und Stimme in einer Doppelbewegung zeichnet, die es einerseits zum Animalischen und Unheimlichen entgrenzt und anderseits zu Repräsentationen des christlichen Heiligen in Beziehung setzt. Wir haben ähnliche Hinweise in den Theaterskizzen, so zum Beispiel in der zweiten Szene des ersten Aktes des Fragments *Le Prince Pierre*,[51] in der auf einem Schlachtfeld mit Leichen Raben krähen und Schreien, Weinen, Röcheln, Schluckauf den ersten Teil der Szene beherrschen. Todeserfahrung des Krieges, rituelles Opfer und mystische Erfahrung werden hier als Einheit gedacht. Bataille sucht diese Einheit für die Gesellschaft in einer ersten Version von *La Part maudite*, zwischen 1939–1945 geschrieben, zu theoretisieren[52] und zugleich die mystische Erfahrung mit *L'Expérience intérieure* und ihre Solidarität mit der erotischen Erfahrung, der Erfahrung des Todes und des Krieges mit *Le Coupable*[53] zu reflektieren. Im Kontext dieser Befragung der *possibilités dernières* ist das Filmszenario, wie schon angedeutet, anzusiedeln. Doch auch seine Konzeption des Bildes und der Repräsentation, die sie in dem Szenario als virtuelle Filmsprache des Heterogenen gezeigt hatten, kann durch die in den philosophischen Texten dargelegte Methode innerer Erfahrung erhellt werden.

Die Subversion des abendländischen Subjekts, die die persönliche Erfahrung und die Kriegserfahrung nahelegten, führt Bataille zu einer Methode der Meditation, die im Rekurs und in Differenz zu Exerzitien christlicher Mystiker wie Ignacio de Loyolas entwickelt wird. Der Gegenstand innerer Erfahrung ist die Projektion eines dramatischen Selbstverlustes, die die Form eines *point* annimmt.[54] Dieser „Punkt" ist das Bild des Subjekts, der Punkt gibt der Erfahrung eine optische Form.[55] Die Projektion des Subjekts in eine Repräsentation macht das Bild zum privilegierten Agenten der ekstatischen Erfahrung, ein Bild, das das Subjekt mit einem Drama konfrontiert. Hier führt Bataille das berühmte Photo der Marter eines Chinesen an, der bei lebendigem Leib einer langwierigen Zerstückelung unterzogen wird.[56]

Warum kann ein Photo extremer Grausamkeit Ausgangspunkt ekstatischer, innerer Erfahrung werden? Die Marter zeichnet sich auf dem Gesicht des Verurteilten als selige Ekstase ab, ähnlich den barocken Darstellungen des Gesichtsausdrucks christlicher Märtyrer. Die Transfiguration des Gesichts steht im Kontrast zum Horrorbild des zerstückelten Körpers, das gerade das Phantasma ist, welches das erste Ichbild als Ichideal bedroht. Jacques Lacan analysiert es als Wiederkehr der durch das Spiegelbild verdrängten aggressiven Triebe.[57] Der Kontrast von seligem Gesichtsausdruck und körperlicher Qual setzt die narzisstische Identität des Betrachters in Prozess, indem sie sein Begehren in der grausamen Darstellung fixiert, doch zugleich diese Fixierung sein Selbstideal zerstört. Hier wird die erotisch aggressive Determinierung des Blicks in den Dienst der Auflösung des narzisstischen Ichbildes des Betrachters gestellt.

Dieses Verfahren ist jedoch schon vom Film erprobt. Luis Buñuel setzt es in der Anfangssequenz von *Le Chien andalou* ein: Das betrachtende Auge des Zuschauers wird mit der Lust an der Gewalt des durchschnittenen Auges, das die Montage als Auge einer Frau wahrnehmen lässt, zugleich selbst symbolisch kastriert. Dieser einschneidende Akt des Sehens macht das Aggressionspotential des Blicks bewusst, die schneidend-einschneidende Funktion des Auges, auf die Bataille selbst schon im Zusammenhang mit diesem Film 1929 hingewiesen hatte.[58]

Im Film wird diese Funktion durch die Dramatisierung der Montage bewusst: die Aufeinanderfolge von romantischem Vollmond und rundem Frauenauge, von einer flachen Wolke, die den Vollmond horizontal durchzieht und einem Messer, das waagrecht das Auge von rechts nach links durchschneidet, in der Tonspur durch einen unerbittlich vorantreibenden Tango untermalt, der die in den ersten Bildern unbewusst investierten positiven Affekte und die durch die strukturale Identität der Formen geweckten Erwartungen potenziert und die aufgestauten Triebenergien in der letzten grausamen Einstellung schockartig zu einem neuen Affekt entlädt. Das Subjekt wird auf die Grausamkeit seines Blickes zurückgeworfen und zugleich als Ichidentität zerstört.

Sergej Eisenstein hatte diese Dramatisierung einer Montage der Attraktionen schon seit 1924 theoretisiert und 1945 in einem Text zu „Rilke und Rodin" zu Überlegungen zur filmischen Ekstase vertieft.[59] Er analysiert dort die Montage als Psychotechnik, die sowohl die Ergebnisse religiöser Introspektion, wie sie Ignacio de Loyola in seinen *Exerzitien* beschrieben hat, als auch den Gewinn aus der Schauspielmethode Stanislawskis vereine: Die Methode Loyolas ist in der Tat auf die Auflösung des narzisstischen Ichs durch eine Technik imaginärer Repräsentation ausgerichtet, ihr erstes Ziel ist die Konstitution eines Raumes und eines ihm zugeordneten Affektes, die potentiell das Ziel, die Verschmelzung mit Gott, ermöglichen sollen. Hierzu werden Ketten von imaginierten Repräsentationen gemäß der fünf Sinne isoliert und aktiviert, wobei der unmittelbare Affekt jedoch verdrängt wird, um dann seine Spannungsenergie in die Addition der Repräsentationsketten zum ekstatischen Affekt zu potenzieren, der sich in einer Vereinigung mit Gott lösen soll. Durch den Aufschub der Triebentladung bekannter Affekte kann so ein unbekannter Affekt entstehen.[60]

Doch während es bei Loyola um eine innere imaginäre Affektökonomie geht, bei Stanislawskis Schauspielmethode hingegen eine Extrovertierung des Affekts durch additive Mimik, Geste und Dialog vorgesehen ist, verbindet nach Eisenstein nun der Film beide Methoden in der Montage, indem er mit Hilfe von Reihung und Addition die Emotionen über die Darstellung extrovertiert und zugleich die ekstatische Wirkung der de Loyola'schen Methode zu erreichen vermag. In der Tat werden mit dem Film nicht nur durch Schauspieler veräußerte Emotionen, sondern auch Räume gezeigt, die durch Bildkomposition und Tonspur ambivalent-affektiv determiniert werden können und so, die Wahrnehmung des Zuschauers durchquerend, diesen in einen Zustand der Erregung führen können, die Eisenstein der Ekstase gleichsetzt, wenn durch sie der Weg von der Wahrnehmung zur Vorstellung des Zuschauers desautomatisiert und eine neue, für Eisenstein primär politische affektbesetzte Vorstellung erreicht wird. Für Eisenstein soll die ekstatische Montage in eine politische Begeisterung führen: Das Hissen der roten Fahne auf einem erigierenden Kanonenrohr im *Panzerkreuzer Potemkin* wird so zur Entladung erotisch aggressiver Affekte, die einem politischen Ziel zugeführt werden sollen.

Doch die ekstatische filmische Montage erschöpft sich nicht in dieser politischen Nützlichkeit, das Gelächter heutiger Zuschauer über die erwähnte Sequenz weist vielmehr auf die mögliche Ambivalenz solcher Bilder hin: Das In-der-Schwebe-lassen der Triebentladung des Affektes von Bildern und Tönen, seine Nichtintegrierbarkeit in die Diegese öffnet für den Zuschauer die Bühne seines eigenen imaginären Kinos, auf dessen Leinwand der unsichtbare Film seiner Wünsche und seines Begehrens die Dramatisierung seines narzisstischen Ichs zu projizieren aufgerufen ist.

Batailles Filmszenario, dessen Thema die *effusion du sacrifice* ist, hat hierfür Verfahren gewählt, welche die Methode der inneren Erfahrung, die Konstruktion von *points,* auf den Film mit visuellen und auditiven *Puncta*[61] überträgt. Die Iteration von für den Zuschauer unerklärbaren Indizien ekstatischer Zustände sowie die genannten Beispiele der Fixierung des Heterogenen in seinem Szenario wie auch die intendierte Rekurrenz des Blicks auf das Kloster oder den Friedhof machen eine finale ekstatische Triebentladung für den Zuschauer insofern am Ende wahrscheinlich, als die Bilder mit ihrer ambivalentaffektiven Evaluation eine diegetische Zuordnung verunmöglichen und so die Triebentladung notwendig aufschieben bzw. die Affekte potentielle addieren lassen. Doch die ekstatische Triebentladung dieses unsichtbaren Films bleibt, wie bei de Loyola, der imaginären Affektökonomie des Lesers überlassen; der neue Affekt wird virtuell Teil seiner inneren Erfahrung.

Hingegen hat die Kunst Alfred Hitchcocks konkret mit dieser ekstatischen Methode gearbeitet. Auch die Musik der Montage von Filmen Jean-Luc Godards wie *Passion* oder *Nouvelle Vague* ermöglicht dem Zuschauer eine solche Erfahrung der Subversion seines narzisstischen Ichs. Gerade eine Szene im letztgenannten Film ähnelt auf frappierende Weise der Szene in Batailles Szenario, in der Anne und Antoine vor dem verbrannten Haus zum ersten Mal aufeinandertreffen: An einer Kurve erfasst Annes Sportwagen beinahe Antoine, die Blicke treffen sich, sie bremst. Diese Konfrontation mit dem Tode wird ihre spätere Passion besiegeln. In *Nouvelle Vague* lässt Godard ebenfalls mit einem solchen, in letzter Sekunde durch Bremsen vermiedenen Unfall eines Sportwagens in der Wegkurve einer Landstraße die Liebe von Raoul und Contessa Elena beginnen. Doch in diesem Film werden zwei mögliche Versionen dieser Leidenschaft durchgespielt: einmal mit dem tödlichen Ende des Protagonisten, verschuldet durch seine Geliebte, sowie ein weiteres Mal mit seiner Auferstehung und einem beide versöhnenden Schluss. Bei Godard hat Eros für einen Moment über Thanatos gesiegt. Dennoch hat vielleicht Batailles unsichtbarer Film, der „plus que cinéma"(„mehr als Kino")[62] sein wollte, in Godard einen geistigen Erben gefunden, jedenfalls insofern, als auch er mit seinen Filmen die Frage des Unmöglichen, der Darstellbarkeit, der Ekstase stellt.

September 2003

Anmerkungen

1 Georges Bataille, *Documents: Doctrines, Archéologie, Beaux-Arts, Ethnographie,* 2 Bde. (1929–1930), Nachdruck, mit einem Vorwort von Denis Hollier, Paris 1991; Batailles Beiträge sind ebenfalls abgedruckt in: G. Bataille, *Œuvres complètes,* Bd. I: *Premiers Écrits 1922–1940,* Paris 1970, präsentiert v. Michel Foucault.
2 Vgl. Helga Finter, „Heterologie und Repräsentation. Strategien des Lachens. Zu Georges Batailles *Le bleu du ciel*", in: Dies./Georg Maag (Hrsg.), *Bataille lesen. Die Schrift und das Unmögliche,* München 1992, S. 13–31.
3 G. Bataille, „La figure humaine", in: Ders., *Documents* 4 (1929), S. 194–201.
4 G. Bataille, „Lieux de pélérinage: Hollywood", in: Ders., *Documents* 5 (1929), S. 280–282.
5 Ebd., S. 282.
6 G. Bataille, „ Les Pieds nickelés", in: Ders., *Documents* 4 (1930), S. 214–216.
7 Ebd., S. 215.
8 G. Bataille, „L'Esprit moderne et le jeu de transpositions", in: *Documents* 8 (1930), S. 49–51.
9 G. Bataille, „Œil: l'image de l'œil", in: *Documents* 4 (1929), S. 215–216.
10 G. Bataille, *Œuvres complètes,* Bd. I.
11 1933 mit den *Ballets russes* und dem Choreographen Léonide Massine aufgeführt.
12 Er wird zuerst zusammen mit Massons Text „Montserrat" und der Reproduktion des Bildes 1936 in *Minotaure* veröffentlicht werden; vgl. H. Finter, „Heterologie und Repräsentation".
13 Vgl. H. Finter, „Das Lachen Don Giovannis. Zu Georges Batailles Rezeption des *dissoluto punito*" (in: Peter Csobádi et al. (Hrsg.), *Das Phänomen Mozart im 20. Jahrhundert,* Salzburg 1991, S. 639–660) in diesem Band S. 141–157.
14 H. Finter, „Poesie, Komödie, Tragödie oder die Masken des Unmöglichen: Georges Bataille und das Theater des Buches" (in: Andreas Hetzel/Peter Wiechens (Hrsg.), *Georges Bataille. Vorreden zur Überschreitung,* Würzburg 1999, S. 259–273) in diesem Band S. 319–335.
15 G. Bataille, „Les écarts de la nature", in: Ders., *Documents* 2 (1930), S. 79–93.
16 Vgl. H. Finter, „Poesie, Komödie, Tragödie".
17 Bis dahin hatte Bataille nur *L'Histoire de l'œil* (1928), *L'Anus solaire* (1927) und *Sacrifices* (1936) publiziert.
18 G. Bataille, *Œuvres complètes,* Bd. V.
19 G. Bataille, *Choix de lettres 1917–1962,* Paris 1997, S. 216.
20 Sie sind abgedruckt in: G. Bataille, *Œuvres complètes III: Œuvres littéraires,* 1971 und *Œuvres complètes IV: Œuvres littéraires posthumes,* 1971.
21 So fallen in diesen Zeitraum: *Le Coupable,* begonnen zu Kriegsbeginn im September 1939, beendet im Oktober 1944 und noch im selben Jahr veröffentlicht; *L'Expérience intérieure,* geschrieben zwischen 1941 und 1943 und veröffentlicht 1943; *Sur Nietzsche,* geschrieben von Februar bis August 1944 zum 100. Geburtstag des Philosophen und veröffentlicht 1945. Neben diesen Werken mit ‚philosophischer' Dominante entstehen in den Jahren 1941 bis 1945 die Erzählung *Madame Edwarda* (1941); *L'Orestie, Histoire de Rats, Dianus* (1942–1944), zusammen erschienen 1947 unter dem Titel *La Haine de la poésie;* die zwischen August und Dezember 1943 verfasste Gedichtsammlung

l'Archangélique, erschienen 1944; die als Verbindung von Bild und Schrift zwischen 1942 und 1945 konzipierte Sammlung heterogener erotischer Texte *La Tombe de Louis XXX*; der *Récit* einer erotischen Grenzerfahrung, *Le Petit,* geschrieben 1942, erschienen 1943; die 1943 verfasste, posthum erschienene Erzählung in achtundzwanzig ganzseitigen Tableaux, *Le Mort*; aus demselben Jahr; das Dramenfragment *Le Prince Pierre. La divinité du rire*. *Tragédie*; das Bändchen theatraler erotischer Szenen aus dem gleichen Jahr, *La Scissiparité*, 1949 veröffentlicht; das Filmskript *La Maison brulée* aus dem Jahre 1944; das Romanfragment *Julie*; das an Racines *Phédre* sich anlehnende Monologfragment *J'imagine le froid* von 1945 sowie zwei Dramenfragmente aus der Nachkriegszeit, die in Motiven und Themen mit der Produktion der Kriegsjahre verbunden sind, *Néron*, szenischer Versuch in Alexandrinern, der 1951 datiert wird, und *La cavatine. Les Noces de Pulsatilla, bouffonneries en trois actes*, burleske Szenen, die der Produktion des Jahres 1954 zugerechnet werden. Schließlich reiht sich in diese Produktion auch ein erst vor kurzem entdecktes Hörspielskript (*L'Esprit souterrain. Dostoïevski adapté par Georges Bataille et Marie-Louise Bataille*, in: *L'Infini* 75, 2001, S. 53–79) ein. Es geht von Dostojewskis Aufzeichnungen aus dem Untergrund, französisch *Le sous-sol*, aus, die Bataille zusammen mit seiner Cousine Marie-Louise Bataille zu einer Radiophonie adaptiert hatte, die am 19. Juni 1946 vom Sender Radio française ausgestrahlt wurde (Cécile Moscovitz, „Bataille et l'homme du sous-sol", in: *L'Infini* 75, 2001, S. 46–52).

22 Vgl. H. Finter, „Poesie, Komödie, Tragödie".
23 Vgl. C. Moscovitz, „Bataille et l'homme du sous-sol", 2001, sowie Georges Sebag, „La Maison brûlée (1945)", in: Christian Janicot (Hrsg.): *Anthologie du cinéma invisible*, Paris 1995, S. 62 und Bernd Mattheus, *Georges Bataille. Eine Thanatographie*, Bd. 2, München 1988, S. 112.
24 Vgl. Francis Marmande, *L'Indifférence des ruines. Variations sur l'écriture du ‚Bleu du ciel'*, Marseille 1985, S. 53–69.
25 Bataille sah diesen Film am 3. Juni 1940; der Film erinnert ihn an seine Beziehung zur toten Laure, vgl. Ders., *Œuvres complètes*, Bd. V: *La Somme Athéologique*, t. I, 1973, S. 523–524.
26 Vgl. ebd., S. 218, in meiner Übersetzung: „Ich verstehe unter Opfer nicht nur das Ritual, sondern auch jegliche Repräsentation oder Erzählung, in denen die Zerstörung (oder die Androhung der Zerstörung) eines Helden oder allgemeiner eines Wesens eine wesentliche Rolle spielt; und in Ausweitung dessen, die Repräsentationen oder Erzählungen, in denen der Held (oder das Wesen) ins Spiel gebracht werden auf erotische Weise (so bezeichne ich ebenfalls als Effusion des Opfers auch die Emanation von Affekten, die Verfahren des Films und des Romans sich (ziemlich schlecht) zu erhalten bemühen."
27 Henri François Rey, „Bataille et Fernandel", in: *Magazine littéraire* 144, 1979, S. 57–58: „All das endete schlecht. Als der Fabrikant von (marseillaiser) Seife eine der Prostituierten schön ermordete, erstickte man selbstverständlich die Affäre, doch der falsche Sade und echte Schuft beging Selbstmord, damit die Moral triumphiere." (Übers. v. HF).
28 Das Szenario ist mit seinen Varianten in G. Bataille, *Œuvres complètes*, Bd. IV, S. 114–149 und S. 368–384, abgedruckt. Für diese Recherche wurden zudem die Manuskripte

	in der Bibliothèque Nationale, Fond Bataille, Boite I, IV, DON 93–14, sowie XB und Enveloppe 51 konsultiert.
29	Schon Schauplatz des Romanfragments *Julie*, vgl. G. Bataille, *Œuvres complètes IV*, S. 74.
30	Bataille wohnte dort 1943 von März bis September und lernte dort seine künftige Frau Diane Kotchouby de Beauharnais kennen, vgl. B. Mattheus, *Georges Bataille*, Bd. 3, S. 382.
31	G. Bataille, *Œuvres complètes*, Bd. IV, S. 367: „Jede Stadt, jedes Dorf wird neben seinen gewöhnlichen Bewohnern von finsteren Wesen heimgesucht, die Gehässigkeit und böses Ohmen verbindet. Ohne etwas, das sie vor den Stürmen der Wut und der Kälte schützte, wie die Lumpen, die sie bedecken, geöffnet auf die Unbilden des Himmels und des Herzens." (Übers. v. HF)
32	Ebd., S. 118.
33	Die Tabellen in Faltblattform sind in der Bibliothèque Nationale im Enveloppe 51 mit der Aufschrift „Scénario" zusammen mit den einundfünfzig Seiten des Manuskripts von *La Maison brûlée* enthalten.
34	„Noch zu machen: / das Rezitativ / Beschreibung der Pers[onen] / Beschreibung der Orte." (Übers. v. HF)
35	„Das Thema des Klosters muss regelmäßiger eingeführt werden." (Übers. v. HF)
36	„Das Kloster soll nahe der kleinen Stadt situiert sein, und man muss sie in derselben Landschaft sehen, und so soll ungefähr gleichzeitig von einem und vom anderen das Stundengeläute gehört werden." (Übers. v. HF)
37	Vgl. B. Mattheus, *Bataille*, Bd. III, 1988, S. 112; Sebag, „La maison brûlée", S. 62.
38	G. Bataille, *Œuvres complètes IV*, S. 149: „Ich wollte nicht nur deine Geliebte sein, sondern / auch die Mörderin ... deiner Frau, deines Vaters ..." [...] „... und die Mutter deines Kindes! [...] Es gibt nichts so / Verrücktes, das ich nicht begehrt hätte, um dich noch mehr zu besitzen." (Übers. v. HF)
39	G. Bataille, *L'Érotisme*, in: Ders., *Œuvres complètes*, Bd. X: *L'Érotisme, Le Procès de Gilles de Rais, Les larmes d'Éros*, 1987.
40	G. Bataille, *Œuvres complètes*, Bd. IV, S. 118.
41	Ebd., S. 120.
42	Ebd.
43	Ebd. S. 121.
44	Ebd.
45	Ebd.
46	Ebd., S.145
47	Ebd., S. 146: „Ces moments où tout est divin, parce que tout est impossible".
48	Ebd., S. 148: „nicht rasiert, unfrisiert"; „erschöpft", „erschrocken, doch in einem jener Augenblicke der Erregung, die uns durch das, was wir erleben, jenseits von uns selbst forttragen".
49	Vgl. H. Finter, „Heterologie und Repräsentation".
50	Vgl. H. Finter, „San Pier Paolo oder ‚Alles ist Paradies in der Hölle' (Sade). Über Pier Paolo Pasolini", in: Hans Jürgen Heinrichs (Hrsg.), *Der Körper und seine Sprachen*, Frankfurt/Main 1984, S. 61–91, 146.
51	G. Bataille, *Œuvres complètes*, Bd. IV, S. 320–321.

52 G. Bataille, *Œuvres complètes*, Bd. VII, 1976.
53 G. Bataille, *Œuvres complètes*, Bd. V: *La Somme Athéologique*, t. I, 1973.
54 Ebd., S. 133ff.
55 Ebd., S. 138.
56 Ebd., S. 139. Das Photo ist abgedruckt in: G. Bataille, *Les Larmes d'Eros*, Paris 1961/1981, S. 234.
57 Jacques Lacan, „Le stade du miroir comme formateur du ‚je'", in: Ders., *Écrits*, Paris 1966, S. 93–100.
58 Vgl. G. Bataille, „L'Œil: l'image de l'œil", in: *Documents* 4 (1929), S. 281.
59 Sergeij Eisenstein, „Rilke et Rodin", in: *Cinématisme, Peinture, cinéma, textes inédits*, Bruxelles 1980.
60 Ignace de Loyola, *Exercices spirituelles*, texte définitif (1584), traduit et commenté par Jean Claude Guy, Paris 1982.
61 Eine Diskussion des Verhältnisses von Batailles *point* und Roland Barthes *punctum* kann hier aus Platzgründen nicht geleistet werden.
62 H. Finter, „Musik für Augen und Ohren: Godard, das neue Theater und der moderne Text" (in: Volker Roloff/Scarlett Winter (Hrsg.), *Theater und Film in der Zeit der Nouvelle Vague*, Tübingen 2000, S. 125–135) in diesem Band S. 359–369.

VI.
Theater, Film und Medien: akusmatische Stimmen

Musik für Augen und Ohren:
Godard, das neue Theater und der moderne Text

> *J'essaie de faire en sorte que mes films puissent être entendus par les aveugles et les sourds.*
>
> Jean-Luc Godard[1]
>
> *Longtemps j'ai essayé de savoir ce que pourrait dire la phrase de Saint Paul, ‚L'image viendra au temps de la résurrection'.*
>
> Jean-Luc Godard[2]

Ausgangspunkt für diese Überlegungen zu Theater und Film in der Zeit der Nouvelle Vague ist ein Film Jean-Luc Godards, der nicht nur für sein Werk und seinen Beitrag zur Nouvelle Vague emblematisch ist, sondern auch für das Verhältnis dieser Strömung zum Theater, das Jacques Rivette einmal so zusammengefasst hatte: „Tout grand film est sur le théâtre".[3] Dem möchte ich hinzufügen: Jedes große Theater handelt in gewisser Weise auch vom Film.

In der Tat stellt Jean-Luc Godards *Nouvelle Vague* von 1990 die Koordination von Hören und Sehen in den Mittelpunkt und damit ein Problem, das sowohl für den Film als auch für das Theater bestimmend ist. Für den Film hat es Michel Chion unter dem Begriff *Audiovision* verhandelt.[4] Die Wahrnehmung audiovisueller Phänomene beinhaltet die Koordination von zwei Perzeptionsordnungen, die entwicklungspsychologisch getrennt sind und von heterogenen psychischen Instanzen – dem Seh- bzw. dem Invokanztrieb – dominiert werden. Während im traditionellen europäischen Theater ihre Verbindung durch die Person des Schauspielers gewährleistet wird und so automatisiert ist, trennt der Film sie technisch in Ton- und Bildspur. Ja, sie können auch auf verschiedenen Materialträgern reproduziert und rezipiert werden: So ist beispielsweise die Tonspur von *Nouvelle Vague* als CD erhältlich, die als sonorer ‚Film' „dem Rezipienten die Generation einer mentalen Bildspur überläßt".[5] Im Film entspringt also der Ton nicht automatisch dem, was zusehen ist. Er spricht zum Ohr und damit zu einer anderen Instanz als das Auge, das von der Ordnung des Ähnlichen und des Spiegels regiert wird. Der Ton dagegen adressiert sich direkt an den Körper – Ohren lassen sich nicht wie das Auge (ver)schließen –, der Ton affiziert den Körper als Geräusch, Klang und Sprache; er appelliert an ein vorsprachliches und sprachliches affektives Gedächtnis, auf dessen Basis sich erst die evaluative Sinngebung der bildlichen Sinnpotentiale vollzieht. Diese Trennung der beiden Wahrnehmungsordnungen ermöglicht dem Zuschauer, einen imaginären Zwischenraum aufzuschließen, einen *anderen Schauplatz* (Freud), auf dem sich erst die Konkretisierung der Darstellung in der Wahrnehmung vollzieht.

Audiovision im Theater und im Film

In der Hochzeit der Nouvelle Vague, zwischen 1957 und 1967, ist allein im Musiktheater eine partielle Trennung von Bild und Ton zu finden: Die Musik ertönt aus dem Orchestergraben, doch die Stimmen und damit die Texte bleiben gebunden an die Präsenz der Schauspieler beziehungsweise Sänger, aus deren Mund die Worte verlauten. Doch gibt es auch schon in der Oper einzelne Vorläufer akusmatischer Stimmen. Dies sind Stimmen, die ihren Ursprung außerhalb des Blickfelds des Zuschauers haben und die Michel Chion als spezifische Erfindung des Films erachtet: Im Film ist ihre Macht die einer dreifachen Ubiquität, die alles sieht, weiß und auf die Situation einwirken kann, insofern sie sich mit der Kamera identifiziert.[6] George Sanders Stimme als Addison De Witt in Joseph L. Mankiewicz' *All about Eve* (1950) ist eine solche akusmatische Stimme, ebenso die Stimme der Erzählerin Addie Ross von Celeste Holms in seinem *A Letter to Three Wives* (1949) oder auch Anthony Perkins' Stimme der Mutter in Alfred Hitchcocks *Psycho* (1960). In der Oper – darauf hat Michel Leiris in seinem Essay „L'opéra, musique en action" von 1965 verwiesen[7] – gibt es jedoch schon vor dem Tonfilm ein ähnliches Phänomen: Man könnte so von *akusmatischen* Stimmen in den Momenten der Bühnenaktion sprechen, in denen sich der Bühnenraum auf ein Außen öffnet, sobald eine, nicht dem Bühnengeschehen zuzuordnende äußere Instanz, deren Stimme(n) ertönt bzw. ertönen, in das sichtbare Geschehen eingreift, es gar zu lenken scheint. Beispiele sind hier Chöre, die aus den Kulissen erklingen – so der Chor der Kinder in Wagners *Parsifal* oder der der Matrosen in Debussys *Pelléas et Mélisande* – und auch noch nicht den Rollenpersonen zuzuschreibende Stimmen, die außerhalb der sichtbaren Bühne erklingen, wie die Prophezeiungen Joakaans in Richard Strauß' *Salome*, die aus der Tiefe eines Brunnens dringen. Solche akusmatischen Stimmen sind – wie auch die Gottes, die in Goethes *Faust* Gretchen als ‚gerettet' erklärt – signifikativ einer auktorialen Transzendenz zugeordnet und beziehen ihre *verisimilitudo* nicht aus körperlicher Präsenz, sondern gerade aus der Tatsache ihrer Immaterialität.

Die Garantie der Präsenz einer Bühnenfigur durch den Schauspielerkörper, durch das von ihr gesprochene Wort, wird nicht nur in den genannten Fällen der Oper, sondern auch im Theater der fünfziger und sechziger Jahre als Präsenz im Bühnenraum schon teilweise brüchig. Während die meisten Autoren des absurden Theaters noch die Worte aus den Mündern verlauten lassen, doch das, was sie sagen, mehr und mehr die Identität der Personen fraglich macht, schickt sich

Samuel Beckett schon 1957 mit *Krapp's Last Tape* an, ein ganzes Stück um eine aufgezeichnete Stimme zu organisieren. Diese im Drama signifikant werdende Sprachkrise wird als Krise der Repräsentation in den Bemühungen der Theateravantgarden der sechziger Jahre analysierbar, wenn wir dort eine Akzentuierung der paralinguistischen Stimmklänge und -geräusche als stilbildend feststellen, die sowohl in der New Yorker Szene mit dem Living Theatre zum Beispiel, als auch in Wien mit den Aktionen der Konkreten Poesie oder in Rom mit Carmelo Bene und Carlo Quartucci eine vokale Emphatisierung der physischen Präsenz des Schauspielerkörpers betreiben.[8]

Die Auseinandersetzung der Nouvelle Vague mit der Audiovision ist deshalb meines Erachtens nicht nur eine Reflexion über die Krise der Repräsentation, sondern auch über die Theatralität des Films. Was nämlich Antonin Artaud schon Anfang der dreißiger Jahre am Tonfilm kritisierte[9] – der Stummfilm erschien ihm dagegen noch als Maschine, die das Denken analysiert, eine Alternative zum zeitgenössischen Theater zu sein[10] – ist auch Angriffspunkt der Nouvelle Vague: eine Kongruenz bzw. Kookkurrenz von Bild und Ton, die keinen Raum für die Imagination und das Denken lässt und automatisiert den Prozess der Repräsentation okkultiert. Die Frage der Darstellung wird erweitert zur Frage der Darstellbarkeit bzw. des Nichtdarstellbaren, gerade durch eine Entflechtung bzw. Neuzuordnung von Wort, Ton und Bild.

So setzen Alain Resnais' *Nuit et Brouillard* von 1955 mit der Musik von Hanns Eisler und einem Text von Jean Cayrol, sein *Hiroshima mon amour* von 1959 mit der Musik von Giovanni Fusco und dem Text von Marguerite Duras und sein *L'année dernière à Marienbad* von 1961 mit der Musik des Messiaen-Schülers Francis Seyrig und dem Text von Alain Robbe-Grillet Töne, Worte und Bilder in einer Weise in Beziehung, die die doppelte – auditive und visuelle – Szene des Films auch als doppelte Bühne für den Zuschauer erfahrbar macht: Bühnen des Gedächtnisses und Bühnen des Imaginären, die durch die Materialität der Bilder, Töne und Worte erst aufgeschlossen werden und dem Zuschauer ermöglichen, seinen eigenen *anderen Schauplatz* abzurufen.

Resnais' Filme sind hier auch deshalb signifikant, weil ihre ‚Szenari' von Schriftstellern verfasst sind, die, selbst zu Filmemachern und/oder Dramatikern geworden, nicht nur die Frage der Repräsentation problematisieren werden,[11] sondern auch in ihren Texten die Figuren und Erzählinstanzen polyphon und polylog auflösen werden.

Marguerite Duras hat so im Zusammenhang mit ihrer Theaterarbeit die Wichtigkeit Tschechows betont,[12] der – wie wir heute dank der Inszenierungen Peter Steins, so zuletzt mit seiner italienischen Version von *Onkel Vanja* in Rom, am Teatro Argentina 1995, nachvollziehen können – in den Didaskalien der Urfassung seiner Stücke über Hundebellen, Vogelzwitschern, schlürfende

Schritte in den Nebenräumen und oberen Etagen außerhalb der Bühne einen Klangraum partiturartig vorgibt, der den sichtbaren Bühnenraum sprengen und dem Zuschauer erlauben soll, diesen emotional und affektiv zu evaluieren.

So wird hier schon deutlich, dass auch Theater *doppelt* ist: die Bühne vor den Augen wird mit Hilfe der Ohren gedoppelt durch die Bühnen des anderen Schauplatzes und des Gedächtnisses, die sich dem Zuschauer über die auditiven Eindrücke öffnen.

Landschaften werden so für das Ohr geschaffen, in die im Theater auch die Stimmen der Protagonisten eingebettet sind. Noch Figuren zugehörig in den Stücken Tschechows, werden dann die Stimmen zu reinem Klangmaterial in den *Landscape plays* einer Gertrude Stein, die gerade zu einer der einflussreichsten Autorinnen für das neue amerikanische Theater werden soll.

Das Theater, das sich seit Ende der sechziger Jahre in den U.S.A. mit der Wiederentdeckung Gertrude Steins herausbilden wird – ich nenne hier die Namen Robert Wilson und Richard Foreman –, wird Schrift, Wort, Klang, Geräusch und Musik, Bewegung, Licht, Raum ebenso trennen, wie es die Stimmen teilweise vom Schauspieler bzw. Performer ablöst. Der Zuschauer soll sie selbst zusammen mit den eingespielten Film- und Videosequenzen zu einem Diskurs verbinden, dessen Autor seine Lust zu sehen und zu hören ist, sein kulturelles und affektives Gedächtnis.[13] Damit nimmt das neue amerikanische Theater eine Entwicklung auf, die schon Anfang der sechziger Jahre in Italien mit Luigi Nonos *azione scenica* im Musiktheaterbereich praktiziert und für das gesamte (italienische) Theater im Kongress von Ivrea 1967 programmatisch formuliert worden war: Die Wahrnehmung wird dekonstruiert mit der Dekonstruktion der Person, der Handlung, dem Raum, der Zeit.[14] Dieses Theater ist gerade durch die Entgrenzung der Sprachen theatralisch, seine Theatralität misst sich an dem, was den Zuschauer zu einem *theatés* macht. So wird Theatralität als in der Materialität der Signifikanten verankert analysiert werden: ihre Überdeterminierung ruft eben erst die Affekte hervor, die das Begehren fixieren und damit den unbewussten Schauplatz der Psyche und des Gedächtnisses aufschließen können. Ein solches Theater erlaubt, durch den Vollzug der Trennung von Hören und Sehen einen Prozess zu erfahren, den schon Stéphane Mallarmé für den modernen Text und das aus ihm hervorgehende Theater gefordert hatte: Die Vorstellungskraft selbst ist die Instanz, die die vom Auge wahrgenommenen Dinge – der Schrift, der Bühne – inszeniert.[15]

Nouvelle Vague 1990

Nach diesen Bemerkungen zur *analytischen* Theatralität sowohl des neuen Theaters wie auch des modernen Textes[16] möchte ich nun Jean-Luc Godards Theatralisierung genauer ins Auge und vor allem ins Ohr fassen und dies am

Beispiel eben des Films *Nouvelle Vague*. Doch möchte ich kurz zuvor ein weiteres *pièce* zu meinem Dossier unorthodoxer Kontextualisierung streifen, das die Nouvelle Vague in die Formierung der Gesellschaft des Spektakels einordnet, und zwar gerade zum Zeitpunkt des respektive sich abzeichnenden Übergangs zum „integrierten Spektakulären" (*spectaculaire intégré*) der Mediengesellschaft.[17]

Die Nouvelle Vague stellt die Repräsentation zu einem Zeitpunkt verstärkt in Frage, den wir heute als Beginn des Übergangs – der Einfluss des Fernsehens beginnt sich bemerkbar zu machen – zu einer neuen Form des Spektakulären verstehen können. Der Einfluss von Guy Debords 1967 erschienenen Kritik der *Société du spectacle* auf heutige Medienkritiker wie Gilles Deleuze, Jean Baudrillard, Jean François Lyotard oder Paul Virilio, aber auch auf den Mai 1968 und vor allem auf Filmkritiker und Cineasten wie die Gruppe *cinétique* oder auf das Gespann Jean-Daniel Pollet und Philippe Sollers,[18] kann hier nur angedeutet werden. Doch Debords theoretischer Stellungnahme geht seine praktische Kritik als Filmemacher voraus, dem, vor allem mit dem Film *Hurlement en faveur de Sade* von 1952, im Kontext ein gewisser Stellenwert zukommt: Gegen das Spektakuläre setzt Debord hier als Maschine des Widerstands die Tonspur ein, die als Textcollage einer weiß angestrahlten Leinwand, die ab und an in Dunkel gehüllt wird, gegenübergestellt wird.[19] Die Geschichte der Rezeption Debords durch die Nouvelle Vague ist meines Wissens noch nicht geschrieben. Doch schon jetzt kann gesagt werden, dass zum Beispiel Godard – im Gegensatz zum Asketen und Bilderstürmer Guy Debord – das Bild nicht verdammen, sondern es durch den Ton und den Ton durch das Bild analysieren wird.

Godard weiß, dass der Ton eine tiefere psychische Schicht anspricht als das Bild. Die Stimme ist näher am Körper, sie gibt dem menschlichen Wesen ein Klangkörperbild schon in den ersten Wochen, noch ehe das entfremdete und entfremdende Körperspiegelbild zwischen dem neunten und achtzehnten Monat ausgeformt ist.[20] Wenn Godard sagt, dass er im Gegensatz zu Jean-Marie Straub den Ton einsetze, um „dem Bild seine Wertigkeit zu geben" („pour valoriser l'image"),[21] dann heißt dies, dass er weiß, dass über die Materialität des Tons – Klang, Geräusch, Wort, Musik – Begehren fixiert und Affekte freigesetzt werden können und so das subjektive Gedächtnis des jeweils einzelnen Rezipienten aufgeschlossen werden kann. Es ermöglicht ihm dann, im Zwischenraum von Bild und Ton aus dem Angebot von Bildern und Tönen sein eigenes Textgewebe zu flechten. Die Materialität des Tons/Klangs wirkt dabei wie das *Punctum* Roland Barthes'.[22] Doch im Gegensatz zum Hörspiel, das eine dem singulären Imaginären verpflichtete Flut von Bildern erzeugt, wie auch im Gegensatz zur stummen Bildsequenz interpellieren die jeweiligen *Puncta* der auditiven und visuellen Sequenzen – Körnigkeit der Stimme zum Beispiel oder Farb- und Lichtqualität des Bildes – nicht nur ein Außen von Gehörtem und Gesehenem, sondern zielen darauf ab, sich mit einem Element der ihm heterogenen Perzeptionsform zu verbinden, um auch dieses zu vervielfältigen: Das *Punctum* des Tons/Klangs kann so das Gedächtnis für die Polyphonie der Bilder oder der Schrift öffnen.

Godards Film lädt ein, Bild, Ton und Schrift zu verbinden. Doch zugleich können komische Koinzidenzen von Bild, Schrift und Ton, ironische Kommentare dann entstehen, wenn Verbindungen zwischen dem, was das Auge sieht und dem, was das Ohr hört, hergestellt werden. Diese Doppelung der Darstellung durch den ironisch-kritischen Impuls macht die Leichtigkeit und zugleich Musikalität von Godards Stil aus, der nie allein nur behauptet. Ein Beispiel sei hier genannt: Wenn im zweiten Teil von *Nouvelle Vague* die Stimme von Alain Delon/Richard Lennox, der Squash spielend im *Off* zu hören ist, ebenfalls im *Off* von der Stimme Jacques Dacqmines/des PDGs unterbrochen wird, die in getragenem Ton feststellt, „Alors l'homme s'aperçoit [...] que la femme lui demandait très peu [...] Il ramène tout a lui", und wenn die gleichzeitige Bildeinstellung (Einstellung 230) Domiziana Giordano/Elena in Großaufnahme mit einem als trotzig, erstaunt oder auch traurig zu interpretierenden Gesichtsausdruck wie eine Figur Camille Corots vor einem ländlichen Hintergrund zeigt, so werden hier nicht nur Bild und Text aufeinander bezogen, um sich gegenseitig zu erhellen, sondern die nun folgende Schrifttafel „TOUT ET RIEN D'AUTRE" (Einstellung 231) kommentiert zugleich ironisch die möglichen audiovisuellen Zuordnungen des Zuschauers: das „sehr Wenige, das die Frau von ihm verlangt " wird zu einem „ALLES ODER NICHTS". Zuvor erfolgte potentielle Identifikationen des von der Darstellerin ausgedrückten Affekts relativieren sich.[23] Der Wahrnehmung des Zuschauers wird die Möglichkeit gegeben, sich selbst kritisch zu analysieren.

Wie in den vorausgehenden Filmen – so *Passion* (1981), *Prénom Carmen* (1982), *Je vous salue Marie* (1983), *Détective* (1984), *Soigne ta droite* (1987) – oder auch den folgenden – so zuletzt *Allemagne année neuf zéro* (1991), *Hélas pour moi* (1993), *JLG* (1995) und *For Ever Mozart* (1996) – kondensiert Godard seinen Film zu einem hochkomplexen Gewebe aus Bild-, Wort- und Klangmaterialien, das nicht nur multiples polyphones und polyloges Material mit Fragmenten von Récits verschiedener Text-, Musik- und Filmgenres verknüpft, sondern auch jeweils nach einer bestimmten Logik gereiht ist. Es ist eine Komposition, in der sich, in Ton- und Bildspur getrennt, Reihen feststellen lassen – ähnlich den Reihen bestimmter Letterngrößen und -qualitäten oder den Reihen interner Verse einerseits und auch Bildern andererseits in Mallarmés *Coup de dés*. Doch zugleich lassen sich Beziehungen herstellen zwischen dem, was gesehen und dem, was gehört und gelesen wird, Beziehungen, die das Wahrgenommene in die Tiefe öffnen.

Nouvelle Vague ist der Récit einer Liebe, die tödlich endet, durch den Verrat einer Frau – wie in *À bout de souffle* (1959/60). Doch zugleich wird dieser Récit noch einmal als Negativ durchgespielt mit der *résurrection*, der ‚Wiederauferstehung' des Mannes.

Filmisch ist dieser *récit* durch die Namen der Protagonisten – la Princesse Élena/la Contessa Elena, Rollan/Raoul – und die zerstörerische Kraft der Frau mit Jean Renoirs *Élena et les hommes* (1957) verbunden. Doch der Film bekommt auch eine mythische und musikalische Dimension durch die eingeblendeten Schrifttafeln, die ihn als „LAMENTATIO" (Einstellung 21) kennzeichnen, die am Ende als „CONSUMMATUM EST" (Einstellung 308) angezeigt wird und den die akusmatische Erzählerstimme Alain Delons einrahmt und punktiert.

Kann man schon in den ersten Filmen Godards, so in *Masculin-féminin*, noch eine vorrangig das Bild evaluierende Funktion der Tonspur aus Wortfragmenten, *Off*-Dialogen, Musik und Geräuschen feststellen, so ist seit *Passion* die Tonspur gleichwertig mit dem Bild und steht wie im asiatischen Theater mit ihm in dialogisch analytischer Beziehung.

Der Beginn von *Passion* war Programm. Er entriss die evaluative Funktion der Tonspur einer Tradition, die unter dem Etikett der Kunstreligion politische Propaganda trieb: Die Anfangssequenz von Leni Riefenstahls *Triumph des Willens*, in der ein Kondensstreifen am Wolkenhimmel, montiert mit Wagners Ouvertüre zu den *Meistersingern,* die Herabkunft des Führers aus himmlischen Gefilden aufs Nürnberger Reichstagsgelände emphatisch vorbereitet, schien bis zu *Passion* endgültig für den Film die mit Musik untermalte Einstellung der Kamera auf einen Wolkenhimmel konfisziert zu haben. Doch nun in gleißendem Blau und Weiß, montiert mit dem Beginn von Maurice Ravels *Concert pour la main gauche*, gibt Godards Anfang von *Nouvelle Vague* den Wolkenhimmel wieder einer anderen abendländischen Ikonographie zurück, nämlich der der Darstellung des Heiligen/Unendlichen – des Nicht-Darstellbaren – vor allem seit der barocken Malerei von Tizian, Tintoretto bis Tiepolo. *Passion* führte so zugleich zu einer Auseinandersetzung mit dem Unmöglichen und Nichtdarstellbaren hin. Sie spricht über Formen der Leidenschaft, tödliche Passionen und die *passio* des Künstlers – Malers, Musikers und Filmemachers.

Bild- und Tonspur sind mit dem Ziel verknüpft, das, was die Darstellung überschreitet, erfahrbar zu machen. Wenn in *Détective* Franz Schuberts *Unvollendete* den Récit punktiert, dann hat diese Musik eine affektiv evaluierende Funktion. Doch Musik kann auch signifikativ in die Handlung eingreifen, wenn, wie in der Abschiedsszene von Natalie Baye und Claude Brasseur zu Anfang dieses Films, aus der *Götterdämmerung* Takte der Musik anklingen, die gerade den Moment kennzeichnen, in dem Siegfried Brünhilde verlässt: Das tödliche Desaster des Finales ist hier schon auditiv vorgezeichnet.

Godard sucht in dem Interstitium von Bild und Ton den Ort einzugrenzen, der seit dem Tod Gottes eine für das Imaginäre leere Stelle ist, den die künstlerischen Formen – Bilder, Texte, Musik – des Heiligen besetzt hatten.

Godard stellt die nach dem Tod Gottes von dieser Leerstelle aus weiterhin an uns gerichteten Fragen und projiziert sie in den von den Bildern und Klängen des alten Heiligen verlassenen Raum, indem er diese Bilder und Klänge neu anordnet und verbindet.

Schon *Je vous salue Marie* setzte sich mit dem Nichtdarstellbaren der Unbefleckten Empfängnis auseinander. *Nouvelle Vague* stellt die Frage der Wiederauferstehung und der Erlösung durch die Liebe, nicht nur in der Form einer *Figura*-Problematik, die in Godards Worten den zweiten Teil des Films als *Nouveau Testament* des ersten Teils, des *Ancien Testament*, vollendet, sondern auch in der Form einer musikalischen *lamentatio*, die die Schriftkartons als Makrostruktur nahelegen. Ein *lamento*, nämlich Monteverdis *Lamento di Arianna*, markierte aber auch den Beginn der europäischen Oper, die sich, wie das Theater, aus der sakralen Repräsentation herausgelöst hatte und das griechische Theater neu zu erfinden vermeinte.[24]

Doch sind Godards Filme Opern? Youssef Ishagpour vertritt diese These, wenn er *Nouvelle Vague* als eine Oper versteht, „comme les successeurs de l'école de Vienne pourraient en concevoir".[25] Leise Zweifel sind hier angebracht. Denn auch die zeitgenössische Oper, von Luigi Nono bis Luciano Berio, von György Ligeti bis Wolfgang Rihm, hat immer noch Figuren, deren Stimmen aus dem Sänger ertönen, so dass, gerade dank der Stimmkraft, Macht oder Ohnmacht der Sprache aus der Figur spricht, die so, gerade über die Stimme, ein transzendentales Subjekt nahelegt.

Godards Filme hingegen sind Opern höchstens im Sinne der *operas* Robert Wilsons: Zwar sprechen ihre Figuren auch selbst, doch vor allem werden sie von den Sprachen gesprochen: sowohl durch eine Fülle von Texten, die aus einer unendlichen Bibliothek zitiert und collagiert sind, als auch durch die Schrift, die dazwischen montiert ist. Sie werden gesprochen durch die Stimmen von akusmatischen Erzählern und von literarischen, philosophischen Texten und Gebrauchstexten, von Film-, Dramen- und Filmkomödienfiguren, sie werden gesprochen durch Lieder, Musiksequenzen und Geräusche, sie werden gesprochen durch die Stimmen der Natur und die Stimmen der Zivilisation, in die sie eingebettet sind. Sie werden gesprochen durch die Schrift und die Töne der Wörter, die Akzente und die Tonlagen, die Dialekte und die Nationalsprachen, doch spricht sie vor allem die Musik. Und die vielfältige Sprache ihrer Körper, der Mimik, Gesten und Bewegungen, der Kostüme und Masken, sie ist die Sprache der Malerei, aber auch die der amerikanischen Filmkomiker, um nur einige wenige zu nennen. Das andere Medium tritt hier über seine Sprache – das heißt als *Signifikantensystem* – auf und wird wie Sprachen behandelt. Es schafft für Hören und Sehen audiovisuelle Sinnpotentiale, die intertextuelle Dechiffrierungen ermöglichen.

Dabei gibt es Intertexte, die – um mit Michael Riffaterre zu sprechen[26] – zwingender als andere sind. Dantes *Divina Commedia* ist ein solcher, ebenso Jean Renoirs *Élena et les hommes*. In einem Artikel von 1957 in den *Cahiers du cinéma*[27] bezeichnet Godard diesen von der Kritik geschmähten Film als den „filmischsten" Film Renoirs, da er zugleich eine Erklärung dessen liefere, was Film sei. Godards Text könnte, tauscht man die Namen, auch eine Lesart für *Nouvelle Vague* abgeben: Der Blick aus dem Jenseits des Olymp auf Elena/Venus, der ihre Beziehungen zu den Männern filmt, ist der Blick vom Jenseits des Todes, der die Auferstehung von Richard Lennox/Alain Delon ermöglicht. Elena muss sterben lernen, um lieben zu können.

Wie Renoirs Film, den Godard als den „plus mozartien" des Regisseurs bezeichnet, so ist *Nouvelle Vague,* obwohl der Film keine einzige Sequenz von Mozart verwendet, der Kunst dieses Komponisten am nächsten. Philippe Sollers hatte einmal, um Mozarts Kunst zu charakterisieren, in einer Sendung in France Culture[28] Texte des Marquis de Sade mit seiner Musik unterlegt: So wurde hörbar, dass alles Paradies in der Hölle bzw. alles Hölle im Paradies der Erinnerung sein kann. Diesen Satz sprechen so ungefähr Elena/Domiziana Giordano und Lennox/Alain Delon in *Nouvelle Vague*. Oder aber alles ist Komödie in dieser *divina mimesis,* die ebenfalls von Passagen aus Dantes Hölle und dem irdischen Paradies genährt ist: Wie die *Göttliche Komödie* durchquert dieses Purgatorium die Sprachen der Maler – hier Camille Corot, Gustave Courbet, Jean Honoré Fragonard, Georges de Latour oder Francisco Goya, mit der *Maya desnuda* getauscht gegen die „Desaster des Krieges" –, doch auch die Körpersprachen komisch-grotesker Diaboli, eines Charlie Chaplin oder Max Linder, und die Sprachen des Krieges – im Libanon, an den Börsen oder in der Industrie –, die Sprachen der Elektronik und der Texte, der Klassen und der Geschlechter kommen zu Wort.

Und Roland Amstutz' Gärtner erscheint in dieser *commedia* so verschmitzt fingiert wie nicht nur Mozarts *Finta Giardiniera,* sondern auch wie der ironisch distanzierte verliebte Podesta, der in Akt I, Szene 2 dieser frühen Oper (1775) von der Bühne aus die Zerlegung des herzzerreißenden Orchesterklangs in die Einzelstimmen der Instrumente dirigiert.[29]

Nouvelle Vague wäre deshalb, um Godard anlässlich des Vergleichs von Renoirs *Élena* mit dem Mozart zum Zeitpunkt der Vollendung des Klarinettenkonzerts und des Beginns der *Zauberflöte* zu zitieren, mit seinen eigenen Worten so zu charakterisieren:

> Quant au fond: même ironie et même dégout. Quant à la forme: même audace génial dans la simplicité. À la question: qu'est-ce que le cinéma? [*Nouvelle Vague*] répond: plus que le cinéma.[30]

Und was wäre dann dieses *Mehr als Kino*, das ein Film sein sollte? Eine Musik für Augen und Ohren. Wie manchmal auch der moderne Text oder seltener noch, das Theater.

November 1997

Anmerkungen

1 Jean-Luc Godard und André S. Labarthe, „Le cinéma est fait pour penser l'impensable", in: *Limelight* 34, 1995, S. 16.
2 Ebd., S. 19.
3 Vgl. Jacques Rivette, „Le temps déborde", Gespräch mit Jacques Aumont, Jean-Louis Comolli, Jean Narboni und Sylvie Pierre, in: *Cahiers du Cinéma* 204, 1968, S. 7.
4 Vgl. Michel Chion, *Audio-vision*, Paris 1990.
5 ECM, 1600/01, 1997.
6 Vgl. M. Chion, *Audio-vision*, S. 63f., S. 110.
7 Michel Leiris, „L'opéra, musique en action", in: *Brisées*, Paris 1966, S. 315–322.
8 Zum italienischen Kontext vgl. Helga Finter, „Ein Raum für das Wort. Zum ‚Teatro di Parola' des neuen Theaters in Italien" (in: *Zeitschrift für Literaturwissenschaft und Linguistik*, 81, 1991, S. 53–69), in diesem Band S. 177–192.
9 Vgl. Antonin Artaud, *Œuvres complètes III: Scénari – À propos du cinéma – Lettres – Interview*, Paris 1978, S. 84.
10 Vgl. H. Finter, *Der subjektive Raum*, Bd. 2, Tübingen 1990, S. 73ff.
11 Vgl. zum Theater Marguerite Duras' zum Beispiel H. Finter, „Vom Theater des Wortes, das fehlt ..." (in: Ilma Rakusa (Hrsg.), *Marguerite Duras. Materialien*, Frankfurt/Main 1988, S. 235–248), in diesem Band S. 129–140.
12 Vgl. Interview H. Finter mit Duras: „Der Fluchtpunkt im Theater, das bin ich. Der Schriftsteller." Marguerite Duras im Gespräch mit Helga Finter, in: *Theater heute* 1 (1986), S. 17–27, in diesem Band, S. 105–124.
13 Vgl. H. Finter, „Die soufflierte Stimme. Klangtheatralik bei Schönberg, Artaud, Jandl, Wilson und anderen" (in: *Theater heute* 1, 1982, S. 45–51), in diesem Band S. 19–34, sowie „Théâtre expérimental et sémiologie du théâtre: La théâtralisation de la voix" (in: Josette Féral (Hrsg.), *Théâtralité, écriture et mise en scène*, Quebec 1985, S. 141–164), in: Dies., *Le Corps de l'audible. Écrits français sur la voix 1979–2012*, Frankfurt/Main 2014, S. 55–71.
14 Vgl. H. Finter, „Ein Raum für das Wort".
15 Vgl. H. Finter, „Le Livre de Mallarmé ou le rite du livre. Stratégie de l'hétérogène dans le rite et la performance", (in: *Perspectives. Revue de l'Université Hébraïque de Jerusalem* 4, 1997, S. 9–21), in: Dies., *Le Corps de l'audible*, S. 121–131.

16 Vgl. zur Unterscheidung von analytischer und konventioneller, d.h. die spekuläre Identität des Zuschauers affirmierender Theatralität: H. Finter, *Der subjektive Raum*, Bd. 1, Tübingen 1990, S. 11–20, sowie „Audiovision. Zur Dioptrik von Text, Bühne und Zuschauer" (in: Erika Fischer-Lichte/Wolfgang Greisenegger/Hans-Thies Lehmann (Hrsg.), *Arbeitsfelder der Theaterwissenschaft. Forum Modernes Theater* (Schriftenreihe Band 15), Tübingen 1994, S. 183–192), in diesem Band S. 221–229.
17 Vgl. Guy Debord, *Commentaires sur la Société du spectacle*, Paris 1988: Er stellt eine seit 1967 sich anbahnende Weiterentwicklung der getrennten Formen des *spectaculaire concentré*, kennzeichnend für totalitäre Gesellschaften, und des *spectaculaire diffus*, kennzeichnend für liberale Gesellschaften, zum beide Formen verbindenden *spectaculaire intégré* der Mediengesellschaft fest.
18 Vgl. *Méditerranée* von 1964, sowie die Kritik Godards zu diesem Film in *Cahiers du Cinéma* 187, 1967.
19 Vgl. G. Debord, *Œuvres cinématographiques complètes 1952–1978*, Paris 1994; zur Projektion des Films und seiner Rezeption vgl. Roberto Ohrt, *Phantom Avantgarde*, Hamburg 1990.
20 Vgl. Didier Anzieu, *Le Moi-peau*, Paris 1985.
21 Vgl. *Limelight* 34, 1995, S. 17.
22 Barthes hat diesen Begriff für die Photographie geprägt, vgl. *La Chambre claire. Note sur la photographie*, Paris 1985, S. 48ff. Ich schlage vor, ihn zu erweitern auf all die perzeptiven ästhetischen Phänomene, die Barthes als das Begehren fixierend und die Darstellung überschreitend analysiert, welche er zum Beispiel als *grain de la voix* oder auch *troisième sens* fasst. Vgl. H. Finter, *Der subjektive Raum*, Bd. 2, S. 40–42.
23 Vgl. die Nummerierung der Einstellungen folgt der *découpage* von Nathalie Bourgeois in: *Nouvelle Vague, L'avant-scène du Cinéma* 396/397, 1990. Bourgeois vermerkt für die Bildeinstellung 230: „Elena [...] l'air étonné!", S. 109.
24 Vgl. zu Monteverdi und dem Beginn der Oper Maurice Roche, *Monteverdi*, Paris 1960, S. 79ff.
25 Vgl. „Théâtre et opéra dans le cinéma des années 80", in: *Conférence du collège d'Histoire de l'Art cinématographique* 3, 1992–93, Paris, S. 153–179, dort 177.
26 Vgl. Michael Riffaterre, „Sémiotique intertextuelle: l'interprétant", in: *Rhétoriques sémiotiques, Revue d'esthétique* 1–3, 1979, S. 128–150.
27 Jean-Luc Godard, „Éléna et les hommes" (*Cahiers du cinéma* 78, 1957, *Spécial Jean Renoir*), in: *Jean-Luc Godard par Jean-Luc Godard*, Paris 1968, S. 9899.
28 Philippe Sollers, *Mozart avec Sade*, France Culture, 3.–5. Mai 1983.
29 Der hierzu gesungene Text ist der einer klassischen Liebesarie: „Dentro il mio petto io sento / un suono, una dolcezza / di flauti e di oboe. / Che gioia, che contento, / Manco per allegrezza, / Più bei piacer non v'è". Er wird durch die Orchestrierung, die Flöten und Oboen magisch mit den ausgesprochenen bzw. gesungenen Nennungen isoliert, ironisiert.
30 In: Jean-Luc Godard, „Éléna et les hommes", S. 99: „In Bezug auf den Inhalt: dieselbe Ironie und dieselbe Abscheu. Auf die Frage, was ist das Kino? antwortet *Éléna*: mehr als das Kino." (Übers. v. HF)

Cyberraum versus Theaterraum
Zur Dramatisierung abwesender Körper

Redirected #2: Away From Keyboard
Die zweite Etappe von Jens Heitjohanns, Bodo Jentzsch' und Steffen Popps interaktivem Performanceprojekt *redirected-series* konfrontierte im Herbst 2003 die Internet-Bühne mit der konkreten Szene des Margarete-Bieber-Saals der Justus-Liebig-Universität Gießen.[1] An der Kopfseite des alten kunsthistorischen Hörsaals entrollte sich eine Performance, in welcher die Interaktion zwischen *live*-Performern und vom Internet in Echtzeit eingespeistem digitalem Bild (und gelegentlich auch Sound) im Zentrum stand. Das Verhältnis von Theater und Internet wurde so in Form eines Experiments erforscht, das die Beziehung von Internetbühne und konkreter Bühne vor einem anwesenden Publikum als ausgestellte subjektive Erfahrung mit dem Imaginären des Internets dramatisierte:

Auf der leeren Bühnenfläche vor den ansteigenden Zuschauerreihen saßen an einem Tisch zwei männliche – Philip Schulte und Wolfram Sander – und zwei weibliche Performer – Jules Buchholtz und Irina Nemecky –, die durch blonde Nylonperücken und eine orangefarbene Reißverschlussmontur im Hinblick auf Gender und soziale Herkunft entindividualisiert waren. Sie reagierten vier Stunden lang *live* mit *ad hoc* improvisierten Erzählungen auf ein aus dem Internet eingespeistes Bild- und Tonmaterial, das auf eine Leinwand hinter ihnen projiziert und über Lautsprecher an den Saalseiten übertragen wurde.

Theatrale Klammer von Cyberspace und Theaterraum war die Maske: Vier Avataren – Projektionsflächen für die von den Produzenten als netztypisch ausgemachten Themen Wissen, Therapie, Gewalt und Sex – korrespondierten die vier Performer, die als deren potentielle Repräsentanten auf der Bühne sich zu dem vom Internet gelieferten Material narrativ äußerten. So antworteten auf die über Bild und Ton gelieferten Avatar-Masken *live* Sprachmasken, die allein durch die Stimme, ihr Timbre und Melos, die Intonation, die Stimmhöhe, die Atemführung etc. und den Erzählstil ihrer Geschichten differenziert waren.

Während ein Kollektiv von Internet-Akteuren Selbstrepräsentationen bzw. Repräsentationen der vier Masken über vorgefertigtes Bild- und Tonmaterial anboten, war die körperliche (Selbst-)Repräsentation der Performer, die im Halbdunkel vor der Leinwand saßen, hauptsächlich durch Sprache und Stimme gegeben. Visuelle digitale Körperbilder und präsent generierte Stimmkörper- sowie Sprachkörperbilder wurden so in Beziehung gesetzt, um zu interagieren.

Vier Stunden lang war eine interessante Erfahrung zu machen. Der Cyberraum, traditionell als Schnittstelle zwischen körperlichem und phantasmatischem Raum verstanden, erwies sich über die Projektionen und Einspielungen als Abfallhalde konventionellen (audio)visuellen Trashs der Mediengesellschaft und verengte sich durch die Wiederholung seines ästhetisch begrenzten Materials zunehmend: Während durch das Internet Körperlichkeit und Materialität vor allem durch Formen ihrer Extreme evoziert wurde, die zwischen den Polen von pornographischer Darstellung, Bestialität, Gewalt und Tod einerseits und idealisierter Putzigkeit, kitschiger Natur, Natürlichkeit und Heimeligkeit andererseits oszillierte, öffneten dagegen die Performer durch eine Narration, die singuläres und kulturelles Gedächtnis aufrief, einen den Cyberraum perspektivierenden theatralen Raum. Die improvisierten Erzählungen zeigten einen singulären Blick und ein singuläres Gehör, das die von Paul Virilio prognostizierte Formatierung des Blicks durch die neuen Medien[2] auf lustvolle Weise widerlegte: Im Duell von digitaler Sehmaschine und menschlicher Erzählmaschine trugen Blick und Gehör mit Hilfe einer auf singuläres und kulturelles Gedächtnis öffnenden Sprache den Sieg davon; und dies obwohl das Setting der elektronischen Maschine die Macht zur Steuerung des Erzählflusses gab; durch das Einspeisen von mit den Namen der vier Avatare versehenem Bild- und Tonmaterial rief sie zwar den Einsatz der Sprecher auf, doch der Rhythmus der Maschine traf auf den Atem-Rhythmus der Erzähler; ein Performance-Rhythmus resultierte aus der kontrapunktischen Interaktion von Maschine und menschlichem Atem.

Dieser Agon zwischen digital codiertem gesellschaftlichen Imaginären und sprachlich *live* produziertem singulärem Imaginären produzierte eine Spannung, die sich, ähnlich der eines sportlichen Wettkampfes, auf die Performanz der körperlich anwesenden Kämpfer/innen bezog: Mit welchen sprachlichen Bildern, mit welchen Erzählungen wird er/sie auf das projizierte Bild oder den übertragenen Sound reagieren? Welches Element des Materials wird Ausgangspunkt, Aufhänger des neuen Assoziationsflusses werden? Wie wird er/sie die Provokation von Bildern oder Tönen parieren, deren ausgestellte Intention Lähmung des Rezipienten durch Faszination ist? Wie beim sportlichen Wettkampf entzündete sich also das Interesse an einer psycho-somatischen Performanz, in deren Zentrum das Aufscheinen des Leibes stand. Jedoch ging es nicht wie beim Wettkampfsport um die Überwindung des physischen Körpers,[3] sondern um die Transfiguration digital codierter imaginärer Körperbilder durch Sprache und das Aufscheinen von Sprachkörpern des Imaginären.

Eine ironische und auch komische Wirkung resultierte aus dem Kontrast von digitalen Bildern und Echtzeit-Erzählung: einerseits Bilder, die in ihrer physisch-klinischen oder biologischen Konkretheit oder in ihrem konventionalisierten Kitsch den Blick des Betrachters in seinem Begehren zu fixieren suchten, andererseits Erzählungen, welche diese Bilder in unerhörte Kontexte rückten und damit die intendierte Faszination parierten. Die Lähmung des Blicks durch die Bilder blieb aus, weil keines den begehrenden Blick einzufangen wusste beziehungsweise dieser Blick von den Performern selbst wieder thematisiert wurde. Denn die *live*-Performer verweigerten gerade jenen Aspekt des Bildes, den Roland Barthes im Zusammenhang mit der Photographie als *studium* bezeichnet hatte.[4] *Studium* ist der Schock, der Überraschung auslösende Aspekt der Bildkomposition; es verweist auf die Intention des Bildproduzenten bzw. auf den, der dieses Bild zur Charakterisierung eines fiktiven Selbst in einer Kommunikationssituation einsetzt. *Studium* ist die nach konventionellen Regeln erfolgte semantische Codierung des Bildes, sein kulturelles Wissen voraussetzender Realitätsverweis, in diesem Kontext vor allem bezogen auf eine extreme Körperlichkeit, eine ideale ‚Natürlichkeit' oder auf kulturell als makaber, gewaltsam oder widersprüchlich codierte Situationen. Die narrativen Antworten der *live*-Performer entwickelten dagegen ein Kaleidoskop von subjektiven *Puncta*, von ihren Blick affektiv ansprechenden Details, die als Ausgangspunkte sprachlicher Assoziationen singuläre imaginäre surreale Räume öffneten. Ein Raum des Gedächtnisses zeichnete so narrativ ein *hors champ*, ausgelöst durch ein vom jeweiligen Begehren affektiv fixiertes Detail.

Die Performance konfrontierte also mit Cyberraum und konkretem Theaterraum zwei Räume. Dem von Totenkörpermasken bevölkerten virtuellen Raum immobiler Körperstatuen stellten sie einen von Sprachmasken gezeichneten Raum lebendiger Stimmkörper gegenüber. Der Cyberraum wurde absorbiert und in einen Sprachraum integriert, der seine Bewohner multiplizierte und vervielfältigte und den zwanghaften Anspruch der Cyber-Toten dem Lachen und Lächeln der lebendigen Sprachkörper preisgab. Damit wurde ein besonderes Licht auf die Theatralität des Internets wie auch auf die Theatralität der Bühne geworfen. Beide werden oft analog gesehen, da ihnen das Maskenspiel gemeinsam ist. Doch die Maske reicht nicht aus, um Körperlichkeit plausibel zu machen. Denn Theatralität reduziert sich nicht auf die Maske, sie ist gerade im Theater Ergebnis eines inszenierten und ausgestellten Verhältnisses von Maske und Maskenträger.[5] Auch der zur Kennzeichnung des Datenkörpers[6] oft zitierte Rekurs Gilles Deleuzes und Félix Guattaris auf Artauds *corps sans organes*[7] erweist sich für die Annahme einer ‚Netztheatralität' dank Cyberkörper als problematisch: Der organlose Körper bei Deleuze/Guattari ist ein „Körper ohne Bild",[8] Modell sind die Glossolalien Artauds; bei Artaud selbst hingegen ist der *corps sans organes* Ergebnis eines Sprachprozesses, der den Bezug zur Sprache zwischen den Polen semiotischer Körperlautartikulation und symbolischer Thesis dramatisiert. Dagegen wird in den digitalen Medien die mit ‚Maske' und ‚Körper ohne Organe' implizit indizierte Theatralität, welche eine Dialektik von An- und Abwesenheit bzw. ihre Darstellbarkeit durch analoge Sprachen voraussetzt, jedoch gerade durch die Struktur des digitalen Codes verunmöglicht. Ein Blick auf die Repräsentationsstruktur analoger und digitaler Medien und ihres Verhältnisses zum Imaginären soll diese Differenz erläutern.

Das Verschwinden des Körpers im digitalen Code – und seine Rückkehr im Realen

Die Medien sprechen das Imaginäre an, insofern sie als Mittel der Repräsentation Botschaften transportieren und selbst Botschaften sein können. Analoge Medien tragen noch den Eindruck ihres Gegenstandes, als Index wahren sie Spuren einer Präsenz, Spuren von Körperlichkeit, von Materialität. Ihre Theatralität emphatisierte diese Spuren, indem sie diese als das ausstellt, was den Code der Repräsentation übersteigt, ihn sprengt, das Dargestellte in einer Dialektik von An- und Abwesenheit ambiguisiert. So konnte das analoge Photo als Realitätsbeweis gelesen werden (Barthes), die analoge Tonaufnahme als Rückkehr von Verstorbenen aus dem Reich der Toten dank des Klangkörperbilds ihrer Stimme. Zugleich evozieren analoge Medien auch den Körper ihrer ‚Benutzer‘: In Texte schreiben sich Stimme und Stimmen des Sprechenden und Schreibenden ein.[9] Die Photographie ist Ergebnis eines photographischen Aktes,[10] der mit dem nicht repräsentierbaren Blick der Apparatur den Blick des Photographen involviert.

Analoge Medien sprechen mit der Übermittlung der Botschaft, der Information, immer auch die Sinne an, öffnen Auge und Ohr auf das Imaginäre, indem sie an die Kraft des Ähnlichen appellieren. Similarität ist gerade der Modus analoger Medien, die auf der Ähnlichkeit von darzustellendem Objekt und dem Modus der Darstellung basieren, dank des Eindrucks, den die Materie auf einem Träger hinterlässt – Papier, Filmrolle oder -spule, Vinylplatte, Tonband. Sie reproduzieren proportional die graphischen, sonoren und sichtbaren Charakteristika des Gegenstands in kontinuierlicher Permanenz, um die Realität mit variabler Treue wiedergeben.

So waren seit den Anfängen Medien Instrumente des Imaginären, Instrumente der Erforschung des imaginären Raumes. Im Zentrum stand das, was das Imaginäre strukturiert:[11] das unerreichbare Bild eines ungeteilten Ideal-Ichs und seine Inversion – der zerstückelte Körper –, die Selbstinszenierung und die Projektion des Fremden, die Grenzen dieses Ichs und sein Horizont – der Andere, der Tod. Die Vorläufer des Photos, zum Beispiel Filippo Brunelleschis Experiment mit einer *Camera oscura,* die die Perspektive zwischen Baptisterium und Dom zu Florenz auslotet, stellte so das Phantasma des ungeteilten Körpers in einer Versuchsanordnung ins Zentrum, welche anstelle des blinden leeren Flecks des Fluchtpunktes im Spiegel das Auge des Betrachters reflektierte.[12] Die ersten Filme zum Beispiel, inszenierten den Tod – Thomas Edisons *Execution of Mary Queen of Scots* (1895) –, den Machtverlust über den Körper – *L'arroseur arrosé*

(1895) der Gebrüder Lumière – oder in zahlreichen Filmen von Georges Méliès die Zerstückelung dieses Körpers, seine Unsterblichkeit, seine (erotische) Allmacht. Selbstinszenierung und Exploration der physischen Grenzen sind auch von Anfang an Gegenstand der digitalen Medien, doch unter neuen Bedingungen. Befreit vom Kontext und dem Kontakt mit dem Objekt – keine Licht- oder Tonwellen garantieren mehr die Verbindung zu irgendeinem Körper, zu irgendeiner Materialität – scheint das digitale Medium zugleich die Fesseln des Imaginären abgeworfen zu haben: Sein Raum wird nun unendlich und offen für Allmachtsphantasien, in denen der von der numerischen Sprache ausgeschlossene und verworfene Körper und seine Begrenzungen, seine Verletzlichkeit und Sterblichkeit, zum vor allem das Netz heimsuchenden Phantom wird.

Haben noch die Vorläufer des Netzes wie der *Minitel* im Frankreich der achtziger Jahre als *Minitel rose* das Medium als Partnerbörse und Kontaktagentur genutzt, haben die ersten Videokünstler wie Vito Acconci und Jochen Gerz ihr Medium zur Exploration der Grenzen des eigenen physischen Körpers eingesetzt, so wird heute auch die reale Verletzlichkeit und der reale Tod massenhaft zum durch digitale Aufzeichnung irrealisierten und abrufbaren Gegenstand.

Die intimsten Seiten des Körpers, von seiner Konzeption bis zu seinem Tod, seine Sexualität in den extremsten Formen, seine Verletzlichkeit und seine Sterblichkeit suchen das Netz heim. Doch die Rückkehr des vom Medium verdrängten Körpers erfolgt nicht in die Sprache des Mediums selbst wie in den analogen Medien. Die Verwerfung des Körpers durch den digitalen Code scheint seine Rückkehr im Realen zu bedingen und machen das Netz zum numerischen Speicher von Monstrositäten, die einerseits vom Ausschluss des Körpers und der Sterblichkeit durch das Medium sprechen, andererseits diesem Körper gerade durch den ausgestellten Angriff auf seine Grenzen eine psychotische Szene geben. Digitale Medien scheinen um so mehr Instrumente der Selbstaufzeichnung und des Todes zu werden, als der Modus der Aufzeichnung den Status der Repräsentation subvertiert: Die Wahrscheinlichkeit der Darstellung ist nicht mehr Ergebnis einer Ähnlichkeit mit dem Gegenstand, welche auf einer deiktischen Verbindung basiert. Die Trennung von digitalem Code und Darstellung macht diese vorgängig, um sie durch einen binären Code von 0 bis 1 zu transcodieren. Die Logik extremer Körperlichkeit und Gewalt ist hier anzusiedeln: Insofern das Medium eine Körperlichkeit nicht mehr analog herstellen kann, muss diese Körperlichkeit in einer Steigerung von extremen Szenen verwahrscheinlicht werden.

Der einzige Körperkontakt, der verbleibt, ist der Tastendruck auf das Keyboard, der zum magischen Knopfdruck wird.[13] War ein solcher Druck auf den Auslöser schon mit Etienne Jules Mareys Photogewehr[14] analog zum Tötungsakt konzipiert – das Photo hält einen Moment des Lebens fest, indem durch angehaltene Zeit metaphorisch der Tod des Objekts produziert wird –, so erfolgen jetzt reale Aggression, Verletzung oder Tötung des zu repräsentierenden Objekts, um sie zugleich digital aufzuzeichnen. Der dem digitalen Medium abwesende Körper kehrt im *corpus delicti* der Videoaufzeichnung wieder. Diese Simultaneität soll die unüberwindbare Differenz von Medium und Akt verwahrscheinlichen. Der magische Tastendruck des digitalen Instruments irrealisiert im Gefolge die vorausgehende Aggressionsgeste.

Verloren geht mit den digitalen Medien die dem analogen Medium eigene theatrale Dialektik von An- und Abwesenheit. Die digitalen Medien drängen nach Körperlichkeit, doch der Körper bleibt außen vor. Der magische Druck auf die Taste simuliert einen realen Bezug zum visuellen oder sonoren Bild, welches den Körper des Rezipienten durch Schock und Überraschung traumatisch affizieren muss, da es ihn nicht durch die Materialität der analogen Körperspur des Objekts affektiv anzusprechen vermag.

Allein die Körperlichkeit, die sich in die Sprache über den Klang, kodifizierte Formen des Melos und poetische Bilder einschreibt, ermöglicht, das Andere des digitalen Mediums und seiner Sprache sagbar zu machen. Für die Computerbenutzer am Bildschirm bleibt dieser Bezug noch imaginär determiniert, auch wenn sie dem Wort ihre innere Stimme, ihr inneres Ohr und Auge leihen.

Erst im konkreten Bühnenraum wird diese Körperlichkeit durch die konkreten Stimmen der Performer, ihr singuläres Melos und Timbre in der narrativen Dramatisierung des Bezugs zu den aus dem Internet eingespeisten digitalen Bildern und Sounds zu einer theatralen Situation, in der die Dialektik von An- und Abwesenheit ins Zentrum rückt und sich als Verknüpfung von Imaginärem und Symbolischem mit dem Realen erprobt.

Theater als Gedächtnisort des Sprachkörpers

Der alte kunsthistorische Hörsaal, der architektonisch an der rechten Vorderseite noch den Treppenaufgang zum Rednerpult bewahrt hat, wurde so zugleich mit *Redirected #2: Away From Keyboard* zu einem Gedächtnisort: Die Struktur des akademischen Genres der kunsthistorischen Vorlesung, bei der projizierte Bilder kommentiert werden, wurde hier zum Ausgangspunkt für die Auseinandersetzung mit den neuen Medien und ihrem Imaginären. Schon Laurie Anderson hatte Anfang der achtziger Jahre in einem Publikumsgespräch die Entstehung der Form ihrer – damals noch mit Stimme, *Tape Bow Violin*, Diaprojektor, Video und Keyboard arbeitenden – multimedialen Performances wie *United States I–IV* (1980–1984) auf diese Vorlesungsform zurückgeführt. Mit *Redirected #2* zeigen Jens Heitjohann, Bodo Jentzsch und Steffen Popp heute, wie die Delokalisierung einer Interaktion von Internet und Theater in einen akademischen Ort und das Anlehnen an das Genre kunsthistorischer Vorlesung das *Andere* des digitalen Bildes, den singulären Körper und sein Begehren zur Sprache zu bringen vermag. Zugleich dekonstruiert ihre Performance, durch die Verteilung des Bildkommentars auf vier Avatarrollen mit singulären narrativen *live*-Stimmen, zudem dieses akademische Genre.

Das während der Performance beleuchtete verwaiste Rednerpult wird hier doppelt signifikant. Der Platz des Diskurses des Wissens bleibt leer, weil auf den Anspruch der Medien, den Körper zu affizieren und zu formatieren nur eine singuläre Sprache des Begehrens adäquat zu antworten vermag. Denn dieser leere Platz markiert die Virtualität und die Nichtrepräsentierbarkeit jener Instanz, die das projizierte digitale Imaginäre motiviert – der digitale Code – und unterstreicht zugleich die Absenz jenes Signifikanten, der für den Signifikanten stehen könnte, der als Signifikant des Begehrens die Einschreibung des Körpers in Sprache ermöglicht und auf singuläre imaginäre Räume öffnet: das sprachliche Gesetz, das den Menschen als Sprachwesen von allen anderen Lebewesen unterscheidet, seinen singulären Bezug zum Körper als imaginär determiniert, ihn zu einem Subjekt des Unbewussten macht.

Die Alten hatten diesem Signifikanten des Ursprungs der Sprache den Namen Gott gegeben. Die Cyber-Kultur hingegen belegt mit den Epitheta des Göttlichen ihre technologischen Errungenschaften: Ubiquität, Instantaneität und Omnipräsenz, die Omnipotenz und Omniszienz nahelegen, versprechen eine Kommunikation, die als Kommunion von „gloriosen Körpern"[15] das Phantasma des Dante'schen Paradieses auf Erden realisieren will. Doch die Kehrseite des Paradieses bleibt die Hölle. Der begehrende Körper ist nicht auszutreiben, solange Menschen sprechende Wesen sind. Das Theater dramatisiert ihn, gibt die Allmachtphantasien dem Lachen preis. Wie Alfred Jarrys *Ubu roi*, der Typus des modernen Strebens nach *ubiquitas*. Die narrative Dramatisierung phantasmatischer Cyberkörper durch die Performance *Redirected #2: Away From Keyboard* hat so nicht nur die Körper generierende Funktion der Sprache ins Zentrum gerückt, sondern auch den fasziniert frommen Blick auf die neuen Medien mit ihrem Lachen für einen langen Augenblick pulverisiert.

November 2003

Anmerkungen

1   Zu Motivation, Hintergrund und Durchführung des Projekts vgl. Jens Heitjohann/Steffen Popp, „Redirecting the Net", in: Christoph Bieber/Claus Leggewie (Hrsg.), *Interaktivität. Ein transdisziplinärer Schlüsselbegriff*, Frankfurt/New York 2004, S. 317–328.

2   Vgl. Paul Virilio, *La Machine de vision*, Paris 1988; zur Kritik von Virilio vgl. Georg Christoph Tholen, *Die Zäsur der Medien*. Kulturphilosophische Konturen, Frankfurt/Main 2002, S. 101–110.
3   Vgl. Martin Seel, „Die Zelebration des Unvermögens. Aspekte einer Ästhetik des Sports", in: Ders.: *Ethisch-ästhetische Studien*, Frankfurt/Main 1996, S. 188–200.
4   Vgl. Roland Barthes, *La Chambre claire. Note sur la photographie*, Paris 1988, S. 47ff. Für Barthes gibt es zwei Ebenen des Bildes, denen zwei Formen der Wahrnehmung entsprechen. Das *Studium* ist die Ebene der kulturellen Kodierung, die ein Wissensfeld auf- und anruft und auf die Intention des Bildproduzenten verweist. Das *Punctum* hingegen ist Resultat eines singulären Blicks, ein Detail, welches das Begehren affektiv anspricht und den Blick außerhalb des Rahmens zieht, um ein *hors champ* zu öffnen, in das singuläres Gedächtnis sich einschreiben kann.
5   Vgl. zu diesem Aspekt „Redirecting the Net" von Heitjohann und Popp.
6   Vgl. Martina Leeker, „Theater, Performance und technische Interaktion", in: Peter Gendolla et al. (Hrsg.), *Formen interaktiver Medienkunst*, Frankfurt/Main 2001, S. 265–287.
7   Gilles Deleuze und Félix Guattari übernehmen diesen Begriff von Antonin Artaud, der am Ende seines Schaffens die Utopie eines, durch poetische Sprache und Stimme in einen subjektiven Raum projizierten Sprachkörpers in seinen mit Glossolalien punktierten Texten entwirft (vgl. H. Finter, *Der subjektive Raum*, Bd. 2, Tübingen 1990); doch die Autoren invertieren Artauds Konzeption insofern, als sie die Utopie eines organlosen Körpers außerhalb der Sprache annehmen und ihn nicht wie Artaud als Ergebnis einer Dialektik von symbolischen und semiotischen Sprachprozessen verstehen. Für die Autoren ist der organlose Körper ein „Körper ohne Bild", Anti-Produktion, Antipol der begehrenden Maschinen, der „machines désirantes" (vgl. Gilles Deleuze/Félix Guattari, *L'Anti-Œdipe. Capitalisme et schizophrénie*, Paris 1972, S. 13–22).
8   G. Deleuze/F. Guattari, *L'Anti-Œdipe*, S. 14.
9   Zum Beispiel untersucht von Ivan Fónagy und Julia Kristeva.
10 Vgl. Philippe Dubois, *L'Acte photographique et autres essais*, Paris 1990.
11 Zur Struktur des Imaginären, als dessen Matrix in der Psychogenese die Spiegelphase angenommen wird vgl. Jacques Lacan, *Écrits*, Paris 1966, S. 93–100 und S. 101–124.
12 Vgl. Antonio di Tucci Manetti, *Vita di Filippo Brunelleschi*, hrsg. v. Domenico Robertis und Giovanni Tanturli, Mailand 1976, S. 55 ff; Hubert Damisch, *L'Origine de la perspective*, Paris 1987, S. 67–78.
13 Vgl. hierzu insbesondere die Konzeptualisierung des „Mausklick" durch Arne Moritz, „Mausklick und cookie – Erweiterungen des Körpers im Datenraum", in: C. Bieber/C. Leggewie (Hrsg.), *Interaktivität*, S. 289–307.
14 Vgl. Michel Frizot, „Geschwindigkeit in der Fotografie, Bewegung und Dauer", in: Ders. (Hrsg.), *Geschichte der Fotografie*, Köln 1994/1998, S. 242–257.
15 Vgl. Paul Virilio, „Du corps profane au corps profané", in: *Nouvelles Technologies. Un art sans modèle?*, Art Press spécial, hors série 12, 1991, S. 122–124.

Der (leere) Raum zwischen Hören und Sehen
Überlegungen zu einem Theater ohne Schauspieler

Raum und Krise der Repräsentation

Lange schien Theater ein Ort, an dem Hören und Sehen der Zuschauer sich verbinden können. Denn Theater war, wie es die griechische Wurzel für Theater und Theorie – *theaomai* – nahelegte, durch das Schauen sowohl des konkreten als auch des mentalen Auges eines *theatés* definiert. Dieses doppelte Schauen wurde auf der Bühne durch das vom Schauspieler artikulierte Wort ermöglicht; seine Stimme verband Hören und Sehen durch die Inkarnation oder Verkörperung eines Wortes, die seinen Ursprung mimte.

Doch seit geraumer Zeit öffnet das Theater einen Raum zwischen Hören und Sehen und stellt damit die Wahrnehmung des Zuschauers selbst in den Vordergrund. Hören und Sehen gehören psychogenetisch verschiedenen Wahrnehmungsordnungen an und bringen – folgt man der (post-)lacanschen Psychoanalyse – simultan drei Stadien der Ichbildung ins Spiel, die vom Haut- und Klang-Ich (Anzieu/Kristeva) über das Spiegel-Ich (Lacan) zu einem durch Verbalsprache symbolisierten Ich (Benveniste) führen.[1] Beim Hören und Sehen des traditionellen Theaters werden die den drei Stadien der Identitätsbildung entsprechenden Räume – Klangraum der *Chora*, Bildraum der Spiegelphase und Sprachraum – unter der Ägide des Wortes zusammengeführt, um mit ihm zu verschmelzen. Diese Räume treten auseinander, wenn Inkarnation und Inkorporation des Wortes unter Verdacht stehen. Krise des Worts und Krise der Repräsentation wurden spätestens seit Artauds Experimenten akut. Theater suchte Antworten auf die Theatralisierung von Alltagsleben und Politik, wobei auch Medien wie der Film dazu beitrugen, ein automatisches Zusammenfallen von visueller und auditiver Wahrnehmung zu problematisieren.

Seit den sechziger Jahren geht so auf dem Theater die Trennung von Hören und Sehen gerade von Experimenten mit der Konstruktion theatraler Personen aus. Von Michel Chion für den Film untersucht, der im Medium selbst, das Bild- und Tonspur trennt, die Formen der Audiovision theoretisierte,[2] hat so die Problematik der Audiovision Einzug in das Theater gehalten. Dieses hatte bisher gerade durch die von präsenten Schauspielern artikulierte Stimme die Fiktion einer Verschmelzung von visueller und auditiver Wahrnehmung verwahrscheinlichen können.[3]

Mit Hilfe der Medien werden seit den siebziger Jahren nicht nur filmische Verfahren auf die Bühne übertragen – so die Trennung von Schauspieler und Stimme, von Bild und Ton, Slow Motion, Freezes und visuelle wie auch auditive Nahaufnahmen.⁴ Ihr Einsatz öffnet auch zwischen der visuellen Wahrnehmung des Performers und dem Hören seiner – oft klanglich modifizierten – Stimme einen intermediären Raum für das Imaginäre des Zuschauers, in welchem die Schauspieler- bzw. Performer-Präsenz sich für den Zuschauer de-realisieren, transfigurieren und verändern kann.

Heute zeichnet sich eine weitere Tendenz im Experimentaltheater ab, die, ähnlich wie am Ende des 19. Jahrhunderts mit Gordon Craig oder Alfred Jarry, die Funktion des Schauspielers zur Disposition stellt. Sind noch in *Brace up* (1991) der Wooster Group nur wenige Performer allein als *Talking Heads* vom Bildschirm aus vertreten, während die übrigen Rollenpersonen sowohl durch Performer auf der Bühne präsent waren, wie auch über simultane Videoaufzeichnung auf Bildschirmmonitoren erschienen, so stellte Denis Marleau mit Maurice Maeterlincks *Les Aveugles* 2002 in Avignon ein Dispositiv vor, das auf jegliche Schauspielerpräsenz verzichtete: Die Gesichter von zwei Schauspielern leuchteten dort als auf zwölf Styropor-Masken projizierte *Video-Heads* aus der schwarzen Bühne in einer Weise hervor, die an die Bühne von Samuel Becketts *That Time* gemahnte.⁵ Über Lautsprecher war der auf die beiden Schauspieler verteilte Text der Blinden zu hören, wobei der Zuschauer ihre Mundbewegungen den aufgezeichneten Stimmen wie im Kino zuzuordnen hatte. Blieb am Ende vielleicht bei manchen ein Zweifel ob dieser Phantompräsenz, so konnte der täuschende Eindruck für diejenigen, die genau hinhörten, jedoch insofern sofort aufgelöst werden, als die durch eine konventionelle Sprechrhetorik gekennzeichneten Schauspielerstimmen jeder signifikanten Spur von vokaler Körperpräsenz wie charakteristisches Timbre, Melos, Prosodie und Akzent entbehrten. Die Öffnung eines Raumes zwischen Hören und Sehen wurde letztlich gerade durch eine mangelnde Stimmkörperpräsenz beeinträchtigt.

Ein intermediärer Raum zwischen Hören und Sehen kann jedoch die Zuschauerwahrnehmung (de-)konstruieren, wenn eine Aufführung das Verhältnis zwischen Imaginärem und Symbolischem als ein Verhältnis zum Begehren, zum Unmöglichen des Realen zu dramatisieren weiß. Ein solcher theatraler Raum soll im Folgenden ausgehend von einem Phänomen diskutiert werden, das seit geraumer Zeit auf der experimentellen Bühne zu beobachten ist: das Verschwinden von, auf der Bühne *live* verlauteten zugunsten von aufgezeichneten Stimmen, deren Quelle unsichtbar bleibt. Vom Kontrast von *live* artikulierten und Konservenstimmen, der als Spiel zwischen Präsenz und Absenz die Theatralität erhöht – so schon Robert Wilsons *Orlando*,⁶ doch auch heute Pippo Delbonos *Questo buio feroce* –, bis zum Rückzug der Sprache aus präsenten Körpern bei Romeo Castelluccis *Tragedia endogonidia* oder im *Inferno* seiner *Divina Commedia* zeichnet sich auf der zeitgenössischen Bühne eine immer stärker insistierende Präsenz akusmatischer Stimmen ab, die simultan von einer durchkomponierten Klang-, Geräusch- und Tonspur gedoppelt wird. So wird heute ein Theater ohne Schauspieler denkbar, das nicht mehr wie bei Marleau, die filmische Zuordnung von Hören und Sehen mimt, sondern diese selbst befragt.

Das Einspielen digital aufgezeichneter akusmatischer Sprechstimmen, deren Körperquelle unsichtbar bleibt und nicht zu verorten ist, wie auch die Projektion von Schrifttext bei gleichzeitiger Präsenz von stumm agierenden, allein durch ihre elektronisch verstärkten Bewegungsgeräusche sich verlautenden Körpern zeigen die Tendenz an, das auf den Schauspieler projizierte Zuschauerbegehren zu dramatisieren. Dieser Einsatz der Medien legt die (Wahrnehmungs-) Spaltung des Zuschauersubjekts offen, indem es ihm eine Repräsentanz seines skopischen und invokatorischen Liebesobjekts in Form eines, das Wort inkarnierenden Schauspielers verweigert. Diese Krise der Repräsentation, die von der unmöglichen Präsenz eines solchen Objekts ausgeht, scheint so auf die mediale Überflutung mit Liebes- und Schreckensobjekten zu antworten, welche die Gesellschaft des Spektakels kontinuierlich offeriert. Ein Theater ohne Schauspieler scheint heute möglich und fand jüngst mit Heiner Goebbels' *Stifters Dinge* einen Raum.[7]

Man könnte hier auf das Ende des Theaters schließen. Doch gibt es auch vielfältige Gründe, eher seine Transformation, eine weitere Entwicklung zu mutmaßen: Noch sitzen Zuschauer vor einer physisch realen Bühne, in der immer noch – wenn auch anorganische – Körper und Stimmkörper in Aktion sind, so dass sich während eines fest umrissenen Zeitabschnitts eine Kopräsenz von Bühne und Zuschauern vollzieht. Immer noch haben wir es mit Theater zu tun, denn solche *Performances* lassen auf eine imaginäre Bühne ein Drama – im Sinne einer konkreten Handlung – projizieren, das sich als psychische Handlung nun aber nicht auf der Ebene von dargestellten Figuren, sondern auf der Ebene der Wahrnehmung des Zuschauers vollzieht. Zudem wirkt dieses Theater dank der Kraft von Stimmen, die – wenn auch aufgezeichnet – ihre Fähigkeit entfalten, imaginär eine Präsenz zu evozieren. Diese Evokationskraft von Stimmen hängt mit dem ersten ‚Körperbild' zusammen, das psychogenetisch ein Klangkörperbild ist, und diese Vorgängigkeit beeinflusst nicht nur affektiv die Rezeption von artikulierten Stimmen beim Zuschauer, sondern determiniert auch die visuelle Rezeption des Geschehens.

Um die Stoßkraft eines solchen Theaters mit menschenleerer Bühne genauer umreißen zu können, möchte ich seine besondere Form der Audiovision am Beispiel von Heiner Goebbels' *Stifters Dinge* untersuchen, das ohne präsente Performer, doch nicht ohne aufgezeichnete Stimmen auskommt.

Aufgezeichnete Stimmen und ihre Präsenzwirkungen

Zuerst sind hier einige Überlegungen zur Spezifik aufgezeichneter Stimmen und zu ihrer Präsenz schaffenden Kraft angebracht. Stimmen haben Präsenzwirkung durch die Art und Weise wie sie einen Klangkörper konstituieren beziehungsweise projizieren. Ihr Timbre und ihr persönliches Melos zeigen ein psychosomatisches Verhältnis zum Körper an; die Relation zwischen dem psychosomatischen Körper des Sprechenden und seiner Sprache signiert weiter als Reibung die Körnigkeit der Stimme – das *grain* Roland Barthes'[8] – sowie der Akzent und ein singuläres Melos, das als manifestes Verhältnis zu einer ersten, phantasmatischen Stimme gelesen werden kann. Mit der Prosodie – der Phrasierung und Intonation – wird zudem das Verhältnis zum Stimmkörper des Textes hörbar. Jedes Mal ist dabei Präsenz einer Stimme Wirkung des Verhältnisses zu einem *Abwesenden*: zu einer Alterität, zum Anderen. Das ausdrückliche Ausstellen dieses Verhältnisses schafft die Präsenzwirkung einer Stimme.

Eine Stimme, die einen Anderen nicht vorsieht, da sie ihn eingekapselt hat, ihn verneint oder verwirft, ist dagegen als eine Stimme *ohne* Körper hörbar: So macht die unmögliche Trauer um die erste, notwendig verlorene Stimme eine Stimme deprimiert und depressiv sowohl in Hinsicht auf die Stimmbreite wie auch auf die Prosodie. Bleibt eine Stimme im Banne der Macht eines imaginären Körpers, den sie in verzweifelter Suche nach einem vokalen physischen Sitz verfolgt, dann manifestiert sich diese Verweigerung des Sprachkörpers als hysterische Stimme, die sich anstrengt, die Stimme in einem phantasmatisch ursprünglich-biologischen Körper zu verorten. Verwirft die Stimme aber den symbolischen Anderen, wie die paranoide Stimme, die ihn auszutreiben sucht, so leidet ebenfalls die Körperpräsenzwirkung. Diese drei Stimmtypen lassen in ihrer Körperlosigkeit zugleich die Absenz eines Verhältnisses oder ein hysterisches bzw. perverses Verhältnis zum Anderen hören. Der Modus des Verhältnisses zum Anderen schreibt sich also ins Gewebe der Stimme – in das Timbre, das Melos, die Prosodie – ein: als Abwesenheit des Begehrens des Anderen in Form der unmöglichen Trauer und der Einkapselung der phantasmatischen ersten Stimme, oder als seine Verweigerung im hysterischen Versuch, den Anderen zu inkorporieren bzw. im perversen Hass, der ihn auszutreiben sucht.

Die aufgezeichnete Stimme fügt diesen vokalen Präsenzeffekten darüber hinaus noch ihren Status des Unmöglichen hinzu. Beim Hören einer Aufzeichnung der eigenen Stimme kehrt diese immer als vergangene, unkenntlich fremde zurück. Schon die Tonbandstimme des jungen Krapp in Samuel Becketts *Krapp's Last Tape* zeugte vom Streben eines, für den alten Krapp nun leblosen, toten Ichs, dem die Geräusche und der schleppende Atem seines präsenten, alten, begehrenden Körpers antworteten. Eine aufgezeichnete Stimme ist so eine Totenstimme, denn sie verweist auf den absoluten Anderen. Auf der Bühne als akusmatische Stimme eingespielt, leitet sie die Totentrauer, die Trauer um die Utopie einer im Körper verankerten Stimme ein. Doch eine akusmatische Stimme kann auch die Bühne unter die Herrschaft des großen Anderen, des Symbolischen zwingen, die durch die Omnipräsenz der Medien in der Gesellschaft des Spektakels in den Hintergrund getreten zu sein scheint.

Ein Aspekt der Stimme, der über denjenigen einer immer schon erfolgten Trennung und die Unerreichbarkeit des vokalen Objekts des Begehrens hinausweist, wird hier deutlich: gestohlene und soufflierte Stimmen können einer Schriftlogik gehorchen. Jacques Derrida bestimmt in „Signature, événement, contexte"[9] die Schrift durch drei Charakteristika: Sie ist Markierung (*marque*), die bleibt, auch in Abwesenheit dessen, der sie geschrieben hat und somit in Absenz wiederholt werden kann; damit beinhaltet Schrift die Kraft, mit dem Kontext zu brechen, und zugleich eine potentielle Aufpfropfung (*greffe*) auf andere Kontexte; diese Kraft zum Bruch (*force de rupture*) ist geradezu Struktur der Schrift; sie verdankt sich einer Verräumlichung (*espacement*), die Syntagmen vom inneren Kontext aber auch von jeglicher Form eines präsenten Referenten zu trennen vermag, und entspringt ebenfalls dem Aufscheinen der Markierung.[10]

Die Bearbeitung der aufgezeichneten oder vom Körper getrennten Stimme vermag in der Tat auf der Bühne eine solche Schriftlogik zu realisieren, wenn die Stimme zugleich einer theatralen Dialektik von An- und Abwesenheit unterworfen wird. Die Rezeption des Zuschauers modalisiert sich dabei gemäß seinem Verhältnis zu dieser sonoren Schrift: Die aufgezeichnete oder vom Körper getrennte Sprechstimme lässt dann die vokalen Markierungen als *Grapheme* hören; sie wird ihrem alten Kontext entnommen und in den einer Bühnenaktion verpflanzt, wo sie die Präsenz subvertiert, indem sie mit allen Formen präsenter Referenten bricht. Doch durch die theatrale Situation der doppelten Ansprache, sowohl innerhalb der Bühne wie auch zum Publikum, legt die aufgezeichnete Stimme zugleich die Konstruktion von Präsenzwirkungen beim Zuschauer nahe, da er die gesprochenen Worte als an ihn adressiert vernimmt. Dies ist auf den akusmatischen Status einer Stimme zurückzuführen, deren Quelle unsichtbar bleibt. Was der Zuschauer hört, wird er mit dem verbinden, was er sieht, um sodann Hypothesen der Motivation und Kausalität zu formulieren. Sein skopisches Begehren inszeniert, was sein invokatorisches Begehren zu hören vermag: so inszeniert die sensible Intelligenz des Zuschauers selbst, wenn dieser seinen eigenen audiovisuellen Text webt und liest, in gleicher Weise wie der Leser der Seiten von Stéphane Mallarmés *Igitur*.[11]

Um eine solche audiovisuelle Lektüre zu ermöglichen, muss die aufgezeichnete Stimme, die einen Text spricht, vokal markiert sein, das heißt sie muss sinnlich wahrnehmbare Züge eines begehrenden Verhältnis zum anderen aufweisen. Diese übersetzen sich in vokalen Spuren, die Präsenz anzeigen. Dazu ist Körper, das heißt Timbre, Melos, Körnigkeit und Prosodie notwendig, vielleicht auch Akzente, damit ein Stimmkörper gehört werden kann, der das Begehren des Zuhörers anspricht. Vom Zuschauer/Zuhörer werden also ein sensibles Gehör und die Bereitschaft, eine Alterität aufzunehmen, erwartet.

Heiner Goebbels: *Stifters Dinge*

Für ein solches Theater der Schrift ist Heiner Goebbels' Produktion *Stifters Dinge* in vielfacher Weise paradigmatisch. Zum ersten Mal arbeitet der Künstler ohne Schauspieler, ohne Alternieren von *live* artikulierten und aufgezeichneten Stimmen. Vier aufgezeichnete Sprechstimmen sind zu hören: die Stimme eines älteren Mannes,[12] der Auszüge aus Texten Adalbert Stifters liest, die in rhythmischer Prosa subtile Beobachtungen über kaum wahrnehmbare Veränderungen in einer feindlichen Natur beschreiben; ihnen folgt die Stimme von Claude Lévi-Strauss, der sich während eines Interviews zu seinen *Tristes Tropiques* äußert; dann die Stimme von William Burroughs, der Auszüge aus *Nova Express-Towers Open Fire* liest; schließlich ist die Stimme von Malcolm X während eines Interviews zu hören. Vier Stimmen in zwei bzw. drei Sprachen lassen Fragmente von vier verschiedenen Texten verlauten. Gemeinsam ist ihnen das Motiv der Zerstörungskraft von Natur und Mensch. Man hört sie begleitet oder überlagert von Geräuschen, die der Mechanik des Bühnendispositivs und dem Funktionieren einer komplexen Bühnenmaschinerie entspringen. Drei mannshohe weiße, jeweils von einem Chromgitter eingefasste Leuchtkuben stehen hintereinander an der rechten Längsseite der leeren rechteckigen Bühne, die aus drei hintereinander angeordneten rechteckigen Flächen gebildet wird. Die nach hinten verlaufenden Seiten der gesamten Bühnenfläche sind zudem wiederum von Metallschienen begrenzt. Der Bühnenfond des Rechtecks wird von einer *scenae frons* abgeschlossen, die fünf mechanische Klaviere mit kahlen Ästen, einer ausrollbaren Projektionsleinwand sowie mit elektronischen Apparaten zusammenfügt. Aus dieser Wand entspringen mechanisch produzierte Musiksequenzen, wie auch aufgezeichnete Gesänge. Die Aufzeichnungen von Gesängen und die mechanisch produzierte Musik rahmen ein Klanggewebe aus mechanischen Geräuschen und aufgezeichneten Sprechstimmen. Sie gehören mehreren Epochen und Zivilisationen an: Stimmen einer Beschwörungsformel der Papua aus Neuguinea, aufgenommen 1905, der zweite Satz des *Italienischen Konzerts* F-Dur BWV 971 von Johann Sebastian Bach, ein Wechselgesang kolumbianischer Indianer und ein im chromatischen Modus gesungenes traditionelles griechisches Lied, mit dem Frauen der Insel Kalymnos sich begrüßend an gestrandete Emigranten richten, die als Fischer vom Maghreb aufgebrochen waren.[13]

Die ausgestrahlten Sprechstimmen haben Präsenzwirkung durch ein ihnen eigenes Timbre, ein besonderes Melos und eine charakteristische Prosodie. Sie fokalisieren unsere Wahrnehmung auf diesen menschenleeren Raum in mechanischer Bewegung und Aktion und erlauben, Koinzidenzen herzustellen zwischen dem, was wir sehen, und dem was wir hören. Die von ihnen gesprochenen Sätze werden so zu Signifikantenpotentialen, die eine Suche nach szenischen, visuellen Analogien in der durch subtile Lichtregie, Bildprojektionen, mechanische Bewegungen und chemische Prozesse sich rhythmisch verwandelnden Bühne provozieren: eine Kosmogonie entfaltet sich vor unseren Augen, doch auch ein ökologisches Desaster. Die Stimmen werden mehr und mehr spektral. Halluziniere ich, wenn ich eine Stimme nach der Sintflut höre, die diese kommentiert? Oder aber ist die akusmatische Stimme die des Herrn, der, hinter der Bühne, diese erst möglich macht?

Unterbrochen von Gesängen und Musik mit religiösen Konsonanzen adressieren sich diese Stimmen mit ihrer Beschwörung, ihrem Jubilieren und ihrer Klage an ein transzenden(tal)es Jenseits, an einen Anderen. Wohl handelt es sich hier um den Trauergesang unserer Zivilisation – aber auch um ein audiovisuelles Gedicht, das in beeindruckender Schönheit die Geburt eines Universums, einer Zivilisation feiert, ein posthumanes *theatrum mundi*, ein Universum, aus dem sich *dio fabbro* zurückgezogen hat und wo der zerstörerische Mensch nicht mehr dargestellt noch darstellbar ist.

Doch gleichzeitig gibt dieses Theater auch dem Raum, was normalerweise unsichtbar und nicht hörbar bleibt, wenn ein Schauspieler die Mitte der Bühne besetzt und alle Aufmerksamkeit auf sich zieht. Ausgehend von akusmatischen Worten, von Maschinen in Aktion, von durch Maschinen produzierten und übertragenen Gesängen, Geräuschen und Musik wird ein anderes Universum auf der Bühne erschaffen, ein *anderer* Raum. Dieser *andere* Raum verdankt sich der Präsenzwirkung von Worten und Klängen, deren Quelle unsichtbar bleibt. Ihre Alterität wird einerseits durch die Abwesenheit derer, die sie hervorbringen unterstrichen und andererseits durch die Präsenz der sichtbaren Maschinen, ihrer Bewegungen und Aktionen, die Bilder, Projektionen, Töne und Geräusche generieren. Der Zuschauer setzt den unsichtbaren Klang mit dem Sichtbaren in Beziehung, arrangiert in seinem Imaginären zu neuen Verbindungen, was der Künstler – ausgehend von sonoren und konkreten *objets trouvés* – in Beziehung gesetzt hatte: die aufgezeichneten Worte und Gesänge, die projizierten Bilder und die Objekte, Maschinen und mechanischen Klaviere, die er in neuen Relationen, neuen Aktionen verteilt und in den Kontext der Bühne verpflanzt hatte.

Am Ende kondensiert sich die Maschinen-Performance im Bild einer Schrift: das Faksimile einer Seite der Handschrift der dritten Fassung aus *Die Mappe meines Urgroßvaters* von Adalbert Stifter. Projiziert auf die gesamte, dreigeteilte Rechteckfläche der leeren Bühne gibt sie das Schlussbild dieses Theaters einer audiovisuellen Schrift ab. Zuvor hatte der Zuschauer gesehen, wie das aus den weißen Kuben auf die drei Bühnenrechtecke geleitete Wasser in Nebeldämpfe verdunstete und dann zu einem Eismeer gefror. Die *scenae frons* aus mechanischen Klavieren hatte sich langsam, auf Schienen gleitend, auf die Zuschauer zubewegt, um für einen Moment vor ihnen anzuhalten. Die Theatermaschinerie verbeugt sich vor dem Publikum, das applaudiert, bevor sie sich nach hinten zurückzieht, um auf der nun leeren Bühne für die Projektion des Bildes einer Handschrift Platz zu lassen. Nach Verstummen der Stimmen bleibt allein, was diesen vorausgeht und sie bedingt, um erneut singuläre Lektüren hervorzurufen. Falls es hier eine Botschaft geben sollte, so diese: Die Schrift ist der absolute Andere. Ihr verdankt sich, dass diese Hymne an die Präsenz der Absenz und der Absenz der Präsenz nicht zum Trauergesang wird, sondern sich in einer Hymne an die Schönheit aufheben kann.

Stimmenschrift

Die Trennung der Stimme vom präsenten Körper des Sprechenden, die Enteignung des Schauspielers von seiner Stimme, gibt ihr die Kraft einer omnipräsenten akusmatischen Stimme, macht sie zur halluzinierten mütterlichen oder väterlichen Stimme, zur gebietenden und verbietenden Stimme Gottes oder des Gesetzes. Als Stimme von Toten oder Abwesenden, die in keinem direkten Referenzbezug zum Spiel der Bühne stehen, ist hingegen die akusmatische Stimme auf der Bühne nicht mehr diejenige eines Vaters, da Hamlet nicht mehr dargestellt wird. Diese Abwesenheit des Sohnes entlastet den Zuschauer von dem Zwang, die akusmatische Stimme in einem Ursprung zu verorten. Er selbst kann Hamlet werden und sein bzw. mit seinem Begehren spielen. So schafft diese Abwesenheit auch eine Heiterkeit, die beim Wilson der Anfänge so verzauberte: ein Paradies *anderer* Stimmen, ohne die physische Schwere ihrer Ticks, Neurosen und Pathologien. Nach unserem Belieben können wir mit dem Imaginären dieser Stimmen spielen, um unseren eigenen Text zu weben. In dieser Bühne interferiert das Reale allein durch sensible, sinnlich erfahrbare Materialitäten – Klänge, Licht, Dämpfe, Eis –, die eine Schrift im Raum weben lassen.

Diese Dekonstruktion eines Begehrens nach einem Ursprung der Stimme erfolgt in einer Stimmenschrift, die beim Zuschauer die Konstruktion einer audiovisuellen Schrift ermöglicht, ausgehend vom Modus seines Verhältnisses zum Anderen: Die akusmatischen Stimmen haben die Autorität entfernter Ahnen – *Landschaft mit entfernten Verwandten* war der Titel einer Produktion Heiner Goebbels aus dem Jahre 2002. Wahlverwandte sind sie, symbolische Väter vielleicht, denn Goebbels überträgt hier auf Männerstimmen von Schriftstellern, Anthropologen, einem Politiker, kurzum: auf Beobachter unserer Zivilisation, durch ihre akusmatische Verlautung eine Autorität von geistigen Vätern. Doch zugleich lassen als Kontrapunkt ein religiöser oder weiblicher Gesang, das Rauschen der Materie, die Instrumentalmusik auch etwas wie ein Lachen in dieser Musik hören, ein *riso eterno,* das eine unendliche Kontinuität ankündigt. Die zwangswiederholende Phrenesie, die *industria* der Maschine provoziert hingegen ein Lachen Bergson'scher Art.[14] Es verspottet eine ziellose mechanische Aktivität, die, wie vom Trieb geschüttelt, so leer ist wie die Bühnenfläche. Denn lächerlich ist nicht nur das auf den Menschen aufgepfropfte Mechanische, lächerlich ist auch eine Mechanik, die das Menschliche nachahmt.

In *Stifters Dinge* ist die Krise der Repräsentation aufgehoben in einer audiovisuellen Schrift, die dem Zuschauer abverlangt, sein eigenes Verhältnis zum Imaginären und zum Symbolischen im Modus einer Theatralisierung zu weben: Er selbst stiftet die Beziehung der Dinge, so wie dies auch die Schrift und die Dichtung tun. Der Zuschauer ist hier aufgerufen, ihnen zu folgen, mit dem Realen seines Begehrens zu hören und sehen – was im übrigen auch ein Leser vollbringt, wenn ihn die Schrift zum Hören und Sehen verleitet.

Der leere Raum, die Abwesenheit von Schauspielern auf der Bühne kann ebenso verstören wie der blinde weiße Fleck am Ort des Sehens oder Hörens, die Leerstelle des dezentrierten Subjekts. Es ist der Schrecken vor der Leere einer Bühne, in der kein Repräsentant des großen Anderen mehr in Fleisch und Blut anwesend ist. Doch diese Abwesenheit setzt der Metaphysik der Präsenz die Kraft einer Schrift entgegen, die über akusmatische Stimmen den Raum auf eine Analyse des eigenen Begehrens zu öffnen vermag. Eine solche Antwort auf die Krise der Repräsentation bestätigt zwar den Zweifel, dass ein anderer noch Statthalter der Präsenz des großen Anderen zu sein vermöge. Doch sagt sie zugleich auch, dass allein der Schrift, oder im weiteren Sinne der Sprache das Wissen über das eigene Begehren zugeschrieben werden kann, weshalb sie den Platz des Anderen sowohl für den Gläubigen wie für den Agnostiker einnimmt. Der Stimme eines solchen Anderen gibt *Stifters Dinge* einen Raum zwischen Hören und Sehen.

Juli 2008

Anmerkungen

1   Vgl. Didier Anzieu, *Le Moi-peau*, Paris 1985; Julia Kristeva, *La Révolution du langage poétique*, Paris 1974; Jacques Lacan, „Le stade du miroir comme formateur de la fonction du 'Je'", in: Ders.: *Écrits*, Paris 1966, S. 93–100; Émile Benveniste, „De la subjectivité dans le langage", in: Ders.: *Problèmes de linguistique générale*, Bd. 1, Paris 1966, S. 258–266.
2   Vgl. Michel Chion, *L'Audio-vision*, Paris 1990; Ders.: *La Voix au cinéma*, Paris 1982.

3   Vgl. Helga Finter, „Audiovision. Zur Dioptrik von Text, Bühne und Zuschauer" (in: Erika Fischer-Lichte/Wolfgang Greisenegger/Hans-Thies Lehmann (Hrsg.), *Arbeitsfelder der Theaterwissenschaft*. Forum Modernes Theater (Schriftenreihe Band 15), Tübingen 1994, S. 183–192), in diesem Band S. 221–229.
4   Vgl. H. Finter, „Das Kameraauge des postmodernen Theaters" (in: Christian W. Thomsen (Hrsg.), *Studien zur Ästhetik des Gegenwartstheaters* (Reihe Siegen 58), Heidelberg 1985, S. 46–70), in diesem Band S. 47–66.
5   In der Inszenierung von 1985 beim Pariser Festival d'Automne war so das Gesicht David Warrilows als einziger Lichtpunkt auf der schwarzen Bühne zu sehen, der seiner aufgezeichneten Stimme folgt; und nur durch einen mehrmaligen Augenaufschlag sowie ein abschließendes Lächeln konnte der Zuschauer sehen, dass tatsächlich ein Schauspieler auf der Bühne anwesend war.
6   Vgl. H. Finter, „Der Körper und seine (vokalen) Doubles: Zur Dekonstruktion von Weiblichkeit auf der Bühne" (in: *Forum modernes Theater* 1, 1996, S. 15–31; in diesem Band S. 245–264.
7   Uraufführung Théâtre de Vidy-Lausanne, 13. September 2007.
8   Roland Barthes, „Le grain de la voix", in: Ders.: *L'obvie et l'obtus. Essais critiques III*, Paris 1982, S. 236–245.
9   Jacques Derrida, „Signature, événement, contexte", in: Ders.: *Marges de la philosophie*, Paris 1972, S. 365–393.
10 Vgl. ebd., S. 377–378.
11 Vgl. H. Finter, *Der subjektive Raum*, Bd. 1, Tübingen 1990, Kap. 1.
12 In der Uraufführung in Lausanne die Stimme von René Gonzales, in der Frankfurter Fassung die Stimme von Dr. Hermann Josef Mohr.
13 Vgl. Heiner Goebbels, *Stifters Dinge*, Programmheft, Théâtre de Vidy-Lausanne 2007.
14 Vgl. Henri Bergson, *Le Rire. Essai sur la signification du comique*, Paris 1940.

VII.
Theorie (2): Intervokalität, Stimmkörperbilder

Intervokalität auf der Bühne: Gestohlene Stimme(n), gestohlene(r) Körper

Intertextualität und Intervokalität

Die Wissenschaften vom Text haben uns seit den sechziger Jahren daran gewöhnt, die Frage nach dem Ursprung des Textes zu relativieren, da sie diesen nun als Produkt von anderen Texten verstehen. Beim Lesen spricht so nicht mehr allein die Stimme eines Autors. Vielmehr aktualisiert der Leser, dank seines kulturellen und subjektiven Gedächtnisses, die Produktivität des Textes als Gewebe seiner Stimmen. Für die Analyse von Texten wird so das Konzept der *Intertextualität* zentral, das – ausgehend vom Werk Mikael Bachtins – zum ersten Mal Julia Kristeva 1966 in die Debatte warf: Intertextualität wurde zum Gegenkonzept zu der bis dahin das hermeneutische Textverständnis bestimmenden Intersubjektivität.[1] In weiteren Aufsätzen zeigte sie die Signifikanz von Texten – ihre spezifische Produktivität – abhängig vom Horizont eines „immer schon Dagewesenen" (*toujours déjà là*),[2] das auf allen Ebenen der Artikulation aktiviert wird: Der intertextuelle Dialog lässt sich so als Auseinandersetzung mit einem *semantischen*, einem *syntaktischen* und *grammatischen* sowie einem *pragmatischen* Wahrscheinlichen (*verosimile*) auffächern.

Auch für das Theater galt sehr lange ein Ursprungsmythos: sowohl für den dramatischen Text, den die Inszenierung getreu in seinen Intentionen wiedergeben sollte, wie auch für sein Medium, die Stimme des Schauspielers, der die möglichst getreue Vermittlung zwischen textueller und visueller Repräsentation oblag. Die Verankerung der Stimme im Körper war die notwendige Prämisse, die seit dem 18. Jahrhundert – seit Rousseau und Herder – erlaubte, dass eine Stimme, die den Ursprung eines Textes mimt, diesen authentifizieren konnte. Auch heute noch wird nicht nur in Dichterlesungen und Rezitationsabenden, sondern auch auf der Bühne die Stimme des Schauspielers – wie es Patrice Pavis formuliert – als „Verlängerung des Körpers im Raum"[3] verstanden, ja sie erscheint für viele immer noch der Garant der Wahrheit oder Falschheit des Gesagten, insofern sie eine wahrscheinliche Körperstimme zu sein vermag.

Ein Teil der Stimmexperimente des 20. Jahrhunderts trugen, obgleich ausdrücklich gegen das Sprechtheater gewendet, so zur Konsolidierung des Ursprungsmythos der Körperstimme bei, auch wenn sie deren Wahrheit der Textstimme entgegenzuhalten suchten. So stehen selbst viele auf Antonin Artaud sich berufende Stimmpraktiker des zeitgenössischen Theaters in dieser Tradition, wenn sie die vom Text und seiner Logik losgelöste Stimme zwischen Schrei und Geräusch, Glossolalie und Koloratur erforschen.

Doch hat sich im Anschluss an Artaud wie auch im Gefolge der Recherchen zeitgenössischer Musik seit Arnold Schönberg und Alban Berg sowie der sonoren Poesie seit den italienischen Futuristen auch eine andere Form der Auseinandersetzung mit der Stimme und ihren Möglichkeiten entwickelt, die diese in ihrem Spannungsverhältnis von Körperstimmen und Textstimmen entfaltet. Damit wird die sowohl der Körper- als auch der Textstimme zugrundeliegende Prämisse eines jeweiligen Ursprungs insofern in Frage gestellt, als polyphone und polyloge Stimmverlautungen nur noch Sinnpotentiale für dezentrierte Subjekte anbieten und nicht mehr Stimmen und Texte in Figuren und Charakteren verankern lassen. In diesem Zusammenhang ist in den letzten Jahren eine auch auf die Materialität der Stimme erweiterte Zitatpraxis von Interesse, die nicht nur Sprechweisen, sondern auch persönliche Stimmcharakteristika extremer Stimmen – wie zum Beispiel die Artauds oder Hitlers – als Sinnpotential einsetzt.[4]

Gerade diese Praxis legt es nahe, analog zum Text auch für die Stimme auf dem Theater die Frage nach deren *Dialogizität* zu stellen. Ein solches Interesse bekommt durch die heutige mediale Praxis weiteren Argumentationsstoff, denn die Stimmen auf der Bühne sind nicht mehr notwendig an menschliche, physisch präsente Quellen gebunden, sie können diese selbst vervielfachen und perspektivieren: Seit geraumer Zeit werden die Stimmen, die wir im Theater hören, nicht nur *live* auf der Bühne von Schauspielern produziert, sie können auch Stimmkörper – wie Krapps Dialogpartner in Samuel Becketts *Letztem Band* – aus Tonbandaufnahmen und heute aus Samplern projizieren oder selbst virtuell sein – wie die charmanten weiblichen Stimmen, die heute Autofahrern mit vollendeten Umgangsformen elektronisch den Weg weisen. Auch auf der Bühne sind nun *live* produzierte Stimmen nicht notwendigerweise als an die dort anwesenden Schauspielkörper gebunden, zu hören. *Sound designer* stehlen ihre Stimmen, können in auditiven Großaufnahmen Stimmkörper ganz nahe bringen, deren physische Quelle einem Zuschauer in der letzten Reihe als ferner Punkt erscheinen mag. In solchen Fällen wird, was das Auge sieht, von einem Stimmgewebe gedoppelt, das wie die Tonspur in den späten Filmen Godards in einem dialektischen Spannungsverhältnis zum Gesehenen steht.[5]

Acht Thesen zur Intervokalität auf der Bühne

Die Frage nach der vokalen Dialogizität auf der Bühne scheint mir einen möglichen Zugang nicht nur zu diesen neuen Phänomenen sondern auch insgesamt für den Problembereich der Stimme auf der Bühne zu eröffnen. In acht Thesen möchte ich deshalb erste Überlegungen zur *Intervokalität* auf der Bühne anstellen.

1. Wie der Text ist die Stimme nicht ein Produkt, sondern ein produktiver Prozess, der sich ebenfalls einem Dialog verdankt. Doch insofern es sich nicht um

Texte, sondern um an- und abwesende Stimmen handelt, ist der von einer solchen Intervokalität geöffnete auditive Raum zugleich unbestimmter, da das ins Spiel gebrachte Signifikantenpotential nicht nur intentional deiktischen, sondern auch psychosomatisch indiziellen semiotischen *Status haben kann:*

Die Stimmäußerungen einzelner historischer Schauspielerstimmen – so Alexander Moissi bei seiner Deklamation des *Erlkönigs* oder Antonin Artaud in seinen Radiosendungen –, aber auch Stimmperformances von Zeitgenossen – so Robert Wilsons Hamlet, Isabelle Hupperts Orlando oder auch schon Peter Lührs Mann auf der Bank 1982 in Wilsons *Golden Windows* – konfrontieren uns nicht nur mit einer Vielfalt von auditiven Stimmkörpern, sondern überschreiten auch eine konventionelle sonore Wahrscheinlichkeit, die ermöglichte, diese Stimmen gesellschaftlich plausiblen Körpern zuzuschreiben.

Wir wohnen einem Tanz, dem Gleiten von Stimmkörpern in andere bei. Dabei handelt es sich um eine Metamorphose, doch ohne die Ovid'sche Versteinerung: eine Bewegung kontinuierlicher Verwandlung, wie sie *ex negativo* Dante Alighieri in der siebten Malebolge des achten Höllenkreises beschreibt.[6] Dort werden die bestraften Diebe ohne Unterlass in sie beißende Schlangen verwandelt, zerfallen in Staub, auferstehen wieder, werden verwandelt etc. In diesem Verwandlungsprozess gleicht keiner mehr demjenigen – wie Dante feststellt –, der er gewesen ist (*Inferno* XXV, Vers 63): Die symbiotische Verschmelzung ist Hohn des höfischen Liebesideals und zugleich Hohn einer Inkarnation, welche eine Distanz oder das Eigene zu bewahren vermeinte. In Dantes Hölle ist eine solche Vervielfältigung der Körper insofern Strafe, als sie die Parodie jener paradiesischen Metamorphosen darstellt, die allein dem Gesamtkunstwerker Gott vorbehalten sind, der, wie wir wissen, als zugleich dreifältig und eins vorgestellt wird.

Doch kann für uns heute aus diesem negativen Exempel auch eine positive Lehre gewonnen werden: Auf die Stimme und ihren Körper übertragen, bedeutet das Stehlen der Charakteristika einer Stimme gleichermaßen symbiotische Verschmelzung und den Verlust des eigenen Stimmkörpers; der Inkarnation wird die Grundlage entzogen, sie wird als Mythos zerstört und in Prozess gesetzt.

Was geschieht nun mit der Stimme bei einer derartigen metamorphotischen Intervokalität? In einer solchen Stimmäußerung werden vokal die Charakteristika zitiert, welche die Singularität der Stimme eines anderen ausmachen oder ihr als wahrscheinlich zugeschrieben werden. Diese Charakteristika sind vor allem zwei:

a) Dies ist zuerst das *Timbre*, die differentielle vokale Markierung einer Person. Das Timbre ist bestimmt durch die Obertöne und verdankt sich einem psychosomatischen Dispositiv: Es rührt einerseits von *physischen* Konstituenten her

– von der Form des Kehlkopfes und des Rachens sowie vom Hormonspiegel des Sprechers – und andererseits von *psychischen* Determinanten, die es nach psychischen und kulturellen Modellen in der Psychogenese prägten.

b) Das zweite Kennzeichen ist das persönliche *Melos* des Sprechers, die charakteristische Stimmmelodie, die weder sinngebend noch musikalisch vorgegeben ist, und die ebenfalls psychosomatisch durch Atemkapazität, Familiensprechweise und einen sozial signifikanten Sprechmodus, durch Körperrhythmus, Triebinnervation u.ä. determiniert ist.

Intervokalität kann ein Dialog mit den Stimmmerkmalen von tatsächlich existierenden Personen sein. Doch hat die Bühne schon immer eine ihr eigene Intervokalität bemüht, wenn sie mit den Charakteristika kulturell kodierter, wahrscheinlicher Stimmen arbeitete, wie sie das Theater in seiner langen Praxis entwickelt hatte: Stimmlagen und -führung der tragischen und komischen Personen zum Beispiel, oder Klangfarbe und Stimmführung der Figuren der Commedia dell'arte, die nicht nur durch bestimmte Dialekte, sondern auch durch bestimmte Klangfarben und Sprechmelodien gekennzeichnet sind. So arbeiten auch heute Regisseure wie Liz LeCompte für die *Fish Story* oder *Hairy Ape* mit den Stimmcharakteristika von Afroamerikanern und John Jesurun mit denjenigen der amerikanischen *Soap* oder auch René Pollesch in seinen *Soaps* mit den vokalen Kennzeichen der flachen deutschen Synchronstimmen eben dieser amerikanischen *Soaps* und Filme.

Hingegen kann Intervokalität auch einen Dialog mit den Charakteristika von Stimmen tatsächlich existierender oder verstorbener Personen anbieten: Der Schauspieler stiehlt ihre Stimme, schlüpft in ihren Stimmkörper, wird zu diesem Körper, den er sich aneignet. Martin Wuttkes Auseinandersetzung mit der Stimme Hitlers für seine Darstellung der Figur des Arturo Ui in Heiner Müllers Inszenierung wäre hier zu nennen. An diesem Beispiel wird deutlich, dass das Timbre zwar in seinen physischen Konstituenten nicht imitierbar ist – das Grundtimbre Wuttkes bleibt bestehen. Jedoch gelingt ihm durch die Modulierung der Klangfarbe dank der Öffnung und Schließung von Kehlkopf und Rachen eine Annäherung an das persönliche Timbre des Diktators, das er durch die dominante Gepresstheit und Explosivität der Laute übersetzt. Wuttke unterstützt diese Klangfärbung durch das Zitat der Charakteristika des Hitler'schen Melos, das heißt durch eine die Sinngliederung durchkreuzende skandierende Segmentierung, weiter durch den häufigen Sprung von über zwei Oktaven im gleichen Kopfregister, sowie durch ebenfalls häufigen Registerwechsel zwischen Kopf- und Bruststimme als Wechsel zwischen ‚eigentlichem', hohem Ton und tiefem ironischem Ton, sowie durch einen auf Entladung und Explosion zutreibenden Rhythmus. Wuttke trägt hier der Tatsache Rechnung, dass die persönliche Sprechstimme, im Hinblick auf die Psychogenese, selbst schon Ergebnis einer Intervokalität ist: Timbre und Melos sind, wie Artaud sagt, *souffliert*, denn sie sind Produkt von Mutter- und Vaterstimmen und deren Einschreibung des Verhältnisses zu Körper und Sprache in eine eigene Stimme.

Hier wird schon deutlich, dass im Gegensatz zur Intertextualität, deren Referenzbezüge wiederum Texte bilden, die Intervokalität ein weitaus komplexeres Phänomen darstellt. Ihr Horizont ist doppelt: Zwischen zwei Polen situiert, steht die intervokale Stimme sowohl im Dialog mit Körper und Sprache eines anderen als auch mit dessen Soma und Psyche. Damit komme ich zu meiner zweiten These:

2. In ihren persönlichen Charakteristika (Timbre und Melos) ist die Stimme schon selbst das Resultat einer semiotischen Intervokalität:

Die Stimme wird durch einen Körper produziert, doch ist sie weder völlig kontrollier- noch meisterbar und auch nur partiell zu fassen. Zugleich psychisch und physisch, oszilliert sie zwischen Körper und Sprache, ohne sich völlig auf einen der beiden Pole zu reduzieren. Dieser Zwischenstatus, auf den schon seit 1967 Guy Rosolato hingewiesen hatte,[7] impliziert, dass die Stimme einen von diesen beiden Polen begrenzten Raum projizieren kann. Die Stimme ist *intermediär*, weder Medium, noch Instrument und keineswegs ein Organ. Hingegen ist sie ein Übergangsobjekt,[8] das erlaubt, in der Psychogenese einen ersten Klangkörper auszuloten, eine im dialogischen Echo geformte Klanghülle, die noch vor dem Selbstbild des Lacan'schen Spiegelstadiums eine erste ‚Identität' ausbildet. Die Konstitution dieser Klanghülle ist zugleich Bedingung dafür, dass sich zur Verbalsprache, mit deren Erlernung das Subjekt sich neu strukturiert, eine affektive Beziehung entwickeln kann.[9]

Die Sprechstimme sucht vokal an einen ersten mütterlichen, affektiven Körper (wieder-)anzuknüpfen und lässt zugleich auch das Verhältnis zum Sprachkörper, zu den Textklangkörpern hören als Klangspuren, die ein Text durch Stil und Musikalität vorgeben kann. So schafft die Stimme einen *heterotopen* Raum im Sinne Michel Foucaults:[10] Dieser *andere* Raum ist Projektion eines utopischen Raumes, ausgehend von einem realen Ort; er ist zugleich materieller phantasmatischer Ort der Mutter und symbolischer Ort des Vaters, zugleich in der Zeit und außerhalb der Zeit in einer mythischen Temporalität.

Die Stimme projiziert einen imaginären Klangkörper, der gleichermaßen physisch, psychisch und kulturell determiniert ist. Der erste Körper ist ein Klangkörper, modelliert nach dem Timbre und dem Melos der mütterlichen Stimme, welche die Beziehung zu Sprache und Körper verlauten lässt. Die Erprobung dieser ersten Stimme vollzieht sich gemäß den Intonationscharakteristika der Sprache der ersten Pflegeperson, so beispielsweise in französischen, deutschen oder englischen Glossolalien vom achten Monat an. Obwohl persönliches

Kennzeichen wie der Fingerabdruck, ist das Timbre keineswegs Markierung eines Ursprungs. Als ein komplexes psychosomatisches Dispositiv ist es sowohl von Körperkonstituenten wie vor allem von imaginären Formanten abhängig: Es orientiert sich an den vom Begehren oder seiner Absenz markierten elterlichen Timbres, präzisiert sich durch die Wahl des elterlichen sexuellen Bezugsmodells sowie durch Stimmmodelle späterer sozialer Ideale. Die Charakteristika und das persönliche Melos einer Stimme sind so Resultat einer ersten Intervokalität, die ich mit dem Terminus Julia Kristevas, *semiotische* Intervokalität nennen möchte.

Als Übergangsobjekt erlaubt die Stimme, Triebimpulse zu vokaler Lust zu sublimieren: Die Lautproduktion ersetzt das Saugen, bilabiale Konsonanten formen in allen Sprachen die ersten Worte für die Mutter. Die Beherrschung der Stimmritze geht einher mit der Beherrschung des Schließmuskels. Die Stimme vermag Triebimpulse in Lautmanifestationen zu verschieben: Die Forschungen Ivan Fónagys und Julia Kristevas zeigen, dass mit dem Erwerb der Sprache Triebimpulse nicht nur in das gesprochene Wort, sondern auch in den Text über rhythmische Strukturierungen und über Lautrekurrenzen eingeschrieben werden können, die für den Typ der Trieblust signifikant sein können.[11] So ist in Wort und Text mit dem Symbolischen zugleich das Semiotische präsent. Vokale Körperspuren determinieren den singulären Sprech- oder Schreibstil in mehr oder weniger markierter oder bewusster Weise. Eine Stimme und ihr Stil indizieren jenseits aller sozialen Charakteristika auch das unbewusste Subjekt des Sprechenden, seinen imaginären Körper, sein Verhältnis zur Sprache.

Die verlautete Stimme informiert so doppelt: nicht nur über das, worüber gesprochen wird, sondern auch gleichzeitig über den, der spricht. Die Stimme ist ein Signifikantenpotential von Spuren des Bezugs zum Körper und zur Sprache. Sie lässt die Lust oder ihre Unmöglichkeit hören. Sie sagt uns, was sie hören lassen will oder kann, und was sie verschweigen will. Mit dem gesprochenen Wort moduliert sie ein Körperbild: einen affizierten, einen sozialen, einen ethnischen, einen unbewussten Körper.[12] Sie schlägt das Lautbild eines physischen und psychischen Zustands vor, das mit dem sichtbaren physischen Körper übereinstimmen oder ihn dementieren kann. Die Stimme kann ein den kulturellen und sozialen Erwartungen entsprechendes wahrscheinliches Bild zeichnen oder auch andere, neue Körper vorschlagen.

Stimme kann einen wahrscheinlichen Körper verlauten lassen, doch vermag sie auch die wahrscheinliche Stimme eines Wortes oder eines Textes zu sein. In unserer logozentrischen Zivilisation hat lange Zeit die Rhetorik den Grad an Körperlichkeit geregelt, der im öffentlichen Raum zugelassen war: Die Vorschriften, welche die *actio* der Rhetoriken für die Rede von der Kanzel, vor Gericht, vom Katheder oder von der Tribüne der Parlamente formuliert, sprechen davon.[13] Spezifische Institutionen – wie der (Chor-)Gesang oder die Oper – sind der Stimme des Körpers und ihrer Lust vorbehalten.[14] Erst im 20. Jahrhundert finden wir – dank eines Prozesses, den sowohl Richard Sennett als auch Guy Debord als spezifischen Wandel zu einer Gesellschaft des Spektakels beschreiben[15] – auch öffentliche Stimmen, die sowohl die verbindliche Rhetorik als auch die bis dahin gültige Angemessenheit überschreiten und so oft eine extreme Körperlichkeit ausstellen. Diese Zerstörung der für die Manifestation von Körperstimmen gültigen *pragmatischen* Wahrscheinlichkeit hat das Interesse für eine Verwendung der semiotischen Intervokalität für das Theater geweckt, zumal gerade extreme öffentliche Stimmen wie die Hitlers, der schon dem Film den Schnurrbart Chaplins entwendet hatte, der Bühne die Stimmen der Schauspieler geraubt hatten. Ich habe an anderer Stelle gezeigt, wie mittels einer intervokalen Theatralisierung dem Theater auch punktuell solche gestohlene Stimmen zurückgegeben werden konnten.[16]

Doch stellt sich gerade bei extremen Stimmen die Frage, wie ihre Charakteristika auf dem Theater eingesetzt werden können. Die Stimme Artauds ist hier ein Grenzfall: Weil sie die eigene semiotische Intervokalität zum Gegenstand macht, schreibt sie in gewisser Weise zugleich deren Theorie.[17] Doch schon mit dem zitierten Beispiel der Arturo Ui-Stimme Martin Wuttkes wird deutlich, dass auf der Bühne die semiotische Intervokalität einer singulären Stimme auf zwei Ebenen evoziert werden kann.

3. Im Theater wird die semiotische Singularität einer Stimme auf zwei Ebenen abberufen, a) der semantischen Ebene und b) der elokutorischen Ebene, welche die syntaktische Ebene ihrer Verknüpfung ist:

a) Die semantische Ebene, die von der Ähnlichkeit und damit vom Imaginären bestimmt wird, ist die Ebene des Inventars der Charakteristika kulturell kodierter Stimmen: Teil davon sind die wahrscheinlichen Stimmqualitäten von gesellschaftlichen und theatralen Stimmtypen, so das rauchige Timbre der Verführerinnen, die Fistelstimmen der Alten, die Mini-Mouse Stimmen der Pin Ups, die brillierenden sonoren Stimmen der Verführer, um nur einige gängige Klischees zu nennen. Aber auch die Stimmen der Leidenschaften, wie sie die Rhetoriken als wahrscheinliche Seelenzustände inventarisieren, gehören ihr an. Hier können ebenfalls Charakteristika singulärer Timbres Eingang finden, die durch Klangfärbung, Akzent und Registerwahl gemimt werden, wie zum Beispiel die Gepresstheit der Hitlerstimme.

b) Die semiotischen Charakteristika einer Stimme können zudem auf der Ebene der Sprechweise, der *elocutio*, zitiert werden, welche die syntaktische Ebene ihrer Verknüpfung ist: Sie wird vom Symbolischen regiert; der persönliche Sprechstil ist mit dem Wahrscheinlichen der Prosodie einer gegebenen Sprache konfrontiert ebenso wie mit dem linguistischen Idiom oder kulturellen und gesellschaftlichen Idiolekten. Auf dem Theater gemimt, kann das persönliche Melos Hitlers zum inventarisierten elokutiven Idiolekt werden.

4. Wie die Intertextualität kann die Intervokalität auf verschiedene Weisen prägend sein: Sie kann eine gesamte Stimmartikuation strukturieren und so zwingend sein, sie kann aber auch nur die Funktion eines punktuellen Zitats, einer Konnotation oder einfach den Status einer Assoziation für den Zuhörer haben:

Für die Intertextualität hat Michael Riffaterre[18] eine Unterscheidung getroffen, die erlaubt den *zwingenden* Intertext vom einfachen *Zitat*, von der *Konnotation* und der *Assoziation* zu unterscheiden. Auf die Intervokalität übertragen, hat so die Hitler-Stimme der Arturo Ui-Figur Martin Wuttkes eine *strukturierende* Funktion. Für die Figur seines Danton in Robert Wilsons Inszenierung von Büchners *Dantons Tod* wie auch für die seines Mephisto in Einar Schleefs *Faust* hat sie hingegen die Funktion eines *Zitats*, das den entsprechenden Textstellen einen weiteren semantischen Aspekt hinzufügt. Für den Faust Josef Bierbichlers am Ende von Christoph Marthalers *Goethes Faust: Wurzel aus 1+2* legt die gepresste und skandierende Sprechweise seines Endmonologs jedoch eine *Konnotation* mit Hitlers Sprechstimme nahe, ohne dass sie für den ganzen Monolog zwingend wäre; für einen des Deutschen und zumal des Unterschieds zwischen bayrischem und österreichischem Akzent Unkundigen wird eine *Assoziation* mit der Stimme des Diktators schon allein durch das Skandieren einer Knödelstimme hervorrufen.

5. Die Intervokalität kann eine affirmative oder analytische semantische und/oder elokutive Funktion im Hinblick auf die Textstimme(n) haben. Desgleichen kann sie eine affirmative oder analytische semantische und/oder elokutive Funktion im Hinblick auf den projizierten Stimmkörper haben:

Die mit einer Intervokalität aktualisierten Stimmqualitäten stehen in einem dialektischen Verhältnis zu der vom Text vorgegebenen Stimme. Sie haben die Möglichkeit, entweder die Wahrscheinlichkeit dieser Textstimme wie auch den projizierten Stimmkörper zu affirmieren oder sie aber durch Kontrapunktierung zu analysieren. Wuttkes Arturo Ui verwahrscheinlicht dessen Stimme als Stimme des Diktators, analysiert sie aber zugleich auch in ihren triebsemiotischen Komponenten. Dagegen affirmiert diese Intervokalität bei seinem Danton in Robert Wilsons Inszenierung zwar den Stimmkörper des Diktators, fügt aber mit einer multiplen Intervokalität dieser Figur, welche auch charakteristische Schauspielerstimmen, so die von Kortners Danton, abruft und so Rednerstimmen der Bühne, des Films und der Politik aktualisiert, zugleich der Textstimme Dantons einen Fächer von mediengeschichtlichen Konnotationen hinzu.

6. Im Falle einer zugleich affirmativen und analytischen Funktion auf der semantischen und elokutiven Stimmebene, bringt die Intervokalität die Barthes'sche Kategorie des grain de la voix *– der materiellen Körnigkeit der Stimme – ins Spiel:*

Dieser äußerst seltene Fall von Intervokalität stellt sich ein, wenn ein verlauteter multipler Stimmkörper und textuell projizierte Stimmen sich gegenseitig zugleich bedingen und analysieren, so bei beispielsweise bei Antonin Artauds Radiosendungen.[19] Dies ist in Ansätzen auch in Isabelle Hupperts Orlando der Fall, dessen stimmliche Polyphonie zugleich die vom Text evozierte Multiplizität der Gender-Möglichkeiten affirmiert und perspektiviert.[20] Für Roland Barthes indizierte *le grain de la voix* die Materialität eines Körpers, der seine Muttersprache spricht.[21] Das *grain* verweist auf die materielle Körnigkeit der Stimme – die deutsche Übersetzung mit ‚Rauheit' ist davon nur ein möglicher Aspekt. Für Barthes ist das *grain* nicht nur Timbre, sondern sein Bedeutungspotential (*signifiance*) sollte die Reibung selbst zwischen der Musik und der Sprache sein, die eine verlautete *écriture* hören lässt.[22] Dies führt mich zur siebten These:

7. Auf die Sprechstimme erweitert und übertragen, ist das grain de la voix *der ausgestellte Schnittpunkt, in dem sich physische, imaginäre und in den Text eingeschriebene Stimme reibend verbinden; es ist der wahrnehmbare und sinnlich erfahrbare Punkt, in dem sich das Subjekt über die Stimme als Wirkung des Realen, Imaginären und Symbolischen vokal konstituiert:*

Das Ohr, das diese *écriture* einer Intervokalität fordert, ist das Ohr eines Subjekts, das, ähnlich dem für psychopathologische Personen auf der Bühne sensiblen Zuschauer Freuds, selbst diesen Schnittpunkt für sich problematisiert haben muss oder will. Wie Barthes' subjektives Urteil über die ‚erotische' Stimme Charles Panzéras und die für ihn ‚nicht-erotische', da ‚rhetorische' Stimme Dietrich Fischer-Diskaus, ist die Einschätzung einer derartigen Intervokalität abhängig vom Verhältnis des Zuhörers zu den Sprachen, in denen sich die Stimme artikuliert, doch auch von der Vertrautheit und dem Grad der imaginären Fixierung in ihnen, da sie erst ermöglichen, die Reibung zwischen Textmelodie, Timbre und Melos der Sprechstimme zu hören.

8. Bei der Sprechstimme entscheidet letztlich die Elastizität des Bandes zum imaginären Stimmkörper über das analytische Potential einer Stimmäußerung:

Diese Elastizität ist sinnlich wahrnehmbar als Motilität der Stimme, die auf der metamorphotischen Fähigkeit beruht, die Stimme und damit den Stimmkörper zu vervielfältigen, indem Stimmen gestohlen und verwandelt werden. Da sie insbesondere performativen Stimmkünstlern gemeinsam ist oder sein sollte, möchte ich deshalb mit dem Beispiel einer Diseusenstimme schließen, die der Autor Jean-Jacques Schuhl in seinem Buch, *Ingrid Caven*. *Roman* so beschreibt:

> Sie rollt die *r*, der Rest bleibt in der Maske. Sie lässt in ihre Sprache eine andere Sprache gleiten, die ihres eigenen Körpers. Sie beginnt einen Satz mit einem hochdeutschen Akzent, beendet ihn mit einem jiddischen Klang und geht augenblicklich von der Tonlage der Akademie zu derjenigen der Küche über. Sie konjugiert die Genres, sie liebt die Mischungen, den Tonwechsel innerhalb eines Liedes.[23] (Übers. v. HF)

Oktober 2000

Anmerkungen

1 Vgl. Julia Kristeva, „Le mot, le dialogue, le roman", in: Dies., *Semeiotikè. Recherches pour une sémanalyse*, Paris 1969, S. 143–166.
2 Vgl. J. Kristeva, „La productivité dite texte", in: ebd., S. 208–245.
3 Vgl. Patrice Pavis, *Dictionnaire du théâtre*, Paris 1996, S. 405.
4 Zum intervokalen Einsatz der Stimmen Artauds und Hitlers in verschiedenen zeitgenössischen Produktionen – so der Magazzini, der Societas Raffaello Sanzio, sowie bei Marthaler, Schleef, Müller, Wilson –, vgl. Helga Finter, „Mime de voix, mime de corps: l'Intervocalité sur scène" (in: Christine Hamon-Siréjols, Anne Surgers (Hrsg.), *Théâtre: Espace sonore, espace visuel, Actes du colloque international organisé par l'université Lumière-Lyon 2, 18–23 septembre 2000*, Lyon 2003, S. 71–88), in: Dies., *Le Corps de l'audible. Écrits français sur la voix 1979–2012*, Frankfurt/Main 2014, S. 179–195.
5 Vgl. H. Finter, „Musik für Augen und Ohren: Godard, das neue Theater und der moderne Text" (in: Volker Roloff/Scarlett Winter (Hrsg.), *Theater und Kino in der Zeit der Nouvelle Vague*, Tübingen 2000, S. 125–135), in diesem Band S. 359–369.
6 Vgl. Dante Alighieri, *Divina Commedia, Inferno*, hrsg. v. Natalino Sapegno, Florenz ³1985, Canto XXIV und XXV.
7 Vgl. Guy Rosolato, „La voix", in: *Essais sur le symbolique*, Paris 1967; Ders., „La voix entre corps et langage", in: *Revue Française de Psychanalyse* XXXVIII/1, 1974, S. 77–94.
8 Im Sinne von Donald W. Winnicott, *Play and Reality*, London 1971.
9 Vgl. die Arbeiten von Denis Vasse, *L'Ombilic et la voix. Deux enfants en analyse*, Paris 1974; Didier Anzieu, *Le moi-peau*, Paris 1985; zur Zusammenfassung der wichtigsten Forschungen vgl. Marie-France Castarède, *La Voix et ses sortilèges*, Paris 1987.
10 Zum Konzept der *Heterotopie* vgl. Michel Foucault, „Des espaces autres" [1985], in: Ders., *Dits et écrits 1954–1988*, Bd. IV, hrsg. v. Daniel Defert und François Ewald, Paris 1994, S. 752–762.
11 Vgl. Ivan Fónagy, *La vive voix. Essai de psycho-phonétique*, Paris 1983; J. Kristeva, *La Révolution du langage poétique, l'avant-garde à la fin du XIXe siècle*, Paris 1974.
12 Vgl. H. Finter, „Corps proférés et corps chantés sur scène" (in: Sémir Badir/Herman Parret (Hrsg.), *Puissances de la voix. Corps sentant, corde sensible*, Limoges 2001, S. 173–188), in: Dies., *Le Corps de l'audible*, S. 163–177.
13 Vgl. Karl-Heinz Göttert, *Geschichte der Stimme*, München 1998.

14 Vgl. Michel Poizat, *L'Opéra ou le cri de l'ange. Essai sur la jouissance de l'amateur d'Opéra*, Paris 1986.
15 Vgl. Guy Debord, *La Société du spectacle*, Paris 1967 und ders., *Commentaires sur la société du spectacle*, Paris 1988; Richard Sennett, *The Fall of Public Man*, New York 1974.
16 Vgl. H. Finter, „Mime de voix, mime de corps", in: Dies., *Le Corps de l'audible*.
17 Vgl. H. Finter, *Der subjektive Raum*, Bd. 2, Tübingen 1990, S. 127–138.
18 Vgl. Michael Riffaterre, „La trace de l'intertexte", in: *La Pensée* 215/10, 1980, S. 4–18.
19 Vgl. H. Finter, *Der subjektive Raum*, Bd. 2, Tübingen 1990.
20 Vgl. H. Finter, „Der Körper und seine (vokalen) Doubles: Zur Dekonstruktion von Weiblichkeit auf der Bühne" (in: *Forum modernes Theater* 1, 1996, S. 15–31; in diesem Band S. 245–264.
21 Roland Barthes, „Le grain de la voix" [1972], in: Ders., *Œuvres complètes*, Bd. 2, Paris 1994, S. 1436–1441.
22 Vgl. ebd., S. 1440: „Le ‚grain' de la voix n'est pas seulement le timbre: sa signifiance est la friction même de la musique et de la langue: ce qui fait du chant ‚une écriture chantée de la langue'."
23 Jean-Jacques Schuhl, *Ingrid Caven. Roman*, Paris 2000, S. 59: „Elle roule un peu les r, le reste est dans le masque. Elle fait glisser dans sa langue une autre langue, celle de son propre corps. Elle commence une phrase avec un accent hochdeutsch, haut allemand, la termine dans une sonorité yiddish, et passe, en un instant, de l'Université à la cuisine. Elle conjugue les genres, elle aime les mélanges, ce changement de ton à l'intérieur d'une chanson."

Stimmkörperbilder
Ursprungsmythen der Stimme und ihre Dramatisierung auf der Bühne

Stimmen zwischen Körper und Text: Totengespräche und Bauchrednersoireen

F.M. Dostojeweskis *Bobók. Aufzeichnungen eines Ungenannten*, 1873 in der Zeitschrift *Grashnadin* in Sankt Petersburg veröffentlicht, beschreibt ein Gespräch postmortaler Stimmen, die der Ich-Erzähler im Anschluss an ein Begräbnis auf dem Friedhof seiner Heimatstadt belauscht. Obwohl er sie gedämpft, „als spräche man mit einem Kissen vor dem Mund",[1] vernimmt, sind diese Stimmen für ihn so gut hörbar, dass er eine subtile Aufzeichnung ihrer Eigenschaften zu geben vermag. Die Notationen von Höhe, Rhythmus, Intonation, Melos, Klangfarbe, Timbre, Geräuschen und suggerierten Affekten erlauben dem Leser, die Stimmkörper dieser auditiven Halluzination zu imaginieren und sie Körpern von Personen zuzuschreiben.

In diesem Text wird die Stimme als letzte vitale Manifestation, als Kondensat der Seele und des Bewusstseins präsentiert, welche noch drei bis vier Monate nach dem physischen Ableben sich behauptet. Die letzte Lebensäußerung ist vokal, ihr Verstummen zeigt sich durch eine Lautakkumulation an, als ein Blubbern von sinnlosen Lauten, als *bobók*, der Transkription einer russischen Onomatopöie, welche den Ton nachahmt, der beim Platzen von Luftblasen an der Oberfläche des Wassers zu hören ist.

Dostojewskis *Bobók* gehört in die Reihe von Texten der zweiten Hälfte des 19. Jahrhunderts, die, wie zum Beispiel Edgar Allen Poes *Shadow* oder Alfred Jarrys *Phonographe*, nicht nur die Frage nach einem sinnlich erfahrbaren Überleben der menschlichen Stimme am Vorabend der Erfindung auditiver Aufzeichnungstechniken aufwerfen, sondern auch die der Stimme eigene Theatralität ausstellen: Als Ergebnis einer Dialektik von An- und Abwesenheit stellen menschliche Stimmen physisch Abwesende dar, indem sie ihnen einen hörbaren Klang- und Sprachkörper geben.

Ein anderer Schriftsteller, den ebenfalls zeit seines Lebens die Frage der Stimme beschäftigte, berichtet in einem Tagebucheintrag vom 28. Februar 1912 von einem Rezitationsabend des Schauspielers Alexander Moissi, dem Star von Max Reinhardts Theater. Seine Stimmkünste – die bemerkenswerte polyphone Stimme mit einem der Stimme Antonin Artauds vergleichbaren Ambitus[2] – werden hier von Franz Kafka mit einer Mischung aus Anziehung und Abstoßung beschrieben. Moissi lässt den Prager Schriftsteller an einen Bauchredner denken:

> Der Künstler scheinbar unbeteiligt, sitzt so wie wir, kaum daß wir in seinem gesenkten Gesicht die Mundbewegungen hie und da sehen und läßt statt seiner über seinem Kopf die Verse reden. – Trotzdem soviele Melodien zu hören waren, die Stimme gelenkt schien wie ein leichtes Boot im Wasser, war die Melodie der Verse eigentlich nicht zu hören. – Manche Worte wurden von der Stimme aufgelöst, sie waren so zart angefaßt worden, daß sie aufsprangen und nichts mehr mit der menschlichen Stimme zu tun hatten, bis dann die Stimme notgedrungen irgend einen scharfen Konsonanten nannte, das Wort zu Ende brachte und schloß.[3]

In beiden Fällen erscheint die Stimme unheimlich, da sie die supponierte Einheit von Körper und Stimme bzw. Text und Stimme auflöst. Ihre Theatralität ist Ergebnis einer Dramatisierung des Ursprungs der Stimme: Sie wird durch ein Fehlen manifester Körperlichkeit generiert. Tote Körper oder der ‚widernatürliche Anblick' eines rezitierenden Bauchredners übersetzen jenes Unbehagen an der bedrohten Heimlichkeit einer Einheit, welche mit den Medien technischer Reproduzierbarkeit nun zur Grunderfahrung der Stimme gehören wird. Die eigene aufgezeichnete Stimme kann fremd, kann zu einem anderen, zum Anderen werden, der die imaginäre Einheit mit dem Körper oder mit der Sprache sprengt. Die Ortlosigkeit der Stimme, das Verhältnis zur Absenz – von physisch präsentem Körper oder Text –, das ausgestellte Verhältnis zum Tod wird von nun an ein wesentlicher Bestandteil ihrer Theatralität sein.

Hier wird deutlich, dass die Produktion von Kunst-Stimmen immer schon eng mit der, wenn auch bis dahin impliziten, Dramatisierung des Ursprungs der Stimme verbunden war. Denn ihre Theatralität zeichnet einen Raum, dessen antagonistische Pole das Bild eines physischen Körpers und das Bild eines Textkörpers besetzen. Die Stimme ist atopisch, doch wir nehmen sie als ein räumliches Klangbild wahr, das bei jeder Emission ihren Raum und ihre virtuellen Ursprünge zeichnet.

Zum Interesse an der Stimme im Theater

Mit der Entwicklung und dem Einfluss der Aufzeichnungstechniken, ihrer Omnipräsenz im öffentlichen Raum, ist in den letzten Jahren auch im Bereich der Theaterwissenschaft das Interesse an solchen Kunst-Stimmen auf dem Theater gewachsen. Lange schien die Stimme im Theater selbstverständlich. Untersuchungen zu ihrer vokalen Theatralität waren eher selten. Die wenigen Gesamtuntersuchungen privilegierten vor allem die Frage nach dem habitualisierten Ausdruck, der Rhetorik, oder nach dem singulären Ausdruck und den damit verbundenen Sprechtechniken.[4]

Doch das Interesse an der Theatralität der Stimme auf dem Theater ist nicht auf die Frage des Ausdrucks zu reduzieren. Denn der theatrale Raum wird nicht nur durch das, was das Auge wahrnimmt, geschaffen, auch was das Ohr hört, zeichnet den theatralen Raum. Ja, die Vokalität strukturiert gar die visuelle Perzeption, insofern die historische Vorgängigkeit der Stimme bei der Psychogenese entscheidende Bedeutung hat. Sie schafft nicht nur, lange vor der Spiegelphase (Lacan), eine erste Körpererfahrung als „Klanghülle" (Anzieu), sondern hat auch Auswirkungen auf die audiovisuelle Perzeption: Von dieser ersten vokalen Identität hängt nicht nur die affektive Besetzung der später erlernten Verbalsprache ab, sie lenkt auch die Perzeption audiovisueller Phänomene (Chion). Eine ästhetische Befragung des Theaters kann deshalb kaum die Frage nach der Stimme umgehen. Denn das vom Gehörten hervorgerufene Imaginäre webt und determiniert gerade das Band zum Sichtbaren.

Als ich 1980 einen ersten Text, der die Vokalität des postmodernen Theaters befragte, im Rahmen des Kolloquiums *L'Oralità* in Urbino präsentierte,[5] war dieses Interesse für die Stimme im Experimentaltheater der siebziger Jahre nicht selbstverständlich. Obwohl schon zu diesem Zeitpunkt die Experimentalbühne das Verhältnis der Stimme zu Verbalsprache und visueller Darstellung seit einem Dezennium erforschte – von Robert Wilsons *Deafman Glance* und *A Letter to Queen Victoria* über die Stücke von Richard Foremans Ontological Hysteric Theatre bis zu Meredith Monks Stimmopern zum Beispiel – blieb noch während zwei Jahrzehnten die Konzeption eines *Theater of Images* (Bonnie Maranca) für dieses neue Theater bestimmend.

Bei den Untersuchungen zur Vorgeschichte des neuen Theaters, den Theaterutopien Mallarmés, Jarrys, Roussels und Artauds,[6] erwies sich jedoch gerade die Frage der Stimme als Angelpunkt jeder kritischen Transformation von Theatralität. Und sie zeigte sich insbesondere auch dann als zentral, wenn es darum ging, die Mutationen der Menschendarstellung auf der Bühne zu begreifen: Als *Zwischen von Körper und Sprache* (Guy Rosolato) hat die menschliche Stimme in der Tat im Theater die Funktion zwischen den auf der Bühne visuell präsenten Gegenständen und Körpern zu vermitteln: Sie kann sie in ihrer Präsenz bestätigen oder aber ihre Wahrnehmung subvertieren. So ist die Stimme im Zentrum der Theatralität der Bühne angesiedelt, sowohl einer analytischen und kritischen als auch einer konventionellen, eher spektakulären Theatralität.[7]

Die zahlreichen Untersuchungen zur Stimme im Theater, die ich in den letzten zwanzig Jahren veröffentlicht habe, tragen einerseits den Ergebnissen der Psychoanalyse – Guy Rosolato, Denis Vasse, D.W. Winnicott, Michel Poizat u.a. – und der Psychophonetik und Psychosemiotik – Ivan Fónagy und Julia Kristeva – Rechnung, sind aber vor allem von den Arbeiten Roland Barthes' beeinflusst, die sich für eine ästhetische Fragestellung am pertinentesten erwiesen. Denn bei ihm fand sich nicht nur eine Konzeption der Theatralität, die ein Konzept des Subjekts beinhaltete, welches das Verhältnis des Sprechers zu Körper und Sprache mitbedachte, sondern die zugleich auch die Frage der Abwesenheit und des Todes, das Verhältnis der Sinne zum Hörbaren und Sichtbaren zu denken suchte. Die Auseinandersetzung mit der Barthes'schen Konzeption der Theatralität der Stimme im Kontext einer Theatralität von Visuellem und Auditiven ist an anderer Stelle zu lesen.[8]

Hier sei nur kurz auf einige Punkte verwiesen, die für die jetzigen Überlegungen wichtig sind: Entgegen der weit verbreiteten Doxa hat Roland Barthes nicht nur die Theatralität der Stimme in einer Theorie des vokalen *grain* – der materiellen Beschaffenheit der Stimme als Ergebnis ihrer Reibung mit einem musikalischen Text und einem verbalen Text – reflektiert. Vielmehr hat er auch in Ansätzen die stimmliche Theatralität konzeptualisiert, die aus der Reibung einer Stimme mit einer Sprache, mit einem verbalen Text hervorgeht und als Rauschen der Sprache – *bruissement de la langue*[9] – vernehmbar bzw. lesbar ist. Im Gegensatz zum *grain*, das auf eine Lust des Körpers verweist, zugleich aber nicht in diesem zu verorten ist, denn es ist Ergebnis einer Dramatisierung des singulären Verhältnisses eines Subjekts zu Verbal- und Musiksprachen, macht das Rauschen der Sprache eine Lust am Sinn hörbar. Wir finden es zum Beispiel in der signifikativen Semiotisierung des Verses, so bei Corneilles *Le Menteur*,[10] und Racines *Phèdre*.[11] Auch die Polyphonie (post)moderner Texte, wie zum Beispiel Philippe Sollers *Paradis*,[12] die das singuläre Verhältnis des Schriftstellers zur Sprache als Musikalität in den Text einschreibt, lässt dieses Rauschen hören. Ein solches Rauschen der Sprache kann auf dem Theater die Stimmbearbeitung hörbar machen, welche die musikalischen Strukturen des Textes ausstellt, wie zum Beispiel manche Arbeiten von Ronconi, Grüber, Straub/Huillet oder Goebbels.

Die intimsten Markierungen einer Stimme – Timbre und singuläres Melos[13] – können so einen Stimmraum zeichnen, der sich zwischen den Polen des Körpers und der Verbalsprache entfaltet, ohne dass er auf diese als ihren Ursprung zu reduzieren wäre. Eine analytische Theatralität der Stimme, Ergebnis eines von *grain* und singulärem Melos produzierten Körper- und Sprach-Rauschens, verweist so gleichermaßen auf die Lust am Körper und die Lust am Sinn: auf die Lust eines durch Lautartikulation produzierten Klangkörpers und auf die Lust eines Textkörpers, welcher die Funktion der Sprache, das Subjekt im Prozess als Sprachwesen zu konstituieren, ausstellt und zugleich seine durch Abwesenheit konstituierte Präsenz perspektiviert. Die Stimme als Körper- oder Textstimme erweist sich so immer als Ergebnis eines Prozesses der Verlautbarung, die mit seinen Angeboten eines Ursprungs der Stimme zugleich das Verhältnis des Sprechenden zu Sprache und Körper mitteilt.

Dramatisierung von Ursprungsmythen der Stimme I: Die siebziger bis neunziger Jahre

Die Experimente mit der Theatralität der Stimme haben sich in den letzten Jahrzehnten im Anschluss an die Experimente Artauds, der konkreten Poesie und der neuen Musik vervielfacht. Sie oszillieren zwischen zwei Ursprungsmythen der Stimme: dem der Sprache als einer *phoné* und dem des Körpers, *soma,* als physische und biologische Ganzheit. Diese Arbeiten konfrontierten zuerst die Stimme mit dem jeweilig anderen – Musik, Geräusch oder prosodische und rhetorische Phoné – oder aber sie schufen neue Stimmen durch die Abwesenheit der Komponenten der Sprechstimme. Ihr Mittel war die Trennung – Trennung der Stimme vom Körper durch Microport oder durch Abwesenheit einer die Bedeutung unterstreichenden Prosodie, bei Richard Foreman und dem Robert Wilson der Anfänge zum Beispiel,[14] oder auch durch Trennung von der Verbalsprache durch eine Reduktion der Verlautung auf die Glossolalie wie bei Meredith Monk.

In den siebziger und achtziger Jahren hat so das postmoderne Theater zuerst die audiovisuelle Einheit der Person subvertiert, indem es *ex negativo* zugleich den Körper des Textes und des Wortes, der durch Prosodie und Elokution produziert wird, hören ließ. Wort und Text wurden hier als oktroyierte fremde Körperlichkeit erfahren. So könnte Laurie Andersons Burroughs–Zitat in *United States II* als Überschrift über diesem Theater der siebziger und achtziger Jahre stehen: *Language is a virus.* Es dekonstruiert die Präsenz des noch im damaligen zeitgenössischen Theater als sich selbst identisch erfahrenen Körpers; diese löst sich in einem Raum sufflierter Stimmen auf. Die Emphatisierung von Körpercharakteristika wie Atemführung, Timbre und Körpergeräusche durch den Einsatz von technischen Stimmverstärkern schuf so zuerst nicht Präsenz und Nähe sondern irrealisierte mit diesen filmischen Mitteln das physisch Präsente zu einer imaginären filmischen Projektion.[15]

Diese Trennung mit Hilfe von Mikros und dank der *Sound Designer* hat nicht nur den Antagonismus zwischen dem auf der Bühne präsenten visuellen Körper und dem durch die Stimme projizierten Klangkörperbildes unterstrichen, sie hat auch neue Solidaritäten zwischen Körper und Stimme geschaffen: So wird zum Beispiel für die Wahrnehmung dank Microport und Lautsprecher ein in der Ferne gesehener Körper durch ein Close-up der Schauspielerstimmen nahegerückt oder ein an der Rampe präsenter Körper durch die Übertragung der Stimme in einem Lautsprecher auf der Hinterbühne auditiv in die Bühnentiefe katapultiert.[16] Diese Verfahren profitierten in der Tat von dem *verosimile* kinematographischer Erfahrung, konnten aber zugleich auch den Mechanismus der Audiovision durch die technische Trennung von physisch präsentem Körper und

Stimme bewusst machen. Mit der Vervielfältigung der Antagonismen zwischen visuellem Körperbild und durch die Stimme projiziertem Klangkörperbild geht auch die Subvertierung der Wahrscheinlichkeit des sexuellen Genres oder sozialen Typus einher. Angenommene körperliche Identitäten werden in Prozess versetzt und als gesellschaftlich und kulturell kodiert erfahrbar.[17]

Dramatisierungen des Ursprungs II: Angesichts des großen Lärms

Heute schlagen eine Vielfalt von Stimmmodalitäten eine Pluralität von Körperbildern und mit ihnen, verschiedene Ursprünge der Stimme vor:[18] Die imaginäre Verankerung der Stimme in einer Physis dramatisiert fleischliche und hysterische Körper, die Verankerung in einer Muttersprache stellt emphatisch ethnische Sprachkörper aus. Die Dramatisierung der Musikalität der Sprache des Textes präsentiert Körper der Sprachlust als Ergebnis singulärer oder gemeinschaftlicher Erfahrung. Eine Dramatisierung des Mythos eines einzigen Ursprungs der Stimme bringt eine *Intervokalität* ins Spiel,[19] die in einer einzelnen Rolle den Vortrag durch den Wechsel punktueller Stimmqualitäten oder das Zitieren von durch Timbre und Melos charakterisierten historischen Stimmen und gesellschaftlichen und theatralen Elokutionstypen stratifiziert wie der Orlando von Isabelle Huppert, der Hamlet Robert Wilsons, der Arturo Ui und Danton von Martin Wuttke oder auch Sandro Lombardis Version von Giovanni Testoris *Ambleto*.

Neben dieser *vertikalen* Theatralität, die den physisch präsenten Körper des Schauspielers durch einen Tanz seiner multiplen Stimmkörper vervielfältigt, findet sich auch eine *horizontale* Theatralität, die Ergebnis der Konfrontation von *live*-Stimmen und aufgenommenen Stimmen ist, welche durch *Vocoder* und *Sampler* transformiert werden können. Hier wäre u.a. das Beispiel der Wooster Group[20] zu nennen oder auch das Theater Heiner Goebbels.[21] Die Schaffung solcher Stimmräume erweitert nicht nur die Grenzen des Theaters zum Musiktheater sondern dramatisiert zugleich die Mythen des Ursprungs der Stimme. Doch ein weiterer Aspekt tritt hinzu.

Heute hat das Theater eine Antwort auf die in den letzten dreißig Jahren zu einer Soundlandschaft mutierte Umwelt zu geben, in der die Anweisungen der Bordcomputer, das Klicken der Videospiele, das Läuten der Handys, das Piepen der Laptops und die Gehörbelästigung durch dudelnde oder mit Beat insistierende Hintergrundmusik die Gesellschaft des Spektakels in das betäubende Zwangsbad ihrer gemeinschaftlichen *aquae maternae* tauchen. Denn diese Gesellschaft inszeniert ihren phantasmatischen Ursprung als die gemeinschaftliche *Chora* einer Geräuschkulisse. Das Theater, das die Bühne in ein einheitliches Soundbad eintaucht, den elektronischen Sound ohne Alternative zur einzigen Stimmmodalität macht, ist längst Teil eines solchen Spektakels geworden. Doch neben den schon genannten Formen der Stimmtheatralität ist hier eine weitere Antwort besonders hervorzuheben.

Eine Reaktion auf diese gesellschaftlich oktroyierte und delegierte sprachlose sonore Lust zeigt sich nämlich auch als ein Experimentieren mit dem Rauschen der Sprache, mit der Lust des Sinns und der Stille. Hierfür werden oft auch nicht professionelle Stimmen eingesetzt, die ihr Verhältnis zu Körper und Sprache in singulärem *grain* und singulärem Melos ausstellen. Andere nehmen die Herausforderung dieser lauten Sprachlosigkeit auf, indem sie die Theatralität der Stimme von neuem in ihrer Beziehung zur Sprache und zum Text erforschen. Denn das Verhältnis zum Text, dramatisiert als *Fremdkörper* (Hans Thies Lehmann), scheint einer der Wege, die wohl aus diesem Sound-Labyrinth zu führen vermögen.

Eine solche Antwort scheinen mir die schon seit Jahren laufenden Recherchen von Claude Régy zu sein, die sich um die Epiphanie des Wortes und des szenischen Bildes drehen, u.a zuletzt mit *Melancholia-Théâtre* von Jon Fosse und *4.48 Psychose* von Sarah Kane, ähnlich auch François Tanguy mit *Chorale* oder Marthaler mit *Was ihr wollt*. Verhaltene Stimmen drücken den in sich musikalisch strukturierten dramatischen Texten ein persönliches Melos auf und lassen, an der Grenze zum Hörbaren, ein Rauschen des Körpers und der Sprache sowie des Textes hören. Zugleich machen sie auch mit einem *grain* der Stimme, ihrer Klangfarbe, den ohne Unterlass changierenden körperlichen Pol der Beziehung zur Stimme erfahrbar: Ein auditiver potentieller Raum, ein anderer Raum transfiguriert so für das Ohr den Anderen und das Andere hysterisch verkrampfter Identitäten.

Das Theater hat immer schon die Symptome der Gesellschaften sondiert. Es scheint heute mit seinem immer größeren Interesse für die alten Rhetoriken der Eloquenz und des Ausdrucks auch vom fortschreitenden Rückzug des öffentlichen Wortes zu zeugen. Denn das Theater erhebt seinen Einspruch und Anspruch in einer Gesellschaft, die seit mehr als zwanzig Jahren das integrierten Spektakuläre (Guy Debord) zu ihrem *movens* gemacht hat, und in der dem Geschwätz der Medien die Verarmung des Wortschatzes und der Grammatik entsprechen. Selbst der Körper der Sprache scheint beschädigt; Kinder und Jugendliche Stimmen lassen hören, deren Prosodie sich am sakkadierten Klicken, Piepen und Rasseln von Videospielen und japanischen Comics modelliert. *To you, The Birdie! (Phèdre)* der New Yorker Wooster Group von 2002 scheint so sehr wohl diese neue Rhetorik, die jetzt manch prosodischen Ausdruck modelliert, im Sinn gehabt zu haben, wenn mit elektronischen Klängen und Gongs der Text Racines punktiert wird. Denn heute formen auch die Medien die Stimmen vor. Die Teilnehmer von Talk Shows müssen sich so nicht mehr dem Medium anpassen, sie sprechen wie das Medium, das sie sozialisiert hat.[22] So klingen viele

Stimmen, die nun auf der Bühne zu hören sind, wie die platten Synchronstimmen der Fernsehserien, nach deren Vorbild sie sich ausformten. Im Anschluss an John Jesurun lässt zum Beispiel René Pollesch diese Stimmen hören, dramatisiert jedoch ihren TV-Ursprung, indem er durch Schrei-Arien den in ihnen abwesenden Körperaffekt zu injizieren sucht. Affekte bleiben jedoch sprachlos, solange die Sprechstimme keinen affektiven Bezug zum Gesagten zu entwickeln vermag: So werden paranoide Stimmausbrüche als Symptome inszeniert; Robert Wilson hatte sie schon 1978 mit *I Was Sitting on my Patio this Guy appeared I thought I Was Hallucinating* hören lassen.[23]

Dieser noch dem Glauben an einen körperlichen Ursprung der im Schrei sich auflösenden Stimme verhaftete Reaktion stehen Antworten gegenüber, welche die Mutation der Mündlichkeit im Anschluss an Artaud auch als Angriff auf den physischen Körper dramatisieren. Die endoskopische Projektion der Stimmorgane in Aktion bei Romeo Castelluccis *Giulio Cesare*, die er der rhetorischen Rezitation mit beschädigten oder manipulierten Stimmorganen gegenüberstellt, problematisiert eine emphatische Verortung des Ursprungs der Stimme im biologischen Körper durch die Obszönität dieser Geste, die medizinische Operation und linguistisches Verfahren, italienisch *operazione*, gleichsetzt. *S#08*, die achte Episode seiner *Tragedia Endogonidia*, einem *work in progress*, die in Straßburg zu sehen war, dramatisiert die Abwesenheit der vernehmbaren Stimme in Bilderrätseln, für die Dürers *Melencolia* mit ihrem Polyeder Pate gestanden hat. Doch dieses Bildertheater spricht nur für den, der seine zugrundeliegenden Texte als abwesende Stimmen mitzuhören vermag: Dantes Vorhölle mit ihren ziellos rennenden Verdammten oder die Choreographie der in Pearl Habour nach Hiroshima von Soldaten wieder aufgerichteten Stars and Stripes-Flagge zum Beispiel, die mit einer nun roten Fahne von afrikanischen Rebellen im *battledress* nachgespielt wird. Wie schon der zweite Akt seiner *Genesi. Museum from the Sleep* von 1999, der die Stille sprachloser Gewalt, die „Ruinen der Sprache" mit dem hebräischen *Bereshit* der Bibel konfrontiert, vorgetragen im Ton des Totengebets des *Kaddish*, sagt uns Castelluccis Theater, dass der Krieg gegen die Sprache nur die Monster der Gewalt und des Todes gebären kann. Alternative könnte hingegen die stimmliche Gewalt sein wie in Castelluccis *Concert symphonique instantané* von Louis Ferdinand Célines *Voyage au bout de la nuit* in Avignon 1999: Hier wird die Lust der Stimmklangkörper zur Lust am vielfachen Sinn des Textkörpers vor dem Horizont des omnipräsenten Todes transfiguriert. Dieser rahmt mit der reiterierten Projektion eines seziertes Pferdekadavers über der Bühne und mit dem ausgestopften Pferdekadaver vorne auf dem Bühnenboden den visuellen Raum. Die Stimmen erscheinen hier als dem Tod abgerungen, als das Leben, das auf der Folie des Todes erst zu sprechen beginnt.

In einem Tagebucheintrag vom 5. November 1911 beschreibt Franz Kafka den heimischen *großen Lärm*, gegen den er mit seinem Schreiben Widerstand zu leisten sucht. Der Schriftsteller und auch das Theater haben gegen einen weiteren Lärm anzukämpfen, der dem Krieg gegen die Sprache und mit ihm gegen das Sprachwesen entspringt. Das Rauschen der Sprache, das Kafka damals mit einer beunruhigenden Faszination in den Versen entdeckte, die anstelle des Schauspielers Alexander Moissi sich verlauten ließen, kündet den notwendigen Widerstand gegen die kommenden Angriffe auf den Körper der Sprache an. Nach dem ersten Weltkrieg brauchten die Bühnen Moissis Stimmen-Kunst nicht mehr;[24] sehr bald nahmen dann die Stimmkörper politischer Akteure ihren Platz in den Herzen der Massen ein, um mit ihrem Lärm den Krieg gegen die Körper und die Schrift einzuläuten. Mit ihrem persönlichen Melos und ihrem schrecklichen Timbre, verbunden mit einer geschickten Rhetorik, machten sie den Kampf gegen das Volk des Buches im Namen eines einzigen biologischen Ursprungs des Menschen für viele plausibel.

Die obszöne Lust dieser Stimmen hatte für lange die vokale Theatralität von den deutschen Bühnen verbannt. Doch *grain* und persönliches Melos einzelner Stimmen vermochten zu überleben und leben auch heute noch weiter – fast so wie Dostojewski es imaginierte –, um so das Weiterleben nach dem physischen Tod zu behaupten. Wir können diese Stimmen zusammen mit den Stimmen von Lebenden manchmal heute auf der Bühne hören, wie zum Beispiel die Stimmen der jüdischen Kantoren oder die Stimme von Heiner Müller in Heiner Goebbels *Schwarz auf Weiß*. So scheint mir die Herausforderung des heutigen Theaters eine doppelte: Einerseits geht es darum, Sprachwesen zu zeigen, die durch einen zwischen einer Körperstimme und der Stimme einer Sprache entfalteten vokalen Raum projiziert werden; doch zugleich auch gilt es, das Gewaltpotential jeglichen Versuches hörbar zu machen, der die Stimme auf einen der beiden Pole zu reduzieren sucht. Das Schicksal einer kritischen und analytischen Theatralität der Stimme auf der Bühne wird vom Gelingen einer solchen Dramatisierung ihrer Ursprungsmythen abhängen. Mit den Worten Luca Ronconis in einem kürzlich geführten Gespräch könnte die Devise lauten: „Etwas mehr Freiheit für das Wort gegenüber dem Sprechenden", was mehr Freiheit für poetisch strukturierte Texte und damit für ein Verlauten des Textkörpers heißen könnte.

März 2004

Anmerkungen

1 F. M. Dostojewski, „Bobók", in: Ders., *Der Spieler. Späte Romane und Novellen*, aus dem Russischen übers. v. E. K. Rahsin, München/Zürich 1977/1988, S. 631–656, S. 639.

2   So seine Aufzeichnung von Goethes „Erlkönig". Vgl. Helga Finter, „Antonin Artaud and the Impossible Theatre. The Legacy of the Theatre of Cruelty", in: *The Drama Review* 41/4 (T146), 1997, S. 15–40.

3   Franz Kafka, *Tagebücher in der Fassung der Handschrift*, hrsg. v. Hans-Gerd Koch, Michael Müller und Malcom Pasley, Frankfurt/Main 1990, S. 393–395.

4   Vgl. Michel Bernard, *L'Expressivité du corps*, Paris 1976. Der Autor gehört zu den wenigen, welche die Frage des Ausdrucks auf dem Theater schon sehr früh in den Vordergrund stellten. Vgl. auch Jacqueline Martin, *Voice in Modern Theatre*, London/New York 1991; Karl-Heinz Göttert, *Geschichte der Stimme*, München 1998; Reinhart Meyer-Kalkus, *Stimme und Sprechkünste im 20. Jahrhundert*, Berlin 2001.

5   Vgl. Helga Finter, „Autour de la voix au théâtre: voie de texte ou texte de voix?" (in: Bruno Gentili/Giuseppe Paioni (Hrsg.), *Oralità. Cultura, letteratura, discorso. Atti del convegno internazionale (Urbino 21–25 luglio 1980)*, Florenz 1982, S. 663–674, ebenfalls in: Chantal Pontbriand (Hrsg.), *Performances, Text(e)s & Documents. Actes du colloque: Performance et multidisciplinarité: Postmodernisme*, 1980, Montréal 1981, S. 101–109), in: Dies., *Le Corps de l'audible. Écrits français sur la voix 1979–2012*, Frankfurt/Main 2014, S. 19–30; vgl. auch die erweiterte Fassung „Théâtre expérimental et sémiologie du théâtre: La théâtralisation de la voix" (in: Josette Féral (Hrsg.) *Théâtralité, écriture et mise en scène*, Ville de Lasalle/Quebec 1985, S. 141–164), in: ebd. S. 55–71; vgl. Dies., „Die Theatralisierung der Stimme im Experimentaltheater" (in: Klaus Oehler (Hrsg.), *Zeichen und Realität. Akten des 3. semiotischen Kolloquiums Hamburg 1981*, Tübingen, S. 1007–1021), in diesem Band S. 67–82.

6   Vgl. H. Finter, *Der subjektive Raum*, 2 Bände, Tübingen 1990.

7   Vgl. hierzu ebd., Bd. 1, S. 9–20; sowie H. Finter, „Theatre in a Society of Spectacle", in: Eckard Voigts-Virchow (Hrsg.), *Dramatized Media/Mediated Drama*, Trier 2000, S. 43–55; deutsch „Kunst des Lachens, Kunst des Lesens: Zum Theater in einer Gesellschaft des Spektakels", in: Vittoria Borsò/Björn Goldhammer (Hrsg.), *Moderne(n) der Jahrhundertwenden, Spuren der Moderne(n) in Kunst, Literatur und Philosophie auf dem Weg ins 21. Jahrhundert*, Baden-Baden 2000, S. 439–451; Dies., „Espectàculo de lo real o realidad del espectaculo? Notas sobre la teatralidad y el teatro reciente en Alemania", in: *Teatro al Sur. Revista latinoamericana* (Buenos Aires) 25, 2003, S. 29–39.

8   Vgl. H. Finter, „Les corps de l'audible: Théâtralités de la voix sur scène", in: Dies., *Le Corps de l'audible*, S. 197–213.

9   Roland Barthes, „Le bruissement de la langue", in: *Vers une esthétique sans entraves*, Mélanges Mikel Dufrenne, Paris 1975.

10 H. Finter, „Komik des Sprachkörpers: Corneilles *Le Menteur* und die Komik des Verses" (in: Eva Erdman (Hrsg.), *Der komische Körper*, Bielefeld 2003, S. 230–238), in diesem Band S. 447–454.

11 Vgl. H. Finter, „Sprechen, deklamieren, singen. Zur Stimme im französischen Theater des 17. Jahrhunderts" (in: Anne Amendt-Söchting et al. (Hrsg.), *Das Schöne im Wirklichen – Das Wirkliche im Schönen. Festschrift für Dietmar Rieger zum 60. Geburtstag*, Heidelberg 2002, S. 81–91), in diesem Band S. 435–446.

12 R. Barthes, *Sollers, écrivain*, Paris 1979; zu Sollers vgl. H. Finter, „Die Videoschrift eines Atems. Philippe Sollers, Schriftsteller" (in: *Das Schreibheft* 26, 1985, S. 21–28), in diesem Band S. 85–95.

13 Vgl. zu ‚Timbre' und ‚Melos' H. Finter, „Mime de voix, mime de corps: L'intervocalité sur scène" (in: Christine Hamon-Siréjols, Anne Surgers (Hrsg.), *Théâtre: Espace sonore, espace visuel, Actes du colloque international organisé par l'université Lumière-Lyon 2, 18–23 septembre 2000*, Lyon 2003, S. 71–88), in: Dies., *Le Corps de l'audible*, S. 179–195.

14 Vgl. H. Finter, „Sinntriften vom Dialog zum Polylog. Über Richard Foremans römisches Stück *Luogo + bersaglio*" (in: *Theater heute* 9, 1980, S. 23–25), in diesem Band S. 35–46, sowie „Die soufflierte Stimme. Klangtheatralik bei Schönberg, Artaud, Jandl, Wilson und anderen" (in: *Theater heute* 1, 1982, S. 45–51), in diesem Band S. 19–34.

15 Vgl. H. Finter, „Das Kameraauge des postmodernen Theaters" (in: Christian W. Thomsen (Hrsg.), *Studien zur Ästhetik des Gegenwartstheaters*, Heidelberg 1985, S. 46–70), in diesem Band S. 47–66.

16 Vgl. H. Finter, „Der Körper und seine (vokalen) Doubles: Zur Dekonstruktion von Weiblichkeit auf der Bühne" (in: *Forum modernes Theater* 1, 1996, S. 15–31; in diesem Band S. 245–264.

17 Ebd.

18 Vgl. H. Finter, „Corps proférés et corps chantés sur scène" (in: Sémir Badir/Herman Parret (Hrsg.), *Puissances de la voix. Corps sentant, corde sensible*, Limoges 2001, S. 173–188), in: Dies., *Le Corps de l'audible.* S. 163–177.

19 Vgl. H. Finter, „Mime de voix, mime de corps" sowie „Intervokalität auf der Bühne: Gestohlene Stimme(n), gestohlene(r) Körper" (in: Hans-Peter Bayerndörfer (Hrg.): *Stimmen, Klänge, Töne – Synergien im szenischen Spiel*. Akten der Tagung der Gesellschaft für Theaterwissenschaft, München 29.10.–01.11.2000), in diesem Band S. 391–401.

20 Vgl. Gerald Siegmund, „Stimm-Masken: Subjektivität, Amerika und die Stimme im Theater der Wooster-Group", in: Hans-Peter Bayerndörfer (Hrsg.), *Stimmen, Klänge Töne – Synergien im szenischen Spiel*, Tübingen 2002, S. 68–79.

21 H. Finter, „Der imaginäre Körper: Text, Klang und Stimme in Heiner Goebbels' Theater" (in: Wolfgang Sandner (Hrsg.), *Heiner Goebbels. Komposition als Inszenierung*, Berlin 2002, S. 108–113), in diesem Band S. 465–470.

22 Vgl. Hubert Winkels, „zungenentfernung. Über sekundäre Oralität, Talk-master, TV Trainer und Thomas Kling", in: *Das Schreibheft* 47, 1996, S. 131–138.

23 Vgl. H. Finter, „Théâtre expérimental et sémiologie du théâtre: la théâtralisation de la voix".

24 Vgl. Rüdiger Schaper, *Moissi. Triest. Berlin. New York. Eine Schauspielerlegende*, Berlin 2000.

VIII.
Sprechen, deklamieren, singen

Was singt? Macht des Wortes, Macht der Stimme

In einem der wenigen Interviews, welche die jüngst verstorbene Pina Bausch vor vielen Jahren gegeben hatte, wurde sie gefragt, warum in ihrem Tanztheater so wenig getanzt werde. Wie man sich bewege, so war die Antwort, interessiere sie weniger, als vielmehr, *was* bewege. Eine ähnliches Interesse, nun den Einsatz der Stimme betreffend, scheint in den letzten zwei Jahrzehnten auch Ausgangspunkt vieler Recherchen im Bereich des neuen Musik- bzw. Sprechtheaters gewesen zu sein, betrachtet man beispielsweise die Inszenierungen bzw. szenischen Projekte von Komponisten und Regisseuren wie Christoph Marthaler und Heiner Goebbels oder von bildenden Künstlern wie Robert Wilson und Romeo Castellucci. Ihre Arbeiten, die keiner Sparte im engeren Sinne zuzuordnen sind, loten die Grenzen der Genres aus, um so ein *anderes* Theater zu entwerfen, ein Theater aus dem Geist der Musik. Die Frage dieser Künstler könnte heißen: Was singt in der Sprache, was in der Stimme?

Diese Frage scheinen sich ebenfalls auch schon die Gründer der Salzburger Festspiele gestellt zu haben, welche seit dem Beginn 1920 unter dem Doppelgestirn der Macht der Wortes und der Macht der Stimme gestanden hatten, verkörpert im Triumvirat der Festspielleitung, dem ein Regisseur, ein Dichter und ein Komponist angehörten. Zum Thema der Festspiel-Dialoge 2009, „Das Spiel der Mächtigen",[1] möchte ich deshalb mit Überlegungen zur Macht des Wortes bzw. der Macht der Stimme im Theater beitragen, die in drei Teile gegliedert sind: Ausgehend vom Spielplan der Salzburger Anfänge, soll zuerst sein Ziel einer Verschmelzung von Sprech- und Musiktheater kritisch beleuchtet werden, um sodann die Instanz, welche die Macht von Wort und Stimme bedingt, zu befragen; abschließend sollen an drei Werken, deren Inszenierung der Spielplan der Festspiele vorsieht, drei historisch divergierende Antworten auf die Ausgangsfrage – Was singt? – vorgestellt werden.

Salzburger Dramaturgie der Anfänge

Was Macht des Worts und Macht der Stimme verbinde, diese Frage legt eine Besonderheit der Salzburger Festspiele nahe, die darin besteht, dass sie seit den Anfängen nicht nur Musiktheater, wie beispielsweise Bayreuth oder Aix-en-Provence, sondern auch Sprechtheater zur Aufführung bringen. Kein späteres Festival weist eine solche Gleichzeitigkeit der Genres auf.[2] Hugo von Hofmannsthal hatte sie in einem anonym veröffentlichten Faltprospekt schon 1919 begründet, als er das Projekt der künftigen Festspiele folgendermaßen umriss:

Musikalisch-dramatische Aufführungen, welche zu Salzburg in einem eigens dafür gebauten Festspielhaus stattfinden werden.[3]

Um was für Aufführungen es sich dabei handele, erläuterte er dann so:

Um Oper und Schauspiel zugleich, denn die beiden sind im höchsten Grade nicht voneinander zu trennen [...].
Die Trennung ist gedankenlos oder nach der bloßen Routine. Die höhere Oper, die Opern Mozarts vor allem, auch die Glucks, Beethovens Fidelio, von Wagners Werken nicht zu sprechen, sind dramatische Schauspiele im stärksten Sinn, das große Schauspiel aber setzt entweder eine begleitende Musik voraus, wie sie etwa Goethe für seinen Faust verlangte, oder es strebt dem musikhaften Wesen in sich selbst entgegen, wie Shakespeares phantastische Schauspiele, Schillers romantische Dramen oder Raimunds Zaubermärchen.[4]

Die neu zu gründenden Festspiele hatten also eine Theaterkonzeption zur Prämisse, welche eine Trennung in Sprech- und Musiktheater zur Disposition stellt. Auf den ersten Blick scheint eine solche Dramaturgie Utopie geblieben, waren doch die ersten Inszenierungen säkulare Mysterienspiele mit Bühnenmusik – *Jedermann*, *Das große Salzburger Welttheater* zum Beispiel. Dann kamen auch Komödien hinzu – 1923 Molières *Der eingebildete Kranke* mit einer Musik von Jean-Baptiste Lully, 1925 ein Marionettenspiel mit Musik des in Salzburg Ende des 17. Jahrhunderts tätigen Opernkomponisten Georg Muffat und im folgenden Jahr Carlo Goldonis *Diener zweier Herren* sowie Carlo Gozzis *Turandot*, die jeweils mit Arrangements von alter Musik bzw. von Kompositionen Mozarts durch Bernhard Paumgartner aufgeführt wurden. Ergänzten in den ersten Jahren zudem Opern Mozarts – die drei Da Ponte-Opern erstmals 1922 –, den Spielplan, so waren schon 1926 neben Mozarts *Entführung aus dem Serail* und *Don Giovanni* weitere Genres wie Carl Willibald Glucks pantomimisches Ballett *Don Juan*, Pergolesis Intermezzo in zwei Teilen *La Serva Padrona* und Mozarts Pastorale *Les petits riens* bei den Sommerspielen vertreten und komplettierten den Spielplan der Dramen.[5] Diesen Akzent auf Mischformen unterstrich im selben Jahr zudem ein neueres Werk: *Ariadne auf Naxos* von Richard Strauß und Hugo von Hofmannsthal, dessen Uraufführung in der ersten, sechsstündigen Fassung 1912 in Stuttgart stattgefunden hatte und in der revidierten zweiten Version 1916 in Wien.

Ein weiterer Blick auf den Spielplan der ersten Jahre scheint ein Urteil zu bestätigen, das den Festspielen – im Vergleich zur Entwicklung des Avantgardetheaters in den Metropolen – eine ‚antimoderne' Tendenz bescheinigt, zumal die Schauspielinszenierungen Max Reinhardts oft überarbeitete Übernahmen aus anderorts bewährtem (Vorkriegs-)Repertoire waren. Eine solche Kritik konnte zudem sich glaubhaft auf Äußerungen Hofmannsthals im Zusammenhang mit dem *Jedermann* stützen, welche die Salzburger Dramaturgie in den Kontext der

Wiederbelebung jenes „Urtriebs des bayrisch-österreichischen Stammes" stellten, dem die regionale, religiöse und barocke Spielkultur verpflichtet gewesen sei.[6]

Doch misst man die Zielvorstellung einer Integration von Sprech- und Musiktheater am realisierten Programm der ersten Jahre, ausgehend von der Frage nach den Implikationen einer solchen Utopie für die Konzeption der Sprache und des Subjekts, so modifiziert sich das vorschnelle negative Urteil in entscheidenden Aspekten. Schon die Aufzählung dieser ersten Aufführungen belegt, dass die künstlerische Leitung der Festspiele – Max Reinhardt, Hugo von Hofmannsthal, Richard Strauß – in der Tat zielstrebig auf eine Integration von Wort- und Musiktheater hinarbeiteten.

Zwei Schwerpunkte werden neben den *site specific* inszenierten Mysterienspielen gesetzt: Commedia dell'arte und Komödien mit Musik auf der einen Seite und auf der anderen Seite Opern des 18. Jahrhunderts, die dem Musiktheater in engerem Sinne zuzurechnen sind, ergänzt durch musikalische Ballettpantomimen. Zugleich nähert sich das Schauspiel ebenfalls einem musikalischem Theater an: Goldoni und Gozzi werden mit *live* gespielten Arrangements von Musik des 18. Jahrhunderts aufgeführt, Molière wird mit den Kompositionen Jean-Baptiste Lullys auf die Bühne gebracht. Wir finden so eine Genrevielfalt, die das Tanztheater einschließt, und schließlich mit einer zeitgenössischen Oper gekrönt wird: Richard Strauß' und Hugo von Hofmannsthals *Ariadne auf Naxos*, die Sprechtheater und Musiktheater, *opera seria* und *opera buffa*, Tragödie und Commedia dell'arte zu verbinden sucht. Das *Ariadne* vorausgehende, doch erst 1929 in Salzburg aufgeführte Bühnenwerk des Gespanns, *Der Rosenkavalier*, kündigte eine solche Genreaufhebung schon im Untertitel an, der es als „Komödie für Musik" ausweist.

Die Rückwendung zu Theaterformen des 17. und 18. Jahrhundert ist offensichtlich. Doch ist sie wirklich antimodern? Im Falle der Commedia dell'arte hatte sie schon Vorläufer in der russischen Avantgarde; Meyerhold und Eisenstein oder die Ballets russes mit *Parade* (1917) und *Pulcinella* (1919) wären hier beispielsweise zu nennen, die in dieser italienischen Form des Volkstheaters Anregungen für eine neue Körperlichkeit und eine neue Typenkomik gefunden hatten. Doch wie steht es mit den Dramen bzw. Opern des 17. und 18. Jahrhunderts?

Mit der Hinwendung zu dieser Epoche setzt die Salzburger Dramaturgie gerade bei dem Theater an, das der Trennung von Sprech-, Musik- und Tanztheater vorausging. Die Aufteilung in Sparten war Ergebnis eines langen Prozesses, der seinen Anfang mit dem Opernprivileg nahm, das Ludwig XIV. 1672 zugunsten seines Hofkomponisten Jean-Baptiste Lully erließ. Ergänzt durch ein Druckprivileg im gleichen Jahr sowie ein Jahr später durch eine Verfügung des Königs, welche die Verwendung von Musik bei Theateraufführungen auf zwei Stimmen und sechs Violinen einschränkte,[7] leitete dieses Privileg das Ende einer Theaterpraxis ein, in der Sprache, Gesang, Musik und Tanz sich in einer Aufführung verbanden. Ihr Ziel war die Darstellung eines idealen höfischen Menschenmodells gewesen, das, im Sinne von Baldassare Castigliones *Il Cortigiano* (*Der Hofmann*), die Ausbildung körperlicher Grazie – die berühmte *sprezzatura* – mit musischer Bildung verschmolz. Damit sollte ein durch Geburt legitimierter Adel nun sichtbar als geistiger Adel durch seinen Habitus zur Anschauung gebracht werden. Mit den komischen Typen wurde dagegen dem, was dieses ideale Menschenmodell ausschloss, im Theater eine Bühne gegeben: die körperliche Verhaftung in den Zwängen von Herkunft, Leidenschaften und Bedürfnissen bekam mit ihnen eine universell zu verlachende Form.

Dieses Zusammenspiel der Künste betraf alle Gattungen. So gab es zum Beispiel in Italien bis ins 17. Jahrhundert keine Dramenaufführung ohne prächtige musikalische Intermedien, ja, diese allegorische Rahmung bestimmte erst die Funktion der Aufführung als Repräsentation der sie ausrichtenden (geistlichen oder weltlichen) Macht. Aus dieser höfischen Praxis hatte sich in Frankreich ein neues Genre entwickelt, die *Comédie-ballet* Molières und Lullys. Fast die Hälfte aller uns überlieferten Stücke Molières sind solche Ballettkomödien. So auch sein letztes – *Le Malade imaginaire* (*Der eingebildete Kranke*) –, das er, nach dem Bruch mit Jean-Baptiste Lully, zusammen mit dem Komponisten Marc-Antoine Charpentier entwickelte hatte und bei dessen vierter Aufführung er, in der Rolle des Protagonisten, am 17. Februar 1673 auf der Bühne verstarb.

Die erst 1980 von dem amerikanischen Musikwissenschaftler John S. Pownell wiederentdeckte Partitur Charpentiers war bei der Aufführung des Stücks 1923 in Salzburg noch verschollen. Max Reinhardts Inszenierung des *Eingebildeten Kranken* sah jedoch den Einsatz von Musik vor, und zwar vom Zeitgenossen Molières, Jean-Baptiste Lully.[8] Dies ist deshalb besonders bemerkenswert, da diese Komödie bis heute zumeist ohne Musik als Charakterkomödie aufgeführt wird. Wie bei anderen Ballettkomödien, so dem *Bourgeois Gentilhomme* von 1670, bleibt Musik hier nicht auf die Intermedien beschränkt, sondern wird mit der Handlung dergestalt verwoben, dass, wie Molière schon in seiner Vorbemerkung zu *Les Fâcheux* von 1661 notiert hatte,[9] Ballett und Komödie „eins" werden können. Horizont für Molières „Mischkomödien" – *comédies meslées de musiques et de danses*[10] – war das Theater der alten Griechen, wie schon sechzig Jahre zuvor in Florenz bei der Erfindung der italienischen Oper durch die *Camerata fiorentina*.

In der Ballettkomödie *Le Malade imaginaire*[11] macht die eingesetzte Musik den Medizinen des eingebildeten Kranken die Wirkung streitig: Die Macht des Gesangs kann nicht nur das den jugendlichen Verliebten auferlegte väterliche

Verbot überwinden; wer ihr vertraut, kann auch auf die Heilmittel der Quacksalber verzichten, ja selbst der hypochondrische Argan wird letztendlich von seinem Krankheitswahn durch die Musik einer finalen, burlesken Zeremonie in Küchenlatein befreit, die ihn zum Doktor der Medizin kürt.

Die *Comédie-ballet* ist für Salzburg in der Tat Modell einer erstrebten Integration von Sprache und Wort. Hofmannsthal weist im Zusammenhang mit *Ariadne auf Naxos* in einigen Texten ausdrücklich darauf hin.[12] Doch zudem entwickelt *Ariadne* selbst dieses Vorbild auch weiter. Die Oper liegt uns in zwei Fassungen vor: Die erste (1912) sah vor, einen Operneinakter als letzten Teil der gekürzten Version von Molières *Le Bourgeois Gentilhomme* (*Der Bürger als Edelmann*) aufzuführen: Diese Ballettkomödie handelt von einem reichen Bürger, Monsieur Jourdain, der mit Hilfe von Tanz-, Gesangs-, Fechtlehrern sowie einem Philosophen sich Habitus, Fertigkeiten und Wissen eines Adligen anzueignen sucht, um in höfischer Gesellschaft, vor allem vor höfischen Damen zu brillieren; jedoch wird er in einer von seinen Angehörigen in Allianz mit seinen Dienern ausgeheckten burlesken Zeremonie zum türkischen Würdenträger so wortwörtlich geschlagen, dass er von nun an von seinen aristokratischen Träumen endgültig geheilt ist.

Diese, bei Molière die alte Ständeordnung wieder herstellende, Sündenbockszene wird von Strauß und Hofmannsthal gestrichen. An ihre Stelle tritt in der Stuttgarter Version die Aufführung einer Oper, *Ariadne*, die Jourdain zur Belustigung seiner adligen Gäste darbieten lässt. Doch mit dieser, demokratischen Ansprüchen genügenden Neufassung von Molières Text, die den Wunsch nach sozialem Aufstieg nicht mehr sanktioniert, wird zugleich auch die ästhetische Gleichberechtigung von bisher sich ausschließenden Musiktheatergattungen auf der Bühne durchgesetzt: eine *opera seria* mit mythischen Figuren – Ariadne und Bacchus – und eine *opera buffa* mit Commedia dell'arte-Figuren vermischen sich. Diese Verschmelzung von hoher und niederer Form, die auf der Ebene der Handlung die Kontaminierung von tragischer und komischer Liebeshandlung nach sich zieht, führt auf der Ebene des Genres zu einer durchkomponierten Vermischung von Sprech- und Musiktheater.

Die erste Version der *Ariadne* ist so in gewisser Weise die manifeste Poetik, welche die Programmpolitik speist, die Strauß, Hofmannsthal und Reinhardt für Salzburg vorsahen: Das Anknüpfen an Theaterformen des 17. Jahrhunderts hatte in diesem Sinne weniger restaurativen Zweck denn vielmehr das Ziel, ein neues Genre zu schaffen, das die Trennung zwischen hohen und niederen Gattungen aufhebt. Mit der ersten Fassung der *Ariadne* wird zudem auch der ethische Auftrag eines solchen Unternehmens zu Gehör gebracht: In Molières von Hofmannsthal neu in zwei Akten eingerichteter Komödie wurde nämlich im ersten Aufzug die Notwendigkeit der Ausübung von Künsten, ihre performative Wirkung, von Jourdains Tanzmeister und Musiklehrer auch begründet: „Nichts in der Welt ist den Menschen nötiger als das Tanzen" behauptet der Tanzmeister; „Ohne die Musik kann ein Staat unmöglich bestehen", entgegnet der Musiklehrer mit folgender Erläuterung: „Alle Unordnung, alle Kriege in der Welt rühren von nichts anderem her, als dass die Leute nicht Musik lernen." „Alles Leid der Menschen", überbietet ihn der Tanzmeister, „alle Unglücksfälle, mit denen die Geschichte angefüllt ist, alle Fehler der Staatsmänner, alle Vergehen der größten Helden kommen bloß daher, weil sie nicht tanzen konnten."[13]

Diese Behauptungen werden zweihundertachtundsiebzig Jahre nach Molière und sechsunddreißig Jahre nach der Stuttgarter Aufführung der ersten *Ariadne* ein erstaunliches Echo bei Antonin Artaud finden, der 1948 die Funktion eines utopischen Theaters, das zum „Tanz des Gesangs" (*danse du chant*) geworden ist, in folgenden Worten beschreibt:

> Pest und Cholera,
> und schwarze Blattern
> gibt es nur,
> weil der Tanz
> und folglich das Theater
> noch nicht zu existieren begonnen haben.[14]

Ob der Theaterrevolutionär Artaud tatsächlich ebenfalls Erbe derselben vormodernen Musiktheaterkonzeption war, überlasse ich der Meditation des Lesers. Zwei Hinweise seien jedoch gestattet. Artaud selbst hatte an einem Opernlibretto für Edgard Varèse Anfang der dreißiger Jahre gearbeitet,[15] und auch der Dichter und Ethnologe Michel Leiris, hatte gerade die europäische Oper für eine mögliche Ausgangsbasis des von Artaud erträumten totalen Theaters gehalten.[16]

Die Macht von Sprechen und Singen

Der Salzburger Rückgriff auf Musiktheaterformen des 17. Jahrhunderts bringt eine andere Konzeption von Wort und Stimme ins Spiel, denn auch Sprechen und Singen auf der Bühne standen damals noch nicht unter dem Vorzeichen der Trennung. Sprechen im institutionellen Rahmen wurde im 17. Jahrhundert in Frankreich als *Singen* bezeichnet. Das Zeitwort *chanter* wurde für das Predigen von der Kanzel, das Reden vor Gericht sowie für das Sprechen auf der Bühne verwendet.[17] Gemeinsam ist diesem ‚Singen', dass es von der Alltagssprache unterschiedene Sprachäußerungen im öffentlichen Raum bedeutet, welche durch ein besonderes Sprechen eine abwesende Instanz evozierten. Als geregelte Sprachhandlungen waren sie das, was die Linguistik mit J. L. Austin als *performative* Sprachhandlungen bezeichnet, denn sie machten jeweils eine Macht effektiv: die Macht eines göttlichen Wortes, die Macht des Gesetzes, das vom König erlassen wird, sowie die Macht des poetischen Worts und der Stimme, welche auf der Bühne das vom König durch ein Aufführungs- bzw. Druckprivileg zertifizierte Imaginäre zu Gehör bringt. *Chanter* konkretisierte so im Theater die Macht des Königs als Projektion der Souveränität von Sprache wie Gesang in einem, den Herrscher repräsentierenden Raum. Der König bezog seine höchste Stellung – die etymologische Bedeutung von *souverain* – vom letztendlich Höchsten, Gott, das heißt von der transzendenten Instanz, die ihn legitimierte. So musste die Stimme auf der Bühne ausdrücklich als von einem Anderen signiert verlautet werden, um die Souveränität des Herrschers in Inszenierungen, die ihn performativ repräsentierten, effektiv werden zu lassen, da Macht Ausfluss transzendenter Souveränität und mit ihr verbunden war.

Vokale Äußerung auf der Bühne, Deklamation wie Gesang, bedeutete so, eine Souveränität dank der Macht von Wort und Stimme zu manifestieren: Sie brachte die verborgene Stimme des Textes durch eine, den Körper übersteigende Stimme zu Gehör oder war legitimiert, die den Wortsinn bedrohende Lust am Klang zu zelebrieren. Diese Macht von Wort und Stimme unterlag festen Regeln: Für das Wort galten diejenigen der Deklamation des Dramentexts, die den Anteil an Körperlichkeit für Tragödie und Komödie jeweils genau festlegte; für den Gesang, der für die Rollen der Figuren jeweils bestimmte Stimmtypen vorsah, trug hierzu die Einteilung in Stimmfächer bei, die von der realistischen Stimmverteilung nach Geschlecht und Alter, die uns die Oper des 19. Jahrhundert überlieferte, abwichen.

Die Deklamation der Tragödie, so wie sie Racine praktizierte, war eine Art Sprechgesang, die den Sprecher in einer Modulation der Klangfarben vom Vers forttragen ließ; vorzustellen vielleicht in der Weise, in der Klaus Michael Grüber Racines *Bérénice* sprechen ließ.[18] In der Tat war dieser Sprechstil für Lully, der seine Sänger zu dessen Studium in Racines Aufführungen schickte, Modell der Rezitative seiner *tragédie lyrique* gewesen.[19] Die Komödie, seltener in Verse gefasst, ließ bei den komischen Figuren Raum für charakteristische Sprachticks, die durch Sprechmelodie und regionalen Akzent den Sinn stören konnten. So zerhackt einer der drei Ärzte in Molières *L'Amour médecin* (*Die Liebe als Arzt*), Macroton, die Silben; ein anderer, Bahys, nuschelt, was der Dramatiker einerseits durch Bindestriche nach jeder Silbe, andererseits durch Fehlen jeglicher Interpunktion markierte;[20] auch sprechen in seinen Dramen Bauern mit gerolltem R und diphthongieren die Nasale. In Anlehnung an die Commedia dell'arte werden so komische Personen durch Stimme und Sprechweise typisiert, die durch regionale Herkunft und vor allem durch eine abweichende Körperlichkeit bestimmt sind. Während die tragische Stimme den Körper transzendiert, um die Souveränität der französischen Sprache effektiv werden zu lassen, bleibt die Stimme der lächerlichen Person dem Körper ebenso ausgeliefert wie seinen Bedürfnissen und Triebimpulsen.

Die Stimmen der Oper[21] hingegen sind Stimmen, welche vokale Lust beispielhaft als souveräne Macht der Verführung verlauten lassen: Helden und Götter werden von höchsten Stimmen gesungen; nicht umsonst hat die Wurzel des französischen *souverain*, das volkslateinische *superanus*, auch das italienische *soprano* hervorgebracht. *Soprani* sind Kastraten, Tenöre mit Falsettstimmen oder auch weibliche Altstimmen bzw. Soprane, die die Souveränität der Passionen hochstehender männlicher Protagonisten oder der Heldinnen verwahrscheinlichen. Irdische Personen werden auf Sopran, Alt, Tenor und Bass, der den Bariton einschließt, verteilt, komische weibliche Alte jedoch, wie die Amme in Monteverdis *Incoronazione di Poppea,* werden gleichermaßen von einem Alto oder Tenor oder auch, wie der in Apoll verliebte Sumpffrosch in Jean Philippe Rameaus Ballettkomödie *Les Noces de Platée,* nun von einem Tenor gesungen. Jedoch kann ein Bass auch die Rolle von zeremoniellen Personen wie Priester oder Philosophen übernehmen. In der Oper projiziert die Stimme die dargestellte Person, und nicht selten ist ein Widerspruch im heutigen Sinne zwischen dramatischer Rolle für einen Mann und vokaler Rolle dann festzustellen, wenn diese weiblicher Natur ist.

Was also singt, ob in der Deklamation oder im Gesang, ist eine invokatorische Kraft, die das Wort übersteigt, auf seinen souveränen Ursprung verweist und zugleich die Wirkung einer Verwahrscheinlichung der Stimmrolle bedingt. Was singt, ist aber auch ebenfalls die Kraft, die den Hörer im Klang fortreißt, sein Verständnis der Worte beeinträchtigt. Was singt, determiniert eine Erotik der Stimme, der ihre Macht entspringt und die zugleich die Macht des Wortes bedroht.

Stimme als reiner Klang ist mütterlich konnotiert und die Lust an ihr wird mit der phantasmatischen ersten Stimme, die in der Psychogenese dem Kind eine erste Klangkörperidentität gibt, in Verbindung gebracht. Stimme als Sinn und Bedeutung des Worts ist dagegen dem väterlichen Bereich zugeordnet, dem Gesetz der Sprache. Hohe Singstimmen erschweren das Verständnis gesungener Worte, tiefe Singstimmen unterstützen es. Sprechen und Singen stehen in Konkurrenz wie Wortbedeutung und Wortklang. Dichtung jedoch, die den Akzent auf den Klang und Rhythmus setzt, schafft Bedeutung erst musikalisch und hebt ihren Widerspruch tendenziell auf.

Die Macht des Wortes und die Macht der Stimme unterliegt in jeder Gesellschaft festen Regeln: Ihre Ausübung war und ist auf bestimmte Institutionen beschränkt; weltliche und geistliche Instanzen teil/ten sich die Festlegung ihrer Grenzen. Mit dem Wort- oder Stimmtyp wird ein Menschenmodell gegeben: Sprechen bzw. Singen beinhaltet ein spezifisches Verhältnis von Sprache und Körper. Nur an bestimmten *anderen* Orten ist eine Übertretung der jeweiligen Grenzen für wenige dafür Ausgewählte bzw. Ausgebildete vorgesehen. Der institutionellen Regelung haben sich zuerst die Religionen, in unserer Kultur die Kirche, angenommen: Sie alterniert zwischen der Hörbarmachung der Stimme des heiligen Textes und einer Stimme, die zwischen Lobpreis und Klage schwankt und zugleich den Sänger und seinen Körper, seine Subjektivität, in den Vordergrund stellt.[22]

Gesang ist der Gegenpol zum Schrei, dem der Kreatur nächsten und dem Willen fernsten Laut. Gesang ist Anrufung, Gebet, Wehklagen und Jauchzen. Gesang manifestiert nicht nur eine singuläre Lust, sondern ist auch Invokation, Anrufung eines Anderen.[23] Mit dem Gesang wird das Melos einer singulären Stimme, jene die Sprachintonation übersteigende melodische Differenz, die das je subjektive Verhältnis zur ersten, noch von der Mutterstimme unterschiedenen phantasmatischen Stimme hören lässt, zu einer für andere mitteilbaren Form erhoben. Gesang kann Affekte objektivieren, er macht den Sänger, der sie kunstvoll moduliert, zum Herrn der Passionen. Gesang kann so Ausdruck höchster Souveränität sein. Für Georges Bataille ist dies der Gesang Don Giovannis. Seine Zurückweisung des Komturs am Ende der XIV. Szene des II. Aktes von Mozarts und Da Pontes Oper, sein „*No no no non che'io mi pento*" („Nein nein nein ich bereue nicht"), ebenso wie sein finales „*Ah*", das Bataille als Lachen und somit als ein bejahendes Einverständnis mit dem Tod hört, signalisiert ihm eine allein durch die Macht der Stimme effektiv werdende letzte Entscheidungsfreiheit des Subjekts angesichts des Todes.[24]

Souveränität ist nämlich für Bataille nicht beschränkt auf das juridische Konzept, das die Macht über Leben und Tod von anderen beinhaltet. Für ihn ist sie vor allem eine Kategorie des Subjekts, die auf dessen Autonomie der Entscheidung abzielt, auf seine Fähigkeit, Verbote selbst zu setzen und gleichzeitig zu überschreiten. Bataille hatte gezeigt, wie Souveränität und Macht, die im Ancien Régime noch zusammenfielen, im Zeitalter der Säkularisierung und Demokratisierung auseinanderdriften werden. Allein der Bereich der Künste bietet von nun an dem Subjekt ein Feld für seine Souveränität an. Jenseits der Macht eröffnet sich dann dem Subjekt die Möglichkeit, seine Souveränität angesichts des Anderen und des Todes im Felde der Künste sagbar zu machen.[25]

Der Faszination einer Inszenierung des Souveränen ist Bataille jedoch auch in den Formen politischer Macht, die unser 20. Jahrhundert bestimmt hatten, nachgegangen: im Faschismus und Nationalsozialismus.[26] Er zeigte, wie dort der faschistische Führer die religiöse Legitimierung seiner Souveränität unaufhörlich als reine Form inszenieren muss, da sie ihm selbst fehlt.[27] Die Individualisierung des faschistischen Souveränitätsprinzips beinhaltet dabei zugleich die Transformation des Staates zum Gesamtkunstwerk, das zu formen der Führer als ‚Künstler' sich anmaßt.[28]

Hatte der Souverän des Ancien Régime sich über die Stimmen seiner Institutionen in einer letztlich religiös legitimierten Inszenierung verobjektivierter Subjektivität manifestiert – hierin lag die Macht des Wortes und der Stimme auf der Bühne begründet –, so riss im Faschismus die triebsignierte Stimme des Führers die ‚Sprachmusik' an sich, an der sich alle anderen öffentlichen Stimmen orientierten. Die extreme Stimme Hitlers beispielsweise, die in ihrer Gepresstheit und ihrem typischen Staccato, das sich in konvulsive Affektausbrüche steigerte, das mörderische politische Programm der Extermination des Anderen hören ließ, verhieß zugleich vokal eine Lust, die gerade ihre erotische Anziehung bei den Massen ausmachte. Diese am Modell der Deklamation der Vorkriegszeit ausgerichtete Stimme war letztlich dem Theater genauso entwendet wie Hitlers Schnurbart dem Tramp Charlie Chaplins. An den Folgen der vokalen Inszenierung dieser usurpierten Souveränität krankt das deutschsprachige Theater noch heute. Die Macht des Worts wie die Macht der Stimme stehen seither unter einem Verdacht, den auch das Musiktheater erreicht hat. Zudem haben sie den Sieg von neue Souveränität versprechenden Vorbildern – die Synchronstimmen von amerikanischen Filmen und Fernsehserien beispielsweise – leicht gemacht.

Literatur und Theater des 20. Jahrhunderts haben nicht nur Freuds Diktum bestätigt, dass das Subjekt nicht Herr im eigenen Haus ist, sondern auch gezeigt, dass es weder Herr des Worts noch der Stimme sein kann. Sprache spricht uns, die Stimme ist, wie Artaud uns hören lässt, souffliert. Allein die Art und Weise wie die Relation zu Sprache und Musik geknüpft wird, macht die Besonderheit einer Stimme aus. So stellt sich heute die Frage, ob diese überhaupt noch eine universelle Form finden kann, denn Theater, will es einen gesellschaftlichen Auftrag haben, spricht zu einer potentiellen Gemeinschaft. Hier wird die Musik, wird Gesang notwendig, denn mit ihnen stehen Formen bereit, die schon immer Wort und Musik nicht als eigen, sondern als einem Anderen verpflichtet behandelt haben. Ein Sänger weiß, dass die Stimme ihm nicht gegeben, dass sie, wie schon Gundula Janowitz formulierte, ein Geschenk ist, das erst als Projektion eines Verhältnisses zu Sprache, Körper und musikalischem Text entstehen kann. Zwar sind charakteristisches Timbre und Stimmführung psychosomatische Phänomene, doch werden sie zugleich auch kulturell determiniert. Die Souveränität, welche Macht und erotische Anziehungskraft einer Bühnenstimme ausmacht, entspringt der Freiheit im Umgang mit dem Imaginären von Körper- und Textstimmen, die sich aus der impliziten Anerkennung der Alterität der Stimme des Worts oder der Stimme des Gesangs speist.

Macht und Souveränität

Der Horizont der Stimmkünste kann heute nicht mehr die Souveränität einer Macht sein, aus der sie die Legitimation der eigenen Macht beziehen. Die Souveränität des Künstlersubjekts hat sich an seine Stelle gesetzt und bildet Gemeinden, weltweit, wie uns beispielsweise die Hysterie um Michael Jacksons Tod lehrte. Jedoch kann die Konfrontation mit historischen und zeitgenössischen Formen dessen, was jeweils singt, unser Hören aufrufen zu erkunden, welche Macht des Worts oder der Stimme das zum Klingen bringt, was stumm in uns potentiell singt. Die Gemeinschaften, die sich als Publikum sichtbar daraus bilden, eint allein eine Sensibilität für Musik. Zumeist sind sie ausschließend, doch können sie auch – dafür steht das neue Salzburg oder sollte es stehen – viele Epochen und Stile versammeln. So möchte ich im dritten Teil meiner Ausführungen bei drei 2009 in Salzburg inszenierten Musik(theater)werken den Aspekt der Macht des Wortes und der Macht der Stimme hinterfragen. Sie geben jeweils eine für ihre Epoche beispielhafte Antwort. Thematisch ist ihnen gemeinsam, dass ihre Protagonisten zwar Spielball der Macht sind, doch sie ein Objekt begehren, das sich ihr entzieht. Die irdische Macht ist der Gegner, der ihr Scheitern erzwingt, doch die Macht ihrer Stimme transformiert es in einen Sieg, der als Souveränität der Entscheidungsfreiheit oder des Begehrens eines zugleich verfemten und musikalisch sakralisierten Opfers vom Zuhörer vernommen werden kann.

Theodora [1759] oder die Macht von Engelstimmen

Georg Friedrich Händels Oratorium *Theodora*, zur Zeit seiner Entstehung ein Fiasko, ist ein Werk, das für eine mentale Inszenierung durch den Zuhörer geschrieben wurde. Wie oft betont wird, eröffnete die Form des Oratoriums Händel einen gewissen Freiraum im Hinblick auf die Zwänge des Genres wie auch des damaligen Theaterbetriebs. Im Gegensatz zur Oper zielte ihre emotionale Wirkung ursprünglich auf eine spirituelle Auseinandersetzung ab, ähnlich derjenigen von Ignatius de Loyolas geistigen Exerzitien. Händel wählte für sein Spätwerk einen Stoff aus der Frühgeschichte des Christentums, der den Widerstand der Christin Theodora gegen die aufoktroyierte heidnische Religion und den Wahlkonflikt zwischen heiliger und irdischer Liebe ins Zentrum stellt. Jeweils unterstützt durch Chöre stehen sich, in einem Wechsel von Rezitativ, Arie und Chor, christliche und heidnische Protagonisten gegenüber.

Das Martyrium der Heiligen wird auf Seiten der Christen durch hohe bis höchste Stimmlagen ästhetisch erhöht: Theodora – ein Sopran, Irene – ein Sopran, Didymus, der bekehrte Römer – ein Alto-Kastrat, Septimius, der ambivalente noch unentschiedene Römer, der Valens, den römischen Gouverneur Antiochias, zur Gnade für die Christin zu bewegen sucht – ein Tenor. Allein der heidnische Tyrann Valens hat eine Bassstimme, die ihn in einer starren Brutalität charakterisiert. Er antizipiert, zum Beispiel mit der Arie „Rack, gibbets, sword and fire", schon die triumphierende Grausamkeit des Osmin im III. Akt von Mozarts *Entführung aus dem Serail*. Die Stimmrollen charakterisieren die Personen, so beispielsweise Theodoras inneren Wandel von resignierter Melancholie – ihr Abschied an das Leben in Szene 3 „Fond flattering world", der an das „Addio Roma" der Ottavia in Monteverdis *Incoronazione di Poppea* gemahnt – zur freudigen Gewissheit jenseitigen Glücks, angesichts des Todes, im Duett mit Didymus – „Thither let our hearts aspire". Chöre der Christen und der Heiden formen jeweils als Stütze der Protagonisten eine unsichtbare Gemeinschaft. Doch nur im Falle der Christenchöre repräsentieren sie auch vokal die Legitimität der von den Antagonisten jeweilig beanspruchten Souveränität. Auffallend ist hier das Fehlen einer vokalen Unterscheidung von Heiden- und Christenchor. Man hat dies, so der Regisseur Peter Sellars,[29] als Ausdruck der aufklärerischen Toleranz Händels gegenüber allen Religionen interpretiert. Doch der Kontrast der Stimmrolle des Tyrannen Valens mit der Vokalität seiner Gefolgschaft lässt nicht nur die fehlende Macht des römischen Statthalters von Antiochia hören, sondern auch den schleichenden Sieg einer antagonistischen Souveränität, die ihre Macht aus der Aktualisierung eines göttlichen Worts und seiner Stimme bezieht, welche die Chöre sowie alle Soprani repräsentieren. Die getragene Stimmmusik und ihre instrumentale Begleitung – *largo, larghetto, andate, largo, adagio piano* sind die Bezeichnungen für den Aufführungsstil – reduzieren Dramatik und Effekt, machen jedoch das Sehnen und Streben nach dem Jenseits geradezu subkutan fühlbar als Begehren nach einem Anderen, den kein irdisches Objekt zu befriedigen vermag. Hier effektuiert die Macht der englischen Stimmen die Souveränität eines Jenseits, das wie ein Magnet anzieht, während die Souveränität der irdischen Macht stimmlich abwesend bleibt – dem Statthalter Antiochas fehlt vokal die Gefolgschaft.

Così fan tutte [1790] oder die Macht unbewussten Begehrens

Mit *Così fan tutte* schlagen Mozart und Lorenzo Da Ponte ein grausames philosophisches Experiment vor, das die Souveränität des Eros als Macht unbewussten Begehrens behauptet. Als Zeitgenosse von Casanova, den Da Ponte auch persönlich gekannt hatte,[30] von Sade und den Libertins des Siècle des Lumières inspiriert, lässt der Philosoph Don Alfonso die Liebe zweier Ferrareser Damen zu ihren Verlobten durch eine Wette auf die Probe stellen. Der Zeremonienmeister dieses grausamen Spiels hat die Stimmrolle eines Basses. Die Schwestern aus Ferrara sind ihren Verlobten zu Anfang zwar standesgemäß, doch – im Hinblick auf die Stimme – nicht entsprechend zugeordnet: der Sopran Fiordiligis kontrastiert mit dem Bariton Guglielmos, der Mezzosopran Dorabellas mit dem Tenor Ferrandos.

Die von Don Alfonso inszenierte Wette führt nicht nur zu einer Vertauschung der ungleichen Paare, sie hat auch eine Erschütterung der Identität von dramatischer Person und Stimmenperson zur Folge. Die Souveränität des Subjekts wird im Konflikt mit der Macht des Eros dramatisiert: Er ist der neue Gott und seine Devise – *Così fan tutte*. Ausgangspunkt ist eine Souveränität, die sich nicht mehr durch Gott oder seine irdischen Repräsentanten legitimiert, sondern sich in das empfindende Individuum zurückgezogen hat. Doch diese durch musikalische Rhetorik verlautete Gefühlsidentität steht vokal im Widerstreit mit der Erweckung eines unbewussten Begehrens, das als neue Souveränität jene vokal durchkreuzt. Der alternde Libertin Don Alfonso ist ein Bruder von Madame Saint-Ange, der grausamen Lehrmeisterin der jungen Emilie in Sades *Philosophie dans le boudoir* [1795].

Ein Widerspruch nicht nur von Stimme und Wort, sondern auch innerhalb der durch Gesang verlauteten Gefühle und Affekte spaltet die Stimmpersonen: Das rhetorische Pathos der Abschiedsverzweiflung Dorabellas – „Smanie implacabili" – oder Fiordiligis Beteuerung konstanter Liebe – „Come un scoglio" – wie auch der Widerstreit ihrer Empfindungen – „Per pietà non mi perdona" – werden psychologisch unentscheidbar mit dem Aufflackern des Begehrens in den Stimmen verschränkt. Die vokale Spaltung des Subjekts in bewusstes Wollen des Wortsinns einerseits sowie andererseits in empfundenes und unbewusstes Wünschen der Stimme, stellt die Souveränität der Stimme als aufrichtiger Ausdruck der Gefühle zur Disposition. Die dramatische Verdoppelung von Despinas Stimme, welche sowohl die schrill dunkle Stimmmaske eines Mesmer'schen Arztes (Akt I, Szene 16), wie auch das Falsetto eines Notars (Akt II, Szene 17) bei der fingierten Hochzeit der neuen Paare annimmt, entlarvt zudem vokale Personenidentität als eine Farce, welche das Subjekt sich und anderen vorspielt.

Am Ende wird das falsche Spiel aufgedeckt, die Herren der Schöpfung vergeben großzügig den Damen. Welche Paare sich letztlich finden, sagt, wie die Kritik häufig vermerkt hat, das Libretto nicht. Nach der Logik der Stimmrollen, welche ähnliche Stimmlagen vereint, wären dies die Paare, die das Begehren zusammengeführt hatte; doch nach der Logik der Vernunft fänden die alten Paare wieder zueinander, bereichert um das Wissen, dass die Souveränität des Begehrens stetig verlockt, die Schwelle des Reichs der Vernunft zu überschreiten. In beiden Fällen bleibt jedoch seine Erfüllung dem Reich der Musik anheimgestellt, die seine Lust souverän triumphieren lässt.

Die Macht der Stimme inszeniert hier nicht mehr eine verobjektivierte souveräne Subjektivität, sondern ein vokal verlautetes Begehren, das die Souverätät des Eros projiziert. Seine Logik der Überschreitung mischt die bestehenden Stimmordnungen auf, allein die Lust des Klangs und der Musik regiert. Zugleich kündigt Mozart so das Ende der vokal transfigurierten, körperlich sublimierten Stimmen und die Herrschaft der nach Geschlecht und Alter verwahrscheinlichten Stimmpersonen des 19. Jahrhunderts an. Die Macht des Gesangs, die durch Stimmpersonen bisher das Begehren auf die Gendervielfalt entgrenzt hatte, lässt nun durch das Feuerwerk des Gesangs den Skandal eines Partnertauschs, die Inkonstanz der Gefühle, die Spaltung des Subjekts lustvoll als Souveränität eines Begehrens anerkennen, dem das Reich der Vernunft Rechnung zu tragen hat.

Al gran sole carico d'amore [1975] oder die Macht der Invokation

Das dritte Beispiel, *Al gran sole carico d'amore* von Luigi Nono, ist Erbe der Entwicklung der neuen Musik des 20. Jahrhunderts seit Schönberg, Berg und Dallapiccola, aber zugleich auch Erbe der Geschichte, die Auschwitz hervorgebracht hat. Sowohl die Macht des Wortes als auch die Macht der Stimme stehen ebenso unter Verdacht wie jede Inszenierung einer sie usurpierenden Souveränität. Das Band zu einem transzendenten Souverän ist nun endgültig durchschnitten; selbst bei einem biblischen Stoff ließ Schönberg Moses nicht mehr singen – „Es fehlt das Wort" –, dagegen singt, mit der Stimme eines Tenors, Aaron, der Verführer zum Tanz um das goldene Kalb. Gesang hinterfragt nun ausdrücklich, was singt, auch im Wort – Schönbergs Sprechgesang, so der *Pierrot lunaire* 1912, hatte dies schon in der Konfrontation mit der Stimme deklamierender Bühnenvirtuosen wie Josef Kainz oder Alexander Moissi erforscht.[31]

Luigi Nono sucht das *Rauschen der Sprache* (Roland Barthes) aus einem Chor vielfacher Text- und Gesangstimmen, *live* produziert oder auf Tonband aufgezeichnet, zu einem instrumental und synthetisch produzierten Klangraum zu verdichten, aus dem sich einzelne Solostimmen herauslösen können, um sich wieder mit ihm zu vermischen. Die *tragedia dell'ascolto*, die Tragödie des Hörens, wie der Untertitel seines *Prometeo* besagt, ist hier vorprogrammiert, um Zeugnis abzulegen von dem, was ein Jenseits der Verbrechen dieses Jahrhunderts verunmöglicht, was aber auch gescheiterte Versuche des Widerstands an Souveränität bergen.

Bei Luigi Nono sind Stimmen nicht mehr Stimmpersonen, die einen Text singen, sondern Durchgangsstationen für Textfragmente vielfältiger Herkunft, die, in ihre Konstituenten aufgespalten, von Stimmen zu Stimmen wandern können. Es geht um ihre Signifikanz, das heißt um das sonore und rhythmische, Bedeutung generierende Potential, das musikalisch übersetzt werden soll. „Die Komposition mit dem phonetischen Material eines Textes dient heute wie früher der Transposition von dessen semantischer Bedeutung in die musikalische Sprache",[32] so der Komponist.

Der Chor ist zentral, er ist die kollektive Stimmenperson, die sich aus einer Vielfalt singulärer Einzelstimmen zusammensetzt, aus der Solisten jedoch hervortreten können. Diese sind Protagonisten nur insofern, als sie das gescheiterte Streben nach Souveränität für die Stimmgemeinschaft hörbar machen. Damit sind sie zugleich Klangelemente in einem sonoren Prozess der Signifikanz, der sich performativ in einer szenischen Aktion vollzieht. In einem solchen Theater sind auch die Theatersprachen nicht hierarchisch auf die von Gesang und Wort generierte Bedeutung der Handlung ausgerichtet, sondern entwickeln sich wie ein Gewebe, bei dem ab und an Fäden sich kreuzen, um Sinnpotentiale aufblitzen zu lassen, die der Hörer zu einem audiovisuellen Text auflösen oder in Konfrontation mit seinem eigenen Gedächtnis weiterspinnen kann.

Macht der Stimme und Macht des Worts haben hier als Horizont eine neue musikalische Schrift im Raum, die der Zuhörer selbst mit seinem Imaginären in Szene setzt und vollendet. Die Macht des Worts und der Stimme besteht nicht mehr in der Erotik einer Verführung durch einzelne Repräsentanten der Souveränität, die Sänger. Vielmehr sind sie Teil einer musikalischen Gesamtkomposition, eines sonoren Raumes in Aktion. Er gemahnt an den vokalen Sehnsuchtsraum der ersten Lebensmonate des Menschen, den Julia Kristeva *Chora* nennt. Doch zeichnet er nicht dessen Seligkeit in einem harmonischen verlorenen Paradies. Vielmehr projiziert er ihren Schrecken als Gefahren der Lust einer Indifferenzierung, welche die politischen Utopien des 20. Jahrhunderts ins Werk gesetzt hatten. Dies ist das Paradox des Kommunisten Nono, aber auch die Größe des Künstlers.

Seine Musik, die ein sonores Spannungsfeld zwischen der Utopie einer Gemeinschaft des Empfindens und ihrer Schrecken entwirft, konfrontiert so den Zuhörer auch mit seinem Wunsch, durch fremde Stimmen, ein fremdes Wort, das zu repräsentieren, was in ihm singt: Denn die Macht des Wortes, die Macht der Stimme entspringt allein der Anrufung dessen, was abwesend und zugleich konstitutiv für das menschliche Subjekt ist. So sind auch seine Namen Legion, doch ist ihnen gemeinsam, dass dieser Andere nur vokal Präsenz durch den erlangt, der ihn anruft, ihn singt. Heilige Schriften haben die Form dieses Sprechens als ein Singen festgelegt, aus dem die Musik unserer Kultur entstanden ist. Ihr Horizont wie auch die Leerstelle, die sie heute hinterlassen haben, färben das, was singt, mit der melancholischen Trauer um einen (unsagbaren) Verlust. Doch diese luzide Einsicht erlaubt auch, in vokalen Zeugnissen verschiedensten Glaubens – sei es an die Souveränität Gottes, des Subjekts, des Begehrens, der Vernunft oder der Gemeinschaft – die Lust einer Invokation zu genießen, die Saiten der eigenen Sensibilität zum Klingen zu bringen vermag, ohne sie einem neuem Souverän zu unterwerfen. Dies ist gerade die kostbare Freiheit, welche die vielgeschmähte Postmoderne uns heute gewonnen hat und zu der auch Salzburg beiträgt.

Juli 2009

Anmerkungen

1   Der vorliegende Text ist die Überarbeitung eines Vortrags, der auf Einladung von Prof. Dr. Michael Fischer, dem hier herzlich gedankt sei, am 5. August 2009 bei den Festspiel-Dialogen 2009 in Salzburg gehalten wurde.
2   In Avignon hatte Jean Vilar das Festival zeitweise auf die zeitgenössische Oper zu öffnen gesucht, der Höhepunkt dieser Bestrebungen war die Uraufführung von Robert Wilsons und Phil Glass' *Einstein on the Beach* 1976 gewesen.
3   Vgl. Edda Fuhrich/Giela Prossnitz, *Die Salzburger Festspiele*, Bd. I: *1920–1945*, Salzburg/Wien 1990, S. 18.
4   Vgl. Ebd.
5   Vgl. zum Spielplan: Hans Jaklitsch, *Die Salzburger Festspiele*, Bd. III: *Verzeichnis der Werke und Künstler 1920–1990*, Salzburg/Wien 1991.
6   Vgl. Hugo von Hofmannsthal, „Festspiele in Salzburg" [1921], abgedruckt in: Andres Müry, *Jedermann darf nicht sterben. Geschichte eines Salzburger Kults 1920–2001*, Salzburg/München 2001, S. 120–125.
7   Vgl. Heinz Becker et al. (Hrsg.), *Quellentexte der europäischen Oper des 17. Jahrhunderts*, Kassel/Basel/London 1981, S. 121–127.
8   Vgl. H. Jaklitsch, *Die Salzburger Festspiele*, Bd. III, S. 3; vgl. ebenfalls Josef Kaut, *Festspiele in Salzburg, eine Dokumentation*, Salzburg/München 1969/70, S. 48.
9   Vgl. Molière, *Œuvres complètes*, Paris 1962, S. 161.
10 Vgl. Ebd.
11 Sie wurde zum ersten Mal als integrale *comédie-ballet* erst wieder durch William Christie und Jean-Marie Villégier in Paris 1990 am Théâtre du Châtelet aufgeführt.
12 Vgl. Hugo von Hoffmannsthal, *Gesammelte Werke, Dramen V, Operndichtungen*, Frankfurt/Main: Fischer, S. 295–296 und S. 301–303.
13 Vgl. Molière, *Œuvres complètes*, Paris 1962, S. 509 (übers. v. HF).
14 Es handelt sich um einen Begleittext zu Artauds „Theater der Grausamkeit in nuce", dem Hörspiel *Pour en finir avec le jugement de dieu*: Vgl. Antonin Artaud, *Œuvres complètes*, Bd. XIII, Paris 1974, S. 114: „Il n'y a la peste / le choléra / la variole noire / que parce que la danse / et par conséquent le théâtre / n'ont pas encore commencé à exister".
15 Vgl. Helga Finter, *Der subjektive Raum*, Bd. 2, Tübingen 1990, S. 108–113.
16 Vgl. Michel Leiris, „Ce qu'on cherchait si loin" („Was man in der Ferne suchte"), in: Ders., *Opérratiques*, Paris 1992, S. 190–191.
17 Vgl. H. Finter, „Sprechen, deklamieren, singen. Zur Stimme im französischen Theater des 17. Jahrhunderts" (in: Anne Amendt-Söchting et al. (Hrsg.), *Das Schöne im Wirklichen – Das Wirkliche im Schönen. Festschrift für Dietmar Rieger zum 60.Geburtstag*, Heidelberg 2002, S. 81–91), in diesem Band S. 435–446.
18 Vgl. H. Finter, „Klaus Michael Grüber et l'éthique de la parole dans le théâtre: Un espace pour la voix de l'Autre" (in: Didier Plassard (Hrsg.), *Mises en scène d'Alle-*

magne(s), Paris, 2013, S 164–187), in: Dies., *Le Corps de l'audible. Écrits français sur la voix 1979–2012*, Frankfurt/Main 2014, S. 221–252.
19 Vgl. H. Finter, „Sprechen, deklamieren, singen".
20 Vgl. Molière, „L'Amour médecin", in: Ders., *Œuvres complètes*, Paris 1962, S. 311–322, Akt II, Szene IV und V.
21 Vgl. Mario Beghelli, „Voix et chanteurs dans l'histoire de l'opéra", in: Jean Jacques Nattiez (Hrsg.), *Musiques. Une Encyclopédie pour le XXe siècle*, Bd. 4: *Histoire des musiques européennes*, Paris 2006, S. 522–551.
22 Vgl. hierzu die verschiedenen Publikationen von Michel Poizat.
23 Auf diesen religiösen Ursprung der europäischen Musik wies Papst Benedikt XVI. in einer Rede am 12. September 2008 im Collège des Bernardins in Paris hin. Jacques Lacan hat diesen Aspekt der Stimme im Begriff der *pulsion invocante* konzeptualisiert.
24 Vgl. „Das Lachen Don Giovannis", in diesem Band S. 141–157.
25 Vgl. Georges Bataille, *Die psychologische Struktur des Faschismus [1934]. Die Souveränität [1956]*, München 1978.
26 Ebd.
27 Die Führerfigur tritt das Erbe der Doppelnatur des Königs an, die *sacer* im Sinne von heterogen wie auch heilig im heutigen Wortsinn ist; sie erlangt jedoch deren Legitimation nur durch ihre Inszenierung.
28 Vgl. Philippe Lacoue-Labarthe, *La fiction du politique. Heidegger, l'art et la politique*, Paris 1987, S. 92–113.
29 Vgl. Gespräch Mélanie Aron mit Peter Sellars, „Théodora ou la musique comme cri de l'invisible", *Opéra du Rhin, Le Journal* 1, Straßburg 2004, S. 4–5.
30 Vgl. Lorenzo da Ponte, *Memorie. Libretti mozartiani. Le nozze di Figaro, Don Giovanni, Così fan tutte*, Mailand,1976, S. 329–333.
31 Vgl. Friedrich Cerha, „Zur Interpretation der Sprechstimme in Schönbergs *Pierrot lunaire*", in: Heinz-Klaus Metzger/Rainer Riehn (Hrsg.), *Musik-Konzepte. Schönberg und der Sprechgesang* 112/113, München 2001, S. 62–72.
32 Luigi Nono, „Text-Musik-Gesang", in: Jürg Stenzl (Hrsg.), *Luigi Nono, Texte. Studien zu seiner Musik*, Zürich/Freiburg i. Breisgau 1975, S. 60.

Sprechen, deklamieren, singen
Zur Stimme im französischen Theater des 17. Jahrhunderts

In einer Rede über die *diction du vers*, welche er anlässlich eines Diners der *Revue critique* am 27. Mai 1926 hielt, stellt Paul Valéry fest, dass das Sprechen von Versen keinen allgemein verbindlichen Regeln unterliege. Vielmehr gebe es ebenso viele unterschiedliche Vortragsweisen wie Dichter – „[...] il y a d'abord, nécessairement, presque autant de dictions différentes qu'il existe ou qu'il a existé de poètes, car chacun fait son ouvrage selon son oreille singulière."[1] Und darüber hinaus sei noch ein weiterer Aspekt des Vortragens zu vermerken: „Il y autant de dictions qu'interprètes, dont chacun a ses moyens, son timbre de voix, ses réflexes, ses habitudes, ses facilités, ses obstacles et répugnances physiologiques."[2]

Nimmt man die feinsinnigen Bemerkungen Valérys ernst, so müssen Überlegungen zur Stimme im Theater des 17. Jahrhunderts zum einen eng mit der Frage nach dem implizierten Modell des Subjekts und zum anderen mit der Frage nach dem hieraus resultierenden Körperkonzept verbunden sein. Denn im Theater ermöglicht gerade die Stimme des Schauspielers, die Illusion einer Verbindung zwischen der visuellen Wahrnehmung des Bühnengeschehens und der auditiven Wahrnehmung des Textes herzustellen: Die Stimme kann dabei ein Steg für den Text sein, aber auch selbst einen Klang- oder Geräuschtext entwickeln.[3] Als ein *Zwischen* von Körper und Sprache[4] kann die Stimme sich auf die Seite des Textes schlagen und einen *Sprachkörper* projizieren; sie ist dann vor allem ein Sprachrohr, das ihre physische Basis sublimiert und den *logos* als Sinn amplifiziert. Die Stimme kann aber auch ihr physisches und psychisches Substrat verstärken, kann in einer Emphase der Körperlichkeit zum *Klangkörper* werden, der über das jeweilige Timbre und das singuläre Melos des Sprechers an dessen erste Identität als Klangkörper gemahnt,[5] noch vor seiner Spiegelidentität; sie manifestiert dann die Lust der vorsprachlichen *Chora* (Kristeva).

Die Funktion der Stimme im Theater ist also in gewisser Weise doppelt: als *Zwischen* – *entre-deux* – von Sprache und Körper ist sie Signifikant der Spaltung, die das Sprachwesen Mensch als Subjekt konstituiert, und zugleich Mittel der Überwindung dieser Spaltung – *refente* (Lacan). Die Stimme ermöglicht so, Utopien einheitlicher Körper zu projizieren und kann zum Signifikanten des Grades der Spaltung oder der imaginären Ganzheit des Subjekts werden.

Über die Stimmartikulation des Schauspielers manifestieren sich das Subjektmodell und das Körperkonzept, die ein Theater in einer gegebenen Gesellschaft vorschlägt. Das Theater stellt verschiedene Gattungen für verschiedene

Körpermodelle bereit, die durch die Trennung der Genres spätesten seit Ende des 18. Jahrhunderts bzw. Anfang des 19. Jahrhunderts in unserer Kultur determiniert sind: Das Sprechtheater stellt ein logozentrisches Subjekt in den Vordergrund, die Oper dagegen zeigt uns ein Subjekt, das primär von der vorsprachlichen Klang*chora* bestimmt ist, während hingegen das Ballett den stummen statuarischen Körper der Spiegelphase (Lacan) in Szene setzt als Ich-Ideal und Ideal-Ich zugleich.

Doch das französische 17. Jahrhundert, in dem zuerst die Trennung der Gattungen 1672 mit Jean-Baptiste Lullys Opernprivileg sowie 1673 mit der Verfügung des Königs über die Verwendung von Musikern bei Theateraufführungen durch Ludwig XIV. institutionalisiert werden wird,[6] hatte gerade in der Hochzeit seines Theaters eine Elastizität der Subjektmodelle und Körperkonzepte produziert, die es einer genaueren Betrachtung wert machen, zumal gerade unser heutiges Theater sich in dieser Beziehung seit geraumer Zeit im Umbruch befindet: Tendierten vorhergehende Zeiten dazu, die Einheit von Körper und Text in einem logozentrischen Stimmsubjekt zu verankern – wogegen Artaud sich wehren wird –, so hat gerade das 20. Jahrhundert mit seinem Kult der Stimme den Klangkörper und – denken wir an die extremen Politikerstimmen – den Affektkörper bzw. einen vom Affekt affizierten Körper ausgestellt.[7]

Die heutigen Experimente mit der Stimme haben auch den Umgang mit dem Dramentext der französischen Klassik berührt: Zwischen Antoine Vitez' Racine-Inszenierungen in den siebziger Jahren des letzten Jahrhunderts und denen von Brigitte Jacques, Jean-Marie Villégier, Klaus Michael Grüber und Eugène Green in den achtziger und neunziger Jahren zeigen sich derartige Differenzen im Hinblick auf den stimmlichen Umgang mit dem Text, dass sich die Frage nach einer Alternative zwischen einem *klassischen* und einem *barocken* Stimmkörper und Subjektmodell stellen lässt.[8] Die Unmöglichkeit, in diesem Streit der Praktiker eine endgültige Antwort zu finden, scheint auf der Hand zu liegen, denn eine Suche nach der adäquaten historischen Sprechform dieses Theaters ist vor große methodologische Schwierigkeiten gestellt: Ist doch die Stimme ein präsentes Raum-/Zeitphänomen, das uns – vor der Erfindung der reproduzierenden Medien – allein durch beschreibende Quellen bzw. durch einer Partitur ähnliche Dramentexte zugänglich wird.

Nehmen wir uns zum Beispiel die beschreibenden Quellen vor, so zeichnen sie sich durch eine Auffächerung der Beschreibungskategorien aus, die allein für die Deklamation der Tragödie Stimmvarianten zwischen einfachem Sprechen, einem emphatischen Sprechen und einem wohl als Sprechgesang zu verstehenden Deklamieren annehmen lässt. Wie ist dies möglich? Um eine erste Antwort zu finden, möchte ich zuerst den Vers dieses Theaters, den Alexandriner der Tragödie, im Hinblick auf sein Stimmenpotential befragen.

Theatralität des Alexandriners

Die französischen Tragödien sind in einem durchlaufenden Vers geschrieben – dem Alexandriner, der als *Prosa* des Theaters (Abbé d'Aubignac)[9] eine transtextuelle Stimme vorgibt, die als metrischer Klangkörper in den Text eingeschrieben ist. Wie jeder Vers hat auch der Alexandriner die Besonderheit, dass das rhythmische Dispositiv der poetischen Sprache in Spannung zur Sprechlinie des Satzes steht.[10]

Im Hinblick auf den französischen Alexandriner ist die Beziehung zwischen Verslinie und Satzlinie zudem antagonistisch: Während die Intonationslinie eines Behauptungssatzes des gesprochenen Französisch einer gleichmäßig aufsteigenden Linie folgt, gibt der Alexandriner Sequenzen von jeweils zweimal sechs Silben vor, die durch eine Zäsur – Atempause – getrennt sind und nicht notwendig mit dem folgenden Vers enjambieren müssen. Im 17. Jahrhundert war, nach der Analyse von Georges Lote,[11] eine aufsteigenden Linie für den ersten Halbvers Usus, hingegen für den zweiten Halbvers eine absteigende Linie. Von Anfang an beinhaltet der Alexandriner so die Möglichkeit einer Wahl für den Sprechenden: Der Vers kann auf die Seite der sinnbetonten Intonation oder auf die Seite der musikalischen transtextuellen Versstimme gezogen werden. Eine dritte Möglichkeit wäre als Suche nach einem prekären Gleichgewicht vorzustellen, das zum Beispiel Paul Valéry als Charakteristikum der Diktion des Verses gegenüber der Prosa einerseits und dem Gesang andererseits beschreibt: „un équilibre admirable et fort délicat entre la force sensuelle et la force intellectuelle du langage."[12] Die Möglichkeit der Wahl zwischen diesen drei Sprechweisen beinhaltet zugleich die Wahl zwischen verschiedenen Körperkonzepten und Subjektmodellen: Sinnbetontes Sprechen, das der Intonationslinie des gesprochenen Französisch folgt, impliziert die Projektion eines Sprachkörpers und ein logozentrisches Subjekt; folgt die Stimme primär dem Metrum des Alexandriners, so wird mit seinem Atemdispositiv ein nationaler Körper der Triebeinschreibung und das Subjekt eines kollektiven Imaginären hörbar; mit der dritten Sprechweise wird schließlich ein Klangkörper produziert, der das sprachliche Gesetz und das nationale Imaginäre integriert und zugleich über die Realität des singulären Sprachkörpers – sein Timbre und Melos – das Verhältnis zur Sprache verlauten lässt. Die Stimme des Schauspielers wird dann durch eine solche Intervokalität als Raum der Konstitution eines Subjekts im Prozess vernehmbar.

Wir haben Zeugnisse aus der Epoche der Ausbildung des klassischen Alexandriners, die uns in der Tat diese drei Modalitäten der Stimme signalisieren: Eine zwar theatrale, doch dem normalen *Sprechen* nähere ‚natürliche' Stimmartikulation wird zum Beispiel von Molière in seinem *Impromptu de Versailles* verteidigt;[13] eine *Deklamation,* welche die Waage zwischen Sprechen und Singen zu halten sucht, legt uns die Erfahrung Racines nahe; und schließlich zeigen uns die Quellen auch ein Deklamieren, das an das Rezitativ der Oper, an eine Art Sprechgesang, also an ein *Singen* im heutigen Sinne gemahnt.[14] Dabei ist festzuhalten, dass für die Bühne allgemein der Begriff der *déclamation* verstanden als emphatisches Sprechen galt, das von der Lektüre und vom eigentlichen Gesang unterschieden wurde.[15]

Singen auf der Bühne: Jules de La Mesnardière 1640

Zuerst sei das singende Sprechen auf der Bühne betrachtet. Hierzu möchte ich die *Poëtique* von Hippolyte-Jules Pilet Jules de La Mesnardière heranziehen, die – 1639 fertig gestellt – im Jahre 1640 mit dem Privileg des Königs veröffentlicht wurde.[16] Der Arzt de La Mesnardière war zuvor durch eine Publikation über die Besessenen von Loudun hervorgetreten und wird als Verfasser einiger Tragödien später Mitglied der Académie (1655).[17] Seine – auf Bitten Richelieus verfasste – Poetik mag zudem in gewisser Weise die offizielle Lesart des *vor* Ludwig XIV. praktizierten bzw. modellhaft intendierten Sprechmodus' im Theater wiedergeben.

Zuerst fällt eine Abgrenzung zugleich vom italienischen und spanischen Theater wie auch der Wille zur Schaffung eines am Modell des antiken griechischen und römischen Theaters orientierten neuen, alle Künste einbeziehenden Theaters auf:

> Je ferois voir aisément par de iustes comparaisons tirées de nôtre Théâtre, que la Melpomène Françoise est plus semblable à la Grecque, qu n'est ni celle d'Espagne, ni mesme celle d'Italie.[18]

So stellt der Autor Jeanne d'Arc, über die er eine Tragödie verfasst hat, Dido entgegen und wird selbst am Ende seines Werks, ausgehend von den Überlieferungen der Antike, eine musikalische *actio* für französische Alexandriner vorschlagen. In seiner Betrachtung des *Poëme de Théâtre*, das de La Mesnardière in zwölf Kapiteln mit den Gegenständen Fabel, Sitten, Gefühle, Sprache, Theaterapparat und Musik unterteilt, finden sich Überlegungen zur Stimme zum einen in dem zehnten Kapitel *Le Langage* und zum anderen im letzten und zwölften Kapitel *La Musique*.

Welche Funktion hat für ihn die Stimme? Wie die Theatermaschinen, erachtet der Autor die vokale Musik zwar als *accessoire ornemental,* doch die *magnificence locutoire,* welche die französische Tragödie fordert,[19] hat zugleich für ihn eine Sinn generierende Funktion: es geht hier um die *Diction,* die leidenschaftliche Gefühle im Gegensatz zur Manifestation indifferenter Gefühle fordern. Erstere brauchen den Vers als notwendigen eigenen Klangkörper, da er effizienter als Prosa sei.[20] Auf der anderen Seite hat der Vers selbst wieder auch erzieherische und zivilisatorische Kraft. Auch Versformen wie der Alexandriner oder die Stanze werden gegeneinander abgewogen, wobei der Reim sekundär, das Maß und der Rhythmus jedoch als primär angesehen werden. Stanzen stehen so für chaotische Affekte, Alexandriner für ausgewogene Gefühle. Doch zugleich ist neben dem Versmaß, dem Metrum, ein weiteres Element notwendig, das nur durch die präsent artikulierte Stimme gegeben werden kann, nämlich die *cadence*. De La Mesnardière wird deren Notwendigkeit im letzten Kapitel betonen. Doch noch bleibt er beim Vers: Zwar unterscheidet er mit Aristoteles das Drama vom Epos durch die Verwendung verschiedener Versarten, doch zugleich betont er die Notwendigkeit eines einheitlichen Verses, da dieser für eine von allen gesprochene Sprache eingesetzt werden soll, weshalb Stanzen nur ein begrenzter Raum gegeben werden soll.

Im letzten Kapitel wird schließlich die Funktion stimmlicher Musik mit dem *usage* der antiken Dichter begründet und somit die Notwendigkeit von Vers überschreitenden Rhythmen dem einfachen Metrum entgegengestellt: Das Metrum ist nur ein Teil des Rhythmus, Kadenzen hingegen stellen über ganze Verspassagen hinweg den Affekt des Sprechenden dar. Und dieser Wechsel der *allure*[21] wird mit dem griechischen Terminus Μετάζογή – Metalogos – eingeführt. Die *cadence*, ein Begriff der seit dem 16. Jahrhundert sowohl in der bildenden Kunst, als auch in der Choreographie, der Prosodie und der Musik verwendet wird, erscheint so als die das Versmaß und die Prosodie überschreitende Kategorie, die im stimmlichen Vortrag aktualisiert wird.

De La Mesnardière gibt hierfür zwei Notenbeispiele, die jeweils *Rythmes languißans* und *Rythmes precipitez*[22] illustrieren sollen: Dabei fallen innerhalb eines Satzes, ja eines Wortes, eine Vielzahl von Terz-, Quart- und Oktavsprüngen auf, sodass für die ersten Halbverse der *Rythmes languißans* die Partitur der Sprechstimme auf- und absteigende Zickzacklinien zeichnet, die mit der Zäsur abfallen, und für den zweiten Halbvers hingegen Zickzacklinien, die am Versende ansteigen. In den *Rythmes precipitez* zeigt sich eine noch stärkere Tendenz zu Tonhöhensprüngen, die gegen Versende ebenfalls mit einem hohen Ton enden.

Neben der sinngebenden Intonationslinie des Satzes und der Atemlinie des Alexandriners wird so – begrenzt durch den Rahmen des Sprachkörpers und des nationalen Atemstimmkörpers – ein Affektklangkörper generiert, der einen Stimmambitus von mehr als einer Oktave bemüht. Angesichts des heutigen Deklamationsvolumens auf Bühnen, das selten eine Quart übersteigt, mag eine solche Deklamation als Sprechgesang im Sinne Arnold Schönbergs erscheinen, der für seinen *Pierrot lunaire* sogar einen Ambitus von zweieinhalb Oktaven voraussetzt.

Zwischen Sprechen und Singen: die Deklamation Racines

Ist diese Deklamationsform auch für das Theater der französischen Klassik gültig gewesen? Ist sie für dessen Alexandriner legitim? Antoine Vitez hatte in den siebziger Jahren diese Frage negativ beantwortet, indem er mit einem auf ein ‚natürliches' Sagen hin tendierenden Sprechgestus die Sinnbetonung gegenüber den Regeln des Alexandriners und seiner Musikalität privilegierte. Heute jedoch streiten sich vor allem zwei Schulen, die das ‚Singen' des Verses einem signifikanten musikalischen Deklamieren gegenüberstellen: Auf der einen Seite behaupten die *baroqueux*, zu denen Musikhistoriker wie Philippe Beaussant oder Regisseure wie Eugène Green gehören, eine für das gesamte 17. Jahrhundert gültige, an der Rhetorik der Barockmusik orientierte ‚singende' Deklamation. Auf der anderen Seite wird von Theatertheoretikern wie Jean-Claude Milner und François Regnault und Theaterpraktikern wie Jean-Marie Villégier, Klaus Michael Grüber oder Brigitte Jacques eine ‚klassische' Deklamation verteidigt, die die musikalische Struktur des Alexandriners als eine für die Sinnkonstruktion zugleich signifikante Struktur analysieren.

Déclamation heißt in der Bedeutung des 17. Jahrhunderts ein Sprechen mit Emphase. Doch gehorcht diese Emphase bestimmten Gesetzen: Das Präfix ‚dé', vom lateinischen ‚dis' abgeleitet, impliziert zugleich eine Dämpfung oder Reduktion des Geheuls oder Geschreis – *clamare*. *Déclamation* bedeutet also die Manifestation eines Affekts im Rahmen einer Sagbarkeit, welche die Normen der *verisimilitudo* und *bienséance* diktieren. Damit ist die Deklamation nahe dem italienischen *recitare*: Sie ist Zitat eines Affektes, dessen stimmliche Manifestation eingegrenzt ist im Hinblick auf seine Darstellbarkeit.

Wie muss man sich diese Deklamation vorstellen, die für die beiden heute sich streitenden Schulen ihren Höhepunkt in der Theaterarbeit von Racine mit der Schauspielerin Champsmeslé und dem Schauspieler Baron hatte? Eine Antwort scheint unmöglich, denn gerade im Hinblick auf Racine sind die Quellen weder präzise, noch die daraus gewonnenen Hypothesen einstimmig. Worin sich jedoch die widerstreitenden Interpretationen treffen, ist die Modellfunktion dieser Deklamation für das Rezitativ der Opern Lullys: Louis Racine berichtet, dass sein Vater nicht nur die Schauspielerin Champmeslé ausgebildet, sondern auch selbst die Töne für ihre Deklamation notiert habe: „Il lui faisait d'abord comprendre les vers qu'elle avait à dire, lui montrait les gestes, et lui dictait les tons, que même il notait."[23] Diese Deklamation des Alexandriners wird dann der Komponist Jean-Baptiste Lully mit seinen Sängern bei den Proben zu *Bérénice* 1670 beobachten und als Ausgangspunkt für die Konzeption des Rezitativs seiner Opern nehmen.[24]

Diese Begegnung zwischen Racine und Lully ist ebenfalls Ausgangspunkt für die heutige Konzeption einer barocken Deklamation, die im Anschluss an Romain Roland und Georges Lote versucht, die Deklamation Racines aus dem notierten Opernrezitativ Lullys abzuleiten, wobei zu leicht vergessen wird, dass das Sprechtheater Modell für das Opernrezitativ und nicht umgekehrt war. Racine hat sehr wohl zwischen Singen und Deklamieren unterschieden, so in seinem Vorwort zu *Esther,* in dem er vom Spiel der jungen Elevinnen von Saint Cyr berichtet: „ces jeunes Demoiselles ont déclamé et chanté cet Ouvrage".[25]

Versuchen wir also dieses zwischen Sprechen und Singen angesiedelte Deklamieren von Racines Theater genauer zu bestimmen: Die positiven Beschreibungen der Zeitgenossen – so des Abbé du Bos[26] und des Sohnes Louis Racine,[27] wie auch die von Grimarest,[28] eines anonymen Autors[29] und später von Le Cerf de la Viéville de la Freneuse[30] oder Claude-Joseph Dorat[31] – und die nachfolgenden negativ sich absetzenden Bemerkungen der Enzyklopädisten – wie zum Beispiel Marmontel in seinem Artikel „déclamation"[32] – legen nahe, dass der Racine'sche Deklamationsstil das einzigartige Experiment darstellte, die Stimme als prekäres Band zwischen Körper und Sprache hörbar zu machen. Damit grenzt sich dieser Sprechstil sowohl von der barocken Emphase ab, die – obgleich rhetorisch codiert – die Stimme dem Körper und dem Affekt zuweist, als auch von der ‚natürlichen' Empfindsamkeit, die ab den dreißiger Jahren des 18. Jahrhunderts die Bühnen zu erobern sucht.[33] Wie die von Leo Spitzer analysierten „klassische Dämpfung" des Racine'schen Stils, die Affekt und Ratio in einem fragilen Gleichgewicht hält und somit auf allen Textebenen diese durch den Vers objektiviert,[34] stellt in dieser Deklamation die artikulierte Stimme das fragile Band zwischen Körper und Sprache aus und bedeutet den Vers zugleich als Indiz des Wesens einer Nationalsprache und als Indiz der Leidenschaft. Hier ist neben dem Metrum und der rhetorisch codierten Kadenz eine Modulation des Akzents und der Klangfarben notwendig, welche die Beteiligung des Körpers – des Affekts – oder die Prägnanz des Sinns – des *logos* – durch ein Variieren von stimmhaftem und stimmlosem Sprechen hörbar macht. Klaus Michael Grüber hat in seiner Inszenierung von Racines *Bérénice* im Winter 1984/85 an der Comédie Française einen solchen Klangraum soufflierter Stimmen hörbar gemacht.[35] Die Stimmen der Schauspieler, variierend zwischen Indifferenz und affektiver Beteiligung bedeuten sich selbst als ein *Zwischen*: Als Raum der Konfrontation von *passio* und *logos*, sind sie durchquert von einer Musik und einem Text, die von einem doppelten Jenseits zu kommen scheinen – vom Ort des Gesetzes einerseits und/oder vom *anderen Schauplatz* (Freud) andererseits. So zeichnet die Stimme die Trennungslinie zwischen Körper und Sprache und zugleich die Möglichkeit ihrer Begegnung. Sie macht die theatrale Person zur Kreuzung – *carrefour* – zweier Ordnungen – dem Symbolischen und dem Imaginären; in der artikulierten Stimme wird das Verhältnis zu ihnen als Prozess dieses doppelten, sie determinierenden Jenseits verlautet. So wird in einer solchen Deklamation die Stimme als Ort eines gespaltenen Subjekts objektiviert, der jedoch noch symbolisierbar ist in dem gespannten, sinnlich erfahrbaren Gleichgewicht von Tönen und Klängen.

Die Stimme hat hier eine von der gesprochenen Sprache wie auch vom Versmetrum getrennte Funktion: Sie ist der Strich – *la barre* nach Lacan –, die Barriere zwischen der Musik der Leidenschaft und dem Signifikanten des Gesetzes. Sie perspektiviert die fiktive, ja utopische Einheit der tragischen Theaterperson. Nicht mehr primär musikalisch wie die barocke Deklamation und noch nicht rein expressiv, wie es dann das 18. Jahrhundert fordern wird, übersteigt die Stimme, die das prekäre Gleichgewicht zwischen kodiertem Körperausdruck und Textprosodie aushält und aufrechterhält, die Funktion der affektgeladenen Emphase des Wortes im Rezitativs: Sie bedeutet die Trennung *und* die Möglichkeit einer Verbindung von getrennten Ordnungen, sie ist „un milieu entre le chant musical et la prononciation des conversations familières".[36]

Damit kann auch die signifikante Funktion des Verses, als Ort des Anderen hörbar werden, für den er ein national verbindliches Modell der Einschreibung des Semiotischen darstellt. Der Alexandriner – die ‚Prosa' der Bühne – hatte nämlich im 17. Jahrhundert noch eine sinngebende Funktion. Sie kann heute vernehmbar werden, wenn – wie zum Beispiel in der Inszenierung von Pierre Corneilles *Le Menteur* durch Jean-Marie Villégier[37] – die Stimme primär der Logik des Verses folgt und so das Lügengespinst des Helden sich als Produkt des Reimzwanges der Versmaschine erweist. Oder auch wenn in Corneilles *Othon,* in der Filmversion von Jean-Marie Straub und Danièle Huillet von 1980, der Akzent von italienischen Schauspielern durch das Prokrustesbett des französischen Nationalverses beschnitten wird und damit das Drama der Gewalt des zentralisierenden Gesetzes über den Widerstand und die Anstrengung der jeweiligen Stimmen hörbar wird. Wie bei Racine ist auch hier der Alexandriner eine Maschine, die das Andere, den Schatten sprechen lässt, doch nur hörbar wird, wenn die Stimme des Schauspielers wie auf einem gespannten Seil den Balanceakt zwischen Prosodie und Vers, zwischen Körper und Sprache auszuführen weiß. Nicht umsonst sind die Beschreibungskategorien für diese Deklamation – *cadence, allure, accents* – auch Begriffe der zeitgenössischen Tanzkunst.

Wort, Tanz und Musik

Die Wortkunst schließt Tanzkunst und Musik ein. Bevor Lully mit seinem Opernprivileg ihre institutionelle Trennung initiierte, hatte er selbst zusammen mit Molière in einem neuen Genre – der *comédie-ballet* – ihre Vermischung – *mélange* – erprobt. Doch Molière zeigte in der Ballettkomödie seines *Bourgeois*

Gentilhomme auch den Absolutheitsanspruch der jeweiligen Einzelkünste, wenn in der Eingangsszene Musiklehrer, Tanzmeister und Philosoph jeweils ihre Kunst als alleiniges Vademecum gegen Krankheit, Gewalt und Krieg preisen. Doch dieses Experiment findet spätestens mit Molières Tod ein Ende. Die Geburt der Tragödie wird allein aus dem Geist der Musik eingeleitet werden. Erst im 20. Jahrhundert findet sich ein Theatermann, der dem Stimmentheater seines Hörspiels *Pour en finir avec le jugement de dieu* ein Postskriptum anschließt, das wie ein fernes Echo von Molières Tanzmeister klingen mag, doch nun wieder ein Worttheater, ein Theater des gesprochenen Wortes, als Utopie evoziert:[38]

Il n'y a la peste
le choléra
la variole noire
que parce que la danse
et par conséquent le théâtre
n'ont pas encore commencé à exister.

Wie Mallarmé, wie Bataille, hatte auch Antonin Artaud Racine bewundert. Seine mehr als zwei Oktaven umspannende stimmliche Diktion lässt die Notwendigkeit seiner eigenen rhythmischen Prosa hören, die signifikante Funktion ihrer Musik.[39]

Wie der Vers stellt auch sie das Problem ihrer Vortragsweise. Und wie für den Vers findet der Zugang zum Text auch für die freie poetische Form seit Baudelaire zuerst über seine interne rhythmische Struktur statt. So wird heute in vielen Theaterproduktionen die poetische Struktur auch von Prosatexten ausgestellt. Aus Furcht, der Sinn möge die musikalische Form zerstören, legen dabei viele die Emphase allein auf die Musik des Textes und produzieren diesen primär als Klangkörper. So halten sie bei der ersten Etappe an, die Paul Valéry als wesentlich für das Sprechen von Versen empfiehlt, die Konzentration auf Silben und Rhythmen.[40] Doch wie für die Deklamation der Verse Racines gibt auch hier erst das Gleichgewicht zwischen Musik und Sinn die Möglichkeit, die semiotische Funktion des Rhythmus zu erfassen und damit einen Klang- und Sprachkörper sinnlich erfahrbar zu machen, um über die Stimme ein Subjekt, das polyphon *und* polylog sein mag, zu projizieren. Eine solche Stimmartikulation moderner Texte finden wir bei Regisseuren, deren Namen schon im Zusammenhang mit der Deklamation des Alexandriners gefallen waren: Klaus Michael Grüber, Jean-Marie Straub und Danièle Huillet zum Beispiel. Vielleicht kann das heutige Theater gerade von denen lernen, die bei Pierre Corneille und Jean Racine zu ihrem Sprechstil gefunden haben.

Frühjahr 2002

Anmerkungen

1 Paul Valéry, „De la diction des vers" [1926], in: Ders., Œuvres II, hrsg. v. Jean Hytier, Paris 1960, S. 1253–1259, hier S. 1256.
2 Ebd., S. 1255.
3 Vgl. Helga Finter: „Autour de la voix au théâtre: voie de texte ou texte de voix?" ((in: Bruno Gentili/Giuseppe Paioni (Hrsg.), Oralità. Cultura, letteratura, discorso. Atti del convegno internazionale (Urbino 21–25 luglio 1980), Florenz 1982, S. 663–674, ebenfalls in: Chantal Pontbriand (Hrsg.), Performances, Text(e)s & Documents. Actes du colloque: Performance et multidisciplinarité: Postmodernisme, 1980, Montréal 1981, S. 101–109), in: Dies., Le Corps de l'audible. Écrits français sur la voix 1979–2012, Frankfurt/Main 2014, S. 19–30.
4 Vgl. Guy Rosolato, „La voix", in: Ders., Essais sur le symbolique, Paris 1967, S. 287–305; Ders., „La voix entre corps et langage", in: Révue française de psychanalyse 38/1, 1974, S. 77–94.
5 Denis Vasse, L'ombilic et la voix. Deux enfants en analyse, Paris 1974; Didier Anzieu, Le moi-peau, Paris 1985.
6 Heinz Becker in Verbindung mit Wolfgang Osthoff et al. (Hrsg.), Quellentexte zur Konzeption der europäischen Oper im 17. Jahrhundert, Kassel/ Basel/London 1981, S. 122–124 und S. 126–127.
7 H. Finter, „Mime de voix, mime de corps: L'Intervocalité sur scène" (in: Christine Hamon-Siréjols et Anne Surgers (Hrsg.), Théâtre: Espace sonore, espace visuel, Actes du colloque international organisé par l'université Lumière-Lyon 2, 18–23 septembre 2000, Lyon 2003, S. 71–88), in: Dies., Le Corps de l'audible, S. 179–195; Dies., „Intervokalität auf der Bühne: Gestohlene Stimme(n), gestohlene(r) Körper" (in: Hans-Peter Bayerndörfer (Hrg.): Stimmen, Klänge, Töne – Synergien im szenischen Spiel. Akten der Tagung der Gesellschaft für Theaterwissenschaft, München 29.10.–01.11.2000), in diesem Band S. 391–401.
8 Die klassische Position verteidigen Jean-Claude Milner und François Regnault in: Dire le vers. Court traité à l'intention des acteurs et des amateurs d'alexandrins, Paris 1987, sowie F. Regnault, „Que me parlez-vous de musique?", in: Les Cahiers. Revue trimestrielle de Théâtre 17, 1995, S. 63–82; Georges Forestier dagegen unterstreicht heute den barocken Aspekt im Anschluss an den Musikhistoriker Philippe Beaussant (vgl. Ders., Vous avez dit „baroque", Arles 1988 und Vous avez dit „classique", Arles 1991) und den Regisseur Eugène Green (vgl. Georges Forestier, „Lire Racine", Vorwort zu Jean Racine, Théâtre, Paris 1999, S. LIX–LXVIII). Auch die Argumente von Jean Paul Salazar (Le culte de la voix au XVIIe siècle. Formes esthétiques de la parole à l'âge de l'imprimé, Paris 1995), von Catherine Kintzler (Poétique de l'Opéra Français de Corneille à Rousseau, Paris1991, S. 359–394), sowie von Sabine Chaouche (in ihrer thèse d'État aus dem Jahre 1999 mit dem Titel L'actio dramatique dans l'Ancien Théâtre français (1629–1680), Université de Paris IV: Sorbonne Nouvelle, 1049 Seiten) zielen darauf ab, für das gesamte 17. Jahrhundert einen barocken Deklamationsstil anzunehmen.
9 François Hédelin Abbé d'Aubignac, „La pratique du théâtre" und andere Schriften zur „doctrine classique". Nachdruck der dreibändigen Ausgabe Amsterdam 1715 mit einer einleitenden Abhandlung von Hans Jürgen Neuschäfer, München 1971.

10 Sergej Bernšteijn, „Ästhetische Voraussetzungen für eine Theorie der Deklamation", in: Wolf-Dieter Stempel (Hrsg.), *Texte zur Theorie des Verses und der poetischen Sprache. Texte der russischen Formalisten* II, München 1972, S. 338–385.
11 Georges Lote, „La déclamation du vers français à la fin du XVIIe siècle", in: *Revue Phonétique* 2, 1912, S. 313–363.
12 P. Valéry, „De la diction des vers", S. 1257.
13 S. Chaouche, „À propos de l'actio ‚naturelle' prônée par Molière", in: *Revue d'Histoire littéraire de la France* 6, 1999, S. 1169–1190.
14 S. Chaouche weist darauf hin, dass einerseits die Bühnendeklamation von der Lektüre und vom eigentlichen Gesang unterschieden wurde, so im *Traité du Récitatif* von Grimarest von 1707, dass jedoch auch von Autoren wie der Schauspieler Poisson in seinen *Réflexions sur l'Art de parler en public* von 1717 deklamieren als ein emphatisches Sprechen definiert wurde, das er „chanter" nannte (vgl. „À propos de l'actio ‚naturelle' prônée par Molière", S. 1171).
15 Chaouche arbeitet in ihrer zitierten *thèse* eine *actio* heraus, die sie für den Zeitraum von 1629 bis 1690 für gültig hält. Eugène Green und andere Verteidiger des barocken Deklamationsstils wie Philippe Beaussant halten diese *actio* sogar bis ins 18. Jahrhundert hinein für gültig. Ohne hier für diese umstrittene These den Gegenbeweis antreten zu wollen bzw. zu können, sei angemerkt, dass gerade der Deklamationsstil Racines, wie er uns in den Quellen berichtet wird, eine Differenzierung der *actio* gerade im Zeitalter Louis XIV' nahelegt.
16 Jules de la Mesnardière, *La Poëtique*, Paris 1640.
17 René und Suzanne Pillorget, *France baroque, France classique 1589–1715*. II: *Dictionnaire*, Paris 1995, S. 593.
18 J. de la Mesnardière, *La Poëtique*, S. NNNii iỳ.
19 Ebd. S. 390–95.
20 Ebd. S. 400–401.
21 Ebd. S. 426ff.
22 Ebd. S. 428–429 und S. 330–431.
23 Louis Racine, „Mémoires contenant quelques particularités sur la vie et les ouvrages de Jean Racine [1747]", in: Jean Racine, *Théâtre*, 1999, S. 1114–1205, hier S. 1146.
24 Abbé Jean-Pierre du Bos, *Réflexions critiques sur la poésie et la peinture* [1719], Paris, chez Pissot, [7]1770, I, S. 419, III, S. 76, S. 145–157, S. 334; Romain Rolland, „Le récitatif de Lully et la déclamation de Racine", in: Ders., *Musiciens d'autrefois. L'opéra avant l'opéra*, Paris 1908, S. 208–219.
25 J. Racine, *Théâtre*, S. 946; siehe auch die Argumente und Belege von F. Régnault in: „Que me parlez-vous de musique?".
26 Abbé du Bos, *Réflexions critiques* I, S. 419, III, S. 76, S. 145–146, S. 334.
27 L. Racine, „Mémoires", S. 1146.
28 Léonor de Gallois de Grimarest, *Traité du Récitatif dans le Théâtre, dans L'Action publique, dans la déclamation & dans l'Art du Chant*, Paris: Jacques Lefevre & Pierre Ribou 1707.
29 Anonym, *Entretiens galants*, Paris, Claude Barbin, 1681.
30 Jean-Laurent Le Cerf de la Viéville de la Freneuse, *Comparaison de la musique italienne et la musique française*, Bruxelles 1705.

31 Jean-Claude Dorat, *La déclamation théâtrale: Poème didactique en trois actes*, Paris, Sébastien Jorry 1766.
32 D'Alembert/Denis Diderot (Hrsg.), *Encyclopédie ou Dictionnaire raisonné des Sciences*, Bd. IV, Stuttgart 1966, S. 680–692.
33 Martine de Rougemont, „La déclamation tragique au XVIIIe siècle", in: *Romanistische Zeitschrift für Literaturgeschichte* 3–4, 1979, S. 451–469.
34 Leo Spitzer, „Die klassische Dämpfung in Racines Stil", in: *Archivum Romanicum* (1928), abgedruckt in: Ders., *Romanische Stil- und Literaturstudien. Kölner Romanistische Arbeiten*, Marburg 1931.
35 H. Finter: „*Bérénice* de Grüber: l'espace de la voix soufflée" (in: *Art press* 89, 1986, S. 45), in: Dies., *Le Corps de l'audible*, S. 219–221.
36 Abbé du Bos, *Réflexions critiques* III, S. 76.
37 Théâtre de l'Athénée, Paris 1994.
38 Antonin Artaud, *Œuvres complètes*, Bd. XIII, Paris 1975, S. 114. Der Text stammt von 1947 und scheint auf Molières *maîtres à danser* zu antworten, als dieser sagte: „Tous les malheurs des hommes, tous les revers funestes dont les histoires sont remplies, les bévues des politiques et les manquements des grands capitaines, tout cela n'est venu que faute de savoir danser."
39 H. Finter: *Der subjektive Raum*, Bd. 2: „*... der Ort, wo das Denken seinen Körper finden soll": Antonin Artaud und die Utopie des Theaters*, Tübingen 1990.
40 P. Valéry, „De la diction des vers", S. 1258.

Komik des Sprachkörpers:
Corneilles *Le Menteur* und die Komik des Verses

Formen des Lachens, Formen der Komik

Das Lachen der Überlegenheit, das nach Charles Baudelaire vom „comique significatif"[1] ausgelöst wird, und das mit Sigmund Freuds Witzanalyse,[2] wie auch Henri Bergsons „plaqué du mécanique sur du vivant"[3] sich als eine Form der Rückkehr des Verdrängten an der Repräsentation von mechanischen, nichtbeherrschten bzw. beherrschbaren Triebmechanismen entzündet, scheint mit der ältesten Form der Komik verbunden: Schon Aristoteles weist der Komödie das Nachahmen von schlechteren Menschen „als sie in der Wirklichkeit vorkommen" im zweiten Kapitel seiner *Poetik* zu und impliziert damit zugleich eine Überlegenheit des Rezipienten. Das für die Gesellschaft schädliche Übermaß an Triebverhalten wird durch ein gemeinschaftliches Lachen geächtet, was Figaro in der letzten Komödie von Beaumarchais' Trilogie in folgende Worte fasst: „On gagne assez dans les familles, quand on expulse un méchant."[4] – „In der Familie ist viel damit gewonnen, wenn man einen Bösewicht vor die Tür weist." Die Komödie ist somit seit ihren Anfängen als eine säkuläre Variante des von René Girard[5] analysierten Sündenbockritus zu werten: Das gemeinschaftliche Lachen stellt über den Ausschluss des verlachten Objektes die erschütterte Werteordnung wieder her.

Die Moderne hatte mit Charles Baudelaire, Sigmund Freud und vor allem Georges Bataille[6] nicht nur die psychische Ökonomie des lachenden Rezipienten als gespaltenes Subjekt ins Zentrum gerückt, sondern auch die Theorie des Komischen in weitere Typen des Lachens aufgefächert: Das Lachen der Überlegenheit ist nicht das einzige Lachen, andere, singuläre Formen des Lachens wurden mit Baudelaire und Bataille für unsere Moderne entdeckt, von denen jedoch vereinzelt schon in den vorausgehenden Jahrhunderten Zeugnisse zu finden sind: So ist das Lachen, das Baudelaire als Wirkung des „comique absolu" – „absolut Komischen" – einer missratenen Schöpfung feststellt und das Bataille im Anschluss an Nietzsche theoretisieren wird,[7] in Spuren an der Figur des *Democritus ridens* festzustellen, der von jeher als die Ungeheuerlichkeit eines über die Schöpfung lachenden Philosophen die Geister beschäftigte.[8] Dessen Geste findet in der mit dem Messer eingekerbten Lachfratze von Lautréamonts *Maldoror* sein modernes Pendant.[9]

Auch das singuläre Lachen, das Bataille genuin zu sein scheint, und das er zuerst in einem Vortrag von 1938 theoretisiert hatte und zur Entwicklung seines Verständnisses eines heiligen Lachens führen wird,[10] hat berühmte Vorläufer.

Das Einverständnis mit der Schöpfung, das dieses ekstatische Lachen kennzeichnet und das er in Verbindung mit dem ersten seligen Lachen des Kindes bringt, vor jedem Bewusstsein eines Sündenfalls,[11] scheint das „riso dell'universo" – „Lachen des Universums" – des danteschen Paradieses schon anzuzeigen.[12]

Doch gibt es Formen solchen Lachens schon vor der Moderne in der Komödie, gibt es sie in der Komödie des 17. Jahrhunderts? Wir wissen, wie schwierig es ist, der Wirkung des Komischen früherer Jahrhunderte gerecht zu werden, zumal gerade der epistemische Hintergrund der Komödie des 17. Jahrhunderts es als Wirkung eines Bruchs mit den geltenden gesellschaftlichen Normen bestimmt. Zudem zeigen sich selbst innerhalb der romanischen Kulturen zivilisatorische Unterschiede, wie zum Beispiel ein Brief des Cavaliere Marino über seine Ankunft in Paris 1615 aufs Beste zeigt.[13] Der Fall der zeitgenössischen Rezeption von Molières *Misanthrope* ist hier ebenso paradigmatisch, wie das Missverständnis des 18. Jahrhunderts oder das der heutigen Rezeption. Dennoch zeigen vereinzelte Beispiele, dass andere Formen der Komik und damit auch ein anderes Lachen durchaus möglich waren, wenngleich sie nicht theoretisiert wurden.

Komik des Verses, Komik des Sprachkörpers: *Le Menteur*, 1643[14]

Eine Komödie Corneilles ist hier von besonderem Interesse, da ihre Publikumsfortüne trotz der Tatsache groß war, dass sie eine Kritik der gesellschaftlichen Selbstinszenierung mit ihrer Diskrepanz von Sein und Schein ins Zentrum stellt und damit auf andere Weise eine Fortsetzung seiner *Illusion comique* darzustellen scheint. Pierre Corneille erklärt selbst in seiner *Épître* zu *La Suite du Menteur* den Erfolg von *Le Menteur* damit, dass diese Komödie allein das „plaire" – „Gefallen" als Ziel gehabt habe und so keineswegs den gesellschaftlich moralischen Nutzen besitze, die „noble mélange d'utilité" – die er nun mit weniger Erfolg in der *Suite* verfolgte.[15] Denn das schlechte Handeln – das Lügen – werde dort nicht bestraft und der Lügner wird gar, im Gegensatz zur spanischen Vorlage,[16] letztlich mit dem Objekt seines Begehrens vermählt. *Le Menteur* gilt so als erste Charakterkomödie, doch wird die inkriminierte Leidenschaft weder psychologisch begründet, noch führt sie zu inneren Konflikten. Ja, das *vice*, das Laster, wird keineswegs geächtet, vielmehr ist es Gegenstand gewisser Bewunderung für eine *grandeur d'âme*, eine Seelengröße, welche Corneille den Lügner Dorante im Jahre 1660 gar mit der Cléopâtre der *Rodogune* vergleichen lässt:

> Il est hors doute que c'est une habitude vicieuse que de mentir; mais il débite ses menteries avec une telle présence d'esprit et tant de vivacité, que cette imperfection a bonne grâce en sa personne, et fait confesser aux spectateurs que le talent de mentir ainsi est un vice dont les sots ne sont point capables.[17]

Le Menteur hat in der Tat den höfisch-aristokratischen Nachfahren des *miles gloriosus* der spanischen Vorlage nicht nur im Hinblick auf die Handlung einer Transformation unterzogen: Die Komödie in fünf Akten, die locker die Einheit von Ort, Zeit und Handlung einhält, schöpft im Gegensatz zu Corneilles *Illusion comique* allein aus dem Wort ihr Feuerwerk der Täuschungen. Damit macht sie erfahrbar, dass die effizienteste Theatermaschine letztlich das gesprochene Wort ist. So sagt der Freund des düpierten Alcippe:

> Quatre concerts entiers, tant de plats, tant de feux,
> Tout cela cependant prêt dans une heure ou deux,
> Comme si l'appareil d'une telle cuisine
> Fût descendu du ciel dedans quelque machine.[18]

Was macht das Wort zur Bühnenmaschine? Im Gegensatz zur spanischen Komödie, die das Versmaß jeweils den Personen und Situationen anpasst, ist *Le Menteur* durchgängig in Alexandrinern geschrieben. Corneille selbst unterstreicht diese Tatsache, wenn er in seiner Präsentation *Au Lecteur* 1648 darauf hinweist, dass er nicht nur die „Gedanken" (*pensées*) der Vorlage, sondern auch die „Begriffe" (*les termes*) dem französischen Kontext angepasst habe. Und seine außerordentliche Wertschätzung des Stücks – *l'estime extraordinaire que j'ai pour ce poème* – lässt aufhorchen, wenn er dabei zugleich dessen Innovation betont, die seinesgleichen weder bei den *Anciens* noch den *Modernes* habe.[19] Obwohl Corneille in seiner *Épître* allein das *agrément du sujet, dénué de la force du vers* im Gegensatz zu der gleichzeitigen *Mort de Pompée* in den Vordergrund stellt, findet hier das Sujet gerade durch den Mechanismus des französischen Bühnenverses, des Alexandriners, eine besondere Form der Komik.

Der Alexandriner als *prose du théâtre* ist das sprachliche Gesetz, welches das Reich der Bühne regiert und in das Dorante, der Lügner, eintritt, der sein Studium der Jurisprudenz in Poitiers aufgegeben hat und – nach Paris zurückgekehrt vom *royaume du code* (Akt I, Szene 1, Vers 9) – sich in der Sprache der galanten Selbstrepräsentation auf der Pariser Gesellschaftsbühne erprobt. Er setzt damit die Logik des Erscheinens – *apparence* (V. 73) – um, die sein Diener Cliton ihm als neues Gesetz präsentiert. Dorantes erstes Lügengespinst, mit dem Ziel, Clarice seine Zuneigung zu erklären (Akt I, Szene 3, Vers 153ff.), kommt unvermittelt, folgt dann aber einer Logik des Signifikanten, die Ähnlichkeit, Angrenzung und Wiederholung regieren: Auf *le malheur qui m'accompagne* folgen *les guerres d'Allemagne,* generiert durch die lautliche Ähnlichkeit von *compagne* und *campagne* sowie durch den Gleichklang der Endsilben von *accompagne* und *Allemagne*. Die weiteren Expansionen des Lügengeflechtes gehen so nach Gleichklang und Angrenzung vor: Auf die erstaunte Frage von Clarice „Quoi vous avez donc vu l'Allemagne *en guerre?*" folgt eine Antwort die sowohl semantisch als auch lautlich folgerichtig auf *guerre* reimt: „Je m'y suis fait longtemps craindre comme *un tonnerre*." *Victoire* zieht *gloire* nach sich, *combats* impliziert *sièges*, auf *armée* folgt gemäß der Logik des Echos *renommée*.

Das zweite Lügengespinst, nun gegenüber seinem Studienfreund aus Poitiers und späteren Rivalen Alcippe macht deutlich, dass diese Logik, die noch das Reimschema der Komödie respektierte, nämlich die Folge von jeweils zwei weiblichen auf zwei männlichen Endreimen, zu einem dem bewussten Willen des Sprechenden *äußeren* Mechanismus wird: Der *récit* Alcippes von einer nächtlichen Galanterie, bei der einer Schönen eine Serenade gegeben wurde, entfacht die Lügen Dorantes bei der Evokation einer „collation fort *ordonnée*" (I, 5, Vers 249). Das letzte Wort generiert wie eine Echoresonanz drei weitere Verse, die jeweils homophon auf *donnée* und sodann auf *étonné* und *donné* enden. Die Insistenz des Gleichklangs markiert wie ein *Basso continuo* das Insistieren eines Anderen, der in dem Protagonisten spricht. Der *récit* der Festivität auf dem Wasser entwickelt sodann das gesamte Paradigma einer *fête de l'île enchantée*, als die in der Tat Paris dem Protagonisten erscheinen wird (Akt II, Szene 5, Vers 553): fünf Schiffe, vier Chöre, sowie Musik mit einer Aufzählung von Instrumenten – *violons, luths et voix, flutes et hautbois, harmonies infinies* – Blumengebinde aus Jasmin, Granatapfel- und Orangenblüten, zwölf Speisen, sechs Gedecke, die Angebetete begleitet von fünf Gespielinnen, Feuerwerk. Der Dekor des nächtlichen Konzerts entwickelt den Topos einer erotischen Pastorallidylle, die, wenn nicht Ergebnis der Lektüre eines Ariost oder Tasso, so doch mit den Namen Urgende und Mélusine einen Topos der zeitgenössischen Romanliteratur des *Merveilleux* zitiert, der den Prunk der höfischen Feste der ersten Hälfte des Jahrhunderts vor das imaginäre Auge des Zuhörers abruft. Dorante einige Szenen später zu seinem Vater: „Paris semble à mes yeux un pays de roman." (Vers 552) – „Paris scheint in meinen Augen eine Roman-Landschaft zu sein."

Welche Logik ist hier am Werk? Der Freund Alcippes, Philiste, stellt eine gewisse Inkohärenz fest: „Les signes ne s'accorde pas bien." (Vers 307) – „Die Zeichen stimmen nicht gut überein", wenngleich Ort und Stunde zu passen scheinen. Der Diener Cliton bringt diese Logik auf den Nenner: „Votre ordinaire est-il de rêver en parlant?" (Vers 312). Die Logik des Lügens – *mensonge* – ist die Logik des Traumes – *songe*. Mit dem Stichwort Traum wird ein der rationalen Logik konträrer Sprach- und Denkprozess angesprochen: Sigmund Freud dechiffriert ihn als Logik des Unbewussten, die nach Ähnlich- und Unähnlichkeit assoziiert sowie nach dem Kriterium der Angrenzung verbindet und indifferent für die Unterscheidung von wahr und falsch ist. Jacques Lacan hat diese Logik des Unbewussten als primär sprachliche analysiert und die logischen Operationen der Assoziation mit der Verdichtung der Metapher, die der Angrenzung und Wiederholung mit der Metonymie in Verbindung gebracht.[20] Macht sich hier die Sprache selbstständig, bildet Corneille mit dem *Menteur* die Macht des durch Sprache sich manifestierenden Unbewussten nach? Lässt dies uns über den Lügner lachen?

Corneille hat in seinem Vorwort an den Leser wie auch in seiner *Épître* hervorgehoben, dass er in diesem Stück *à la française* verfuhr und nicht wie im *Cid* den spanischen und in der *Mort de Pompée* den lateinischen Vers nachgeahmt habe. Doch das sprachliche Gesetz, dem *Le Menteur* unterliegt, hat eine eigene Logik, die in Spannung zur Logik des gesprochenen Wortes steht: Die poetische Logik des Verses – hier der Alexandriner – geht ebenfalls nach dem Prinzip der Ähnlichkeit, der Angrenzung und der Wiederholung vor. Traumlogik und poetische Logik gehorchen denselben Mechanismen: Das Gesetz des Verses, identisch mit dem des Traumes – *songe* –, generiert für den, der sich dieses Gesetz zu eigen macht, die Lüge – *mensonge*. Aus dem zu einer *machine* verselbstständigten Vers resultiert die Komik des Lügners, sie determiniert ihn und beherrscht ihn. Wir lachen zuerst über einen Sprachkörper, der sich verselbstständigt hat. Wir lachen aber auch über den künstlichen Anderen, der als poetisches Gesetz das Handeln des Protagonisten determiniert.

Beim dritten Lügengespinst (Akt II, Szene 5, Verse 592ff) wird dies besonders deutlich, wenn Dorante seine angebliche Eheschließung dem Vater mit dem Ziel mitteilt, einer arrangierten Heirat zu entgehen: Um dem väterlichen Gesetz zu entkommen, unterwirft sich Dorante einem anderen Codex, dem poetischen Gesetz des Verses: Auf die väterliche Aufforderung „Parle donc, et te lève" antwortet Dorante: „Je suis donc marié, puisqu'il faut que j'achève" – „Ich bin also verheiratet, da ich zum Ende kommen muss" – und auf die Frage „sans mon consentement?" – „ohne meine Einwilligung?" – folgen eine Reihe von Versen mit identischen Endreimen, die das Gefangensein im Mechanismus des Reims unterstreichen:

On m'a violenté:
Vous ferez tout casser par votre autorité,
Mais nous fûmes tous deux forcés à l'hyménée
Par la fatalité la plus inopinée ...
Ah! Si vous saviez! ... (Verse 595–99)

Die erfundenen Namen der vermeintlichen Braut und des Schwiegervaters werden vielsagend: *Orphise* gleichlautend mit *hors physe* unterstreicht das Außer-sich-Sein eines sprechenden Subjekts, *Armédon* deutet den Signifikanten als Waffe und Geschenk des Zufalls – *arme et don*. Der folgende *récit* einer erfundenen Zwangsheirat erscheint wieder als Ergebnis einer Logik von Gleichklang und angrenzender Wiederholung: Auf *nuit* folgt *bruit*, *chambre* zieht *septembre* nach sich, und die Akkumulation sich verselbständigender Gegenstände – die läutende Uhr, der sich zum Schuss lösende Revolver, das zerbrechende Schwert – versammelt zugleich das Paradigma von Peripetien auslösenden Situationen.

Der Lügner Dorante spricht nicht nur zehn Sprachen (Akt IV, Szene 3, Vers 1200), er spricht in Zungen, die ihm der Alexandriner wie eine *poudre de sympathie* wachsen lässt gemäß dem Prinzip der Ähnlichkeit, selbst wenn er sich beim Lügen verheddert: Der zweite Namen des Schwiegervaters *Pyrandre* ist ein Echo auf *attendre* – warten, in ihm klingen Phyrrussieg und *pire rendre* mit und lassen so zugleich die Wahrheit im Prozess des Lügens aufscheinen.

Dorante, der Lügner, ist zum Sprachkörper geworden: Die poetische Logik bestimmt sein Tun und Handeln. Dieser Sprachkörper lässt uns lachen, doch ist es kein Verlachen, kein Lachen der Überlegenheit: Wir lachen über den rasanten Rhythmus der Wiederholung, über den Witz der produzierten Ähnlichkeiten, über das Glück des jeweils gefundenen gelungenen Reimes. Wir lachen so über die Utopie eines *anderen* Körpers, der zum lustvollen Sprachkörper geworden, mit der Sprache des Verses verschmilzt, „une invention [...] toute spirituelle depuis le commencement jusqu'à la fin" – „eine Erfindung, rein aus dem Geist von Anbeginn bis zum Ende", wie Corneille selbst schreibt.[21] Es ist ein Lachen, das die körperliche Lust am Primärprozess wiedergewinnt, ein Lachen über die Allmächtigkeit des Sprachschöpfers, mit dem sich der Zuhörer identifiziert. Ist es ein Lachen der Glückseligkeit? Vor jedem Sündenfall? „Tandem est poeta" schreibt in einer Widmung, die Corneille in der Ausgabe von 1648 zitiert, Constantin Huyghens.

Doch zu diesem Lachen, das im glückseligen 17. und 18. Jahrhundert überwogen zu haben scheint, gesellt sich ein zweites Lachen, das die Sprachkonzeption des Cartesianismus subvertiert: Nicht *cogito ergo sum*, sondern *je suis parlé, donc je suis*. Was ich spreche, bestimmt ein Anderer, ein Gesetz, das Gesetz des Alexandriners. Der Vers hat hier eine eigenständige semiotische Funktion: Seine Form weist auf die Nichtbeherrschbarkeit der Sprache, auf das Gesprochenwerden durch die Sprache hin.

Das Lachen über den *menteur* ist ein doppeltes Lachen: über seinen Charme und seine Grazie, über den glücklichen Zufall, der ihm den jeweils richtigen rettenden Reim schenkt. Es ist aber auch ein Lachen, das in dem schwindelnden Sog des Lügengespinsts die luzide Wahrheit einer Nichtbeherrschbarkeit der Zeichen anerkennt.

Auf der Bühne hängt die Produktion eines solchen doppelten Lachens von der Weise der Deklamation des Alexandriners ab. In Jean-Marie Villégiers Inszenierung am Théâtre de l'Athénée im Winter 1995 in Paris ermöglichte die Akzentuierung der musikalischen Qualität des Alexandriners insbesondere beim Protagonisten, gespielt von Frédéric Laurent, dass die Fernlenkung des Lügners als unheimlich hörbar wurde: Ein *comique absolu* wurde erfahrbar, das das *vice* nicht nur als besondere Fertigkeit, als *qualité d'âme,* sondern auch als fremdbestimmte *passio*, erfahren lässt, eine *passio,* die Lügner wie Träumer oder Dichter der Logik eines anderen Gesetzes unterwirft.

Frühjahr 2002

Anmerkungen

1 Charles Baudelaire, „De l'essence du rire et généralement du comique dans les arts plastiques" (1855), in: Ders., *Curiosités esthétiques. L'art romantique et autres œuvres critiques,* Paris 1962, S. 241–263.
2 Sigmund Freud, „Der Witz und seine Beziehung zum Unbewußten (1905)", in: Ders., *Gesammelte Werke,* Bd. VI, Frankfurt/Main 1999.
3 Henri Bergson, *Le Rire. Essai sur la signification du comique,* Paris 1940.
4 Vgl. *La Mère coupable,* Akt V, Szene 8, in: *Théâtre de Beaumarchais,* hrsg. v. Maurice Rat, Paris 1956, S. 442.
5 René Girard, *La Violence et le sacré,* Paris 1973.
6 Vgl. Giulio Ferroni, *Il comico nelle teorie contemporanee,* Rom 1974, S. 117–143; Helga Finter, „Das Lachen Don Giovannis. Zu Georges Batailles Rezeption des *dissoluto punito*" (in: Peter Csobádi et al. (Hrsg.), *Das Phänomen Mozart im 20. Jahrhundert,* Salzburg 1991, S. 639–660), in diesem Band S. 141–157, sowie dies., „Heterologie und Repräsentation. Strategien des Lachens. Zu Georges Batailles *Le Bleu du ciel*", in: Dies./Georg Maag (Hrsg.), *Bataille lesen. Die Schrift und das Unmögliche,* München 1992, S. 13–31.
7 Vgl. G. Bataille: „L'Expérience intérieure (1943)", in: Ders., *Œuvres complètes,* Bd. V, Paris 1973; H. Finter: „Poesie, Komödie, Tragödie oder die Masken des Unmöglichen: Georges Bataille und das Theater des Buches", (in: Andreas Hetzel/Peter Wiechens (Hrsg.): *Georges Bataille. Vorreden zur Überschreitung,* Würzburg 1999, S. 259–273), in diesem Band S. 319–335.
8 Vgl. August Buck, „Democritus ridens et Heraclitus flens", in: Hans Meier (Hrsg.), *Wort und Text. Festschrift für Fritz Schalk,* Frankfurt/Main 1963, S. 167–186.
9 Isidor Ducasse/Comte de Lautréamont, *Les Chants de Maldoror,* in: *Œuvres complètes,* hrsg. v. Hubert Juin, Paris 1973, S. 21.
10 Vgl. G. Bataille, „Attraction et répulsion: I. Tropismes, sexualité, rire et larmes, 22 janvier 1938, Collège de Sociologie", in: Denis Hollier (Hrsg.): *Le Collège de Sociologie 1937–1939,* Paris 1995, S. 120–168; H. Finter, „Poesie, Komödie, Tragödie oder die Masken des Unmöglichen", 1999, S. 259–273.
11 H. Finter, „Poesie, Komödie, Tragödie", hier S. 263.
12 Dante Alighieri: *Paradiso, Canto* XXVII, V. 4–5.
13 Vgl. Fernand Braudel, *Le modèle italien,* Paris 1994, S. 140ff.
14 Pierre Corneille, *Œuvres,* Bd. IV, hrsg. v. M. Ch. Marty-Larceaux, Paris 1910, S. 117–239.
15 P. Corneille: *Œuvres* IV, S. 280.
16 Die Komödie *La verdad sospechosa* von Juan Ruiz D'Alarcón von 1634.

17 P. Corneille, „Discours de l'utilité et des parties du poème dramatique", in: Ders., *Théâtre complet*, Bd. 1, hrsg. v. Georges Couton, Paris 1971, S. 22–23 „Es steht außer Frage, dass das Lügen eine lasterhafte Gewohnheit ist; er verbreitet jedoch seine Lügnereien mit einer derartigen Geistesgegenwart und mit so viel Lebendigkeit, dass dieser Makel in seiner Person in Grazie umschlägt und die Zuschauer demnach bekennen müssen, dass das Talent zu lügen ein Laster ist, zu dem die Dummen keineswegs fähig sind." (Übers. v. H.F.)
18 Akt III, Szene 2, Verse 823–826.
19 P. Corneille, *Œuvres* IV, S. 132ff.
20 Vgl. Jacques Lacan: „L'instance de la lettre dans l'inconscient ou la raison depuis Freud", in: Ders., *Écrits*, Paris 1966, S. 493–528.
21 P. Corneille, *Œuvres* V, S. 133.

Don Giovannis Körper

Der Mythos Don Juans hat mit Mozarts Oper *Don Giovanni* eine Figuration gefunden, die auch zeitlich vorgängige Darstellungen des *dissoluto punito* überstrahlt. Mit ihr gelang nicht nur die letzte gültige Darstellung für einen mit der Französischen Revolution untergegangenen aristokratischen Typus, der durch Übertreten menschlichen wie göttlichen Gesetzes konsequent seine Lust verfolgt, ja noch dem Tode trotzt und diesem Handeln seine Souveränität verdankt. Mozart entwirft mit *Don Giovanni* zugleich auch seine musikalische Transfiguration als Subjekt des Begehrens. Diese beinhaltet den neuen Mythos einer Souveränität des Subjekts, die allein der allen Widerständen trotzenden Behauptung seines Begehrens entspringt: Denn war Souveränität im *Ancien Régime* noch mit transzendent legitimierter Macht gepaart, so wird sie sich von nun an allein als Souveränität erotischen machtfreien Begehrens behaupten können. So ist Mozarts *Don Giovanni* zugleich ein Mythos der Autonomie des Subjekts.

In unserer permissiven Gesellschaft mag ein solcher Typus anachronistisch erscheinen. Doch fasziniert er immer noch und stößt zugleich als Figuration dessen ab, was unserer leistungsorientierten Gesellschaft heterogen ist, verkörpert er doch die Möglichkeit der Souveränität einer der Verausgabung gewidmeten Existenz: Ihr Horizont ist nicht nur die Widerstandskraft eines erotischen Begehrens, sondern auch die Freiheit eines von jedem Zweckdenken baren Willens, der sich mit transzendentem und menschlichem Gesetz misst.

Diese maßlose Figur wird szenisch zumeist in einem fernen Renaissance- bzw. Barockambiente zwischen 16. und 17. Jahrhundert verortet, obwohl sich mit den Libertins des 18. Jahrhunderts eine große Anzahl von freigeistigen Verführern Mozart als lebende Modelle für Don Giovanni angeboten hätten. Erscheint heute seine Situierung in den Anfängen der Neuzeit, wie sie Tirso de Molina für seinen *burlador* vorschlug, für die Inszenierungen von Mozarts Figur unbefriedigend, so überzeugen aktualisierende Transpositionen der Aufführungspraxis ebenfalls kaum: Verlegen sie, wie Peter Sellars 1990, die Handlung ins farbige Drogenmilieu des New Yorker Stadtteil Bronx, dann kontaminiert zum Beispiel die neue Rahmung den Mythos des *cavaliere empio* mit dem Vorurteil der sexuellen Vitalität des Afroamerikaners; zwar subvertiert so eine unbeabsichtigte Ironie die politisch korrekten Intentionen des Regisseurs, doch kann dabei der Mythos, den Mozarts Musik und Gesang weiterhin affirmieren, zugleich wirksam bleiben.

Dieser Aporie einer adäquaten szenischen Darstellung entspringt meine Frage nach Don Giovannis Körperbild. Ist er in einem sichtbaren Bild zu fassen?

Und welche Funktion hat für seine Wahrnehmung das Klangkörperbild, das Mozarts Musik beim Hörer zugleich evoziert? Welche visuellen und akustischen Strategien formen es? Wie ist ihr Verhältnis? Welche ästhetischen Verfahren bewirken die Rezeption eines Typus, der durch Witz und prompte Repliken, geschickte und kraftvolle Bewegung, eine *sprezzatura* im Kampf und Tanz und eine Lust charakterisiert ist, die sich nicht nur in der Maßlosigkeit seiner Gier und seines Werbens, seines Essens und Trinkens, sondern auch im Verkleiden und Verstellen und der ironischen Attacke zeigt? Denn was Don Giovanni auszeichnet, scheint nur ephemer auf: Bewegung und Tempo, allen Obstakeln widerstehendes Begehren, Lust und virile Kraft weisen auf die Souveränität seines Begehrens hin.

Ich möchte deshalb zuerst eine Reihe von visuellen Darstellungen befragen und mich dann dem Klangkörperbild von Mozarts *Don Giovanni* zuwenden, um das Verhältnis von visueller und akustischer Darstellung bei der Projektion dieses mythischen Körpers zu diskutieren wie auch die daraus resultierende Faszination befragen.

Körperbilder des *Burlador*

Wie sieht der imaginäre Körper der Don Juan- bzw. Don Giovanni-Figur aus? Film und Photographie haben uns einige Körperbilder überliefert, von John Fairbanks über Michel Piccoli in Marcel Bluwals Fernsehproduktion der Molière-Komödie bis zu Johnny Depp. Auch Sänger in der Rolle des *dissoluto punito* sind im Gedächtnis, durch Photos fixiert, präsent: Antonio Scotti, Ezio Pinza, Cesare Siepi zum Beispiel. Sie tragen die Signatur des Imaginären des Männlichkeitsideals ihrer Zeit. Dabei fällt die von der Kamera gefrorene Pose auf, die Absenz von Bewegung und Geste, von Zeitlichkeit. Doch werden diese Bilder dem Imaginären von Don Giovannis Körper gerecht?

Die Malerei scheint glücklicher in der Annäherung an ein Körperbild des Mythos. Am Treffendsten gelingt dies Künstlern, welche die Körperlichkeit der malerischen Geste in der Spur des Pinselstrichs ahnen lassen und so in der Materialität des Farbauftrags das Transitorische einer Geste als Körperspur in das Bild einschreiben. Don Giovanni wird so in der Motilität des Körpers und des Begehrens figuriert: Das berühmteste Beispiel geben Max Slevogts Darstellungen des portugiesischen Baritons Francisco d'Andrade von 1902, heute in der Staatsgalerie Stuttgart, sowie von 1906 und 1912, heute in der Nationalgalerie Berlin. Max Slevogt evoziert in ihnen drei für Don Giovanni paradigmatische Szenen: die sogenannte Champagnerarie, die Nachtszene auf dem Friedhof, sowie die finale Szene mit dem Komtur – lustvolle Trunkenheit, Sakrileg und aufrechtes Trotzen des Todes. Der nervöse Pinselstrich, der diese Szenen umsetzt, ist, so könnte man einwenden, insgesamt ein Kennzeichen der Malerei des Expressionismus, da er den Affekt und die Triebmotilität im Kurzschluss von Unbewusstem und Hand zu visualisieren sucht.

Doch auch ein Bildnis Don Giovannis aus den dreißiger Jahren des 19. Jahrhundert weist solche Charakteristika auf: Der Künstler ist Alexandre-Évariste Fragonard (1780–1850), ein Sohn des Malers Jean-Honoré Fragonard. Der Schüler von Jean-Louis David nähert sich, nach anfänglicher klassizistischer Malweise, bei diesem Sujet nicht nur der Farbpalette, sondern auch dem vorrevolutionären Stil seines Vaters an: Obwohl das Kostüm auf ein mythisches 17. Jahrhundert verweist, ist das Zeitalter des Rokoko über die Komposition, die den Tod des Komturs und sein Erscheinen als Wiedergänger kondensiert, *in absentia* szenisch präsent: Die Vegetation eines Arkadiens nimmt die Form bedrohlicher Wolken und des Schattens des Komturs an, der Pinselstrich signiert mit der Dringlichkeit der Geste auch die Präsenz eines Körpers, dessen drängendes Begehrens als transitorische Bewegung, Tempo manifestiert wird. Doch zugleich ist dieser Don Giovanni nicht mehr Modell viriler Souveränität, eher ein *Cherubino*, den der Arm des übermächtigen Grafen seinem sicheren Tod entgegenschickt.[1]

Mozart und Pigalles Grabmal für Moritz von Sachsen

Die hier fehlende Darstellung phallischer Souveränität finden wir in einer Skulptur, die Mozart bei seinem dreiwöchigen Aufenthalt in Straßburg von Mitte Oktober bis zum 3. November 1778 sehen konnte, als er in der protestantischen Kirche Saint Thomas auf der dortigen Orgel der Silbermann-Brüder spielte.[2] Von der Orgelempore über dem Haupteingang wird der Blick von einem Grabmal am Ende des Kirchenschiffs im gegenüberliegenden Chor angezogen, das Louis XV. für den am 30. November 1750 verstorbenen Oberbefehlshaber der königlichen Heere, Moritz von Sachsen, durch den königlichen Bildhauer Jean Baptiste Pigalle ausführen ließ. Erst siebzehn Jahre nach dessen Tod fertig gestellt, war es ein Jahr vor Mozarts Ankunft zusammen mit der Überführung des Sargs in der protestantischen Kirche eingeweiht worden. Damit verlieh der französische König ihr nicht nur den Status einer ‚Kathedrale' des französischen Protestantismus, sondern erkannte zugleich auch die bis dahin verbotene Religion an.

Dieses marmorne Totenmal für einen im Sinne der Staatsreligion ‚Ungläubigen' zeigt – wie auf einer Bühne – den unehelichen Sohn Augusts des Starken in voller Rüstung, mit dem Marschallstab in der Hand, aufrecht, mit stolzer und unbewegter Miene, dem Ruf des Todes folgend, im Begriffe, die schwarzen Marmortreppen zu seinem Grab hinabzusteigen; eine Allegorie Frankreichs sucht ihn mit der rechten Hand aufzuhalten, mit der linken weist sie zugleich den Tod zurück; dieser säumt, das abgelaufene Stundenglas Moritz entgegenstreckend, zusammen mit einer Herkulesstatue unter den Treppen den Sarkophag. Vor dem ursprünglich dunklen Hintergrund – die gotischen Glasfenster waren auf Pigalles Wunsch entfernt worden und sind bis in unser Jahrhundert zugemauert gewesen – hebt sich die fast mannshohe Statue aus weißem Marmor in einer dramatischen Szene ab, in der die Emotionslosigkeit des Feldherrn und das affektgeladene Pathos der übrigen Protagonisten in Spannung kontrastieren. Der elegante, fast tänzerischen Schritt andeutende wohlgeformte Männerkörper mit dem Marschallsstab zeigt eine virile Souveränität angesichts des Todes, die an die Bravour und die Ungerührtheit Don Giovannis in der finalen Komturszene denken lässt, wenn er, schon im Griff des Widersachers, diesem sein mehrfaches „No!" entgegenschleudert.

Pigalles Grabmal präsentiert Moritz von Sachsen als einen Mann aus Marmorstein, der wie ein Fels im Meer der Affekte steht und aus freiem Willen seinem Tod entgegen schreitet. Der Künstler transfiguriert mit dieser Darstellung des Körpers des Toten zugleich seine auf Macht beruhende Souveränität: Die Skulptur des Sohnes des Herrschers von Sachsen, italienisch *Sassonia*, ist aus einem „großen Stein", *sassone*, gehauen und verewigt ihn damit zugleich als *Sassone*, italienisch „Sachse". Dieses Zusammenfallen von Bildträger – *sassone* – und Abgebildetem – *Sassone* – motiviert nicht nur die Legitimität von Moritz' Macht, sondern inszeniert sie auch als Materialisierung des Namens des Vaters: als *uomo di sasso* ist Moritz von Sachsen würdiger Sohn Augusts des Starken.

Pigalles Skulptur erscheint hier als figurativer Nukleus sowohl der Figur Don Giovannis – die erotisch virile *sprezzatura* angesichts des Todes –, als auch der Macht seines väterlichen Widersachers, des Komturs. Bemerkenswert ist nämlich gerade, dass Mozart für Don Giovannis Gegenspieler nicht die damals üblichen Bezeichnungen *uomo di pietra* oder *convitato di pietra* verwendet, sondern Leporello vom „*uomo di sasso*" sprechen lässt.

Mozart sieht diese Darstellung zu einem Zeitpunkt, als die persönliche Begegnung mit dem Tod – der Tod seiner Mutter im Juli 1778 in Paris, der zugleich das Gerücht von seinem eigenen Tod genährt hatte[3] – noch lebendig ist und er zugleich beginnt, sich endgültig von der Bevormundung durch den Vater zu lösen. Beispielhaft hierfür ist ein Brief an den Vater vom 15. Oktober aus Straßburg: Er unterstreicht dort, dass die Abreise aus Paris seinen „eigenen Gedanken" und „nicht von anderen entlehnte[n]" zufolge „wahrhaft die größte Narrheit von der Welt" sei, weshalb allein die Rücksicht auf seinen Vater seine Rückkehr nach Salzburg veranlasse.[4] Mozart wird diese erste selbstständige Reise mit einem Aufenthalt in Mannheim, entgegen dem Willen seines Vaters, und dann in München fortsetzen, um erst am 15. Januar 1779, nachdem Aloisia Weber seinen Heiratsantrag abgelehnt hat, seinen Dienst in Salzburg aufzunehmen, den er eineinhalb Jahre später, im Juni 1781 quittieren wird.

Der Tod der Mutter und die ödipale Problematik mit dem Vater konnten ihn für die Darstellung einer Verbindung von erotischer Souveränität und symbolischer Macht aufnahmebereit machen, die das freudige Akzeptieren des Todes, wie auch eine virile Erotik in Szene setzt und zugleich eine durch den Namen des Vaters legitimierte Macht versinnbildlicht. Bei der Konzeption *Don Giovannis* wird, das ist meine These, die ästhetische Erfahrung dieser Skulptur sodann unbewusst zum Tragen kommen. Ihre Übertragung in den Bereich des Musiktheaters lässt Mozart eine Form finden, die Pigalles Statue in zwei sich widerstreitende Figurationen der Erotik und der Macht aufspaltet: in Don Giovanni und in den Vertreter des Gesetzes, den *uomo di sasso* des Komtur.

Don Giovannis Körperbild

Mozarts *Don Giovanni* wäre also auf der Folie von Pigalles Grabmal als die Figur eines Mythos zu verstehen, der sowohl seinen Triumph als auch sein Ende inszeniert. Mozart nimmt das Ende einer Souveränität vorweg, die im *Ancien Régime* noch mit einer transzendental legitimierten Macht zusammenfiel, erlaubte sie ihr doch, Verbote selbst zu setzen und gleichzeitig zu überschreiten. Der Sieg des Souveräns, der mit 1789 die politische Bühne betreten wird, zeichnet sich in seiner Oper schon ab. Damit steht sein *dramma giocoso* noch in der Tradition der komischen Figur des *empio punito,* den schon vor Molière die Commedia dell'arte unschädlich machte,[5] und der auf der Bühne des 18. Jahrhunderts als Sündenbockopfer eines neuen Souveräns, des Volkes, das sich mit dem Moralkodex der alten Ständeordnung verbündet, gezeigt wurde. Doch Mozart wird mit *Don Giovanni* zugleich auch den neuen Mythos einer Souveränität des Subjekts projizieren, die sich der Autonomie seiner Entscheidungen, motiviert allein durch das Verhältnis zum Begehren, verdankt.

Georges Bataille hat gezeigt, wie Souveränität und Macht mit Säkularisierung und Demokratisierung auseinanderdriften. Allein der Bereich der Künste bietet dem Subjekt von nun an jenseits der Macht ein Feld für seine Souveränität an. Dort ist ihm die Möglichkeit gegeben, angesichts des Anderen und des Todes Souveränität als Verhältnis zu Körper und Sprache, als ein Verhältnis zur Stimme sagbar zu machen.[6] Deshalb ist für Georges Bataille Don Giovannis Zurückweisung des Komturs am Ende der vierzehnten Szene des zweiten Aktes der Oper ein Ausdruck höchster Souveränität: sein „*No no no non che'io mi pento / Nein nein nein ich bereue nicht*", ebenso wie sein finales „*Ah!*", das Bataille als ein Lachen und damit als ein bejahendes Einverständnis mit dem Tod hört, ist für ihn eine, allein durch die Macht der Stimme effektiv werdende letzte Entscheidungsfreiheit des Subjekts angesichts des Todes.[7]

So ist Don Giovanni zwar Zeitgenosse von Giacomo Casanova, der nicht nur bei der Prager Uraufführung zugegen war, sondern auch wahrscheinlich an ihr als Italienisch–Repetitor mitgearbeitet hatte.[8] Gleichwohl ist der *dissoluto punito* nicht auf diese Verführerfigur zu reduzieren, selbst wenn auch er als Libertin und Freigeist gekennzeichnet ist. Denn Casanova unterscheidet nicht nur, dass er nicht von ritterlichem Adel war und somit keine Macht durch das souveräne Volk und die Gesetze verlieren konnte, ja seine Souveränität des Begehrens war explizit getrennt von jeglicher durch den Stand legitimierter Macht.[91] Ebenfalls differiert auch Casanovas Körperbild, das Resultat pragmatischer Inszenierung und nicht Ergebnis erotischer Projektion ist. Dies zeigt sich exemplarisch in Casanovas Bezug zu seinem Körper, den man mit Foucault als „Sorge um sich selbst" bezeichnen könnte. Seine französisch geschrieben Memoiren sind mit medizinischen Hinweisen für die Wiederherstellung und Pflege des durch Exzesse lädierten Körpers, so unter anderem durch Mittel gegen Syphilis, gespickt: Wir erfahren über seine körperlichen Vorlieben, Schwächen, über Kleidung und Aussehen.[10]

Bei Mozarts Don Giovanni hingegen sind Hinweise auf eine konkrete Physis spärlich. Das Personenverzeichnis Da Pontes kennzeichnet ihn durch seine Jugend, seine Laster und seinen Stand: *giovane cavaliere estremamente lizensioso*. Folgt man den Didaskalien des Textbuchs der Prager Aufführung, so wird dieses unscharfe Bild allein durch Körperhandlungen präzisiert: In der ersten Szene des ersten Aktes flieht und verhüllt er sich, tötet mit dem Schwert; in der zweiten Szene schlägt er seinen Diener; wir sehen ihn in der zwanzigsten Szene den Bauernmädchen nach dem Tanz den Platz anweisen, später Zerlina streichelnd und mit ihr tanzend oder Leporello mit einem Schwert hinter sich her ziehend. Im zweiten Akt, erste Szene, wird gezeigt, wie er mit Leporello die Kleider tauscht, in der zweiten Szene, wie er ihm eine Pistole unter die Nase hält und in der fünften Szene, wie er das Töten mit einem Schwert mimt, als Leporello mit Donna Elvira davonzieht; die elfte Szene führt ihn lachend vor, dann Schläge an die Statue austeilend, mit Verachtung und Indifferenz; in Szene 12 sehen wir ihn essend, schnell essend und Leporello, ohne ihn anzusehen, rufend; in Szene 14 steht er vor Donna Elvira auf und kniet mit ihr nieder, um sich mit ihr gemeinsam zu erheben, in der Komturszene schließlich gibt er diesem die Hand, versucht sich wieder von ihm zu lösen, um dann im Feuer mit einem Schrei zu verschwinden, den er nach dem Prager Programmtext simultan mit Leporello ausstößt.

Don Giovanni ist also nicht durch ein fixes Körperbild oder Posen, sondern durch Körperhandlungen gekennzeichnet, die ihn kämpfend und tanzend, sich versteckend und verstellend, essend und lachend und zuletzt schreiend zeigen. Kein Bild, sondern eine kinetische, durch Bewegung, Bedürfnisse und Begehren bestimmte Struktur wird angedeutet. So zeichnen sich gerade auch durch die physische Performance überzeugende Don Giovanni- bzw. Don Juan-Darsteller, wie beispielsweise Cesare Siepi, Peter Mattei oder auch der Dom Juan Michel Piccolis[11] durch eine *sprezzatura* des Auftretens, Nonchalance und Eleganz der Bewegung, unverfrorenen Wechsel der Haltungen aus. Don Giovannis Körperbild ist mobil, seine erotische Wirkung ist Projektion auf ein Körperschema, das selbst noch dort, wo sein Diener seine Kleidung trägt, wirken kann. Warum?

Don Giovannis Klangkörper

Don Giovannis Körper ist erotische Projektion, Ergebnis musikalischer Transfiguration. Allein die Musik stellt ihn, wie schon Sören Kierkegaard hervorgehoben hat,[12] als Mythos des Musikalisch-Erotischen dar. Dieser Mythos ist der eines autonomen Subjekts, das bis in den Stimmentyp die Figuration seiner erotischen Souveränität klanglich projiziert. Don Giovannis Klangkörper ist ein Bariton-Bass, eine Stimmlage, die im 18. Jahrhundert zuvor nur in der *opera buffa* von Protagonisten gesungen wurde. Mozarts Oper ist zwar ein *dramma giocoso,* doch zugleich, dies ist meine These, subvertiert sie die bisher gültige Stimmverteilung. Wie sah diese aus?

Noch im 18. Jahrhundert folgte die Stimmverteilung einer *symbolischen* Logik. Ihr galt die höchste Stimme als überirdisch signiert, da der von Engeln am nächsten, und war somit der Darstellung von Helden und Göttern vorbehalten: Ihre Bezeichnung *soprano* entstammt dem volkslateinischen *superanus* und weist zugleich auf diese von einer Transzendenz garantierte Souveränität hin. Die Stimmen von Kastraten, Falsettstimmen von Tenören oder auch weibliche Altstimmen bzw. Soprane sind *soprani,* die die Souveränität der Passionen hochstehender männlicher Protagonisten oder der Heldinnen verwahrscheinlichen. Irdische Personen werden auf Sopran, Alt, Tenor und Bass, der den Bariton einschließt, verteilt, komische weibliche Alte jedoch, können von einem Altus oder Tenor gesungen werden. Der Bass kann zudem auch die Rolle von Autoritäten wie Priester oder Philosophen übernehmen. Damit steht diese Stimmverteilung nicht selten im Widerspruch zum heutigen *verosimile,* das dramatische Rolle und vokale Rolle nach dem Kriterium einer natürlichen Geschlechtsidentität zuordnet.[13]

Die Stimmen der Oper des 18. Jahrhundert sind Stimmen, welche vokale Lust beispielhaft als souveräne Macht der Verführung verlauten lassen: Im Gesang singt eine invokatorische Kraft, die das Wort übersteigt, auf seinen souveränen Ursprung verweist und zugleich die Wirkung der Verwahrscheinlichung der Stimmrolle bedingt. Diese invokatorische Kraft reißt auch den Hörer im Klang fort, beeinträchtigt sein Verständnis der Worte. Was singt, determiniert eine Erotik der Stimme, der ihre Macht entspringt und die zugleich die Macht des Wortes bedroht.[14]

Mozart besetzt nun im *Don Giovanni* alle männlichen Rollen mit Ausnahme des Don Ottavio mit tiefen Stimmen, die zwischen Bariton-Bass und tiefem Bass variieren. Während der Komtur mit tiefem Bass noch traditionell die Macht des Gesetzes und seine Souveränität projiziert, Leporellos Bariton-Bass im Sinne der Tradition den Buffo-Part zu übernehmen scheint, hat Don Giovannis Stimmkörper eine neue Funktion: Mit ihm ist auf der Bühne die Erotik einer männlichen Stimme zu hören, die sich nicht auf die Macht eines transzendentalen Gesetzes reduziert, sondern sich allein einem unbedingten Begehren verdankt, das die Sprache beugt, indem es sich in sie einschreibt.

Tiefe Stimmen sind der Sprechstimme insofern am nächsten, als sie die Verständlichkeit der Sprache am wenigsten beinträchtigen. In ihnen ist die Lust an der Stimme als reinem Klangobjekt am wenigstens prägnant. Doch wird mit ihnen durch das Timbre und die Klangfarbe zugleich auch eine sexuelle Körperlichkeit konnotiert, im Gegensatz zu hohen Stimmen, welche sexuelle Identität transzendieren. Don Giovannis Bassbaritonstimme ist als Stimme eines männlichen Körpers markiert, dessen vokale Lust der Projektion eines erotischen Verhältnisses zur Sprache entspringt. Ihre erotische Kraft wird lustvoll freigelegt.

Don Giovanni durchläuft virtuos mit Rezitativ und wenigen Arien (I,15; II, 4,5) sowie der Canzonetta (II,3) die Genres: Nur in der Champagnerarie ist Don Giovanni bei diesen Solonummern selbst Protagonist, denn er leiht in den beiden anderen Szenen seine Stimme dem Körper Leporellos oder aber singt bzw. spricht unter seiner Maske. Sein Stimmkörper wird jedoch zudem, alles überstrahlend und auf sich beziehend, in den Duetten und Terzetten, Quartetten und Finalen hörbar, die er zu lustvollen Szenen vokalen Schlagabtauschs macht. Mit Rhythmus und Ironie reißt er die Gesangspartner fort, dominiert sie mit seinem dunklen Timbre und übermannt sie in einem sich überstürzenden vokalen Spiegelgefecht. So überlagert, bis zur Komturszene, der vokale Signifikant einer kraftvollen Männlichkeit zugleich mit der am deutlichsten verständlichen Stimme alle Szenen. Ihre Wirkung als Versprechen einer Lust und Verausgabung kondensiert die Champagnerszene.

Don Giovanni realisiert also keineswegs, wie dies Michel Poizat behauptet, eine Lust an dem *getrennten* Objekt Stimme, welche die Sprache außer Kraft setze.[15] Er gibt vielmehr das Versprechen einer Lust an der Sprache, die das verlorene Objekt Stimme sich zu verbinden vermag, um sie als phallischer Gesang zu transfigurieren. Doch dieser ist nicht mehr Kennzeichen einer Tragödie, sondern eines lustvollen *dramma giocoso*.

Das neu gewonnene Stimmenparadies hat die Dualität von mütterlicher Stimme und väterlichem Wort überwunden. Dieser Antagonismus galt sowohl für die hohen Stimmen, *Soprani* und Tenor, welche die Souveränität eines mütterlichen Kontinents gegen das Gesetz beschwören, als auch für den tiefen Bass, der die Souveränität des Gesetzes abruft. Don Giovannis Klangkörper hingegen stellt sowohl für die Nostalgiker mütterlicher Stimmen als auch die Verfechter väterlicher Stimmen ein Skandalon dar.

Das vokale Duell zwischen Don Giovanni und dem *Commendatore* affirmiert über die tiefe Klangfarbe, doch mit extrem langsamem Rhythmus, die Insistenz eines steinernen Gesetzes, dem allein ein Schrei zu antworten vermag. Sollte dieser Schrei, wie Poizat schreibt, zum ersten Mal in der Geschichte der Oper ein vokales Versprechen von konkreter Lust bedeuten, dann nur, wenn er, wie Bataille ihn hört, ein Lachen angesichts des Nichts des Todes ist. Die Anmaßung der Souveränität des steinernen Gastes ist lächerlich und ebenso grotesk, wie das finale Sextett der Wiener Fassung, das *opera-seria-* und *opera-buffa-*Stimmen den Sieg über die Souveränität eines begehrenden Subjekts feiern lässt, welche der Autonomie seines Verhältnisses zu den Stimmen von Mutter- und Vatersprachen entspringt.

Die Faszination, die der von Mozart geschaffene Mythos Don Giovannis ausübt, ist die einer gelungenen Abkoppelung von einem von Mutter und Vater souffliertes Begehren und der Projektion eines eigenen Begehrens, welches das unmögliche Objekt Stimme in einer spielerischen Virtuosität mit der Sprache zu verschmelzen sucht.

Don Giovannis Untergang ist einerseits tragisch, weil sein Mythos zugleich sein Scheitern impliziert. Andererseits ist er aber auch komisch, weil der Triumph seiner Widersacher zugleich ihre Mediokrität bloßstellt, die sein Begehren überstrahlt hatte. Spätere Variationen des Mythos werden Don Giovanni mit Faust verbinden. Auch wird er bald nicht mehr singen. Als Oscar Wildes Dorian Gray hört er zwar noch in Mozarts *Don Giovanni* Alina Patti am Abend des Todes seiner verlassenen Geliebten, doch auch schon Wagners *Tannhäuser*, der ihn seine Bestrafung ahnen lässt. Diese beiden Szenen sind in Albert Lewins Film von 1945 kondensiert in der Szene eines Opernbesuches am Abend des Selbstmordes von Sybil Vane. Er hört dort den Bass Eduard de Retzke als Don Giovanni, der von nun an das heimliche Modell für sein skrupelloses Leben sein wird. Doch verführt Dorian Gray nicht mehr mit Wort und Gesang, sondern mit dem Spiel von Chopins viertem *Prélude*. Sein Klangkörper entspringt einem Klanginstrument, seine Stimme dagegen ist kaum noch zu hören. Auch sein physischer Körper ist zum alterslosen Bild geworden, während sich in das Bildnis, in das sein Begehren abgelegt ist, seine im physischen Körper unsichtbaren Spuren eingraben. Für unsere heutige Gesellschaft gelten solche alterslosen Masken als Modelle begehrenswerter Körper. Gerade deshalb hat, so meine Vermutung, der Mythos Don Giovannis immer noch Zukunft.

Dezember 2009

Anmerkungen

1. Das Bild ist im Besitz des Musée des Beaux Arts, Palais Rohan, Straßburg.
2. Bertrand Dermoncourt, *Dictionnaire Mozart*, Paris 2005, S. 902.
3. Vgl. den Brief an den Vater vom 15. Oktober 1778, in dem Mozart berichtet, dass Aloisia Weber ihn tot geglaubt und in der Kapuzinerkirche jeden Tag für ihn gebetet hatte, was ihn tief traf, Wolfgang Amadeus Mozart, *Die Briefe*, Bd. I, hrsg. v. Ludwig Schiedermair, München/Leipzig, 1914, S. 259.
4. Ebd., S. 260.
5. Giovanni Macchia, *Vita, avventure e morte di Don Giovanni*, Turin 1978.
6. Georges Bataille, *Die psychologische Struktur des Faschismus [1934]*. *Die Souveränität [1956]*, München 1978.
7. Helga Finter „Das Lachen Don Giovannis. Zu Georges Batailles Rezeption des *dissoluto punito*" (in: Peter Csobádi et al. (Hrsg.), *Das Phänomen Mozart im 20. Jahrhundert*, Salzburg 1991, S. 639–660), in diesem Band S. 141–157; Dies., *Bataille lesen: Die Schrift und das Unmögliche* (Hrsg. zusammen mit Georg Maag), München 1992.
8. Paul Nettl, „Casanova und seine Zeit", Auszug abgedruckt in: Attila Csampai/Dietmar Holland (Hrsg.), *Wolfgang Amadeus Mozart. Don Giovanni, Texte, Materialien, Kommentare*, Reinbek/München 1987, S. 203–207.
9. Vgl. Chantal Thomas, *Casanova. Un voyage libertin*, Paris 1985, S. 249–275.
10. Jacques Casanova de Seingalt, *Vénitien. Histoire de ma vie*, édition intégrale, Wiesbaden/Paris 1960, 6 Bde, XII volumes; Chantal Thomas, *Casanova*, S. 209–232.
11. Cesare Siepi in der Aufzeichnung der Salzburger Produktion von 1954, Peter Mattei in Peter Brooks Inszenierung in Aix-en-Provence 2002, Michel Piccoli in Marcel Bluwals Fernsehfilm von 1965.
12. Sören Kierkegaard, *Entweder/Oder*, übers. v. Emanuel Hirsch, Regensburg 1956, S. 90–145.
13. Marco Beghelli, „Voix et chanteurs dans l'Histoire de l'opéra", in: Jean-Jacques Nattiez (Hrsg.), *Musiques. Une encyclopédie pour le XXIe siècle*, Bd. 4: *Histoires des musiques européennes*, Paris 2006, S. 522–551.
14. Vgl. „Was singt? Macht des Wortes, Macht der Stimme", in diesem Band S. 417–433.
15. Michel Poizat, *La voix du diable*, Paris 1991, S. 226–240.

Der imaginäre Körper:
Text, Klang und Stimme in Heiner Goebbels Theater

Das deutsche Theater der Nachkriegszeit, insbesondere seit den sechziger Jahren, ist gegenüber dem rezitierten und deklamierten Text misstrauisch. Ein Dichterwort, das sich ausdrücklich als ausgestelltes Wort des Theaters in Differenz zur Alltagssprache vernehmen lässt, steht seither auf deutschen Bühnen unter Verdacht. Wir kennen die Gründe: einerseits die Glätte eines bis in die Adenauerzeit fortwirkenden sogenannten Reichkanzleistils, andererseits der Diebstahl, den die Usurpation der Theaterstimmen auf der politischen Bühne während der Hitlerzeit bedeutete. Denn nicht nur Chaplins Schnurrbart war von Hitler geklaut worden, mit ihm und Joseph Goebbels waren auch charakteristische Stimmstile des deutschen Theaters – die expressionistischen Affektexplosionen Fritz Kortners oder der distanzierte melodische Wohlklang Gustaf Gründgens zum Beispiel – zur Karikatur verkommen, während langer Jahre auf der politischen Bühne präsent.

Nach 1945 lebte zwar mit Gründgens der Schönklang fort, doch der Verdacht gegen jede deklamatorische Theaterkunst war nicht nur am schwierigen Comeback des Emigranten Kortner abzulesen, sondern auch an den skandalösen Reaktionen mancher Schriftstellerkollegen in den fünfziger Jahren gegenüber dem Vortragsstil eines Dichters wie Paul Celan; seine Sprechweise galt manchen als „längst überholt", wurde gar mit Goebbels amalgamiert oder als „Synagogenstil" diffamiert.[1]

Dem deutschen Theater wurde die gestohlene Stimme durch vereinzelte große Schauspieler wiedergegeben, seit den sechziger Jahren auch durch Regisseure wie Klaus Michael Grüber und Peter Stein, der bei Kortner gelernt hatte. Hier sind auch die Filmemacher Jean-Marie Straub und Danièle Huillet zu nennen, die in ihrer *Antigone* und dem *Tod des Empedokles* – beide in Sizilien aufgenommen – Hölderlins Textstimmen zu Gehör brachten. Doch trotz solcher Dramatiker wie Bertolt Brecht, Heiner Müller, Thomas Bernhard, Peter Handke und Ernst Jandl schien das Verhältnis zur (Theater-)Dichtung, zum deutschsprachigen poetischen Text auf der Bühne lange heillos problematisch. Eine Wende hat sich schließlich in den letzten zwanzig Jahren mit Theatermachern angedeutet, die den Dramentext in Abstraktion der Sinnebene musikalisch wiedergaben, beziehungsweise gegen den Sinn rhythmisierten – wie Robert Wilson oder Einar Schleef – oder die, von der Musik her kommend, nun dem gesprochenen Text als utopisches Korrelat die andere Stimme des Gesangs entgegensetzten – wie Christoph Marthaler.

Wie dieser ist auch Heiner Goebbels von Haus aus Theatermusiker, ja er ist Komponist. Doch schlägt er nicht die Gesangsstimme als Kontrapunkt zum unmöglichen Sagen, zur gestohlenen Sprechstimme vor – gemäß dem Diktum Heiner Müllers, „Was man noch nicht sagen kann, kann man vielleicht schon singen".[2] Desgleichen reduziert Heiner Goebbels auch nicht den Text zuungunsten seiner Sinnebene allein auf sein klangliches Potential, wie die meisten seiner Komponistenkollegen der Neuen Musik. Vielmehr gibt er der Sprechstimme ihre Musikalität wieder in einer *neuen* Weise: denn sie gemahnt keineswegs an die alte deklamatorische Rhetorik, für die stimmliche Musikalität Sinn verstärkender Schmuck ist. Durch ein Spektrum von Stimmqualitäten und durch rhythmische Stimmführung eröffnet im Gegenteil die *nuova pratica* Heiner Goebbels neue Sinnpotentialitäten des Textes. Mit der Fokussierung auf die Stimme hören wir in der Tat auch Musik, doch es ist die sinnliche und sinnenhafte Musik der Texte selbst, die über die Klänge von persönlichem Timbre und die Melodie von singulärem Melos, über Akzente und dialektale Klangfärbungen, über die Musikalität von Nationalsprachen und Gruppenidiomen zu Gehör gebracht wird. Das Theater Heiner Goebbels' lässt so den Text als einen eigenständigen Protagonisten erfahren, denn der *Stimmkörper* der von ihm verwendeten Texte wird gerade dadurch präsent, dass seine Performer deren Klang- und Rhythmusstrukturen als semiotische, potentiell Sinn generierende Strukturen ausstellen.

Heiner Goebbels arbeitete bisher noch nicht mit dramatischen Texten. Doch bilden das Rückgrat seiner Theaterarbeiten immer Texte mit literarischer, ja poetischer Qualität: seine Bühnenproduktionen – so *Die Befreiung des Prometheus* 1984, *Ou bien le débarquement désastreux* 1993, *Die Wiederholung* 1995, *Schwarz auf Weiß* 1996, *Max Black* 1998, *Eislermaterial* 1998 und *Hashirigaki* 2000 – versammeln Prosa- und Lyriktexte verschiedenster Autoren: Heiner Müller, Francis Ponge, Joseph Conrad, Alain Robbe-Grillet, Sören Kierkegaard, Prince, Paul Valéry, Georg Christoph Lichtenberg, Max Black, Hanns Eisler, Gertrude Stein. Diesen Texten von Dichtern, Romanciers, Songschreibern, Philosophen und Komponisten ist gemeinsam, dass sie jeweils einen ganz singulären Stil haben, welcher auch gegenüber der Sinnebene ein neues semiotisches Potential eröffnet. Heiner Goebbels' rhythmische Bearbeitung des Textes und die Konfrontation mit Musikinstrumenten legen diesen Stil frei. Syntax und Wortklang können dann in seinem Theater in ihrer Sinn generierenden und strukturierenden Funktion hörbar werden. So ist Heiner Goebbels – gerade weil er, wie er selbst sagt, „eine Alternative von Oper und Schauspiel [sucht], die das gesprochene Wort auf eine musikalisierte, eine rhythmisierte Art in die Komposition integriert",[3] einer der wenigen, die auf den deutschen Bühnen dem Text mit Respekt begegnen.

Wesentliche Charakteristika der verwendeten Texte können in seinem Theater deutlich werden: Die ausgestellten poetischen Qualitäten sind nicht nur Ornament, sie haben aber auch nicht nur sinnbildende Funktion. Vielmehr kristallisiert sich gerade in ihnen eine *Theatralität*, die in den Worten Roland Barthes eben dadurch gekennzeichnet ist, dass sie dem Zuhörer beziehungsweise Zuschauer ermöglicht, seine eigene imaginäre Bühne zu öffnen und visuelle sowie auditive Perzeption in einer sensorischen Transmutation zu verbinden. So ist die Verfolgung des Ungeheuers in Heiner Müllers *Herakles 2*, durch die Herakles sich selbst als Objekt seiner Suche am Ende entdecken wird, schon als Gestus in die anaphorische Zirkelstruktur der Syntax eingeschrieben. Der Schauspieler – hier André Wilms in *Ou bien le débarquement désastreux* –, der diese Struktur erfasst, sich auf sie einlässt, kann so zum Körper der Textfigur ohne Stanislawski'sche Gymnastik der Einfühlung werden: Denn das *corps à corps* des Schauspielers mit dem Text konfrontiert den imaginären Stimmkörper des Schauspielers mit dem Stimmkörper des Textes. Seine Stimme muss zu einem Instrument werden, das eine Partitur spielt, denn letztere fordert ihn auf, mit seinem imaginären Stimmkörperbild zu spielen, diesen Körper zu relativieren.

Die Figuren in den Stücken von Heiner Goebbels vermitteln uns den Eindruck einer extremen Leichtigkeit und Grazie, ja einer Eleganz, die uns an die Ausführungen seines geliebten Kleists zum Marionettentheater gemahnt. Und dies obwohl seine Performer zugleich oft anstrengende physische Aufgaben verrichten müssen, die den ganzen präsenten Körper fordern. Natürlich hat das uns beeindruckende Ergebnis auch sehr viel mit der außerordentlichen Qualität seiner Performer und Schauspieler zu tun.

Doch ein weiterer Grund für diese schwebende Leichtigkeit ist in dem Dispositiv zu suchen, das Heiner Goebbels hier als Verbindung von Text und Bühnensprachen vorschlägt. Hierzu möchte ich etwas genauer jenen Typ von Texten anschauen, mit dem Heiner Goebbels arbeitet: Wir finden dort keine Alltagsdialoge, keine Gebrauchstexte, er arbeitet nur mit *geschriebenen* Texten, mit Texten, die dank ihrer poetischen Qualität unter dem Sammelbegriff *écriture* gefasst werden können.

Was bedeutet dies? Im Hinblick auf eine mögliche Antwort schlage ich vor, eine Überlegung aufzugreifen, die Roland Barthes 1974 im Zusammenhang mit der schriftlichen Transkription seiner Interviews angestellt hat. Er zeigt dort auf, was das Gesprochene verliert, wenn es schriftlich fixiert wird: Es geht nämlich dann mit der konkreten Stimme auch all der Indizien verlustig, die auf einen präsenten Körper verweisen. Doch um welchen Körper handelt es sich beim gesprochenen Wort? Mit ihm, so zeigt Barthes, wird durch Gestik und Stimme ein *imaginärer* Körper, ein Bild des Körpers inszeniert. Aber nicht alles Geschriebene unterliegt diesem Verdikt der Körperlosigkeit. Ja, es gibt eine Art von

Text, in dem ein Körper voll präsent zu sein vermag, und dies ist für Barthes gerade die Schrift, die *écriture*. Doch in ihr findet der Körper einen anderen Modus, er kehrt nicht durch das Bild, sondern durch die Lust – *jouissance* – der musikalischen Struktur des Textes zurück.[4]

Was ist aus diesen Beobachtungen für die Verwendung von Texten im Theater zu folgern? Ein Theater, das nur gesprochenes Wort sein will, das den Aspekt des gesprochenen Wortes zuungunsten der Schrift ausstellt, kann nur Bilder des Körpers hören und sehen lassen, die unseren Erwartungen entsprechen, die einen Code des *verosimile* bestätigen. Erst wenn das Theater die in den Text eingeschriebene Lust über seine poetischen Strukturen hören lässt, wird dort auch ein *anderer* Körper hör- und denkbar werden, ein Körper, der über die Stimmkörper des Textes projiziert wird.

Das alte Theater wusste dies. Solange Dramen in Versen geschrieben waren, legten sie durch die Charakteristika ihrer *écriture* solche anderen Körper strukturell durch das Versmaß nahe. Wir hören sie heute noch über die transtextuellen Stimmen zum Beispiel des Alexandriners der französischen Tragödie in Klaus Michael Grübers *Bérénice* oder in den *endecasillabi* der italienischen Tragödie in Luca Ronconis *Mirra*, ja, konnten sie selbst in den Oktaven seines *Orlando furioso* vernehmen. Zugleich war dieser transtextuelle Stimmkörper jedoch als Vers der Bühne auch lange mit dem Anspruch belegt, einen *nationalen* Stimmkörper zu repräsentieren. Gerade deshalb scheint der Vers mit wenigen Ausnahmen für den Dramentext obsolet geworden zu sein. Und dient ein versifizierter Text als Vorlage, so wird er heute oft als Prosa sinnbetonend wiedergegeben oder aber – wird seine Musikalität ausgestellt – scheint dies ausdrücklich an die Pflege einer nationalen Tradition anzuknüpfen.

In der angedeuteten gebrochenen Tradition des deutschsprachigen Theaters ist der poetische Text ganz besonders dem Misstrauen ausgesetzt, wie die Geschichte der deutschen *Faust*-Inszenierungen der letzten dreißig Jahre wohl belegt. Denn für viele kann es heute wohl kaum noch um eine Rehabilitierung nationaler Modelle gehen. Vielmehr ist eine kritische Auseinandersetzung mit ihnen angesagt, wovon zum Beispiel Christoph Marthalers *Goethes Faust: Wurzel aus 1 +2* zeugte. In diesem Kontext zeigt Heiner Goebbels seinen ganz eigenen, anderen Weg: Sein Theater trägt der Aufhebung nationaler Grenzen, der topographischen Simultaneïtät verschiedener Sprachen und Kulturen Rechnung. Es geht nicht mehr um einen allein deutschen Sprach- und Stimmkörper, nicht mehr um die Feier des nationalen Dichterwortes: Vielmehr ist eine Konfrontation von Sprechstimme(n) und Textstimme(n) mit Gesangstimme(n) von jeweils verschiedenster Provenienz angesagt.

So werden in Heiner Goebbels' Theater zum Beispiel europäische, amerikanische und japanische Textkörper einander gegenübergestellt, ihre Wortstimmkörper stehen im Dialog mit den Gesangstimmkörpern, zum Beispiel des Jazz, afrikanischer Griotsänger oder britischer Popsänger. Singuläre Triebeinschreibungen in das literarische Schriftwort werden mit nationalen und ethnischen Formen musikalischer Triebsemiotisierung konfrontiert. Dennoch entsteht keine Illusion multikultureller Harmonie, noch wird in der Nostalgie eines gegenüber dem singulären Textkörper unbewusst kollektiven Klangkörpers geschwelgt: Vielmehr wird über Text und Musik ein Umgang mit den anderen als *Ethik des Anderen* vorgeschlagen: Verschiedene Formen des sprachlich Anderen – als Klang und Schrift – werden mit verschiedenen musikalischen Formen der Triebsemiotisierung der Lust konfrontiert, durch sie kontrapunktiert und perspektiviert. Die Mehrsprachigkeit der dargebotenen Texte vervielfältigt die Körper der Performer. Ein Verlauten von Stimmen zwischen Sprechen und Gesang lässt das jeweils Andere mit aufblitzen.

Gerade diese Assemblage von Text-, Sprech- und Singstimme macht die fehlende Körperschwere von Goebbels' Theater aus. In ihm koexistieren verschiedene Formen des Heterogenen, verschiedene Formen der Integration des Präverbalen, verschiedene Rhetoriken und singuläre Einschreibungen des Affekts, verschiedene Text-, Klang- und Stimmkörper.

Heiner Goebbels Theater ist eine spezifisch *europäische* Antwort auf die Globalisierung und zeichnet sich durch eine auf allen Ebenen seiner Arbeit wirkende Ethik des Anderen aus: Die Achtung des Anderen zeigt sich im Respekt des Textes, seines genuinen Klangkörpers ebenso wie in der niemals einvernehmenden Haltung gegenüber vielfachen kulturellen Formen der musikalischen Einschreibung der Triebsemiotisierung. Diese *Moral der Form* ermöglicht nicht nur den Dialog zwischen Text und Musik verschiedenster Kulturen, zwischen Performern verschiedenster Provenienz, sondern öffnet diese auch auf die jeweils andere Praxis: Der Schauspieler André Wilms ist zugleich ein virtuoser Musiker in *Ou bien le débarquement désastreux* und *Max Black*; die Musiker des Ensemble Modern sind nicht nur Spieler ihnen fremder Instrumente, sie sind auch Performer von Texten – so in *Schwarz auf weiß* und *Eislermaterial* –, die Pianistin Marie Goyette ist Musikerin und überzeugende Schauspielerin in *Die Wiederholung* und *Hashirigaki*.

Die Entdeckung des jeweils anderen wird durch die Konfrontation von *live* produzierten und technisch reproduzierten Stimmen und Klang auch zu einer Konfrontation von Präsenz und Vergangenheit: Stimmen verstummter oder zum Verstummen gebrachter Dichter und Sänger – wie die Heiner Müllers, Hanns Eislers oder der ostjüdischen Kantoren in *Surrogate Cities* – sind über ihre Stimmkörper präsent und sprechen für die Zeit einer Aufführung zu den Lebenden. So wird Heiner Goebbels Theater zu einem Theater des Lebens, in dem das Andere seinen notwendigen Ort gefunden hat.

Am Ende seiner Vorlesungen zur Ästhetik hatte Hegel die Emanzipation theatralischer Kunst in der Fortentwicklung zu einem jeweils eigenständigen Schauspiel-, Musik- und Tanztheater vorausgesagt um den Preis der bisherigen Vorherrschaft der Poesie.[5] Die Geburt der Tragödie aus dem Geist der Musik schien ihm ebenso Recht zu geben wie die weitere Entwicklung des Theaters im letzten Jahrhundert. Doch zeigt heute das Theater von Heiner Goebbels, dass dies nicht die Preisgabe jeglicher Dichtung bedeuten muss: Das Ernstnehmen des Stimm- und Klangkörpers der *écriture* kann zu einer anderen Form poetischen Theaters führen, insofern es die poetische Klangform des Textes als sinngenerierende, syntaktische, bildliche, klangliche und rhythmische Struktur hörbar macht und damit einen Dialog mit allen Sprachen des Theaters ermöglicht.

März 2001

Anmerkungen

1   Vgl. Paul Celan/Gisèle Celan-Lestrange, *Corréspondance*, hrsg. v. Bertrand Badiou, unter Mitarbeit von Eric Celan, Bd. II: *Commentaires et illustrations*, Paris 2001, S. 61ff.
2   Vgl. Heiner Müller, „Sechs Punkte zur Oper", in: Ders., *Theater-Arbeit*, Berlin 1986, S. 117.
3   Vgl. Heiner Goebbels, „Hilflosigkeit, Langeweile", Interview durch Thomas Delekat, in: *Die Deutsche Bühne*, März 1996, S. 18–21.
4   Vgl. Roland Barthes, *Œuvres complètes*, Bd. 3, Paris 1994, S. 50: „Dans l'écriture, ce qui est trop présent dans la parole (d'une façon hystérique) et trop absent de la transcription (d'une façon castratrice), à savoir le corps revient, mais selon une voie indirecte, mesurée, et pour tout dire juste, musicale par la jouissance, et non par l'imaginaire (l'image)."
5   G.W.F. Hegel, *Vorlesungen über die Ästhetik* III, Werke 15, Frankfurt/Main 1986, S. 515ff.

IX.

Textstimmen (2): Ethik des Sprechens

Menschwerden
Inszenierungen des Heterogenen in Grübers *Bakchen*

Das Heterogene wird, wie Georges Bataille gezeigt hat, allein in wenigen extremen, auf Verausgabung abzielenden gesellschaftlichen und singulären Praktiken manifest: Neben dem Krieg und dem Fest sind dies die Erotik, die Ekstase und das Lachen.[1] Sie konfrontieren direkt mit dem Unmöglichen, mit dem Tod. Doch darüber hinaus entwickeln auch Institutionen wie Religion, Literatur und Dichtung oder die Künste Strategien, das Heterogene durch Dramatisierungen zu projizieren, um es im Zwischenraum der Riten, der Texte, Diskurse und Bilder aufscheinen zu lassen.

Während Ritus und Mythos das Heterogene in Äquivalenten eines Sakralen gesellschaftlich zu fixieren suchen, dramatisieren Dichtung und Künste das Heterogene performativ und stellen vor allem das Heterogene des Subjekts ins Zentrum. Insbesondere das abendländische Theater thematisiert seit den Anfängen seine religiöse Vorgeschichte als eine Totenfeier, ein Totenritual. Mit den Gesängen des Chors bei den einleitenden dionysischen Umzügen wird der Statue des Gottes Leben eingehaucht, um sodann auf der Bühne die Animation des toten Helden in der Maske des Schauspielers zu ermöglichen. *Theaomai*, die Wurzel von *theatron* und *theoría*, bedeutet nicht nur, mit dem konkreten und geistigen Auge schauen, sondern beinhaltet auch eine Bewegung des Vorbeiziehens, die auf die prä-theatralen Ursprünge des Theaters verweist. Das französische *théorie*, vom griechischen *theoría* abgeleitet, bezeichnet noch heute ein Truppendéfilée.

Die Animation des toten Helden oder des Gottes steht am Anfang des europäischen Theaters. Mit Dionysos, der dem Fremden, dem Heterogenen geweiht ist, beschwört das Theater die Präsenz des Anderen über die Ekstase, welche in den Umzügen des ersten Tages der Großen Dionysien die dithyrambischen Gesänge, Tanz, Wein und Tieropfer herbeiführen. Die Übertragung des Atems eines Anderen erst setzt den Schauspieler in Bewegung, löst seine Stimme auf der Bühne und inspiriert ein dem Anderen entlehntes Wort, wodurch eine fremde und ferne Textstimme lebendig wird, welche Stimmen aus dem Totenreich oder dem Bereich des Göttlichen mimt. Das Wort auf der Bühne der europäischen Anfänge enthält so immer als Doppel die Begegnung mit dem großen Anderen, dem Tod und sagt die, das Andere verlautende Stimme als Belebung einer transzendentalen Stimme an, welche der Vers als Stimme des Textes vorgibt. Diese Zeremonie des Worts, die für Jean-Luc Nancy stellvertretend für das Opfer steht, besiegelt zwar den Auszug des Theaters aus der Religion, verschiebt jedoch zugleich auch deren Ritualisierung des Heterogenen in das Verhältnis von Körper und dichterischem Wort.[2]

In diesem Zusammenhang ist Klaus Michael Grübers Inszenierung von Euripides' *Bakchen* 1973/1974 im Philipps Pavillon der Schaubühne Berlin von besonderem Interesse: Euripides' Tragödie, 405/406 v. Chr. posthum zusammen mit *Iphigenie auf Taulis* und *Alkmeion in Korinth* aufgeführt, stellt die Frage des heterogenen Ursprungs des Theaters nicht nur auf der Ebene des Textes als Handlungskonflikt zwischen Dionysos und Pentheus, zwischen auf religiösem und säkularen Recht beruhenden Ordnungen. Auch der Modus seiner Inszenierung konfrontiert mit den archaischen Anfängen des Theaters, indem er das, was dem Einzelnen, der Gesellschaft und dem Theater heterogen ist, thematisiert. Dabei fokussiert Grüber gerade das Heterogene durch eine Befragung des Verhältnisses von Darstellung und Performativität. Performativität wird so im Spektrum der verschiedensten Wissensdisziplinen thematisiert beziehungsweise erfahrbar gemacht: als Dimension der Sprache, des Subjekts, des Geschlechts, der Religion, der Kultur, der Gesellschaft, aber auch als Dimension der Literatur/Dichtung, der Musik und vor allem des Theaters und seiner Konstituenten. Dieses ‚Manifest der Performativität', das ich zugleich auch als erstes Manifest von Grübers Theaterästhetik verstehen möchte, stellt das Verhältnis von Schauspieler und Text als ein Verhältnis zum Anderen ins Zentrum. Es zeigt sich zuerst als eine Auseinandersetzung mit dem Heterogenen der Stimme, die auf einen spezifischen historischen Theaterkontext antwortet.

Heterogenität der Stimme im deutschen Nachkriegstheater

Das deutsche Theater der Nachkriegszeit war insbesondere seit den sechziger Jahren gegenüber dem rezitierten und deklamierten Text misstrauisch. Selten war ein Dichterwort auf der Bühne zu hören, das ausdrücklich als Wort des Theaters ausgestellt wurde oder die Differenz von Alltags- und Bühnensprache unterstrich. Vielmehr stand auf der Bühne das kunstvolle Wort unter Verdacht.

Die Gründe hierfür liegen in der besonderen deutschen Geschichte, die auch eine Geschichte der Stimme ist, insbesondere der Bühnenstimme. Diese Gründe seien hier kurz zusammengefasst: Einerseits ist für dieses Misstrauen der Theatermacher gegenüber der kunstvollen Stimme die Glätte und der hohle Schönklang eines Sprechstils verantwortlich, der bis in die Adenauer-Zeit fortwirkte: der von Emigranten wie Fritz Kortner so benannte „Reichskanzleistil". Andererseits ist der Diebstahl zu vermelden, den die Usurpation der Theaterstimmen auf der politischen Bühne während der Hitlerzeit bedeutete: Nicht nur Charlie Chaplins Schnurrbärtchen war von Hitler geklaut worden. Mit Hitler und Joseph Goebbels waren auch charakteristische Stimmstile des deutschen Theaters zur

Karikatur verkommen: so die expressionistischen Affektexplosionen des frühen Kortner – er hatte diesen Stil ab Mitte/Ende der zwanziger Jahre geändert, als er die politische Nutzung extremer Stimmausbrüche und damit den Sieg einer falschen, seine eigene in Frage stellenden Theatralität feststellen musste[3] – und der melodische Wohlklang Gustaf Gründgens', der auf der politischen Bühne mit Joseph Goebbels präsent war.[4]

Nach 1945 lebte mit Gustaf Gründgens der Schönklang fort. Doch der Verdacht gegen eine Bühnenkunst, welche die Stimme selbst semiotisch auflud, war nicht nur am schwierigen Comeback des Emigranten Fritz Kortner abzulesen, sondern auch in der Nachkriegszeit an den Reaktionen mancher Schriftstellerkollegen gegenüber dem Vortragsstil eines Dichters wie Paul Celan: Seine Sprechweise galt manchen als „längst überholt", man amalgamierte ihn gar mit Joseph Goebbels' Sprechstil oder diffamierte ihn als „Synagogenstil", was im französischen Briefwechsel von Paul Celan und seiner Frau Gisèle Celan-Lestrange dokumentiert ist.[5]

Dem deutschen Theater wurde die gestohlene Stimme durch vereinzelte große Schauspieler wiedergegeben, Fritz Kortner ist einer unter ihnen; seit den sechziger Jahren auch durch Regisseure wie Klaus Michael Grüber, der bei Giorgio Strehler in Mailand gelernt hatte, und, schon in seinen Anfängen durch Peter Stein, der bei Fritz Kortner Assistent gewesen war. Hier sind auch die Filmemacher Jean-Marie Straub und Danièle Huillet zu nennen, die mit ihrer *Antigone* in der Brecht-Bearbeitung der Hölderlinübersetzung sowie mit Hölderlins *Tod des Empedokles* nun Textstimmen zu Gehör brachten, deren poetische Form die Utopie einer vollen stimmlichen Präsenz brach und fragmentierte. Doch trotz solcher Dramatiker wie Bertolt Brecht, Heiner Müller, Peter Handke, Thomas Bernhard, Ernst Jandl oder auch Herbert Achternbusch, die einen dramatischen Text vorschlugen, der in der *poetischen* Stimme das Andere der Sprache hören ließ, schien und scheint das Verhältnis zur Theaterdichtung, zum deutschsprachigen poetischen Text auf der Bühne lange Zeit heillos problematisch. Eine Wende hat sich schließlich in den letzten zwanzig Jahren mit Theatermachern angedeutet, die den Dramentext in Bezug zur Musik setzten: Die Ebene des Sinns tritt hier zurück, während die musikalische Seite des Textes als Rhythmus und Klang ausgestellt wird, so bei Robert Wilson und Einar Schleef, oder aber wird bei Regisseuren, die von der Musik herkommen, entweder der Gegensatz von Sprechen und Singen dramatisiert, so bei Christoph Marthaler, oder das poetische Klangpotentials des Textes als Affektpotential musikalisch bearbeitet, so bei Heiner Goebbels.[6]

Grüber, der Fremde

Mit Klaus Michael Grüber soll nun die Vorgehensweise eines Regisseurs im Hinblick auf das Verhältnis von Stimme und Text diskutiert werden, der neben Peter Stein, Peter Zadek und Claus Peymann zur Generation der Achtundsechziger gehört. Von Anfang an hat Klaus Michael Grüber jedoch eine Sonderrolle in der deutschen Theaterlandschaft gespielt, insofern er seine Lehrzeit im Ausland absolviert hatte, und zwar am Piccolo Teatro in Mailand zwischen 1966 und 1969, aber auch, weil er, im Gegensatz zu seinen Kollegen, das Problem der Stimme als Problem der vokalen Wiedergabe eines Textes ins Zentrum seines Schaffens stellte. Dies wurde sofort von der Kritik bemerkt, schon bei seinen ersten Goldoni-Inszenierung 1967 in Freiburg – *l'Impresario delle Smyrne* – und 1968 – *L'Amante militare* – im Schauspielhaus Zürich.[7]

Von da an wurde von den Kritikern das Lob einer musikalischen, rhythmischen Wiedergabe des Textes herausgestellt, aber auch die Kritik ihrer Unverständlichkeit, apostrophiert als „Murmeln", „Nuscheln", „Flüstern", sowie die Langsamkeit der Aufführung vermerkt.[8] Grüber machte nämlich die Frage der Stimme im Theater zu einer politischen Frage: Es ging bei ihm darum, die alten Rhetoriken zu dekonstruieren und eine Emotion, eine stimmliche Expressivität zu finden, die das Verhältnis des Schauspielers zum Text dramatisiert. Der Schauspieler soll nicht als Quelle des Textes verwahrscheinlicht werden, sondern den Text als Stimme eines Anderen erfahrbar machen.

In der Tat bietet das Theater Modelle des Verhältnisses von Körper und Stimme, Schauspielerkörper und Textkörper an. Ein Charakteristikum des postmodernen Theaters ist es gerade, dieses Verhältnis seit Artaud als souffliert auszustellen und einen *Bruch* von Körperstimme und Textstimme zu inszenieren:[9] Als plausibles heutiges Beispiel könnte hier Michael Thalheimers Inszenierung von Lessings *Emilia Galotti* angeführt werden. Sie legt den Anspruch von Lessings Drama, den Konflikt durch das Wort zu versinnbildlichen, bloß durch die performative Vorführung der Sprachkonzeption der Aufklärung. Nicht das Wort dramatisiert und absorbiert in der Inszenierung die Konflikte, sondern Körperaktion und Wort fallen auseinander: Der Text wird so hastig gesprochen, dass auch Muttersprachler ihn kaum zu verstehen vermögen. Dagegen wird die Körpergestik genau choreographiert: Sie entwickelt in Zeitlupe zu der Minimal Music des Films *In the Mood for Love* von Wong Kar-Wai die Sprachlosigkeit unbewusst pulsierender Leidenschaft, die Emilia zerbrechen lässt. In dieser Regie wird der Anspruch Lessings, das Drama in Worte zu fassen, negiert und ein unüberwindbarer Konflikt von Körper und Verbalsprache inszeniert, wie wir ihn sowohl bei Philosophen der Aufklärung wie dem Jean-Jacques Rousseau des *Essai sur l'origine des langues* (Genf 1781, posthum in *Traités sur la musique*) oder auch bei Johann Gottfried Herders *Über den Ursprung der Sprache* (1772) expliziert finden. Gerade bei Rousseau stand jedoch nicht allein eine Gestensprache als expressive Wahrheit des physischen Körpers einer toten Verbalsprache gegenüber, sondern mit der Geste verbunden war eine ursprüngliche ‚Muttersprache' der musikalischen Lautbildung. Rousseau konfrontiert also Dichtung beziehungsweise Gesang mit einer leibfremden, trockenen Diskurs- und Kommunikationssprache. Die Trennlinie wird so zwischen Poesie beziehungsweise Gesang, verbunden mit der Geste und einer diskursiven beziehungsweise dialogischen Sprache, gezogen.

Auch Klaus Michael Grüber stellt eine Trennung von Körper und Sprache aus. Doch geht er keineswegs von einer Wahrheit des expressiven physischen Körpers aus. Vielmehr ist er ein pessimistischer Optimist: Die Unerreichbarkeit einer Einheit von Körper und Sprache ist Prämisse ihrer Dramatisierung als Trauerarbeit am schon immer verlorenen Ursprung der Sprache, die als Verhältnis des Schauspielers zum Text inszeniert wird. Grübers Theater ist ein Theater, das man mit den musikalischen Termini *mezzo-piano* bis *pianissimo* und *moderato* bis *adagio* kennzeichnen könnte: Die Lautstärke ist reduziert, der Wort- und Versfluss wird durch Pausen, Schweigen und Zögern unterbrochen sowie durch das Geräusch und Rauschen bewegter und unbewegter Körper. Verlangsamter Rhythmus ist Kennzeichen aller Inszenierungen, was eine Länge der Aufführung von mehr als drei Stunden im Allgemeinen zur Folge hat.

Kritiker sprachen sehr oft von „beabsichtigter Unverständlichkeit" (Botho Strauß) und das Publikum verließ laut Türen schlagend das Theater wie bei seiner *Bérénice* von Racine 1984 an der Comédie-Française in Paris oder seinem *Faust* 1992 an der Freien Volksbühne in Berlin.

Grüber fordert ein anderes Zuhören. Das Sprechen des Textes wird bei ihm zum *Ereignis*. Dieses Ereignis sucht den rituellen Ursprung des Theaters zu evozieren: Es geht darum, an den archaischen sakralen Akt zu erinnern, mit dem die Statue beziehungsweise Maske des toten Helden oder Gottes neu belebt, animiert wird, und zwar dergestalt, dass die Stimme eines anderen, die Stimme eines Textes, ihm eingeflößt wird, Besitz vom Körper des Schauspielers ergreift. So sind Maske und Stimme zentral, sie finden über die Stimme des Textes zusammen, die als fremde Stimme, als *Anderer* hörbar werden soll.

Die Bakchen

Die Eröffnungsszene der *Bakchen* ist das theatrale Manifest eines, das Theater gründenden Ereignisses. Wir wohnen der Animation des Gottes Dionysos bei, im weißen leeren Raum einer Industrie- oder Ausstellungshalle, die mit Neonlicht taghell ausgeleuchtet ist und unter deren Decke sich Ventilatoren drehen: Zum Klang der ersten Takte der Apotheose von Igor Strawinskys *Apollon Mu-*

sagète wird der Gott auf einer Metallbahre von Personen hereingeschoben, die weißgelbe Arbeitskleidung aus Wachstuch tragen sowie Schutzmasken, die an Fechtvisiere erinnern. Sie könnten Arbeiter einer Raumstation oder des Infektionsblocks eines Krankenhauses sein. Der Schauspieler Michael König präsentiert Dionysos mit folgender Ganzkörpermaske: Sein Haar ist wirr, sein Gesicht ist wie eine Maske glatt geschminkt. Mit einem weißen *cache-sexe* in Form eines ruhenden Penis gegürtet, ist seine rechte Körperhälfte mit länglichen Streifen wie aus schwarzen Teer bemalt, die das Trikot des Fauns in Vaslav Nijinskys Ballett evozieren. Während er hereingefahren wird, wird das verdunkelte Glasdach bis auf ein Drittel langsam aufgedeckt, eine Lampe fährt unter der restlichen verdunkelten Decke über der Bahre herab.

Auf dem Rücken ausgestreckt, frontal zum Publikum spricht König/Dionysos das erste Wort: „Ich", das Personalpronomen der ersten Person Singular, das er sechsmal wiederholt. Dabei variiert er die Aussprache: zuerst zögernd, dann fragend, trotzig, schließlich behauptend. Dreimal lässt er sodann das in der ersten Person Singular Präsenz konjugierte Verb „sein" folgen: „bin" Schließlich verbindet er Pronomen und Verb zum ersten Satz: „Ich bin". Er wiederholt diesen Satz dreimal in derselben Weise: zögernd, fragend, dann behauptend. Er lächelt, zufrieden, unsichtbaren Gesichtern zu, streichelt sich, lächelt, lacht und umklammert eine schwarze hochhackige Plateau-Damensandalette, die er schon von Anfang an in seinen Armen verborgen hatte. Schließlich spricht er den in der Wortstellung modifizierten ersten Satz des Prologs von Euripides' Tragödie: „Ich bin Dionysos, der Sohn des Zeus". Die theatrale Anapher des Prologs, welche die Behauptung der Identität des Gottes als bekannt voraussschickt – „Gekommen bin ich, Sohn des Zeus, in dieses Land/von Theben, ich, Dionysos, den einst …",[10] wird hier zur performativen Setzung einer verbalen Identität: „Ich bin Dionysos".

Sein Monolog präsentiert den unter die Menschen nach Theben gekommenen Gott und sein Vorhaben, die verleumdete Ehre seiner Mutter Semele, der Geliebten des Zeus, an König Pentheus zu rächen. Beim Namen ‚Semele' lässt er den Schuh fallen, stöhnt, sich aufbäumend, schlägt heftig mit den Händen gegen seine Oberarme, ergreift wieder die Sandale, liebkost sie, atmet durch und kündigt das Vorhaben seiner Rache an. Seine Zeigefinger graben sich in die Augen ein, die Blendung seiner Mutter evozierend, er wiehert, lacht laut, fährt in Altgriechisch fort, nimmt die deutsche Übersetzung Wolfgang Schadewaldts wieder auf, um dann in Griechisch fortzufahren und schließlich den Vers auszusprechen, der den Anblick des Grabes und des verbrannten mütterlichen Hauses beschreibt. Da hebt sich die Stimme, wird bestimmter, die Verwünschungen seiner Mutter werden mit verächtlichen Akzenten ausgesprochen, er schreit, der Körper wird geschüttelt, wie besessen, die *manía* ergreift ihn, Klang und Geräusch ersticken das Wort, er fällt vom Bett, und sich aufrichtend bekundet er mit klarer und fester Stimme die Absicht, seine göttliche Natur zu beweisen. Wieder auf dem Hospitalbett ausgestreckt, spricht er schließlich im selben, doch nun leicht belegten Ton, die letzten zwei Verse des Monologs, die sein bisheriges Tun zusammenfassen: „So nahm ich sterbliche Erscheinung an, verwandelt meine Gestalt in eines Mannes Leib, ich Dionysos, der Sohn des Zeus." Beim letzten Wort setzt wieder *Apollon musagète* von Igor Strawinsky ein.

Die Rahmung der Musik ist signifikant und zugleich von paradoxer Vieldeutigkeit: Hier wird die Musik einer Choreographie Georges Balanchines für die Ballets russes (1927) eingespielt, in der Apollon mit den Musen der Dichtung (Kalliope), des Tanzes (Terpsichore) und des Theaters beziehungsweise Mimus' (Polyhymnia) auftritt. Apollon erscheint dort als Gegenpol zu Dionysos, als Gott eines Theaters, das Versdichtung, Mimus und Tanz vereint. Für Strawinsky war diese Komposition ausdrücklich mit diesem Aspekt verbunden: „Das wirkliche Sujet von Apollon ist die Verskunst".[11] Damit wird diese Musik nicht nur zur Evokation des im Theater abwesenden Tanzes eingespielt. Als eine auf die Verskunst verweisende Musik lässt sie zugleich im Rhythmus einen fremden, an Versformen angelehnten musikalischen Atem als Horizont einer transzendentale Textstimme hören. Sie erst macht möglich, dass der Schauspieler Michael König als Dionysos das Wort auf einer Bühne ergreift, da sie auch die in der Übersetzung verlustig gegangene Textstimme des Verses herbeiruft, welcher der Schauspieler seine Stimme leiht. *Apollon musagète* wird zudem ebenfalls als Leitmotiv von Dionysos' Auftritt im Feindesland eingesetzt. Diese Musik wird jeweils eingespielt, um seinen Herrschaftsbereich zu rahmen. Auch als der als Frau verkleidete Pentheus (gespielt von Bruno Ganz) dann Dionysos unterworfen ist, markiert sie seine Zugehörigkeit zum Reich dieses Gottes und punktiert seinen Abgang ins Verderben bringende Reich der Bakchen. Schließlich setzt Strawinskys Musik auch den Rahmen, gegen den sich Dionysos aufbäumen wird: Seine Menschwerdung findet in einem von Form und *logos* beherrschten Raum statt.

In dieser ersten Szene wohnen wir der Menschwerdung des Gottes des Heterogenen bei: Sie wird als schmerzhafter Prozess der Spracherlernung gezeigt, bei der die Accessoires der Szene zugleich als emblematische Bilder, welche die Worte in- und subskribierend signifikant aufladen, eingesetzt sind: Der Frauenschuh, an den Dionysos sich klammert und den er liebkost, ist dabei nicht nur ein Symbol der sexuellen Ambivalenz des Gottes, sondern er hat hier auch die Funktion eines Übergangsobjekt im Sinne von Donald W. Winnicott. Das Klinikbett, auf dem die Geburt der Sprache erfolgt, erinnert an jene Liegen, die bei Menschengeburten im Einsatz sind. Spracherlernung wird als schmerzhafter Prozess phonematischer Differenzierung vorgeführt, der dauernd von indifferenzierenden Lauten bedroht ist. Indifferenzierung kennzeichnet den dem Gott Dionysos eigenen Raum. Als *manía*, als Wahnsinn, wird sie in unseren rationalen Gesellschaften in den Raum der Klinik verbannt, den gerade die Bühne evoziert. Durch die Stimme des Dionysos wird das Drama als ein Kampf um die Herrschaft zwischen zwei Stimmregistern angekündigt, zwischen einer Körperstimme und der Sprechstimme, zwischen dem Semiotischen und dem Symbolischen (Kristeva), zwischen Dionysos und Apollon. Auf der einen Seite das Aussprechen distinkter Phoneme, die der linguistische Sprachapparat für die Artikulation der Identität eines Subjekts, eines transzendentalen Subjekts vorsieht:[12] Personalpronomen, erste Person Singular, Verb konjugiert in der ersten Person Singular Präsenz; dann der Name, der den Sprecher unterscheidet und ihn in eine Geschichte einschreibt: „Ich bin Dionysos". Und auf der anderen Seite die Rückkehr des Verdrängten als Lust am Präverbalen, welche die phantasmatische *Chora* herbeiruft und das Symbolische angreift. Nimmt sie überhand, hört man Körpergeräusche, Murmeln, Stammeln, Stottern, Stöhnen, Laute, die erst zu Worten werden, wenn der Plan der Rache sich präzisiert und damit die Konfrontation mit dem Namen des Vaters – Zeus. Die Stimme nimmt dann Theaterakzente an, rhetorische Affekte wie Verachtung, Zorn lassen sich im Wort in Form von Klangausbrüchen einer verdrängten ersten Leidenschaft und ihrer vokalen Lust hören.

Die Geburt des Gottes als Sprachwesen, als Mensch, spielt sich als Verdrängung der Lust einer ersten mütterlichen *Chora* (Kristeva) und als eine schmerzhafte Spracherlernung, die Einschreibung in die Ordnung eines Anderen ist, in die Logik eines Namens, der das Begehren der Eltern transkribiert und erlaubt, erste Triebregungen in der Sprache zu disseminieren. Mit der Stimme des Worts und der Musik werden die vokalen Prinzipien des Tragischen angekündigt: Dionysos und das überbordende Register des Körpers, Apollon und das musikalische Register des Wortverses wie auch die musikalische Komposition.

Mit dieser Szene, die den Anfangsmonolog von Euripides' Tragödie rahmt, befragt Grüber die Einführung des Worts auf der Bühne als Projektion eines Spannungsraumes zwischen dem Symbolischen des väterlichen Gesetzes einerseits und der präverbalen mütterlichen Lust andererseits. Das Theater wird als Spielraum des Heterogenen der Sprache durch das Zusammentreffen zweier konfliktueller Stimmmodalitäten bedeutet. Das Drama wird so zuerst als Drama der Stimmen und des Verhältnisses von Sprache und Körper angekündigt, als Dramatisierung des Ursprungs der Sprache.

Doch zugleich ist auch schon durch die Maske und die inszenierte physische Körperlichkeit ein Konflikt angedeutet, der sich dann in der Konfrontation mit Pentheus konkretisieren wird. Ich werde darauf zurückkommen, hier nur sei gesagt, dass Körpermaske (die Teerstreifen) und Schuhrequisit die Figur des Dionysos als Zwischenwesen präsentieren, oszillierend zwischen Mensch und Tier (dem Faun) und zwischen Mann und Frau, und somit nicht Identität, sondern Indifferenzierung andeuten.

Diese Anfangsszene behauptet die Unmöglichkeit, den Tragödientext als Wort eines transzendentalen Subjekts, als „starres Wort" im Sinne Walter Benjamins zu sprechen.[13] Die Trauer über die Unmöglichkeit eines unmittelbar tragischen „reinen Worts" ist Ausgangspunkt eines Spiels, das die Spaltung des Subjekts durch die Sprache über Stimmmodalitäten hörbar macht, welche die Personen affektiv charakterisieren: Das Ergreifen des Wortes durch den Schauspieler der Figur des Gottes Dionysos zu Anfang wird so selbst zu einem Drama, das die Machtergreifung des Anderen, eines symbolischen Gesetzes, als Unterwerfung hören lässt.

Der *parodos* des Chores, der das Gefolge des Gottes bildet, die dreizehn Bakchen oder Mänaden mit ihren expressiv geschminkten Gesichtern, ihren langen weißen, mit dunklen Schals aus grober Wolle, Reptilienhäuten und Fellstücken ausstaffierten Gewändern, wird in einer Performance von mehreren Minuten dagegen das Reich des Dionysos als Reich des Heterogenen behaupten. Zuerst wird das schützende Dunkel wiederhergestellt und dann mit Lärm unter den herausgerissenen Dielen das Verdrängte ans Licht gebracht: Als Metaphern der zyklischen Zeit wird so eine Wollspindel entrollt, für die verbannte Materialität stehen Erde und dampfender Schlamm, Salatköpfe und zerstampfte Trauben. Eine Maske des Dionysos wird zusammengefügt und über ihm auf dem Bett zu einem bekränzten Altar errichtet: Der Gott kann sich zurückziehen. Sein Bild ist durch die Aktion mit Leben erfüllt, ist animiert. Die Choreuten graben auch zwei Kadaver aus: die mit Schlamm und Gips bedeckten Körper des Sehers Teiresias (gespielt von Otto Sander) und des Kadmos (gespielt von Peter Fitz), welcher Großvater des Dionysos und Vater von Agaue und Semele ist. Beide, die letzten Zeugen von Semeles Schicksal und der göttlichen Legitimität des Dionysos, erscheinen in der Haltung von Gipsstatuen, antiker Herkunft oder eher zeitgenössisch wie von Georges Segal, die langsam sich mit Leben füllen.

Der Einzug des Chors erzwingt die Rückkehr des Verdrängten und bringt vor allem aber ein anderes, ein verdrängtes Wort, zu Gehör, um die toten Statuen zu beleben: ein heiliges Wort, das körperlich signiert ist, das Wort, das vom Herrn Thebens, Pentheus, verbannt war. Zuerst sind Pfeifenlaute von Doppelflöten, die wie schrille Klarinetten klingen, und Schellengeläute zu hören. Ihr Rhythmus entspricht dem griechischen Versmaß der Eingangsverse des Chors: zwei kurze und zwei lange Töne des kataleptischen ionischen Versmaßes, das als Frauen verkleideten Männern im griechischen Theater vorbehalten war.[14] Dem extrem langsamen, stummen Einzug des Bakchen-Chores folgen stumme, doch nicht lautlose Aktionen der Chormitglieder – geräuschvolles Ausschalten des Hauptlichtschalters, Aufreißen der Dielen, Entbergen versteckter Gegenstände. Diese langwierigen stummen Aktionen werden ab dem Entrollen eines schwarzen Wollfadens, der den späteren Altarraum als heiligen Ort abgrenzt, von den Worten der Choreuten begleitet. Strophen und Antistrophen der Schadewaldtschen Textübertragung sind dabei nach rhythmisch musikalischen Kriterien bearbeitet: Euripides' Parodos-Text ist so umgestellt und fragmentiert, dass nun Strophe und Gegenstrophe jeweils ungefähr gleich lang sind und sich ein Eindruck von Iteration einstellt. Striche, Überlagerungen, Umschreibungen modifizieren ihn nach rhythmischen Kriterien. So lässt der Chor eine *andere* vokale Lust hören: die von den Choreutinnen abwechselnd vorgetragenen Litaneien, punktiert von altgriechischer Deklamation, rhythmischen Schreien, Interjektionen, konvulsiven Ausbrüchen, füllen den Raum mit einer oralen, analen, aggressiven Vokalität. Die Stimmen der Bakchen begleiten rituell die Animation der Statuen der Toten und legitimieren die Handlung der Konsekration der Maskenbüste des Gottes, welche seine Bahre in einen Altar verwandelt. Sie stellen also die Welt wieder her, die Pentheus bis in die Stimme verdrängt hatte, wie die nächste Szene zeigen wird.

Pentheus präsentiert sich darin mit einem Sprechen, das den schönen und klaren Wohlklang des Wortes in einer künstlichen und präzisen Rhetorik ziseliert. Als intendierte reine Differenz doppelt sie die von Starrheit strahlende Erscheinung eines virilen antiken Heldenkörpers. Er zeigt sich zuerst in einer Montage von Wittgensteinzitaten[15] mit einer Sprachkonzeption, die das Heterogene ausklammern will, den Tod aus dem Leben wie auch die Religion aus der Polis verbannen will. Auch er präsentiert sich als Figur zuerst durch eine spezifisches Verhältnis zur Sprache: Sein Gestus sprachlichen Setzens zeigt ihn als zwanghafte performative Verkörperung des *logos*. Hier ist der an die Textmontage anschließende Tragödientext in dem Sinne modifiziert, dass die Konjugation in erster Person Präsenz den Konjunktiv oder die Frageform ersetzt.

Sowohl Erscheinung und Sprechweise weisen die Figur des Pentheus als negatives Pendant zu Dionysos aus: Sein Haar ist gelackt, sein Körper geölt, der linke Arm ist eingegipst, die rechte Wade trägt einen weißen Längsstreifen. Sein Sprechen ist distinkt und gepresst, doch brechen in der Evokation des Heterogen in Akzenten des Hasses und der Verachtung ausgeschlossene Passionen hervor. Seine vom Chor angekündigte Kontamination mit dem Heterogenen ist hier schon angelegt als der Weg, der ihn nicht nur zu einer vokalen und sexuellen Indifferenzierung führen wird, sondern zu jenem zerstückelten Körper, den das starre narzisstische Ich-Bild als Horizont der Rückkehr des Verdrängten – der Aggressivität – hat.[16] Pentheus wird in seiner starren und gezwungenen, doch zugleich fragilen Emotionslosigkeit als unmöglicher Verdränger jenes Heterogenen gezeigt, das, nach den Worten des Dionysos, in seinen Namen als Schicksal eingeschrieben ist:

> Pentheus, jawohl! Der ‚Leidige', der ‚Mann des Leids', der, daß er
> Leid wird erleiden, schon im Namen trägt (Vers 507–508)[17]

Dieses Leiden an der unmöglichen körperlichen und sprachlichen Ganzheit oder Einheit nimmt im Namen sein Drama vorweg, das auf seine grausame körperliche Fragmentierung zustrebt.

Diese Dramatisierung des körperlichen Ursprungs der Stimme und ihrer Lust wird hier ausdrücklich als Ankunft eines verdrängten Heiligen gezeigt, das jedoch scheitern muss, wenn es zu herrschen sucht. Sie wird inszeniert als Rückkehr des körperlichen Verdrängten des Worts und als Besitznahme durch die Stimme eines anderen, des Anderen des Textes. Die Temporalität dieser Dramatisierung ist markiert durch Brechungen, Unterbrechungen, Schnitte. Eine musikalische Zeit, punktiert durch tastende Verzögerungen, Pausen, synkopierte Rhythmen, Akzelerieren, Retardieren, führt einen fremden Atem ein, der auf Abwesendes verweist und durch Instrumentalmusik herbeigeführt und unterstützt wird, die den fehlenden Versrhythmus hörbar konkretisiert. Die Figuren werden bewegt, werden gesprochen, die Form der anaphorischen Wiederholung und des Bruchs macht diese Fremdbestimmtheit hör- und sichtbar. Doch zugleich ist damit auch der Horizont der Dichtung hörbar offen- und freigelegt.

Die Inszenierung verweist so auch den zeitgenössischen theatralen und ideologischen Kontext in seiner Beschränkung in die Schranken: Die drei Endverse des zweiten Botenberichts in der Schadewaldt-Übersetzung deuten darauf hin:

> Besonnenheit jedoch und Ehrfurcht vor den Göttern,
> Das ist das Schönste, und ich denke, es ist auch
> Der weiseste Erwerb den Menschen zum Gebrauch. (1150–52)[18]

Ritualtheater, Sprechtheater und Dichtung

Der Ausschluss des Sakralen wie der Ausschluss des Rationalen sind zwei Seiten einer Medaille. Das rituelle Theater der sechziger Jahre wie das konventionelle Theater dieser Zeit streben jeweils nach einer Totalität, die das, was Theater im Sinne Grübers ausmacht, reduziert. Hier ist es angebracht, noch einmal auf *Apollon musagète* zurückzukommen. Das Musikzitat punktiert wie ein Leitmotiv den Auftritt des Dionysos, Dionysos und Apollon sind unzertrennlich verbunden. Das Maß der Musik ist nicht zu trennen vom Maß des Wortes. Die Musik ist der Atem, sie gibt ihn dem Wort. Mit dem diskreten Orgelton des Botenberichts wird sie ausdrücklich als Hauch der Textstimme benannt, der bei der Evokation des Gottes abbricht und nach seiner Nennung wieder einsetzt im Bericht des zweiten Boten:

Vom / Hauch / des Gottes / zur Raserei getrieben. (V. 1096)[19]

Der Basso continuo dieses Rezitativs markiert die Heterogenität des unbewussten Triebes als dem Menschen eigen und in seiner Unsagbarkeit in die Zeitlichkeit der Musik projiziert, den Atem des Sprechers von Dichtung unterstützend. Die Spaltung, die Fragmentierung, die nicht mehr in das Wort als Form eingeschrieben ist, wird von einer Musik übernommen, die es als Echo verstärkt oder dämpft, es begleitet und verstummt, wenn die Mänaden, in triumphierenden Tanzposen erstarrend, langsam von dannen ziehen.

Walther Benjamin hatte in einem frühen Text die antike Tragödie und das barocke Trauerspiel nach der jeweiligen Konzeption des Wortes unterschieden:[20] Das Tragische entspringt für ihn direkt einem „reinen Wort". Das „Wort in der Verwandlung" dagegen formt das sprachliche Prinzip des Trauerspiels, dessen Nachfahren wir heute sind. Die Spaltung zwischen der Materialität des Signifikanten und dem Sinn der Aussage, zwischen Klang und Sinn, die als gespenstisch, erschreckend erfahren wird, löst sich in der Klage einer Trauer auf einem Weg, der vom Klang der Natur zur Musik über die Klage führt. Ein unendlicher Widerhall des Klangs des Trauerspiels überlagert so das starre Wort des Tragischen.

Die Annahme eines reinen, starren *logos* für die griechische Tragödie ist für den, der heute die uns fragmentarisch überlieferten Texte liest, sicher nicht unproblematisch, ist ihre Polysemie doch schon in der Vielfalt der Übersetzungen hörbar. Zwar wird durch Übersetzungen die Materialität des Wortes eingegrenzt, weshalb sie das Idealbild eines verlorenen reinen Wortes begünstigt haben mögen. Doch sei nicht vergessen, dass gerade beim Versuch der Wiederbelebung der antiken Tragödie die Mitglieder der Camerata de'Bardi um 1600 in Florenz die Oper erfanden. Die *seconda pratica* Claudio Monteverdis entwickelte in der Folge eine musikalische Affektsprache, die im Wort das Ungesagte oder Unsagbare zu Gehör bringt, das später die französische Tragödie mit Racine der Verssprache des Alexandriners überantwortete. Beide hat Grüber mit großer Kunst mehrfach inszeniert,[21] und dort gerade den Raum dramatisiert, der zwischen Körper und Text, Körperstimme und Textstimme sich abzeichnet. In der Oper ist er zum großen Teil vorgegeben. Allein Variationen von Stimmregistern und Timbres geben einen unerhörten Spielraum. In der Tragödie jedoch wird eine Dramatisierung des Bezugs der Schauspielerstimme zur Textstimme möglich, die signifikant werden kann. Heute stellt sich jedoch auch die Frage ihrer Legitimation wieder neu.

Wieso auf der Bühne sprechen? Wieso in Versen sprechen? Wie einen Text in Versen sprechen? Der Vers markiert den sakralen Ursprung, den metaphysischen Bezug, den das griechische Theater schon institutionell vorgab. Der Vers ist markiert durch die Stimme eines anderen, die den *logos* durchkreuzt. Gerade weil Dichtung in unseren – Gott sei Dank – noch säkularen Gesellschaften vielleicht der einzige Ort ist, wo das Verhältnis zum Anderen ausdrücklich in der Sprache als heterogen sich einzuschreiben vermag, ist die Frage der Sprache und des Textes im Theater nicht obsolet. Sie ist an die Frage der Stimme und des Verhältnisses zum Körper gebunden. Sie allein der Musik zu überantworten beziehungsweise dem Rhythmus der Bewegung, ist heute Symptom einer Krise des Worts, einer gesellschaftlichen Sprachlosigkeit. Sie hat längst als Realität eine narzisstische Körperreligion und den Mythos der ersten Stimme, des Klangspiegels einer ersten Haut, als Versprechen einer Einheit mit dem ersten phantasmatischen Körper als einzigen Horizont akzeptiert. Dieser ‚Realismus' ist jedoch der einer Fata Morgana des Spektakels. Er sollte deshalb Gegenstand einer kritischen Überprüfung durch das Theater sein. Seit der Antike ermangelt es hierzu keineswegs an poetischen Texten, wie die Kunst Klaus Michael Grübers hatte zeigen können.

Juli 2007

Anmerkungen

1   Vgl. H. Finter, „Heterologie und Repräsentation. Strategien des Lachens. Zu Georges Batailles *Le Bleu du ciel*" in: Dies./Georg Maag (Hrsg.), *Bataille Lesen*, München 1992, S. 13–31; Dies., „Poesie, Komödie, Tragödie oder die Masken des Unmöglichen: Georges Bataille und das Theater des Buches" (in: Andreas Hetzel/Peter Wiechens (Hrsg.), *Georges Bataille. Vorreden zur Überschreitung*, Würzburg 1999, S. 259–273) und „Georges Batailles unsichtbarer Film: Das Szenario *La Maison brûlée* (in: Michael Lommel et al. (Hrsg.), *Französische Theaterfilme – zwischen Surrealismus und Existentialismus*, Bielefeld 2004, S. 85–107), in diesem Band S. 319–335 bzw. S. 337–356.
2   Vgl. Jean-Luc Nancy, *Nach der Tragödie. In memoriam Philippe Lacoue-Labarthe*, aus dem Französischen von Jörn Etzold und Helga Finter, Stuttgart 2008, S. 33–36.
3   Vgl. Fritz Kortner, *Aller Tage Abend*, München 1959, S. 371.
4   Vgl. H. Finter, „Mime de voix, mime de corps: L'intervocalité sur scène" (in: Christine Hamon-Siréjols/Anne Surgers (Hrsg.), *Théâtre: Espace sonore, espace visuel*. Proceedings of the International Congress organized by the Université Lumière-Lyon 2, 18–23 september 2000, Lyon 2003, S. 71–87), in: Dies., *Le Corps de l'audible. Les écrits français sur la voix*, Frankfurt/Main 2014, S. 179–195.
5   Vgl. Paul Celan/Gisèle Celan-Lestrange, *Correspondance (1951–1970)*, Bd. 2: Commentaires et illustrations, hrsg. v. Bernard Badiou, unter Mitarbeit von Eric Celan, Paris 2001, S. 61–63.
6   Vgl. H. Finter, „Stimmkörperbilder. Ursprungsmythen der Stimme und ihre Dramatisierung auf der Bühne" (in: Doris Kolesch/Jenny Schrödl (Hrsg.), *Kunst-Stimmen* (Theater der Zeit, Recherchen 21), Berlin 2004, S. 131–141) und „Der imaginäre Körper: Text, Klang und Stimme in Heiner Goebbels' Theater" (in: Wolfgang Sandner (Hrsg.), *Hei-

ner Goebbels. Komposition als Inszenierung, Berlin 2002, S 108–113, S. 187), in diesem Band S. 403–413 bzw. S. 465–470; Dies., „Mime de voix, mime de corps: L'intervocalité sur scène"; „Corps proférés et corps chantés sur scène" (in: Sémir Badir/Herman Parret (Hrsg.), *Puissances de la voix. Corps sentant, corde sensible*, Limoges 2001, S. 173–188), in: Dies., *Le Corps de l'audible*, S. 163–177.

7   Vgl. H. R. Müller, „Seine erste Inszenierung", in: Uwe B. Carstensen (Hrsg.), *Klaus Michael Grüber*, Frankfurt/Main 1988; Siegfried Melchinger, „Arlecchino und die Deutschen", in: *Theater heute* 10, 1968, S. 26–28.

8   Vgl. zum Beispiel: Botho Strauß, „Die schönen und die schlechten Szenenbilder: sie hängen alle schief ...", in: *Theater heute* 1, 1970, S. 25–29.

9   Vgl. H. Finter, „Antonin Artaud and the Impossible Theatre. The Legacy of the Theatre of Cruelty", in: *The Drama Review* 41/4 (T146), 1997, S. 15–40.

10 Wolfgang Schadewaldt, *Die Bakchen*, deutsch v. W. Schadewaldt, Bühnenfassung, Typoskript, Frankfurt/Main 1972, S. 5.

11 Vgl. Igor Strawinsky, *Schriften und Gespräche I: Erinnerungen*, Mainz 1983, S. 183; vgl. Monika Woitas, „Apollon und Terpsichore. Zu Strawinskys Musikästhetik", in: *Musik und Ästhetik* 3/12, 1999, S. 16–39 (zitiert nach dies., „Apollon und Terpsichore. Anmerkungen zu Igor Strawinskys Musikästhetik", http://www.monikawoitas.de/downloads/Apollon.pdf [29.06.2007]).

12 Vgl. Émile Benveniste, „De la subjectivité dans la langue", in: Ders., *Problèmes de linguistique générale*, Paris 1966, S. 258–226.

13 Walter Benjamin, „Die Bedeutung der Sprache in Trauerspiel und Tragödie" [1918], in: Ders., *Gesammelte Schriften* II.1, hrsg. v. Rolf Tiedemann und Hermann Schweppenhäuser, Frankfurt/Main, Suhrkamp, 1980, S. 137–140.

14 Für diesen Hinweis danke ich meinem Gießener Kollegen der Gräzistik, Peter von Möllendorff.

15 Zum Beispiel Ludwig Wittgenstein, *Tractatus logico-philosophicus. Logisch-philosophische Abhandlung*, [1921], Frankfurt 1961, u.a 2.0211; 5.1361; 6.42; 6.421; 6.4311.

16 Vgl. Jacques Lacan, „L'agressivité en psychanalyse", in: Ders., *Écrits*, Paris 1966, S. 101–124.

17 W. Schadewaldt, *Die Bakchen*, S. 18.

18 Ebd., S. 38.

19 Ebd.

20 W. Benjamin, „Die Bedeutung der Sprache in Trauerspiel und Tragödie", in: Ders., *Gesammelte Schriften* II.1, S. 137–140.

21 So Jean Racines *Bérénice* am 12. Dezember 1984 an der Comédie Française in Paris und Claudio Monteverdis *Incoronazione di Poppea* am Festival d'Aix-en-Provence am 21. Juli 2000, vgl. H. Finter, „Klaus Michael Grüber et l'éthique de la parole: un espace pour la voix de l'Autre" (in: Didier Plassard (Hrsg.), *Mises en scène d'Allemagne(s)*, Paris, 2013, S 164–187), in: Dies., *Le Corps de l'audible*, S. 221–252.

Mit den Ohren sprechen: Heiner Müller liest

> *Ich lese was ich vor drei, fünf, zwanzig Jahren geschrieben habe wie den Text eines toten Autors aus einer Zeit, als ein Tod noch in einen Vers paßte.*
> Heiner Müller, „Projektion 1975"[1]
>
> *Die Frage nach der sinnlichen (Informationen überschreitenden) Qualität von Sprache ist politisch.*
> Heiner Müller zu *Prometheus*[2]

Müller lesen hören: Heidelberg 1983

Lesen wie Hören ist immer durch jeweilige Lese- und Hörkontexte beeinflusst, so auch meine erste Konfrontation mit Heiner Müller als Leser seiner Texte. Sie fand im Februar 1983 im Heidelberger Kunstverein statt, wo ich zum ersten Mal Heiner Müller eigene Texte sprechen hörte, darunter Ausschnitte aus dem *Medea-Material*. Die Hörerfahrung von Müllers lautem Lesen stand im krassen Gegensatz zur eigenen bisherigen Lektüre von Müller-Texten, welche vor allem seine *Hamletmaschine* bestimmt hatte. Ihre erste Fassung, im Dezember 1977 in *Theater heute* auf der Gegenseite der Übersetzung von Antonin Artauds *Jet de sang (Der Blutstrahl)*[3] abgedruckt, hatte für sie eine Kontextualisierung vorgegeben, die nahelegte, Müllers Texte als späten deutschen Versuch zu lesen, der an die surrealistische Bildlichkeit des frühen Artaud anknüpfte.

Angesichts meiner damaligen Beschäftigung mit der Polyphonie von Artauds späten Radiosendungen oder Ernst Jandls Sprechduktus für seine Sprechoper *Aus der Fremde*,[4] erstaunte mich an Müllers Sprechen insbesondere die offensichtliche Abwesenheit tonaler Vielfalt wie auch eine reduzierte, gegen den Nullpunkt zustrebende rhythmische Expressivität. Dies war umso verstörender, als die Präsenz solcher vokalen Charakteristika selbst noch bei äußerst verhaltenen Sprechweisen das Lesen von Dichtern dominierte, deren historische Tondokumente ich gehört hatte. Müllers Lesemodus hingegen ließ eine monochorde Stimme ohne Ambitus und ohne Intonation verlauten. Durch ihre manifeste Abwesenheit schien jedoch nun die sinngebende Intonation implizit als nichtrealisiert auf: die Zurücknahme des Ausdrucks machte ihn *ex negativo* strukturell hörbar.

Eine solche neutrale Relation des Sprechers zum Text wirkte nicht nur als Fehlen ausdrücklicher Sinnintention. Sie zeigte auch ein Bemühen an, stimmlich eine Abwesenheit des Körpers – der als Lust am Klang, als rhythmisches Punktieren des Begehrens vernehmbar werden kann – zu projizieren. Damit verweigerte Müllers Sprechstimme die Konvention, sich als Ursprung des Textes zu verlauten und stellte dagegen den Nullpunkt einer affekt- und emotionsfreien Beziehung zur Stimme eines fremden Textes aus. Müllers reine Diktion beinhaltete eine Zurücknahme der Person, reduziert auf das durch Medien bekannte Bild einer Verbindung von leicht sächsischem Akzent, der berühmten Hornbrille und dem schwarzen Outfit mit Lederjacke: eine Oberfläche, die den Eindruck einer Pythia oder Sphinx hinterließ, durch die eine fremde Stimme sprach.

Heiner Müllers anti-theatrale Selbststilisierung bestätigte so nicht nur das Klischee eines DDR-Schriftstellers, Brecht-Dramaturgen und Ost-Dramatikers, sondern entsprach auch einer Zeittendenz, denn zur gleichen Zeit brachten auch Westkünstler einen dergestalt zurückhaltenden Vortragsstil zu Gehör, wie zum Beispiel Bruno Ganz' Hölderlin-Lesungen 1983/84 im für die Bundesrepublik typischen neutralen Straßenanzug mit hellem Hemd und dunkler Krawatte.

Schien die stimmliche Zurücknahme eines Schauspielers wie Bruno Ganz ethisch als Weigerung gerechtfertigt, den vokalen Ursprung eines fremden Textes zu mimen, so thematisierte die Inszenierung des Dichters als Sprachrohr fremder Stimmen das Problem des Autorenbezugs zur Textstimme. Die Laut- und Rhythmusstruktur des modernen (poetischen) Textes, seine Stimme(n), hatte die Psychosemiotik Julia Kristevas als Dissemination und Transposition präverbaler Triebenergien, als Einweben einer semiotischen *Chora* in den thetischen Textkörper analysiert.[5] Eine vokale Neutralisierung der Textstimme(n) durch den Autor konnte ihr zufolge nun zuerst als Negation, Verdrängung oder Verwerfung der eigenen Lust erscheinen.

Doch diese materielle Körperlichkeit des Schreibprozesses war Müller selbst durchaus vertraut, schreibt er doch später, 1990 zum Beispiel:

> Die Stoffe sind relativ zufällig. Aber der Rhythmus von Schreiben, Malerei, Musik oder was auch immer ist eine *ganz subjektive körperliche Angelegenheit*, eine Kommunikation mit dem ganz eigenen individuellen Code.[6]

Heiner Müllers zurückgenommener Sprechgestus war daher wohl als eine Form von Takt oder als Scham zu verstehen, seine eigene Lust am beziehungsweise im Text zu Gehör zu bringen. Zumal sein Sprechen zugleich auch die Geste beinhaltete, Verführung durch vokale Körpereffekte zu verweigern, was angesichts der spezifisch deutschen Geschichte extremer Stimmen nur allzu verständlich war. Auf diese Geschichte gilt es weiter unten noch einzugehen.

Heiner Müllers Leseweise eigener Texte schlug jedoch nicht nur klangliche Verführung aus, sondern forderte auch ein anderes Hören durch die unerhörte Beziehung, die er zum Text knüpfte. Sein Sprechduktus projizierte eine Relation von Autoren- und Textstimme, die einer besonderen Weise des Hörens der Textstimme zu entsprechen scheint: Nicht sinnorientiertes Zuhören noch an der Lust des Klanges ausgerichtetes Hören, sondern eine dritte Form des Hörens determinierte sie, welche Roland Barthes mit der schwebenden Aufmerksamkeit des Freud'schen Analytikers in Verbindung gebracht hatte.[7] Ausgerichtet auf die Sinn- und Klangpotentialitäten des Textes setzt ein solches Hören mit deren Entfaltung das Begehren zu hören frei – sowohl beim einzelnen Zuhörer des Sprechers wie auch beim Sprecher selbst. Es erlaubt damit, eine potentielle Sinnkonstitution als Funktion des jeweiligen singulären Begehrens zu erfahren.

Müllers Sprechweise etablierte so beim Lesen eine Relation, bei welcher der Autor als Hörer seines Textes zum Analytiker und als sein Sprecher zum Analysanden einer *fremden* Stimme wird, während hingegen das Publikum den gehörten Text zum Analytiker seines eigenen Begehrens zu hören machen kann, ausgehend von dem, was es als Textstimme vernimmt. Nicht mehr der Autor oder der Sprecher bietet sich als Objekt der Liebe, als ein Subjekt an, auf welches das Begehren des Hörers übertragen werden kann.[8] Vielmehr versetzte Müllers Lesen den Text selbst dadurch in die Position eines Analytikers, dass es die Textstimme als Alterität verlauten ließ: Damit werden Schrift und Sprache selbst nun als das Objekt indiziert, auf das der Leser beziehungsweise Hörer das Wissen um sein Begehren als Begehren nach der verlorenen Stimme – mit Lacan seine *pulsion invocante* – übertragen kann.

Dichter- und Textstimmen

Heiner Müllers anti-theatrale Lektüre eigener Texte steht in einer langen Tradition von Dichterlesungen: In der Einleitung zu einem, den Figuren des Rhythmus und der Syntax in der Dichtung gewidmeten Aufsatzband,[9] in dem er die Stimme der Dichtung von derjenigen des Dichters unterscheidet, weist der italienische Philologe und Linguist Gian Luigi Beccaria darauf hin, dass Dichter, um die Differenz von eigener Stimme und Textstimme hörbar zu machen, eigene Texte fast immer durch „ausdruckslose" – *inespressiva* – Lektüren wiedergäben und zwar mit einer monochorden, flachen, quasi litaneihaften Stimme.

Tonaufnahmen von Giuseppe Ungaretti oder Pier Paolo Pasolini könnten hier als Beispiele angeführt werden. Doch schon Stéphane Mallarmé hatte, wie Paul Valéry vermerkte,[10] seinen *Coup de dés* mit einer „tiefen, gleichmäßigen Stimme ohne den geringsten Effekt" vorgelesen. Und für Valéry selbst

> waren professionelle Sprecher, die vorgeben *hervorzuheben* und *zu interpretieren*, wenn sie hingegen chargieren, die Absichten verbiegen, die Harmonien des Textes ändern, beinahe immer unerträglich; vor allem wenn sie mit ihren eigenen Lyrismen den, der Verbindung der Worte entsprungenen Gesang ersetzen.[11]

Guillaume Apollinaire las seinen *Pont Mirabeau* wie einen Kinderreim, James Joyce sprach einen Auszug aus *Finnegans Wake*, „Anna Livia Plurabelle", im Duktus eines inspirierten Mediums, Gertrude Stein gab „Parts 1 & 2" aus *The*

Making of Americans in der epischen Langatmigkeit eines transsubjektiven Rhythmus wieder. Ähnliches wäre auch von der Celan-Lektüre der *Todesfuge* oder von den Lesungen Philippe Sollers' von *Paradis* wie auch Pierre Guyotats von *Le Livre* festzustellen, die ich in den folgenden Jahren durch Aufzeichnungen oder *live* hören konnte.

Scheint beim ersten Hören dieser Beispiele ein gewisser gleichförmiger innerer Rhythmus auf, so entspricht dieser keineswegs einer Aufhebung der Syntax durch das Textmetrum. Vielmehr hebt die im Ausdruck reduzierte Diktion eine syntaktische Struktur hervor, die das widerständige innere Metrum als sinnstrukturierenden Rhythmus hervortreten lässt und spielerisch variiert: Die Stimme des poetischen Textes ist eine rhythmisch-lautliche Struktur der Syntax; die Zurückhaltung des stimmlichen Ausdrucks des Dichters bedeutet sie als *fremde* Stimme, als *transzendentale* Stimme der Sprache,[12] die Sinnpotentialitäten organisiert und für den Leser oder Hörer eröffnet.

Wenn hingegen Heiner Müllers Lesen seiner Texte nun auch diesen Rhythmus dämpft, und er – wie Heiner Goebbels notiert – „die Interpunktion akustisch kaum wahrnehmbar macht",[13] dann hebt er nicht nur die Textstimme als fremd hervor, sondern spricht zugleich den eigenen Text als fremden Text: So sagte er zum Beispiel bei der Lesung 1984 am Institut für Angewandte Theaterwissenschaft in Gießen von einigen kurz zuvor fertig gestellten Seiten seiner *Anatomie Titus Andronicus*, dass er sie vorlesen wolle, da er sie noch nicht kenne. Sein lautes Sprechen macht seinen geschriebenen Text zugleich zur Stimme eines toten Autors. Die Textstimme soll nicht als eine lebendige Transzendenz der Sprache der Schrift, die durch spielerische Modulationen des Rhythmus aufscheint, sondern als Stimme aus dem Totenreich hörbar werden. Es geht nicht um lustvolle Epiphanien einer Textstimme, Utopie einer Stimme der Sprache, sondern um Totengedenken, Wiederkehr von Gespenstern und Scheintoten. Nicht Auferstehung, sondern Totenbeschwörung und Totenmesse.

Damit sagt Müller nicht nur, dass die Stimme des Textes nicht auf die seine zu reduzieren ist, sondern auch, dass (das) Lesen eigener Texte heißt, die Stimmen von Toten zu Gehör bringen. Mit Müller sind wir im Reich der „Tragödie nach der Tragödie"[14] angekommen, wo eine neue Zeremonie für den Text zu suchen ist, begnügt man sich nicht damit, angesichts des Todes diese unmögliche Aufgabe an das Gelächter eines *Grand Guignol* zu delegieren.

Die eigene Stimme – atopisch zwischen Körper und Sprache angesiedelt – sucht in der Lektüre sich den Stimmen des Textes anzunähern, indem sie das, was die eigene Körperlichkeit charakterisiert, zurücknimmt: Timbre, Melos, Akzentfärbung, die einem psychosomatischen Klangkörper und dem Imaginären einer Körperstimme verpflichtet sind.

Wie aber die Stimmen der Toten auf der Bühne zu Gehör bringen, wenn ihnen die vokale Form einer transzendentalen, Hoffnung verheißenden Stimme versagt bleibt, deren Musikalität den Schmerz des Risses zwischen Körper und Sprache als fragilem Verband lindert? Hatte nicht gerade eine solche Musikalität, die in den angeführten Tondokumenten dem stimmlichen Zitieren von Resten alter Zeremonien des Wortes entsprang, ihnen eine Aura des Fremden verliehen, die mit dem Verweis auf die Alterität der Stimme auch den transzendentalen Status der Stimme des Textes vokal unterstrich, ihre Atopie eines Dazwischen? Diese Fragen stellen sich für das Sprechen der Texte Müllers auf der Bühne umso mehr, als Müllers Sprechgestus letztlich in der deutschen Tradition der Bühnenstimme eine Rechtfertigung für ihren anti-theatralischen Modus findet. Ein kurzer Blick auf diese Geschichte der Stimme soll dies erläutern.

Stimme im deutschen Nachkriegstheater

Das deutsche Theater der Nachkriegszeit ist insbesondere seit den sechziger Jahren gegenüber dem rezitierten und deklamierten Text misstrauisch. Selten ist ein Dichterwort auf der Bühne zu hören, das ausdrücklich als Wort des Theaters ausgestellt ist, ein Dichterwort, das die Differenz von Alltags- und Bühnensprache unterstreicht. Auf der Bühne steht das kunstvoll gesprochene Wort unter Verdacht.

Die Gründe hierfür liegen in der besonderen deutschen Geschichte, die auch eine Geschichte der Stimme, insbesondere der Bühnenstimme ist. Diese Gründe seien hier kurz zusammengefasst:[15] Einerseits ist für dieses Misstrauen der Theatermacher gegenüber der kunstvollen Stimme die Glätte und der hohle Schönklang eines Sprechstils verantwortlich, der bis in die Adenauer-Zeit fortwirkte: der von Emigranten wie Fritz Kortner so benannte „Reichskanzleistil". Andererseits ist der Diebstahl zu vermelden, den die Usurpation der Theaterstimmen auf der politischen Bühne während der Hitlerzeit bedeutete: Nicht nur Charlie Chaplins Schnurrbärtchen war von Hitler geklaut worden. Mit Hitler und Joseph Goebbels waren auch – zur Karikatur verkommen – charakteristische Stimmstile des deutschen Theaters entwendet worden: so die expressionistischen Affektexplosionen des frühen Kortner, der gerade diesen Sprechstil gegen Ende der zwanziger Jahre geändert hatte, als er die politische Nutzung extremer Stimmausbrüche und damit den Sieg einer, an seiner eigenen Vokalität modellierten Stimmtheatralität auf der politischen Bühne feststellen musste; ein weiterer Stimmstil – der melodische Wohlklang Gustaf Gründgens – war zudem ebenfalls außerhalb des Theaters mit Joseph Goebbels allgegenwärtig.[16]

Nach 1945 lebte mit Gustaf Gründgens der Schönklang auf den Bühnen in Westdeutschland fort. Doch der Verdacht gegen eine Bühnenkunst, welche die Stimme selbst semiotisch auflud, war nicht nur am schwierigen Comeback des

Emigranten Fritz Kortner abzulesen, sondern in der Nachkriegszeit auch an den Reaktionen mancher Schriftstellerkollegen gegenüber dem Vortragsstil eines Dichters wie Paul Celan: So galt den Kollegen der Gruppe 47 seine Sprechweise als „längst überholt", man amalgamierte sie gar mit Joseph Goebbels' Sprechstil oder diffamierte sie als „Synagogenstil", was im französischen Briefwechsel von Paul Celan und seiner Frau Gisèle Celan-Lestrange dokumentiert ist.[17]

Dem deutschen Theater wurde die gestohlene Stimme vereinzelt durch große Schauspieler wiedergegeben, Kortner war einer unter ihnen: Dem „Schönklang" setzte er als Regisseur und Schauspieler eine unerhörte Semiotisierung der Figurensprechweisen entgegen, die jedoch als „beiläufig", „pathosleer" oder „nuschelig", zum Beispiel bei seiner *Don Carlos*-Inszenierung 1950, von der Kritik verhöhnt worden war.[18]

Seit Ende der sechziger Jahren wird dann die kritisch materielle Kraft der Stimme im Zentrum der Arbeit von Regisseuren wie Klaus Michael Grüber stehen, der bei Giorgio Strehler in Mailand gelernt hatte, und in den Anfängen auch bei Peter Stein, der Fritz Kortners Assistent gewesen war. Grübers Arbeit, die das Verhältnis zum Text als Verhältnis zu einer Alterität ausgestellt und dramatisiert hat, thematisierte als erster diese spezifisch deutsche Geschichte der Stimme ausdrücklich auf der Bühne.[19] Auch die Filmemacher Jean-Marie Straub und Danièle Huillet sind hier zu nennen, die mit ihrer *Antigone* in der Brecht-Bearbeitung der Hölderlinübersetzung sowie mit Hölderlins *Tod des Empedokles* nun Textstimmen zu Gehör brachten, deren poetische Form die Illusion einer vollen stimmlichen Präsenz brach und fragmentierte.

Doch trotz Dramatikern wie Brecht, Müller, Bernhard, Handke, Jandl, Jelinek oder auch Achternbusch, die einen dramatischen Text vorschlugen, der in der poetischen Stimme das Andere der Sprache hören lässt, schien und scheint das Verhältnis zur Theaterdichtung, zum deutschsprachigen poetischen Text auf der Bühne lange Zeit heillos gestört. Eine Wende hat sich schließlich in den letzten zwanzig Jahren mit Theatermachern angedeutet, die den (Dramen-)Text in Bezug zur Musik setzten: Die Ebene des Sinns tritt dabei zurück, während die musikalische Ebene des Textes als Rhythmus und Klang ausgestellt wird, so bei Robert Wilson und Einar Schleef; bei Regisseuren, die aus dem Bereich der Musik herkommen, wird zudem entweder der Gegensatz von Sprechen und Singen, wie bei Christoph Marthaler, dramatisiert oder aber, wie bei Heiner Goebbels, das poetische Klangpotentials des Textes als Affektpotential musikalisch bearbeitet.[20]

In der Inszenierung des *Arturo Ui* hatte Heiner Müller eine szenische Analyse der Faszination der extremen Stimme Hitlers gegeben, die nicht nur, in der Folge Brechts, deren vokale Rhetorik, sondern auch ihre, von Brecht verkannte, vokale Triebökonomie dekonstruierte. So ließ Müller in den ersten Szenen die

Psychogenese des Subjekts Ui/Hitler als einen Prozess des Spracherwerbs hören und sehen, bei dem verlautete aggressive Triebenergien in die Stimme eines politischen Theaterrhetors integriert werden. Sie hämmert eine Logik der Extermination des Anderen in stellvertretender Lust stimmlich ins Ohr der verführten Massen: anale Gepresstheit der Expression und aggressive Affektentladung im Gebrüll sowie triebdeterminiertes Melos, das die Syntax unterminiert, präfigurieren hier – auch vokal – die unter dem enthusiastisches Beifall der Massen heimlich vollzogene Ermordung der europäischen Juden.[21]

Eine solche Inkarnation des Wortes durch extreme Stimmen ist für die Menschendarstellung der Bühne nur noch in der Form der Groteske möglich, mit der Heiner Müller dem Theater die Stimme Hitlers als rhetorischen Stimmgestus wiedergewonnen hat, um sie dem vernichtenden Lachen des Publikums preiszugeben. Auf die Krise der Repräsentation, den Verdacht, dem seit der Hitlerei jede stimmliche Repräsentation ausgesetzt ist, die distanzlose Inkarnation oder Inkorporation eines Wortes sein will, kann nur noch, so zeigte Müller mit seinem *Arturo Ui*, eine ausdrückliche Dramatisierung des vokalen Bezugs zu Schrift und Sprache antworten.

Inszenierungen der Stimme der Schrift

Heiner Müller verortet ausdrücklich die Schrift im Bereich einer toten Letter. Sie ist der Stein, den auch Wilsons Vokalspiele nicht zerstören können,[22] der Block aus Granit, der Fels, in den der Dichter zusammen mit seiner eigenen Stimme die Stimmen der Toten eingeschlossen hat. Der Melancholiker, der Depressive hat die Musik einer eigenen Stimme – ihr persönliches Melos und Timbre – und damit das Begehren von der Zyste erdrücken lassen, in die er die erste – unwiederbringlich verlorene – Stimme der Mutter eingekapselt hat, um so mit dem ersten Liebesobjekt auf immer verbunden zu bleiben.[23] Der stumme Analytiker symbolisiert diese Stimme als Objekt des Begehrens im Dispositiv der Psychoanalyse.[24] Diese verborgene Stimme gilt es dort zu Gehör zu bringen, um zur eigenen Stimme und damit zum Begehren zu finden.

Der Dichter dagegen projiziert im Schreibprozess die verlorene und zugleich begehrte Stimme in seinen Text, bearbeitet sie als Stimme der Sprache; als Stimme des Textes kann sie Stimmen der Lust und des Begehrens beim Lesen hörbar machen.

Auch Heiner Müllers Texte lassen solche Stimmen schon beim stummen Lesen im inneren Ohr hören. Die Ketten „aufgereihter Steine" versetzt das Echo des mentalen Gehörs in der Lektüre in Klangschwingungen. Doch Müllers Lesegestus, der in seiner reduzierten Expressivität an den eines Melancholikers erinnert, scheint die verlorene Stimme für immer im Text eingeschlossen zu haben. Die Schrift erscheint so als eine nachträglich unzugängliche analytische Szene.

Die Stimme der Schrift, welche ein rhythmisch expressives lautes Lesen nur partiell hörbar machen kann und damit zugleich für den Hörer in ihrer unerhörten Dimension verschließt, bleibt niedergelegt in einer, für Müller abgeschlossenen analytischen Szene des Schreibens. So teilt Müllers Sprechen seiner Texte zugleich auch ein Misstrauen gegen öffentliche vokale Trauerarbeit.

Seine Texte stellen das Wühlen in der Wunde, die Liebe zum Tod aus. Sie delegieren seine Stimme an die der Toten. Doch damit deren Stimmen, die Rückkehr der verdrängten Gespenster Deutschlands bannen können, muss auch die ambivalente Lust der Textstimme als ein die Schrift strukturierendes Stimmbegehren hörbar werden. Dem steht jedoch Müllers Theaterutopie entgegen, seine Konzeption des Theaters als einer allein durch Todesangst geeinten Theatergemeinde.[25] Ihr gilt es nicht nur zu widersprechen, sondern es gilt auch, sie zu überwinden. Und dies ist nur möglich durch die vokale Freilegung der Stimme des Textes, die im Dazwischen der Stimmen der Toten ihre Musik hören lässt: Sie sprengt den Fels, in den sie eingeschlossen sind, indem sie ihre Materialität, ihre Struktur als Begehren hörbar werden lässt.

Den Fels aus Atonie und Aphonie haben jene Theaterarbeiten aufgebrochen, die die rhythmische und syntaktische Struktur von Müllers Schrift, ihre innere semiotische Trieb- und Affektorganisation hörbar machen konnten: Heiner Goebbels' musikalische Bearbeitung der Hydra in *Où bien le débarquement désastreux* machte zum Beispiel den Basso continuo eines repetitiven, die lustvolle Spur des Triebs markierenden Rhythmus hörbar, der kookkurrent die Hydra – das Monster eines anderen – als die eigene Animalität erkennen lässt; Robert Wilson wies in der Hamburger *Hamletmaschine* mit einer Doppelung der Textrhythmen durch den Kontrapunkt von Sprechrhythmus und Rhythmus der Choreographie den Riss zwischen Körper und Sprache, zwischen eigenen und fremden Stimmen auf. In beiden Inszenierungen wurde so das Verhältnis des Schauspielers zum Text als Verhältnis von Sprecher- und Textstimme durch die Intervention einer *dritten* musikalisch-rhythmischen Instanz dramatisiert. Sie ließ nicht nur vokal die Begehrensstruktur des Textes verlauten, sondern gab auch jener *Alterität* eine lautliche Gestalt, welche die phantasmatische erste Stimme als Liebesobjekt auch ist. In beiden Fällen wurde so durch Konstruktion einer transzendentalen Stimme eine Figur des Anderen vorgeschlagen, die sowohl als fremd wie auch als eigen anerkannt werden kann.

Diese musikalische Figur des Anderen modalisiert das Verhältnis zum großen Anderen, dem Tod, und transzendiert ihn zugleich. So mögen zwar, was bleibt, vielleicht immer noch Bomben stiften, doch die Bühne stiftet – wie Heiner Goebbels *Stifters Dinge* – eine audiovisuelle Schrift, die jeden als Subjekt mit seinem eigenen Verhältnis zum Begehren als Verhältnis zu Körper und Sprache konfrontiert. Mit der Überwindung der im Todesbegehren passiv geeinten Theatergemeinde wird auch deren *Interpassivität*[26] zur Disposition gestellt. Denn diese erweist sich nun als Haltung einer Versammlung von Subjekten, die ihr Begehren an Repräsentanten des Anderen delegiert hatten. Die als Musik eines Dritten verlautete transzendentale Stimme des Textes mag dann erfahrbar machen, was Heiner Müller nur der Wagneroper zugestand, die er mit *Tristan und Isolde* meisterhaft als Lichtspiel des Unsichtbaren[27] in Bayreuth inszeniert hatte: „Was man noch nicht sagen kann, kann man vielleicht schon singen."[28] Zwar ist die Stimme des Textes kein Gesang im obigen Sinne, doch als eine die Schrift strukturierende Syntax aus Rhythmus und Klang ist sie schon Musik. „Müller sprechen" könnte dann vielleicht heißen, beim Sprechen von Heiner Müllers Texten die in sie eingeschriebene differentielle Stimme der Sprache als ihre ‚Musik' zu Gehör zu bringen.

Juni 2008

Anmerkungen

1 Heiner Müller, „Projektion 1975", in: Frank Hörnigk et al. (Hrsg.), *Kalkfell. Arbeitsbuch für Heiner Müller*, Berlin 1996, S. 16.
2 H. Müller zu „Prometheus", in: Ders., *Werke 4: Die Stücke 2*, hrsg. v. F. Hörnigk, Frankfurt/Main 2001, S. 45.
3 H. Müller, „Hamletmaschine", in: *Theater heute* 12, 1977, S. 38 und S. 39–41.
4 Vgl. H. Finter, „Die souflierte Stimme. Klangtheatralik bei Schönberg, Artaud, Jandl, Wilson und anderen" (in: *Theater heute* 1, 1982, S. 45–51), in diesem Band S. 19–34.
5 Vgl. Julia Kristeva, *La Révolution du texte poétique*, Paris 1973.
6 H. Müller, *Die Lage der Nation*, Berlin 1990, S. 71 (Hvh. v. HF).
7 Roland Barthes, „Écoute", in: Ders., *L'obvie et l'obtus. Essais critiques* III, Paris 1982, S. 217–230.
8 Für Jacques Lacan ist diese Übertragung zugleich die Definition der Liebe.
9 Gian Luigi Beccaria, *L'autonomia del significante. Figure del ritmo e della sintassi. Dante, Pascoli, D'Annunzio*, Turin 1975/1989, S. 16.
10 Paul Valéry, „Le coup de dés. Lettre au directeur des Marges", in: Ders., *Œuvres*, Bd.1, Paris 1957, S. 624ff.
11 Ebd., S. 624: „[...] les diseurs de profession presque toujours me sont insupportables, qui prétendent faire valoir, interpréter, quand ils surchargent, débauchent les intentions, altèrent les harmonies d'un texte; et qu'ils substituent leur lyrisme au chant propre des mots combinés".
12 Ähnlich argumentiert auch der Philosoph und Schriftsteller Jean-Christophe Bailly, wenn er die Stimme des poetischen Textes als „Stimme der Sprache", als „Stimmwerdung der Sprache" fasst, vgl. Jean-Christophe Bailly, „Un chant est-il encore possible" in: *L'animal. Littératures, Arts, Philosophies* 17, 2004, S. 126–137, hier S. 129: „Dire un poème est aussi difficile que de le traduire. De même que le poème expose l'intégralité de la langue où il s'écrit, il expose l'intégralité de la voix qui le dicte. Cette

voix ‚distante' n'est pas davantage celle du poète que celle du lecteur, le poème est la voix du langage, du devenir-voix du langage".
13 Heiner Goebbels, „Heiner Müller versprechen", in: Nikolaus Müller-Schöll/Heiner Goebbels, *Heiner Müller sprechen*, Berlin 2009, S. 283.
14 Jean-Luc Nancy, *Nach der Tragödie. In memoriam Philippe Lacoue-Labarthe*, übers. v. Jörn Etzold/H. Finter, mit einem Vorwort v. H.F., Stuttgart 2008.
15 Vgl. H. Finter, „Klaus Michael Grüber et l'éthique de la parole: un espace pour la voix de l'Autre" (in: Didier Plassard (Hrsg.), *Mises en scène d'Allemagne(s)*, Paris, 2013, S 164–187), in: Dies., *Le Corps de l'audible. Écrits français sur la voix 1979–2012*, Frankfurt/Main 2014, S. 221–252; Dies., „Menschwerden. Inszenierungen des Heterogenen in Klaus Michael Grüber *Bakchen*", in diesem Band S. 473–486.
16 Vgl. H. Finter, „Mime de voix, mime de corps: L'intervocalité sur scène" (in: Christine Hamon-Siréjols/Anne Surgers (Hrsg.), *Théâtre: Espace sonore, espace visuel*. Proceedings of the International Congress organized by the Université Lumière-Lyon 2, 18–23 september 2000, Lyon 2003, S. 71–87), in: Dies., *Le Corps de l'audible*, S. 179–195.
17 Paul Celan/Gisèle Celan-Lestrange, *Correspondance*, hrsg. und kommentiert von Bertrand Badiou, unter Mitarbeit von Eric Celan, Bd. 2: *Commentaires et illustrations*, Paris 2001, S. 61ff.
18 Vgl. Erika Fischer-Lichte, *Kurze Geschichte des deutschen Theaters*, Tübingen/Basel, 1993, S. 389–391.
19 Vgl. H. Finter, „Klaus Michael Grüber et l'éthique de la parole".
20 Vgl. H. Finter, „Stimmkörperbilder. Ursprungsmythen der Stimme und ihre Dramatisierung auf der Bühne" (in: Doris Kolesch/Jenny Schrödl (Hrsg.), *Kunst-Stimmen* (Theater der Zeit, *Recherchen* 21), Berlin 2004, S. 131–141), in diesem Band S. 403–413; Dies., „Mime de voix, mime de corps: l'intervocalité sur scène" (in: Christine Hamon-Siréjols et Anne Surgers (Hrsg.), *Théâtre: Espace sonore, espace visuel, Actes du colloque international organisé par l'université Lumière-Lyon 2, 18–23 septembre 2000*, Lyon 2003, S. 71–88), in: Dies., *Le Corps de l'audible*, S. 179–195; Dies., „Der imaginäre Körper: Text, Klang und Stimme in Heiner Goebbels' Theater" (in: Sandner, Wolfgang (Hrsg.): *Heiner Goebbels. Komposition als Inszenierung*, Berlin 2002, S. 108–113 und S. 187), in diesem Band S. 465–470; Dies., „Corps proférés et corps chantés sur scène" (in: Sémir Badir/Herman Parret (Hrsg.): *Puissances de la voix. Corps sentant, corde sensible*, Limoges 2001, S. 173–188), in: Dies., *Le Corps de l'audible*, S. 163–177.
21 Vgl. H. Finter, „Mime de voix, mime de corps".
22 Vgl. Hans-Thies Lehmann, „Leben der Steine. Kurze Phantasmagorie über Heiner Müllers Stein-Schriften", in: Christian Schulte/Brigitte Mayer (Hrsg.), *„Der Text ist der Coyote". Heiner Müller Bestandsaufnahme*, Frankfurt /Main 2007, S. 299–304.
23 Vgl. J. Kristeva, „La parole déprimée", in René Lew/François Sauvagnat (Hrsg.), *La voix*. Colloque d'Ivry, 23 Janvier 1988, Paris 1989, S. 79–87; J. Kristeva, *Soleil noir. Dépression et mélancolie*, Paris 1987, S. 45ff.
24 Mladen Dolar, *His Master's Voice*, Frankfurt/Main 2007
25 Heiner Müller im Gespräch mit Alexander Kluge, im Zusammenhang mit dem „Theater der Attraktionen", das im Übrigen nicht Meyerhold, sondern zuerst Eisenstein theoretisierte und das eher mit Erotik, Sex und Crime als mit der Todesfaszination des Zirkus zu tun hat; in: „Dichter als Metaphernschleuder". Gespräche zwischen Heiner Müller

und Alexander Kluge, http://muller-kluge.library.cornell.edu/de/video_transcript.php?f=101 [10.Februar 2009].

26 Vgl. Robert Pfaller (Hrsg.), *Interpassivität. Studien über delegiertes Genießen*, Wien/New York 2000.
27 Siehe H. Finter, „Theater als Lichtspiel des Unsichtbaren" (in: Theo Girshausen/Henry Thorau (Hrsg.), *Theater als Ort der Geschichte. Festschrift für Henning Rischbieter*, Velber 1998, S. 302–313), in diesem Band S. 231–243.
28 H. Müller, „Sechs Punkte zur Oper", in: Ders., *Theaterarbeit*, Berlin 1986, S. 117.

Ubu spricht
Ubu als Maske, Marionette und Stimme

Seit den Anfängen des Theaters sind Maske und Marionette eng verbunden. Die Suche nach einem neuen, anderen Theater lässt Dramatiker wie Regisseure seit dem Ende des 19. Jahrhunderts immer wieder auf diesen Zusammenhang stoßen. So versteht Edward Gordon Craig zum Beispiel, der sich gleichermaßen mit Maske und Marionette auseinandersetzt – so in seinem 1908 veröffentlichten Aufsatz „The Actor and the Über-Marionette"[1] –, das Puppentheater in Asien wie auch in Ägypten, das er mit Herodots Beschreibung des Tempel-Theaters in Theben zitiert, als sakrale Vorgeschichte des Theaters.[2]

Doch vor Craig hatte schon Alfred Jarry mit seinem *Ubu roi* den Zusammenhang von Maske und Marionette auch szenisch exemplarisch erforscht und mit dieser praktischen Kritik des Theaters zugleich auch die epistemischen Implikationen dieser Verbindung zu reflektieren ermöglicht. Seine Politik einer neuen Darstellung sucht so auf der ästhetischen Ebene ein Pendant zur Anamnese willkürlicher Machtausübung auf der Textebene zu schaffen, um der Perzeption des Zuschauers die (Selbst-)Erkenntnis des eigenen Heterogenen oder ‚Bösen' zu ermöglichen.

Die Bühnenfigur Ubu ist als eine mechanisierte Maske konzipiert, welche das Heterogene bestimmter Commedia-dell'arte-Masken aufnimmt und weiterentfaltet.[3] Diese Struktur konnte jedoch erst bei der Darstellung der Figur durch eine Marionette sichtbar werden. Die Marionette lässt das Verdrängte der Commedia-dell'arte-Maske aufscheinen: Mit Ubu wird so das dem humanistischen Menschenbild Heterogene, das die Maske verbildlichte, als Bühnenfigur kondensiert: Sie zeigt das Böse einer narzisstischen inneren Statue, deren Triebdreifaltigkeit – *physique, phynance, merdre* (Physis, Phynanz und Merdre) – sowohl ihre gewalttätige Struktur, als auch ihre stetige Wiederholbarkeit bestimmt.

Mit *Ubu roi* (*Ubu rex*)[4] betritt 1896 in Paris nicht nur der letzte Typus des europäischen Theaters die Bühne von Lugné-Poës Théâtre de l'Œuvre, sondern dieser aktualisiert zugleich auch das subversive Potential einer Commedia-dell'arte-Maske für die Kritik eines neuen sozialen Typus, der in vielfältigster Form sich in der Zukunft auf der realen gesellschaftlichen und politischen Bühne entfalten wird.

Vom Marionettenmenschen zur Menschenmarionette

Nach dem Misserfolg der durch Zeit- und Mittelknappheit beeinträchtigten Uraufführung von *Ubu roi* mit Schauspielern, die Jarry angewiesen hatte, wie Marionetten zu spielen, hatte der Autor weitere Aufführungen allein auf das Puppentheater beschränkt: 1898 wurde *Ubu roi* in Claude Terrasse' Théâtre des Pantins und 1901 *Ubu sur la Butte* im Kasperletheater der Gueules de bois des 4-Z'Arts unter seiner Mitwirkung gespielt. Eine Reihe von Texten, die sich auf diese Aufführungen beziehen, reflektieren dabei auch die Fragen eines neuen Theaters.

Wie die Zeitgenossen Maurice Maeterlinck 1894[5] und Anatole France 1898[6] sieht Jarry in der Marionette die Möglichkeit, ein neues Theater unter Umgehung der Hindernisse zu verwirklichen, die ihm das Widerständige von Körper, Imaginärem und Physis des Schauspielers, kurzum sein Narzissmus, entgegenstellten. In seiner *Conférence sur les Pantins* („Vortrag über die Puppen"), welche Jarry am 22. März 1902 in Brüssel hielt,[7] nennt er einige Beispiele des Puppentheaters, das bei seinem Freund, dem Komponisten Claude Terrasse, stattfand: Neben einem Stück von Hrosvitha von Gandersheim in Latein und einer Teilübersetzung von Christian Dietrich Grabbes *Scherz, Satire, Ironie und tiefere Bedeutung* unter dem Titel *Les Silènes* gehörten auch zwei Szenen aus *Ubu roi* dazu. Dabei begründet Jarry das Interesse an der Marionette zuerst durch eine Analogie des Puppenspiels mit dem Prozess des Schreibens:

> Allein die Marionetten, deren Meister, Souverän und Schöpfer man ist – denn es erscheint uns unabdinglich sie selbst hergestellt zu haben –, übersetzen auf passive und rudimentäre Weise, das heißt durch ein Schema der Genauigkeit, unsere Gedanken. Wir fischen mit der Angel – mit dem Draht, den Fleuristen benutzen – ihre Gesten, die in keinster Weise die Grenzen der gewöhnlichen Menschheit haben. Man ist vor – oder besser über dieser Tastatur wie über einer Schreibmaschine ... und die Handlungen, die wir ihnen leihen, haben ebenfalls keinerlei Grenzen.[8]

Wie für andere Regisseure seiner Zeit liegt für den Dramatiker Jarry der Vorteil des Puppentheaters in einer totalen Beherrschbarkeit der Bühne, sowie in einer genauen und a-psychologischen Schauspielkunst. Craig belegte dies zum Beispiel mit einem Zitat Gustave Flauberts, nach dem der Künstler „in seinem Werk wie Gott in der Schöpfung sein soll, unsichtbar und allmächtig, [...] allgegenwärtig [...]."[9] Doch zugleich geht es bei Jarry um mehr: Mit der Puppe kann der Autor das Verhältnis zum eigenen Text in den Vordergrund stellen: Mit ihr verlaute die Stimme des Textes *unvermittelt* und damit auch – uneingeschränkt durch die psychophysischen Grenzen des Schauspielermediums – die Exaktheit der Gedanken. Wie der Autor den Worten, so gibt auch erst der Puppenspieler der Puppe Leben, er leiht ihr eine Stimme, die der Autor als Stimme des Textes hörbar zu machen sucht. Erst so ergebe sich, laut Jarry, eine Konfrontation mit dem Anderen des Todes.

Diese Macht teilt die Puppe mit der Maske. Erst der Maskenträger haucht der Figur Leben ein; durch die Maske spricht nicht der Schauspieler, sondern die

Stimme der Maske, es spricht ein anderer – ein Gott oder ein Toter beispielsweise, wenn die Stimme eines tragischen Textes gesprochen wird. In der Tat ist Ubu im Dialog mit einer Maske konzipiert, deren Erbe die Marionette ist. Jarry nennt sie in einem Beitrag zu einer, dem Kasperletheater gewidmeten Sondernummer der Brüsseler Zeitschrift *Le Soir*, „Pouchinel".[10] Wie der englische Punch ist das französische *Polichinelle* von der neapolitanischen Maske des *Pulcinella* abgeleitet; die französische Version hatte jedoch im Gegensatz zum bösartigen englischen Punch eine Läuterung erfahren, die Jarry nun mit einem Verweis auf den antiken *Maccus* in Frage stellt. Maccus ist wie Ubu mit seiner großen Nase und seinen dünnen Beinen auf dem fassartigen Körper der italienischen Maske näher als der französischen Maske des Polichinelle, die uns durch Maurice Sand überliefert ist. Wie die italienische Maske hat auch Ubus Maske Reste von Hörnern, die er zwar seinem ersten Erscheinen als einem, dem Propheten Moses ähnlicher Kämpfer gegen das Unreine verdankt,[11] die jedoch zugleich auch auf eine infernalische Abkunft verweisen können; ihn kennzeichnet zudem ein überdimensionierter Bauch, der auf seine Unersättlichkeit verweist, sowie auch sein Requisit, ein *balai innommable*, eine Klobürste, die wie Pulcinellas Klatsche multifunktional eingesetzt werden kann.

Ubu ist in der Tat eine Montage der Charakteristika mehrerer Masken, welche den Typus des antiken Dieners kondensieren: Seine animalische Geburt aus einem Ei, wie auch die seiner gummiartigen Diener[12] ist schon für die Zanni der Commedia dell'arte, wie in Abbildungen des Recueil Fossard des 17. Jahrhunderts zu sehen ist, verbürgt, aber auch für Arlecchino oder Pulcinella. Auch seine Hörnerreste, wie seine Fliegenklatsche gehören zu beiden Masken. Eine Regression in den Mutterleib teilt zudem Ubu mit Arlecchino.[13]

Was Ubu jedoch von den tradierten komischen Masken unterscheidet, ist die Austauschbarkeit seines Dienerstatus sowie seine Universalität als Figur des Heterogenen: Ubu ist *ubiquus*, allgegenwärtig und zeitlos. Nach der französischen Kommune und am Vorabend der sozialistischen Bewegungen entstanden, ist er ein Diener, der sich zum Herrn aufschwingt, doch auch ein Herr, der freiwillig Diener und gehörnter Ehemann sein wird. Die Dialektik von Diener und Herr ist für ihn abgeschafft und greift nicht mehr, denn ihm ermangelt die Anerkennung jeglichen Gesetzes wie auch jeglichen Glaubens in eine geglückte Revolution. Ubu ist nicht mehr die Projektionsfläche sozialer Utopien, noch ist er ein komischer Held, der das Unrecht unter dem befreienden Gelächter des Publikums vertreibt. Hingegen teilt Ubu mit den *Zanni* der Anfänge nun den unheimlichen Aspekt ihrer Komik: Von ungewisser Abkunft, halb heilig, halb animalisch oder infernalisch, ist Ubu eine Maske, die ein anderes Lachen, ein heiliges oder höllisches Lachen, angesichts eines *absoluten Komischen* im Sinne Charles Baudelaires hervorruft. Ubu lässt uns über eine schreckliche menschliche Natur lachen, die mit den Abgründen eines, in der narzisstischen Phase der Allmacht- und Zerstörungsphantasien arretierten Begehrens konfrontiert.

Seine drei Antriebskräfte – Physis, Phynanz und Merdre – haben als gemeinsamen Nenner ein orales und anales Bedürfnis; sie fixieren ihn im oralen und anal-aggressiven Stadium der Allmachtphantasien, das jegliche Trennung wie auch Anerkennung eines Gesetzes, eines Anderen, verweigert und zugleich vom Schrecken der eigenen Auflösung verfolgt wird. Diese Maske ist eine Triebmaschine, bei der nicht nur der wahrnehmbare Körper und seine Handlungen, sondern selbst die Stimme entmenschlicht sind.

Die Stimme Ubus

Schon beim ersten Erscheinen in Jarrys Werk, in dem Text *Guignol* („Kasperletheater"),[14] spricht Ubu mit einer mechanischen und unmenschlichen Stimme, welche die Didaskalie als die Stimme des Arztes Macroton aus Molières *L'Amour médecin* ausweist. Diese Dottore-Figur zerhackt die Silben, hebt damit die sinngebende Intonation auf und verhindert so das Verständnis seiner Worte. Für die Stimme der Bühnenfigur des Ubu roi fordert Jarry für die Aufführung ebenfalls ein derartig monotones Sprechen.[15] Die Schauspieler sollten sich „unpersönlich" machen und „in der Maske eingeschlossen sein, um exakt der innere Mensch und die Seele der großen Marionetten zu *sein*".[16]

Die seltsame Stimme, die Jarry für den Schauspieler des Ubu, Firmin Gémier, vorschlägt, ist dieselbe, die er später für die Puppen oder Marionetten vorsehen wird: die Stimme eines *mirliton*. Jarry begründet dies mit der antiken Praxis der stimmverstärkenden Maske, denn, fragt er rhetorisch, „waren die Helden des Aischylos etwas anderes als auf Kothurne gehievte Marionetten?"[17] Die Stimme unter der Maske entspringt ebenso einem Anderen wie die der Marionette. Jarry unterstreicht dies im Weiteren mit folgender Ausführung: „ Das *mirliton* hat den Klang eines Phonographen, der die Aufzeichnung einer Vergangenheit *auferstehen lässt* – wahrscheinlich nichts anderes als die fröhlichen und tief eingegrabenen Erinnerungen der Kindheit, als man uns ins Kasperletheater führte."

Wie klingt nun die Stimme dieses Instruments, des *mirliton*? Das Wörterbuch Littrés[18] beschreibt den Klang dieser an beiden Enden mit einer Zwiebelschale verschlossenen Flöte als den einer Narrenschelle mit einem „näselnden und lächerlichen Ton", weshalb ihre Verwendung allein für Scherze und zum Auslösen von Lachen angeraten wird. Doch wie erklärt sich der Widerspruch, dass ein näselnder und lächerlicher Ton, der dem Narren zugeordnet ist, zugleich mit den glücklichen Erinnerungen ans Kasperletheater der Kindheit und mit der heroischen und heiligen Vergangenheit des antiken Theaters assoziiert werden kann?

Jarry schreibt in der Tat dem Kasperletheater dieselbe Funktion wie später seinem Theater für Schauspieler zu – seine Konzeption des Puppentheaters ist die eines kleinen Theaters Grausamkeit: Die drei Texte, die er in *Guignol* versammelt hatte, haben so schon 1893–94 das Heterogene des Unreinen und unmotivierte maßlose Aggressivität in grotesk gewaltsamen Szenen zum Gegenstand. Die schon damals für Ubu vorgeschlagene mechanische Stimme ohne Körper ist dabei das vokale Korrelat zum mechanischen Körper der Maske Ubu: Dem Sichtbarmachen des inneren Menschen korrespondiert die akusmatische Stimme seines versteckten Antriebs.

Die lächerliche Marionettenstimme und der, einem Fass ähnliche *corpus gloriosus*, den Jarry schon in *Guignol* mit Theodor Fechners bzw. Dr. Mises' *Anatomie der Engel* verglich,[19] verdanken sich einem fremden, unsichtbaren Antrieb: Sie entspringen einem Souffleur bzw. einer fremden Kraft, die sie bewegt und ihnen Leben gibt, dem Unbewussten eines alles bestimmenden Todestriebes. Das Dispositiv des Puppentheaters eines Autors, der den Figuren ihre Stimme souffliert und sie bewegt, macht diese Struktur offensichtlich: Sie führt die Vorgeschichte des menschlichen Subjekts in einem Imaginären von Schrecken und Angst vor, das die schönen kindlichen Allmachtträume bedroht. Die hohe, dünne und zugleich schrille Stimme Ubus, die er Pulcinella entlehnt hat, gibt der archaischen Stimme des reinen Triebs ihren Ton: Er zerstört die Sprache, um sie in der Wiederholungsmechanik destruktiven Genusses aufzulösen. So lässt Ubu auch in der Vokalität die ursprünglich diabolische Stimme seines Modells aufscheinen.

Guignol als Szene des Subjekts

Mit *Ubu roi* schlägt Jarry ein Theater vor, in dem die dunklen und diabolischen Kräfte des komischen Helden die Bühne in einen *anderen Schauplatz* verwandeln. Das Dispositiv des Puppentheaters, in dem die Figuren gesprochen und bewegt werden, transfiguriert strukturell die Fremdbestimmtheit menschlichen Sprechens und Handelns. Doch die Figuren, deren Allmacht- und Bemächtigungstrieb weder Tod noch Grenzen ihrer Zerstörungslust kennt, bannen lustvoll den Schrecken menschlicher Fremdbestimmung ebenso wie die Figuren von Georges Meliès' Filmen oder Disneys Zeichentrickfilmen oder auch der Filmburlesken, denen schon Artaud wie auch Benjamin eine subversive Kraft für das Betrachtersubjekt zusprachen.

Der Übergang vom Theater zum Puppentheater hat für Jarry auch eine kritische Funktion, denn das Guignol stellt ausdrücklich die Trennung von Körper und Stimme durch *andere* Körper und Stimmen aus: Dem einer Statue gleichen imaginären Triebkörper der Puppe entspricht die schrille, durch eine Stimmröhre deformierte dünne Kopfstimme, dem diabolisch markierten Puppenkörper korrespondiert die Stimme böser Geister, die im Schrei und im Lachen sich auflöst. Mit dem Autor als Puppenspieler kann diese Stimme jedoch als Stimme eines Textes gehört werden, im Gegensatz zur Stimme des Schauspielers, der diesen Abstand immer dann aufzuheben sucht, wenn er die Stimme des Textes zu seiner eigenen macht oder seinen Körper gegen die Maske in Vordergrund spielt.

Damit ist Jarrys Ästhetik des Puppentheaters auch ein Beitrag zur Ethik eines neuen Theaters. Sie ist ebenso politisch wie die Figur Ubus, die in der Maske das unbewusste Begehren der Mächtigen auf die Bühne zu bringen sucht. Mit dem Lachen über die Marionette, das war Jarrys Herausforderung, lacht der Zuschauer auch *mit ihr* über sein eigenes unbewusstes Begehren, das sie zu repräsentieren suchen.

Im 20. Jahrhundert hatte die Politik zu Genüge das unbewusste Begehren der Mächtigen als ein Theater inszeniert, welches jedoch das niedere Heterogene, wie Bataille und im Gefolge Lacoue-Labarthe aufzeigten, in das Schauspiel eines erhabenen und heiligen, von den Massen bewundertes und begehrtes Heterogenes verwandelte. Elio Petrolinis *Nerone* für Mussolini Ende der zwanziger Jahre, Martin Wuttkes *Arturo Ui* für Hitler in Heiner Müllers Inszenierung wie auch Hans-Jürgen Syberbergs *Hitler* sind zeitgenössische Versionen der Ubiquität Ubus, welche die heroischen Inszenierungen der Macht durch das Vorführen ihres niederen heterogen Antriebs dem Lachen preisgeben. Dabei wird der Schauspieler unter der Maske zum Marionettenmenschen oder die Marionette zu einem Menschendarsteller, die ein das eigene Böse anerkennendes Lachen beim Zuschauer auslösen kann.

Doch in der heutigen Gesellschaft des Spektakels müssen wir auch zugleich, wie Dario Fo's *L'anomalo bicefalo*[20] für Silvio Berlusconi gezeigt hat, erkennen, dass die mediale Selbstinszenierung der Mächtigen zuweilen dergestalt die Imagination des Dramatikers und Schauspieler übersteigt, dass allein der Rückgriff auf die Puppe oder ihr Mimus deren Maßlosigkeit anzudeuten vermag.[21] Die Medien haben daraus inzwischen ein eigenes Format entwickelt, das zum Beispiel in Frankreich zur Sendezeit der Tagesschau mit der politischen Realinszenierung konkurriert. Seine *Guignols de l'info* auf Canal+ sind dort Kasperle-Doppel, mit denen inzwischen die politischen Selbstdarsteller die Rhetorik ihres Medientheaters abgleichen und modifizieren.

Dezember 2009

Anmerkungen

1   Vgl. Denis Bablet, *Edward Gordon Craig*, Paris 1962, S. 19–45; Didier Plassard, *L'acteur en effigie*, Paris 1992, S. 47–53.

Ubu spricht 505

2 Edward Gordon Craig, *On the Art of Theatre* [1911], London/New York 1956, S. 83–84.
3 Vgl. Helga Finter, „Rire d'Ubu: Notes sur les antécédents d'un nouveau type comique", in: *L'Étoile-Absinthe* 77–78, 1998: *Centenaire d'Ubu-Roi. Communications du Colloque International*, Société des Amis d'Alfred Jarry, S. 143–157.
4 Deutsche Übers. v. Heinz Schwarzinger, in: Alfred Jarry, *Ubu, Stücke, Schriften, Gesammelte Werke*, hrsg. v. Klaus Völker, Frankfurt/Main 1987.
5 Zu Maeterlincks Androidentheater, das er mit drei Einaktern 1894 entwirft, vgl. D. Plassard, *L'acteur en effigie*, S. 43–47.
6 Zu Anatole France' Konzeption des Puppentheaters, vgl. ebd., S. 30 ff.
7 A. Jarry, *Œuvres complètes*, Bd. I, hrsg. v. Michel Arrivé, Paris 1972, S. 420–423.
8 Ebd., S. 422–423, übers. v. HF.
9 Vgl. Craig, S. 77, übers. v. HF.
10 Vgl. A. Jarry, „Les ‚Pouchinels'", [*Le Soir illustré*, Brüssel, Juni 1902], in: Ders., *Œuvres complètes* II, S. 643.
11 H. Finter, „Ubu hétérologue: Quelques remarques sur Jarry, la littérature et le Mal", in: Henri Béhar/Brunella Eruli (Hrsg.), *Jarry et Cie. Communications du Colloque International* (TNP 12–3 mai 1985) (*L'Étoile-Absinthe* 25e–28e Tournées), Paris 1985, S. 31–41.
12 A. Jarry, *César-Antéchrist*, Akt II, Szene IX: „Im Vordergrund keimen, wie immer größer werdende Kugeln, Ubu, sodann die drei Palotine." In: Ders., *Œuvres complètes* I, S. 293.
13 Zu seinem Verhältnis zu den Masken der Commedia dell'arte, vgl. H. Finter, „Rire d'Ubu", S. 143–157.
14 A. Jarry, *Œuvres complètes* I, S. 180–191; deutsch „Guignol", übers. v. Klaus Völker, in: Alfred Jarry, *Minutengläser mit Gedächtnis Sand/Cäsar–Antichrist*, Frankfurt/Main 1993, S. 26–47.
15 Vgl. die Bühnenanweisungen des Stücks wie auch die „Vorrede" zur Aufführung sowie „De l'inutilité du théâtre au théâtre" („Über die Nutzlosigkeit von Theater auf dem Theater", in: *Mercure de France* 1896), in: Ders., *Œuvres complètes* I, S. 405–410.
16 Ebd., S. 400 („Vorrede").
17 Ebd., S. 422.
18 Vgl. Paul–Émile Littré, *Dictionnaire de la langue française*, Paris 1880.
19 Vgl. H. Finter, „Ubu hétérologue".
20 Dario Fo, *L'anomalo bicefalo*, Teatro Olimpico, Rom, 3. Dezember 2003 (Uraufführung), am ‚Piccolo Teatro' Mailand, 6. Januar 2004.
21 Fo rekurriert bei dieser Aufführung auf eine Darstellung des Medienmoguls, die ihn in gewisser Weise als von zwei Schauspielern zusammengesetzte Zwergmarionette zeigen.

Unmögliche Räume
Die Stimme als Objekt in Becketts (spätem) Theater

Der Zuschauer blickt vom Rang aus auf eine dunkle Bühne, aus der langsam ein Kopf mit wirren weißen, ausgebreiteten Haaren aus dem Dunkel auftaucht, ziemlich weit oben über dem Bühnenboden. Nur die obere Hälfte des alten, weißgeschminkten Gesichts ist beleuchtet, die Augen sind geöffnet, man hört lautes Atmen. Eine Stimme erklingt, zuerst von links, dann von rechts, dann über der Figur, die auf der dunklen Bühne zu liegen scheint. Wer den Schauspieler David Warrilow kennt, weiß, dass aus den drei Lautsprechern seine Stimme ertönt. Spricht er selbst oder ist seine Stimme aufgezeichnet? Dies ist für den Zuschauer nicht zu entscheiden, da sein Mund nicht sichtbar ist. Zweimal wird der Stimmfluss unterbrochen, die während des Sprechens geschlossenen Augen öffnen sich, ein Atemgeräusch wird hörbar. Am Ende wird dieses Geräusch wiederholt, die Augen öffnen sich wieder, das Gesicht ist nun ganz beleuchtet, ein Lächeln ist zu sehen. Dann wieder ein Black, alles verschwindet im Dunkel.

An diese 1981 in Paris während des Festival d'Automne im Théâtre Gérard Philippe in Saint Denis gezeigte Inszenierung von Samuel Becketts *That Time* wurde ich erinnert, als ich 2002 beim Festival d'Avignon Denis Marleaus Aufführung von Maurice Maeterlincks *Les Aveugles* sah. Wieder ein dunkler Saal und eine schwarze Bühne, aus der sich langsam zwölf Köpfe konturierten, die den Text *live* zu sprechen schienen, der aus Lautsprechern übertragen wurde. Doch schnell erwies sich dieses Bühnendispositiv als eine mediale Phantasmagorie: Der Zuschauer sah nicht präsente Schauspieler, sondern zwölf *Video-Heads*: Es handelte sich nämlich um Videoprojektionen menschlicher Gesichter auf Styropor-Formen, welche die Größe und den Umriss menschlicher Köpfe hatten. Sie zeigten aus verschiedenen Blickwinkeln aufgenommene Aufzeichnungen von allein zwei Schauspielern – Céline Bonnier und Paul Savoie –, welche sich den Text der zwölf blinden Männer und Frauen aufgeteilt hatten. Sie boten so *in absentia* ein Theater an, das nicht nur die Notwendigkeit der Präsenz des Schauspielers für das Theater in Frage stellte, sondern auch allein durch das Sprechen des Textes den Bühnenort in einen theatralen Raum verwandelte, den jeder Zuschauer für sich mental zu konkretisieren hatte.

Man könnte diese Arbeit als eine Radikalisierung von Becketts Bühnendispositiv verstehen. Denn in der Tat nahm Becketts Theater eine beachtliche Anzahl von Fragestellungen und Experimenten vorweg, die heute die Bühne bestimmen. Er hatte die Konstituenten des Theaters von Anfang an auf die Probe gestellt: Die Handlung, die Person, den Raum und die Zeit. Insbesondere die

Person, die ein Schauspieler darstellt, spielt oder spricht, wurde immer mehr reduziert und fragmentiert: Beckett erforschte ihr szenisches Handeln als körperliches Tun und Sprachhandeln, er begrenzte den Bewegungsspielraum der Figuren, schloss die Personen in Tonnen, Erdhügeln oder Krügen ein. Sie wurden nicht nur eingebuddelt oder ‚eingebottled', sondern auch eingeschnürt, unbeweglich auf einer Liege oder unter einem Tuch ausgestreckt. Einzig sichtbar blieb ein Kopf, ein Mund, einzig beweglich die Stimme.

Wie der Körper des Schauspielers wurde auch die Stimme von ihm getrennt. Die eigene Stimme wird bei Beckett zum Objekt: Sie entspringt einem fremden Organ (*Not I*), einer Aufzeichnungsmaschine (*Krapp's Last Tape, Rockaby*); sie vervielfältigt sich als aufgezeichnete Stimme (*That Time* und *Compagnie*), wird zu einer halluzinierten Stimme (*Solo, Eh Joe!*) oder zur Stimme des Textes (*Ohio Impromptu*). Während einerseits die Fernsehspiele immer stärker den Körper als Silhouette, Schemata oder Schatten behandelten oder aber die Wahrnehmung als Identitätsfunktion befragten, stellte Beckett andererseits nach *Krapp* in seinen Theatertexten immer mehr die Stimme als ein Phänomen in den Vordergrund, das letztlich das Theater und die Theatralität generiert, das heißt die Person, den Raum, die Zeit und die Handlung.

Was bedeutet diese vom Körper getrennte Ausstellung der Stimme für Becketts theatralen Raum? Zwei Überlegungen zum Verhältnis von Stimme und Raum seien hier vorausgeschickt: Im Theater garantiert die vom Schauspieler artikulierte Stimme, die den Text spricht, die Wahrscheinlichkeit der dargestellten Person und des vom Text vorgegebenen Abwesenden. Die Stimme, die das Wort spricht, macht die Darstellung präsent und verwahrscheinlicht sie. Erst dieses sprachliche, mit der entsprechenden körperlichen Bewegung verbundene Handeln schafft den theatralen Raum des gespielten Stücks, denn es verwandelt einen durch Requisiten und Ausstattung vordefinierten Bühnenort in den spezifischen Raum des gespielten Stücks, indem es diesen Ort vektorisiert, in ihn Geschwindigkeiten einschreibt und ihn zeitlich variiert.[1] So kann durch sprachliches Handeln der Bühnenort zu jenem heterotopen Raum werden, in dem sich, nach Michel Foucault, die Utopie anderer Orte zu verwahrscheinlichen vermag.[2]

Im traditionellen Theater macht sich dabei der Schauspieler zum Ursprung des Dramentextes, indem seine Stimme die des Textes mimt. Doch diese eigene Stimme ist selbst eine soufflierte Stimme, Produkt aus imaginären Mutter- und Vaterstimmen, aus sozialen und rhetorischen Stimmgesten.[3] Beckett macht die Bühne zum Raum eines *Echos des Subjekts* im Sinne von Philippe Lacoue-Labarthe,[4] weil er die Stimme des Textes selbst als die eines Anderen thematisiert. Damit stellt er die mentale Bühne der Bühnenfigur aus, von der aus der Zuschauer letztlich mental den Raum zu konstruieren vermag, den die Aufführung ihm vokal nahelegt.

Krapp und die Stimme des Anderen

Mit *Krapp's Last Tape* (1959) wird zum ersten Mal ein Tonband zum Protagonisten. Wir sehen den alten Krapp im Dialog mit seiner vor vielen Jahren aufgezeichneten Stimme, die forsch und rhetorisch scharf im Kontrast zu der auf der Bühne manifesten, mit Körper- und Stimmgeräuschen angereicherten Stimme des alten Krapp sich verlautet. Seine junge Stimme ist die eines anderen, fremd und körperlos. Doch zugleich öffnet sie den Bühnenraum auf Krapps Vergangenheit, macht sie präsent. Ein früherer Stimmraum wird simultan zum aktuellen, *live* artikulierten Stimmraum zitiert und verdoppelt so den Bühnenraum mental.

Diese aufgezeichnete Stimme hat die Qualität einer *akusmatischen Stimme,* denn auf sie treffen die von Michel Chion anhand des Films analysierten Charakteristika zu:[5] ihre Quelle ist unsichtbar, sie erscheint omnipräsent, allwissend und allgegenwärtig, sie ist nicht desakusmatisierbar, da der junge Körper, der sie hervorbringt, unwiederbringlich abwesend ist. Der Kampf gegen diese aufgezeichnete Stimme bestimmt das Drama Krapps als ein Drama von An- und Abwesenheit, Vergangenheit und Gegenwart, Jugend und Alter.

Mit diesem Dispositiv hat Beckett den nicht zu hintergehenden Präsenzaspekt aufgezeichneter Stimme verdeutlicht, der gerade dann zu Tage tritt, wenn versucht wird, dieses Dispositiv zu perspektivieren. In der Diplominszenierung von Sebastian Blasius wurde dies deutlich.[6] Der Regisseur montierte die Tonspur von Becketts deutscher Aufführung dieses Stücks mit der Bewegungschoreographie des Tänzers Ludger Lamers, der Martin Helds Bewegungsvokabular variiert. Doch sobald das Tonband einsetzt, wird die aufgezeichnete Stimme, welche der Apparatur entspringt, als präsente Stimme wahrgenommen. Die Perspektivierung des szenischen Dispositivs wird unterbrochen. Eine aufgezeichnete Stimme bleibt in ihrer Wirkung präsent. Sie durchstreicht ihre *mise en abyme* im durch die Aufführung geschaffenen Jetztraum.

Hysterische und halluzinierte Stimmen

Mit *Not I* (1973) und *That Time* (1976) hatte Beckett seine Recherche auf die Stimme des Protagonisten ausgedehnt. *Not I* stellte zu einem Zeitpunkt, in dem das Experimentaltheater Körperlichkeit auf der Bühne allein als physische Präsenz verstand, einen übersprudelnd artikulierenden Mund als Protagonisten ins Zentrum. Wie ein Partialobjekt ausgeleuchtet, verlautet aus ihm ein Text, der verneint, dass ein ‚ich' spricht. Er kennt allein die Ansprache – *you* – und die dritte Person – *she*. Der Mund wird von einem sich überstürzenden Sprachfluss besetzt, er ist eine obszöne Lustmaschine, welche die Stimme als Objekt des Begehrens im Sinne Jacques Lacans erfahren lässt.

Für den französischen Psychoanalytiker gehören Stimme und Blick, zusammen mit den oralen und analen Objekten wie Nahrung und Fäkalien, zu den archaischen Triebobjekten. Sie geben als faktisch vom Körper getrennte Objekte eine erste Erfahrung des Anderen, noch vor der Erfahrung des eigenen Körpers als einem getrennten Anderen in der Spiegelphase.[7] Die erste Stimme fällt mit der Stimme der Mutter zusammen in einem ersten Klangraum, den Julia Kristeva *Chora* nennt. Sie gibt eine erste Körperhülle, das ‚Haut-Ich'.[8] Diese Stimme ist eine phantasmatische Stimme, insofern sie als immer schon verlorene begehrt, aber auch als übermächtige Stimme des ersten Anderen gefürchtet wird. Diese erste Stimme, die als imaginäre begehrte Stimme im Timbre und Melos der Sprechstimme des Einzelnen weiterlebt,[9] wird durch die Stimme der Sprache abgelöst, welche erlaubt, sich nun mit dem Pronomen ‚ich' selbst zu benennen.

Mouth jedoch kann nicht ‚ich' sagen. Bei *Mouth* fallen Oralität und Vokalität zusammen, die Oralität überlagert die Vokalität. *Mouth* verschlingt und stößt mit Lust die Worte aus. Das szenische Dispositiv, wie es die Fernsehaufzeichnung überliefert,[10] gemahnt an Gustave Courbets Gemälde *L'origine du monde*. Doch wie beim Bild ist auch hier das Organ nicht der Ursprung, sondern ein imaginärer Raum: *Mouth* führt das Imaginäre einer ersten Stimme vor, die als *Orifiz* von Ausstoßen und Verschlingen zugleich oral und anal-aggressiv gelebt wird, dem Symbolischen den Körper verweigert, und von dieser ersten Stimme besessen, die Sprache mit ihr auszutreiben sucht: *Not I*. Dieser imaginäre archaische Vokalraum, den die Fernsehaufzeichnung an den Körper bindet, wird im Dispositiv, das Beckett für das Theater vorsieht, allein mental durch den Zuschauer realisiert. Der *Auditor* in Djellaba, der im Dunkel der Bühne mit seinen mitleidigen Armbewegungen viermal die viermalige Verneinung „who? ... no! ... she!" immer schwächer kommentiert,[11] weist hier auf die Simultaneität von theatralem Raum und phantasmatischem Raum der Bühnenfigur hin.

Eh Joe! (1967), ein Fernsehspiel, das eine weibliche Stimme mit dem Zoom auf ein männliches Gesicht parallelisiert, führt eine akusmatische Stimme als phantasmatische erste Stimme ein, sie kann aufgrund intertextueller Indizien als halluzinierte mütterliche Stimme gelesen werden: Der Endzoom des Fernsehspiels zitiert nämlich die letzte Einstellung von Hitchcocks Film *Psycho* (1960), in der Norman Bates der desakusmatisierten Stimme seiner Mutter – sie war zuvor als von ihm ermordete Tote gezeigt worden – nun als seiner eigenen halluzinierten Stimme lächelnd zuhört. Auch der Endzoom auf Joes Gesicht zeigt diesen lächelnd: Jede halluzinierte weibliche Stimme verweist letztlich auf das Objekt Stimme, deren ambivalentes Modell das Phantasma der Mutterstimme ist, und macht damit einen archaischen Klangraum präsent, in dem sich der Bildraum auflöst.

Für *That Time* wird Beckett die Konstruktion eines halluzinierten Stimmraumes auf die Bühne übertragen: drei Stimmen – A, B und C –, aus drei Lautsprechern rechts und links neben sowie über ihm, belagern den unter einem Leichentuch (*shroud*) liegenden Protagonisten. Die Didaskalien vermerken, dass diese Stimmen „his own"[12] seien. Er liegt, im Hinblick auf die Position der Stimmen, wie in einer Analyse-Situation, doch der Blick des Zuschauers erfasst ihn von oben wie einen Aufgebahrten. Drei Stimmen suchen drei Lebensabschnitte als Stimmmomente zu umkreisen – A die Momente der jüngsten Jugend, B die Zeit des verliebten Erwachsenen, C das Alter. Ein Stimmenraum entfaltet sich, der zugleich ein Lebensraum ist, welcher sich musikalisch entwickelt und den ein Totenkopf immer wieder als Memento mori punktiert. Geburt und Tod verschmelzen. Die Vergänglichkeit schreibt sich musikalisch als „*come and gone in no time*".[13] Die Stimmen produzieren mit ihrem Rhythmus, ihren Anaphern und ihren inneren Reimen eine aufgehobene Zeit, die zum Raum wird, zu einem Raum, in dem noch kein ‚ich' getrennt ist, noch jemals gesagt wird. Auch hier signalisiert ein finales Lächeln das Einverständnis mit dem Tod.

„Imaginer"

Julian Beck, der Gründer des Living Theatre, hatte bei seinem letzten Auftritt 1985 in Frankfurt am Main im Theater am Turm kurz vor seinem Tod dieses Stück gespielt. David Warrilow war, wenige Monate vor seinem Verscheiden am 17. August 1995, mit *Compagnie* im Februar-März desselben Jahres im Petit Odéon in Paris auftreten. Todkrank, auf die Bühne getragen, sitzt er in einem Ohrensessel, seine Stimme dringt aus dem Lautsprecher zu ihm, er macht schleppend einige Schritte, geht zu einem verschlossenen, blinden Fenster, hört, setzt sich, hört seine Stimme sprechen. „Une voix parvient à quelqu'un dans le noir. Imaginer."[14]

Die Stimme, die der Zuschauer hört, verbindet er mit dem sichtbaren Schauspieler auf der Bühne und dem Bühnenort, den er sieht. Er konstruiert aus dem, was er hört und sieht, den theatralen Raum und die Zeit seines mentalen Theaters: hier zum Beispiel ein Erinnerungsstück, ein Gedächtnistheater, ein Memento mori. Es doppelt die sichtbare Bühne. Für den Zuschauer, der zum ersten Mal David Warrilow sah, war diese Inszenierung eine großartige künstlerische Leistung für ein Gedächtnisstück. Für die, die ihn seit den siebziger Jahren als Beckett-Schauspieler kennengelernt hatten – so mit Becketts *The Lost Ones*, Lee Breuers New Yorker Inszenierung von *Le Dépeupleur* 1975[15] – hatte das Reale die Zeit und den Raum der Bühne eingeholt: Der Schauspieler war zu einer der Figuren von Becketts Universum geworden. Er mimte nicht mehr, er war derjenige, der nun seine Stimme hört, da ihm die Kraft zu sprechen fehlt. Der aber auch weiß, dass sie – aufgezeichnet – ihn überlebt, so wie die Stimme seiner

Schrift den Dichter wie ein Memento mori überdauert. Für den mit Warrilow vertrauten Zuschauer antizipiert diese Inszenierung den Raum seiner *veillée funèbre*, sie wird für ihn zum Kampf mit dem Todesengel, sie ist für ihn seine *danse de mort vocale*.

Denn die Stimme hat die Kraft, Räume zu evozieren, ein mentales Theater vor Augen zu führen. Becketts *The Lost Ones* war der erste Prosatext, den Warrilow auf die Bühne gebracht hatte. Beckett wird ihm im Übrigen von da an weitere Prosatexte zur Aufführung auf der Bühne anvertrauen, so *A piece of Monologue*, *Ohio Impromptu*. Warrilow wird sie in Englisch ebenso wie in Französisch meisterhaft auf der Bühne verlauten lassen.

Zum Abschluss sei ein letzter Einblick in die Aufführung eines unmöglichen Raums, dem von Becketts *The Lost Ones*, unter der Regie von Lee Breuer, gegeben. Bei seiner Aufführung wohnen wir der Konstruktion eines Kaleidoskops von mentalen und inszenierten Räumen bei, die zugleich ein Gang durch die Räume einer Vielfalt von Theaterformen ist: Hörspiel, Puppenpanoptikum, episches Theater, Environmental Theatre, Frontaltheater. Die Inszenierung führt zuerst die Zuschauer, die sich der Schuhe und Mäntel an der Garderobe entledigt haben, in einen dunklen, runden, mit Schaumstoff ausgeschlagenen Raum von ungefähr fünf Metern Durchmesser. In einem Halbkreis sind drei Stufenreihen hintereinander angeordnet, auf denen ungefähr dreißig Personen eng gedrängt Platz nehmen können. Einzige Lichtquelle ist eine tief hängende Lampe in der Mitte des zweiten leeren Halbkreises, sie wirft mit ihrem Metallschirm einen gelben Lichtkreis von ungefähr fünfzig Zentimetern auf den schwarzen Boden. *Black*. Aus dem Dunkel ertönt eine hohe Männerstimme, die im Märchenton den Anfang von Becketts *The Lost Ones/Le Dépeupleur*[16] spricht, der Zylinder und seine Bewohner werden vorgestellt. Der Raum des Zylinders kann vom Zuschauer mental imaginiert werden. Mit dem Licht und der langsam ein- und ausgeblendeten Minimal Music von Philip Glass, die das Insektensurren und Lichtflirren des Zylinders metaphorisch aufnimmt, wird David Warrilow, der ein dunkles Wolljackett, dunkles Hemd und dunkle Hose trägt, barfuß stehend sichtbar. Er spricht den Text Becketts mit gebeugtem Kopf weiter, um dann, wie ein Insektenforscher, mit der Pinzette kleine Nachbildungen dieses seltsamen Völkchens vor dem Modell *en miniature* des aufgeschnittenen Zylinders im Lichtkreis der Lampe in ihren Posen aufzustellen: Der erste Raum des Zylinders wird als Panoptikum einsehbar, vorgeführt als episches Puppentheater oder ethnologische Demonstration. *Black*. Der epische Erzähler, nun stehend mit dem Rücken zum Publikum, ist zugleich selbst ein Suchender an der gewölbten Wand. Der Spielraum der Bühne wird zum Ausschnitt des Zylinders, auf den die Zuschauer blicken wie auf ein Frontaltheater. *Black*. Der Puppenspieler zerstört, entvölkert das Zylindermodell, liegt nun in der Mitte der Spielfläche, nach oben starrend.

Black. Dann sitzt Warrilow inmitten des Publikums, der Zuschauer selbst wird zum Bewohner des Raums, dessen Zylinderform er nun, dank der auch die Seitenwände erfassenden Beleuchtung, gewahr wird: er befindet sich im Raum eines *Environmental Theatre*. *Black.* Warrilow entledigt sich seiner Kleidung, nackt, mit dem Rücken zur Wand sucht er den Ausweg. *Black.* Zusammengekauert wird sodann die Richtung des Raumes, der Orientierungspunkt eingeführt, die weißhaarige Frau, die nackt im Dämmerlicht dem Publikum gegenübersitzt, die Schenkel auf- und zuklappend, ist der Norden – *le nord/the north*.[17] Das letzte Stadium des Zylinders, bei dem das Insektensurren der Musik mit dem entzogenen Licht verstummt, wird im Dunkeln gehört. Schauspieler und Zuschauer sind im Zylinderraum des *Dépeupleur* eingeschlossen. Der Zylinder wird zur Metapher des Lebensraums ihrer Welt: *theatrum mundi*.

Philip Glass' Minimal Music punktiert diese Demonstration, der Wandel von Klangfarbe und Melos variiert die Erzähler- bzw. Spielerhaltung. Rhythmus und poetisch hervorhebende Sprechweise dominieren. Mit ihm nuanciert sich die Raumvorstellung des Zuschauers und verschiebt sich wie in einem Kaleidoskop.

Der unmögliche Raum von Becketts *Le Dépeupleur/The Lost Ones* ist mit seiner Zylinderform letztlich die Verschmelzung von Dantes Höllentrichter mit seinem Positiv, dem Kegel des Läuterungsbergs. Zu dessen Füßen, im Vorpurgatorium, sitzt Belacqua, der Lautenspieler aus Florenz, in kauernder Stellung, der Dante ein Lächeln entlockte,[18] weil er dasitzt, „als ob die Faulheit seine Schwester wäre".[19] Beckett zitiert dieses Lächeln Dantes, als er die Haltung einzelner Bewohner des Zylinders beschreibt als „attitude qui arracha à Dante un de ses rares pâles sourires".[20] Der Raum von *Le Dépeupleur/The Lost Ones* hat eine Zylinderform, wie das Brunnenloch des Purgatoriums des heiligen Patrick auf der irischen Insel Station Island, Lough Derg, in der Grafschaft Donegal,[21] oder wie der Turm der 1931 darüber errichteten katholischen Pilgerkirche.[22]

Das Purgatorium ist ein von der römischen Kirche im zweiten Konzil von Lyon 1274 sanktionierter Jenseitsort, in dem die Verstorbenen durch Bußen und die Lebenden durch Ablass auf das Heil oder die Erlösung der Toten einwirken können. Das Purgatorium war dem Protestanten Beckett verwehrt, jedoch galt es ihm schon sehr früh als der interessanteste Teil von Dantes Jenseitsgedicht. In einem Text von 1929 zu James Joyces *work in progress*, dem späteren *Finnegans Wake*, beschreibt Beckett den Raum von Joyces Text im Kontrast zu Dante als „spherical purgatory".[23] Für ihn ist dieser Text auch ein „purgatorial work" durch seine „absolute Abwesenheit des Absoluten", welche die Erde selbst als Purgatorium dechiffrieren lässt.[24] Nach Beckett fasst Joyce die Welt als einen Raum der Selbstläuterung auf, den die Komplementarität von *Vice and Virtue* wie eine Maschine antreibt.

Der Raum von Becketts *Le Dépeupleur/The Lost Ones* hingegen ist nicht mehr ein Kegel, sondern ein Zylinder. Dieser verschmilzt nicht nur die Trichterform von Dantes Hölle und die Kegelform seines Purgatoriums, sondern wird auch vom Surren der Insekten beherrscht, die im dritten Gesang von Dantes *Inferno* die Sünder, die für ihre *acedia* büßen, antreiben. Das Verstummen dieser Insekten, simultan zum Gefrieren der Bewegung zu einem Schweigen, das stärker als die Gesamtheit der schwachen Atemzüge sei („plus fort que tous ces faibles souffles réunis"), ist zugleich das Verstummen des Begehrens. Es leitet ein Verstummen des Atems ein, der die Textstimme antreibt, die den Zylinder in fünfzehn Aspekten dem geistigen Auge des Lesers oder Zuhörers vorführt.

Doch auch mit dem Tod der Vorstellungskraft setzt die Aufforderung zu imaginieren nicht aus: *Imagination morte, imaginez.*[25] Es bleibt die Stimme des Textes, die als Laut ein unerreichbares Objekt verfolgt, das sich in der Musik der Sprache lustvoll mäandernd im Unendlichen verliert. Becketts Schreiben, seine Texte sind letztlich sein Purgatorium. Deren Stimme(n) zeichnet/n seinen Raum, seine Räume. Der Leser muss diese Stimme(n) mit seinem inneren Ohr hören, um Becketts Räume zu erfahren.

Januar 2010

Anmerkungen

1 Vgl. zum Verhältnis von Ort und Raum: Michel de Certeau, *L'invention du quotidien*, Bd. I: *Arts de faire*, Paris 1980, S. 208–210.

2 Vgl. Michel Foucault, „Des espaces autres" [1967], in: Ders., *Dits et écrits 1954–1988*, Bd. I: *1980–1988*, hrsg. v. Daniel Defert und François Ewald, Paris 1994, S. 752–762.

3 Vgl. Helga Finter: „Stimmkörperbilder. Ursprungsmythen der Stimme und ihre Dramatisierung auf der Bühne" (in: Doris Kolesch/Jenny Schrödl (Hrsg.), *Kunst-Stimmen* (Theater der Zeit, *Recherchen* 21), Berlin 2004, S. 131–141), in diesem Band S. 403–413.

4 Vgl. Philippe Lacoue-Labarthe, „L'écho du sujet", in: Ders., *Le sujet de la philosophie. Typographies I*, Paris 1979, S. 217–303.

5 Vgl. Michel Chion, *L'Audio-vision*, Paris 1990, S. 63–65.

6 Vgl. Sebastian Blasius, *APPROPRIATION. PARASITEN. KRAPP'S LAST TAPE*, mit Ludger Lamers, Erstaufführung am 15.06.2009, i-camp/Neues Theater München.

7 Vgl. Mladen Dolar, *His Master's Voice. Eine Theorie der Stimme*, übers. v. Michael Adrian/Bettina Engels, Frankfurt/Main 2007, S. 98–111.

8 Vgl. Didier Anzieu, *Le Moi-peau*, Paris 1985.

9 Vgl. H. Finter: „Signatures de voix", in: Dies., *Le Corps de l'audible. Écrits français sur la voix 1979–2012*, Frankfurt/Main 2014, S. 293–302.

10 Für die Bühne hatte Beckett einen „Auditor" vorgesehen, der viermal die Arme in „helpless compassion" erhebt, immer dann, wenn „Mouth" sich weigert, die dritte Person aufzugeben. Diese Bewegung wird gegen Ende immer schwächer. Vgl. Samuel Beckett, „Not I (1973)", in: Ders., *Ends and Odds. Plays and Sketches*, London 1973, S. 11–20. Die Premiere des Stücks mit Billie Whitelaw fand unter Becketts Regie am

Royal Court Theatre 1973 in London statt; die Fernsehproduktion unter der Regie von Beckett, ebenfalls mit Billie Whitelaw, wurde von der BBC ausgestrahlt.
11 Ebd., S. 14, 16, 18–19.
12 S. Beckett, „That Time (1974)", in: Ders., *Ends and Odds*, S. 21–30, hier S. 22.
13 Ebd., S. 30.
14 S. Beckett, *Compagnie*, Paris 1980, S. 7.
15 Vgl. H. Finter, „Viaggi dell'occhio", in: *Spirali. Rivista di cultura* 9, 1979, S. 41–43, hier S. 43.
16 Diese Inszenierung wurde 1981 beim Festival d'Automne von Warrilow auch mit dem französischen Originaltext gezeigt.
17 Vgl. S. Beckett, *The Lost Ones*, übers. aus dem Französischen v. Autor, London 1972: „there does none the less exist a north in guise of one of the vanquished or better still the woman vanquished."
18 Ebd., S. 14: „[...] non-searchers sitting for the most part against the wall in the attitude which wrung from Dante one of his rare wan smiles."
19 Dante Alighieri, *Il Purgatorio*, Canto 4, Verse 110–111: „Colui che mostra sé più negligente/che se prigrizia fosse sua serocchia."
20 S. Beckett, *Le Dépeupleur*, Paris 1970, S. 13.
21 Vgl. Jacques Le Goff, *La Naissance du Purgatoire*, Paris 1981, S. 259–273.
22 Vgl. ebd., Abb. 4.
23 S. Beckett, „Dante ... Bruno. Vico ... Joyce" [1929], in: Ders.: *Disjecta. Miscellaneous Writings and a Dramatic Fragment*, hrsg. v. Ruby Cohn, New York 1984, S. 19–33, hier S. 33.
24 Vgl. ebd., S. 33.
25 S. Beckett, „Imagination morte imaginez", in: *Têtes-Mortes*, Paris 1967/1972, S. 49–65. Dieser Text von 1966 thematisiert schon die mentale Konstruktion eines unmöglichen Raumes durch den Leser, jedoch ist es hier noch ein Raum mit zwei Personen *en miniature*.

Dante lesen als Performance

Lectura Dantis auf der zeitgenössischen Bühne

Dantes *Göttliche Komödie* zwischen *mala* und *divina mimesis*

Im Juli 2008 war beim Festival d'Avignon eine *Divina commedia* in drei Teilen zu sehen, die Romeo Castellucci als seine von Dantes Gedicht „frei inspirierte" Version präsentierte. Zwar war weder im *Inferno* im Ehrenhof des Papstpalastes, noch im *Purgatorio* in einer auf einem Industriegelände angesiedelten Ausstellungshalle, noch in seiner Installation *Paradiso* in der Église des Célestins ein Vers aus Dantes Jenseitsgedicht zu hören. Jedoch zeigte sich Castellucci ausdrücklich als Autor und Protagonist einer heutigen *Commedia*, als er sich, selbst „in der Mitte des Lebens" stehend, zu Anfang seines *Inferno* dem Publikum mit seinem Namen – „je m'appelle Romeo Castellucci"[1] – vorstellte und seinen bis auf Kopf und Hände von einem wattierten Anzug geschützten Körper dem wütenden Angriff von drei Bestien in Form dressierter Kampfhunde aussetzte, verloren auf dem Diesseitsort der riesigen leeren Bühne – seiner *selva* – vor dem hohen bedrohlich aufragenden Gemäuer des Papstpalastes.

Romeo Castelluccis *Commedia* dramatisierte und aktualisierte mit unerhörten Bildern und der Musik von Scott Gibbons auf seine Weise das, was bei Dante den theologischen Grundstein der drei Jenseitsreiche bildet. Der *primo amore*, die das göttliche Wort und das Jenseitsuniversum Dantes strukturierende Kraft der Liebe, wird hier auf den Prüfstein einer *mala mimesis*[2] gestellt: ihre zeitgenössischen Formen und Perversionen, ihre Möglich- und Unmöglichkeiten werden in Bilder- und Szenenfolgen von Hölle und Läuterungsberg ausgelotet. Liebe wird nicht nur in Form überdimensionaler Lettern, als *AMOR* auf der Palastrückwand der Bühne sichtbar gemacht. Der Satz „je t'aime" wird auch zum Rauschen, geflüstert im Chor der zahlreichen Performer, und seine Varianten werden choreographisch und dramatisch durchgespielt. Das Paradies hingegen, das nur kniend durch eine runde Öffnung für jeweils fünf Minuten von einzelnen Zuschauern eingesehen werden kann, ist nicht mehr die Transfiguration jenes *amor*, der das Universum und die Gestirne bewegt, noch die Klangraumskulptur eines göttlichen Gesamtkunstwerks, dessen Sphären die Engel, die sie bewegen, zum Klingen und Schwingen bringen. Vielmehr wird dieser Ort durch das Schlagen überdimensionaler, von unsichtbaren Spielern manipulierten Vorhänge immer wieder verdunkelt, um dem Zuschauerblick die überwältigende Schönheit eines Raums nach der Sintflut zu entziehen, in dem allein ein in fließendes

Wasser eingetauchtes Klavier eine Musik mental vorstellen lässt, die jedoch ans Zuschauerohr nur als Dröhnen zu dringen vermag. Castellucis *Commedia* ist das Theater eines Lesers von Dantes Text. Er setzt dessen genaue Lektüre voraus und nimmt sie, zumindest für Italien, als durch die Schullektüre bekannt an. Seine szenische *mala mimesis* stützt sich so implizit auf die Lektüre von Dantes göttlicher Mimesis, um sie zu subvertieren.

Doch inwieweit ist ein solcher Rezeptionshorizont noch gültig? Dem Land von Berlusconis Medienimperium sind Diskussionen um die mangelnde Lesefähigkeit seiner Bewohner keineswegs fremd. So haben nach einer neueren Statistik von 2007 mehr als siebenunddreißig Prozent der Italiener während eines Jahres kein Buch geöffnet, zwanzig Millionen Nichtleser werden vermerkt, während unter den neun Millionen italienischer Leser 500 000 dieser Tätigkeit allein aus professionellen Gründen nachgehen.[3] Dieses Bild wird zudem ergänzt durch einen täglichen Fernsehkonsum von fünf Stunden.

In einem solchem Kontext bekommt eine Nachricht aus den Seiten für „Vermischtes" (*cronaca*) der Tageszeitung *La Repubblica* vom 11. Oktober 2008 eine besondere Bedeutung. Unter dem Titel „Ladro legge Dante tra un furto e l'altro" („Ein Dieb liest zwischen den Diebstählen Dante") wird aus Sizilien folgendes berichtet:

> Palermo. Bei einem wegen Diebstahl festgenommenen Verdächtigen fanden Polizisten unter dem Sitz seines Motorrads die *Göttliche Komödie*. Der Mann erklärte, sie dank Benigni im Fernsehen entdeckt zu haben und sich allein nach dem Lesen einiger ihrer Seiten entspannen zu können.[4]

Dieser erstaunliche *fait divers* ist in mehrfacher Hinsicht aufschlussreich: Zuerst macht er deutlich, dass unter Umständen das kritisierte Fernsehmedium zum Lesen eines schwierigen und komplexen poetischen Textes verleiten und gar für Unterlassungen der Schule einzuspringen vermag. Weiter wird mit dem Verweis auf den Filmstar und Komiker Roberto Benigni, dessen öffentliche Lektüren eines Großteils des *Infernos* und einiger Gesänge aus dem *Paradiso* in den letzten Jahren vom nationalen Fernsehen übertragen wurden,[5] die seit dem 14. Jahrhundert fortdauernde Bedeutung wie auch der Wandel eines Aufführungsgenres, der *Lectura Dantis*, angezeigt, die als Vorläufer der *lecture performance* verstanden werden kann. Nach dem 1321 erfolgten Tode Dantes eingerichtet, um die Gefährlichkeit individueller Lektüren seines Werks zu bannen – Giovanni Boccaccios öffentliche Lektüre in der Kirche Orsanmichele in Florenz am 23. Oktober 1373 machte den Auftakt – scheint sie heute in lesearmer Zeit darauf abzuzielen, einzelnen Lesern singuläre Lektüren von Dantes Text zu ermöglichen. Letztlich wird mit diesem *fait divers* zudem auch ein positiver Wirkungsaspekt von Benignis Unternehmen offensichtlich, das im Kreuzfeuer negativer Kritiken, nicht nur von Danteexperten, steht.

Gibt man beispielsweise bei YouTube das Stichwort *Lectura Dantis* ein, so findet man eine ganze Reihe von Video-Clips, in denen Protagonisten öffentlicher Dantelektüren aus den letzten dreißig Jahren sich zum Teil posthum, dank ihrer Fans, einen Kampf um den Primat in diesem Format liefern: Carmelo Bene mit seiner *Lectura Dantis* in Bologna 1981, Vittorio Sermonti in den achtziger Jahren, Vittorio Gassman in den Neunzigern und Roberto Benigni im neuen Jahrtausend sind die bekanntesten Namen, die in die Arena geschickt werden, um mit Aufzeichnungen von Ausschnitten öffentlicher Performances von Dantes Text, die jeweilige Lektüre als einzig gültige zu behaupten.

Zuerst soll dieses Genre kurz in seiner historischen Struktur und Funktion skizziert werden, um sodann, anhand der Charakteristika der szenischen Lesungen der obengenannten Protagonisten, Hypothesen über deren gesellschaftliche Funktion und das sie implizierende Verhältnis zum Text formulieren.

Lectio und/oder *lectura*?

Das zwischen 1307 und 1320 entstandene Jenseitsgedicht Dantes beinhaltet für den Kontext der Institution Literatur des Trecento vor allem zwei Innovationen, die auch eine Transgression der Lesepraxis darstellen: Die *Divina Commedia* beansprucht nämlich nicht nur für sich den figuralen Lesemodus heiliger Texte nach dem vierfachen Schriftsinn,[6] sondern appelliert in einem Kontext kollektiven lauten (Vor-)Lesens an mehreren Stellen ausdrücklich auch an einen singulären Leser, den Leser auf seiner Bank.[7]

Dantes Text impliziert so einen doppelten Anspruch an den Leser, der zugleich eine Gefahr für die Gemeinschaft beinhaltet: er spricht sein singuläres Imaginäres, sein Gedächtnis und seine affektive Erfahrung an und fordert gleichzeitig von diesem säkularen Leser eine theologische, philosophische, wissenschaftliche und historische Urteilskraft in einem individuellen Leseakt, der nicht mehr durch das Korrektiv des Kollektivs garantiert ist. So ist nicht verwunderlich, dass sehr schnell, schon 1335 in Florenz ein Verbot durch den Dominikanerorden erlassen wurde, das sowohl privaten Besitz als auch die private Lektüre der *Divina Commedia* betraf: „di tenere o di studiare i libri composti in volgare da quello che chiamasi Dante."[8] Um die ‚richtige' Lesart zu gewährleisten, wurden in der Folge bald öffentliche Lektüren eingerichtet, so als erste die schon genannte *Lectura* Giovanni Boccaccios 1373.

Boccaccios öffentliche Lektüre, zu der ihn die Stadt Florenz beauftragt hatte, gab strukturell das Modell vor, an dem sich in den folgenden Jahrhunderten Dantelesungen orientieren werden: Eine gelehrte, einführende und erläuternde Textexegese geht dabei zumeist dem eigentlichen (Vor-)Lesen des jeweiligen

Gesangs voraus. Der Kommentar bereitet die Lektüre vor, liefert zu einem der Gesänge den Kontext und erläutert die impliziten intertextuellen theologischen, philosophischen, historischen, wissenschaftlichen, mythologischen und literarischen Informationen. Die eigentliche *lectura* erfolgt am Ende als Vortragen bzw. Vorlesen von Dantes Text. Damit wird die *Lectura Dantis* zugleich zu einer *Lektion*, deren proportionaler Umfang dem von kommentierten Danteausgaben ähnelt, in denen auf einer Seite zumeist zwei Drittel oder drei Viertel Kommentar einem Drittel oder Viertel Gedichttext gegenüber stehen.

Wie konnte Dante bei einem solchen Übergewicht der Gelehrsamkeit überhaupt auf singuläre, individuelle Leser hoffen, zumal ein Laienpublikum zumeist der breiten Bildung entbehrte, die er zum Beispiel gerade mit seinem *Convivio*, seinem „Gastmahl" für Laien, im *volgare* zu vermitteln suchte? Die Antwort ist in Dantes Konzeption der Lektüre nach dem vierfachen Schriftsinn zu suchen: Ihr zufolge wird gerade die sinnlich wahrnehmbare Ebene des Textes, der literale, buchstäbliche Sinn der *allegoria in verbis*, wie auch die Sinnebene des reinen Handlungsgeschehens, der *allegoria in factis*, als Generator der spirituellen Ebene, das heißt seines moralischen, allegorischen, und anagogischen Sinnpotentials verstanden,[9] was hier nur angedeutet werden kann. Die literale Ebene erfassen heißt für Dante, sich zugleich potentiell die spirituelle Ebene zu eröffnen.

Die öffentlichen Lektüren der letzten dreißig Jahre im Theater- und Medienkontext[10] unterscheiden sich nun gerade von denen, die in Zirkeln der nationalen Dante-Gesellschaft oder in Gelehrtenakademien gepflegt wurden und werden, dadurch, dass sie Dante einem breiten Publikum, so Rino Caputo, als „natural audio-visual author" nahegebracht haben. Dies wird, so meine These, dadurch möglich, dass der Vortrag jeweils das vokale theatrale Potential von Dantes Gedicht sinnlich erfahrbar zu machen wusste. Dies beinhaltet aber auch, dass die Kraft der materiellen literalen Textebene nicht nur ausgestellt, sondern auch als ein Vorstellungen generierendes theatrales Textpotential, in seiner Performativität hörbar wird. Die *Lectura Dantis* wird dabei zu einer *Performance lecture*, die Sinnpotentialitäten des Textes stimmlich aktualisiert. Vier dieser Lektüren sollen im folgenden in ihren Charakteristika skizziert und näher beleuchtet werden: Zuerst die Carmelo Benes, in einem zweiten Punkt dann die Vittorio Gassmans, Vittorio Sermontis und Roberto Benignis.

Lectura Dantis als Performance
1. Carmelo Bene, 31. Juli 1981, Bologna

Den Auftakt gab Carmelo Benes Gedächtnislesung als Teil einer viertägigen Gedenkveranstaltung zum ersten Jahrestag eines am 2. August 1980 durch Neofaschisten im Bahnhof von Bologna verübten mörderischen Bombenattentats.[11]

Für seine Lesung traf Bene eine Auswahl von Ausschnitten aus den bekanntesten Gesängen von Dantes Jenseitsgedicht,[12] entgegen dem Vorschlag des Bürgermeisters, Renato Zangheri, der für eine direkte inhaltliche Anbindung an das politische Ereignis plädiert hatte.[13] Auch die Lektüre selbst durchbrach die hergebrachten Konventionen, erfolgte sie doch über ein technisch aufwendiges Dispositiv aus Lautsprechern und Tonverstärkern von einem der beiden mittelalterlichen Stadttürme, der Torre degli Asinelli, im Zentrum der Stadt aus, so dass sie in der ganzen Innenstadt für eine, mehr als hunderttausend Menschen zählende Menge zu hören war.

Diese erste Probe von Benes späterem „unsichtbaren Theater" war für das Genre der Dantelesung in vielfacher Weise wegweisend. Dabei kam dem auditiven Verstärker-Dispositiv eine entscheidende Rolle zu: Es erlaubte nämlich Bene, die gerade durch Schauspielerlesungen bekannte Identifikation mit der Stimme der Dichtung wie auch mit den Stimmen ihrer Protagonisten auf innovative Weise zu dekonstruieren. Lautes Lesen realisiert eine Atemeinheit mit dem Text, wird zu dessen Stimme, wenn sie, wie dies auch Bene tun wird, dessen disseminierte, Affektsignifikanten metaphorisierende Lautstruktur selbst lustvoll besetzt. Eine solche Inkarnation der poetischen Stimme(n) des Textes mimt dann deren Ursprung im multiplen Körper des Schauspielers.

Doch das technische Dispositiv von Benes *Lectura* löst eine solche Ursprungsfiktion durch die Trennung der Stimme vom Körper auf: Zwar ist die Körperlichkeit der Stimme vernehmbar, doch ist sie durch Mikrophon zugleich vom Körper getrennt und doppelt so die visuelle Abwesenheit des Vorlesenden, der hoch oben auf dem Turm im Stadtzentrum nur als Leuchtpunkt im Himmel wahrzunehmen ist. Die polyphone Körperlichkeit der von Bene gelesenen Protagonistenstimmen vergegenwärtigt zwar in auditiven Close-ups die Stimmen von Paolo und Francesca, Ugolino und Ulisse, wie auch die Paradiesstimmen des letzten Gesangs der dritten *Cantica*. Doch durch das technische Dispositiv werden sie zugleich als einem *anderen* Raum entstammend, einem zugleich extrem nahen und äußerst fernen heterotopen Klangraum vernehmbar.

Bene macht die heterogene doppelte vokale Theatralität von Dantes Text erfahrbar: Die durch Mikrophon vom Körper getrennten, durch Lautverstärkung nahen Protagonistenstimmen sind gerahmt und eingebunden in eine zweite Stimme, die sie forttragen: Denn die nach dem Trinitätsprinzip symbolisch strukturierte Versstimme des *endecasillabo*, des elfsilbigen Verses der *Commedia*, ist, ebenfalls vom Sprecherkörper getrennt, durch die sonore Verstärkung und das Klangecho des Widerhalls als jenseitig, als transzendent indiziert und auratisch als eine Ferne wahrnehmbar, so nah sie auch, dank der sonoren Close-ups, sein mag.

Diese vokale Theatralität macht die Textauswahl Benes im Hinblick auf das zu memorierende Ereignis sprechend: Indem Carmelo Bene als orale und aggressive Lust der Protagonisten die in den Vers eingeschriebene poetische Lautstruktur der vorgelesenen Höllengesänge emphatisch als von einem Körper und Atem produziert unterstreicht, stellt er zugleich nicht nur Formen des Verneinen, Verleugnen und Verwerfen eines Symbolischen aus, welches gerade die auratische Verstimme des *endecasillabo* indiziert. Er bringt diese Negativität *in actu* auch in Analogie zum sprachlosen mörderischen Terror, zu dessen Gedächtnis er liest. Oralität oder Vokalität des dichterischen Wortes scheinen so als Alternative zur Sprachlosigkeit des gewaltsamen *acting outs* auf. Die *Lectura Dantis* wird als poetisches Sprechen zum politischen Akt.

Carmelo Bene setzt in seiner *Lectura Dantis* auf die ästhetische Sensibilität des Zuhörers und zugleich auf eine vorausgehende, durch die Schule vermittelte Leseerfahrung: Erst sie erlaubt, die ästhetische Erfahrung auf das aktuelle historische Ereignis zu beziehen und die Analogie zum politischen Ereignis mental herzustellen. Benes Stimme, durch das Mikrophon und das Lautsprecherdispositiv vom Körper getrennt, wird als Dialog von Protagonistenstimmen und Versstimme eines Textes in einen Raum ohne Ort projiziert, wo sie einen Klangraum zwischen Körper und Sprache entfaltet, der als Sinnpotential wirken kann. Benes *Lectura* bedarf weder einer Einführung noch eines Kommentars, doch sie appelliert an die ästhetisch sensible Intelligenz eines Hörens, das laut- und sinngerichtet zugleich schwebend aufmerksam ist.

2. *Lecturae Dantis* in der Folge von Bene

Die *Lecturae Dantis* der folgenden Jahre teilen nicht mehr, mit Ausnahme Sandro Lombardis 2001/02, das alleinige Vertrauen in die Hörsensibilität des Publikums. So wird Vittorio Sermonti seit Mitte der achtziger Jahre, Vittorio Gassman 1993 und Roberto Benigni seit 2005 wieder auf den kontextualisierenden Kommentar ebenso wie auf die Exegese zurückgreifen. Zugleich behandeln sie jedoch wie Bene den Text auch als Partitur für eine Lektüre, die sich nun zwischen lautem Vorlesen – Sermonti – und Rezitieren bzw. Deklamieren – Vittorio Gassman, Benigni – spannt.

Vittorio Gassman, der 2000 verstorbene hochgebildete und belesene *matadore* der italienischen Bühne, ist mit einer für das italienische Staatsfernsehen RAI produzierten Dantelektüre präsent, die an Orten des kulturellen Erbes Italiens von Rubino Rubini gefilmt wurde.[14] Sein Kommentar richtet sich an ein gebildetes Publikum, seine Lektüre selbst ist die eines Schauspielers, der aus seinem sprichwörtlich immensen Gedächtnis die Gesänge einfühlend rezitiert, wobei er die Figurenrede geradezu spielt. So zwischen Rezitation und Deklamation oszillierend, wird jedoch sein Vortrag selbst kaum als gemimter stimmlicher Ursprung des Textes problematisiert. Vittorio Sermontis schon Mitte der achtziger begonnene Lektüre kommentiert, von einem Linguistenteam beraten, ebenfalls, doch liest er die Gesänge in einer Weise, die dem Rhythmus des Verses die Führung überlässt. Denn die Stimme des Textes, so sagt er, wisse mehr als er selbst.[15] Sein Kommentar stellt die materielle Ebene des Textes heraus und entwickelt von ihr ausgehend seinen gelehrten, doch zugleich die materielle literale Ebene in den Vordergrund stellenden Kommentar.[16]

Mit dem Filmschauspieler und Komiker Roberto Benigni wird die Dantelektüre ins Zeitalter des Spektakels transponiert. Ihr gelingt es, Massen für Dante zu versammeln zu einem Zeitpunkt, als in Italien der Ausschluss des Dichters aus dem Lektürekanon der Schulen wegen „zu großer Schwierigkeit und fehlender Aktualität" auf politischer Ebene diskutiert wird. In einer dem Autor Dante gewidmeten Literatursendung der RAI, *Babele*, hatte Benigni schon im Juli 1998 sein Dante-Coming-out vor der ganzen Nation, als er aus dem Stegreif den fünften Gesang des *Inferno* mit der Episode von Paolo und Francesca vortrug.[17] Eine öffentliche Dantelesung fand sodann ab dem 27. Juli 2006 auf einer Holztribüne neben der Dantestatue vor der Kirche Santa Croce in Florenz während dreizehn jeweils einem Gesang gewidmeten Abenden statt. Vom RAI erst im Herbst 2007 ausgestrahlt, liegt ihre Aufzeichnung seit 2008 in fünfzehn DVDs vor,[18] nachdem diese Lesung in verschiedenen Städten zu verschiedenen Anlässen in den letzten Jahren wiederholt worden war. Zwischen 2008 und 2009 folgte schließlich die Krönung mit einer Welttournee unter dem Titel *TuttoDante*.[19]

Die von mir zufällig zu nächtlicher Stunde Ende 2007 eingeschaltete RAI-Ausstrahlung einer Benigni-Lesung aus dem Sommer des Vorjahres in Florenz war in der Tat zuerst verstörend im Kontrast zu den bis dahin mir bekannten öffentlichen Dantelektüren. Zu einer Musik, die das Universum der Commedia dell'arte evoziert, hüpft der Komiker in der ihm eigenen Manier auf die Bühne, zieht mehrere Kreise und empfängt mit wieherndem Gelächter und ausgebreiteten Armen die Ovationen der auf dem weiten Platz versammelten Menge. Nach Begrüßung des zahlreichen Publikums und der Beteuerung der Aktualität Dantes, der jeden einzelnen als Individuum ansprächen, beginnt er aus dem Stegreif den auf einem Notenständer liegenden Gesang Wort für Wort zu kommentieren, wobei er sich Alltagsweisheiten, Witzen, Kalauer oder ironischen Anspielungen auf das politische Tagesgeschehen keineswegs enthält. Er kommentiert offensichtlich für Personen, die nicht oder selten lesen, er lehrt buchstäblich, die literale Ebene der Handlung zu verstehen, indem er deren gestische und bildliche wie auch lautliche Konkretheit dem Wahrnehmungshorizont des Zuhörers nahebringt, um sie seinem mentalen Auge vorzuführen. Der am Ende, nach fast einer

Stunde, sich anschließende Vortrag des *Canto* ist dagegen eine fast neutrale, zurückhaltende, vom Vers gelenkte Rezitation aus dem Gedächtnis. Auf diese Weise wird die spirituelle Ebene als numinös und sakral über die Musikalität der Versstimme wieder evoziert, der Text selbst wird dabei als Text eines anderen ausgestellt.[20]

Benignis *Lectura Dantis* legt den Akzent auf den Aspekt der *mala mimesis* des Textes, die Sprachebene, die mit rechtfertigte, ihn *commedia* zu nennen. Als eine *Lectura*, die zugleich als *lectio* lesen lehrt, erscheint sie die adäquate Form in dürftiger Zeit, ihre Pop-Version: eine *Performance lecture*, die den Nimbus der Spektakularität der eigenen Person in den Dienst eines volkspädagogischen Auftrags stellt, welcher sich aufgibt, der Nation das Lesen seines Sprachschöpfers zu lehren.

Ein vorläufiges Fazit könnte so lauten: Jede Zeit hat die *Lectura Dantis*, die sie verdient, sagt sie doch jeweils etwas über das gesellschaftliche Verhältnis zum Text und zur Sprache aus. Die Gleichzeitigkeit ästhetisch dekonstruktiver Formen der Lesung – hier wäre nach Bene auch Sandro Lombardi zu nennen – mit im engeren Sinne theatralen, aber auch gelehrten und pop-pädagogischen Formen, ihr offensichtlicher Erfolg wie auch der lebendige Wettstreit unter ihren Anhängern, wovon die zahlreichen Einträge im Web, sowohl bei Google als YouTube, zur *Lectura Dantis* zeugen, all dies zeigt, dass es, trotz allem Kassandraraunen, mit dem Lesen auf dem Theater, wenigstens in Italien, nicht allzu schlecht bestellt ist.

Auch für das Theater selbst bedeutet das Interesse an der Lektüre eher ein gutes Omen. Denn die Kunst des Theaters hängt von der Fähigkeit zu lesen ab. Großes Theater entspringt ihr. Romeo Castellucci war hierfür Zeuge. Ist diese Fähigkeit bedroht durch das Spektakel, können Theaterkünstler, die noch lesen, den vielfältigen Aufgaben des Theaters, wie Roberto Benigni gezeigt hat, auch die Regeneration der Kunst des Lesens hinzufügen. Schließlich ist die Erforschung des Verhältnisses zur Sprache und zum Text auf der Bühne selbst im postdramatischen Theater immer noch zentral, da es sich vorgenommen hat, die Repräsentation, verstanden mit Philippe Lacoue-Labarthe als Modus des Präsentierens, szenisch zu verhandeln.

Insofern Sprechen die erste Form eines solchen Präsentierens des Machens von Repräsentation ist, hat auch der öffentliche Leseakt an der Befragung der Sprache als Repräsentation Teil. Die durch (Vor-)Lesen verlautete Relation zur Sprache bedeutet eine Stellungnahme hinsichtlich der Krise der Repräsentation, metaphorisiert doch gerade Lesen ein Verhältnis zum Symbolischen, welches, neben dem Imaginären, die Beziehung zum Körper und damit für ein Subjekt das Reale bestimmt. Dieses Verhältnis, das Lektüren wie auch Sprechen als Beziehung zum Text dramatisieren, ist letztlich ein Verhältnis zum Anderen. Über die Stimme wird seine Anerkennung, aber auch seine Verneinung, seine Verwerfung oder seine Vernichtung zu Gehör gebracht. So erhält Sprechen wie Lesen auf der Bühne eben durch den Modus des Verlautens seine jeweilige politische Signifikanz.

September 2008

Anmerkungen

1   Dies waren dann auch die einzigen explizit an das Publikum gerichteten Worte des Abends.
2   Zum Begriff vgl. Pier Paolo Pasolini, „La mala mimesis", in: Ders., *Empirismo eretico*, Mailand 1972, S. 104–114.
3   Istituto nazionale di Statistica (Istat), La lettura di libri in Italia, vgl. http://www.istat.it/salastampa/communicati/non_calendario/20070510_00/testointegrale .pdf [10. Mai 2007].
4   *La Repubblica*, Samstag, 11. Oktober 2008, S. 21: „Palermo. Ladro legge Dante tra un furto e l'altro. Un pregiudicato è stato arrestato per furto e sotto il sellino della sua moto gli agenti hanno trovato la Divina Commedia. L'uomo ha spiegato di aver scoperto Dante grazie a Benigni in tv e di non riuscire a rilassarsi senza leggerne qualche pagina."
5   Sie liegen heute, 2008, in einer Edition von vierzehn DVDs unter dem Titel „TuttoDante" vor (Cecchi-Gori Home Video 2008).
6   Nach Erich Auerbachs Aufsatz „Figura" [1938/1944] sind hier v.a. zu nennen: Jean Pépin, *Dante et la tradition de l'allégorie*, Paris 1970 sowie Armand Strubel, „Allegoria factis et Allegoria in verbis", in: *Poétique* VI, 1975, S. 342–357, sowie Henri de Lubac S. J., *L'exégèse médiévale. Les quatre sens de l'écriture*, Paris 1959–1961.
7   E. Auerbach, *Literatursprache und Publikum in der lateinischen Spätantike und im Mittelalter*, Bern 1958; Ders., „Dante's addresses to the reader", in: *Romance Philology* 7, 1954, S. 268–278.
8   Prov. rom. ed. Th. Käppeli, *Monumenta Ordinis Fratrum Predicatorum Historica XX*, Rom 1941, S. 286.
9   Augustin Daceus 1260: „littera gesta docet, quid credas allegoria, moralis quid agas, quo tendas analgogia", zitiert in: H. de Lubac, *L'exégèse médiévale* I, S. 1.
10 Siehe die Überblicke von Rino Caputo, „Dante by Heart and Dante Declaimed. The Realization of the Comedy on Italian Radio and Television", in: Amilcare A. Ianucci (Hrsg.), *Dante, Cinema and Television*, Toronto 2004, S. 213–222; sowie „Dante and Television", in: *The Dante Encyclopedia*, hrsg. v. Richard H. Lansing und Teodolinda Barolini, London 2000, S. 283; Vittorio Coletti, „Lettura di Dante", in: *Genuense Athenaeum* 69–70, 2007.
11 Vgl. Rino Maenza, *Carmelo Bene legge Dante per l'anniversario della Strage di Bologna*, Venedig 2007 (Buch und DVD).
12 Aus dem V., XXVI., XXXIII *Canto* des *Infernos*, aus dem VI. und VIII. Gesang des *Purgatorio* und aus dem XXIII., XXVII. und VII. Gesang des *Paradiso*. Vgl., R. Maenza, *Carmelo Bene legge Dante*.
13 Vgl. ebd., S. 9–23.

14 *Gassman legge Dante*, Regie: Rubino Rubini, 4 DVD, Rom 2004, Neuedition zusammen mit dem Buchtext, Bologna 2006.
15 Siehe Sermonti, zitiert in R. Caputo, „Dante by Heart", S. 219.
16 Vgl. ebd.
17 Ab 1991 hatte es schon einen Auftritt zum 750. Geburtstag der Gründung der Universität Siena gegeben, dem 1999 weitere Auftritte in den Universitäten Rom, Padua und Bologna folgten, siehe Valentina Pattavina, „TuttoDante", in: Roberto Benigni, *Il mio Dante*, Turin 2008, S. 141–142.
18 R. Benigni, *TuttoDante*, Band 1–6.
19 http://www.tuttodante.it/ [24.01.2014].
20 Im Vorwort zum zitierten Buch, das Benignis Kommentare zu dreizehn Höllengesängen versammelt, unterstreicht Umberto Eco die Kunst Benignis als ein „recitare Dante", das sowohl die Klippe des singenden Deklamierens – *cantare* – als auch die eines Vortrags, der die Versstimme prosaisch annulliert, zu umschiffen weiß (ebd., S. 5–11).

Einsatz des Dramas, Einsatz der Stimme
im Theater der italienischen Renaissance

Anfänge sind Einschnitte, Schnittstellen, Anfänge werden gesetzt. Ihr metaphysischer Horizont ist die Geste jener großen Schöpfungserzählung, die immer noch auf unser Erzählen ausstrahlt: *Bereschit*. Geschichten erhalten einen Anfang und ein Ende durch Einschnitte in ein zeitliches Kontinuum. Nach Aristoteles sind auch Dramen durch Anfang und Ende, jedoch einer Handlung, gekennzeichnet.[1] Dramen sind auch, falls nicht ausdrücklich als Lesedramen konzipiert, für Aufführungen bestimmt. Oft ist der Dramentext, dessen Aufführungspraxis die Theaterwissenschaft zu rekonstruieren sucht, das einzige Dokument, das vom Theater verblieben ist. Für sie wird der Dramentext erst im Kontext der Aufführungsbedingungen signifikant; erst der Aufführungsrahmen kann Aufschlüsse über Funktionen von Dramenanfängen geben.

In der Tat hat mit dem Beginn der Neuzeit auch das Einsetzen der Dramen sich verändert, sowohl im Hinblick auf das geistliche Theater des Mittelalters wie auch auf das antike Theater. An ihm kann deutlich werden, dass der Einschnitt, den die Renaissance behauptet, nicht einfach ein Wiederanknüpfen an die antike Theaterpraxis darstellt, sondern sich vielmehr der Säkularisierung von Aspekten religiöser Aufführungspraktiken verdankt, die in ihr nachwirken.

Ein Blick auf die Aufführungspraxis des italienischen Cinquecento, die als *théâtre à l'italienne* lange Modell des europäischen Theaters war und vielen heute für überwunden gilt, soll zeigen, wie dort verschiedenste Medien den Einsatz einer Aufführung bestimmen: Medien sind dabei *inter-media* im wahrsten Sinne, da sie ein Dazwischen von Aufführung und Nicht-Aufführung, von Kontinuum und Anfang indizieren. Sie modifizieren den überkommenen Dramenanfang, den ein Prolog markierte, und perspektivieren den Einsatz der Dramenhandlung wie auch Verlauf und Ende in einer *mise en abyme* mittels rahmenden Zwischenspielen. Bei dieser Neustrukturierung der Theateranfänge steht so auch die rezeptionsästhetische und epistemische Funktion des Dramenanfangs auf dem Prüfstein.

Auftakt: Schall der Posaunen und Fallen des Vorhangs, Rahmen

Theater ist ein anderer Ort im Sinne Michel Foucaults, er ist eine Heterotopie:[2] An einem konkreten Ort – ein Theater oder ein Saal – welcher eine Bühne für das Spiel und einen Platz für die Zuschauer vorsieht, wird über den gesprochenen oder gesungenen Text, über Mimik, Bewegung und Gestik durch Spieler ein anderer Raum geschaffen, zu dessen Teilnahme die Zuschauer mit Augen und Ohren, mit ihrer Einbildungskraft, Gefühlen und Wünschen aufgerufen sind.

Das Theater *à l'italienne*, das in der italienischen Renaissance am Anfang des Cinquecento mit den Komödien Ariosts, Bibbienas und Macchiavellis sich ausbildet, stellt Publikum und Spieler frontal gegenüber: Sie sind durch die Bühnenrampe und durch den auf das Bühnengeschehen fokussierten Blick getrennt, doch werden bei Festaufführungen durch den gemeinsamen *apparato* zugleich Saal und Bühne verbunden – nicht nur führen Treppen von der Bühne in den Saal, der durch die Dekoration zum anderen Ort einer Repräsentation wird,[3] auch tauchen Musiker auf Emporen im Rücken der Zuschauer den Saal und die Bühne in einen gemeinsamen Klangraum ein und weisen Inschriften, Bildteppiche und prächtiger Schmuck den Ort als vom Alltag geschieden aus. Der *apparato*, der Saal und Bühne verbindet, repräsentiert mit seinem symbolischen und allegorischen Programm die Macht des Auftraggebers und effektuiert damit zugleich eine Fürsten-,Impresa':[4] Der Festdekor, wie dann auch die spätere Aufführung, realisieren *in praesentia*, während der Auszeit eines *otio*, das kulturpolitische Projekt des Fürsten – den ersehnten Frieden, das goldene Zeitalter, die legitime Nachfolge des antiken Roms, wie dies beispielsweise der *apparato* Girolamo Gengas 1513 bei der Aufführung von Bibbienas *La Calandria* in Urbino zur Ergötzung des Volkes (*delicae populi*) anzeigte.[5]

Mit Eintritt in diesen anderen Ort hat zwar noch nicht die Aufführung des Dramas begonnen, doch der Zuschauer befindet sich schon in einer von Künstlerhand geschaffenen ,Installation', die zu dekodieren sein Blick aufgefordert ist. Noch ist die Bühnenöffnung verschlossen durch einen Vorhang – *tenda, tela, velo, cortina* oder *coltrina* – aus prächtigem, in Falten fallendem, oft karminrotem Stoff. Dieser Vorhang ist zunächst ein Medium der Trennung; die Etymologie des italienischen *sipario*, abgeleitet vom lateinischen *separare* unterstreicht dies.

Den Beginn der Aufführung markiert sodann ein dreimal wiederholtes sonores Signal, das die Gespräche im Saal zum Schweigen bringen soll: ein dreimaliger Posaunen- oder Trompetenstoß – *tromba* –, an den zum Beispiel noch die Einleitungstoccata von Monteverdis *Orfeo* erinnert oder in Bayreuth der Bläserappell, jeweils zu Aktbeginn, vom Balkon des Festspielhauses aus. Neben den Blechblasinstrumenten empfiehlt der Theaterpraktiker und Dramatiker Leone de' Sommi im Dritten Dialog seiner *Quattro Dialoghi* von 1556 auch schrille Querflöten (*piafferi*) sowie „jede Art von geräuschvollen Instrumenten, [...] um die Seelen der vom langen Warten quasi eingeschlafenen Zuschauer aufzurichten und auch die Herzen der Schauspieler aufzuwecken".[6] Danach erst öffnet sich der Vorhang auf die *prospettiva*, das Bühnenbild. Jedoch kann das Bühnenbild noch ein zweiter Vorhang in Form eines gespannten bemalten Tuchs (*tenda figurativa*) verdecken, das nach dem Prolog weggezogen wird. Der Vorhang fällt im Cinquecento nach unten. Diese antike Weise, den Vorhang *ad aulaeum* zu öffnen, ist in Italien am weitesten verbreitet. Allein im Florenz der Medici wird er nach oben gezogen, um an beiden Längsseiten wieder (*all'imperiale*) herunterzufallen.[7]

Dieser spektakuläre Auftakt weist *tromba* und *cortina* als sowohl trennende wie auch verbindende ‚Schwellen-Medien' aus, die den Übergang zur eigentlichen Aufführung ermöglichen und diese so als Repräsentation präsentieren. Mit dem Auftakt wird zugleich ein überkommener sakraler Aspekt auf die säkulare Theateraufführung übertragen, denn Posaunenschall und Fallen des Vorhangs weisen auch auf die jüdisch-christlichen Wurzeln unseres Theaters der Neuzeit hin: Der Posaunenschall, der das Ende gespannten Wartens verkündet und die Aufmerksamkeit der Zuschauer auf die Bühnenöffnung konzentriert, ertönt aus einem biblischen Instrument (*tromba*), das für den Kult des Tempels sowie gegen seine Gegner als Repräsentant der Stimme Gottes eingesetzt wurde; mit *tromba* – Posaune – wird der Ruf des Schofar, des Widderhorns, übersetzt wie auch die Blechblasinstrumente, deren Klang in der Bibel bis an die Ohren Gottes dringen können, oder die sieben Posaunen des Jüngsten Gerichts in der *Offenbarung des Johannes*.[8] Der dreifache Klang der Blechinstrumente markiert ein Jenseits der Repräsentation, dem letztlich der Festveranstalter wie die beteiligten Künstler ihre Legitimation zur Repräsentation verdanken: Es ist ein Verweis auf den *dio artifex* und seine dreifaltige Person. Noch die *trois coups* des französischen Theaters gehorchen einer solchen Trinitätssymbolik, mit der der metaphysische Horizont des Auftakts der Repräsentation herbeizitiert wird.[9]

Auch das Fallen des Vorhangs ruft sakrales Geschehen auf. Dies war den Zeitgenossen wohl bewusst, wie beispielsweise Ariosts 80. Oktave des 32. Gesangs seines *Orlando furioso* bezeugt:

Quale al cader de le cortine suole
Parer fra mille lampade la scena,
d'archi e di più d'una superba mole,
d'oro e di statue e di pitture piena;
o come suol fuor de la nube il sole
scoprir la faccia limpida e serena:
così, l'elmo levandosi dal viso,
mostrò la donna aprisse il paradiso.

So wie, wenn der Vorhang ist gefallen,
Die Bühne mit tausend Lampen zu erscheinen pflegt,
mit Bogen, dazu noch einem stolzen Gebäude,
Mit Statuen, Gold und Malereien angereichert;
Oder wie plötzlich aus der Wolke heraustretend,
Die Sonne ihr klares und heiteres Gesicht zu enthüllen pflegt,

> So zeigte der Helm, vom Gesicht gehoben,
> die Frau [Bradamante] als ob sie das Paradies öffne.[10]

Das Fallen des Vorhangs gibt den Blick auf eine Aussicht frei, die als Paradies erscheint, ein Bild, dem nicht nur der Durchbruch der Sonne durch eine Wolkenwand, sondern auch das Enthüllen eines weiblichen Gesichts verglichen wird. Das plötzliche Fallen des Bühnenvorhangs ermöglicht dem Zuschauerblick eine *Vision*, durch die sichtbar wird, was bis dahin verborgen war: die Aussicht auf die *prospettiva*. Sie war seit dem 15. Jahrhundert, ausgehend von Brunelleschis Paradiesmaschinen, in Italien in Zusammenhang mit Mysterien- und Huldigungsspielen zuallererst als Paradiesdarstellung, erprobt worden.[11] Diese sakrale Signifikanz konnotiert noch die säkulare Aufführung, denn der Vorhang, der die Schwelle zum Allerheiligsten bedeutet, ist für die Religion der Offenbarung auch ein enthüllendes Medium: Der mit Cherubinen geschmückte Purpurvorhang, der das Allerheiligste der Bundeslade vom Tempelraum separierte (*Exodus* 25, 17–22; 26, 31–33), zerreißt beim Kreuzestod Christi[12] und wird so zum Signifikanten für die *revelatio* Gottes in der neuen Religion des Gottessohnes.

Der drapierte, oft karminrote Vorhang ist in der Ikonographie der Renaissance, vor allem in den Verkündigungen und Mariendarstellungen, ausdrückliches Zeichen der Enthüllung des im alten Bund Verhüllten, das sich nun inkarniert.[13] Dies ermöglicht eine Repräsentation, die ihre Legitimität aus der Inkarnation Christi und ihr Aufführungsmodell aus der Feier der Eucharistie bezieht, in der die Hostie durch den Vollzug einer symbolischen, imaginären und realen Handlung zur *repraesentatio corporis Christi* für die Gläubigen wird. Der rote Vorhang, der vor der „rappresentazione" fällt, zeigt so das *Präsentieren der Repräsentation* an,[14] und verweist zugleich auf das sie legitimierende Modell: die *repraesentatio Christi* in der Eucharistie, die den Tod und die Auferstehung Christi realpräsent vollzieht. Denn das Zerreißen des Vorhangs zum Allerheiligsten des Tempels wird schon von Paulus im Hebräerbrief 10, 20 mit der Inkarnation in Verbindung gebracht: „Er [Jesus durch sein Blut] hat uns den neuen und lebendigen Weg erschlossen durch den Vorhang hindurch, das heißt durch sein Fleisch."[15]

Ein weiteres Schwellenmedium, welches die Repräsentation effektiv macht, ist der Rahmen. Das erhöhte Podium des Proszeniums, der obere Bühnenabschluss durch geschmückte Gesimse und Wappen, wie auch die Seitenabschlüsse der Bühne, durch Musikertürme zum Beispiel 1513 in Urbino, stellen einen ersten Rahmen für eine *veduta* her, die dann mit Vasari 1565 im Palazzo Vecchio in Florenz die Form eines festen Bühnenrahmens annehmen wird. Dieser Rahmen hat wie der Vorhang eine Schwellenfunktion: er trennt die künstlerische Repräsentation von der des Saales, und er ermöglicht einen neuen Blick auf die Bühne, der zwischen einem religiösen Blick, der gläubig und fasziniert ins Paradies schaut, und einem ästhetischen Blick oszilliert: Dieser Blick ist sich der *inventio* und *innovatio* des Künstlers bewusst, erfährt jedoch diese Schöpferkraft zugleich als effektuierte *Präsenz* göttlicher Signatur. Was Daniel Arasse für die zeitgenössische Rezeption der Renaissancemalerei analysiert hat,[16] gilt analog für das Theater des Cinquecento: Andacht und ästhetisches Vergnügen sind hier noch nicht getrennt. Sie stehen im Dienste einer neoplatonischen *revelatio* der göttlichen Signatur, die die *bellezza* der Aufführung als Realpräsenz effektuiert. Diese Signatur überträgt sich auf den Fürsten, der als Auftraggeber das theatrale Fest ermöglicht, und legitimiert seine *rappresentazione* als persönliche *impresa*.

Prologo: Ankündigung und Verkündigung

Dem Öffnen des Vorhangs folgte bei allen Komödien der Prolog, „subito calate le tende" schreibt Leone de' Sommi im Dritten Dialog.[17] Vom Autor selbst vorgetragen,[18] oder von einer als Autor maskierten Figur, soll der Prolog, nach den Ausführungen des Ferrareser Theatermanns, eine Aura des Feierlichen und Zeremoniellen herstellen, weshalb er majestätisch und gemessen, mittig am vorderen Rand des Proszeniums, frontal zum Publikum vorgetragen wird. Der Autor, der mit seinem Körper den Fluchtpunkt der Bühnenperspektive verdeckt, inkarniert sich nun selbst als den, dessen *furor* und *inventio* die Dramenaufführung erst ermöglicht, doch zugleich zeigt er sich als einer, der noch nicht ganz vom Publikum getrennt ist.

Wie der Auftakt durch Schall der Posaunen und Fallen des Vorhangs, findet ebenfalls der oft als reine antike Wiederbelebung verstandene Prolog des Renaissancedramas eine neue Kontextualisierung und Form. Dies stellte schon 1891 Naborre Campanini in einer Studie zu den Prologen von Ariosts Komödien fest, als er sie als „incarnazione drammatica dell'Ariosto" charakterisierte.[19] Im Cinquecento werden Prologe vom Autor selbst oder in seinem Namen von Stellvertretern gesprochen; diese Prologe sind poetologische Kommentare, die die Dramenkonzeption des Autors, sein Sprachverständnis präzisieren und den Bezug zum Publikum und zur Situation der Aufführung inszenieren. Der Prolog hat so die Funktion, die Aufführung des Dramas als *repraesentatio* zu präsentieren. Louis Marin hat mit Hinweis auf Albertis *De Pictura,* Buch II, in der Malerei seit der Renaissance die Notwendigkeit einer kommentierenden Figur festgestellt, die als Metafigur – *métafigure* – die

> Präsentation der gemalten Repräsentation figuriert, die einerseits die Geste des Hinzeigens auf einen Teil dessen, was repräsentiert wird […], und andererseits die Geste des Anblickens des Zuschauers durch ein Affektzeichen artikuliert, das *Aktion* (Bewegung) *im Hinblick auf das Repräsentierte und Reaktion* (Bewegung) *im Hinblick auf den Betrachter ist.*[20]

Die Figur des Prologsprechers in der Dramenaufführung kann als solch eine kommentierende Metafigur verstanden werden, da ihr Auftreten am Rande des Proszeniums vor dem Prospekt sowohl ihre Nähe zum Publikum wie auch die jenseitige Ferne des Fluchtpunkts der Aufführung inszeniert.

Hatte der Prolog der antiken Komödie, wie Naborre Campanini gezeigt hat,[21] in den Augen von Ariosts Zeitgenossen noch die drei Funktionen der Ruhigstellung und Zentrierung der Aufmerksamkeit des Publikums, der Zurückweisung der Kritiker sowie der Darlegung des Handlungsverlaufs (*argomento*), so wird in der Renaissancekomödie erstere schon durch den Auftakt erfüllt, die Kritik hingegen entfällt bei Festaufführungen und nur selten noch wird das *argomento* im Prolog selbst thematisiert. Baldassare Castigliones Prolog zu *La Calandria*, den er bei der Aufführung 1513 anstelle des noch nicht fertig gestellten Prologs Bibbienas vorträgt, lässt schon die Zusammenfassung der Handlung von einer neuen Figur sprechen: So geht seiner abschließenden Aufforderung an die Zuschauer, jeder solle das „Loch seines Ohrs gut öffnen", die Ankündigung des Auftritts der Figur des *argomento* voraus.[22] Die Einführung in die Handlung wird bald allein Aufgabe des ersten Dramenaktes sein, der Dramensituation und Vorgeschichte mittels der Figurenrede zu präsentieren hat: So vermerkt Giovanmaria Cecchi im Prolog zum *Medico*: „ai personnagi del primo atto comettersi il peso di fare gli uditori docili e d'imprimere loro il già passato della favola."[23] Auch Ariost warnt im zweiten Prolog zum *Negromante* 1530:

> Erwartet nicht Prolog noch Argument,
> Das vornen angesetzt uns leicht verdrießt.
> Zu variieren frommt allein, und hinten
> Es anzubringen, hier im Lustspiel, mein' ich.[24]

Schon hier wird deutlich, dass der Prolog nun zum Ort der sprachlichen *inventio* von *motti* oder *concetti* wird, deren Zweideutigkeit zugleich in die, vor allem von Diener-, Kuppler- und Prostituiertenfiguren gepflegte Sprachebene der *parola licenziosa* einführt. Die Abwendung vom lateinischen Vorbild zugunsten italienischer Sprachspiele (*giochi*) rechtfertigt der Dramatiker, wie im Prolog zur *Cassaria*, poetologisch mit der Funktion „far una fabula men trista".[25] Häufiges Motiv der neuen Prologe ist so eine affektgeladene Sprachgeste, die zugleich das *volgare* wie auch die *innovatio* gegenüber den Alten legitimiert. Die oft auch heute noch erstaunende sprachliche Freizügigkeit der Renaissancekomödien hat zudem eine poetologische Raison: Wie erst die „mosca" ein Kunstwerk vollkommen erscheinen lässt,[26] so machen erst zweideutiger Sprachwitz und freizügige Rede eine Komödie „più interamente perfetta". Denn diese hat, so Leone de' Sommi gegen Ende des zweiten Dialogs,[27] die Proportionen des menschlichen Körpers zu beachten, der – dreigeteilt in Kopf, Ober- und Unterkörper – in seiner Gänze auf der Bühne gezeigt werden soll, um die Einheit von geistiger, himmlischer und niederer Welt zu repräsentieren. Das Obszöne bringt, wird die Proportionalität gewahrt, wie eine *mosca* die göttliche Signatur des Menschen zur Erscheinung.

Der menschliche Körper ist, wie die Form des Dramas, für Leone de' Sommi einer Zahlensymbolik unterworfen. Sie kann nicht nur, wie hier, auf die christliche Dreifaltigkeit verweisen, sondern mit der Anzahl der fünf Akte auch an eine Zahlensymbolik antiker und jüdischer Provinienz gemahnen:[28] Die Fünf ist die Zahl der menschlichen Glieder – Kopf, Arme und Beine –, der fünf Sinne, aber auch der fünf Seelen, der fünf Bücher Moses, der fünf Vokalpunkte des hebräischen Bibellesens, der fünf Lettern Jahwes, sowie der fünf von Gott gesandten Gesprächspartners Hiobs, dessen Buch de' Sommi, im ersten Dialog, als Ursprung jeden Dramas gilt. Das Korrespondenzdenken der Renaissance, welches das universelle göttliche Bauprinzip in allen irdischen Phänomenen aufsucht, lässt de' Sommi den ersten Akt eines Dramas mit Argument und Demonstration auch als sein Haupt interpretieren. Diese anthropomorphe und theologische Symbolik, wie auch die Verortung des Ursprungs des Theaters noch vor der Antike in den Büchern des ersten Bundes, stellt das Renaissancetheater in einen figuralen Bezug und reiht es in einen jüdisch-christlichen Kontext ein, der sich durch Signaturdenken und eine neoplatonische Auffassung von Repräsentation auszeichnet.

Der poetologische Prolog der Komödie des Cinquecento, der Schreiben in *volgare*, die *inventio* und *innovatio* des Sujets wie auch der Sprache ausstellt, bezieht letzten Endes seine Kraft, aus dem metaphysischen Horizont des Prologs der italienischen *misteri* und *sacre rappresentazioni*, den er auf das säkulare Theater überträgt. Alessandro D'Ancona hat dessen Charakteristika schon 1891 aufgezeigt:[29] Der Prolog des italienischen geistlichen Spiels im Quattrocento ist eine *annuncio* oder *annunzio*, die von Trompetenspiel eingeleitet bzw. begleitet, immer singend von einem Engel vorgetragen wird. Diese Ankündigung gibt den Gegenstand des Schauspiels kund, erheischt die Milde des Publikums und verspricht geistigen Gewinn durch schweigende Aufmerksamkeit. Die Ankündigung geht sehr oft in eine Verkündigung über, die zum Gegenstand des Dramas wird, so in Feo Belcaros *Rappresentazione di Abramo ed Isac* von 1449.[30] Nach D'Ancona hat sich die „annunzio" nicht aus dem Prolog der Alten, sondern aus dem Krippen- und Verkündigungsspiel entwickelt, dessen Handlung eine Verkündigung des Gotteswortes durch himmlische Boten ist. Daher scheint die Durchführung des Prologs allein durch himmlische Figuren in Italien zu rühren, während diese Funktion in Frankreich der Autor des *mystère*, wie auch ein *protocolle*, Souffleur sowie ein *meneur de jeu* übernehmen können oder in Deutschland ein *praecursor*, ein Vorläufer, Herold und Ausrufer.[31] Im Prolog des italienischen geistlichen Spiels, der dagegen die Funktion einer *annuncio* hat, spricht somit letztlich der göttliche Autor der Heilsbotschaft, der *dio artifex* jeglicher Schöpfung, weshalb er auch gesungen wird. Durch die Figuration eines himmlischen Boten repräsentiert, wird diese göttliche Botschaft performativ effektuiert.

Der Autor als Figur des Prologs im Renaissancetheater passt diesen sakralen Horizont dem säkularen Kontext der Komödie an: Er spricht als Schöpfer des aufzuführenden Dramas, er ist zugleich Bote und Vermittler einer neuen Rede, die sich anschickt, in ihrer Vollkommenheit und Harmonie eine Welt aufscheinen zu lassen, für deren Störung und Verhüllung die Komödie Anlass ist. Er zeigt die *repraesentatio*, indem er sie rahmt und ist zugleich als Fluchtpunkt Relais für Auge und Blick des Zuschauers.

Intermedien

Die von Auftakt, Rahmen und Prolog wahrgenommene Trennungs-, Rahmungs- und Relaisfunktion übernehmen jeweils nach den Akten sodann bis in die Mitte des 17. Jahrhunderts Zwischenspiele, die jede Theateraufführung – Komödie, Tragödie, Pastorale oder *sacra rappresentazione* – begleiten und bald auch den ersten und letzten Akt rahmen.[32]

Der Einsatz dieser Intermedien wird von den Zeitgenossen oft auf den antiken Chor zurückgeführt. Entstanden im Kontext der Auseinandersetzung mit der antiken Tragödie, erlauben die Intermedien jedoch zuerst, Anfang und Ende der Akte zu markieren. Zumeist unabhängig von der Dramenhandlung, entwickeln sie gerade bei höfischen Festen ein mythologisches, historisches und bei kirchlichen ein theologisches Programm. Intermedien können reine Musik- und Gesangsnummern sein, wie dies Macchiavelli beispielsweise für seine *Mandragola* vorschlägt. Doch die, unter Einsatz von Theatermaschinen Musik, Tanz, Sprache und Gesang verbindenden *intermedii apparenti* haben eine weitere Funktion, die körperpolitisch ist: Sie bringen das Menschenideal der Renaissance zur Aufführung und effektuieren die göttliche Signatur des Menschen.

Funktion des Theaters ist in allen Gesellschaften eine Auseinandersetzung mit dem Bild des Menschen: Es werden Menschenmodelle vorgeschlagen, die normativ sein können; das der Gesellschaft und dem Subjekt Heterogene wird verhandelt, sowohl als sublimes Heterogenes wie als niederes Heterogenes in den *gestae*, Leidenschaften und Fehlern der Heroen wie auch der komischen Personen, ambivalenten Typen oder mythologischen Fabelwesen. Dank der Auseinandersetzung mit der *Poetik* des Aristoteles, wie auch mit der Darstellung transfigurierter Körper in Dantes *Paradies*, konzipiert die Renaissance ihr Menschenmodell als Spiegelung einer von Gott signierten harmonischen Beziehung von Sprache und Körper. Damit erweitert sie das Körperkonzept des Mittelalters, das, beeinflusst von der *actio* antiker Rhetoriken, den körperlichen Ausdruck ganz der Sprache untergeordnet hatte. Jetzt wird eine Integration von Wort, Gesang, Musik und Tanz für die Menschendarstellung modellbildend, die jedoch nicht ganz das Primat des Wortes aufhebt. Sowohl in den *sacre rappresentazioni* wie in den Intermedien oder auch in den Pastoralen wird ein solches Modell durch die Kopräsenz von Wort, Gesang, Musik und Tanz zur Erscheinung gebracht. Die Permanenz der Intermedien im 16. Jahrhundert beruht, so meine These, auf einer neuen körperpolitischen Funktion, die sakral determiniert ist.[33] Denn die Intermedien-Rahmung behauptet vor allem die intelligible und sichtbare Realpräsenz eines idealen höfischen Menschenmodells,[34] das dessen Dramatisierung in Komödien und Pastoralen kontrapunktiert: Deren komische Figuren sind nach der Negativfolie des christlichen bzw. humanistischen Menschenbildes, welchem allein die positiven Protagonisten entsprechen, gezeichnet; im Rückgriff auf das Imaginäre des Animalischen und Diabolischen werden dabei für das Heterogene der Leidenschaften Körper- und Sprechtypen entwickelt, welche in der Commedia dell'arte zur Ausbildung der Masken der Diener und Alten führen.[35]

Die von Baldassare Castiglione überlieferte Inszenierung der Intermedien zu Bibbienas *Calandria* ist in diesem Sinne beispielhaft: Ohne jeglichen Bezug zur Komödienhandlung selbst, entwickeln die vier Intermedien ein kontinuierliches allegorisches Programm, das ein abschließendes fünftes Intermedium mit einer, von einem *amorino* gesungenen Stanze als *subscriptio* folgendermaßen auslegt: die allegorischen Szenen, bei denen Jason, Venus, Neptun und Juno auf Bühnenkarren auftreten, sollen die Vertreibung von Krieg und Zwietracht durch die Liebe, die die Menschen und die Erde, dann Luft und Wasser entflammt, und die durch neue Eintracht wiederhergestellte Verbindung des Universums symbolisieren.

In der Tat wird eine neue Harmonie performativ über die Verbindung von Wort, Gesang, Musik und Tanz – die Tanzformen der Moresca in den Intermezzi I und II wie des Brando in den Intermezzi III und IV – *in actu* realisiert: auf zwei getrennte Parteien konfrontierende Moresken-Kampftänze folgt mit dem Brando ein wiegender und wogender symmetrischer Gruppentanz von Meeresmonstern und dann Phantasievögeln.[36] Dieser wiedergewonnenen Eintracht von Körper, Sprache und Musik antwortet zudem abschließend eine unsichtbar ausgeführte akusmatische Sphärenmusik, die performativ die Einheit von irdischem und überirdischem Kosmos im *anderen* Raum des theatralen *apparato* verklärt.

Die Intermedien machen so, trotz fehlender Verbindung zur Dramenhandlung, in Einklang mit dem, Bühne und Saal verbindenden *apparato*, die emblematische Funktion der *rappresentatio* für den Fürsten und sein Publikum *real präsent*: Theater ist hier ein *anderer* Ort, in dem die nicht mehr sichtbare göttlichen Signaturen performativ aufscheinen können. Theater realisiert als Heterotopie ein Paradies auf Erden, in dem der menschliche Körper durch Tanz und Gesang transfiguriert und über die unsichtbare Musik der Sphären und den Fluchtpunkt der Perspektive die Verbindung zum unsichtbaren Gott durch die Aufführung einer göttlich signierten Präsenz des fürstlichen Publikums sichtbar gemacht werden kann.[37]

Ausblick: *In medias res*?

Auftakt, Bühnenrahmen, Prolog und Intermedien perspektivieren den Einsatz der Aufführung eines Dramas, seinen Anfang. Im Renaissancetheater präsentiert diese vielfältige Rahmung die Aufführung als eine Repräsentation, die das Abwesende performativ über die gelungene Form des Anwesenden zugleich symbolisch, imaginär und real präsent machen soll. Der oszillierende Blick ist noch nicht in einen gläubigen und ästhetischen Blick gespalten, noch schließen sich beide Blicke nicht aus. Die Rahmungen werden als Relais dessen, der das Wort und die Repräsentation erst ermöglicht, rezipiert. Dieser durch Theatermedien projizierte metaphysische Horizont wird erst im Barock, angesichts der nun willkürlich erfahrenen Zeichenhaftigkeit religiöser Symbolik, mit einem allegorischen Blick beäugt, der die Bühne im Sinne Benjamins zum melancholischen Memento mori verwandelt. Spätestens mit der Aufklärung werden sich dann symbolische und allegorische Funktion von Auftakt und Prolog entleeren, die der Intermedien zieht sich in die Oper zurück. Allein das Welttheater von Goethes *Faust* setzt mit „Zueignung", „Vorspiel auf dem Theater" und „Prolog im Himmel" noch mit einem dreifachen Anfang ein.

Doch einzelne Medien des Einsetzens und Anfangens bleiben auch heute noch in einem Theater lebendig, das nun die Differenzen von Leben und Kunst ebenso aufzuheben sucht, wie den Unterschied von Bühne und Landschaft, die Alterität von Spiel und Nicht-Spiel oder von Spielern und Zuschauern. Ja, im sogenannten ‚postdramatischen' Theater, werden Schwellenmedien geradezu re-semiotisiert und re-theatralisiert, wodurch vergessene und verborgene sakrale Spuren der Eingangsmedien sich neu zur Diskussion stellen. Den Auftakt markieren, neben der optischen vollständigen Verdunkelung des Saals, sonore Einschnitte, wie beispielsweise die ohrenbetäubenden Donnereinspielungen in allen Aufführungen Richard Foremans. Auch bei Robert Wilson setzte jüngst Becketts *Oh les beaux jours*[38] mit einem rhythmisch laut anschwellenden Brausen dank einer Windmaschine ein, welche den weißseidenen Bühnenvorhang in Richtung Publikum aufblähte und schließlich lärmend fallen ließ. Man könnte hier auch auf die Theatralisierung des Vorhangs durch Lichtchoreographie sowohl bei Klaus Michael Grübers *Faust*[39] als auch bei Heiner Müllers *Tristan und Isolde*[40] verweisen oder auf die Modalisierung des Vorhangöffnens in Marthalers *Goethes Faust: Wurzel aus 1+2*.[41] Robert Wilsons Praxis der *tenda figu-*

rata, eines in Rahmen gespannten Bühnenvorhangs, welcher die Bühnenöffnung verschließt und auf den zumeist der Titel und eine Zeichnung Wilsons aufgemalt sind oder projiziert werden, sei hier ebenfalls angeführt, so auch für die *Dreigroschenoper* am Berliner Ensemble.[42] In ihr wird zudem die akusmatische Stimme des Autors ausdrücklich bei einem Prolog auf dem Proszenium, Relais des Einsatzes der Aufführung: Nach dem Hochziehen des Titelprospekts, wird vor einem weiteren Prospekt der von Brecht gesungene *Mackie-Messer-Song* eingespielt, dessen letzte Strophe dann die Stimme des Hauptdarstellers *live* übernimmt. Wilsons Praxis der *Knee-Plays* wäre ebenfalls zu nennen, die als Intermedien auf dem Proszenium die Aufführung rahmen und punktieren. Dieser Medieneinsatz hat metatheatralische Funktion, die zugleich auf den zerrissenen Himmel hinweist, den Georges Bataille schon in den dreißiger Jahren in Notizen zur Tragödie evozierte.

Das Drama der Moderne pflegt jedoch gewöhnlich den Einsatz *in medias res*, sowohl hinsichtlich der Handlung als auch des Orts. Symptomatisch ist hier Alfred Jarrys *Ubu roi*. Ursprünglich konzipiert als der dritte Akt von *César-Antéchrist*, kommt allein dieser „Acte terrestre" 1896 in Paris in Lugné-Poës Théâtre de l'Œuvre zur Aufführung. Die transhumane Vorgeschichte Ubus, dessen Geburt beispielsweise zu Ende des vorausgehenden „Acte héraldique", *Orle*, ähnlich wie bei Pulcinella, als ein Ausschlüpfen aus einem Ei nahegelegt wird,[43] geht dabei ebenso verloren[44] wie der metaphysische Horizont des emblematischen Dramas, den Zwischenspiele mit Zitaten aus der *Offenbarung des Johannes*, andeuteten. Ubus Einsatz *in medias res* mit dem Ausruf „merdre!" ruft zwar einen Skandal hervor, doch die inkriminierte Invektive ist eine transformierte Injurie: nicht nur konzentriert sie die Aufmerksamkeit des Publikums, sie kondensiert auch das Drama Ubus, als das eines komplexen modernen Typus des Heterogenen, den die Verweigerung der Anerkennung jeglicher Alterität und die trinären Triebkräfte „physique", „phynance" und „merdre" kennzeichnen: Denn „merdre" deutet als „mot-valise" die Verweigerung des Verlustes – „perdre" – seiner „merde" an, was die Verwerfung des Namen des Vaters – *père* – ebenso beinhaltet wie seine Ersetzung durch die Mutter – *mère* –, die die Wortschöpfung *merdre* lautlich zugleich als Herrin über den Verlust evoziert. Der initiale Sprechakt hat hier die Funktion performativ eine Bühnenwelt zu schaffen. *Merdre* wird so zum theatralen Pendant von *Bereschit*: Mit seiner Invektive maßt Ubu sich an, die Welt nach seinem Bilde zu schaffen.[45] Ein Kreis hat sich geschlossen.

Doch in der Moderne bestimmt nicht mehr das Wort allein, wann Anfang und Ende ist. Der Dramentext zeigt diese Entwicklung an, wenn am Ende des 19. Jahrhunderts die Didaskalien immer größeren Raum einnehmen, bei gleichzeitigem Zurücktreten von Sprache und Dialog. Hier sei beispielsweise Maurice

Maeterlincks *Intérieur* angeführt und auf Becketts späte Stücke als modernes Beispiel verwiesen. In ihnen schwillt, laut Bühnenanweisung, der Einsatz der Stimme unmerklich an, bis sie verständlich hörbar wird und nimmt in dieser Weise auch wieder ab, so in *Not I*, *That time* oder *Compagnie*. Die Darbietung des Bühnenraums als immer schon dagewesene Szenerie, die der Zuschauer vorfindet, wenn er den Saal betritt, macht schon den Eintritt in den Saal zum ersten Einsatz der Aufführung. Dämmung des Lichts im Zuschauerraum und einsetzende Bühnenmusik markieren dann den Anfang wie auch den Ausklang. Diese Verfahren können mit der ephemeren Qualität des Theaters auch seine Memento mori-Funktion unterstreichen, oder aber es als eine Unterbrechung im Kontinuum der Gesellschaft des Spektakels ausweisen. Theater hat nun als Horizont das Rauschen der Sprache und des Universums sowie den jeweiligen Zuschauerblick, für den Theater mit dem Eintreten in die Installation des Theaterraums seinen Anfang nimmt.

September 2010

Anmerkungen

1   Vgl. Aristoteles, *Poetik*, Griechisch/Deutsch, übers. u. hrsg. v. Manfred Fuhrmann, Stuttgart 1994, S. 25.
2   Michel Foucault, „Des espaces autres [1967]", in: Ders., *Dits et écrits, 1954–1988*, Bd. IV: *1980–1988*, hrsg. v. Daniel Defert und François Ewald, unter Mitarbeit v. Jacques Lagrange, Paris 1994, S. 752–762.
3   Vgl. die Beschreibung des *apparato* zur Aufführung von Bibbienas *La Calandria* in Urbino 1513, Baldassare Castiglione, Brief vom 13.–21. Februar 1513 an Ludovico di Canossa, hrsg. v. Guido La Rocca (trascrizione), Umberto Morando (revisione della trascrizione, codifica AITER), Roberto Vetrugno (revisione della trascrizione, codifica AITER, http://aiter.unipv.it/lettura/BC/lettere/0268, [27.06.2010]; ebenfalls abgedruckt in: Franco Ruffini, *Commedia e Festa nel Risnascimento. „La Calandria" alla Corte di Urbino*, Bologna 1986, S. 307–312.
4   Zur *Impresa* vgl. Robert Klein, „La théorie de l'expression figurée dans les traités italiens sur les ‚imprese' 1555–1612 [1957]", in: André Chastel (Hrsg.), *La forme et l'intelligible. Ecrits sur la Renaissance et l'art moderne*, Paris 1970, S. 124–150.
5   Vgl. F. Ruffini, *Commedia e Festa nel Risnascimento*; Helga Finter, „Zur Aufführungspraxis des Renaissancetheaters im Cinquecento", erscheint in: *Teatro Imperiale, Festschrift für Jan Pieper*.
6   Leone De' Sommi, *Quattro dialoghi in materia di rappresentazioni sceniche*, hrsg. v. Ferruccio Marotti, Mailand 1968, S. 54. Das als Manuskript überlieferte Traktat ist wahrscheinlich nach 1556 entstanden und wurde erst nach der Veröffentlichung von Auszügen in D'Anconas *Origini* und nach einer englischen Übersetzung durch A. Nicoll in den vierziger Jahren, 1968 in Marottis kritischer Edition publiziert.

7   Vgl. Elena Povoledo, „Sipario", in: Silvio D'Amico, *Enciclopedia dello spettacolo*, Bd. VIII, Rom 1954/1975, S. 3–8; zum Vorhang als einer Metapher des *theatrum mundi* vgl. Georges Banu, *Le rideau ou la fêlure du monde*, Paris 1998, S. 9–26.
8   Vgl. Art. „Musikinstrumente", in: Matthias Stubhann (Hrsg.), *Die Bibel von A–Z*, Salzburg 1985, S. 483.
9   Vgl. *Les trois coups*, http://fr.wikipedia.org/wiki/les_trois_coups [27.09.2010]. Mit drei Schlägen endeten die französischen *mystères*. Den drei Schlägen können im Theater elf weitere – für die Apostel ohne Judas – oder neun für die Anzahl der Musen vorausgehen.
10 Ludovico Ariosto, *Orlando furioso*, hrsg. v. Cesare Segre, Mailand 1976, 41987, S. 842 (übers. v. HF).
11 Vgl. H. Finter, „Vom Buch zum Spektakel. Dantes Paradies als Theatermaschine", in: Sigrid Schade/Thomas Sieber/Georg Christoph Tholen (Hrsg.), *Schnittstellen*, Basel 2005, S. 45–62.
12 Vgl. Matth. 27, 51 und Mark. 15, 38.
13 Vgl. Daniel Arasse, „L'Ange spectateur. La Madone Sixtine et Walter Benjamin", in: Ders., *Les visions de Raphael*, Paris 2003, S. 113–141.
14 Vgl. Louis Marin, „Le cadre de la représentation et quelques-unes de ses figures", in: D. Arasse et al. (Hrsg.), *De la représentation*, Paris 1994, S. 313–328.
15 Vgl. auch Hebr. 6, 19; 9, 3–12.
16 D. Arasse, „L'Ange spectateur", S. 113.
17 L. De' Sommi, *Quattro dialoghi in materia di rappresentazioni sceniche*, S. 55.
18 So zum Beispiel von Ariost selbst für seine *Suppositi* 1519 vor Papst Leo X.
19 Naborre Campanini, *Lodovico Ariosto nei prologhi delle sue commedie: Studio storico e critico*, Florenz 1891, S. 11.
20 L. Marin, „Le cadre de la représentation", S. 319: „[la métafigure] figure la présentation de la représentation de peinture, articule le geste de montrer une partie de ce qui est représenté […] et le geste de regarder le spectateur […] par un signe passionnel qui est *action* (mouvement) *par rapport au représenté et réaction* (mouvement) *par rapport au spectateur*." (Hvh. im Original, übers. v. HF)
21 Vgl. N. Campanini, *Lodovico Ariosto*.
22 Bernardo Dovizi da Bibbiena, „La Calandria, Prologo del Castiglione", in: Maria Luisa Doglio (Hrsg.), *Commedie del Cinquecento*, Bd. I, Rom/Bari, 1975, S. 1–82, hier S. 4.
23 Vgl. N. Campanini, *Lodovico Ariosto*, S. 30: „Den Personen des ersten Aktes obliegt es, die Zuhörer gelehrig zu machen und ihnen die Vorgeschichte der Handlung einzuprägen."
24 L. Ariost, *Kleinere Werke. Komödien, lyrische Gedichte (Rime) Satiren*, übers. u. eingeleitet v. Alfons Kissner, München 1909, S. 265. Im Original ist das Wortspiel noch eindeutiger: „metterlo / di dietro, giovar suol". Ähnlich auch im Vorwort zu den *Suppositi* mit obszönen Variationen zu *supposito* oder die Variationen zu *coda* im Vorwort zur *Lena*.
25 Vgl. Nicola Bonazzi, *Alle sorgenti del teatro moderno: i nuovi ‚giochi' della commedia ariostesca*, http://www.italianisti.it/FileServices/Bonazzi%20Nicola.pdf [29.08.2010].
26 Vgl. André Chastel, *Giorgio Manganelli, Musca depicta*, Mailand 1984.
27 L. De' Sommi, *Quattro dialoghi in materia di rappresentazioni sceniche*, S. 35–36.

28 Ebd., „Dialogo secondo", S. 33–35.
29 Alessandro D'Ancona, *Origini del teatro italiano, libro primo*, Bd. I, Rom 1891, S. 379–391.
30 Abgedruckt in: A. D'Ancona, *Sacre rappresentazioni dei secoli XIV, XV e XVI*, Florenz 1872, S. 44.
31 Spätere komische Dialogprologe (*frottole*) mit antagonistischen Figuren unterstreichen den Exemplumcharakter der Handlung.
32 Vgl. E. Povoledo, „Origini e aspetti della scenografia in Italia. Dalla fine del Quattrocento agli intermezzi fiorentini 1589", in: Nino Pirrotta (Hrsg.), *Li due Orfei. Da Poliziano a Monteverdi*, Turin 1969, S. 335-460; Nino Pirrotta, „Intermedien", in: Friedrich Blume (Hrsg.), *Die Musik in Geschichte und Gegenwart*, Bd. 6, Kassel 1957, S. 1310–1326.
33 Bisher behauptet die Forschungsliteratur einhellig, die Präsenz der Intermedien sei vor allem auf die „italienische Schaulust" zurückzuführen. So auch zuletzt neuere Arbeiten, vgl. Susanne Mautz, *Al decoro dell'opera ed al gusto dell'auditore. Intermedien im italienischen Theater der ersten Hälfte des 17. Jahrhunderts*, Berlin 2003.
34 Vgl. B. Castiglione, „Il libro del cortigiano", hrsg. v. Giuglio Carnazzi, Einführung v. Salvatore Battaglia, Mailand 1987.
35 Siehe meine Analyse der Intermedien zu *La Calandria 1513*: „Zur Aufführungspraxis des Renaissancetheaters im Cinquecento", erscheint in: *Teatro Imperiale*.
36 Giovanni Calendoli, *Storia universale della Danza*, Mailand 1985, S. 106.
37 Dieses durch Apparat und Intermedien zum Emblem gewordene Theater kündigt ebenso das emblematische Theater des Barock wie auch die Oper an, welche das Konzept eines durch Tanz und Gesang transfigurierten Körpers dann im 17. Jahrhundert weiter entwickeln wird.
38 Samuel Beckett, *Oh les beaux jours*, Regie: Robert Wilson, mit: Adriana Asti, Théâtre de l'Athénée, Paris, 23. September 2010.
39 Freie Volksbühne, Berlin, 22. März 1982.
40 Festspielhaus Bayreuth, 1993.
41 Schauspielhaus Hamburg, 1993.
42 Berliner Ensemble, Berlin 2008.
43 Siehe Alfred Jarry, *César-Antechrist*, Szene IX: „Au premier plan, Ubu, puis les trois Palotins semblables à des sphères grossissantes, germent", in: Ders., *Œuvres complètes*, Bd. I, hrsg. und kommentiert v. Michel Arrivé, Paris 1972, S. 293.
44 Dieser gibt Aufschluss über Ubus Abstammung vom Pulcinella der Commedia dell'arte, vgl. H. Finter, „Rire d'Ubu: Notes sur les antécédents d'un nouveau type comique", in: *L'Étoile-Absinthe* 77–78, 1998, S. 143–157 (Centenaire d'Ubu-Roi, Communications du Colloque International, Société des Amis d'Alfred Jarry, Paris).
45 Mit Jarry wird zudem die Praxis kommentierender Einführungen und Reden vor der Aufführung eingeleitet.

Ut musica poesis?
Laut, Klang, Ton und Rhythmus in der (experimentellen) Poesie

Wie die Musik, so auch die Poesie? Diese, ein berühmtes Horaz-Zitat[1] abwandelnde Frage, die das Verhältnis von Poesie und Musik seit den Anfängen begleitet hatte, hat seit Ende des neunzehnten Jahrhunderts neue Aktualität gewonnen. Doch schon Horaz hatte in seiner *Poetik* einen ersten Hinweis auf eine mögliche Verbindung beider Künste gegeben, als er schrieb: „Auf eine Verssprache werde ich zielen, die ich aus Altbekanntem schaffe […], soviel vermögen Reihung und die Verbindung [*series iuncturaque*), soviel Würde [*honoris*] gewinnt, was man doch aus dem Gemeingut geholt hat!"[2] Eine erste Antwort wäre so in der besonderen *Form* dichterischer Sprache zu suchen.

Das 18. Jahrhundert jedoch glaubte, nicht durch die Poesie selbst, sondern durch kulturgeschichtliche Hypothesen über die Genese der Sprachen das Verhältnis von Sprache und Musik erhellen zu können: So ging Jean-Jacques Rousseau von der Annahme aus, die erste Sprache der Menschen sei Ausdruck von Leidenschaften in Form eines Gesangs gewesen; eine Generation zuvor, hatte Giambattista Vico gar die Menschen des heroischen Zeitalters in Versen singend sich verlauten lassen.[3] Beide verstanden so Musik und Poesie als originäre Veräußerung eines Inneren, die Wortsprache hingegen als sekundäre und somit uneigentliche Errungenschaft der Zivilisation.

Musik und Dichtung haben in der Tat eine gemeinsame Geschichte – die erste Dichtung wurde gesungen, anfangs im sakralen Kontext. Und noch im 17. Jahrhundert bezeichnete die französische Klassik mit dem Verb ‚singen' – *chanter* – den Vortrag von der Kanzel, vor dem Gericht und auf der Bühne.[4] Doch im Zeitalter der Krise des Verses wird Friedrich Nietzsche nun zum Verhältnis von Dichtung und Musik festhalten, dass Musik

> nicht an und für sich so bedeutungsvoll für unser Inneres [ist], so tief ergreifend, dass sie als unmittelbare Sprache des Gefühls gelten dürfte, sondern ihre uralte Verbindung mit der Poesie […] so viel Symbolik in die rhythmische Bewegung, in Stärke und Schwäche des Tones gelegt [hat], dass wir jetzt wähnen, sie spräche direct [sic] zum Innern und käme aus dem Innern.[5]

Für ihn hat die „in langer Entwicklung" gewachsene Verbundenheit beider Künste geradezu die Musik mit „Begriffs- und Gefühlsfäden durchsponnen."[6]

Musik informiert die Sprache, doch, folgt man Nietzsche, determiniert Sprache in der Sonderform Dichtung auch die symbolische Bedeutung der Musik. Aus dieser engen Verbindung suchte sich seit Ende des 19. Jahrhunderts die

Musik immer mehr zu lösen, sie wandte sich der Erforschung des Klangs und des Geräusches zu, um nun Sprache selbst als Ton, Klang, Geräusch hörbar zu machen, so beispielsweise im Sprechgesang Arnold Schönbergs.[7] Dichtung hingegen schickte sich mit der Krise des Verses erneut an, die Grenzen ihrer Verwandtschaft mit der Musik und ihre eigenen musikalischen Potentialitäten zu erforschen.

Was eint Musik und Dichtung, was unterscheidet sie? Sprache ist ihr jeweiliger Horizont, Stimme/*phoné* das zu erforschende Phänomen. Ihre Unterschiede sollen ausgehend von der Stimme des Textes diskutiert werden, welche dem Verhältnis zwischen Ton und Klang, zwischen Geräuschen und Rhythmus des Worts entspringt.

Stimme der Schrift?

Dichtung ist Schrift. Sprache ist aber auch, wie die Musik des Gesangs, ein Schallereignis, beide verbindet die *phoné*, die Stimme. Nach dem Band von Musik und Dichtung fragen, heißt so, das Problem der Schrift als *phoné* zu stellen. In der abendländischen Tradition wie in jeglicher Kritik, die den *logos*, das Sagenwollen, privilegiert und somit als pures Medium einer Wahrheit oder Idee versteht, wird die Materialität der Stimme vernachlässigt. Darauf antwortete Jacques Derridas Kritik mit dem Konzept des Logozentrismus, das die abendländische Verdrängung der Materialität und Prozesshaftigkeit der Schrift auf den Begriff bringt.[8] Auch gegenüber der *phoné* zeigte der französische Philosoph Skepsis, so als er – im Zusammenhang mit Edmund Husserls Phänomenologie – deren Metaphysik einer Präsenz zu sich selbst mit einer Konzeption der *phoné* verbunden zeigte: als Aufruf einer *transzendentalen Leibstimme*, so der Einwand Derridas, entspringe diese *phoné* letztlich dem *logos*.[9] Die Materialität bzw. Produktivität der Stimme, welche durch lautliche Dissemination gerade die Illusion einer Präsenz zu dekonstruieren vermag, werde so in der Chimäre einer Selbstpräsenz als Supplement des Ursprungs absorbiert.

Die alternative Position Walter J. Ongs[10] kreidet in einem kritischen Rundumschlag sowohl Derridas Theorie wie auch den, von ihm als „textualistisch" bezeichneten Positionen von Tel Quel, Jacques Lacan und Michel Foucault, ein Amalgam von Phono- und Logozentrismus wie auch das Fehlen einer historischen Analyse des Übergangs von der Oralität zur Schrift an. Jedoch vertreten gerade Lacan ebenso wie die Theoretiker der Gruppe Tel Quel – Philippe Sollers, Julia Kristeva oder Roland Barthes –, ein Verständnis der *phoné* von Sprache und Schrift, das nicht nur das enge Korsett von Ongs Ansatz sprengt, sondern auch die Stimmlichkeit von Schrift als Ergebnis einer Auseinandersetzung sowohl mit der Stimme der Sprache wie auch mit der Stimme der Psychogenese verstehen lässt.

Die Hypothese einer Verbindung von Dichtung und Musik beinhaltet die Annahme eines engen Verhältnisses von Schrift und *phoné*: Dieses ist Ergebnis einer „textuellen Produktivität" (Kristeva), die auf allen Ebenen des (poetischen) Textes – Syntax, Semantik, Rhythmus und lautliche Ebene – effektiv wird.[11] Diese Textproduktivität bringt die Stimme des Textes einerseits durch Einschreiben lautlicher (vorsprachlicher) Qualitäten und andererseits durch sprachliche Rhythmen hervor, die im Dialog mit dem Anderen der Sprache und ihren Formen – ihrer paradigmatischen und syntaktischen Struktur, dem Horizont der literarischen Formen und der Normen der Wahrscheinlichkeit – stehen. Textuelle Produktivität setzt so eine Konzeption des Textes als dialogische und intertextuelle Praxis voraus, aber auch ein anderes Verständnis der Stimme: Stimme ist hier nicht mehr Instrument der Selbstvergewisserung eines transzendentalen Subjekts, sondern sie wird als atopisch und intermediär zwischen Körper und Sprache (Rosolato)[12] aufgefasst, als polylogale und polyphone Manifestation eines dezentrierten Subjekts. Sie ist Ergebnis eines dynamischen Verhältnisses zum sprachlichen und vokalen Anderen.[13] Eine solche Stimme ist von den Sprachen souffliert – von Mutter-, Vatersprachen und wie auch von der Stimme der jeweiligen Sprache – und sie kann deren ‚Uneigentlichkeit' thematisieren.

Diese vokale Produktivität ist in der strukturalistischen Theorie der Beziehung von Sprache und Musik nicht vorgesehen, bzw. ihre Definition von Musik stellt gerade das, was sie eint – den Gesang – als sekundär zurück. So arbeitet Claude Lévi-Strauss zum Beispiel, sehr wohl die strukturale Analogie von Sprache und Musik wie auch deren Unterschiede heraus:[14] Ihre minimale distinktive Einheit ist jeweils einem externen Paradigma entnommen – hier ein Phonem, dort ein Sonem (Ton) –, doch ist das Phonem als Element eines Lautsystems auf die Wort-/Sinnproduktion ausgerichtet, während das Sonem einer Folge von Tönen entspringt, die nur sensible, nicht aber semiotische Unterscheidungsfunktion haben. Auch eine jeweilige interne Strukturierung parallelisiert Sprach- und Musiksystem, bedingt jedoch auch jeweils die Unterschiede: Bei der Sprache leitet die syntagmatische Organisation gemäß der Grammatik einen sinnvollen Sprachgebrauch (*langage*) an, dessen Horizont eine äußere Referenz ist. Bei der Musik hingegen ist die rhythmische bzw. melodische Organisation allein vom kulturell determinierten musikalischen Formenhorizont bestimmt. Während das System der Sprache durch Paradigmen Wortfelder bereitstellt, aus denen beim Sprechen Wörter ausgewählt werden, um sie, gemäß der Grammatik, zu sinnvollen Sätzen zu verbinden, fehlt der Musik dieser semantische Referenzhorizont. Die Erfüllung der jeweiligen musikalischen Form bestimmt ihre Wirksamkeit: für Musik ist sie, laut Lévi-Strauss, primär affektiv, bei der Sprache hingegen hat sie eine Intellekt und Affekt verbindende Effizienz. Sprache ist so doppelt kodiert, während Musik nur einfach kodiert ist. Die Verbindung von Sprache und Musik – im Gesang wie im Rezitativ – bedeutet hingegen für Lévi-Strauss eine kulturelle Disziplinierung des Körpers, die eine Verbindung von Natur (Musik) und Kultur (Sprache) bewirke.[15]

Musikalische Formen sind jedoch, wie schon Nietzsche notierte,[16] auch kulturell determiniert, sie sind durch das Wort informiert und können Affekte, so beispielsweise Schmerz als Klage oder Freude als Lobpreis symbolisieren. Die Grenze der Musik ist, nach Lévi-Strauss' konservativem Musikverständnis, das Geräusch als Naturschallereignis, das er vom Ton/Klang als kulturell geprägtem Schallereignis unterscheidet. Die Grenzen der Sprache sind hingegen Schrei und Stille, die jedoch ebenfalls sowohl in der gesprochenen Sprache als auch in der Dichtung als stimmliche Signifikanten semiotisiert werden können.[17] Ebenso wie das Geräusch werden sie in der Musik des 20. Jahrhunderts von Richard Wagners Kundry, über Richard Strauß' Salomé bis zu Edgard Varèse und John Cage komponiert.

Worte können Musik zwar nicht ersetzen, sie können sie jedoch beschreiben, während Musik weder Worte noch andere Musik übersetzen kann. Wortsprache ist ein Metasystem, das den semantischen Gehalt von Musik für die Rezeption festzulegen vermag, wie zum Beispiel der Titel von *La mer* für Claude Debussys symphonisches Gedicht. In der Wortdichtung stellen Reim, Rhythmus und Maß die Musikalität der Sprache aus und schlagen so eine alternative Strukturierung vor, die durch den Klang der Reime – Assonanzen, Alliterationen, Anaphern und Endreime – und das Versmaß mit der sinngebenden Struktur der Syntax in Konkurrenz zu treten vermag. Dieser musikalischen Kodierung der Wortsprache möchte ich mich nun zuwenden.

Musikalität der Sprache: Der Vers als transzendentale Stimme des Textes

Reim, Vers- und Strophenformen sind kulturelle Muster musikalischer Kodierung der Sprache, bei denen die Wiederholung von Konsonanten als Stab- und Binnenreim, von Vokalen als Assonanz sowie das Echo des Silbenreims (Anapher, Binnen- und Endreim) den Klang in den Vordergrund stellen, während das Versmaß einen, bei der Lektüre mit der sinngebenden Intonation der Sprache konkurrierenden, syntagmatischen Rhythmus vorschlägt.

Sprachen geben insofern eine Stimme vor, als sie aus Lauten, die einem jeweiligen diskret exkludierenden Lautsystem folgen, gebildet werden. Es bestimmt bei der Stimmbildung des Kleinkindes schon in den ersten Monaten dessen Echolalien.[18] Diese nehmen auch die Intonationskurve der Sprache der Pflegeperson auf, deren Atemführung sie ebenso wie ihre Sinngerichtetheit für die Artikulation von Sätzen modellieren: Feststellung, Frage, Befehl oder Ausruf haben, je nach Sprache, entsprechende Intonationskurven. Für die Schrift segmentiert die Interpunktion deren Atemführung. Für die Poesie geben zudem die räumliche Anordnung der Verse auf der Seite, die Zwischenräume zwischen den Strophen und ähnliches Hinweise für die Atemführung bei der Lektüre, so beispielsweise für die Pause am Versende, die nicht mit einer syntaktischen Pause übereinstimmen muss. Poesie kann diese musikalische Atemführung aber auch implizit andeuten, wie dies in den Prosagedichten seit Baudelaire, Rimbaud, Lautréamont und Mallarmé der Fall ist. Hier wird das innere Ohr des Lesers gefordert, Klang und Rhythmus des poetischen Wortes zu hören.

Dichtung thematisiert die Spannung zwischen der Stimme der Sprache und dem singulären Körper des Sprechenden und Schreibenden. Sie stellt den Laut als Ton und Klang eines singulären Körpers aus und macht Artikulation als *Lautbildung* hörbar: als ein „An-stimmen, ein Ausrufen", gemäß der Etymologie des lateinischen *intonare*.[19] Sie ist an die Sprache adressiert, wenn deren sinngerichtete Intonation ein poetischer Rhythmus überlagert, welcher ihr so eine singuläre Form des ‚An-Stimmens' gegenüberstellt. Damit verlautet Dichtung eine Eigenschaft der Sprache, die beim Sprechen als Kommunikation, das heißt als Vermittlung einer Botschaft, eines Sagenwollens, unbewusst bleibt und bleiben muss: Sprache ist *phoné*, Sprache ist eine Stimme. Das Akzeptieren der Stimme eines Anderen, des sprachlichen Gesetzes, ist notwendig, um verstanden zu werden. Spracherlernung beinhaltet den Verzicht auf die erste Stimme einer halluzinierten körperlichen Einheit mit der Mutter. Zugleich ist diese aber auch schon immer verloren, denn, um sich verlauten zu lassen, um gehört zu werden, muss sich die allererste Körperstimme in die vom ersten Anderen, der Mutter, vorgenommene Semiotisierung einfügen. Somit ist auch in der ‚vorsprachlichen' Phase die Körperstimme immer schon vom Verlust gekennzeichnet, gehorcht der Logik des Mangels und des Imaginären. Die erste (Körper-)Stimme überlebt im projizierten Klangbild des Timbres und des singulären Sprechrhythmus' – Melos –, die den imaginären Bezug des Sprechenden zum Körper signieren, ohne sein Sprechen jedoch zu determinieren. Jede Sprache hat eine eigene Stimme, die den Verzicht auf eine erste imaginäre Stimme voraussetzt. Zudem sieht der Sprachgebrauch eine Ausdruckskodierung der Emotionen vor, die jeweils kulturell geprägt und historisch wandelbar ist. Sie überlagert beim Sprechen das imaginäre Konstrukt der Körpersignatur der eigenen Stimme durch Timbre und Melos, welche als Spuren der imaginären ersten Stimme im Sprechen deren Invokation modulieren.

Eine Sprache sprechen heißt Anstimmen und Anrufen einer ersten Stimme, aber auch Anstimmen und Anrufen der Stimme der Sprache, die erlaubt, sich als ein Subjekt, das ‚ich' sagt, zu präsentieren. Als Echo, das ein Subjekt präsent macht, lässt uns die Stimme der Sprache unentwegt sprechen, um uns, wie Becketts Figuren, unseres Körpers und unseres Seins zu vergewissern. Der französische Psychoanalytiker Jacques Lacan versteht dieses Drängen zur Invokation des Anderen – des ersten Anderen, mit dem das Menschenwesen eine Körperklangeinheit bildete, wie auch des Anderen der Sprache – als eine der vier Triebimpulsionen – *pulsion invocante, pulsion scopique, pulsion anale, pulsion orale*:[20] Ihnen ist eine Erfahrung des Mangels aufgrund des jeweiligen Verzichts gemeinsam, den die Psychogenese dem Menschenwesen bei der Subjektwerdung auferlegt. Diesem Mangel entspringt zugleich ein Verlangen, das Stimme, Blick, anales und orales Objekt zum *Objekt a* des Begehrens machen. Wie die drei anderen *Objekte a* ist so die Stimme für Lacan auch das Reale (*Réel*), da das Unmögliche, der Tod, ihr Horizont ist: Die erste Stimme ist verloren, unerreichbar wie die Stimme des Gesetzes, die vokale Invokation moduliert den Bezug zu dieser Absenz.

Dichtung steht deshalb immer, und nicht nur in den Anfängen, in einem Bezug zum Göttlichen und Sakralen. Doch hat sie auch mögliche Einschreibungen von Körperstimmen in die Sprache systematisiert und dies in geregelter verbindlicher Form: Klagen und Lobpreis haben ihre nationalen Lautmuster in jeweiligen obligatorischen Versformen. Der Elfsilbler, *endecasillabo*, und die Oktave in Italien, der zwölfsilbige Alexandriner in Frankreich beispielsweise waren nicht nur für poetische Sprache verbindliche Verse, sondern geradezu auch Modelle eines nationalen Stimmkörpers. Diese Formen der Repräsentation des Stimmkörpers in der Dichtung wurden seit der zweiten Hälfte des 19. Jahrhunderts, von Frankreich ausgehend, angegriffen – sie hatten ihre Wahrscheinlichkeit eingebüßt. Jeder Einzelne stand nun vor der Aufgabe, sein Verhältnis zur verlorenen ersten Stimme und zur Stimme der Sprache in der Schrift der Dichtung hörbar zu machen.

Die konventionellen Versformen hatten jeweils eine transzendentale Stimme vorgeschlagen, welche die Einschreibung von singulärem Timbre und Melos in den Klängen der Assonanzen und Alliterationen und dem inneren syntaktischen Rhythmus rahmte und somit die vokale Invokation der Triebimpulsion modulierte. Der Rhythmus des Verses und Anfangs-, Binnen- und Endreim schufen einen Verknüpfungsmodus von Wiederholung und Echo, der eine Aufhebung der Arbitrarität der Sprache und eine Logik der Resonanz nahelegte, die mit der Lautähnlichkeit der Signifikanten eine Ähnlichkeit der Signifikate motivierte. Diese Logik war eine musikalische Logik, da sie die Ähnlichkeit von Ton, Klang und Maß über die sinngebende syntaktische Artikulation dominieren ließ. Schon diese Dichtung musste beim Lesen gehört, subvokalisiert werden, um ihre Musik zu hören.

Mit der Krise des Verses seit der zweiten Hälfte des 19. Jahrhunderts werden seine musikalischen Verfahren nicht nur als Modulationen der *pulsion invocante* offensichtlich,[21] sondern auch zugleich dekonstruiert: Die historischen Avantgarden thematisieren nun die Stimme des Textes und die erste Körperstimme durch musikalische Verfahren, welche die Projektion eines singulären Klangkörpers durch textuelle Überdeterminierung von Ton-, Klang- und Rhythmusaspekten der Sprache in den Vordergrund rücken und Geräusch wie Stille ebenfalls zu integrieren suchen. Mit diesen vokalen Körperspuren sprechen sie die musikalische Sensibilität des Lesers an, der aufgefordert ist, ihren vokalen Aspekt bei der Lektüre zu realisieren. Graphische Verfahren werden entwickelt, diese Texte wie Partituren mit der eigenen Stimme auszuführen. Die *phoné* der Sprache wird so in den Vordergrund gerückt und zugleich die Körperlichkeit stimmlicher Artikulation in der Schrift thematisiert.

Die innere Sprache der Poesie: translinguistische Stimmen

In einem seiner ersten Angriffe auf die Schullinguistik schrieb Lacan in den fünfziger Jahren: „Eine Schrift wird wie die Sprache immer symbolisch artikuliert, sei es [...] phonematisch, und phonetisch in der Tat, sobald sie gelesen wird."[22] Schrift ist nach Lautgesetzen gebildet und auch lautlich, wenn sie gelesen wird. Die alphabetische Schrift schlägt eine visuelle Darstellung des vokalen Aspekts der Sprache vor, die beim Lesenlernen eine Homologisierung von Schrift- und Wortklangbild nahelegt.[23] Beide Repräsentationen spielen zusammen mit dem Bewegungsbild beim Sprechen eine Rolle für die visuellen, akustischen und taktilen Objektassoziationen. Dieses Relationengeflecht von Repräsentationen, das Sigmund Freud in seiner Dissertation zu den Aphasien als Schema für die Wortvorstellung vorschlug, fand in der Linguistik Ferdinand de Saussures, so wie sie der Strukturalismus rezipierte,[24] noch kein Echo: Schrift wird bei ihm der Sprache untergeordnet, das Wort selbst nicht in Betracht gezogen.

Erst der französische Sprachwissenschaftler Émile Benveniste knüpfte in den sechziger Jahren des letzten Jahrhunderts wieder an Freud an, als er die Schrift und insbesondere die Dichtung als eine Ikonisierung des Denkens analysierte, bei dem gesprochenes Wort und Schrift gemeinsam ineinander wirkten.[25] Schrift beinhaltete für ihn eine über die Kommunikation einer Botschaft hinausgehende bildliche Repräsentation einer *langage intérieur*.[26] Schrift ist so für ihn eine vom inneren Gehör durch die Hand auf den Blick übertragene *parole*; Schreiben konvertiert eine innere Sprache direkt in ein Bild der Sprache.[27] Insbesondere die Poesie macht für Benveniste so eine *Translinguistik* notwendig, da sie eine Emotion nicht beschreibe, sondern spreche, mit Sprache verlauten lasse. Dieses Sprechen der Schrift gehe vom Körper aus:

> Die ganze lyrische Dichtung geht vom *Körper* des Dichters aus. Muskel-, Berührungs- und Geruchseindrücke konstituieren den Kern und das lebendige Zentrum seiner Dichtung.[28]

Poetische Sprache spricht als „innere Sprache zu sich selbst" und macht deren Klanglichkeit für den schreibenden Leser potentiell in der Stille der mentalen

Produktion hörbar.[29] Poetische Sprache stellt also für Benveniste einen Dialog mit der Sprache selbst dar, der „das Zusammentreffen mit der inneren Sprache unserer Subjektivitäten" voraussetzt. Poesie spricht die *phoné* der Sprache in ihrem Bezug zum Körper des Schreibenden. Damit ist Gegenstand und Thema der Dichtung die Sprache selbst als unmöglicher Ort der Stimme der Schrift. Oder mit den Worten des französischen Dichters Yves Bonnefoy: „Dichtung ist jene Anerkennung des anderen als Anderen, die dem Augenblick folgt, in dem der Klang des Worts das Konzept beim Hören des gesprochenen Worts erstarren ließ."[30]

Dichtung stellt so den Leser vor die Aufgabe, den Anderen der Sprache als Stimme zu hören und die Einschreibung des Bezugs zu dieser Stimme und zur Körperstimme eines anderen mit seinem eigenen Bezug zur Sprache in der Resonanz seines inneren Ohrs zu beantworten.

Verwerfung und Verneinung der Atopie der Stimme

Seit den Anfängen der Aufzeichnungsmedien haben Dichter ihre Texte gelesen, rezitiert oder deklamiert und so Modelle einer Bühne des „Echos des Subjekts"[31] bereitgestellt, die den Bezug zu ihren Texten als Verhältnis zur Stimme des Anderen hören lassen. Die zeitgenössische Deklamationsrhetorik bei weitem überschreitend, variiert ihre Diktion vokale Modi, die sinngerichtet, lautgerichtet oder schwebend verschiedene Klangkörper mit einem jeweiligen Verhältnis von Sprache und Körper projizieren und so auch verschiedene Modi der *pulsion invocante* anzeigen. Drei Tendenzen sollen an Beispielen untersucht werden.

Parole in libertà: Filippo T. Marinetti, „Bombardamento di Adrianopoli"

Das erste Beispiel entstammt der Lautpoesie des italienischen Futurismus. Die *parole in libertà*, die „befreiten Worte" von Marinetti, denen ich vor langer Zeit eine Studie gewidmet hatte,[32] sollen hier mit „Bombardamento di Adrianopoli" [1911],[33] in der Tonaufnahme von 1924[34] vorgestellt werden:

Mit Marinetti haben wir schon auf der Ebene des Textes die Tendenz, die Stimme der Sprache mit ihren grammatischen und syntaktischen Regeln zurückzuweisen: Keine Persönlichkeitspronomen, weder Konjugation noch Deklination, keine Zeiten, keine Artikel, Verben im Infinitiv, Nomen, häufig in Form von mit Bindestrichen zusammengesetzten Neuschöpfungen, häufige Aufzählungen von Nomen, Adjektiven, Verben und Adverbien, Zahlen und lautmalerische Neuschöpfungen für Geräusche von Waffen, Motoren, Zuggefährten wie auch von Kriegsmaschinen. Die Interpunktion ist reduziert: keine Punkte, Fragezeichen oder Kommata, hingegen Ausrufezeichen und Doppelpunkte; syntaktische Verbindungen deuten Algebra-Symbole wie $+, -, <, =, \infty$ an. Verschiedene Charaktere wie Kapitel, Kursivschrift, Fettdruck geben Stimmintensitäten vor und heben Anaphern heraus. Diese Nominalsprache hat, wie ich an anderem Ort gezeigt habe, direktiven, Sprache setzenden Charakter: das Verb im Infinitiv ist im Italienischen ein Befehl, die Nomenbildungen antizipieren die Wortschöpfungen der Werbung.

Marinettis skandierend hämmernder Vortrag unterstreicht diesen legislatorischen Aspekt des Textes: Seine Stimme drückt dem Text eine Triebmotilität auf, die Klänge und Geräusche heraushebt, um das Wort als Monument des Affekts zu versteinern. Seine Diktion rekodiert das Wort als Körperexpression: Das Wort wird in seinem affektiven sonoren Aspekt verdinglicht, der vor allem Aggression und Zerstörung ist. Die Nominalstruktur der Textsyntax wird mit dem affirmativen Ton einer Gesetz gebenden Stimme unterstrichen: sie sucht imaginäre Körperstimme und Sprache zu verschmelzen, um mit dem Anderen der Sprache auch die symbolische Kastration zu leugnen. Die verlautete Stimme wird zum Fetisch, der sich als Präsenz einer Verschmelzung mit dem *Objekt a* des Begehrens präsentiert, als seine vokale Inkarnation. Marinetti antizipiert im Vortrag seines Gedichts den vokalen Stil des faschistischen Diskurses ebenso wie die faschistische Rhetorik, die später von Mussolini praktiziert wurde: Die Lust der Stimme des Duce absorbiert das Symbolische als neues Gesetz in einem fetschisierten Stimmobjekt, das die für das Sprachwesen konstitutive Trennung von der ersten Stimme wie von der Stimme der Sprache verwirft. Der Vortrag stellt die orale Lust in den Vordergrund: Die Stimme ist Fetisch einer *Oralität*, die Worte verschlingt, um sie als Körperauswurf wieder auszuspucken.

Dadaistische Lautgedichte (1): Hugo Ball, „Karawane"

Die dadaistischen Lautgedichte hingegen fokussieren das Imaginäre einer reinen Stimme des ersten Körpers, die sprachunabhängig sein will. Von Hugo Balls gründender Rezitation des Gedichts „Karawane" im Cabaret Voltaire in Zürich am 23. Juni 1916 haben wir keine Tonaufnahme. Jedoch das berühmte Photo, das ihn, von Knie bis Oberkörper in eine blaue Papprohre mit rot-goldenem Pappkragen eingeschlossen und mit einem weiß-blau gestreiften, in Balls Worten, „Schamanenhut" zeigt, sowie insbesondere sein Bericht[35] über die Entstehung dieser Glossolalie auf der Bühne, *in actu*, legen nahe, dass hier die Erfahrung der Suche nach einer von der Sprache getrennten Stimme, den Dichter mit Stimme des Anderen der Sprache konfrontierte:

[...] Also ließ ich mich [...] in der Verfinsterung auf das Podest tragen und begann langsam und feierlich:

gadji beri bimba
glandiri lauli lonni cadori
gadjama bim beri glassala
glandridi glassala tuffm i zimbrabim ...

Die Akzente wurden schwerer, der Ausdruck steigerte sich in der Verschärfung der Konsonanten. Ich merkte sehr bald, dass meine Ausdrucksmittel, wenn ich ernst bleiben wollte [...], meinem Pomp nicht gewachsen waren.[...] Ich hatte jetzt rechts ‚Labadas Gesang an die Wolken' und links die‚Elefantenkarawane' absolviert und wandte mich wieder zur mittleren Staffelei, fleißig mit den Flügeln schlagend. Die schweren Vokalreihen und der schleppende Rhythmus der Elefanten hatten mir eben noch eine letzte Steigerung erlaubt. Wie sollte ich's aber zu Ende führen? Da bemerkte ich, daß meine Stimme, der kein anderer Weg blieb, die uralte Kadenz der priesterlichen Lamentation annahm, jenen Stil des Meßgesangs, wie er durch die Kirchen des Morgen- und Abendlands wehklagt.

Ich weiß nicht, was mir diese Musik eingab. Aber ich begann meine Vokalreihen rezitativartig im Kirchenstile zu singen und versuchte es, nicht nur erst zu bleiben, sondern mir auch den Ernst zu erzwingen. Einen Moment lang schien mir, als tauche in meiner kubistischen Maske ein bleiches, verstörtes Jungensgesicht auf, jenes halb erschrockene, halb neugierige Gesicht eines zehnjährigen Knaben, der in Totenmessen und Hochämtern seiner Heimatpfarrei zitternd und gierig am Munde der Priester hängt. Da erlosch, wie ich es bestellt hatte, das elektrische Licht, und ich wurde vom Podium als ein magischer Bischof in die Versenkung getragen.[36]

Balls Glossolalie zitiert unwillkürlich ein sakrales musikalisches Modell. Die Erfahrung einer, vom Körper getrennten Sprach- und Sprechstimme bewirkt eine weitere Halluzination: die Vision des eigenen vom Gottesdienst faszinierten Jungengesichts vor dem Stimmbruch. Balls Beschreibung macht so die Stimme des Lautdichters als Invokation der Stimme eines Anderen offensichtlich.

Dadaistische Lautgedichte (2): Kurt Schwitters, „Ursonate"

Dieser Aspekt wird in Kurt Schwitters „Ursonate" [1922–1932],[37] 1932 für das Radio aufgenommen, zugunsten der musikalischen Form verdrängt. Im Erstdruck des Textes 1932 stellt Schwitters „Erklärungen" zur musikalischen Struktur des Stücks ebenso wie Erläuterungen zu den „Zeichen zu [s]einer Ursonate" für die vokale Aufführung der „Partitur" voran".[38] Der Leser wird aufgefordert, selbst ernst zu arbeiten, denn „natürlich ist in der schrift nur eine sehr lückenhafte angabe der gesprochenen laute zu geben. wie bei jeder notenschrift sind viele auslegungen möglich." Ein neues Notationssystem, das die Schrift erweitert und präzisiert im Hinblick auf eine musikalische Stimme ist hier zu lernen. Der Leser interpretiert vokal mit seinem eigenen Verhältnis zur Körperstimme und Stimme der Schrift.

Diese drei Beispiele aus zwei historischen Avantgarden verwerfen bzw. verneinen noch die Trennung und den intermediären und atopischen Status der Stimme, indem sie ihr einen körperlichen Ursprung zuweisen. Während die futuristischen *parole in libertà* die Sprache der Körperstimme unterwerfen, sie ins Bad affektgeladener Klänge und Geräusche eintauchen, um sich, mit ihr verschmelzend, an die Stelle der Sprache zu setzen, trennen dagegen die dadaistischen Lautgedichte die Stimme von der Sprache, um sie im Stimmkörper der Glossolalien zu verankern. Doch zugleich kehrt bei ihnen die verdrängte Stimme der Sprache als Invokation eines Anderen zurück: als sakrale Litanei oder aber als Stimme der Musik. Der Logik der Verneinung entspringt die Rückkehr des Verdrängten, die implizit, wie ein Symptom, die Trennung der Stimme vom Körper affirmiert.

Dekonstruktion von Körper- und Schriftstimme durch den Rhythmus

Gegen die Fetischisierung des Stimmobjekts, wie sie der Nationalsozialismus auf der Bühne der Politik mit Hitlers Stimme praktizierte,[39] ist Paul Celans „Todesfuge"[40] geschrieben, welche die mörderischen Folgen einer Politik der Extermination des Anderen in anderen, in einem Gedicht hören lässt, das der Rhythmus eines Totentanzes prägt. Celans Vortrag dieses Gedichts bei einer Tagung der Gruppe 47 ließ die mörderische Lust dieses Rhythmus verlauten und verstimmte damit seine Dichterkollegen: Seine Diktion galt ihnen als „längst überholt", man amalgamierte seine Diktion gar mit Joseph Goebbels Rhetorik oder diffamierte sie als „Synagogenstil", was im französischen Briefwechsel von Paul Celan und seiner Frau Gisèle Celan-Lestrange dokumentiert ist.[41] Celan ließ jedoch, wie die spätere Tonaufnahme[42] hören lässt, gerade die Stimme hören, die das Dritte Reich zum Schweigen zu bringen suchte: die translinguistische Stimme der Schrift, die als Invokation des Anderen eines sprachlichen Gesetzes gleichsam die Trennung von der ersten Stimme und von der Stimme der Schrift in der Musikalität einer dichterischen Sprache signiert.

Celan könnte als Beispiel für eine dritte Tendenz der Exploration des Verhältnisses von Sprache und Musik angeführt werden, die ich als Dekonstruktion von Körper- und Schriftstimme bezeichnen will. Doch möchte ich mit einem Beispiel schließen, das uns ins zeitgenössische Theater führt, zu Ernst Jandls „Sprechoper in 7 Szenen" von 1979: *Aus der Fremde*.[43]

Die Repliken des Stücks sind in der dritten Person in indirekter Rede geschrieben und in Terzinen, jedoch ohne Reime, angeordnet, die jeweils eine rhythmische Einheit bilden. Für das Sprechen dieses Textes hat Jandl dem Text seiner Sprechoper eine Anweisung vorangestellt sowie für die Aufführung eine von ihm besprochene Tonkassette bereitgestellt,[44] die „einen Eindruck von einer stimmlichen Realisationsmöglichkeit geben" soll. Die Sprechweise des Stücks sollte sich von jeder bisher gewohnten Bühnendiktion unterscheiden: „Die Stimmen bewegen sich mehr oder weniger an der Grenze zum Singen, ohne Gesang tatsächlich zu erreichen (*Rezitativ*)", sie sollten auch die Verständlichkeit des Textes wahren und „markant gegeneinander kontrastieren".

Hört man nun diese von Jandl selbst eingespielte Tonkassette, so fällt zuerst ein anderer Kontrast auf: der zwischen der Banalität der semantischen Ebene und dem poetischen Rhythmus der lautlichen Ebene. Eine feierlich psalmodierende Stimme evoziert den „Alltagsdreck" der täglichen Routine von Nahrungszubereitung und -aufnahme, Haushaltsbesorgungen und schriftstellerischer Arbeit, mit dem die beiden Protagonisten, ein fünfzigjähriges Schriftstellerpaar sowie ein später hinzukommender, zwanzig Jahre jüngerer Besucher kämpfen.

Die Melodie der Versstimme beschwört hier ein Ritual, an dessen translinguistischem Horizont der Tod als Anderer aufscheint. Die Stimme der Schrift wird so als vom Körper getrennt ausgestellt, als Anderer des Körpers, um mit Lust von dem zu sprechen, was körperliche Bedürfnisse stillt. Die Lust der disseminierten Anaphern, Assonanzen und Alliterationen lässt zugleich als Echo die getrennte Körperstimme hören, so dass das Abjekte des Alltags, das vom Arbeiter mit Sprache Verworfene, mit der von ihm getrennten Sprachstimme zu korrespondieren scheint. Hohes und niederes Heterogenes treffen sich, um mit Georges Bataille zu sprechen. Die Terzinen der Protagonisten modulieren die Trennung auf allen Ebenen: die Trennung vom Körper, von der Sprache, von der Stimme, die Trennung von sich selbst, denn sie reden von sich in der dritten Person, wie Becketts Mouth in *Not I*, doch zugleich im Konjunktiv in indirekter Rede. Jandl lässt auf dem Theater hören, dass Sprechen eine *Repräsentation* der Sprache ist. Sie ist Präsent-Machen des Sprechenden, durch eine sprachliches Gesetz, das mit dem Personalpronomen ihm die Möglichkeit gibt, ‚ich' zu sagen, mit seiner Stimme, die die Stimme des Anderen akzeptiert, um zum Subjekt zu werden. Die poetischen Verfahren der Exhibition dieser Stimme, lassen sie translinguistisch als den Anderen hören, den die Rhetorik wahrscheinlicher Affektexpression zu verneinen sucht.

Einfaches, dem poetischen Rhythmus des Textes folgendes Sprechen, Re-Zitation, die das Sprechen als Zitat hören lässt, sind deshalb gerade die Lektüremodi, die häufig bei Tonaufnahmen von Dichterstimmen zu hören sind. Von Apollinaire bis Claudel, von Gertrude Stein bis James Joyce, von Gottfried Benn bis Heiner Müller. Sie sind die Antwort des Dichters auf das Verhältnis von Sprache und Musik, sie lässt das, was beide gründet, als translinguistische Stimme der Schrift hören.

Juni 2012

Anmerkungen

1   Horaz, *Ars Poetica. Die Dichtkunst*, übers. u. hrsg. v. Eckart Schäfer, Stuttgart 1972, ²1984, Vers 361, S. 26: „ut pictura poesis".
2   Ebd., Vers 242–243, S. 18–19.

3   Jean-Jacques Rousseau, „Essai sur l'origine des langues" [1763], in: Ders., Œuvres complètes, Bd. V: Ecrits sur la musique, la langue et le théâtre, hrsg. v. Bernard Gagnebin und Marcel Raymond, Paris 1995, Kapitel I–IV, S. 375–385. Giambattista Vico, „Principii di Scienza Nuova d'intorno alla comune natura delle nazioni" [1744], in: Ders., Autobiografia, Poesie, Scienza Nuova, hrsg. v. Pasquale Soccio, Mailand 1983, Buch I, Sez. II, LVII–LXIII, §225–237 sowie Buch II, Sez. II, § 400–403.
4   Vgl. Helga Finter, „Sprechen, Deklamieren, Singen. Zur Stimme im französischen Theater des 17. Jahrhunderts" (in: Anne Amendt–Söchting et al. (Hrsg.), Das Schöne im Wirklichen – Das Wirkliche im Schönen. Festschrift für Dietmar Rieger zum 60. Geburtstag, Heidelberg 2002, S. 81–91), in diesem Band S. 435–446.
5   Friedrich Nietzsche, „Menschliches Allzumenschliches I", in: Ders., Sämtliche Werke, Kritische Studienausgabe, Bd. 2, hrsg. v. Giorgio Colli und Massimo Montinari, München 1980, §215, S. 175.
6   Ebd.
7   Vgl. H. Finter, „Die soufflierte Stimme. Klangtheatralik bei Schönberg, Artaud, Jandl, Wilson und anderen" (in: Theater heute 1, 1982, S. 45–51), in diesem Band S. 19–34.
8   Jacques Derrida, De la Grammatologie, Paris 1967.
9   J. Derrida, La voix et le phénomène, Paris 1967, S. 86ff.
10 Walter J. Ong, Orality and Literacy, London/New York 1982/2002, S. 162–166.
11 Julia Kristeva, „La productivité dite texte", in: Dies., Semeiotikè. Recherches pour une sémanalyse, Paris 1969, S. 208–254.
12 Guy Rosolato, „La voix entre corps et langage", in: Revue Française de Psychanalyse XXXVIII, 1974, S. 77–94.
13 Vgl. J. Kristeva, La Révolution du texte poétique, Paris 1974, S. 17–150.
14 Claude Lévi–Strauss, Mythologiques. Le cru et le cuit, Paris 1964, S. 22–38; Ders., Regarder, écouter, lire, Paris 1993, S. 87–123.
15 C. Lévi–Strauss, Mythologiques. Le cru et le cuit, S. 36.
16 F. Nietzsche, „Menschliches Allzumenschliches I".
17 Schon der Schrei des Kleinkindes ist ab der sechsten Woche ein polysemer Signifikant; die Klagescheie des Chors der griechischen Tragödie beispielsweise semiotisieren den Körperschmerz stimmlich, (vgl. Nicole Loraux, La voix endeuillée. Essai sur la tragédie grecque, Paris, 1999). Samuel Becketts Stille ist semiotisch als Pause im Sprechfluss seiner Stücke ebenso vermerkt wie auch die drei Suspensionspunkte in den Texten Ferdinand Célines zum Beispiel.
18 Christine Leroy, „À propos du rôle de l'intonation dans l'acquisition des structures syntaxiques", in: Études de Linguistique appliquée 9, 1978, S. 67–75.
19 DUDEN, Etymologie, Herkunftswörterbuch der deutschen Sprache, 2. völlig neu bearbeitete und erweiterte Auflage von Günther Drosdowski, Mannheim et al. 1989, S. 309.
20 Jacques Lacan, Le Séminaire Livre XI: les quatre concepts fondamentaux de la psychanalyse, Paris 1973.
21 Vgl. H. Finter, „Théâtre et espace potentiel: le procédé de Roussel comme écho du sujet", Colloque Roussel, Cérisy 2012, in: Dies., Les corps de l'audible. Écrits français sur la voix 1979–2013, Frankfurt/Main 2014, S. 387–398.
22 Übers. v. HF. Vgl. J. Lacan, „Situation de la psychanalyse et formation du psychanalyste en 1956", in: Ders., Écrits, Paris 1966, S. 470: „Une écriture [...] est toujours comme

le langage articulée symboliquement [...], soit phonématique, et phonétique en fait, dès lors qu'elle se lit".

23 Sigmund Freud, *Zur Auffassung der Aphasien. Eine kritische Studie* [1891], hrsg. v. Paul Vogel, bearbeitet v. Ingeborg Meyer-Palmedo, Einleitung v. Wolfgang Leuschner, Frankfurt/Main 1992, S. 116–123.

24 Eine neue Sicht der Sprachkonzeption de Saussures gaben seine Texte aus dem Nachlass, vgl. Ferdinand de Saussure, *Linguistik und Semiologie. Notizen aus dem Nachlaß, Texte, Briefe und Dokumente*, gesammelt, übers. u. eingeleitet v. Johannes Fehr, Frankfurt/Main 1997.

25 Vgl. Émile Benveniste, „Leçon 8", in: Ders., *Dernières Leçons, Collège de France 1968 et 1969*, hrsg. v. Jean–Claude Coquet und Irène Fenoglio, Paris 2012, S. 91–95; vgl. ebenfalls: J. Kristeva, „Préface. Émile Benveniste, un linguiste qui ne dit ni ne cache, mais signifie", ebd., S. 13–40.

26 Ebd., S. 94.

27 Ebd., S. 93.

28 Übers. v. HF. Vgl. É. Benveniste, *Baudelaire*, hrsg. v. Chloé Laplantine, Limoges 2011, S. 32–33: „Toute la poésie lyrique procède du corps. Ce sont des impressions musculaires, tactiles, olfactives qui constituent le noyau et le centre vivant de la poésie".

29 É. Benveniste, „Leçon 8", S. 94–95.

30 Übers. v. HF. Vgl. Yves Bonnefoy, *L'Alliance de la poésie et de la musique*, Paris, 2007, S. 26: „La poésie, c'est cette reconnaissance de l'autre en tant qu'autre qui suit l'instant où le son du mot a transi le concept dans l'écoute de la parole".

31 Vgl. Philippe Lacoue–Labarthe, „L'écho du sujet", in: Ders., *Le sujet de la philosophie, Typographies I*, Paris 1979.

32 Vgl. H. Finter, *Semiotik des Avantgardetextes. Gesellschaftliche und poetische Erfahrung im italienischen Futurismus*, Stuttgart 1980.

33 Filippo Tommaso Marinetti, „Bombardamento", in: Ders., *Teoria e invenzione futurista*, hrsg. v. Luciano De Maria, Mailand 1968, S. 693–699.

34 Tonaufzeichnung mit der Stimme des Autors aus dem Jahre 1924 durch La Società Nazionale del Grammofono (La Voce del Padrone) R 6915, in: *Musica futurista/the Art of Noises*, Salon LTMCD 2401. Bei dieser Aufnahme fehlt der letzte Teil des Textes: „Bilancio delle analogie".

35 Hugo Ball, „Dada–Tagebuch, Eintrag vom 23.06.1916", abgedruckt in: Peter Schifferli (Hrsg.), *Das war Dada. Gedichte und Dokumente*, München 1963, S. 31–32.

36 Ebd., S. 31–32.

37 Kurt Schwitters, „Ursonate", in: *Merz* 24, Hannover 1932, abgedruckt in: Ders., *Das literarische Werk*, Bd. 1 *Lyrik*, hrsg. v. Friedhelm Lach, Köln 1973, S. 214–242.

38 Ebd., S. 312–313.

39 Vgl. Michel Poizat, *Vox populi, vox Dei. Voix et pouvoir*, Paris 2001.

40 Paul Celan, „Todesfuge", aus: „Mohn und Gedächtnis", 1952, in: Ders., *Gesammelte Werke in fünf Bänden*, Bd. 1: *Gedichte I*, Frankfurt/Main 1983, S. 39–42.

41 Vgl. P. Celan/Gisèle Celan–Lestrange, *Correspondance*, hrsg. u. kommentiert v. Bertrand Badiou, unter Mitarbeit v. Eric Celan, Bd. II, Paris 2001, S. 61ff.

42 P. Celan, „Todesfuge", Produktion Neske 1958, in: *ICH HÖRTE SAGEN. Gedichte und Prosa*, gelesen von Paul Celan, München, DerHörVerlag, 1997.

43 Ernst Jandl, „Aus der Fremde. Sprechoper in 7 Szenen", Erstabdruck in: *Manuskripte. Zeitschrift für Literatur* 65, 1979, S. 3–56
44 Theaterverlag Kiepenheuer & Witsch, Köln

X.
Epilog

Nach dem Diskurs
Zur Ansprache im aktuellen Theater

Abschiede geben Anlass zu Rück- oder Ausblicken, sie geben Gelegenheit, Bilanz zu ziehen oder noch Unerledigtes aufzugreifen. Letzteres war mein Anliegen, als ich für meine Abschiedsvorlesung[1] unter dem vorläufigen Titel „Sprache und Sprechen in einem kritischen Theater" mir vornahm, eine Antwort auf immer wieder in Seminaren und Gesprächen aufgeworfene Fragen der Studierenden zum Umgang mit Texten im Hinblick auf die eigenen Projekte zu geben. Horizont für meine Überlegungen war dabei das Gießener Projekt eines die szenische Repräsentation reflektierenden Theaters.

Dass der Titel sich beim Schreiben nun zu „Nach dem Diskurs" präzisiert hat, ist auf meine erste Reise nach Gießen auf Einladung von Studierenden der Angewandten Theaterwissenschaft im Sommer 1989 zurückzuführen. Die besondere Situation des Abschieds hatte die Erinnerung an diesen ersten Besuch anlässlich des *diskurs'*, des internationalen Festivals der Studierenden, wieder wachgerufen: Ich hatte dort studentische szenische Projekte sehen können, die verschiedene Medien, aufgezeichnete Reden und direktes Sprechen in Relation setzten. Der Terminus ‚Diskurs', unter dem diese Arbeiten firmierten, blieb damals jedoch für mich noch rätselhaft, denn weder wiesen diese Projekte das Kennzeichen eines Diskurses im diskurstheoretischen Sinne, so beispielsweise auktoriales Sprechen, auf, noch waren sie Diskurse einer auktorialen Regieinstanz, die auf eine Gemeinschaft von Zuschauern abzielten.

Als ich dann im Herbst 1989 dem Ruf für die Vertretung einer zweiten, neu geschaffenen Professur gefolgt war und so zum ersten Mal am Institut für Angewandte Theaterwissenschaft lehrte, lernte ich nicht nur eine in der deutschen Universitätslandschaft einmalige Institution kennen, die mit dem Anspruch, Theorie und Praxis zu verbinden, hoch motivierte Studierende und Lehrende zu einem fruchtbaren Dialog versammelte, sondern ich wurde nun auch aus eigener Anschauung mit der Praxis jenes Theaters konfrontiert, das ihnen als ‚Diskurs' galt. Ihr außerordentliches Engagement galt damals jenem *anderen* Theater, das mich selbst zu einer wissenschaftlichen Beschäftigung mit Theater hingeführt hatte, so dass ich, als Anfang 1991 der Ruf auf die Nachfolge der Professur Andrzej Wirths erfolgte, ohne Zögern und gerne diese neue Aufgabe annahm, die zugleich eine Umorientierung von der Romanistik zur Theaterwissenschaft bedeutete.

Bald lernte ich, dass die Ästhetik jenes anderen Theaters, das für mich mit den Experimenten der nord-amerikanischen und europäischen Bühne der siebziger und achtziger Jahre verbunden war, insofern von den Gießener Studenten als ‚Diskurs' verstanden wurde, als es *andere* Formen der szenischen Rede erprobte. Die Bezeichnung ‚Diskurs' ging auf meinen damaligen Kollegen Andrzej Wirth zurück, der in einem im Januar 1980 in *Theater heute* veröffentlichten Essay für das künftige Theater die Ablösung des Dialogs durch den Diskurs prophezeit hatte.[2] Der Begriff, der ein episches Theater in der Nachfolge Brechts zu charakterisieren suchte, fasste in der Tat einen wichtigen Aspekt des damaligen neuen Theaters – den Rückzug des Dialogs zugunsten einer *Ansprache*, die Bühne und Saal in einen gemeinsamen Sprechraum verwandelte.

Ich selbst hatte jedoch mit diesem Terminus insofern Probleme, als er gerade die Aspekte ausschloss, die ich seit Anfang der achtziger Jahre als das aufregend Neue am experimentellen Theater herauszuarbeiten begonnen hatte: die Schaffung von polyphonen Sprech- und Klangräumen als subjektive Räume, die Ablösung der Figur durch die Projektion von polylogen Subjekten im Prozess und die Dekonstruktion der audiovisuellen Perzeption des Zuschauers, der sich selbst in seinem Hör- und Sehbegehren erfahren konnte, wie dies bei Robert Wilson, Richard Foreman oder Meredith Monk zum Beispiel der Fall war. Der Diskursbegriff erschien mir deshalb für dieses Theater inadäquat zu sein, setzte er doch implizit ein durch ein Sagenwollen gekennzeichnetes transzendentales Subjekt voraus, was für das neue Theater eine binäre Kommunikationsstruktur implizierte. Diskurs in diesem Sinne ist jedoch, wie Jacques Lacan[3] gezeigt hat, durch eine Verkennung der spezifischen Begehrensstruktur des Subjekts des Aussagens gekennzeichnet. Denn sein unbewusstes Objekt ist politisch: Es geht, wie andererseits auch Michel Foucault[4] unterstrichen hatte, beim Diskurs um Macht-, Wissens- und Körperpolitik. Dagegen erlaubt allein ein Sprechen, welches das unbewusste Verhältnis zu Sprache und Körper erforscht, dem Begehren auf die Spur zu kommen. Lacan sah dies allein im Diskurs der Psychoanalyse verwirklicht, der sich aus der Situation der *talking cure* entwickelt.[5]

Versteht man nun künstlerische Praxis als Durchqueren des Begehrens in einer Erfahrung mit den Sprachen, dann erscheint der bisherige Diskursbegriff unzureichend oder aber muss im Sinne des psychoanalytischen Diskurses umformuliert werden: Jede Kunst, die sich einer Erfahrung mit der Sprache stellt, allen voran die Schrift und das Theater, kann zu einem Ort der Erkundung dessen werden, was das Begehren des Einzelnen oder der Gruppe knüpft. Dabei ist im Sinne Jacques Lacans[6] oder auch Georges Batailles[7] Erfahrung (*expérience*) ein Weg, der durch Sprache und Bilder von der in der Doxa gefangenen Ich- und Welterfahrung wegführt, um zu einer Selbsterfahrung zu werden. Mit den Worten Martin Heideggers in „Zum Wesen der Sprache":

Mit etwas eine Erfahrung machen heißt, daß jenes, wohin wir unterwegs gelangen, um es zu erlangen, uns selber belangt, uns trifft und beansprucht, insofern es uns zu sich verwandelt.[8]

Solche Wege waren und sind in vielen Gießener Projekten gebahnt worden, in denen der Zuschauer zum Analytiker der Bühne und zugleich zum Analysanden seiner perzeptiven Erfahrung werden konnte.

Seitdem ist mit dem Siegeszug der Gießener Absolventen durch die Theater- und Kulturinstitutionen der Republik der ‚Diskurs' nicht nur in aller Munde, allen voran der Feuilletons, auch ist inzwischen auf den städtischen und staatlichen Bühnen in der Tat auch ein Rückzug des Dialogs festzustellen. Jedoch hatte Hans-Thies Lehmann schon in seinem *Postdramatischen Theater* von 1999 in einer ersten Kritik dieses Begriffs, die zum Teil mit den von mir angeführten Insuffizienzen übereinstimmt, darauf hingewiesen, dass eine Präzisierung des „Modells der Ansprache", das der Terminus ‚Diskurs' impliziert, noch ausstehe.[9] In der Tat gehörte die Auseinandersetzung mit dem, was heute im Zusammenhang mit Theater als ‚Diskurs' firmiert, auch bei mir noch zum bisher Unerledigten. So möchte ich nun, ehe ich in eine *vita nuova* ‚nach dem Diskurs' aufbreche, über Möglichkeiten und Formen der *Ansprache* bzw. des *Sprechens* im Theater nachdenken. Dabei geht es auch um die Frage, ob es für das andere Theater Formen des Sprechens ‚nach dem Diskurs' gibt oder geben kann.

Vom Diskurs zu Audio-Walk und Installation

Wie ist es heute um Sprache und Sprechen im Theater bestellt? Im Laboratorium Gießen wie auch auf den Experimentalbühnen außerhalb häufen sich die Anzeichen für eine Suche nach neuen Formen der Ansprache. Audio-Walks seit den neunziger Jahren, inszenierte Hörspiele und vor allem Installationen scheinen den szenischen Diskurs abzulösen, der Bühne und Saal, Hörer und Environment zu einem adressierten Sprechraum verbindet. Dabei kommen die Worte aus der Konserve, sie sind aufgezeichnet, werden gemischt und auch verändert, man vernimmt sie über Kopfhörer oder sie erklingen über Lautsprecher im Saal oder vor der leeren Bühne. Der Sprecher oder die Sprecherinnen bleiben unsichtbar. Eine Rede von Abwesenden erklingt, doch mit allen Anzeichen eines autoritären Anspruchs, der die Ansprache zu einer *Zusprache* macht: Als akusmatische Stimmen, deren Artikulationsquelle unsichtbar bleibt, weisen sie die von Michel Chion für diesen Stimmtypus vermerkten Kennzeichen allwissender, allgegenwärtiger und alles überblickender Absenzen auf.[10] Diese neuen Formen der Sprache auf der Bühne versetzen den Zuschauer in einen Raum halluzinierter Stimmen, die weder eine sichtbare menschliche Präsenz korrigieren oder kontrapunktieren kann, noch mit der Wahrnehmung dessen, was sich dem Auge darbietet, abzugleichen sind. Zwar wird das kulturelle und singuläre Gedächtnis der

Rezipienten geöffnet, doch auch zugleich auf Phantasien und Phantasmen eines unsichtbaren Dritten fixiert. Dem Theater ihrer Psyche ausgeliefert, wird den Zuschauern und Zuhörern die Möglichkeit gegeben, dieses zu analysieren. Verlauteter Text und Stimmen sprechen hier unbewusste Bereiche der Psyche an: Sie ermöglichen einerseits, die Stimme als Objekt des Begehrens zu erfahren, andererseits aber auch als vokale Halluzination wahrzunehmen. Diese nimmt dabei die Form eines Über-Ichs an, dem der Hörer sich unterwirft, dessen Anweisungen er folgt, dem er Glauben schenkt. In beiden Fällen ist notwendig, dass ich als Hörer mich *angesprochen* fühle oder bereit bin, dieses Ansprechen als *Zusprache* zu akzeptieren: Durch die jeweilige Qualität der Stimme wie auch durch den gesprochenen Text, werde ich, im Sinne von Louis Althussers Ideologieverständnis,[11] in meinem imaginären Bezug zur Welt aufgerufen, das heißt meine Weltsicht wird als wahrscheinlich angesprochen und vorausgesetzt, um transformiert zu werden. Der symbolische Pakt dieses Theaters verlangt vom Zuschauer und Zuhörer so sowohl die Hingabe an das Unbewusste wie auch das Einverständnis mit einem durch akusmatische Stimmen konstituierten Über-Ich, das sein Imaginäres besetzt.

Die sich hier abzeichnende Alternative zum bisherigen Theater verlegt den intermediären Spielraum des Theaters ins Innere der Psyche des Zuschauers: Dieser zwischen Realem und Symbolischem gespannte Raum, klammert dabei, so scheint es, das jeweilige Imaginäre des Zuschauers, seinen singulären Bezug zu Sprache und Körper aus. In diesem Theater wird nicht mehr das zensierende Über-Ich mit Hut und Mantel an der Garderobe abgegeben, um seinem Imaginären freien Raum zu geben, wie dies noch Octave Mannoni für den symbolischen Pakt des konventionellen Theaters formulierte.[12] Vielmehr wird die das Ich des Zuschauers konstituierende Wahrnehmungsstruktur außer Kraft gesetzt. Fokussiert auf *his* oder *her master's voice* werden im Zeitalter digitaler Medien Stimme und Sprache als absolute Alterität vorgeführt, die zwischen Verführung und Machtausübung oszilliert.

Diese neuen Formen der Sprach- und Stimmverlautung manifestieren eine Sprachskepsis, die dem Rezipienten eigenes Sprechen abspricht. Sie ist Symptom einer Krise der Repräsentation, in der Theater nur noch als zu entziffernde audiovisuelle Schrift im Raum möglich erscheint. So stellt sich die Frage, ob ein kritisches Theater heute überhaupt noch die ihm seit den Anfängen gestellte Aufgabe wahrnehmen kann, das Spezifische des Menschen als Sprachwesen zu thematisieren.

Sprechen im Theater heute

Gehen wir von diesen neuen theatralen Formen zur Bühne zurück. Welches Sprechen finde ich heute im neuen Theater? Arrangierte Monologe nicht-professioneller Selbstdarsteller zu subjektiv brennenden oder gesellschaftlichen Randthemen, akusmatisch eingespielte Lektüren von Texten oder dekontextualisierte Reden, unpersönliche Diktion, punktiert von Bewegungs- und Lichtchoreographie, musikalisch organisiertes Sprechen nichtdramatischer Texte. Berühmte Namen für diese interessanten Versuche mögen sofort vor dem geistigen Auge aufscheinen, doch könnte man auch zahlreiche andere, weniger bekannte, nennen, die mit diesen Verfahren, ohne Grazie, allein die metatheatrale Absicht mitteilen, auf die theatral konstruierte Verfasstheit von Biographien, die phantasmatische Objekthaftigkeit der Stimme, die Alterität des Textes hinzuweisen. Oft merkt man allzu schnell die intentionale Rhetorik der Negativität und reagiert mit Langeweile. Jedoch zeigen sich auch immer wieder überraschende Lichtblicke.

An zwei aktuellen Beispielen soll nun zuerst Sprechen auf der Bühne wie auch seine Funktion verdeutlicht werden: Die erste Produktion, zum Theatertreffen 2011 in Berlin ausgewählt, ist *Verrücktes Blut*[13] von Nurkan Erpulat und Jens Hillje, produziert von der Ruhr-Triennale 2010 und dem Ballhaus Naunynstraße Berlin. Frei nach dem französischen Film *La Journée de la jupe* von Jean-Paul Lilienfeld wird hier der aggressive Widerstreit zweier sprachlicher Identitäten bei Jugendlichen mit Migrationshintergrund als Konflikt der ethnisch geprägten Stimme einer Ghettosprache und der Stimme der Landessprache dramatisiert. Die Vermittlung geschieht, wie in einem anderen französischen Film – *L'Esquive* („Das Ausweichen") von Abdellatif Kechiche von 2002 – durch einen klassischen Dramentext, der jedoch, im Gegensatz zu den französischen Filmvorbildern, nicht von einem Autor des Ancien Régime wie Molière oder Marivaux stammt, sondern der Sturm und Drang-Dichtung entnommen ist: Szenische Proben mit Schillers *Räubern* werden den Jugendlichen erlauben, Konflikte, die ihre Ghettosprache nur als sprachlosen Affekt verlauten kann, zu artikulieren, Identitätszuschreibungen zu dekonstruieren, Aufklärungsparolen beim Wort zu nehmen. Der rasante sprachliche Schlagabtausch, punktiert immer wieder durch gemeinsames Chorsingen deutscher Lieder, setzt Sprechen als Dramatisierung des Ursprungs von Stimmen in Szene und damit von divergierenden sprachlichen Identitäten. Ein Konflikt zwischen Sprachen und zwischen Stimmen wird als Kampf sich ausschließender Herrschaftsansprüche aufgeführt. So stehen sich als Kontrahenten gegenüber: einerseits eine erste Muttersprache, deren Intonation und Phonemspektrum die Stimme des Deutschen in einer hasserfüllten Macho-Gossensprache überlagert und die hauptsächlich sexistische, sexuelle und rassistische Injurien verlautet, die abgehackt ausgestoßen werden; andererseits die um Haltung ringende Herrschaftshochsprache der Lehrerin zusammen mit der Sprache von Schillers Dichtung. Bei diesem Stimmen- und Sprachengefecht wechseln jedoch im Fortgang des Kampfes auch Sprachen und Sprachhaltung die Seiten und kontaminieren sich gegenseitig. Dieses Stimmen- und Sprachendrama lässt einen Grundkonflikt des Subjekts der Immigration hören: Er beinhaltet mit der Annahme der Landessprache den als Verrat erfahrenen Verzicht auf eine erste, Muttersprache genannte Stimme. Doch zugleich gibt diese auferlegte Zweisprachigkeit auch die Chance, jegliche Sprache und Stimme als *souffliert* zu erfahren: Die Muttersprache, die als ‚eigen' über Klangspektrum und Intonation ausgestellt wird, wird so ebenfalls zu einer, einem anderen Imaginären verpflichteten Fiktion. Jede Sprache ist letztlich, wie Jacques Derridas *Monolinguisme de l'autre*[14] gezeigt hat, eine Fremdsprache, da Sprache des Anderen. Theater wird hier zum intermediären Raum, in welchem – dem Kontext entrissen – verschiedene, sonst heterogene Sprachen und Stimmen koexistieren, um ihre Möglichkeiten in der Konstruktion von Subjekten auszuloten.

Die zweite Produktion ist die Inszenierung von Elfriede Jelineks *Rechnitz (Würgeengel)*[15] durch Marcus Lobbes,[16] die ich am Stadttheater Freiburg im Winter 2010/11 gesehen hatte. Im Gegensatz zu Jossi Wielers Münchner Uraufführung,[17] die den Text auf Schauspielerfiguren verteilt, die in Habitus, Kostüm und Bewegung zugleich den Kontext des berichteten Geschehens als Orgie in einem Jagdschloss vorführen, wurden hier Jelineks Sprachflächen ungekürzt auf fünf Boten in neutraler Alltagskleidung verteilt; sie treten jeweils einzeln oder auch zu zweit oder zu dritt vor einen durchsichtigen weißen Plastikvorhang, der einen neutralen Warteraum mit mehreren Sitzgruppen für die nichtaktiven Spieler abgrenzt. Auf gleicher Höhe mit dem Publikum kreist ihr distanziertes, den Rhythmus und die inneren Reime des Textes unterstreichendes Sprechen in der Form einer frontalen direkten Ansprache ein Geschehen ein, in dessen Zentrum der Mord an mehr als 180 jüdischen Zwangsarbeitern steht: Er war Höhepunkt und Abschluss eines Gefolgschaftsfestes der Schlossherrin, Gräfin Batthyány-Thyssen, mit Naziwürdenträgern und SS-Offizieren in den letzten Kriegstagen, in der Nacht vom 24. auf den 25. März 1945, im Schloss Rechnitz am Südostwall gewesen.

Dieses von Eduard Erne und Margareta Heinrich in ihrem Dokumentarfilm *Totschweigen* von 1994 zum ersten Mal recherchierte Geschehen wird in Jelineks Text assoziativ mit aktueller Politik und vergangener Geschichte, philosophischen und kalauernden Äußerungen des gesunden Menschenverstandes in erlebter, binnenreimender Rede verbunden, die jeden Sprecher der Freiburger Aufführung als kaleidoskopisches multiples Subjekt des Aussagens projiziert, als Polylog fremder Stimmen präsentiert. Viereinhalb Stunden ohne Pause findet so eine Annäherung an ein die Vorstellungskraft übersteigendes, grauenhaftes Geschehen statt, das dem Zuschauer und -hörer ein Maximum an Vorstellungskraft und Empathie abverlangt. Auch hier wird Theater zum intermediären Raum, der allein durch das Sprechen eine Gleichzeitigkeit von Zeiten wie Orten und von sonst getrennten Vorstellungsbereichen in den mentalen Vorstellungsraum des Zuschauers zitiert.

In beiden Beispielen ist die Schauspielerrede adressiert: ein dialogischer Schlagabtausch in *Verrücktes Blut*, ein poetisch strukturierter Bericht in *Rechnitz*. In beiden Fällen liegt ein Text vor, der Semiose und Thesis, das heißt Einschreibung von Körperlichkeit in den gesprochenen Text und setzende Behauptung, verbindet, Sprechen und Sprache im Theater als eine Rede thematisiert, die eine andere Sprache als die der Alltagskommunikation vorschlägt, eine Utopie der Sprache anzeigt.

Die Form des Sprechens und der Sprache, die hier Interesse weckt oder fesselt, ist eine *Ansprache,* die an den Zuschauer als Figurenrede und im ersten Falle auch zugleich an andere Mitspieler auf der Bühne als Dialog gerichtet ist. Sie indiziert so die Distanz von Sprecher und Text ebenso wie die Abwesenheit eines Dritten, auf den dieses Sprechen letztlich ausgerichtet ist. Diese Dreipoligkeit der Rede im Theater – ob Diskurs oder Dialog – scheint Voraussetzung für Interesse wie Vergnügen des Zuschauers zu sein. Auch in dem Theater, das mit dem Begriff des Diskurses etikettiert wurde, war sie immer vorhanden, denn sowohl Wilson, Foreman oder auch Grüber ließen Sprache und Text als die eines Anderen, auf den sie letztlich abzielen, hören, weshalb gerade der Begriff Diskurs für sie ungenügend erschien.

Diskurs?

Theater hat die Tatsache, dass wir sprechen, zum Gegenstand. Sie nimmt den Akt der ersten Repräsentation des Sprachwesens durch Worte auf und dramatisiert ihn. In diesem Sinne hatte Philippe Lacoue-Labarthe das gesprochene Wort im Theater in seinem Essay „L'écho du sujet"[18] verstanden: Eine Mimesis von Elokution und Rhythmus, die auf das Begehren des Anderen verweist und die das Subjekt in der Sprache als zugleich Semiotisches und Symbolisches verlauten lässt, dramatisiert diese erste Selbstrepräsentation in der Repräsentation des Theaters, die nicht Wiederholung eines zuvor Präsenten, sondern *Präsentation der Repräsentation* ist.[19]

Gerade dieser Aspekt theatralen Sprechens, der die Konstitution der Figur als Subjekt durch das Sprechen indiziert, fehlt jedoch allzu oft, auch im Theater des Diskurses. Ja, er wird gerade dann in seiner Problematik verkannt, wenn *habitus* und *gestus* von Sprechern unhinterfragt als ‚authentisch' repetiert und ausgestellt werden. In der Tat setzt der den Dialog ablösende Diskursbegriff im Theater noch eine binäre Logik der Kommunikation voraus, wenn man ihn, so Andrzej Wirth in einem Aufsatz von 1991,[20] durch eine „Sender-Empfänger Dualität" geprägt sieht. Diskurs in diesem Sinne ist der strukturalistischen Logik verpflichtet, für die er „Resultat eines Prozesses des Aussagens ist, durch den das Subjekt des Aussagens die Sprache – *la langue* – als gesprochenes Wort – *parole* – im Sinne De Saussures aktualisiert."[21] Dieser Diskursbegriff impliziert nicht ein begehrendes, dezentriertes, sondern ein *transzendentales,* sich selbst identisches Subjekt. Für dieses ist Sprache nur Instrument, weshalb ihre das Subjekt erst konstituierende Funktion verkannt bleibt. So kann Andrzej Wirth das Theater Brechts allein als einen ans Publikum gerichteten Diskurs der Politik lesen, Foremans Theater als Inszenierung eines, durch Schauspieler ans Publikum adressierten Diskurses des Autors, hinter dem er sich verstecke, verstehen oder Robert Wilsons Theater als den Diskurs eines „Unbewußten" auffassen, der zum „kollektiven Unbewußten des Publikums" spreche.[22] Gerade bei Foreman und Wilson wird jedoch, wie ich anderenorts gezeigt habe, die Senderinstanz vervielfältigt und zu einem polylogen Klang- und Sprachraum dekonstruiert, die das Bühnengeschehen als audiovisuelle Projektion einer Schrift in den Raum erfahren lassen.

Adressierte Rede ist immer vom Begehren des sprechenden Subjekts determiniert, was Wilson und Foreman als *soufflierte* Rede und Stimme inszenieren. Dieses Begehren übersteigt bei weitem den Aspekt der Macht, den zum Beispiel Michel Foucault in seinem Diskursbegriff in den Vordergrund gestellt hatte.[23] Sprechen, Rede – was Diskurs letztlich etymologisch bedeutet – hat jedoch noch eine weitere Dimension, die gerade der Aspekt des Begehrens anzuzeigen vermag.

Zu anderen und/oder zum Anderen sprechen: *addictio* und *adoratio*

Ausgehend von Jean-Luc Nancys Studie *L'Adoration*[24] soll diese andere Dimension nun in den Blick genommen werden. Der zweite Band seiner 2010 erschienenen *Dekonstruktion des Christentums* geht im Vorwort („Prologue")[25] der Etymologie dieses erstaunlichen Titels nach, der wörtlich im heutigen Französisch „Anbetung" bedeutet: *Adoration* ist jedoch vom lateinischen *ad-orare* abgeleitet: zu jemandem reden, jemanden ansprechen. Das Wort, das später allein die sakrale Bedeutung des Anbetens einer Gottheit, eines Idols oder einer/s Geliebten erhielt, bezeichnet einen Sprechakt: *adoratio* ist Rede an einen Abwesenden, ist eine besondere Form des Sprechens, die das, was abwesend ist, zum Erscheinen zu bringen sucht. Insofern ist *adoratio* auch eine magische Handlung; sie konnotiert Anrufen und Aufrufen, kann die Form des Gebets, der Verkündigung, der Klage, des Lobpreises annehmen. *Annuntiatio* (Verkündigung), *lamentatio* (Klage/Anklage), *supplicatio* (Gebet), *iubilatio* (Lobpreis) sind ihre Grundformen, die auch die der christlichen Liturgie sind. Aus ihnen hatte sich in Italien gegen Ende des Mittelalters das Mysterienspiel herausgebildet[26] und auf sie beziehen sich ebenfalls die Grundtypen der ersten Opernarien[27] – Claudio Monteverdis *Lamento di Arianna* aus der gleichnamigen verlorenen Oper sei hier genannt.

Adoratio ist eine Anrufung, eine *invocatio*, die auf den konstituierenden Mangel des sprechenden Subjekts verweist, das selbst seine Stimme der Relation zu einem Anderen verdankt und somit zum Objekt seines Begehrens werden lässt: Antrieb zur Invokation – *pulsion invocante* – charakterisiert gerade nach Jacques Lacan[28] die Stimme als Objekt eines Begehrens, das einerseits auf das immer schon verlorene imaginäre Objekt einer ersten Stimme abzielt, die dem Kleinkind eine erste Klangkörpereinheit mit der Mutter gab, und andererseits ebenfalls auf die Stimme des Anderen, auf die Sprache als Gesetz, ausgerichtet ist.

Theater hat seit den Anfängen im europäischen Mittelalter und der italienischen Renaissance zugleich die Adressierung seines Sprechens an einen transzendenten Abwesenden, der es letztlich ermöglicht, hörbar gemacht. So wird noch im Theater des Cinquecento durch das Einsetzen der Aufführung mit Posaunenauftakt, Fallen des Vorhangs, der das Unsichtbare sichtbar macht, und einem Prolog, der strukturell der Verkündigung entspringt, Repräsentation als Ansprache an einen abwesenden Anderen präsent gemacht.[29]

Die Ansprache an ein Jenseits des theatralen Diskurses klingt in der poetischen Form theatralen Sprechens nach, jeweils strukturiert als Verkündigung, Klage, Gebet und Lobpreis: Das Bühnenwort ist nicht allein an den Gesprächspartner der Bühne und an das Publikum gerichtet, sondern zugleich immer auch an den, der Sprechen und Sprache erst möglich macht bzw. legitimiert. Poetische Sprache auf der Bühne unserer Zeit zeigt dessen Ort jedoch als Leerstelle an und weist damit zugleich auf das Unmögliche eines Ursprungs der Stimme hin. So lässt poetische Sprache auf der heutigen Bühne mit dem Begehren zu sprechen, zugleich auch das Echo einer utopischen Stimme hören, das das Unmögliche einer *reinen* Stimme der Sprache verlauten lässt.

Jean-Luc Nancy stellt der *adoratio*, deren Erkundung er zur Aufgabe einer postnihilistischen Philosophie macht, die *addictio* gegenüber, von der er die heutige Gesellschaft beherrscht sieht: *addictio* wird hier im Sinne von ‚Abhängigkeit' verstanden – Abhängigkeit von Drogen, Sex, Medien, Internet, von Gemeinschaften und Religionen. Auch *addictio* ist aus einem lateinischen Wort gebildet, das auf eine Form des Sagens oder Sprechens verweist: *ad-dicere* ist ein „zu-sagen", ein „zu-sprechen", ein „sprechen zu", das Unterwerfung impliziert; es beinhaltet das Aufgeben des eigenen Begehrens zugunsten der Unterwerfung unter das Begehren eines anderen; so bedeutet *addictio* auch der Tod des eigenen Begehrens.

Theater war immer ein Ort, der Formen der *addictio* einer Gesellschaft auf den Prüfstein der *adoratio* stellte, um sie zu dekonstruieren. Theater wird erst zu einem solchen durch Auszug aus der Religion, aber auch durch Abstand zu jeglicher Art von Gemeinschaft, deren Konstitution es seit jeher hinterfragt, selbst wenn die Institution Theater immer auch als Gemeinschaft und Identität schaffend verstanden werden wollte, ja ihre gesellschaftliche Rechtfertigung und Funktion mit einer *addictio* der Diskurse der herrschenden Macht und Gesellschaft zu begründen suchte. Doch bleibt Theater nur dann kritisch, wenn es die *adoratio* ins Zentrum stellt: eine Ansprache, die als Figurenrede oder Rede an ein Publikum sich zugleich an einen abwesenden, unmöglichen Dritten richtet und damit Sprache und Sprechen selbst als vom Unmöglichen signiert thematisiert.

Auch auf der heutigen Bühne werden uns, so im neuen Theaters des Diskurses, vor allem Formen des Zusagens, der *addictio,* als Diskurse präsentiert: die verschiedenen Varianten des autobiographischen und soziologischen Theaters stellen so Unterwerfungen unter narrative narzisstische Selbstinszenierungen aus, zeigen den Widerstreit von Generationen als Diskursdramatisierungen oder thematisieren das Einverständnis mit jeweiligen ideologischen Diskursen. Aus dem inszenierten Widerstreit können so die Unmöglichkeit eines eigenen Begehrens, die Melancholie einer Enteignung des Subjekts vom Sprechen, die Fraktur von Körper und Sprache deutlich werden. Dabei kann Sprechen als durch unsichtbare Instanzen souffliert verlauten, Sprache als parasitäre Rede, die das Begehren nur noch als Schrei nach Begehren hörbar macht. Selten ist hier die Sprache kunstvoll, Rhythmus und Melodik übernehmen Choreographie, Licht und Sound. Sprache selbst bleibt jedoch oft der Alltagssprache verhaftet, allein instrumental, manchmal in plattem Sinne kommunikativ.

Die Sprache der Bühne braucht jedoch, wie schon Walter Benjamin in seinem Trauerspielbuch[30] schrieb, den Vers, um den Affekt, die Trennung, den Verlust einer Einheit von Sprache und Körper, Sprache und Ding hörbar zu machen. Will sie Sprache als Ordnung eines Anderen verlauten lassen, braucht sie die poetische Strukturierung, die eine Anrufung des Abwesenden hören lässt. So ruft die Sprache der Bühne letztlich die Musik. Musik ist für das Wort Gottes unabdinglich, schrieb der Pontifex der katholischen Kirche, Benedikt XVI., in seiner Rede zur Eröffnung des Collège des Bernardins in Paris im September 2008,[31] denn nur sie lässt das hören, was das menschliche Wort übersteigt – das Sein der Sprache als von Gott gegeben, oder, könnte man hinzufügen mit Lacan, vom Anderen.

Ein Theater, das aus Religion und Ritus herausgegangen ist, kann die anästhesierende Anziehung und Faszination der *addictio,* auf die Religionen ihre Unterwerfung gründen, im Widerstreit von Wort und Musik hörbar machen: Die Kantilenen sakraler vokaler Praxis scheinen zwar im Vortrag der Dichter wieder aufgenommen, wie beispielsweise die Tonaufzeichnungen der Stimmen von James Joyce bis Gertrude Stein, von Guillaume Apollinaire bis Philippe Sollers, von Paul Celan bis Heiner Müller oder Ernst Jandl hören lassen. Doch macht ihre *adoratio* auch vernehmbar, dass sie an eine *Utopie* der Sprache adressiert ist: Ihre Stimmen evozieren ein Jenseits des Dichterworts durch eine Musik der musikalischen Struktur, die ihre signifikative Effizienz, ihre Polysemie gerade dieser Polyphonie verdankt. Dichterische Sprache schreibt nicht nur Utopien des Körpers in die Sprache ein, sie öffnet auch auf die Erfahrung der Konstitution von Semiose durch Klang und Rhythmus, die mit dem vorsprachlichen Raum der *Chora* die Stimme eines Textes als Utopie der Sprache verlauten lässt.

Singuläre, auch unausgebildete Stimmen, die, fern von Sinn und Habitus unterstreichender Schauspielerrhetorik, die Distanz zum Text als Abstand und Differenz zu einem anderen hörbar machen, können diese *adoratio* tragen. Aber auch Schauspielerstimmen, die in einem Prozess der Subtraktion der eigenen Sprechrhetorik entsagen, ihr Verhältnis zum Text spielerisch analysieren und sich der rhythmischen und vokalen Struktur des Textes öffnen wie Josef Bierbichler, Angela Winkler, Jürgen Holtz, André Wilms oder Isabelle Huppert zum Beispiel.

In diesem Sinne kann sowohl ein Dramentext, der poetisch strukturiert ist, als auch ein poetisch rhythmisierter postdramatischer Text oder in ein musikalisches Geflecht eingefügte Prosatexte die *addictio,* die unterwerfende Zusprache, in Formen der *adoratio,* der Ansprache an einen Dritten, dekonstruieren. So wird nicht mehr ein theatraler Diskurs an ein Publikum adressiert, das dessen Sagen-Wollen mit seinen eigenen kommunikativen Prämissen abgleicht. Vielmehr werden Zuschauer und Zuhörer mit einer audiovisuellen *szenischen Schrift* konfrontiert, die jeder einzelne vor dem Horizont seines singulären und kulturellen Gedächtnis mit Augen und Ohren zu *lesen* aufgefordert ist: Dieses Lesen mag zwei Richtungen nehmen oder beide verbinden: Roland Barthes unterscheidet die Lust der Schrift – *jouissance* – vom Vergnügen – *plaisir* – am Text.[32] Während die Lust der Logik des Begehrens gehorcht, regiert das Vergnügen ein kulturelles und subjektives Wissen. So mag das *Rauschen* der Semiose auf ein Begehren treffen, dem der Zuschauer sich lustvoll hingibt oder aber das Vergnügen an der *Polysemie* überwiegen, deren Konstituenten de- und rekonstruiert werden. Die Lektüre mag auf die Materialität der Signifikanten oder auf ihre Sinnmöglichkeiten abzielen. Jedoch gibt erst die Materialität von Sprache und Stimmen über die Pertinenz von Sinnpotentialitäten Aufschluss. Letztlich ist die Kunst theatraler *Schrift* eine erotische Kunst, denn es gilt, das Begehren des Zuschauers in einer Form anzusprechen, die nicht Unterwerfung, sondern die Analyse des eigenen Begehrens ermöglicht.

Hier wird eine Präsenz des Schauspielers oder Performers wichtig, die auf die Absenz dessen verweist, was sich als Bühne für den Zuschauer konstituiert:

die doppelte Aufführung die als Dialog zwischen dem, was konkret sich dem Auge wie Ohr anbietet, und dem durch Auge und Ohr geöffneten mentalen Schauplatz letztlich das hervorbringt, was der Zuschauer als Aufführung glaubt gesehen und gehört zu haben.

Nach dem Diskurs?

Zum Schluss möchte ich noch einmal im Lichte der bisherigen Ausführungen auf das Theater zurückkommen, das Sprache und Sprechen allein akusmatisch einsetzt. Aufgezeichnete adressierte Rede, wie sie Audio-Walks und direktive Installationen vorweisen, ist keine ternäre Rede, keine *adoratio*, da sie zusprechend *Zu-sage* erheischt, doch sich selbst als Sprecherinstanz unhinterfragt behauptet. Sie rekonfiguriert einen theologischen Schauplatz, der Potentialitäten religiöser Unterwerfung für den Zuschauer erfahrbar machen kann, wie auch psychische Grenzregionen zu erkunden vermag. Anders ist dies bei Hörspielen oder Installationen, die poetisch strukturierte Texte mit visuellem Geschehen in Verbindung bringen lassen: Sie erlauben Gesehenes und Gehörtes zu einem audio-visionellen Text zu verbinden, der sich jeweils dem singulären und kulturellen Gedächtnis des Zuschauers verdankt, wie dies beispielsweise bei Heiner Goebbels' *Stifters Dinge* der Fall war. Als Grenzfall szenischer Schrift setzen sie beim Zuschauer selbst jedoch schon seine eigene Problematisierung als Sprachwesen voraus.

Theater kann aber auch die Aufgabe haben, erst zu einer solchen Problematisierung hinzuführen: Sprechen als Präsentieren von Repräsentation hören lassen heißt dann, den Anspruch authentischer Selbst- und Identitätsinszenierungen der Gesellschaft des Spektakels als immer zugleich die Sprache übersteigendes, auf einen Anderen gerichtetes Begehren zu analysieren. In diesem Sinne sei noch einmal auf *Verrücktes Blut* und *Rechnitz (Der Würgeengel)* geblickt: Im Kontext einer Erpressung durch Gemeinschaftsdiskurse, die das Zusammenleben der Jugendlichen mit Migrationshintergrund in unseren Ghettos regieren, die das Unterwerfen unter einen *community*-Jargon, eine frauen-, kultur- und theaterfeindliche Macho-Ideologie aufzuzwingen suchen, zeigt in *Verrücktes Blut* Schillers Dramentext eine Utopie auf, die sprachlich nicht nur die eigenen Konflikte der Protagonisten zu artikulieren weiß, sondern mit der poetischen Sprache eines Dramatikers des 18. Jahrhunderts diese auch als Ort eines unmöglichen Anderen aufweist, der Freiheit und damit ein Parieren der Konflikte verspricht. Denn im Sprechen der Schillertexte durch die Berliner Jugendlichen wird zugleich die Möglichkeit hörbar, eigenes Begehren in diese so fremd erscheinende klassische Sprache einzuschreiben, so wenn zum Beispiel sich Übereinstimmungen von Sturm und Drang-Sprachgestus und Macho-Imponiergehabe ergeben: Sie lassen dann nicht nur in Geste und Ton eine schauspielerische Frische jenseits vertrauter Heldenrhetorik von Theater und Film hören und sehen, sondern machen auch mit dem Dramentext diesen bisher als Identität angenommenen eigenen Habitus als fremden, soufflierten Gestus erfahrbar.

Bei Elfriede Jelinek hingegen wird das Dennoch-Sprechen zu einer ethischen Haltung gegenüber dem Unmöglichen des Unvorstellbaren und Nichtdarstellbaren: Die Botenberichte kreisen angesichts eines unsäglichen Verbrechens in inneren Reimen Vergangenheit, Gegenwart und Zukunft dieses Nichtdarstellbaren assoziativ, oft witzig, auch kalauernd ein; in immer erneuten Anläufen, die Zeugnis, Anklage, Klage und Verkündigung variieren, wird so zugleich auch der Entzug des tatsächlichen Geschehens als Unabschließbarkeit dieser Trauerarbeit erfahren: viereinhalb Stunden eines Totengebets für die in Rechnitz ermordeten Juden. Diese Trauerarbeit wird in der Freiburger Aufführung durch zwei entgegengesetzte, die Sprecher dezentrierende Formen der Ansprache möglich: Das Ausstellen der poetischen Struktur hält durch Lust an der Sprache und Vergnügen an ihrer Polysemie die Aufmerksamkeit des Zuschauers- und Zuhörers stetig wach, um sie zugleich mit einem Vergangenheit und Gegenwart befragenden, immer wieder nach der Wahrheit suchenden Sprechen zu verbinden.

In beiden Fällen werden soziale wie historische Dramen zur Sprache gebracht, ohne der Erwartung des Zuschauers Zusagen zu machen. Die Ideologie eines Kommunitarismus oder einer archaischen Kultur der Vorstadtjugend bleibt dabei ebenso auf der Strecke wie die Faszination, sprich *addictio*, einer Naziorgien-Erotik à la Viscontis *Verdammten*, wie sie gerade die Münchner Aufführung Jossi Wielers in Szene gesetzt hatte. Theater, das poetisch bzw. musikalisch rhythmisch strukturierte *Ansprache* ist, versetzt die Protagonisten und Zuschauer von *Verrücktes Blut* und *Rechnitz (Der Würgeengel)*, in einen *anderen* Ort. Dieser ist Utopie eines Lebens, die die sogenannte Wirklichkeit als irreales Trümmerfeld eines *waste land* erscheinen lässt. Auch deshalb muss Theater sein.

Juli 2011

Anmerkungen

1 Der vorliegende Text ist die überarbeitete Fassung der am 15. Juli 2011 an der Justus-Liebig-Universität Gießen gehaltenen Abschiedsvorlesung.
2 Vgl. Andrzej Wirth, „Vom Dialog zum Diskurs", in: *Theater heute* 1, 1980, S. 16–19.
3 Jacques Lacan, *Le Séminaire Livre XX: Encore [1972–73]*, Paris 1975, S. 19–27.
4 Michel Foucault, *L'Ordre du discours*, Leçon inaugurale au Collège de France, prononcé le 2 décembre 1970, Paris 1971.
5 J. Lacan, *Le Séminaire Livre XVII: L'envers de la psychanalyse [1969–70]*, Paris 1991, S. 196–202; Ders., *Le Séminaire Livre XX: Encore [1972–73]*, S. 19–22.

6 Vgl. J. Lacan, *Le Séminaire Livre XI: Les quatre concepts fondamentaux de la psychanalyse [1964]*, Paris 1973, S. 7–17.
7 Vgl. Georges Batailles, *Œuvres complètes V: L'expérience intérieure*, Paris 1973, S. 13–42.
8 Martin Heidegger, *Unterwegs zur Sprache*, Pfullingen ^{5}1975, S. 177.
9 Vgl. Hans-Thies Lehmann, *Das postdramatische Theater*, Frankfurt/Main 1999, S. 44–46.
10 Vgl. Michel Chion, *Audio-vision*, Paris 1990, S. 63ff; Ders., *La Voix au cinéma*, Paris 1982, S. 25–33.
11 Vgl. Louis Althusser, „Idéologie et apparareils idéologique d'État (Note pour une recherche)", in: *La Pensée* 151, S. 3–38.
12 Octave Mannoni, *Les Clefs de l'Imaginaire*, Paris 1967.
13 Premiere am 09.09.2010, Ballhaus Naunynstrasse, Berlin.
14 Jacques Derrida, *Le Monolinguisme de l'autre*, Paris 1996.
15 Elfriede Jelinek, *Die Kontrakte des Kaufmanns, Rechnitz (Würgeengel), Über Tiere*, Reinbek 2009.
16 Theater Freiburg, Premiere am 04.10.2010.
17 Uraufführung an den Münchner Kammerspielen am 28.11.2008.
18 Philippe Lacoue-Labarthe, „L'écho du sujet", in: Ders., *Le Sujet de la philosophie, Typographies I*, 1979, S. 215–303.
19 Ebd.
20 A. Wirth, „Grundformen des theatralischen Diskurses der Gegenwart", in: Knut Hickethier/Siegfried Zielinski (Hrsg.), *Medien/Kultur. Schnittstellen zwischen Medienwissenschaft, Medienpraxis und gesellschaftlicher Kommunikation*, Berlin 1991, S.161–172, S. 161
21 „discours", in: *Le Robert. Dictionnaire historique de la langue française*, unter der Leitung von Alain Rey, Paris 1992, S. 610.
22 A. Wirth, „Vom Dialog zum Diskurs", S. 18–19.
23 M. Foucault, *L'Ordre du discours*.
24 Jean-Luc Nancy, *L'Adoration (Déconstruction du christianisme 2)*, Paris 2010.
25 Ebd., S. 9–18.
26 Vgl. Alessandro d'Ancona, *Origini del teatro italiano* (1891), drei Bücher in zwei Bänden und zwei Anhängen, Rom 1971, hier Bd. 2, Buch 3, S. 1–232.
27 Vgl. Karl Vossler, *Dichtungsformen der Romanen*, hrsg. v. Andreas Bauer, Stuttgart 1951, S. 243–260; Nino Pirrotta, *Li due Orfei. Da Poliziano a Monteverdi*, con un saggio sulla scenografia di Elena Povoluto, Turin 1969/1975.
28 J. Lacan, *Le Séminaire Livre I: Les écrits techniques de Freud [1953–54]*, Paris 1975, S. 99–103; Ders., *Le Séminaire III: Les psychoses [1955–56]*, Paris 1981, S. 293–320; Ders., *Le Séminaire Livre X: L'angoisse [1962–63]*, Paris 2004, S. 309–321; Ders., *Le Séminaire Livre XI*, Paris 1973, S. 11–14.
29 Helga Finter, „Einsatz des Dramas, Einsatz der Stimme", in diesem Band S. 527–540.
30 Vgl. Walter Benjamin, „Ursprung des deutschen Trauerspiels (1925)", in: Ders., *Gesammelte Schriften* I/1, hrsg. v. Rolf Thiedemann und Heiner Schweppenhäuser, Frankfurt/Main 1974/1991, S. 203–430, hier S. 376–389.

31 Papst Benedikt XVI., „Discours du Pape Benoit XVI au collège des Bernardins, Paris", 12.09.2008, editrice Vaticana 2008.
32 Roland Barthes, *Le Plaisir du texte,* Paris 1973.

Quellenverzeichnis

„Die soufflierte Stimme. Klangtheatralik bei Schönberg, Artaud, Jandl, Wilson und anderen", in: *Theater heute* 1, 1982, S. 45–51.

„Sinntriften vom Dialog zum Polylog. Über Richard Foremans römisches Stück *Luogo +bersaglio*" und „Interview mit Richard Foreman: Hören + Sehen – wohin das alles zielt", in: *Theater heute* 9, 1980, S. 23–27.

„Das Kameraauge des postmodernen Theaters", in: Christian W. Thomsen (Hrsg.), *Studien zur Ästhetik des Gegenwartstheaters*, Heidelberg 1985: Carl Winter-Universitätsverlag, S. 46–70.

„Die Theatralisierung der Stimme im Experimentaltheater", in: Klaus Oehler (Hrsg.), *Zeichen und Realität. Akten des 3. semiotischen Kolloquiums Hamburg 1981*, Tübingen 1984: Stauffenburg Verlag, S. 1007–1021.

„Die Videoschrift eines Atems: Philippe Sollers, Schriftsteller", in: *Schreibheft. Zeitschrift für Literatur* 26, 1985, S. 21–28.

„Die Passionen der unmöglichen Leidenschaft: Eine Annäherung an das Universum der Marguerite Duras" und „Gespräch mit Marguerite Duras: ,Der Fluchtpunkt des Theaters, das bin ich'", in: *Theater heute* 1, 1986, S. 13–27.

„Vom Theater des Wortes, das fehlt ...", in: Ilma Rakusa (Hrsg.), *Marguerite Duras*, Frankfurt/Main 1988: Suhrkamp (Taschenbuch Materialien), S. 235–248.

„Das Lachen Don Giovannis. Zu Georges Batailles Rezeption des *dissoluto punito*", in: Peter Csobádi/Gernot Gruber/Jürgen Kühnel/Ulrich Müller/Oswald Panagl (Hrsg.), *Das Phänomen Mozart im 20. Jahrhundert. Wirkung, Verarbeitung und Vermarktung in Literatur, Bildender Kunst und in den Medien. Gesammelte Vorträge des Salzburger Symposions 1990*, Anif/Salzburg 1991: Verlag Ursula Müller-Speiser, S. 639–660.

„Die Theatermaschine des heiligen Antonius", in: *Gießener Universitätsblätter* 1, 1993, S. 87–101.

„Ein Raum für das Wort. Zum ,Teatro di Parola' des neuen Theaters in Italien", in: *Zeitschrift für Literaturwissenschaft und Linguistik* 81, Jg. 21, 1991, S. 53–69.

„Pasolinis Utopie eines Theaters der Poesie zwischen Kopf und Leib", Vortrag bei der Internationalen Konferenz *Pier Paolo Pasolini: Theater, Film, Kulturkri-*

tik, veranstaltet vom Istituto Italiano di Cultura Frankfurt/Main, 29.-30. November 2005, Kurator: Dr. Gaetano Biccari, unveröffentlicht.

„... eine Maschine, die die Bewegung des Denkens schriebe? Zu Gedächtnis und szenischer Schrift im zeitgenössischen Theater", in: *TheaterZeitSchrift* 29, 1989, S. 101–111.

„Audiovision. Zur Dioptrik von Text, Bühne und Zuschauer", in: Erika Fischer-Lichte/Wolfgang Greisenegger/Hans-Thies Lehmann (Hrsg.), *Arbeitsfelder der Theaterwissenschaft,* Tübingen 1994: Gunter Narr Verlag, S. 183–192.

„Theater als Lichtspiel des Unsichtbaren", in: Theo Girshausen/Henry Thorau (Hrsg.), *Theater als Ort der Geschichte. Festschrift für Henning Rischbieter,* Velber/Hannover 1998: Friedrich Verlag, S. 302–313.

„Der Körper und seine (vokalen) Doubles. Zur Dekonstruktion von Weiblichkeit auf der Bühne", in: *Forum Modernes Theater* 1, 1996, Bd. 11, S. 15–32.

„Dioptrik des Körpers: Mit den Augen hören", in: *Puck. Das Figurentheater und die anderen Künste* 4: *Der Körper im Raum,* 1996, S. 25–30.

„Das Reale, der Körper und die soufflierten Stimmen: Artaud heute", erweiterte Fassung des Aufsatzes in: *Forum Modernes Theater* 1, 1998, Bd. 13, S. 3–17.

„Das Theater und die Pest der Familie: Artauds Wort-Ton-Theater der *Cenci*", Vortrag am Schauspiel Frankfurt, 17. März 2002, unveröffentlicht.

„Poesie, Komödie, Tragödie oder die Masken des Unmöglichen: Georges Batailles und das Theater des Buches", in: Andreas Hetzel/Peter Wiechens (Hrsg.), *Georges Bataille. Vorreden zur Überschreitung,* Würzburg 1999: Verlag Königshausen & Neumann, S. 259–273.

„Georges Batailles unsichtbarer Film: Das Szenario *La Maison brûlée*", in: Michael Lommel/Isabel Maurer Queipo/Nanette Rißler-Pipka/Volker Roloff (Hrsg.), *Französische Theaterfilme – zwischen Surrealismus und Existentialismus,* Bielefeld 2004: transcript-Verlag, S. 85–107.

„Musik für Augen und Ohren: Godard, das neue Theater und der moderne Text", in: Volker Roloff/Scarlett Winter (Hrsg.), *Theater und Kino in der Zeit der Nouvelle Vague,* Tübingen 2000: Stauffenburg Verlag, S. 125–135.

„Cyberraum versus Theaterraum. Zur Dramatisierung abwesender Körper", in: Christoph Bieber/Claus Leggewie (Hrsg.), *Interaktivität. Ein transdisziplinärer Schlüsselbegriff,* Frankfurt/M./New York 2004: Campus Verlag, S. 308–316.

„Der (leere) Raum zwischen Hören und Sehen. Überlegungen zu einem Theater ohne Schauspieler", in: Till A. Heilmann/Anne von der Heiden/Anna Tuschling

(Hrsg.), *medias in res. Medienkulturwissenschaftliche Positionen*, Bielefeld 2011: transcript-Verlag, S. 127–138.

„Intervokalität auf der Bühne. Gestohlene Stimme(n), gestohlene(r) Körper", in: Hans-Peter Bayerdörfer (Hrsg.), *Stimmen, Klänge, Töne – Synergien im szenischen Spiel* (Reihe *Forum Modernes Theater*, Bd. 30), Tübingen 2002: Gunter Narr Verlag, S. 39–49.

„Stimmkörperbilder. Ursprungsmythen der Stimme und ihre Dramatisierung auf der Bühne", in: Doris Kolesch/Jenny Schrödl (Hrsg.), *Kunst-Stimmen* (Reihe *Recherchen*, Bd. 21), Berlin 2004: Verlag Theater der Zeit, S. 131–141.

„Was singt? Macht des Wortes, Macht der Stimme?", Vortrag am 5. August 2009 in Salzburg bei den „Festspiel-Dialogen 2009: Das Spiel der Mächtigen" (Konzeption, Organisation und Moderation: Prof. Dr. Michael Fischer), unveröffentlicht.

„Sprechen, deklamieren, singen: Zur Stimme im französischen Theater des 17. Jahrhunderts", in: *Das Schöne im Wirklichen — Das Wirkliche im Schönen. Festschrift für Dietmar Rieger zum 60. Geburtstag*, hrsg. von Anne Amend-Söchting, Kirsten Dickhaut, Walburga Hülk, Klaudia Knabel, Gabriele Vickermann, in Zusammenarbeit mit Bernard Ribémont, Heidelberg 2002: Universitätsverlag C. Winter, S. 81–91.

„Komik des Sprachkörpers: Corneilles und die Komik des Verses", in: Eva Erdman (Hrsg.), *Der komische Körper*, Bielefeld 2003: transcript-Verlag, S. 230–238.

„Don Giovannis Körper", in: Michael Fischer/ Kurt Seelmann (Hrsg.), *Körperbilder. Kulturalität und Wertetransfer*, Frankfurt/Main 2011: Peter Lang Verlag, S. 333–344.

„Der imaginäre Körper: Text, Klang und Stimme in Heiner Goebbels' Theater", Vortrag beim VII Premio Europa Nuove Realtà Teatrali, 5.–8. April 2001, Taormina, in: Heiner Goebbels, *Komposition als Inszenierung*, hrsg. von Wolfgang Sander, Berlin, 2002: Henschel Verlag, S. 108–113.

„Menschwerden: Inszenierungen des Heterogenen in Klaus Michael Grübers *Bakchen*", in: Anton Bierl, Christoph Meneghetti, Clemens Schuster (Hrsg.), *Theater des Fragments. Performative Strategien im Theater zwischen Antike und Postmoderne*, Bielefeld, 2009: transcript-Verlag, S. 37–52.

„Mit den Ohren sprechen: Heiner Müller liest", in: Heiner Goebbels/Nikolaus Müller-Schöll (Hrsg.), *Heiner Müller sprechen* (*Recherchen* 69), Berlin 2009: Verlag Theater der Zeit, S. 62–73.

„Ubu als Maske, Marionette und Stimme", unveröffentlicht. Eine Kurzfassung ist erschienen in: *Double 20. Magazin für Puppen-, Figuren- und Objekttheater* 2, 2010.

„Unmögliche Räume. Die Stimme als Objekt in Becketts (spätem) Theater", in: Franziska Sick (Hrsg.), *Raum und Objekt im Werk von Samuel Beckett*, Bielefeld 2011: transcript-Verlag, S. 55–66.

„Dante lesen als Performance. *Lectura Dantis* auf der zeitgenössischen Bühne", in: Kati Röttger (Hrsg.), *Welt-Bild-Theater*, Band 2: *Bildästhetik im Bühnenraum* (Reihe *Forum Modernes Theater*, Bd. 38), Tübingen 2012: Gunter Narr Verlag, S. 123–132.

„Einsatz des Dramas, Einsatz der Stimme im Theater der italienischen Renaissance", erschienen unter dem Titel: „Intermedien/*medias in res*. Zum Drama der italienischen Renaissance", in: *Der Einsatz des Dramas. Dramenanfänge, Wissenschaftspoetik und Gattungspolitik* (*Reihe Litterae* 129), hrsg. von Claude Haas und Andrea Polaschegg, Freiburg i. Br./Berlin/Wien 2012: Rombach, S. 173–188.

„*Ut musica poesis?* Laut, Klang, Ton und Rhythmus in der (experimentellen) Poesie", Vortrag bei der interdisziplinären und internationalen Tagung *Dichtung für die Ohren. Zur Poetik und Ästhetik des Tonalen in der Literatur der Moderne*, Literaturhaus München 29.06–01.07.2012, Konzeption: Prof. Dr. Britta Herrmann, unveröffentlicht.

„Nach dem Diskurs: Zur Ansprache im aktuellen Theater", Abschiedsvorlesung am 15. Juli 2011 an der Justus-Liebig-Universität, Gießen, unveröffentlicht.

Index

Abbé d'Aubignac 22, 135, 437, 444
Abbé du Bos 23, 441, 445-446
Abdoh, Reza 278, 292
- *Law of Remains* 292, 299
Abramovič, Marina 278, 299
- *Delusional* 299
Achternbusch, Herbert 475, 492
addictio 566-571
adoratio 566-572
Adorno, Theodor W. 238, 243
Aischylos 273, 293, 308, 502
- *Perser* 293
Alagna, Roberto 9, 16
Alberti, Leon Battista 531
Alexandriner 22-23, 73, 135, 284, 326, 354, 436-440, 442-443, 449, 451-452, 468, 484, 546
Alfieri, Vittorio 181, 186-187, 192, 207, 300
- *Mirra* 180-181, 186-187, 207, 300, 468
Althusser, Louis 93, 562, 572
Amstutz, Roland 367
Anderson, Laurie 27, 29-30, 48-49, 55, 58-59, 76, 80, 171, 254-255, 257-258, 376, 407
- *Americans on the Move* 257
- *United States I–IV* 29-30, 76, 257, 376, 407
Andrée, Ingrid 247
Anzieu, Didier 14, 16, 264, 299-300, 369, 379, 387, 400, 405, 444, 514
Apollinaire, Guillaume 489, 552, 569
- *Pont Mirabeau* 489
Appia, Adolphe 232-233
Ariost 181, 450, 528-529, 531-532, 539
- *Orlando furioso* 177, 525, 535
Aristoteles 90, 439, 447, 527, 534, 538
- *Poetik* 447, 534
Artaud, Antonin 11, 16, 19-22, 24-26, 34, 36, 39-40, 46, 48, 63-65, 70-71, 76-78, 80, 82, 91, 99, 120-121, 139, 160, 169, 179, 181, 190-191, 198, 214-218, 221-222, 225, 255, 273-277, 279-287, 290-318, 361, 368, 373, 378-379, 391-393, 397, 399-400, 403, 405, 407, 410, 412-413, 422, 426, 432, 436, 443, 446, 476, 486-487, 495, 503, 553
- *Jet de sang (Der Blutstrahl)* 487
- *Le retour d'Artaud-le-mômo (Die Rückkehr des Mômo Artaud* 21, 275
- *Le Supplice de Tantale (Die Strafe des Tantalus)* 310-311
- *Le théâtre et l'anatomie (Das Theater und die Anatomie)* 37, 46
- *Le Théâtre et son double (Das Theater und sein Double)* 120, 181, 273, 284, 287, 298, 310
- *Les Cenci* 303-304, 309-310, 312-318
- *Pour en finir avec le jugement de dieu*
 (Schluss mit dem Gottesgericht) 21, 25, 40, 77, 121, 274, 276, 282, 286, 299, 316, 318, 432, 443
- *Théâtre de la cruauté (Theater der Grausamkeit)* 24, 26, 82, 217, 274-275, 277, 282, 284, 285, 295, 298, 303-304, 306, 308-309, 313, 315, 432
- *Thyestes* (Seneca) 309-311, 313
Augier, Émile 162
Austin, John L. 422

Bach, Johann Sebastian
- *Italienisches Konzert F-Dur BWV 971* 384
- *Johannes-Passion* 124
Bachtin, Mikhail 391
Balanchine, George 479
Ball, Hugo 549-550, 554
- *Karawane* 549
Ballets russes 147, 305, 307, 353, 419, 479
- *Parade* 419
- *Pulcinella* 419
Ballettkomödie 420-421
Balthus 303, 314, 315
Balzac, Honoré de
- *Sarrasine* 251
Barrault, Jean-Louis 101, 129, 310, 317
Barthes, Roland 13, 20, 26, 34, 50, 64-65, 71, 75-76, 81-82, 87, 93, 99, 170, 174, 182, 240, 244, 250, 263, 282, 291, 348, 356, 363, 369, 373-374, 378, 382, 388, 399, 401, 405-407, 412, 430, 467-468, 470, 489, 495, 542, 569, 573

- *bruissement de la langue (Rauschen der Sprache)* 78, 82, 406, 409-410, 412, 430, 538
- *le grain de la voix (Körnigkeit der Stimme)* 20, 34, 75-77, 82, 282, 363, 369, 382, 384, 388, 399, 401, 406, 409, 411
- *Sollers écrivain* 87, 412

Bartolucci, Giuseppe 182, 190, 197

Bataille, Georges 50, 92, 99, 109, 138, 140-157, 179, 240-241, 274, 309, 317, 319-324, 326-329, 331-334, 337-350, 352-356, 425, 433, 443, 447, 453, 459, 463, 464, 473, 485, 504, 537, 552, 560, 572
- *Acéphale (Azephal)* 143-144, 148-149, 152, 155, 325, 333
- *Dianus (Notes tirées des carnets de Monsignor Alpha)* 328-330
- *Documents* 337-339, 353, 356
- *Être Oreste* 324, 329
- *Histoire de Rats (Journal de Dianus)* 321, 325, 328-329, 332, 353
- *J'imagine le froid* 325, 354
- *Julie* 325, 344
- *L'Archangélique* 325, 354
- *L'Érotisme* 347, 355
- *L'Expérience intérieure* 143, 151, 320-321, 325, 327, 337, 340, 349, 353, 453, 570
- *L'Histoire de l'œil* 142, 324, 339, 353
- *L'Impossible* 142, 145, 321, 328
- *La Cavatine. Les Noces de Pulsatilla* 326, 354
- *La Haine de la poésie* 321, 325, 328, 353
- *La Littérature et le mal* 142
- *La Maison brûlée* 325-337, 342-343, 345, 349, 354-355, 485, 341
- *La Part maudite* 349
- *La Scissiparité* 325
- *La Somme athéologique (Atheologische Summe)* 151
- *La Tombe de Louis XXX.* 325, 327
- *Le Bleu du ciel (Blau des Himmels)* 142, 145-149, 153-154, 324, 332-333, 337, 339-341, 353-354, 485
- *Le Coupable* 321-322, 325, 327, 340, 349, 353
- *Le devenir Oreste ou L'exercice de la Méditation* 330
- *Le Mort* 326
- *Le Prince Pierre. La divinité du rire. Tragédie* 325, 349
- *Le Sous-sol (nach Dostojewski: Aufzeichnungen aus dem Untergrund)* 341
- *Madame Edwarda* 138, 142, 321, 325, 340, 353
- *Méthode de méditation* 341
- *Néron* 325, 354
- *Orestie* 320-321, 328, 329-332, 339-340
- *Sur Nietzsche, volonté de la chance* 322, 324, 340

Baudelaire, Charles 81, 146, 156, 163-164, 167, 174, 443, 447, 453, 501, 545, 554
- *Richard Wagner et Tannhäuser* 163, 174

Baudrillard, Jean 127, 363

Bausch, Pina 248, 299, 417

Beaumarchais 251, 447, 453
- *La mère coupable* 453

Beccaria, Gian Luigi 489, 495

Beckett, Samuel 19, 58, 117, 184, 191, 215, 361, 380, 382, 392, 507-515, 536, 540, 552-553
- *A piece of Monologue* 512
- *Compagnie* 508, 511
- *Eh Joe!* 508, 510
- *En attendant Godot* 180, 191, 207
- *Krapp's Last Tape (Krapps letztes Band)* 361, 382, 508-509, 514
- *Not I* 508-510, 514, 538, 552
- *Ohio Impromptu* 508, 512
- *Rockaby* 508
- *Solo* 508
- *That Time* 509, 511, 515, 538

Breuer, Lee (Mabou Mines)
- *Le Dépeupleur/The Lost Ones* (Beckett) 58-59, 511-515

Beethoven, Ludwig van 103, 135, 228, 418
- *Fidelio* 418
- *Streichquartett Nr. 13, B-Dur und große Fuge B-Dur* 228

Benigni, Roberto 518-520, 523, 522-526
- *Lectura Dantis* 517-520, 522, 524

Bellocchio, Marco 182,

Index

197
Bene, Carmelo 180, 182, 184, 191-192, 194, 196-197, 361, 519-522
- *Lectura Dantis* 519-522
- *Macbeth* 181
Benjamin, Walter 503
Benveniste, Émile 60, 64, 82, 270, 379, 387, 486, 547-548, 554
Berg, Alban 20-21, 30, 76, 392
- *Lulu* 21
Bergson, Henri 322
- *Le Rire* 322, 388, 453
Berio, Luciano 191, 366
Bernhard, Thomas 465, 475, 492
Bernhardt, Sarah 248, 261
Bierbichler, Josef 398, 569
Bisou, Henry 306
Black, Max 466, 469
Blasius, Sebastian 509, 514
Bluwal, Marcel 456, 464
Boccaccio, Giovanni 518-519
Bonitzer, Pascal 51, 64
Bonnier, Céline 507
Boulez, Pierre 21, 34, 286, 300
Bowie, David 252
Brahms, Johannes 188
- *Ein deutsches Requiem* 188
Brecht, Bertolt 20, 39-40, 47, 75, 179-180, 184, 260, 265, 290, 300, 465, 475, 488, 492, 537, 560, 566
- *Arturo Ui* 394, 397-398, 408, 492-493, 504
Breuer, Lee 38, 58, 511-512
- *The Lost Ones/Le Dépeupleur* (Beckett) 511-512, 515
Breughel, Jan 171

Brontë, Emily 341
Brook, Peter 101, 287, 293, 301, 464
- *Qui est là?* (nach Shakespeare) 301
Bruno, Giordano 88, 99
- *La cena dei Ceneri (Das Aschermittwochsmahl)* 88, 99
Büchner, Georg 300, 308, 398, 408
- *Dantons Tod* 300, 398, 408
- *Leonce und Lena* 308
- *Woyzeck* 308
Buñuel, Luis 339, 350
- *Le Chien andalou* 339, 350
Burroughs, William 384, 407
- *Nova Express-Towers Open Fire* 384
Bussotti, Sylvano 182, 197
Butler, Judith 253, 263

Cage, John 27, 286, 300, 544
Calvino, Italo 177-180, 190-191
- *Lezioni americane* 177, 190
Camerata fiorentina 420
Campanini, Naborre 531-532, 539
Capriolo, Ettore 182
Caputo, Rino 520, 525-526
Carstensen, Margit 247
Casals, Pablo 103, 135
Casanova, Giacomo 428, 459-460, 464
Castellucci, Romeo 380, 410, 417, 517, 524
- *Divina Commedia: Inferno, Purgatorio, Paradiso* 380, 517
- *Giulio Cesare* 410
- *Tragedia endogonidia*

380, 410
Castiglione, Baldassare 313, 420, 532, 535, 538-540
- *Il Cortigiano (Der Hofmann)* 420
Castorf, Frank 292, 295-297, 301
- *Pension Schoeller/Die Schlacht* 301
Cavani, Liliana 182, 197
Cayrol, Jean 361
Celan, Paul 465, 470, 475, 485, 490, 492, 496, 551, 555, 569
- *Todesfuge* 490, 551, 554
Céline, Louis-Ferdinand 40, 91, 95, 99, 410, 553
- *Voyage au bout de la nuit* 410
Chaplin, Charlie 39, 51, 215, 342, 367, 397, 426, 465, 474, 491
- *Monsieur Verdoux* 343
Charpentier, Marc-Antoine 301, 420
- *Médée* 301
Childs, Lucinda 27
Chion, Michel 65, 226, 229, 359-360, 368, 379, 387, 405, 509, 514, 561, 572
- *Audiovision* 225, 241, 249, 359, 361
Chopin, Frédéric 463
Claudel, Paul 552
Clever, Edith 227-228
comédie-ballet 420-421, 432, 442
comique absolu 146, 447, 452
Commedia dell'arte 36, 249, 394, 419, 421, 423, 459, 499, 501, 505, 523, 535, 540
Conrad, Joseph 301, 466
Corneille, Pierre 23, 122, 293, 301, 406, 412, 442-

444, 447-454
- *Le Cid* 451
- *Le Menteur* 448-449, 451-452
Corot, Camille 367
Corsetti, Giorgio Barberio 180, 181, 207
- *Beim Bau der chinesischen Mauer (Kafkaprojekt)* 180, 207
Courbet, Gustave 367
Craig, Gordon 265, 380
Crébillon 344
cross-dressing 248, 252-253, 263
cross-gender 253

D'Alessio, Carlos 103, 135
d'Ancona, Alessandro 533, 538, 540, 570
d'Andrade, Francisco 456
d'Annunzio Gabriele 305
- *Le Martyre de Saint Sébastien* 305
da Bibbiena, Bernardo Dovizi 528, 532, 535, 538, 539
- *La Calandria* 528, 532, 535, 538-540
Da Ponte, Lorenzo 141, 151-152, 418, 425, 428, 460
Dacqmines, Jacques 364
Dalí, Salvador 339
Daney, Serge 137
Dante Alighieri 87, 141, 181, 191, 193, 367, 377, 393, 400, 410, 448, 453, 495, 513-523, 525-526, 534
- *Divina Commedia (Göttliche Komödie)* 177, 180-181 191, 193, 367, 380, 400, 517-519, 525
- *Inferno* 87, 141, 393, 400, 514, 517-518, 523, 525

- *Paradiso* 153, 453, 517-518, 525, 534
- *Purgatorio* 515, 517, 525
David, Jean-Louis 457
de Banville, Théodore 163
de Beauvoir, Simone 253
De Bernardinis, Leo 182, 197
de Certeau, Michel 15, 514
de Filippo, Edoardo 196
de Knock, Paul 344
De Kooning, Willem 95
de La Mesnardière, Hippolyte-Jules Pilet Jules 437-439, 445
- *Poëtique* 438
de Latour, Georges 367
de Loyola, Ignacio 52-53, 351-3552
- *Exerzitien/Geistliche Übungen* 52, 65,165, 350-351, 427
de Quincey, Thomas 52
de Retzke, Eduard 463
de Saussure, Ferdinand 68, 79-80, 82, 547, 554, 566
de' Sommi, Leone 528, 531-533, 537-539
Debord, Guy 363, 368-369, 397, 401, 409
- *Hurlement en faveur de Sade* 363
- *Société du spectacle (Die Gesellschaft des Spektakels)* 14, 252-254, 280, 363, 369, 381, 383, 397, 401, 407, 412, 504, 538, 568
Debussy, Claude 305, 360, 544
- *L'Après-midi d'un faune* 236
- *La mer* 544
- *Le Martyre de Saint*

Sébastien 305
- *Pelléas et Mélisande* 305, 360
Deklamation 23-24, 27, 73-74, 80-81, 124, 187, 226, 268, 287, 291, 303, 393, 423-424, 426, 436-445, 452, 482, 522, 548
Delacroix, Eugène 49
Deleuze, Gilles/Guattari, Félix 182, 363, 373, 378
Delon, Alain 364, 367
Depardieu, Gérard 104
Depp, Johnny 456
Derrida, Jacques 10-11, 16, 19, 26, 34, 47, 64, 182, 383, 388, 542, 553, 564, 572
- *La parole soufflée* 11, 16, 34
- *Monolinguisme de l'autre* 564, 572
Désormière, Roger 303, 305, 307, 314
Diderot, Denis 81-82, 120, 446
Diskurs 22, 25-26, 38, 47-48, 64, 88, 91, 143, 146, 150, 153, 190, 201, 207, 209, 216, 233-234, 236, 238, 252, 260-261, 264, 278-284, 289, 291, 301, 321, 325, 328, 334, 337, 340, 343, 362, 377, 473, 477, 549, 559-573
dissoluta impunita 141
dissoluto punito/Don Giovanni 141, 151, 332, 353, 453, 455-456, 460, 464
Donjuanismus 145, 155, 152
Donizetti, Gaetano 170
- *Lucia di Lammermoor* 170
Dostojewski, Fjodor M. 341, 403, 411
- *Bobók. Aufzeichnungen eines Ungenannten*

Index

403, 411
- *Der Spieler* 96

Dumas fils, Alexandre 162
- *Dame aux camélias* 162

Duncan, Isadora 305
Duras, Marguerite 97, 101-140, 169, 207, 293, 301, 361, 367
- *Agatha* 101, 107, 118, 130, 136
- *Der Liebhaber* 101-102, 104, 109-111
- *Der Vize-Konsul* 101
- *Détruire, dit-elle* 131, 132
- *Dialogue de Rome* 118
- *Die absolute Photographie* 101-102
- *Die Orte der Marguerite Duras* 105
- Die Verzückung der Lol V. Stein (*Le Ravissement de Lol V. Stein*) 101-102, 104, 110, 130, 131
- *Ganze Tage in den Bäumen (Des Journées entières dans les arbres)* 101, 129
- *India Song* 101, 103-104, 134-135, 139
- *L'Éden Cinéma* 101, 118, 137, 139
- *La Douleur* 97, 105-107, 109-110, 112, 125, 138,
- *La Maladie de la mort* 108, 130
- *La Musica Deuxième* 102-103, 107, 112, 120, 131-132, 135, 137, 139
- *Le Barrage contre le Pacifique* 101
- *Le Camion* 103-104, 118, 135
- *Les Parleuses* 105

- *Les Yeux bleus cheveux noirs* 130-132, 137, 139
- *Les Yeux verts* 105, 113, 139
- *Savannah Bay* 102-103, 107, 118-120, 131, 133, 135-137, 139
- *Son Nom de Venise dans le Calcutta désert* 101

Eco, Umberto 182-183, 191, 197, 526
Eisenstein, Sergej M 50-54, 63-65, 339, 351, 356, 419, 496
- *Panzerkreuzer Potemkin* 339, 351
- *Rilke und Rodin* 351
- *Theorie der Montage/Montage der Attraktionen* 50, 54, 351

Eisler, Hanns 361, 466, 469
El Greco 49
Elam, Keir 67, 70, 80, 81
Ellington, Duke 103, 135
- *Black and Tan Fantasy* 103, 135
Erpulat, Nurkan 563, 565, 570-571
- *Verrücktes Blut* 563, 565, 570-571
Eruli, Brunella 15, 505
Eschbach, Achim 70, 81
Euripides 474, 478, 480, 482
- *Alkmeion in Korinth* 474
- *Bakchen* 473-486, 496
- *Iphigenie auf Taulis* 474

Fabre, Jan 278, 299
- *Who Shall Speak My Thought?* 278
Fadini, Edouardo 182
Fairbanks, John 456

Falso movimento 184, 197
Fargier, Jean-Paul 85, 92
Fechner, Theodor 503
- *Anatomie der Engel* 503
Fernandel 337, 342, 354
Fernandez, Dominique 251
- *Porporino* 251
Fischer-Diskau, Dietrich 399
Fischer-Lichte, Erika 242, 369, 388, 496
Flaubert, Gustave 27, 67, 159-162, 164-174, 500
- *La Tentation de saint Antoine (Die Versuchung des heiligen Antonius)* 159-162, 164, 168, 172
- *Madame Bovary* 169-170, 172
- *Un Cœur simple/Das einfache Herz* 27
Fo, Dario 191, 194, 504-505
- *L'anomalo bicefalo* 504-505
Fónagy, Ivan 72, 76, 81, 299, 378, 396, 400, 405
Foreman, Richard 19-20, 27, 35-42, 48-49, 54-59, 61-63, 65, 71, 75-76, 80, 92, 171, 206, 218, 221, 255, 268, 279, 289, 362, 405, 407, 413, 536, 560, 565-566
- *Blvd. de Paris (I've got the Shakes) or Torture on a Train* 35
- *Luogo + bersaglio* 20, 35, 39, 41-42, 56, 61, 75, 413
Fosse, Jon 409
- *Melancholia* 409
Foucault, Michel 171, 174, 253, 353, 395, 400, 460, 508, 514, 527, 538,

542, 560, 564, 571-572
Fragonard, Alexandre-Évariste, 457
Fragonard, Jean Honoré, 367
Freud, Sigmund 58, 68, 75, 80, 82, 97, 234-235, 240, 245, 262, 311, 317, 333, 360, 399, 426, 441, 447, 450, 453, 454, 489, 547, 554, 572
Frey, Samy 102, 107, 133
Fura dels Baus 278
Fusco, Giovanni 361

Gaia Scienza 184, 197
Ganz, Bruno 479, 488
Garbo, Greta 305
Gassman, Vittorio 519-520, 522, 526
Gautier, Théophile 163
Gémier, Firmin 502
Genet, Jean 121, 300, 312
Gesamtkunstwerk 68, 160, 162-165, 242, 393, 425, 517
Ginzburg, Natalia 195-196
Giordano, Domiziana 364, 367
Girard, René 311, 317, 333, 447, 453
Glass, Philipp 432, 512-513
Gluck, Carl Willibald 417
Godard, Jean-Luc 49-50, 53, 85, 88, 95, 225, 352, 356, 359-369, 392, 400
 - *Allemagne année neuf zéro* 364
 - *Détective* 364-365
 - *For Ever Mozart* 364
 - *Hélas pour moi* 364
 - *Je vous salue Marie* 85, 364, 366
 - *À bout de souffle* 365
 - *JLG* 364
 - *Masculin-féminin* 365
 - *Nouvelle Vague* 352,
356, 359-369, 400
 - *Passion* 49-50, 352, 364-365
 - *Prénom Carmen* 364
 - *Soigne ta droite* 364
Goebbels, Heiner 15, 295-296, 301, 381, 384, 386, 388, 406, 408, 413, 417, 465-470, 474-475 485-486, 490, 492, 494, 496, 570
 - *Die Befreiung des Prometheus* 301, 466
 - *Die Wiederholung* 301, 466, 469
 - *Eislermaterial* 466, 469
 - *Hashirigaki* 466, 469
 - *Landschaft mit entfernten Verwandten* 386
 - *Max Black* 466, 469
 - *Ou bien le débarquement désastreux* 295, 301, 466-467, 469, 494
 - *Schwarz auf Weiß* 301, 411, 466, 469
 - *Stifters Dinge* 381, 384, 387-388, 494, 570
 - *Surrogate Cities* 469
Goethe, Johann Wolfgang von 181, 235, 301, 360, 398, 412, 418, 536
 - *Erlkönig* 283, 393, 412
 - *Faust* 301, 235, 301, 359, 398, 418, 536
Goffman, Ervin 253
Goldoni, Carlo 251, 418-419, 476
 - *Diener zweier Herren* 418
 - *L'Amante militare* 476
 - *L'Impresario delle Smyrne* 476
Goya, Francisco 49, 367
Goyette, Marie 469
Gozzi, Carlo 418-419
Green, Eugène 436
Greenaway, Peter 172
 - *Prospero's Books* 172

Grotowski, Jerzy 39, 181, 192, 287
Grüber, Klaus Michael 162, 207, 226, 260, 289, 294, 406, 423, 432, 436, 440-441, 443, 446, 465, 468, 473-486, 492, 496, 536, 565
 - *Amphitryon* (Kleist) 260
 - *Bakchen* 473-486, 496
Gründgens, Gustaf 302, 465, 475, 491
Guyotat, Pierre 490
 - *Le Livre* 490

Haacke, Hans 241
 - *Germania* 241
Händel, Georg Friedrich 427-428
 - *Theodora* 427-428
Hagen, Nina 252
Hampson, Thomas 144
Handke, Peter 108, 465, 475, 492
Happening 27, 47, 178
Harnoncourt, Nikolaus 124, 144, 209
Haußmann, Leander 248, 292
 - *Antigone* 248
Heitjohann, Jens 371, 377-378
 - *Redirected #2: Away From Keyboard* 371, 376, 377
Henric, Jacques 85, 87, 99
 - *Die Malerei und das Böse* 85
Herder, Johann Gottfried von 391, 477
 - *Über den Ursprung der Sprache* 477
Heyward, Julia 257
Hillje, Jens 563
 - *Verrücktes Blut* 563
Histrionen 178, 183, 266, 306
Hitchcock, Alfred 352,

360, 510
- *Psycho* 360, 510
Hitler, Adolf 24, 31, 33, 37, 39, 62, 146, 149, 275, 302, 392, 394, 397-398, 400, 426, 465, 474, 491-493, 504, 551
Hoffmann, Reinhild 248
Hofmannsthal, Hugo von 417-419, 421, 432
- *Ariadne auf Naxos* 418-419, 421
- *Jedermann – Das große Salzburger Welttheater* 418
Hölderlin, Friedrich 97, 215, 300-301, 465, 475, 488, 492
- *Der Tod des Empedokles* 301, 465, 475, 492
Holms, Celeste 360
Holtz, Jürgen 569
Hoppe, Marianne 247
hors-cadre 49, 58, 64
Hugo, Victor 307, 313
Huillet, Danièle 225, 243, 289, 293, 406, 442-443, 465, 475, 492
- *Antigone* 300, 465, 475, 492
- *Othon* 293, 301, 442
- *Tod des Empedokles* 465, 475, 492
Huppert, Isabelle 246 257, 259-264, 294, 393, 399, 408, 569
Huyghens, Constantin 452

Ibsen, Henrik 259
infans 13
Ingarden, Roman 67, 80
Intermedien 172, 420, 534-537, 540
Intervokalität 10, 13, 391-401, 408-413
Intonation 20-21, 23, 25-26, 30, 59, 68, 70, 72-76, 81, 88, 124, 153, 179, 184, 227, 255, 283-284, 288, 290, 293, 313-314, 371, 382, 395, 403, 425, 437, 439, 487, 502, 544-545, 553, 563-564
Invokation 14, 135, 425, 430-431, 545-546, 550-551, 567
Italo, Calvino 177, 180, 190
- *Lezioni americane/Six Memos for the Next Millennium* 177, 190

Jackson, Michael 252, 427
Jacques, Brigitte 436
Jagger, Mick 252
Jandl, Ernst 19, 27-28, 65, 70, 80, 82, 99, 139, 191, 300, 368, 413, 465, 475, 487, 492, 495, 551-553, 555, 569
- *Aus der Fremde* 19, 27, 349, 487, 551, 555
Jarry, Alfred 41, 159-160, 169, 179, 190, 205, 218, 221-222, 265-267, 270, 314, 344, 377, 380, 403, 405, 499-505, 537, 540
- *César-Antéchrist* 159, 270, 537, 540
- *Conférence sur les Pantins* 500
- *König Ubu (Ubu roi)* 159, 267, 377, 499-505, 537, 540
Jelinek, Elfriede 492, 564, 571-572
- *Rechnitz (Der Würgeengel)* 564-565, 570-572
Jentzsch, Bodo 371, 376
Jesurun, John 394, 410
Jolivet, André 309
Journiac, Michael 253, 263
Jouve, Pierre Jean 306, 308, 314-315, 317-318

Joyce, James 40, 52, 91, 489, 513, 515, 552, 569
- *Finnegans Wake* 91, 489, 513

Kaas, Patricia 252
Kabuki 52, 107, 248
Kafka, Franz 180-181, 190-191, 207, 297, 403, 411-412
Kane, Sarah 409
- *4.48 Psychose* 409
Kant, Immanuel 27
Kechiche, Abdellatif 563
- *L'Esquive (Das Ausweichen)* 563
Kierkegaard, Sören 155, 461, 464, 466
Kleist, Heinrich von 227-228, 259-260, 266-268, 270, 467
- *Amphitryon* 152-153, 260
- *Marquise von O.* 227
- *Über das Marionettentheater* 266-267, 270, 467
Klossowski, Pierre 144-145, 308
Kluge, Alexander 496-497
Knowles, Christopher 30, 34, 286
König, Michael 478
Kortner, Fritz 12, 260, 398, 465, 474-475, 485, 491-493
- *Don Carlos* 492
Kotschouby, Diane 341
Kowzan, Tadeusz 67, 70, 80-81
Kraus, Karl 181, 187-190, 192, 300
- *Die letzten Tage der Menschheit (Gli ultimi giorni dell'umanità)* 180-181, 187, 300
Kresnik, Hans 235
Kristeva, Julia 13, 34, 49,

64, 68-69, 72, 76, 80-82, 99, 139-140, 243, 278, 292, 300, 302, 333, 378-379, 387, 391, 396, 400, 405, 431, 435, 480, 488, 495-496, 510, 542-543, 553-554
- *chora* 139, 236-239, 243, 292, 294, 379, 408-409, 431, 435-436, 480, 488, 510, 569

Kruse, Jürgen 292
Kubrick, Stanley 31
- *2001: A Space Odyssey* 31
Kuhn, Hans Peter 30, 33-34, 258, 289, 300

La Barbara, Joan 27
Lacan, Jacques, 9-10, 13, 16, 32, 36, 51-52, 64-65, 73, 82, 93-94, 99, 222, 240, 242, 252-253, 263-264, 274, 282, 287, 298-299, 312, 317, 350, 356, 378-379, 387, 395, 405, 433, 435-436, 442, 450, 454, 486, 489, 495, 509, 542, 546-547, 553-554, 560, 567-568, 571-572
- *das Reale (Réel)* 10, 15, 201, 298, 546
- *Objekt a* 13, 546, 549
- *pulsion invocante* 13, 433, 489, 546, 548, 567
- *pulsion scopique (Sehtrieb)* 13, 36, 546
Lacoue-Labarthe, Philippe 15-16, 243, 433, 485, 496, 504, 508, 514, 524, 554, 565, 572
Lagardy, Edgar 170
Lampe, Jutta, 246, 257, 259-262, 294, 478, 512
Lasker-Schüler, Else 259
Lautréamont 40, 64, 320, 331, 335, 447, 453, 545
- *Maldoror* 447, 453

Lauwers, Jan 278, 299
LeCompte, Liz 394
- *Fish Story* 394
- *Hairy Ape* 394
Lehmann, Hans-Thies 242, 369, 388, 409, 496, 561, 572
Leiris, Michel 145, 155-156, 320, 331-332, 360, 368, 422, 432
Lessing, Gotthold Ephraim 259, 476,
- *Emilia Galotti* 476
Lévi-Strauss, Claude 182, 384, 543-544, 553
Levi, Primo 154, 157, 195, 202
- *Ist das ein Mensch? (Se questo è un uomo)* 154, 157, 195, 202
Lewins, Albert 463
Lichtenberg, Georg Christoph 466
Ligeti, György 366
Lilienfeld, Jean-Paul
- *La Journée de la jupe* 563
Living Theatre 39, 178, 181, 194, 198, 361, 511
Lobbes, Marcus 564
- *Rechnitz (Würgeengel) (Jelinek)* 564
logos 26, 59, 72, 435, 439, 441, 479, 482, 484-485, 542
Logozentrismus 10, 19, 245, 254, 542
Lombardi, Sandro 28-29, 38, 181, 193, 215, 286, 408, 522, 524
Lonsdale, Michaël 102, 118, 133-134
Lühr, Peter 393
Lully, Jean-Baptiste 23, 124, 301, 418-419, 419-420, 423, 436, 440-442, 445
- *Atys* 301
Lüthi, Urs 253, 263

Lyotard, Jean-François 278, 363

Mabou Mines 38, 58-59
Macchiavelli, Niccolò 528, 534
- *Mandragola* 534
Madonna 252
Maeterlinck, Maurice 380, 500, 505, 507
- *Les Aveugles* 380, 507
Magazzini Criminali/Il Carrozzone 27-29, 48-49, 55-57, 59, 184-185, 191-193, 197, 202, 214-215, 217, 286, 400
- *Crollo nervoso* 28, 55-56, 193
- *Punto di rottura* 28, 55, 57
Mahler, Gustav 173
- *Des Knaben Wunderhorn* 173
Malaparte, Curzio 349
- *Cristo proibito* 349
Mallarmé, Stephane 67, 150, 160, 169, 173, 179, 190, 205, 218, 221-222, 225, 270, 329, 362, 364, 368, 383, 405, 443, 489, 545
- *Igitur* 173, 329, 383
- *L'après-midi d'un faune* 236
- *Un Coup de dés* 364, 489, 495
Malraux, André 142
Manheim, Kate 35, 37-38, 46
Mankiewicz, Joseph L. 360
- *All about Eve* 360
Maraini, Dacia 196
Maranca, Bonnie 405
Marin, Louis 531, 539
Marinetti, Filippo Tommaso 10, 190, 548-549, 554
Marivaux, Pierre de 251,

563
Marleau, Denis 380-381, 507
Marthaler, Christoph 295-296, 301, 398, 400, 409, 417, 465, 468, 475, 492, 536
- *Goethes Faust, Wurzel aus 1 + 2* 301, 398, 468, 536
- *Murx den Europäer!* 301
- *Was ihr wollt* 409
Marx, Karl 148
Massine, Léonide 353
Masson, André 144-145, 147-149, 156, 321, 339-340, 353
- *Les présages* 147
- *Présages* 339
Mattei, Peter 461, 464
Mauro, Fabio 35, 37
Meliès, Georges 375, 503
Melos 10, 371, 376, 380, 382, 384-385, 394-396, 398-399, 403, 406, 408-409, 411, 435, 437, 466, 490, 493, 510, 513, 545-546
Messiaen, Olivier 314, 357
Meyer-Oertel, Friedrich 235, 243
Meyerhold, Vsevolod 20, 75, 179, 265, 419, 496
Minimal Art 27
Minimal Music 88, 476, 512-513
Miou Miou 102-103, 107, 116, 133-134
Moissi, Alexander 260, 283, 393, 403, 411, 430
- *Erlkönig* (Schubert) 283, 293
Molière 153, 338, 418-423, 432-433, 437, 442-446, 448, 456, 459, 502, 563
- *Amphitryon* 153, 338

- *L'Amour médecin (Die Liebe als Arzt)* 423, 502
- *L'Impromptu de Versailles* 437
- *Le Bourgeois Gentilhomme (Der Bürger als Edelmann)* 420-421
- *Le Malade imaginaire (Der eingebildete Kranke)* 418, 420
- *Les Fâcheux* 420
- *Misanthrope* 448
Molinier, Pierre 253, 263
Monaco, James 54, 65-66
Monk, Meredith, 19, 27, 38, 48, 55, 57, 59, 70-71, 76-78, 80, 171, 254-255, 258, 287, 405, 407, 560
- *Education of a Girlchild* 255
- *Quarry* 255, 287
- *Recent Ruins* 19, 55, 76-77, 255, 287
- *Specimen Days* 55, 57
- *Vessel* 19
Montaigne, Michel de 97
Monteverdi, Claudio 123-124, 217, 366, 369, 424, 428, 484, 486, 528, 540, 565, 572
- *Incoronazione di Poppea* 424, 428, 486
- *Lamento di Arianna* 366, 567
- *Orfeo* 528
- *Tancredi e Clorinda* 217
Moravia, Alberto 195-196
Mozart, Wolfgang Amadeus 123, 141-142, 144-146, 151-156, 188, 300, 326, 332, 348, 353, 367, 369, 418, 425, 428, 430, 433, 453, 455-464
- *Così fan tutte* 428-429
- *Don Giovanni* 141-157, 326, 332, 339, 345, 348, 418, 425,

433, 455-464
- *Entführung aus dem Serail* 418, 428
- *La Finta Giardiniera* 367
- *Les petits riens* 418
- *Requiem* 188
Muffat, Georg 418
Müller, Heiner 169, 191, 231-232, 237, 239, 241, 248, 295, 301, 394, 400, 411, 465-467, 469-470, 475, 487-496, 504, 536, 552, 567
- *Anatomie Titus Andronicus* 490
- *Herakles 2 oder die Hydra* 295, 467
- *Medea-Material* 487
- *Prometheus* 295
Musset, Alfred de 248, 307
- *Lorenzaccio* 248

Nancy, Jean-Luc 473, 485, 496, 566-572
- *L'Adoration* 566-572
Narboni, Jean 51, 64, 368
Nerval, Gérard de 163, 329
- *Nuits d'Octobre* 329
Nielsen, Asta 259
Nietzsche, Friedrich 47, 164, 237, 322-325, 340, 353, 447, 541, 544, 553
- *Geburt der Tragödie* 47
Nijinsky, Vaslav 236, 478
Nono, Luigi 191, 362, 366, 430-431, 433
- *Al gran sole carico d'amore* 430
- *Prometeo* 430
Nouveau Roman 85, 87, 96
Nuovo Teatro 180, 184-185, 191-192, 196, 198, 202

Offenbach, Jacques 154, 163
- *Vie parisienne* 154
Ogier, Bulle 102, 133-134
Ontological Hysteric Theatre 35, 41, 405
opera buffa 419, 421, 461
opera seria 419, 421
Oralität 282, 413, 510, 522, 542, 549
Ovid 187, 393

Panzéra, Charles 399
Pasolini, Pier Paolo 182, 184-185, 192-203, 300, 349, 355, 489, 525
- *Bestia da stile* 194, 201-203
- *Manifest für ein neues Theater* 182, 184, 194-195
- *Orgia* 194-195, 199, 201-203
- *Porcile* 193, 202-203, 349
- *Teorema* 349
Paulhan, Jean 275, 308-309
Paumgartner, Bernhard 418
Pavis, Patrice 67-68, 80, 391, 400
Payant, René 15
Performance Art 253-254, 277, 279
Performance Lecture 520, 524
Performance 25, 27, 29-30, 33, 35, 37, 39-41, 44-45, 48-49, 55, 64-65, 82, 172, 181, 185, 193-194, 202, 206-207, 210-214, 217-218, 221, 233, 249, 254, 257, 259-260, 262-263, 266, 269-270, 276-279, 281, 300-301, 340, 368, 371-373, 377-378, 381, 385, 412, 444, 460, 481, 517-525

Pergolesi, Giovanni Battista 418
- *La Serva Padrona* 418
Perkins, Anthony 360
Perlini, Memè 35
Petrolini, Elio 504
- *Nerone* 504
Peymann, Claus 235, 476
Piaf, Edith 103, 135
Picasso, Pablo 95, 320, 331
Piccoli, Michel 456, 461, 464
Pigalle, Jean-Baptiste 457-459
Pinckney, Darryl 254, 258
Pinza, Ezio 456
Pirandello, Luigi 199, 324, 333
- *Il fu Matteo Pascal* 324
Poe, Edgar Allen 403
Poizat, Michel 251, 263, 396, 401, 405, 433, 462-464, 554
Pollesch, René 394, 410
Pollet, Jean-Daniel 363
Polylog 34-35, 37, 39-41, 43, 45, 69, 80-81, 88-89, 99, 104, 260-261, 282, 287, 294, 300, 361, 364, 392, 413, 443, 543, 560, 564, 566
Ponge, Francis 301, 466
Ponnelle, Jean Pierre 144, 235
Popp, Steffen 371, 376-378
Poulantzas, Nicos 93
Pownell, John S. 420
Prince 466
Prolog 32, 60, 199, 210, 478, 527-528, 531-534, 540, 567
Proszenium 47, 58, 62, 216, 237, 530-532, 537
Proust, Marcel 68, 328, 330
- *À la recherche du temps perdu* 69
Psychogenese 11, 232, 245, 251, 254, 378, 394-395, 405, 424, 493, 542, 546
Puccini, Giacomo 216
Turandot 216
Punctum 49, 56, 58, 62, 64, 240, 243, 291, 348, 363-364

Quadri, Franco 182, 191-192, 197, 203
Quartucci, Carlo 182, 184, 192, 197, 361

Rabelais, François 78, 97
Racine, Jean 23-24, 27, 34, 70, 73, 80, 108, 115, 117, 118, 121-122, 124, 134, 207, 300-301, 306, 325-327, 329, 345, 348, 354, 406, 409, 423, 436, 438, 440-446, 477, 484, 486
- *Andromaque* 327, 329
- *Phèdre* 23, 134, 306, 325-328, 345, 348, 354, 406, 409
- *Bérénice* 134, 207, 300, 329, 423, 440-441, 446, 468, 477, 486
Racine, Louis 23, 445
Rameau, Jean Philippe 424
- *Les Noces de Platée* 424
Ravel, Maurice 365
- *Concert pour la main gauche* 365
Régy, Claude 101, 129, 137, 409
- *L'Éden Cinéma* (Duras) 137
Reich-Ranicki, Marcel 231, 242
Reichskanzleistil 12, 260, 474, 491

Reinhardt, Max 403, 418-421
Rembrandt 49
Renaud, Madeleine 101-102, 119, 133-134
Renoir, Jean 365, 367, 369
- *Élena et les hommes* 365, 367
Resnais, Alain 101, 361
- *Hiroshima mon amour* 101, 361
- *L'année dernière à Marienbad* 361
- *Nuit et Brouillard* 361
Rey, Henri François 342, 354
Rezitation 34, 135-136, 186, 227, 276, 283, 298, 345, 391, 403, 410, 522, 524, 549
Riefenstahl, Leni 146, 241, 365
- *Triumph des Willens* 146, 365
Rihm, Wolfgang 366
Rilke, Rainer Maria 52, 351, 356
Rimbaud, Arthur 329, 545
Ripa, Cesare 9, 16
- *Iconologia* 9, 16
Rivette, Jacques 359, 368
Robbe-Grillet, Alain 85, 96-97, 99, 361, 466
- *Le miroir qui revient* 85, 96, 99
Rodin, Auguste 52
Ronconi, Luca 171, 180-182, 186-191, 193-194, 197, 200, 202, 207, 289, 294, 300, 406, 411, 468
- *Mirra* (Alfieri) 180-181, 186-187, 207, 300, 468
- *Orlando furioso* 181, 186-187, 289, 468, 529, 539
Rosolato, Guy 13, 16, 81, 395, 400, 405, 444, 543, 553
Rothko, Mark 240, 243
Rousseau, Jean-Jacques 23, 97-98, 391, 444, 476-477, 541, 553
- *Émile* 98
- *Essai sur l'origine des langues* 476
Roussel, Raymond 92, 160, 169, 179, 190, 218, 221-222, 270, 405, 553
- *Poussière de soleils* 92
Roy Hart Theater 10, 287
Rubinstein, Ida 305

Sade, Donatien Alphonse François, Marquis de 64-65, 141-143, 155, 203, 306, 308, 321, 332, 342, 354-355, 363, 367, 369, 428-429
- *120 journées de Sodome ou l'école du libertinage* 141, 342
- *Juliette et les prospérités du vice* 141, 143
- *Justine et les malheurs de l'injustice (Die Unglücksfälle der Ungerechtigkeit)* 141
- *La Philosophie dans le boudoir* 342, 429
Saint-Simon, Claude Henri de Rouvroy 97
Sanders, George 360
Sander, Otto 481
Sanguineti, Edoardo 183, 186, 191
Sardou, Victorien 162-163
- *La Tosca* 162
- *Madame sans gêne* 162
Sartre, Jean-Paul 125-126, 320
- *L'Être et le Néant* 320
- *La Nausée/Der Ekel* 126
- *Les Mouches* 320
Savoie, Paul 507

Schiller, Friedrich 418, 563, 570
- *Die Räuber* 563
Schleef, Einar 292, 398, 400, 465, 475, 492
Schönberg, Arnold 19, 21-22, 34, 63, 65-66, 70-71, 76-78, 80, 82, 99, 139, 191, 235, 243, 300, 368, 392, 413, 430, 433, 439, 495, 542, 553
- *Moses und Aron* 231
- *Pierrot lunaire* 21, 30, 34, 77, 80, 300, 430, 433, 439
Schubert, Franz 103, 135, 283, 365
- *Erlkönig* 283, 412
Schuhl, Jean-Jacques 400-401
- *Ingrid Caven. Roman* 400-401
Schwitters, Kurt 550, 554
- *Ursonate* 550, 554
Scotti, Antonio 456
Scribe, Eugène 162-163
- *Un verre d'eau (Ein Glas Wasser)* 162
Sellars, Peter 293, 428
Sellers, Catherine 118
Seneca 308-311, 313-314, 316
Sennett, Richard 397, 401
Serkin, Rudolf 103, 135
Sermonti, Vittorio 519-520, 522-523, 526
Seyrig, Delphine 102, 116, 133-134, 361
Shakespeare, William 177, 121, 172, 247, 251, 299, 301, 307, 313, 418
- *As You Like It* 247, 251
- *Hamlet* 248, 259, 261-262, 264, 273, 282, 294, 298-299, 301, 324, 333, 386, 393, 408
- *The Tempest/Der Sturm* 172

Shelley, Percy Bysshe 303, 312, 317
Sibony, Daniel 262, 264
Siegmund, Gerald 15, 413
Siepi, Cesare 456, 461, 464
site specific 419
skenè 331
Slevogt, Max 456
Sollers, Philippe 40, 64, 85-99, 141-142, 154, 332, 334, 363, 363, 367, 369, 406, 412, 490, 542, 569
- *Drame/Drama* 87
- *Femmes* 85-86, 92-95, 97, 141
- *H* 87-88
- *Le trou de la Vierge* 95
- *Logiques* 87
- *Lois* 87-88
- *Nombres* 87
- *Paradis* 85-89, 91-92, 99, 406, 490
- *Portrait des Spielers (Portrait du joueur)* 85-86, 92, 96, 98
- *Sur le matérialisme* 87
- *Une curieuse solitude* 86
Sophokles
- *Antigone* 248, 300, 465, 475, 492
Stimme
- *akusmatische* 12, 289, 314, 359-388, 383, 503, 509-510, 535, 537, 561-562
- *atopische* 10, 404, 490, 543, 548, 550
- *der Dichtung* 10, 12, 546, 548, 489, 521
- *der Schrift* 10, 493-494, 542, 548, 550-552
- *der Sprache* 10-15, 542-543
- *Gesangsstimme* 9, 466
- *innere* 9, 177, 181, 200, 376
- *mütterliche/der Mutter* 13-14, 288, 386, 395, 425, 462-463, 510
- *soufflierte* 9-16, 19-34, 59, 65, 82, 90, 99, 103, 134, 139, 191-192, 222, 242, 273, 278, 280, 282, 284-285, 288, 290, 300, 316, 368, 383, 413, 441, 495, 508, 553, 566
- *Sprechstimme* 9, 12, 19-22, 24, 27, 34, 75, 283, 300, 381, 383-385, 394-395, 398-399, 407, 410, 433, 439, 462, 466, 468, 480, 488, 510, 550
- *Textstimme* 12, 86, 151-152, 181, 194, 201, 217, 391-392, 398, 406, 426, 465, 468, 473-476, 479, 483-484, 488-490, 492, 494, 514
- *Ton/Klang der Stimme* 11-13, 20-24, 70-79, 154, 224, 251, 282, 284, 289, 366, 393-394, 413, 439-440, 442, 444, 479, 487, 502-503, 541-549, 570
- *väterliche/des Vaters* 13, 22, 288, 386, 463
- *Versstimme* 437, 521-522, 524, 526, 552
Stimmkörperbild 293-294, 403, 467, 485, 496, 514
Spinoza 344
- *Ethik* 344
Spitzer, Leo 23, 34, 103, 436-437, 441, 446
- *Dämpfung* 23, 27, 34, 107, 440-441, 446
Sprechgesang 21-23, 34, 76, 80, 295, 300, 423, 430, 433, 436, 438-439, 542
Sprechoper 19, 27-28, 186, 188, 294, 300, 487, 551, 555
Sprechtheater 19, 33, 163, 182, 184, 232-234, 236, 245, 251, 295, 300, 391, 417, 419, 436, 441, 483
Stalinismus 53
Stanislawski, Konstantin Sergeievich 52-53, 351, 467
Stein, Gertrude 362, 489-490, 552
- *Landscape plays* 362
- *The Making of Americans* 490
Stein, Peter 361, 465, 475-476, 492
- *Onkel Vanja* 361
Stendhal 188, 303, 312-313, 317
Stiedry-Wagner, Erika 21, 34
Straub, Jean-Marie 225, 243, 289, 293, 363, 406, 442-443, 465, 475, 492
- *Antigone* 300, 465, 475, 492
- *Othon* 293, 301, 442
- *Tod des Empedokles* 465, 475, 492
Strauß, Richard, 230, 338, 360, 418-419, 421, 544
- *Der Rosenkavalier* 419
- *Salomé* 240, 360, 544
Strawinsky, Igor 477, 479, 486
- *Apollon Musagète* 479, 483
- *Sacre du printemps* 236
Strehler, Giorgio 180, 191-92, 194, 196, 475, 492
- *Faust Frammenti I und II* 180
Strindberg, August 349
- *Brända tomten* 349
Syberberg, Hans Jürgen 24, 27, 49, 227, 504

Index 591

- *Hitler, ein Film aus Deutschland* 504
- *Marquise von O.* 227

Tableaux vivants 49, 305
Tanguy, François 409
Tasso, Torquato 217
- *Gerusalemme liberata* 217
Teatro di Parola 177, 180-181, 184, 186, 194, 202, 300, 368
Tel Quel 85, 87, 99, 142, 542
Terrasse, Claude 500
Testori, Giovanni 193, 197-199, 201, 203, 408
- *Ambleto* 408
- *Edipus* 193
Thalheimer, Michael 476
- *Emilia Galotti* (Lessing) 476
theaomai 224, 266, 379, 473
theatés 177, 223, 229, 236, 269, 326, 362, 387
Theatralisierung 12-13, 24, 50, 67, 69-72, 74, 76, 78-80, 147, 150-151, 153, 242, 263, 287-289, 321, 324, 327, 332-333, 339-340, 362, 379, 387, 397, 412, 536
- *der inneren Erfahrung* 324
- *der Politik* 379
- *der Stimme* 12-13, 24, 67-82, 150-151, 153, 242, 263, 287-289, 412
- *des Alltagslebens* 379
- *des Heterogenen* 147, 339
- *des Vorhangs* 536
- *intervokale* 397
- *vokale* 12
Theatralität 10, 14, 26-27, 67-69, 71, 159, 161-163, 171, 177-179, 181, 200, 222-225, 227-228, 253,

277, 279, 322, 326, 331, 337, 340-341, 361-362, 369, 373-374, 380, 403-409, 411, 437, 467, 475, 491, 508, 521-522
- *affirmative* 227
- *aktualisierte* 227
- *analytische* 224, 362, 405-406, 411
- *der Bühne* 373, 405
- *der Lektüre* 161
- *der Schrift* 161, 178, 223
- *der Stimme (stimmliche)* 403-407, 409, 491
- *des Alexandriners* 437
- *des Dramentextes* 162
- *des Films* 361
- *des Heterogenen* 331
- *des Hörspiels* 277
- *des Internets (Netztheatralität)* 373
- *des Internets* 373
- *des Textes (textuelle)* 159, 179, 181, 223-224, 227, 341
- *des Theaters* 179, 181
- *histrionische* 200
- *horizontale* 408
- *konventionelle* 222-223, 227-228, 405
- *spektakuläre* 405
- *stimmliche* 406, 409
- *szenische* 227
- *vertikale* 408
- *vokale* 404, 411, 521-522
théâtre à l'italienne 47, 55, 58, 527
théâtre à la française 451
theatron 266, 331, 473
theoria 224, 473
Tiezzi, Federico 28, 38, 48, 171, 180-181, 185, 190-193, 207, 215, 217, 248, 286
- *Aspettando Godot* (Samuel Beckett) 180, 191, 207

- *Divina Commedia* 180
- *Hamletmaschine* (Heiner Müller) 180, 191, 248
- *Perdita di memoria* 190-192
Timbre 10, 20, 22, 25, 34, 61, 70, 75-76, 249, 252, 282, 371, 376, 380, 382, 384, 393-397, 399, 401, 403, 406-408, 411, 413, 426, 435, 437, 462, 466, 484, 490, 493, 510, 545-546
Tintoretto 365
Tizian 365
Trager, George L., 70
Tretjakow, Sergej 50
Tschaikowsky, P. Ilyich 147
Tschechow, Anton 103, 121-122, 125, 361-362
- *Onkel Vanja* 361

Ungaretti, Giuseppe 489

Valère, Novarina 19, 169
Valéry, Paul 435, 437, 443, 444-446, 466, 489, 495
Varèse, Edgard 63, 314, 422, 544
Vasse, Denis 13-14, 16, 66, 81, 299, 400, 405, 444
Vawters, Ron 278
Verdi, Giuseppe Fortunino Francesco 163
Verisimilitudo 178, 183, 278, 290, 360, 440
Villégier, Jean-Marie 173, 301, 432, 436, 440, 442, 452
- *Atys* (Lully) 301
- *Le Menteur* (Corneille) 442, 452
- *Médée* (Charpentier) 301
Villiers de l'Isle-Adam, Auguste de 161, 164, 174

307
Virilio, Paul 363, 372, 378
Visconti, Luchino 191-192, 194, 571
- *Die Verdammten* 571
Vitez, Antoine 436

Wagner, Cosima 241, 243
Wagner, Richard 33, 59, 160, 163-165, 174, 231, 233, 235, 237-238, 241-243, 360, 365, 418, 463, 495, 544
- *Lohengrin* 163
- *Meistersinger* 365
- *Oper und Drama* 163
- *Parsifal* 235
- *Rheingold* 33
- *Tannhäuser* 163, 167, 235, 242
- *Tristan und Isolde* 231, 235-236, 238-249, 241-243, 495, 536
Wagner, Wieland 231-232, 237-239, 241-243
Wagner, Wolfgang 231
Warrilow, David 117, 388, 507, 511-513, 515
Weber, Max, 97
Wieler, Jossi 564, 571
- *Rechnitz (Würgeengel)* (Jelinek) 564, 571
Wilde, Oscar 463
Wilms, Andre 295, 332, 467, 569
Wilson, Robert 19-20, 27, 29-34, 38, 40, 48-49, 54-66, 70-71, 75-78, 80, 82, 92, 99, 136, 139, 171-172, 191, 206, 210-214, 217, 221, 231-233, 239, 242-243, 245, 247, 254-255, 258-262, 268-269, 279, 286, 288, 294, 300, 362, 366, 368, 380, 386, 393, 398, 400, 405, 407-408, 410, 413, 417, 432, 465, 475, 492-495, 536-537, 540, 553, 560, 565-566
- *A Letter for Queen Victoria* 19, 76-77, 286
- *CIVIL warS* 55, 60-61, 65, 172, 210, 247
- *Deafman Glance* 32, 61-62, 210, 212, 214, 269, 401
- *Death Destruction & Detroit* 19, 31-32, 56-57, 60, 300
- *Dreigroschenoper (Brecht)* 537
- *Edison* 30, 40, 66
- *Einstein on the Beach* 19, 30, 76, 432
- *Golden Windows* 58-59, 65, 172, 393
- *I Was Sitting on my Patio* 20, 56, 61, 75, 206, 300, 410
- *Knee-plays* 172, 537
- *Life and Times of Joseph Stalin* 76-77
- *Oh les beaux jours* (Beckett) 536, 540
- *Orlando* (Virginia Woolf) 245, 254, 257-260, 262, 294, 380, 393, 399, 408
- *Prologue to Deafman Glance* 61-62, 210, 214, 269
- *The Man in the Raincoat* 29, 56-57, 61, 76-77
- *The Meak Girl* 294
Winkler, Angela 569
Winnicott, Donald W. 242, 288, 400, 405, 479
Wirth, Andrzej 264, 559-560, 565-566, 571-572
Wonder, Erich 231-232, 239-241, 243, 495, 536
Wong Kar-Wai 476
- *In the Mood for Love* 476
Woolf, Virginia 245, 254, 258-259, 262
- *Orlando* 245, 254, 258
Wooster Group 171, 380, 408-409, 413
- *Brace up* 380
- *To you, The Birdie! (Phèdre)* 409
Wuttke, Martin 394, 397-398, 408, 504
Wyler, William 341
- *Wuthering Heights* 341

Zadek, Peter 476
Zeffirelli, Franco 191-192
Zigaina, Giuseppe 193-194, 202

Theaomai – Studien zu den performativen Künsten

Herausgegeben von Helga Finter

Band 1 Miriam Dreysse Passos de Carvalho: Szene vor dem Palast. Die Theatralisierung des Chors im Theater Einar Schleefs. 1999.

Band 2 Helga Finter (Hrsg.): Das Reale und die (neuen) Bilder. Denken oder Terror der Bilder. 2008.

Band 3 Philipp Schulte: Identität als Experiment. Ich-Performanzen auf der Gegenwartsbühne. 2011.

Band 4 Helga Finter (Hrsg.): Medien der Auferstehung. 2012.

Band 5 Petra Bolte-Picker: Die Stimme des Körpers. Vokalität im Theater der Physiologie des 19. Jahrhunderts. 2012.

Band 6 Helga Finter: Die soufflierte Stimme: Text, Theater, Medien. Aufsätze 1979-2012. 2014.

Band 7 Helga Finter: Le corps de l'audible. Écrits français sur la voix 1979-2012. 2014.

www.peterlang.com